# 빅데이터,

새로운 깨달음의 시대

# BIG DATA,
# LITTLE DATA, NO DATA

# 빅 데이터, 새로운 깨달음의 시대

크리스틴 보그만Christine L. Borgman 지음

심원식·현은희 옮김

# :Scholarship in the Networked World

성균관대학교
출판부

# 빅데이터, 새로운 깨달음의 시대

초판 1쇄 인쇄 2019년 2월 22일
초판 1쇄 발행 2019년 2월 28일

지은이 크리스틴 보그만
옮긴이 심원식 · 현은희
펴낸이 신동렬
펴낸곳 성균관대학교 출판부
책임편집 신철호
편  집 현상철 구남희
마케팅 박정수 김지현

등  록 1975년 5월 21일 제1975-9호
주  소 03063 서울특별시 종로구 성균관로 25-2
전  화 760-1253~4
팩  스 762-7452
홈페이지 press.skku.edu

ISBN 979-11-5550-314-0 93020

베티 C. 보그만(1926-2012)과 앤 오브라이언(1951-2014)을 위하여 최근 미국, 영국, 호주, 유럽연합의 국가들을 포함한 여러 나라에서 연구데이터의 공개와 재활용에 대한 다양한 정책을 내놓고 있고, 대규모 인프라의 구축을 계획하고 있다. 또한 연구 데이터에 대한 정책, 조사, 프로젝트를 추진하기 위해 2013년에 시작된 국제적인 협력기구인 Research Data Alliance(RDA)에는 짧은 기간에 전 세계 수많은 기구와 개인이 참여하는 규모로 성장하였다. 점차 많은 국제학술지에서 논문 투고와 더불어 관련 데이터를 제출하도록 하고 있고, 연구 데이터를 출판하는 데이터 학술지도 등장했다. 분야별, 기관별 그리고 국가 데이터 리포지토리도 그 수치가 가파르게 증가하고 있다. 이같은 오픈데이터의 추세는 기존의 학술지 논문의 오픈액세스 운동과 결합해서 이제는 오픈사이언스, 즉 공공연구의 성과를 디지털 형식으로 공개, 확산시킴으로써 사회경제적 가치를 실현하려는 노력이라는 보다 포괄적인 관점으로 인식되고 있다. 오픈데이터는 당분간 학술 연구의 정책과 실행 논의의 최전선에 있을 것으로 전망된다.

안타깝게도 우리나라에서는 아직까지 학술 영역에서의 오픈데이터에 대한 논의가 거의 이뤄지고 있지 않다. 그간 너무 학술지 논문 숫자 높이기에 정부, 대학 그리고 연구자들이 매달려 있었다. 이것은 공공 영역에서 오픈데이터와 관련된 다양한 정책과 실행이 진행되고 있는 것과는 크게 대조가 된다. 반면 빅데이터라는 용어는 사회 전반에서 많은 관심을 받고 있다. 빅데이터 분석을 통한 새로운 발견, 문제해결, 통찰은 우리를 과거와는 전혀 다른 세상으로 인도해 준다고들 한다. 대학 캠퍼스에서도 기업 현장의 전문가들을 특강, 세미나 연사로 모시기 바쁘다. 관련 학과도 생겨나고 있다. 하지만 잠시 멈춰 생각해보면 연구자들이야말로 데이터 전문가가 아닌가? 연구자들이 데이터의 개념과 활용의 여러 문제에 대해 체계적으로 생각할 기회는 없지만 대부분의 연구자들이 데이터와 부대끼며 살고 있다. 그럼에도 불구하고 연구 데이터의 효과적인 활용, 재활용에 대해 연구자들이 목소리를 내고 있지 못하다.

이 책은 빅데이터라는 용어의 범람 속에서 학술연구에서의 데이터의 개념, 이용 및 재사용의 문제를 다양한 학문 분야의 실무, 정책 및 인프라의 관점에서 깊이 있고 균형 있게 제시하고 있다. 특히 비즈니스 환경에서 데이터에 대한 도서가 최근 많이 출판됐지만 학술 영역의 연구 데이터에 대한 저서는 거의 전무한 상황에서 수십 년에 걸쳐 여러 분야의 데이터 실무를 직접 연구하고 관련 정책을 종합적으로 분석한 결과인 이 책이 출판된 것은 정말 다행스러운 일이다. 저자인 크리스틴 보그만 교수는 학술 커뮤니케이션 분야의 세계적인 권위자로 이미 매사추세츠 공과대학교(Massachusetts Institute of Technology, MIT) 출판부를 통해『디지털 시대의 학술연구』(Scholarship in the Digital Age 2010), 『구텐베르크로부터 글로벌 정보 인프라까지』(From Gutenberg to the Global Information Infrastructure 2013) 등의 영향력 있는 저서를 출판한 바 있다. 이 책은 단순 사실의 나열이 아닌 체계적인 분석 프레임워크 안에서 내용을 전개하고 있어서 연구 데이터와 관련된 전반적인 개념, 실무 및 제반 이슈에 대하여 매우 체계적으로 지식을 습득할 수 있다.

조만간 대부분의 연구자들이 연구 데이터 관련 정책과 지식 인프라에 영향을 받게 된다는 점에서 학술연구자는 물론이고 대학도서관의 사서, 대학원 과정 재학생에게 많은 도움이 될 것으로 기대한다. 또한 정부 부처, 연구비 지원기관, 연구기관 등에서 관련 정책 및 실무를 담당하는 전문가들도 이 책을 통해 다양한 이해관계자를 인식하게 되고 보다 생산적인 논의를 할 수 있기를 기대한다.

물론 이 책을 모두 다 읽는다면 가장 이상적이겠지만 연구 데이터가 어떤 것이고 데이터의 수집, 활용에 어떤 학술적, 실제적 이슈가 있는지 이해하기 위해서는 제1부의 제1, 2장과 제3부의 제8, 9, 10장을 읽기를 권한다. 데이터 학술연구가 다양한 학문 분야에서 어떻게 전개되고 있는지에 대해서는 중간 부분에 있는 제3장부터 제7장까지에 심층적으로 서술되어 있다. 특히 제2부의 제5, 6, 7장에 전개되는 사례분석은 다른 자료에서 찾기 어려운 심층적인 내용이 잘 정리되어 있다.

엄정하게 저술된 학술서적을 번역하는 것은 결코 쉽지 않았다. 가급적 직역을 통해 원저의 의미를 전달하고자 했지만 표현이 거칠어 다듬는다고는 했지만 부족한 점이 많다. 하지만 더 지체하는 것보다는 빨리 이 지식을 전달하고 싶은 의욕에 원고를 넘긴다. 흔쾌히 번역요청을 받아준 성균관대학교 출판부장 오종우 교수님과 끈기 있게 편집을 담당해준 출판부 선생님들께 감사를 드린다.

2018. 12.
역자 드림

빅데이터가 요즘 큰 관심을 끌지만, 소규모 데이터인 리틀데이터 역시 학술 탐구에 똑같이 필요하다. 데이터의 절대적인 양이 증가함에 따라 하나의 관찰대상을 자세히 조사하는 능력이 현저히 떨어지고 있으며, 이제는 관찰자 역시 관심 연구대상 혹은 현상에서 멀어지고 있다. 새로운 도구와 새로운 관점은 필요하다. 그렇다고 빅데이터가 꼭 더 좋은 데이터라는 의미는 아니다. 관찰자가 원래의 근원에서 더 멀리 떨어질수록 이러한 관찰이 무엇을 의미하는지, 즉 그것이 어떻게 수집되어 처리되고, 축소 변환되었는지, 또 어떤 가정과 목적으로 수행되었는지 분별하기가 더 어려워진다. 학자들은 자신들이 세밀하게 들여다볼 수 있는 작은 양의 데이터를 선호한다. 만약 데이터가 발견되지 않거나 발견할 수 없다면 학자들에게는 데이터가 없는 셈이다.

연구 데이터는 상업적 재화 또는 그 이상으로 활용될 수도 있지만, 그렇지 않을 수도 있다. 연구비 지원 기관, 학술지, 연구기관에서 좋은 의도로 내놓는 데이터 관리계획(DMP, data management plans), 데이터 공개 의무 같은 정책들이 데이터의 다양성과 각 학문 영역에서 오랜 동안 구축된 관행을 반영하는 경우는 드물다. 대부분의 정책은 그저 데이터의 사례를 들 뿐 그 사례에 적절한 데이터 정의도 제공하지 않는다. 다양한 이해관계자들이 학술연구에 참여하는데 이들의 상충되는 인센티브와 동기요인이 적절하게 반영된 정책은 더더욱 드물다. 데이터라는 용어는 여러 사람에게 여러 의미로 사용된다. 데이터는 정리되어 축적되거나, 물물교환되고, 결합되기도 하고, 추출되며, 어떤 때는 공개해야 하는 자산이 될 수도 있다. 또한 데이터는 관리되고, 보호하거나 폐기되어야 할 수도 있다. 기밀유지 의무가 있는 민감한 데이터가 공개되면 큰 위험이 뒤따를 수 있다. 데이터의 가치가 즉각적으로 분명하게 드러날 수도 있지만, 많은 시간이 흐른 뒤에야 실현될 수도 있다. 장기간에 걸쳐 관리해야 할 정도의 가치가 있는 데이터도 있지만, 일시적인 가치만 있는 데이터도 많다. 어떤 종류의 관찰 데이터는 기술과 연구가 발전함에 따라 적게는 몇 시간 또는 몇 달이 채 지나기도 전에 그 가치가 없어지기도 한다.

학술연구에서 데이터의 역할을 이해하는 출발점은 무엇일까? 그것은 데이터가 사물(things)이 아님을 인정하는 것이다. 데이터는 우리가 아는 자연적인 객체(natural objects), 즉 자신만의 본연의 성질을 가진 물질이 아니다. 데이터는 연구나 학술을 위한 목적으로, 현상에 대한 증거로 사용되는 관찰, 객체, 또는 여타 개체(entities)의 표현이다. 이러한 표현들은 학자, 상황, 시간의 흐름에 따라 달라진다. 자연과학, 사회과학, 인문학 분야를 포함한 모든 학문 영역에서 학자들은 흔히 데이터가 무엇인지 동의하지 않은 채, 각자 나름의 방식으로 데이터를 생성하고 사용하며 분석하고 해석한다. 데이터가 무엇인지 개념화하는 것 자체가 학술적 행위이다. 학술연구는 증거, 해석, 주장에 관한 것이다. 데이터는 목적을 위한 수단이며, 이 목적이란 대개 학술지 논문, 학술대회 논문, 저서 또는 학술적인 인정을 받을 만한 산출물이다. 그렇기 때문에 자체를 재사용하기 위해 연구를 수행하지는 않는다.

갈릴레오는 자신의 노트에 스케치를 했고, 19세기 천문학자는 유리를 사용한 망원경을 이용해 물체를 관측했으며, 오늘날의 천문학자는 광자(photons, 光子)를 포착하기 위해 디지털 장치를 사용한다. 일반인이 사진기로 찍은 저녁 시간대 천체 사진들은 전문 천체관측을 통해 수집된 사진들과 통합하여 사용할 수 있는데, 그 이유는 천문학자들이 데이터를 설명하는 용어와 통합 매핑(mapping)을 위한 표현 방법을 통일했기 때문이다. 천문학 분야는 표준과 도구 및 아카이브에 굉장히 많은 투자를 해왔기 때문에 수세기에 걸쳐 수집된 관찰이 통합될 수 있었다. 그렇다고 천문학 분야 지식 인프라가 완벽하다거나, 완전히 자동화된 것은 아니다. 천문학과 여러 분야의 데이터를 조직하고 이용이 가능하도록 만든 것은 정보 전문가들의 역할과 기여가 없었다면 불가능했을 것이다.

출판물과 데이터와의 관계가 다중적이라는 점에서, 연구 데이터는 학술커뮤니케이션이라는 프레임워크에서 보다 의미 있게 검토할 수 있다. 의도적이고 장기적으로 생산된 데이터는 시간이 지남에 따라 높은 가치를 지닌 자원으로 축적될 수 있다. 그러나 데이터는 현상이 발생할 때 일시적, 우연적으로 만들어질 수도 있어서, 그 당시에 사용 가능한 임의적인 방식으로 포착할 수도 있다. 천문학이든, 사회학이든, 아니면 민족지학 분야이든 연구 절차(protocols)가 아무리 잘 규정되어 있다 해도, 연구의 매 단계에서의 결과가 다음 단계의 데이터 선택에 영향을 미친다는 점 때문에 데이터 수집은 확률적, 가변적인 것이라고 할 수 있다. 어떤 분야에서 학자가 된다는 것은 데이터를 평가하고, 신뢰성과 유효성에 대한 의사결정을 하며, 실험실, 현장, 또는 아카이브의 상황에 적응하는 과정을 배우는 것이다. 연구결과를 보고하는 출판물들은 해당 분야의 맥락 안에서, 독자의 전문지식에 기초를 두고, 주장과 방법론 및 결과를 이해하는 데 필수적인 정보를 제시하는 것이다. 반복연구(replication)를 하는 데 필수적인 세부사항들은 흔히 생략되는데 그 이유는 독자들이 그 분야의 방법론에 익숙하다고 가정하기 때문이다. 데이터 공유를 강조하면서 흔히 연구의 반복 및 재현가능성(reproducibility)을 주장하지만, 이는 몇몇 제한된 분야에만 적용될 수 있고, 실제로는 그 분야 내에서도 실현되기 어려운 일이다. 또한 어떤 학술적 산출물이 보존 가치가 있는지 결정하는 것은 훨씬 더 어려운 문제이다.

데이터 관리, 공개, 공유를 위한 정책들은 학술연구에 있어 데이터의 복잡한 역할을 모호하게 하고, 대개는 각 분야 내의 다양성 및 분야 간 프랙티스의 다양성을 무시하는 경향이 있다. 자연과학, 사회과학, 인문학 분야에서 데이터의 개념은 다르며, 각 분야 내에서도 매우 다르다. 대부분의 분야에서는 데이터 관리에 대해 명시적으로 가르치기보다, 그냥 배워나가는 임기응변적인 해결책으로 귀결된다. 연구자들은 무엇보다 본인의 데이터를 재사용하는 데 있어 상당한 어려움을 겪는다. 하물며 자신의 데이터가 아닌 데이터를, 누군가가 어떤 목적으로 쓸지도 모르는데, 이를 쓸모 있게 만든다는 것은 무척 어려운 일이다. 일반적으로 데이터가 공유되는 분야는 몇 개 되지 않는다. 왜냐하면 공유는 매우 어려운데 인센티브는 없거나 아주 적고, 관련 지식 인프라를 구축하는 데에는 대규모의 투자가 필요하기 때문이다.

이 책은 학자, 연구자, 대학의 의사결정자, 연구비 지원기관, 출판사, 도서관, 데이터 아카이브, 정책 입안자를 포함한 연구 데이터의 광범위한 이해관계자를 위해 씌어졌다. 제1부는 데이터, 학술연구, 지식 인프라의 개념과 연구 프랙티스의 다양성에 대한 논의를 촉발하는 문제제기를 통해, 네 장에 걸쳐 데이터와 학술연구의 틀을 제공한다. 제2부는 자연과학, 사회과학, 인문학 분야의 데이터 학술활동을 살펴보는 세 장으로 구성되어 있다. 이 사례연구들은 분야별로 비교할 수 있도록 병렬 구조로 서술하였다. 마지막 제3부는 세 장에 걸쳐 데이터 정책과 실무를 다루면서, 데이터 학술연구에 왜 난제가 많은지 그 이유에 대해 탐구한다. 여기에는 1) 데이터의 공개, 공유, 재사용, 2) 인정, 귀속, 발견, 3) 무엇을, 왜 유지하는가의 문제가 포함된다.

학술연구와 데이터는 아주 오래 깊이 얽혀 있는 역사를 가지고 있다. 둘 다 새로운 개념은 아니다. 다만 학술 절차에서 데이터를 추출하고, 다른 목적을 위해 활용하려는 시도와 노력이 새로운 것이다. 연구 데이터 사용과 관련된 비용, 혜택, 위험, 보상은 서로 대립하는 이해관계자 사이에서 재분배되고 있는 중이다. 이 책의 목적은 이러한 연구 데이터 관련 당사자 사이에 더 온전하고, 유익한 논의를 불러일으키기 위한 것이다. 학술연구의 미래가 데이터를 둘러싼 논의가 어떻게 진전되고, 어떻게 귀결될 것인지에 달려 있다.

한 사람이 혼자 책을 저술하려면 온 마을이 동참해야 한다고 하는데, 이 책과 같이 여러 주제와 학문 분야를 아우르는 경우에는 더욱 그렇다. 나의 글은 학술 커뮤니케이션 용어로 하자면 "보이지 않는 대학(invisible college)"인 수많은, 흩어져 있는 마을 동료들의 작업에 기초하고 있다. 많은 학자들이 본인 데이터에 대해 열정을 가지고 수많은 토론과 세미나와 워크숍 참여 그리고 원고 초고를 읽는 데 아낌없이 시간을 내주었다.

이 책은 아주 오래전에 시작되었기 때문에 나의 사고에 영향을 준 모든 사람을 열거하기는 어려울 것 같다. 그래서 이 감사의 글은 이 책에 있는 단어들에 영향을 준 분들만이라도 언급하려는 것이다. 더 많은 사람들이 참고문헌 목록에 길게 나열되어 있다. 분명히 여러분 중에 어떤 분들은 책의 주제와 관련해서 서로 인상적인 대화를 나눴음에도 불구하고 미처 언급되지 않았을 것이다.

학술 데이터 프랙티스에 대한 내 연구는 1990년대 후반으로 거슬러 올라가고 디지털 도서관, 정보탐색 행위, 인간-컴퓨터 상호작용, 정보검색, 계량서지 그리고 학술 커뮤니케이션에 대한 기존 작업에 기초하고 있다. 데이터 프랙티스에 관한 연구는 훌륭한 동료들과의 협력으로 수행되었고 나의 사고에 끼친 그들의 창의적인 공헌은 이 자리에서 명확하게 밝히기에는 너무 많은 암묵적인 지식이 되어버린 상태이다. 우리의 공동작업은 본문 전체에 걸쳐 인용하였다. 다수의 교수 동료, 학생 그리고 박사후과정 연구원들이 복수의 프로젝트에서 참여했기 때문에 하나의 알파벳순 목록으로 합쳐서 언급한다. 학술 데이터 프랙티스에 대한 연구 프로젝트에는 알렉산드리아 디지털 지구원형 프로젝트(Alexandria Digital Earth Prototype Project); 내장형 센서네트워크 센터(Center for Embedded Networked Sensing); 사이버 학습 태스크포스(Cyberlearning Task Force); 모니터링, 모델링, 메모리(Monitoring, Modeling, and Memory); 데이터 보존, 지식기반(Data Conservancy, Knowledge Infrastructure); 롱테일연구(Long-Tail Research)가 있다.

이 프로젝트들에 참여해준 교수 연구자들은 대니얼 앳킨스(Daniel Atkins), 제프리 바우커(Geoffrey Bowker), 사이드 차우두리(Sayeed Choudhury), 폴 데이비스(Paul Davis), 팀 디라우로(Tim DiLauro), 조지 조고프스키(George Djorgovski), 폴 에드워즈(Paul Edwards), 노엘 엔예디(Noel Enyedy), 데보라 에스트린(Deborah Estrin), 토마스 핀홀트(Thomas Finholt), 이안 포스터(Ian Foster), 제임스 프루(James Frew), 조나단 퍼너(Jonathan Furner), 앤 길리란드(Ann Gilliland), 마이클 굿차일드(Michael Goodchild), 알리사 굿맨(Alyssa Goodman), 마크 한센(Mark Hansen), 토마스 하몬(Thomas Harmon), 브라이언 헤이돈(Bryan Heydorn), 윌리엄 호우(William Howe), 스티븐 잭슨(Steven Jackson), 칼 케셀만(Carl Kesselman), 칼 라고지(Carl Lagoze), 그레고리 리저(Gregory Leazer), 메리 말리노(Mary Marlino), 리차드 마이어(Richard Mayer), 캐롤 파머(Carole Palmer), 로이 피(Roy Pea), 그레고리 포티(Gregory Pottie), 알렌 레니어(Allen Renear), 데이비드 리비스(David Ribes), 윌리엄 산도발(William Sandoval), 테렌스 스미스(Terrence Smith), 수잔 레이 스타(Susan Leigh Star), 알렉스 살라이(Alex Szalay), 찰스 테일러(Charles Taylor), 샤론 트라웍(Sharon Traweek)이다. 프로젝트에 참여한 학생, 박사후과정 연구원과 연구 스태프 동료들은 레베카 커밍스(Rebekah Cummings), 피터 다르치(Peter Darch), 데이비드 피어론(David Fearon), 리치 가잔(Rich Gazan), 밀레나 골샨(Milena Golshan), 에릭 그래엄(Eric Graham), 데이비드 귄(David Gwynn), 그렉 제이니(Greg Janee), 엘레인 레비아(Elaine Levia), 레이첼 만델(Rachel Mandell), 매튜 마

이어닉(Matthew Mayernik), 스타샤 밀로제비치(Stasa Milojevic), 알베르토 페페(Alberto Pepe), 엘리자베스 롤란도(Elisabeth Rolando), 애실리 샌즈(Ashley Sands), 케이티 실튼(Katie Shilton), 질리안 왈리스(Jillian Wallis), 로라 윈홀즈(Laura Wynholds)이다.

이 책의 대부분의 내용은 2012~2013년 옥스퍼드 대학(University of Oxford)에서 보낸 연구년 기간 동안 개발되고 집필되었다. 옥스퍼드 대학 동료들은 지식과 새로운 아이디어의 샘이었고 기꺼이 "당신의 데이터는 무엇입니까?"라는 나의 질문에 응해주었다. 베일리올 칼리지(Balliol College)는 나를 올리버 스미디즈 객원 연구원 및 연사(Oliver Smithies visiting Fellow and Lecturer)로 너그러이 초청해주었고, 나는 옥스퍼드 인터넷 연구소(Oxford Internet Institute)와 옥스퍼드 e리서치 센터(Oxford eResearch Centre)에도 객원연구원을 겸하였다. 다양한 대화의 자리는 불교, 우주론, 단테, 체학(genomics), 분자 비대칭성(chirality), 나노기술, 교육, 경제학, 고전, 철학, 수학, 의학, 언어와 문학, 컴퓨팅 그리고 훨씬 더 많은 다양한 주제의 데이터에 대한 나의 생각에 스며든 통찰로 이끌었다. 옥스퍼드의 칼리지 시스템은 만남이 불가능한 사람들을 한 자리로 모을 뿐 아니라 분야의 경계를 넘어서는 탐구를 가능하게 한다. 나를 초청해준 베일리올의 학장(Master)인 드러몬드 본 경(Sir Drummond Bone), 니콜라 트롯 교수(Nicola Trott, Senior Tutor), 옥스퍼드 인터넷 연구소의 윌리엄 더튼(William Dutton), 옥스퍼드 e리서치 센터의 데이비드 드 루리(David de Roure) 그리고 보들리안 도서관 관장인 사라 토마스(Sarah Thomas, Bodley's Librarian)에게 끝없는 감사를 보낸다. 옥스퍼드에서 나에게 지속적인 영감을 준 동료로는 코피 아가우(Kofi Agawu), 마틴 버튼(Martin Burton), 조지와 카멜라 에드워즈(George and Carmella Edwards), 파나지스 필리파코폴로스(Panagis Filippakopoulos), 마리나 지롯카(Marina Jirotka), 윌 존스(Will Jones), 엘레나 롬바디(Elena Lombardi), 에릭 마이어(Eric Meyer), 콘셉시온 나발(Concepcion Naval), 피터와 셜리 노스오버(Peter and Shirley Northover), 랄프 슈뢰더(Ralph Schroeder), 앤 트레페텐(Ann Trefethen)과 스테파노 자케티(Stefano Zacchetti)를 들 수 있다.

본인들이 생각하는 것보다 더 나의 생각을 깨우쳐준 옥스퍼드의 동료로는 윌리엄 바포드(William Barford), 그랜트 블랭크(Grant Blank), 데임 린 브린들리(Dame Lynne Brindley), 로저 캐시모어(Roger Cashmore), 이언 찰머스 경(Sir Iain Chalmers), 캐럴 클라크(Carol Clark), 더글러스 두프리(Douglas Dupree), 티모시 엔디콧(Timothy Endicott), 데이비드 에르도스(David Erdos), 버트란드 파슈(Bertrand Faucheux), 제임스 포더(James Forder), 브라이언 포스터(Brian Foster), 존-폴 고브리얼(John - Paul Ghobrial), 앤서니 그래엄 경(Sir Anthony Graham), 레슬리 그린(Leslie Green), 대니얼 그림리(Daniel Grimley), 키스 하나부스(Keith Hanabus), 크리스토퍼 힌치클리프(Christopher Hinchcliffe), 울프램 호스트만(Wolfram Horstmann), 김성희(Sunghee Kim), 도나 쿠르츠(Donna Kurtz), 윌 레니어(Will Lanier), 크리스 린톳(Chris Lintott), 폴 러프(Paul Luff), 브라이언 마지(Brian Magee), 헬렌 마게츠(Helen Margetts), 필립 마셜(Philip Marshall), 애실리 노드(Ashley Nord), 도미닉 오브라이언(Dominic O'Brien), 더못 오헤어(Dermot O'Hare), 리처드 오벤덴(Richard Ovenden), 드니스 노블(Denis Noble), 시머스 페리(Seamus Perry), 앤드류 폰첸(Andrew Pontzen), 레이첼 콰렐(Rachel Quarrell), 데이비드 로비(David Robey), 안나 샌더(Anna Sander), 브룩 시몬스(Brooke Simmons), 롭 심슨(Rob Simpson), 진-총 탄(Jin-Chong Tan), 리넷 테일러(Linnet Taylor), 로잘린드 토마스(Rosalind Thomas), 닉 트레페텐(Nick Trefethen), 데이비드 바인스(David Vines), 리사 워커(Lisa Walker), 데이비드 월러스(David Wallace), 제이미 워너(Jamie Warner), 프레데릭 윌못-스미스(Frederick Wilmot-Smith)와 티모시 윌슨(Timothy Wilson)이 있다.

책의 제5, 6 그리고 7장에 있는 사례연구에 크게 기여한 나의 동료들에게는 더 특별한 감사의 뜻을 전한다. 제5장의 천문학 사례는 하버드-스미소니언 천체물리학센터(Harvard-Smithsonian Center for Astrophysics)의 알리사 굿맨과 그녀의 동료인 알베르토 아코마찌(Alberto Accomazzi), 메르체 크로사스(Merce Crosas), 크리스 에드만(Chris Erdman), 마이클 쿠츠(Michael Kurtz), 거스 멘치(Gus Muench)와 알베르토 페페의 기여에 크게 힘입었다. 또한 UCLA에 있는 지식인프라연구팀의 연구로부터 도움을 받았다. 사례연구는 초고를 여러 차례 굿맨 교수가 읽어주고 알베르토 아코마찌, 크리스 린톳, 마이클 쿠츠, 패트릭 맥크레이(Patrick McCray)와 브룩 시몬스를 포함한 천문학자, 천문학역사학자가 비평해준 것이 도움이 되었다. 천문학자인 조지 조고프스키, 필 마셜, 앤드류 폰첸 그리고 알렉스 살라이는 과학적 이슈를 명확하게 하는 데 도움을 주었다. 제5장의 센서네트워크 과학 및 기술 사례는 CENS에 대한 기존 출판물에 기초하고 있다. 초고는 협력자들과 CENS 과학 및 기술 연구자들인 데이비드 카론(David Caron), 에릭 그래엄, 토마스 하몬, 매튜 마이어닉과 질리언 왈리스가 검토해주었다. 제6장의 인터넷 연구에 대한 첫 번째 사회과학 사례는 옥스퍼드 인터넷 연구소의 그랜트 블랭크, 코리나 디 게나로(Corinna di Gennaro), 윌리엄 더튼, 에릭 마이어, 그리고 랄프 슈뢰더 연구원과의 면담에 기초하고 있고 이들은 모두 감사하게도 제5장 초고를 검토해주었다. 사회기술연구에 대한 두 번째 사례는 인용된 것과 같이 공동연구자들과의 기존 출판물에 근거하고 있고 공동연구자인 매튜 마이어닉과 질리언 왈리스가 검토했다. 제7장의 인문학 사례연구는 이 책을 위해 별도로 개발한 것이다. CLAROS 사례는 옥스퍼드 대학의 도나 쿠츠와 한 면담과 자료에 기초하고 있으며 데이비드 로비와 데이비드 쇼튼(David Shotton)이 추가적으로 기여하였다. 피사 그리핀(Pisa Griffin) 분석은 역시 옥스퍼드 대학의 피터 노스오버와 행한 면담과 자료로부터 나왔고 런던 대학의 SOAS(School of Oriental and African Studies)에 있는 애나 콘타디니(Anna Contadini)가 추가 자료를 제공했다. 불교학 연구에 대한 마지막 사례는 옥스퍼드 대학의 예한 누마타 불교학 석좌교수(Yehan Numata Professor of Buddhist Studies)인 스테파노 자케티 교수의 끈기 있는 지도에 전적으로 빚을 지고 있는데, 그는 나를 자신의 깨달음의 가장 내밀한 곳으로 인도했다. 애나 콘타디니, 조한나 드러커(Johanna Drucker), 도나 쿠츠, 피터 노스오버, 토드 프레스너(Todd Presner), 조이스 레이(Joyce Ray)와 데이비드 로비를 포함한 인문학자들이 제7장의 내용을 기꺼이 검토해주었다.

다른 많은 이들이 전문 주제에 대해 자신들의 깊은 지식을 공유했다. 생의학 분야에서는 조나단 바드(Jonathan Bard), 마틴 버튼, 파나지스 필리파코폴로스 그리고 아서 토머스(Arthur Thomas)가 있다. 필리파코폴로스 박사는 여러 장의 초고를 읽어주었다. 인터넷 기술과 인용 메커니즘에 대해서는 제프리 빌더(Geoffrey Bilder), 블레이즈 크로닌(Blaise Cronin), 데이비드드 루리, 피터 폭스(Peter Fox), 캐럴 고블(Carole Goble), 피터 잉워센(Peter Ingwersen), 존 클렌신(John Klensin), 칼 라고지, 살바토레 멜레(Salvatore Mele), 에드 펜츠(Ed Pentz), 허버트 반 데 솜펠(Herbert van de Sompel)과 요릭 윌크스 (Yorick Wilks)가 전문지식을 나누었다. 제9장의 내용은 블레이즈 크로닌, 캐슬린 피츠패트릭(Kathleen Fitzpatrick)과 존 클렌신의 논평으로 개선되었다. 폴 에드워즈와 마릴린 라파엘(Marilyn Raphael)은 기후 모형에 대한 자문위원 역할을 했다. 지적재산권과 오픈 액세스에 대한 부분은 데이비드 에르도스, 레슬리 그린, 피터 허틀(Peter Hirtle), 피터 머레이-러스트(Peter Murray - Rust), 파멜라 새뮤얼슨(Pamela Samuelson), 빅토리아 스토든(Victoria Stodden) 그리고 존 윌뱅크스(John Wilbanks)와 나눈 토론으로부터 도움을 받았다. 폴 데이비드(Paul David), 제임스 포더 그리고 데이비드 바인스와 함께 나눈 경제학에 대한 논의를 바탕으로 크리스토퍼 켈티(Christopher Kelty)는 공동자원(common - pool resources)에 대해 내가 명확히 이해하는 데 도움을 주었다. 지식인프라에 대한 생각은 나의 동료들인 제프리 바우커, 폴 에드워즈, 토머스 핀홀트, 스티븐 잭슨, 코리 크노벨(Corey Knobel), 데이비드 리비스와의 오랜 토의를 통해 형성되었다. 마찬가지로 데이터 정책에 대한 생각은 연구 데이터 및 정보 이사회(Board on Research Data and Information), CODATA, 전자프라이버시정보센터(Electronic Privacy Information Center)의 위원회 활동경력과 프랜신 버만(Francine Berman), 클리포드 린치(Clifford Lynch), 폴 올리르(Paul Uhlir), 마크 로텐버그(Marc Rotenberg)의 통찰력에 기인한다. 도서관과 아카이브에 대한 문제에 대해서는 린 브린들리(Lynne Brindley), 조한나 드러커, 앤 길리란드, 마가릿 헤드스트롬(Margaret Hedstrom), 앤 오브라이언(Ann O'Brien), 수잔 파커(Susan Parker), 개리 스트롱(Gary Strong)과 사라 토머스에게 자문을 구했다. 옥스퍼드에서 가진 많은 대화로부터 배운 것을 기반으로 조나단 퍼너는 철학적 개념을 명확히 해 주었다. 윌 존스(Will Jones)는 난민 연구에 있어서 윤리적 복잡성을 소개해 주었다. 아브델모넴 아피피(Abdelmonem Afifi), 마크 한센과 샤올리 멍(Xiao -li Meng)은 데이터 분석에서 통계적 위험을 이해하도록 도움을 주었다. 클리포드 린치, 린 마커스(Lynne Marcus), 매튜 마이어닉, 앤 오브라이언, 케이티 실튼과 질리언 왈리스는 원고의 상당 부분을 읽고 논평을 주었고 MIT 출판부의 마지 에이버리(Margy Avery)의 요청으로 여러 무기명 심사자들 역시 그렇게 해주었다.

　나는 보이지 않는 일을 하고도 저자라는 형태의 인정을 거의 받지 못하는 사람들의 수고에 대해서 분명히 감사의 뜻을 전하고자 한다. 여기에는 이 저술을 가능하게 한 연구비 지원기관과 프로그램 담당자들이 포함되어 있다. 국가과학재단(National Science Foundation)의 대니얼 앳킨스, 스테판 그리핀(Stephen Griffin)과 미미 맥클루어(Mimi McClure)는 특별히 데이터, 학술연구와 인프라에 대한 연구를 장려해주었다. 마이크로소프트 연구소(Microsoft Research, MSR)의 토니 헤이(Tony Hey)와 그의 팀은 협력과 자문을 제공하고 중요한 시기에 재정적 지원을 했다. MSR의 리 덕스(Lee Dirks), 수잔 두메이(Susan Dumais), 캐서린 마셜(Catherine Marshall), 캐서린 반 인겐(Catherine van Ingen), 알렉스 웨이드(Alex Wade)와 커티스 웅(Curtis Wong)에게 특별히 감사한다. 슬론재단(Sloan Foundation)의 조시 그린버그(Josh Greenberg)는 우리가 지식 인프라를 연구하도록 재정적으로 지원하고, 연구를 지원하였으며, 조언을 제공했다. 책이 집필되고 있는 동안 연구 성과를 발표할 수 있도록 초청해준 분들과 참여해준 분들에게도 역시 감사한다. 그 과정에서 그들과 풍성한 논의에 감사한다. 레베카 커밍스, 엘레인 레비아와 카밀 매튜(Camille Mathieu)는 방대한 참고문헌을 관리했으며, 책이 출판되면 오픈액세스 정신에 따라 조테로 그룹(Zotero group)으로(Borgman Big Data, Little Data, No Data) 공개될 것이다.

마지막으로 1977년부터 내가 발표한 모든 원고와 글들을 정리 교열해준 나의 남편 조지 무드(George Mood)에게 공을 돌린다. 남편은 대개 감사의 글에서 자신의 이름을 지워버린다. 하지만 이번에는 그 보이지 않는 작업을 보이게 해야겠다.

# 제2부 데이터 학술연구 사례연구

# 데이터와
# 학술연구

제1장

01

문제제기

데이터의 가치는 데이터의 사용에 있다.
— National Research Council, 「Bits of Power」

# 서론

'거대 과학(big science)'은 1963년에 프라이스(Derek de Solla Price)가 '작은 과학(little science)'과 비교하여 설명하면서 널리 알려졌다. 와인버그(Weinberg, 1961)에 따르면 거대 과학이라는 말은 특정 사회의 염원을 보여주는 원대한 시도를 지칭하기 위해 만들어진 용어이다. 와인버그가 20세기 과학의 기념비적 업적으로 언급한 것에는 대형 로켓, 고에너지 가속기(high energy accelerators), 고중성자속 연구용 원자로(high - flux research reactors) 등이 있다. 그것들은 이집트의 피라미드나 베르사유 궁전 혹은 노트르담 대성당에 비견되는 "우리 시대의 상징"이다. 이 시기는 스푸트니크 인공위성의 시대였으며 엄청난 돈이 과학연구에 쏟아부어진 때이기도 하다. 프라이스와 와인버그는 거대 과학의 향후 궤적을 말하면서, 거대 과학과 작은 과학의 상대적인 가치는 무엇인지(프라이스), 거대 과학이 그만큼 투자할 가치가 있는지, 나아가 과학 전반을 훼손하지는 않았는지 되묻기도 했다(와인버그).

'빅데이터'라는 용어는 50년 전에 '거대 과학'이 거쳐간 과장법을 답습하고 있다. 빅데이터는 《사이언스(Science)》, 《네이처(Nature)》, 《이코노미스트(the Economist)》와 《와이어드(Wired)》지와 같은 전문지 표지뿐 아니라 《월스트리트저널》, 《뉴욕타임스》와 같은 대중잡지 전면에 등장했고, 그외에 많은 주류와 비주류 출판물을 장식하고 있다. 거대 과학이 우주의 비밀을 풀려고 한 것처럼, 빅데이터는 디지털 신호에 묻힌 우리 삶의 보물을 드러낼 수 있을 것으로 기대된다. 빅데이터는 현대 경제활동을 위한

**제1부** 데이터와 학술연구

석유(Mayer - Schonberger and Cukier 2013)이자, 공동협업을 가능케 하는 접착제(Borgman 2007)이며, 학자들 간 갈등의 원인(Edwards et a. 2011; Edwards 2010)이다.

하지만 데이터는 석유처럼 흐르지 않고, 접착제처럼 붙지 않으며, 혹은 성냥처럼 마찰을 일으켜 불을 내지도 않는다. 『Bits of Power(National Research Council 1997)』 보고서에서 데이터의 가치는 사용에 있다고 설명하는데, 이 말에는 "무엇이 데이터인가?"라는 질문이 숨어 있다. 그런데 데이터 정의와 관련하여 모두가 동의하는 단 하나의 사실은, 하나의 정의로는 충분하지 않다는 것이다. 데이터는 다양한 가치를 갖고 있으며, 그 가치는 데이터가 수집되거나 관리될 때, 혹은 오랜 뒤 소실된 이후에나 분명해질 수 있다. 데이터의 가치는 공간과 시간, 맥락에 따라 매우 가변적이다. 적절한 데이터(right data)를 보유하는 것은 대체로 많은 데이터를 가지는 것보다 더 좋다. 지금은 빅데이터가 주목을 받고 있지만 소량의 데이터도 그에 못지않은 가치가 있을 수 있다. 현실에서는 적절한 데이터(relevant data)가 존재하지 않거나, 존재해도 찾지 못할 수가 있다. 또 독점적인 통제나 엠바고(embargo), 기술적 장벽, 큐레이션 소홀로 인한 품질 저하 때문에, 혹은 단순히 데이터 소유자가 데이터를 공유하지 못하거나 꺼려하는 경우 등, 여러 이유로 데이터가 없는 경우가 다반사이다.

그럼에도 데이터는 디지털 형식이나 물리적인 형태로 급증하고 있다. 규모에 있어서 빅데이터는 새로운 질문을 던지고 생각할 수 있게 해준다. 역사상 처음으로 연구자들은 모집단 전체(n=all)를 포함하는 데이터셋에 대한 질문을 할 수 있게 되었다. 디지털 데이터는 수세기 동안 존속해 온 물리적인 증거에 비해 훨씬 더 취약할 수 있다. 종이, 파피루스 문서, 그림과 달리 디지털 데이터는 데이터 생성에 사용된 기술적 장치가 없으면 해석이 불가능하다. 하드웨어와 소프트웨어는 빠른 속도로 진화하고 있는데, 디지털 기록물이 이에 맞게 새로운 버전으로 이전(migration)되지 않는다면 읽을 수 없게 된다. 또 디지털 기록물을 사용하려면 내용을 설명해주는 문서작업이 필요한데, 단순히 스프레드시트 파일에 있는 행과 열에 대한 정보뿐 아니라 데이터 입수 절차에 대해서도 기록해둬야 한다. 마찬가지로 물리적 표본, 슬라이드 필름, 시료 같은 것도 이러한 문서작업을 통해서만 해석이 가능하다. 장래의 사용을 대비해서 데이터 큐레이션에 대한 투자를 신중히 고려하지 않는다면 대부분의 데이터는 조만간 사라져버릴 것이다.

이렇듯 데이터가 갖는 취약성과 더불어 데이터가 갖는 힘(power) 때문에 데이터는 학술 커뮤니케이션에서 매력적인 연구 주제가 되었다. 데이터는 그 자체로는 어떤 가치나 의미를 가지고 있지 않다. 데이터는 자산이 될 수도, 부채가 될 수도 있으며, 자산이자 부채 둘 다일 수도 있다. 데이터는 사람, 관습, 정책, 기술, 기관, 물리적 사물, 관계 등으로 형성된 지식 인프라 안에 존재한다. 지식 인프라에 있는 모든 부문들은 이해관계자, 관련 기술, 정책 및 권력의 움직임으로 말미암아 끊임없이 변화하고 있다. 데이터와 관련된 많은 문제들을 풀어낼 실마리를 마련하는 것은, 현재와 미래의 연구자들뿐만 아니라 지식 인프라에서 생산되는 지식을 사용하려는 사람들이 어떻게 하는가에 달려 있다.

## 빅데이터, 리틀데이터

이 책의 제목인 빅데이터, 리틀데이터, 노데이터는 프라이스의 유산과 더불어 모든 학문 분야 연구자들에게 자신의 지적 자산을 보존하고 통제해야 한다는 것을 일깨워준다. 데이터는 학술연구의 투입, 산출물이자 자산이다. 데이터는 어디에나 있지만 대개는 덧없이 사라지는 일시적인 것이기도 하다. "무엇이 데이터인가?"라는 물음은 흔히 "언제 데이터가 되는가?"라는 질문으로 바뀔수 있는데, 어떤 현상이 데이터로 간주될 수 있다는 것 자체가 학술 행위로 취급될 수 있음을 인정하기 때문이다.

명목상 데이터는『옥스퍼드 영어사전(Oxford English Dictionary)』에서 (1) 정보 항목, 데이터의 집합, (2) 대개 과학 연구에 의해 수집되고, 참조, 분석 또는 계산에 사용되는 (주로 수치로 표시된) 집합적 관련 정보항목들, (3) 수치, 문자 혹은 기호의 집합으로 컴퓨터를 통한 명령 수행의 대상이 되는 것, 또한 (비기술적인 맥락에서는) 디지털 형식으로 된 정보로 정의하고 있다. 이러한 정의는 매우 협소하고 순환적이어서, 학술연구에 있어서 데이터의 풍부함과 다양성을 담아내지 못하고, 데이터가 기반하고 있는 인식론적, 존재론적 토대를 반영하지 못한다는 단점이 있다. 이 책에서는 제2장 전체에 걸쳐 데이터의 개념을 충실히 설명한다.

데이터의 특성이 더 넓은 맥락의 사회적, 기술적 동향과 결합하면서, 한편으로는 학술 커뮤니케이션에서 데이터는 더욱 유용하고 가치가 높아지고 있지만, 또 한편으로는 더욱 문제가 될 것이라는 인식도 커지고 있다.

## 데이터의 크기

프라이스(Derek de Solla Price, 1963)는 작은 과학과 거대 과학을 구분하는 중요한 차이점이 질적인 측면에 있다고 한다. 그의 견해에 따르면, 거대 과학은 집단 내 관계를 형성하고, 정보를 사적으로 교환하고, 해당 분야의 전문적인 행위를 관리하는 비공식 연구집단(invisible colleges)에 의해 지배된다(Crane 1970; Furner 2003b; Lievrouw 2010). 작은 과학은 연구문제와 방법론에 대한 동의 수준이 낮고 인프라가 덜 갖춰진, 비교적 작은 커뮤니티에서 소규모로 수행된다. 과학의 수행 및 학술연구의 제반 양식은 프라이스의 통찰 이래 상당한 변화를 겪어왔다. 프라이스는 현대과학사 연구 첫

세대의 일원이었고, 그의 견해는 제2차 세계대전 이후의 연구 체제 성장에 의해 지대한 영향을 받았다(Furner 2003a, 2003b). 프라이스가 생을 마친 1981년 당시에는 현재의 연구 행위에서 상당 부분을 지배하고 있는 분산적, 데이터 중심, 컴퓨팅 계산을 중심으로 하는 관행은 좀처럼 찾기 어려운 방법이었다. 하지만 작은 과학과 거대 과학이 질적으로 차이가 있다는 그의 통찰은 빅데이터 시대에도 여전히 유효하다.

빅데이터와 작은 데이터의 개념은 좀 어설프게는 거대 과학, 작은 과학의 비유와 유사하다. 프라이스는 연구 프로젝트 규모가 아닌 체제 (enterprise)로서의 과학적 성숙도를 기준으로 둘을 구분하였다. 현대과학 (프라이스의 용어로는 거대 과학)은 국제적, 협력적으로 수행되며, 공식 및 비공식적으로 정보교환을 하는 비공식 연구 동료 집단에 의해 수행된다는 특징이 있다. 작은 과학은 연구문제를 이해하기 위해 300여 년 동안 이론과 방법론을 독립적이고 작은 규모로 수행해 왔다. 작은 과학 혹은 소규모 과학은 상이한 방법론, 이질적 데이터, 지엽적 통제 및 분석을 통해 수행한다는 특징이 있다. 프라이스가 지적한 바와 같이, 작은 과학 분야는 거대 과학이 될 수도 있지만 대부분은 여전히 소규모로 남게 된다.

빅데이터와 리틀데이터의 구분은 무엇을 크다(big)고 볼 것인가에 따라 다양한 시각을 갖게 된다. 2013년이 되어서야 『옥스퍼드 영어사전』은 빅데이터를 용어로 등재하면서 "전형적으로 데이터의 조작과 관리에 있어 심각한 방법론적 어려움이 야기되는 매우 큰 규모의 데이터, 또한 그러한 데이터를 활용하는 컴퓨팅의 분야"라고 정의하고 있다. 마이어–숀버거와 쿠키어(2013)는 기업 및 공공 분야 적용에 염두를 두고, 작은 규모에서는 수행할 수 없는, 대규모 수준에서만 추출할 수 있는 통찰(insights)이라는 관점에서 빅데이터를 고려한다. 학술 영역에서 빅데이터는 어떤 현상에 대해 지금까지는 전례가 없는 규모 또는 범위에서 데이터를 활용함으로써 가능하게 된 연구 영역이다(Mayer and Schroeder 2014; Schroeder, 2014).

데이터는 그것을 가지고 무엇을 할 수 있느냐의 관점에서 크거나 작다고 할 수 있다. 어떠한 통찰을 보여줄 수 있는지, 또 관심 대상인 현상, 즉 소비자 구매행위나 혹은 신약 개발 같은 현상과 관련해서 요구되는 분석의 규모라는 관점에서 크거나 작다고 할 수 있다. 데이터의 양(volume), 다양성(variety), 생성의 속도(velocity) 혹은 이들 특성의 조합으로(Laney 2001) 빅데이터를 정의한 초창기 정의는 여전히 유용하다. 양, 다양성, 속도 등의 차원에서 데이터가 급격히 증가하는 것은 관련된 연구 및 학술활동의 규모에도 변화를 줄 수 있다.

데이터의 보편성도 데이터의 크기에 기여한다. 우리의 일상이 정보 기술, 기기를 통해 기록되면서 행위의 흔적이 손쉽게 포착된다. 불과 20년 전만 하더라도 통신 접근은 전화선을 보유한 가구의 비율로 측정되었다. 그러나 지금은 개인마다 다양한 통신 기기를 지니고 있으며, 각 장치에는 고유한 식별자(identifier)가 있다. 개발도상국에서도 이동통신기술의 폭발적인 성장에 힘입어 디지털 정보 전송이 가능해졌다. 이와 같이 언제 어디서나 사용 가능한 보편적 기기들은 단순한 전화기 이상으로, 신호를 감지하고, 통신을 하고, 계산을 수행할 수 있다. 기기들은 텍스트, 이미지, 오디오와 비디오 데이터를 수집하고 전송할 수 있다. 데이터의 흔적은 시공간의 좌표로 표시되어 연속된 활동의 기록을 생성한다. 건물, 차량, 공공장소도 유사한 기술에 의해 그 자체로 계기화가 되었다. 이러한 흔적들을 결합시킴으로써 사회적 행위를 연구하는 풍부한 모델을 만들 수 있다. 데이터와 그의 활용은 사생활 관련 법률 또는 정보 정책이 따라잡기 어려울 정도로 빠르게 확산되고 있다.

디지털 형식으로 이용할 수 있는 데이터 자료가 보편화되고 대용량으로 생성되면서, 미디어의 과대광고 속에, 혹은 학술 담화에서 데이터라는 개념이 등장했다. 오래전부터 예측된 것이지만, 과학, 의학, 경제 및 여타 영역에서도 빅데이터의 임계량(critical mass)은 이미 달성된 바 있다. 빅데이터는 어떤 아이디어가 대중성의 문턱을 넘어 급속하게 확산되는 시점을 표현한 경제 분야의 용어인 '티핑포인트'에 도달한 것이다(Gladwell 2002). 모든 분야에서 디지털 데이터는 손쉽게 생산하고, 분석하고 또한 배포할 수 있게 되었다.

빅데이터의 출현으로 새로운 질문을 던질 수 있고, 새로운 추세를 예측할 수 있으며, 이전에는 알지 못했던 현상을 포착할 능력이 생겼다. 빅데이터의 출현으로 새로운 산업이 탄생했는데, 이 산업은 학술연구의 이해관계와 양립할 수도 있지만, 때로는 그렇지 않을 수도 있다.

## 개방성(Oepnness)

소프트웨어, 정부, 표준, 출판물, 데이터, 서비스와 지식의 협력적 생산과 관련하여 오픈 모델이라는 최근의 추세는 모든 분야에서 이해당사자들 간의 관계를 변화시켰다(Benkler 2007; Hess and Ostrom 2007a; Kelty 2008; Raymond 2001). 개방성은 정보의 흐름, 시스템 및 서비스의 모듈화, 상호호환성을 강조한다. 그러나 개방성은 '무료 소프트웨어' 운동에서 분명하게 드러났듯이 경제적, 사회적 비용을 수반한다. 리처드 스톨만(Richard Stallman 2002)의 표현을 인용하자면, 개방된다는 말은 공짜로 뭔가를 주는 게 아니라 말로만 떠드는 것에 가까운 것처럼 보인다.

오픈액세스 출판은 대개 2002년의 부다페스트 선언에서 시작된 것으로 보며, 그 뿌리는 1970년대에 시작된 전자 출판에서 비롯되었다(Budapest Open Access Initiative 2002; Naylor and Geller 1995). 데이터에 대한 오픈 액세스는 역사가 더 오래되었는데, 1957~1958년 국제지구과학의 해에 관측 프로그램을 통해서 수집된 데이터를 아카이브하고 배포시키기 위해 만들어진 1950년대 세계데이터센터(World Data Center) 시스템에서 비롯된 것으로 본다(Korsmo 2010; Shapley and Hart 1982). 1966년에는 국제학술연합회의(International Council for Science)를 통해서 데이터의 관리와 활용을 위한 협력 촉진 기구로서 CODATA가 설립됐다(Lide and Wood 2012). 2007년에는 OECD 국제협력개발기구(Organization for Economic Cooperation and Development)가 공공 재원을 통해 수집된 연구 데이터에 대한 접근을 보장하기 위해 성문화된 원칙을 공표했다. 그 이후 연구 데이터 접근에 대한 정책 보고서들이 꾸준히 발간되고 있는데(Arzberger et al. 2004; National Research Council 1997; Esanu and Uhlir 2004; Mathae and Uhlir 2012; Pienta, Alter, and Lyle 2010; Wood et al. 2010), 오픈액세스 출판과 오픈데이터에 대해서는 제3장에서 좀 더 깊이 있게 다룬다.

오픈액세스는 지적재산권과 정보경제 분야의 정책 변화에 뿌리를 두지만, 부분적으로는 임계량(critical mass)에 도달하면서 새로운 시장을 형성하게 된 정보 자원의 상품화 경향에 대한 대응이라고 볼 수 있다. 의료기록, 소비자구매행동, 소셜미디어, 정보검색, 학술출판, 유전체학(genomics)은 데이터의 충분한 집적을 통해 시장을 형성하고 움직일 수 있는 분야들이다. 이러한 데이터의 일부는 전적으로 기업 영역에서 통용되지만, 연구와 기업의 이해관계에 함께 걸쳐 있는 것이 많다. 학술연구에서 생성된 데이터가 상업적 가치를 가질 수 있고, 상업적 데이터 또한 학문 탐구에 활용될 수 있게 되면서 새로운 파트너십이 형성되기도 하지만 새로운 갈등을 낳기도 한다(Lessig 2004; Mayer-Schonberger and Cukier 2013; Schiller 2007; Weinberger 2012).

오픈액세스는 데이터의 상품화와 결합하여, 연구 정책의 변화를 이끌어내고 있다. 정부, 연구비 지원기관, 학술지에서는 연구자들에게 데이터 공개(release)를 장려하거나 의무화하고 있다(Finch 2012; National Science Foundation 2010b; National Institutes of Health 2003; Research Councils UK 2012a). 출판물과 데이터의 오픈액세스는 많은 분야에서 학술 콘텐츠의 유통을 가속화하는 동시에 이해관계자 사이의 긴장감을 고조시키고 있다.

정보의 흐름은 기술 인프라에 대한 의존성을 더욱 심화시킨다. 유무선 통신 네트워크의 용량과 보급이 증가하고 있다. 정보와 도구, 서비스에 대한 수요와 공급을 뒷받침하기 위한 기술 투자는 여전히 줄지 않고 있다. 하지만 기술 투자가 곧바로 정보 교환의 문제를 개선하지는 않는다. 기술 인프라는 때로는 기업이나 정치 혹은 학문 영역에서 스파이 활동 (espionage)의 표적이 되기도 한다. 사생활, 기밀성, 익명성, 지적 자산의 통제가 모두 위태로운 상황에 있다. 네트워크상에서의 학술 데이터 및 여타 데이터의 전송을 위해서 보안, 권한, 보호, 상호운용성, 정책 사이의 정교한 균형이 필요하게 되었다.

## 롱테일(Long Tail)

롱테일이라는 용어는 연구 분야 혹은 경제 영역에서의 데이터 가용성 및 활용을 잘 설명해주는 대중적인 말이다. 이 용어는 《와이어드》지 기사에서 크리스 앤더슨(Chris Anderson, 2004)이 물리적인 상점과 대비되는 온라인 상점의 상품 시장을 설명하기 위해 고안한 것이다. 롱테일 법칙의 통계 분포(그림 1.1)인 멱함수는 잘 알려져 있다. 앤더슨의 모델에서 약 15%의 분포는 곡선의 머리 부분에 있고 나머지 85%는 꼬리 부분을 따라 길게 분포되어 있다. 이를 학술연구에 적용해보면, 소수의 연구팀만이 매우 큰 용량의 빅데이터를 다루는 분석을 수행하고, 어떤 팀은 매우 작은 용량의 데이터를 상대하지만, 대부분은 그 사이 어딘가 중간 지점에 해당한다는 것이다. 롱테일 곡선의 오른쪽 끄트머리에는 많은 연구자들이 극히 적은 양의 데이터를 가지고 연구를 수행하고 있다.

　　롱테일이라는 개념은 어떤 학문 영역 혹은 연구팀에서 사용하는 데이터 크기의 범주를 보여주는 데 유용한 함축적인 표현이다. 롱테일은 또한 자연과학 분야에서는 천문학, 물리학, 유전체학에서, 사회과학에서는 거

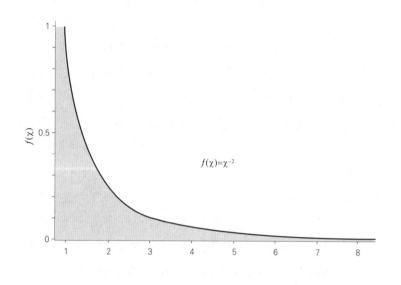

〈그림 1.1〉 흔히 롱테일로 알려진 멱함수 분포

$f(\chi)=\chi^{-2}$

출처: Jillian C. Wallis

시경제학, 디지털 인문학의 일부 분야에서만 절대적 의미의 매우 큰 용량의 빅데이터를 처리하고 분석을 수행한다는 사실을 효과적으로 보여준다. 요컨대 데이터의 사용량은 학문 분야에 걸쳐 고르지 않게 분포되어 있다는 점이다.

롱테일 비유의 약점은 어떤 분야, 어떤 개인이든 데이터의 실제 사용이 이차원 좌표에서의 위치로 표시될 수 있다고 보는 데 있다. 학술 활동은 처리 데이터의 규모 말고도 수없이 많은 요인에 의해 영향을 받는다. 연구 문제의 선택이 연구 방법과 데이터의 선택을 주로 결정하지만, 반대의 경우 또한 가능하다. 데이터의 가용성이 연구 질문과 방법론을 선택하게도 한다. 또한 데이터의 선택은 연구자들이 동원할 수 있는 다양한 자원, 즉 이론이나 전문성, 실험실과 장비, 기술적/사회적 네트워크, 연구 현장 및 연구 인력, 다른 형태의 자본 투입에 의해 결정되기도 한다.

하지만 학술연구에서 데이터 분포에 대한 롱테일의 한 가지 일반론은 주장할 수 있는데, 곡선의 머리 부분에서 활동하는 소수 연구자들이 사용하는 데이터의 용량은 크지만 다양하지는 않다는 점이다. 대용량의 데이터를 생성해내는 거대 과학 분야는 공통의 장비(예를 들면, 망원경, DNS 염기 서열분석기)와 형식(예를 들면, 메타데이터, 데이터베이스 구조)에 대해 동의해야 한다. 이러한 데이터는 그 내용과 구조에 있어 동질성이 높다. 데이터 구조를 표준화하는 역량은 공통 인프라 및 도구와 서비스의 개발을 촉진시켜준다. 반대로 어떤 연구의 전문 영역이 속한 지점이 롱테일 분포의 꼬리 부분에 가까울수록, 그리고 학문 성격 및 관련 관행이 작은 과학 혹은 작은 학술연구(scholarship)에 해당할수록, 데이터의 내용, 구조, 표현에서의 다양성은 더욱 커진다. 혼자 또는 작은 팀단위로 수행하는 학술연구 분야에서 일하는 사람들은 당면한 문제에 대한 그들의 연구 방법, 데이터 수집, 장비계측화와 분석을 자신의 연구에 맞춰 적응할 수 있는데 반해, 천체망원경, 선형가속기 혹은 데이터에 대한 대규모 디지털 데이터 프로젝트에 의존해야 하는 거대 학술연구 분야 연구자들은 상대적으로 유연성이 떨어진다. 이렇듯 유연성을 보장하게 되면, 공유 인프라의 기반인 표준화에는 문제가 되고, 공통의 데이터 자원을 개발하고 유지할 수 있는 임계량(critical mass)에는 미치지 못하게 된다는 단점이 있다.

오늘날 대다수의 과학 연구와 학술 작업은 최소 수준의 연구비 지원을 받은 개인 혹은 소규모 연구팀에 의해 수행되고 있다(Heidorn 2008). 이러한 연구팀의 일부는 매우 크고, 분산된, 국제적인 거대 과학 협력의 파트너이기도 하다. 이들은 빅데이터를 생성하거나 분석하고, 분야별 리포지토리를 통해 빅데이터를 교환하기도 한다(National Science Board 2005; Olson, Zimmerman, and Bos 2008). 반면 개인 및 팀 대다수의 학술연구는 탐색적이고, 국지적이며, 다양하지만 커뮤니티의 공유 자원이 거의 없는 상황에서 수행되고 있다.

# 노데이터(데이터 부재)

대체로 연구자, 학생, 정부, 산업계, 일반 대중들은 거의 모든 주제에 대해 데이터가 존재하고 접근가능하다고 전제하지만, 데이터의 부재는 점점 분명해지고 있다. 연구문제를 해결하기 위해 사용할 수 있는 데이터의 양, 속도와 다양성은 분야에 따라 크게 차이가 난다. 데이터가 풍부한 분야에서는 대개 이런 데이터 자원을 모음으로써 공통의 방법, 도구와 인프라를 촉진시킨다. 개인 연구자나 연구팀이 분석할 수 있는 것보다 훨씬 더 풍부한 데이터를 생성하게 되면서, 공유 데이터의 처리(mining)와 결합이 가능해졌고, 이전보다 더 많은 인력이 데이터를 분석할 수 있게 되었다. 데이터가 빈곤한 분야에서는, 데이터는 '귀중품(Sawyer 2008, 361)'이 되어 연구 방법과 이론의 선택을 좌지우지하게 되었다. 롱테일 비유에서와 마찬가지로 데이터의 풍요와 빈곤이라는 이분법적인 구분은 연구 작업에서 사용되는 데이터 자원의 복잡성을 지나치게 단순화시키는 문제가 있다. 특정 연구문제나 프로젝트에서 데이터를 전혀 구할 수 없거나 최소한의 데이터만 보유하게 되는 이유 가운데 몇 가지를 소개하면 다음과 같다.

## 데이터 입수 불가

대부분의 분야에서 연구자들은 새로운 데이터 생성에 대한 보상을 받는다. 기존의 데이터를 다시 분석한다고 연구비 지원을 받는 것보다 관찰, 실험, 설문, 모델, 민족지학 등의 방법을 통해 뭔가 새로운 것을 연구하겠다고 해서 연구비 지원을 받는 것이 훨씬 쉽다. 학자들은 데이터가 전혀 존재하지 않는 주제를 추구함으로써 경쟁 우위를 획득한다. 연구자들이 재사용이 가능한 데이터를 찾는 분야는 천문학, 소셜미디어, 도시 및 기후 모델링, 생명과학 분야의 데이터기반 연구(dry lab) 등으로 제한되어 있다.

관련 데이터가 존재하기는 하지만 데이터를 보유한 조직이 데이터를 공개할 의무가 없거나 법적으로 데이터를 공개하는 것이 금지되어 있을 수 있다. 상거래 기록, 특허, 박물관 전시 기록, 학습 기록 등이 그러한 사례이며, 무수히 다른 형태의 정보가 잠재적 연구대상으로 유용하게 쓰일 수 있다. 이 같은 데이터 중 일부는 라이선싱 또는 개인 정보의 비식별조치와 같은 조건 하에서만 사용할 수 있다. 연구, 정부 및 산업에서의 오픈 데이터 추세로 인하여 이전에는 독점권(proprietary)의 문제로 구할 수 없었던 데이터를 사용할 수 있게 되었다.

약품의 임상 실험 혹은 의학적 치료에 대한 데이터는 특히 논란이 된다. 이런 데이터는 상당한 금전적, 경쟁적 가치를 가질 수 있다. 또한 임상 치료에서도 중요한 역할을 한다. 환자들은 이러한 데이터와 연구결과에 대한 보다 원활한 접근을 원하는데, 공공의 이익에도 부합하기 때문이다. 이에 따라 임상 실험 데이터의 선별적인 공개 및 보고는 공공 정책의 관심사가 되었다. 이 책에서 깊이 다루지는 않지만, 오픈액세스를 지향하고 이해관계자 사이의 관계에 변화를 가져오는 정책 전환의 최전선에 임상 실험과 같은 생의학 데이터가 있다(De Angelis et al. 2005; Edwards et al. 2009; Fisher 2006; Goldacre 2012; Hrynaszkiewicz and Altman 2009; Kaiser 2008; Laine et al. 2007; Lehman and Loder 2012; Marshall 2011; Prayle, Hurley, and Smyth 2012; Ross et al. 2012; Wieseler et al. 2012).

제5장에서 다루는 사회과학 및 인문학에서 인간을 실험 대상으로 하는 데이터의 경우도 매우 민감한 문제가 될 수 있으며, 공개되지 않을 수 있다. 일반사회조사와 같이 합리적인 수준에서 익명처리된 데이터는

재사용을 위해 공개될 가능성이 가장 높다. 일상관찰기록(ethnographic data)과 여타 형태의 정성적(qualitative) 데이터는 수집한 연구자와 연구팀이 아닌 다른 사람들이 사용하도록 공개되는 경우는 거의 없다.

## 데이터 공개 불가

데이터에 대한 오픈액세스가 일부 학술연구 분야에서는 역사가 오래되었지만, 데이터 공개에 대한 긍정적인 태도가 보편적이라고 할 수는 없다. 일부 분야에서는 데이터를 공개하지 않는 것이 연구 부정으로 간주되는 반면 제8장에서 보듯이 다른 분야에서는 반대의 경우가 연구 부정이 된다. 예를 들어, 화학 분야에서는 재사용을 위해 데이터를 수집하고 저장하는 관행이 '우표수집'으로 취급받을 만큼 사소한 일이다(Lagoze and Velden 2009a, 2009b). 데이터는 교환되고 맞바꿀 수 있으며, 연구협력자 혹은 연구비 지원기관과의 협상에서 지렛대로 활용되는 가치 있는 자산이 될 수 있다. 한번 대중에게 공개된 후에는 연구자는 누가, 어떻게, 언제 그리고 왜 해당 데이터가 사용되는지에 대한 통제권을 잃게 된다. 대개 연구자들은 자신의 데이터가 선별적으로만 사용되거나, 오용되고 잘못 해석되어, 본인의 연구에 나쁜 영향을 주게 될 것을 염려한다(Hilgartner and Brandt-Rauf 1994).

최근 연구비 지원 제안서의 일부로 데이터 관리계획(data management plans)을 의무적으로 첨부하게 한 조치는 데이터 공개를 위해 한 걸음 진일보한 정책적 변화라고 할 수 있다. 하지만 이런 정책에서도 데이터에 대한 오픈액세스를 거의 대부분 의무화하고 있지 않다. 대신에 연구자는 어떤 데이터를 수집하고, 수집한 데이터를 어떻게 관리할 것이며, 어떤 조건에서 타인에게 데이터를 가용하게 할 것인지를 구체적으로 밝혀야 한다. 마찬가지로 아직은 소수이지만 점차 많은 학술지들에서 논문에 수록된 데이터를 공개하도록 의무화하고 있다. 데이터 공개는 분야별 아카이브 혹은 기관 리포지토리에 기탁하거나, 학술지 논문에 부록자료로 삽입하거나, 연구자 웹사이트 탑재 혹은 요청이 있을 경우에 공개하는 등의 여러 방식을 통해 실행될 수 있다(Alsheikh-Ali et al. 2011; Wallis, Rolando, and Borgman 2013).

어떤 분야에서는 연구자에게 데이터 공개 이전에 데이터를 통제하기 위한 엠바고 기간, 즉 데이터에 대한 독점적인 권한 행사를 할 수 있는 기간이 주어진다. 통상 몇 개월부터 몇 년에 걸친 이 기간에 연구자는 자신의 데이터를 통제할 수 있다. 엠바고 기간을 설정할 때의 의도는 그 기간이 연구자가 데이터의 분석과 결과의 출판을 하기에는 충분하고, 해당 데이터를 연구자가 커뮤니티에 빨리 공개하는 것을 촉진할 수 있도록 짧게 설정하는 것이다. 연구비 지원기관 혹은 학술지에서 연구자에게 데이터를 공개하라고 할 때, 그 시점은 일반적으로 연구결과가 출판된 이후거나 나중에 요청이 있는 때이다. 엠바고 기간이나 데이터 독점(proprietary) 기간이 초과되거나, 혹은 임상실험 데이터 공개 상황과 같은 규정이 적용되지 않는다면, 연구자가 자신의 데이터를 연구결과 출판 이전에 공개하도록 요구받는 경우는 거의 드문 일이다.

스티브 소여(Steve Sawyer 2008)가 설명하는 것처럼, 데이터가 풍부하지 않은 분야에서는 데이터를 공개하지 않는 것이 통상적으로 용인되는 관행이다. 예를 들어 인문학 분야의 연구자들은 가능한 오랫동안 자신들의 희귀 문서, 편지 및 여타 자료에 대한 접근을 제한하려 한다. 사회과학에서는 연구자료, 연구 현장 및 관련 데이터에 대한 접근을 통제하려 한다. 물리학이나 생명과학에서도 연구자들은 연구 현장, 생물 종(species), 관찰, 실험에 대한 접근을 제한한다. 나라마다 고고학 발굴 현장, 문화 유산 자료와 여타 데이터 자원을 따로 숨겨두고, 자국의 연구자들과 연구 파트너에게만 접근을 허용할 수 있다. 분야와 상관 없이 가난한 국가 출신 연구자들은 기회도 드물고 비용이 많이 드는 해외 현지 연구로부터 가져온 자료의 보고(trove of resources)를 보호하려 할 것이다.

많은 분야의 연구자들은 자신의 전체 연구 경력을 마칠 때까지 어떤 데이터셋 또는 여타 자료를 끊임없이 처리, 분석할 경우도 있다. 일부 데이터는 시간이 흐름에 따라 그 가치가 증대되는데, 특정 종(species) 혹은 현상에 대한 누적된 관찰이 여기에 해당된다. 어떤 학자의 노트, 기록과 연구자료 또한 다른 연구자들에게 귀중한 데이터가 될 수 있다. 하지만 설령 아카이브에 기탁된다고 하더라도 그것은 그 연구자의 연구 경력 종료 시점 이후에야 접근이 가능할 수도 있다.

## 데이터 사용 불가

개인이 본인을 위해 자신의 데이터에 대하여 문서화를 해두는 것은 매우 어려운 일이다. 하물며 다른 사람이 찾고, 검색하고, 해석하고 재사용할 수 있도록 데이터를 문서화하는 것은 더더욱 어려운 일이다. 8장과 9장에서 논의하겠지만, 타인이 데이터를 재사용할 수 있도록 노력하게 만드는 동기는 수많은 사회적, 기술적, 정치적, 경제적 그리고 맥락적 요소에 따라 차이가 난다.

데이터의 공개와 데이터를 사용할 수 있도록 만드는 것은 전혀 별개의 문제이다. 데이터를 해석하는 데 필요한 정보는 연구문제, 연구 분야, 데이터를 재사용하고자 하는 사람들의 전문성 및 가용 자원 등에 따라 다르며, 이에 대해서는 제4장과 사례분석에서 자세하게 설명한다. 데이터의 해석을 위해서는 코드북(codebook), 연구 모델, 데이터가 어떻게 수집, 교정되고 분석되었는지에 대한 방법론에 대한 상세 설명 등이 필수적으로 요구된다. 덧붙여 모든 분야에서 디지털 데이터셋은 통계처리 도구, 장비 고유의 명령문 또는 특정 분야에서 최적화된 소프트웨어와 같은 프로그램에서만 파일을 열 수 있다. 그러한 프로그램의 대부분은 전매소유권 (proprietary)이라는 제한이 있게 마련이다. 데이터 재사용을 위해서는 데이터의 유래와 변환에 대한 정보가 필수적이다. 데이터의 재사용은 데이터가 원래 유래한 곳으로부터 시간적, 이론적, 분야 혹은 다른 거리의 척도의 관점에서 멀리 떨어진 곳일수록 데이터를 해석하거나 재사용의 가치를 판단하기가 더욱 어려워진다.

데이터를 설명할 수 있는 전문가가 활동하고 있는 기간에 데이터에 대한 문서가 빨리 만들어지지 않는다면 데이터의 유용성은 금방 사라질 수 있다. 마찬가지로 데이터셋은 생성, 분석에 사용된 하드웨어와 소프트웨어 버전에 동기화되지 않으면 사용하지 못하게 될 수 있다.

데이터 큐레이션 문제의 핵심은 어떤 데이터가 보존의 가치가 있으며, 왜, 누구를 위해, 누구에 의해 그리고 얼마나 오랫동안이나 보존할 것인지에 대한 문제이다. 데이터 큐레이션에 대하여 연구자, 학문 커뮤니티, 대학, 연구비 지원기관 등 다양한 이해관계자의 책임이 무엇인지에 대한 질문에 대해서는 제10장에서 다루기로 한다.


## 문제제기

분명한 것은, 데이터는 대중매체나 정책 관련 성명에서 시사하는 것보다 훨씬 더 복잡한 주제라는 것이다. 데이터는 연구와 학술 행위에 국한하는 경우에도 방대하고 다루기 어려운 주제이다. 연구 데이터에 대한 문헌이 빠르게 증가하고 있음에도 불구하고 개별 논문, 학술대회 발표문, 백서, 보고서와 선언문은 기껏해야 거대한 코끼리의 일부만을 만지는 격이다. 이 책은 학문 분야 전반에 걸친 사례를 설명하면서 데이터라는 거대한 주제에 대한 사회적, 기술적, 정책적 관점을 아우르는 최초의 단행본이다. 이 책은 디지털 시대의 학술연구에 대하여 보다 일반적인 탐구를 다루고 있는 본인의 저서(Borgman 2007)에 뒤이어, 본 장에서 이미 설명한 추세에서 드러났듯이 최근 급격하게 커진 데이터에 대한 관심에 대해 다루고자 한다.

이 책의 목표가 야심차기는 하지만 학술연구에서의 데이터의 성격, 역할, 활용 등 아직 많은 질문들이 여전히 남아 있다. 이론과 증거, 실제 관계는 아주 깊숙이 얽혀 있으며 가능하다면 그것들의 교차점을 밝히고, 얽힌 것을 푸는 시도를 하고자 한다. 이 책에서 제시하는 쟁점들은 현재 당면한 제반 이슈들을 탐색하고, 가까운 미래에 학술연구와 학문 체제의 성패를 결정할 수 있는 문제들에 대한 깊은 고민에 근거하고 있다. 내용의 서술은 학술연구 체제(scholarly enterprise)의 다양한 이해관계자 간에 심층적 대화를 촉발하는 것을 목적으로, 아래 여섯 개의 문제제기라는 틀을 통해 이루어진다.

1. 데이터의 재현가능성(reproducibility), 공유 그리고 재사용의 문제는 이미 수십 년, 어떤 경우에는 수세기에 걸쳐 논의되어 왔다. 연구데이터를 누가 소유하고, 통제하며, 접근권을 갖고, 유지할 것인가에 대한 논의를 통해 데이터의 가치가 어떻게 그리고 누구에 의해서 활용될 것인지가 결정될 것이다.

2. 여러 다른 상황에 걸쳐 또 시간의 흐름에 따라 지식을 전달하는 것은 어려운 일이다. 데이터의 일부 형식과 표현은 여러 학문 분야, 맥락 및 시간의 경과와 관계 없이 용이하게 공유될 수 있지만 많은 경우에는 그렇지 못하다. 어떤 특성이 더 중요하고 어떤 것은 그렇지 않은지에 대한 이해는 학술연구의 실행과 정책에 유용한 정보를 제공할 수 있으며, 지식 인프라에 대한 투자를 위해서도 필수적이다.

3. 새로운 형태의 출판물과 장르의 확산에도 불구하고 학술 출판물의 기능은 안정적인 상태로 남아 있다. 학술 커뮤니케이션에서 데이터는 학

술지 논문, 서적, 혹은 학술대회 발표문과는 다른 기능을 수행한다. 데이터를 출판물로 간주하는 것은 학술 커뮤니케이션의 새로운 모델을 탐색하는 노력을 훼손시키는 동시에 기득권을 강화시켜주는 위험이 있다. 학술연구에 있어서 데이터의 기능은 반드시 다양한 이해관계자의 관점에서 검토되어야 한다.

4. 학술 저작물은 오픈액세스 출판, 오픈데이터와 오픈소스 소프트웨어 등의 운동을 통해 더욱 폭넓게 확산되고 있다. 학술연구에서 데이터와 출판물의 목적이 다르다는 것은 확산에 따르는 보상, 수단 및 관행에도 영향을 미친다. 데이터에 대한 오픈액세스를 제공한다는 것은 우리가 아직 잘 파악하지 못하고 있는 연구자, 도서관, 대학, 연구비 지원기관, 출판사 및 기타 이해관계자 등에 대한 시사점을 제시한다.

5. 지식 인프라는 오픈액세스, 데이터 중심 연구, 신기술, 소셜미디어 및 실무와 정책에서의 변화에 적응하기 위해 진화하고 있다. 이 과정에서 어떤 이해관계자는 우위를 얻게 되는 반면 다른 이해관계자는 손해를 본다. 비용, 혜택, 위험 및 책임이 재분배되고 있다. 새로운 형태의 전문성이 필요하고, 이러한 전문성의 적용은 맥락 및 연구 분야에 따라 상이하게 나타날 것이다.

6. 지식 인프라는 여러 학술 세대를 거쳐 개발되고 조정된다. 장기적 관점에서의 설계와 정책이 필요한 반면 연구비 지원은 단기적인 주기에 따라 운영된다. 현재 그리고 미래에도 연구 데이터를 획득, 유지, 활용할 수 있으려면 인프라에 대한 상당한 투자가 필요하다. 이러한 투자에는 논쟁이 따를 수 있는데, 그것은 지금 내린 결정이 가까운 장래를 넘어서 장기적으로 어떤 데이터와 정보 자원이 가용하게 될 것인지를 결정하기 때문이다.

이상의 문제제기에 대해 총 10장에 걸쳐 세 개의 부로 나누어 탐구한다. 제1부인 앞의 제4장까지는 데이터와 학술연구에 대한 개관을 제시함으로써 여섯 개의 문제제기 전반에 걸친 영역들의 구도를 보여준다. 제2부는 3개의 장으로 이뤄진 사례연구로 구성되어 있다. 자연과학, 사회과학, 인문학에서 다양한 사례들이 탐구되는데, 각 사례는 문제제기에 대한 근거를 제시한다. 데이터 정책과 실무에 대한 내용이 제3부를 구성하는데 제8장은 다양한 분야와 상황에 걸쳐 데이터의 가용성과 활용에 대한 비교분석을, 제9장은 데이터에 대한 기여인정(credit), 귀속(attribution) 및 발견과 관련된 이슈들에 대한 탐색을 다루며, 제10장에서는 어떤 데이터를, 왜 보존해야 하는가에 대한 질문을 다루는 것으로 마무리를 짓는다. 제3부는 이러한 문제제기가 학술연구의 실무와 연구 정책에 대해 갖는 시사점을 도출하고, 향후 다뤄져야 할 추가적인 질문을 제시하고 있다.

## 결론

어떤 분야든 지식 공동체의 진전성은 활발한 지식 추구에 달려 있다. 우리의 당면한 과제는 학술연구에 기여를 하는 아이디어, 질문, 방법 그리고 자원의 다양성을 촉진시키는 지식 인프라를 개발하는 것이다. 많은 분야에서 빅데이터에 대한 열광적인 지지가 소규모의 학술연구를 위험에 빠뜨렸다는 데 학자들은 동의한다(Alberts 2012; Berlekamp 2012; Gamazon 2012; Meyer 2009; Sawyer 2008; Siminovitch 2012).

이 책은 데이터라는 블랙박스를 열어서 그 내부의 개념, 이론, 실무, 정책, 가치, 보상 및 동기요인을 들여다보고자 한다. 데이터는 그 자체로는 대단히 흥미로운 주제는 아니다. 하지만 데이터는 학술연구 관행이 어떻게 급진적으로 변화하고 있는지 고찰하고 그러한 변화가 기술, 교육 및 정책과 어떻게 교차하는지 목도할 수 있는 대단히 유용한 환경을 제공한다. 여섯 개의 문제제기는 모든 이해관계자들이 함께 연구 데이터에 대해 폭넓고 깊이 있는 대화를 할 수 있는 논의의 장을 만들기 위한 것이다. 어떤 문제제기도 단순하거나 명확한 해답이 있지는 않다. 대부분의 질문들에 대해 개개인은 매일매일 겪으면서 절충하게 될 것이다. 모든 질문들은 학술연구가 현재 그리고 장래에 어떻게 수행될 것인지에 영향을 미칠 것이며, 이 논의야말로 이 책에서 말하고자 하는 핵심이다.

제2장 **02**

# 데이터란 무엇인가?

# 서론

데이터는 새로운 용어가 아니지만 최근에 더욱 주목받는 개념이 되었다. 『옥스퍼드 영어사전』에 따르면, 데이터는 1646년부터 신학 분야에서 복수 형으로 사용되었다고 밝히고 있다. 다니엘 로젠버그(Daniel Rosenberg, 2013) 는 "18세기의 온라인 장서"(ECCO, The Eighteenth Century Collections Online, Gale Cengage Learning 2013)를 분석하여, 17세기부터 데이터에 대한 언급이 지속 적으로 증가하고 있음을 실증적으로 보여줬다. 최초의 사용은 라틴어로 씌어졌는데 수학과 신학을 거치면서 data라는 용어로 영어에 편입되었다. 18세기에는 단수/복수 사용에 대한 토론이 있었다. 데이터는 (1) 논쟁의 근거로 인정되는 일련의 원칙이거나 (2) 팩트, 특히 성경에서 취한 사실들 에 적용되었다. 로젠버그는 18세기 후반에 이르러서야 데이터가 실험과 관찰, 조사 등으로 수집한 과학적 증거 형태의 팩트를 의미하게 되었음을 발견했다. 그는 구글북스 온라인 코퍼스(말뭉치) 검색을 통해, 18세기의 ECCO 분석보다 더 구체적인 결과를 보여주지는 않지만 20세기 문헌에서 도 데이터라는 용어가 꾸준히 증가해 왔다고 밝혔다.

로젠버그는 데이터에 대한 역사적 분석을 통해 비록 영어에 한정되기 는 하지만, 데이터는 자체의 본질을 갖지 않는 수사학적 용어로 남아 있 다고 결론을 내린다. 데이터는 진리도 아니고 실체도 아니다. 그것은 팩 트이자 증거의 원천이며, 진리와 실체를 주장하기 위해 사용되는 논증의 원칙이라 할 수 있다. 데이터, 정보, 지식의 삼분법(Machlup and Mansfield 1983)은 이들 사이의 복잡한 구성에서 나오는 관계를 단순화시켜버린다. 메도우스(Meadows 2001, 3)는 "기본적으로 데이터라고 받아들이는 것에는 항 상 자의적 요인이 있다"고 말한다. 마이클 버클랜드(Michael Buckland)는 데이 터는 "추정된 증거"라고 언급했는데, 이는 용어의 모호성을 가장 가깝게 담 아낸 말이다(Buckland 1991, personal communication, 2006; Edwards et al. 2007).

"데이터란 무엇인가?"는 제1장에서 지적한 바와 같이 "언제 데이터가 되는가?"라는 질문으로 더 다가온다. 학술연구에서 어떤 것이 데이터가 되는지, 그 과정을 다루게 되면서 데이터의 역할은 흥미롭고 중요한 문제가 된다. 연구자 개인, 연구팀 그리고 연구공동체는 어떻게 데이터를 생성하고 선택하며, 사용하는가? 이러한 의사결정에서 데이터 자체에는 어떤 요인이 결부되는가? 데이터의 어떤 부분이 연구문제 또는 연구방법론에 연관되는가? 데이터는 어떻게 표현되며, 그 기능은 무엇인가? 학문 영역이나 분야 및 연구문제 등에 따른 고려사항은 얼마나 다양한가? 데이터에 대한 관계는 생성자에서 큐레이터에 이르기까지 얼마나 다양한가? 데이터라는 개념은 개별 연구 프로젝트를 넘어서, 혹은 데이터 수명을 넘어서 어떻게 진화되어 왔는가? 이러한 모든 질문들은 더 많은 데이터를 ─ 혹은 데이터로 다뤄진 더 많은 신호들을 ─ 디지털 형태로 사용할 수 있게 되면서 어떻게 변화되고 있는가?

데이터는 자체의 본질을 갖는 순수 자연물이 아니다. 데이터는 맥락상 존재하고, 그러한 맥락과 보는 이의 관점 속에서 의미가 부여된다. 두번째 문제제기의 구조는 데이터의 맥락과 의미가 어느 정도인지에 따라 데이터의 전달성(transferability of data)이 어떻게 영향을 받을 수 있는지를 논의한다. 제2장에서는 데이터를 탐구한 연구들에서 이론적 그리고 운영적 측면에서 어떻게 용어 정의를 했는지를 알아보고, 이 책 전체에서 사용되는 실무적 정의를 내림으로써 결론을 맺는다.

## 정의와 용어

데이터에 대한 학술 문헌이 발표되고, 정책이 공표되고, 대중 언론에서 주목받게 되었지만, 데이터는 용어 정의도 없는 가운데 논의를 남발한다.

로젠버그(2013)가 말한 것처럼 과학 및 인식론의 역사에서도 데이터에 대한 언급은 그저 지나가는 이야기 정도로 다루고 있다(Blair 2010; Daston 1988; Poovey 1998; Porter 1995). 여타 학문의 근본이 되는 저작물에서는 팩트와 표현, 기술(inscriptions)과 출판을 논의하지만 데이터 자체에는 거의 주목하지 않는다(Bowker 2005; Latour and Woolgar 1986; Latour 1987; 1988, 1993). 자연과학 및 사회과학 분야에서는 데이터로 분류될 수 있는 팩트나 숫자, 문자, 기호 및 다른 객체들을 사용하고 있으나 인문학에서는 학자들이 데이터라는 용어를 거의 언급하지 않았다. 인문학 분야에서 디지털 장서에 대한 의존도가 커져가고, 다른 학문 영역의 분석 도구들을 가져오며, 디지털 객체에 대한 분석적 방법론을 자체 개발하게 되면서 데이터의 개념은 더욱 뚜렷하게 대두되었다(Borgman 2009).

데이터는 정의하기가 더욱 어려운, 보다 큰 개념인 정보의 형태로 존재한다. 인식론적, 의미론적 문제들이 풍부한 개념인 정보와 지식을 설명하기 위해서 많은 책들이 씌어졌다(Blair 2010, Brown and Duguid 2000; Burke 2000, 2012; Day 2001; Ingwersen and Jarvelin 2005; Liu 2004; Meadows 2001; Svenonius 2000). 버클랜드(1991)는 정보를 과정으로써, 지식으로써, 또한 사물로써 차이가 있다고 구분하였다. 케이스(Donald Case, 2002, 2012)는 정보에 대한 정의 수십 가지를 수집하여 불확실성, 물리적 성질, 구조 및 과정, 의도성, 진리를 어떻게 다루는지에 따라 구분하였다. 퍼너(Jonathan Furner, 2004a)는 정보에 대한 정의 선정의 세 가지 기준을, 일관성(coherence), 간결성(parsimony), 유용성(utility)으로 적용하였다. 나중에 그는 정보 개념을 용도에 따라 크게 기호학적(semiotic), 사회인지적(sociocognitive), 인식론적(epistemic)이라는 세 가지 계통으로 구분하였다(Furner 2010).

데이터의 개념 자체만으로도 책 한 권 분량으로 설명될 만하다. 학술 커뮤니케이션의 맥락에서 데이터를 분석할 목적으로는 협의적 접근법으로 충분하다. 학술 커뮤니케이션에서 데이터가 어떻게 생성, 사용, 이해되는지와 관련하여 공통점과 차이점을 탐구하는 데 유용한 정의와 이론, 개념으로 한정하여 데이터에 대해서 개략적으로 살펴본다.

## 사용례로 본 정의

데이터는 팩트와 숫자, 문자 및 기호와 같이 용례들을 통해 가장 빈번하게 정의된다(National Research Council, 1999). 그러나 이러한 사용례 목록으로는 진정한 정의가 될 수 없는데, 그 이유는 개념에 무엇이 포함되고 또 어떤 것이 포함되지 않는지에 대한 뚜렷한 구분이 없기 때문이다. 사용례를 포함한 전형적인 정의로 폭스와 해리스(Peter Fox and Ray Harris 2013, 10)의 정의가 대표적이다. "데이터는 적어도 디지털 관찰과 과학적 모니터링을 통해 획득된 것을 포함하며, 센서데이터, 메타데이터, 모델의 산출물 및 시나리오 데이터, 행동에 대한 질적인 관찰, 시각화 및 관리적, 상업적 목적으로 수집된 통계 데이터를 포함한다. 데이터는 일반적으로 연구 과정에 대한 투입이라고 본다."

울리르와 코헨(Paul Uhlir and Daniel Cohen 2011)은 데이터 정책의 맥락에서 데이터 용례들의 다양한 특성을 망라하여 정의한다:

이 문서에서 '데이터'라는 용어는 포괄적인 의미로 쓰인다. 문헌(텍스트와 음성, 스틸 이미지, 동영상, 모델, 게임, 시뮬레이션 등 포함)의 디지털 구현체(manifestation) 외에도 대체로 컴퓨터 기기 및 소프트웨어의 지원을 통해 이용할 수 있는 데이터와 데이터베이스 형태를 포함한다. 여기에는 발광 스펙트럼, 유전자 염기서열, 전자현미경 데이터와 같은 다양한 형태의 실험 데이터, 원거리 측정 및 지리공간, 사회경제 데이터와 같은 관측 데이터 그리고 인간과 기계에 의해 생성되거나 편집된 다른 형태의 데이터가 포함된다.

울리르와 코헨에 따르면, 데이터는 사람과 기계에 의해 생성될 수 있으며, 데이터와 컴퓨터, 모델과 소프트웨어 사이의 관련성을 인정한다. 하지만 이런 사례들의 나열은 기껏해야 누군가에게 또는 어떤 목적으로, 특정 시점에서 무엇이 데이터가 될 수 있는지 말해주는 시작점에 불과하다.

보르헤스(Jorge Luis Borges, 1999)는 사물을 정의하는 데 있어 사례 나열이 왜 불충분한지에 대해 상당히 멋진 논평을 했다. 그는 1942년 에세이를 통해서, 중국의 사전으로 추정되는 『중국제국의 자비로운 지식(Celestial Empire of Benevolent Knowledge)』에 동물 분류법을: "(a) 중국제국 소유물 (b) 방부 처리된 것 (c) 길들여진 것 (d) 젖먹이 돼지 (e) 앵앵 소리 내는 것 (f) 신화에 나오는 것 (g) 야생 개 (h) 현재 분류법에 포함된 것 (i) 광분한 것 (j) 셀 수 없는 것 (k) 미세한 낙타털 붓에서 뽑은 것 (l) 기타 등등 (m) 방금 물주전자를 깬 것 (n) 파리처럼 멀리서 보이는 것"으로 나눴다고 소개했다. 분류 메커니즘에 대한 보르헤스의 미묘한 비틀기는 푸코(Foucault, 1994)와 라코프(Lakoff, 1987) 등 많은 철학자와 학자들에게 영향을 미쳤다.

## 운영상 정의

데이터에 대한 가장 구체적인 정의는 운영상 맥락에서 나온다. 대량의 데이터 컬렉션에 대한 관리 책임이 있는 기관들은 어떤 개체를 어떻게 다뤄야 하는지 명확해야 하는데, 무엇이 데이터이고 무엇이 아닌지 데이터를 분명하게 구분하여 정의한 것은 거의 없다.

데이터 아카이빙에서 가장 잘 알려진 원칙으로는 OAIS 참조 모델(Reference Model for Open Archival Information System, Consultative Committee for Space Data Systems 2012)이 있다. 실무적 권고사항에 대한 합의를 바탕으로 만들어진 이 문서는 우주과학 분야에 기원을 두며, 자연과학 및 사회과학 분야 데이터에 대한 아카이빙 지침으로도 광범위하게 적용되고 있다.

OAIS 참조 모델에서는 데이터를 수식어로 하여: dataset, data unit, data format, database, data object, data entity 등으로 쓰며, data는 일반 용어로 사례를 들어 설명하고 있다:

데이터: 소통과 해석, 처리에 적합하게 공식화된 방식으로 재해석할 수 있게 한 정보의 표현체. 데이터 용례는 비트 배열, 난수표, 페이지의 글자, 말소리 의 녹음이나 월석의 표본 등이 있다(Consultative Committee for Space Data Systems 2012, 1-10).

OAIS 모델에서는 정보를 데이터와 구분하면서 다음과 같이 정의한다:

정보: 교환될 수 있는 모든 형태의 지식. 교환되면서 데이터로 표현된다. 용 례로는 섭씨 온도(표현정보)로 측정된 숫자가 표현하는 것처럼, 어떻게 해석 되는지 설명이 붙어 있는 (데이터의) 비트열(Consultative Committee for Space Data Systems 2012, 1-12).

DDI(Data Documentation Initiative)는 데이터를 생명주기에 따라 관리하는 메타데이터 표준(DDI, 2012)이다. DDI는 사회과학이나 다른 분야에서도 데 이터를 기술하기 위해 폭넓게 사용되지만 데이터 자체를 정의하지는 않 는다. DDI 메타데이터 기술명세서는 XML 기반으로 표현되어 있으며, DDI 사용자들이 데이터로 간주하는 모든 디지털 객체에 적용될 수 있다.

DDI 개발협력자 중에 정치학 및 사회과학 연구를 위한 대학 간 협력기 구인 ICPSR(Inter - University Consortium for Political and Social Research)이 있다. ICPSR은 1960년 초반 이래 사회과학 연구 데이터를 아카이빙해온 선도적 인 국제기관이다. ICPSR은 기탁자 스스로 데이터를 결정하도록 허용한다. ICPSR은 데이터 기탁자들에게 다음과 같은 지침을 제공한다:

ICPSR은 계량적 데이터뿐만 아니라 보존과 배포를 위한 정성적 데이터(전사자료와 시청각 미디어 포함)도 허용한다. ICPSR은 디지털 보존에 기여하며 연구자들에게 웹사이트나 지구과학 데이터, 생의학 데이터 및 디지털 비디오와 같이 최신 포맷의 데이터 기탁을 장려한다(Inter - University Consortium for Political and Social Research 2012, 4).

그러므로 대량의 데이터를 수집하고 관리하는 기관이라 해도 무엇을 받아들이고 무엇을 받지 않을 것인지 정확하게 정의를 내리지 않는다. 데이터는 여전히 모호한 개념으로, 새로운 형태의 데이터가 등장하면 그것을 아카이빙할 수 있도록 새롭게 포괄하는 방식으로 적응하고 있다.

## 카테고리별 정의

운영상 그리고 일반적 연구 맥락에서는, 데이터 형태를 몇 개 그룹으로 구분하는 것이 유용하다. 데이터 아카이브의 예를 들면, 데이터 처리 수준에 따라 그룹을 나눌 수 있다. 과학정책 분석가들은 데이터의 기원과 가치, 기타 요인으로 카테고리를 구분하기도 한다.

**데이터 처리 수준**　데이터에 대한 가장 구체적인 카테고리 구분은 NASA의 지구관측 시스템 데이터 정보 시스템(Earth Observing System Data Information System, EOS DIS)의 데이터 처리수준이다. 공통의 기원을 갖는 데이터는 관리방법에 의거하여 〈그림 2.1〉에 정리된 바와 같이 구별된다.

이와 같이 운영상 목적으로는 세밀한 정의가 필요하다. EOS DIS 데이터 산출물은 레벨 0 "원래 계기의 최고 해상도의 미가공 데이터"에서 시작된다. 레벨 0의 데이터 산출물은 커뮤니케이션을 위한 인공물을 미리 제거한 것이며, 그러므로 계기에서 직접적으로 나오는 신호가 아니다. 다음 레벨인 1A는 "최고 해상도 상태의 시간참조 및 계기 매개변수 등 여타 정보에 대하여 메타데이터를 추가한 데이터 산출물"이다. 레벨 1B 데이터 산출물은 계측 단위와 용량으로 더 세분된다. 레벨 2,3,4는 더 많은 메타데이터가 추가되며, 데이터 산출물이 표준 시공간 그리드에 맞춰지며 데이터 모델로 결합된다. 〈그림 2.1〉에 나타난 것처럼 모든 계기들은 최소 레벨 1의 데이터 산출물을 가지며, 데이터 산출물 대부분은 레벨 2나 레벨 3 수준에 있으며, 일부 계기에서는 레벨 4 수준까지 처리된다.

# 데이터 처리 수준

〈그림 2.1〉 NASA EOS DIS 처리 수준

EOS DIS 데이터 산출물은 레벨 0에서 레벨 4까지 다양한 수준에서 처리된다. 레벨 0은 원래 계기의 최고 해상도 수준의 미가공 데이터이다. 레벨이 높아질수록 데이터는 더욱 유용한 매개 변수와 포맷으로 변환된다. 모든 EOS 계기는 레벨 1 수준의 산출물을 갖고 있어야 한다. 대부분은 레벨 2와 레벨 3의 산출물이며, 레벨 4의 산출물도 많다.

| 데이터 레벨 | 설명 |
| --- | --- |
| Level 0 | 재구성 및 계기 처리 이전의 최고 해상도 수준으로 적재된 데이터로, 커뮤니케이션 인공물(동기화 구조, 커뮤니케이션 헤더, 데이터 사본 등)을 제거한 상태(대부분의 경우에 EOS 데이터와 운영시스템(EDOS)은 높은 레벨의 데이터 산출물로 생산해내기 위해, 데이터를 SDPS(Science Data Processing Segment)나 SIPS로 처리한 데이터셋을 데이터 센터에 제공한다. |
| Level 1A | 재구성 및 계기 처리 이전의 최고 해상도 수준의 데이터로서, 시간 참조 및 부가 정보를 주석으로 첨부한 데이터. 레벨 0에는 적용되지 않는 방사선 및 기하학적 측정계수와 지리 참조변수가 계산되거나 첨부된다. |
| Level 1B | 레벨 1A의 데이터를 센서 단위로 처리한 데이터(모든 계기들이 레벨 1B 소스 데이터를 갖는 것은 아니다) |
| Level 2 | 레벨 1의 소스 데이터와 같은 해상도와 위치를 갖는 지구물리학 파생 변수 |
| Level 3 | 동일한 시공간 그리드 측정에서 통상 완결성과 일관성을 갖는 것으로 좌표 설정된 변수 |
| Level 4 | 낮은 레벨의 데이터 분석의 결과로 산출된 모델(예, 다중 측정에서 파생된 변수) |

출처: 그림은 질리안 왈리스(Jillian C. Wallis)가 재작성

NASA의 사례처럼 데이터 처리 수준은, 계기의 성능이나 어떤 데이터가 제공되는지 등 많은 요인들에 의존하게 된다. 대개 과학자들은 레벨 4 수준의 데이터를 원하는데, 다른 현상의 모델과 비교할 수 있기 때문이다. 이러한 데이터 산출물은 계기와 미션을 비교하기에 가장 적합하다. 일부 학자들은 레벨 0 데이터나, 커뮤니케이션 인공물을 제거함으로써 가능한 자연 상태 데이터를 고유의 데이터로 정제하기를 원한다. 이론을 테스트하려면, 이상점(outlier), 계측방법, 결측값 처리, 기후 및 기술적 문제 등을 설명하는 방법 등에 대하여 독자적인 의사결정을 내려야 한다. 전혀 알려지지 않은 패턴, 즉 외계 지적 생명체 탐사(SETI)와 같은 양식을 찾고 있다면, 거의 원시(raw) 수준이거나 가능한 망라적인 신호체계를 원하게 된다 (Anderson et al. 2002; Sullivan et al. 1997)

이러한 처리 수준에 따른 레벨은 데이터가 어떻게 관리되고 장래의 이용을 위해 어떻게 유지되는지를 함축해서 보여준다. 데이터는 각각의 레벨에서 관리될 필요가 있는데, 특히 관측 데이터는 NASA의 미션 사례처럼 실험을 되풀이할 수 없기 때문에 더욱 그렇다. 데이터가 낮은 레벨에서만 유지된다면, 처리 알고리즘과 높은 레벨로 변환시켜주는 문서화 작업이 요구된다. 물리학, 화학, 생물학의 많은 영역에서 최초로 계측된 원시데이터(the most raw instrumental data)는 관리에 용량이 너무 커서, 프로젝트 결과 표현에 최적화된 처리 상태로 산출 데이터를 큐레이션 하려고 노력하게 된다. 파이프라인 소프트웨어는 관측 데이터를 정제하고 측정하며, 지속적으로 수정해야 하는 상황을 줄이기 위해 사용된다. 계측 기계나 컴퓨터 기술이 발전하고 연구문제가 전개되면서 오류가 발견될 수 있으며, 분석 방법이 개선되면 관측 데이터는 지속적으로 수정되기 때문이다. 계측 기기로 측정된 데이터 스트림은 여러 번 처리될 수 있으며, 다양한 데이터를 산출해낸다. 버전을 통제하는 것은 대량의 관측 데이터 아카이브 관리에서 핵심적인 부분이다.

**제1부** 데이터와 학술연구

**기원과 보존 가치**  특정 시스템 및 특수 목적으로 개발되었음에도 불구하고, NASA의 처리 수준은 운영상 다른 환경에 있는 데이터 카테고리를 구분하는 데도 사용된다. 과학 정책의 맥락에서는 더 많은 일반적인 구분이 필요하다. 미국 국가과학위원회(US National Science Board)에서 공표한 카테고리는 자연과학, 사회과학, 기술 분야에서 사용되는 데이터를 반영한다. 비록 인문학, 예술, 약학, 보건학은 위원회(NSB) 소관이 아니지만, 이 분야 데이터 카테고리도 관련 도메인에서 사용할 수 있게 한다. 데이터의 기원은 어떤 데이터가 보존 가치가 있는지, 또 보존 기간은 어떻게 할 것인지에 관한 운영상의 의사결정에 영향을 미칠 수 있다(National Science Board 2005).

*관측 데이터(Observational data)*는 NSB의 3개 카테고리 중 첫 번째로, 팩트나 현상의 발생을 인지하거나, 주목하거나 기록한 것으로 대개 기기의 사용이 수반된다. 자연과학 분야의 사례로서는 기후 관측이나 동식물 관찰, 위성이나 센서 네트워크 또는 펜으로 기록한 노트 등을 포함한다. 사회과학 분야에는 경제 지표, 경영성과 보고서에서부터 온라인 인터뷰, 문화관찰 등이 있다. 이러한 관찰은 특정 장소와 시간에 연관되며, 횡단 및 종단 연구처럼 다중의 장소와 시간과도 연결될 수 있다. 관측 데이터는 보존을 위해 가장 중요한 데이터로 고려되는데, 반복 측정이 거의 불가능하기 때문이다.

*계산 데이터(Computational data)*는 컴퓨터 모델, 시뮬레이션, 워크플로우 수행에 따른 산출물이다. 물리학과 생명과학에서 가장 일상적으로 발견되며, 사회과학과 인문학에서도 나타난다. 물리학자들은 우주를 모델로, 경제학자들은 사람과 시장의 상호작용을 모델로 하며, 고전학자(classists)는 고대도시와 현장을 모델로 분석한다. 향후 이 모델을 재사용하기 위해서는, 하드웨어와 소프트웨어, 입력데이터와 잠정적 조치들에 대하여 폭넓게 문서화할 것이 요구된다. 때로는 모델에 대한 입력 내용이

보존되고, 모델 출력물이 보존될 수도 있다. 필요하다면 다시 모델을 가동시킬 수 있다는 근거로 알고리즘만을 유지하기도 한다.

*실험 데이터(Experimental data)*는 세 번째 카테고리이며 가설 검증 및 가설 설정을 위해서, 혹은 새로운 법칙을 발견하거나 실험을 위해서, 통제된 조건에서 만들어지는 과정 및 결과들이다. 사례로는 화학 실험의 산출물, 선형 입자가속기를 이용한 물리 실험, 실험실이나 실험현장에서 통제되는 심리학 연구 등에 대한 산출 결과들이 있다. 실험이 반복 가능하게 설계된다면, 데이터는 보존되기보다 복제된다. 실험의 조건을 되풀이할 수 없다면, 데이터 또한 보존이 필요하게 된다.

〈The Long-Lived Data〉보고서에서는 데이터의 3가지 카테고리에 대한 정책적 함의를 강조하면서, 데이터 큐레이션을 위한 각각의 요구사항을 다르게 규정하고 있다. 또한 데이터 기원에 따른 3가지 카테고리 형태에 따라 데이터 레벨을 구별하기도 한다. 데이터는 '원시 형태(raw form)'로 수집될 수 있고, 연속적으로 버전을 업그레이드하며 정제될 수 있다. 많은 상황에서 다양한 형태로 데이터가 보존될 수 있도록 보장한다(NSB 2005, 19-20). 보고서에서는 또한 카테고리 간 경계를 넘나들 수 있음을 인정한다. 예를 들어 관측 데이터는 실험과 컴퓨터 모델에서 사용될 수도 있고, 실험 결과와 모델은 관측 데이터를 수집하는 방법론을 정제하는 데도 사용된다. 에드워즈(Edwards, 2010)는 관측 데이터와 모델 사이의 상호작용을 조사하기 위해, 기후 조사연구를 수행하면서 한 세기에 걸친 데이터 이동 과정을 기록하였다.

역사기록, 현장기록, 수기 노트(handwritten note) 등 다양한 형태의 레코드가 관측 데이터, 실험 데이터, 계산 데이터에 연결되어 있다. 레코드는 또 하나의 기본 용어로서, 정의는 쉽지 않으나 법률, 기록, 데이터 관리 및 일상언어로서 폭넓게 쓰인다. 『옥스퍼드 영어사전』에 따르면, 레코드(명사형)는 팩트에 대한 증명 및 진술이며, 증언, 근거, 입증을 시사한다.

'레코드 기록에(on record)' 또는 '~의 레코드(of record)'라는 의미에서 사용될 때 그 핵심은 지식이나 정보로서 보존되어야 하는 팩트 혹은 조건을 말한다. 이런 의미에서 레코드는 14세기로 거슬러가는 매우 오래된 용어이다.

레코드(Records)는 데이터 기원이라는 네 번째 카테고리로 유용한데, 관측, 실험, 계산 데이터 카테고리로 구분하기에 적합하지 않거나 이러한 카테고리에서 파생된 결과 등을 포괄한다. 거의 모든 현상이나 인간 행위 관련 레코드는 연구 데이터로 다뤄질 수 있다. 여기에는 정부나 기업, 공공 및 사적 행위 관련 문서들; 책과 여타의 텍스트; 기록 자료; 시청각 레코드 형식의 문서, 유리 그릇, 파피루스, 설형문자, 대나무 등이 포함될 수 있다. 전거형 레코드(Authoritative records)는 관측 데이터와 유사한데, 복제될 수 없기 때문에 보존 가치가 높다.

**컬렉션**(Collections)   디지털 데이터 컬렉션을 카테고리로 구분하는 노력은 연구 커뮤니티에 대한 데이터의 기원과 가치를 밝히는 데 도움이 된다. 국가과학위원회(NSB)는 같은 보고서에서 컬렉션 기능을 폭넓게 3가지로 구분하여 카테고리를 설정하였다(Cragin and Shankar 2006; National Science Board 2005). 가장 비공식적인 것에서 공식적인 순서대로 나열하자면, 연구 데이터 컬렉션, 자원 및 커뮤니티 데이터 컬렉션, 레퍼런스 데이터 컬렉션으로 구분한다. 동일 데이터가 복수의 컬렉션에 포함될 수 있으나 각각 다르게 표현된다. 컬렉션을 물리적 컬렉션 대 디지털 컬렉션, 디지털 대 디지털화된 레코드, 대용물(surrogates) 대 전문(full content), 정적 이미지(static images) 대 검색가능한 표현체, 검색가능한 문자열 대 향상된 콘텐츠 등으로 미세하게 구분하는 방법들도 있다. 이러한 구분에 대해서는 제7장 인문학 데이터의 맥락에서 논의한다.

국가과학위원회의 세 카테고리에서 첫째로 등장하는 *연구 데이터 컬렉*

션(Research data Collection)은 하나 이상의 연구 프로젝트의 결과를 모은 것
이다. 여기에 속하는 데이터는 최소 수준의 처리와 큐레이션을 거친 것으
로, 연구 커뮤니티의 데이터 포맷이나 데이터 구조에 대한 표준이 있다
해도 해당 표준을 따르지 않는 것일 수가 있다. 이러한 컬렉션은 통상 하
나의 연구집단을 위해 개발되고 프로젝트가 끝나면 보존되지 않을 수 있
다. 이러한 컬렉션은 수천 개 이상 존재한다. 예를 들어 '적설의 유동성',
'특정 효모균의 유전자' 등 특정적이지만 소규모 연구공동체에 중요한 데
이터를 모은 것들이다(National Science Board 2005, appendix D).

지속적 요구가 있는 연구 데이터 컬렉션은 *자원 및 커뮤니티 데이터 컬
렉션(resource or community data collections)*이 된다. 이러한 컬렉션은 커뮤니티
를 위한 표준을 채택하거나 새로운 표준을 개발해야 한다. 자원 데이터
컬렉션은 연구비 지원을 직접 받을 수도 있으나, 커뮤니티나 연구비 지원
기관의 당면 과제 수행에 초점을 두며 이를 넘어서서 컬렉션을 유지하기
위해 힘을 쏟지는 않는다. 이 카테고리에는 특정 말라리아 기생충의 유전
체 연구를 위한 PlasmoDB에서부터, 미국 국가과학재단(NSF, National Science
Foundation)과 22개 국제 협력기관에서 지원하는 해양 시추 프로그램인
⟨Ocean Drilling Program⟩ 같은 것이 있다.

세 번째 카테고리인 *레퍼런스 데이터 컬렉션(Reference data collection)*은
대규모 연구 커뮤니티를 지원하기 위한 것으로, 견고한 표준을 준수하며
무기한 유지된다. 이러한 컬렉션에는 상당한 예산이 투입되고, 다양하고
분산된 연구집단이 있으며, 거버넌스 구조를 갖는다. 이 카테고리의 사례
에는, 대규모 국제 컬렉션들이 포함되는데, 단백질 데이터뱅크인 Protein
Data Bank, the SIMBAD 천문 데이터베이스, ICPSR 컬렉션에 포함된 참조
데이터셋 등 연구 커뮤니티의 필수적 자원들이 해당된다(Protein Data Bank
2011; Geneva 2013; National Science Board 2005; Inter - University Consortium for
Political and Social Research 2013).

**제1부** 데이터와 학술연구

데이터 컬렉션의 3개 카테고리는 연구 커뮤니티에서 어느 정도 데이터를 투입하고 공유할 것인지에 대한 투자 수준을 평가하기에 유용하다. 커뮤니티 데이터 시스템은 보스(Nathan Bos)와 그 동료들이 구분한 7개의 공동 연구 형태 중 하나이다(Bos et al. 2007; Olson, Zimmerman, and Bos 2008).

## 개념적 구분

카테고리를 분명하게 구분한다 해도, 모두 어느 정도는 임의적이다. 모든 카테고리와 카테고리 이름은 기준 및 명명에 대한 의사결정의 결과이다. 가장 구체적인 측정 기준인 온도, 높이, 지리적 공간 위치 같은 것도 인간이 만든 것이다. 마찬가지로 피트와 인치, 미터와 그램, 섭씨와 화씨 등의 측정 시스템들은 수백 년의 논쟁을 반영한 것이다. 무게와 측정이 근본적으로 흔들리지 않는 것은 국제표준기구의 권위에 의해 지속적으로 개정되기 때문이다(Busch 2013; Lampland and Star 2009; Lide and Wood 2012; Meadows 2001).

무게와 측정은 결국 다양한 방법으로 적용된다. 원자의 무게를 측정하는 저울은 식료품가게 저울보다는 훨씬 더 정교하다. 수질 기준의 경우, 정부가 식수에 적용하는 기준과 서핑하는 사람이 바닷물에 적용하는 기준이 아주 다르다. 사람의 키는 의사가 진료할 때와 스포츠 경기할 때, 측정의 정확성 정도가 다르다. 이처럼 환경의 다양성이 연구와 학술제도에서 데이터 카테고리를 어떻게 구분할지를 결정한다.

**자연과학과 사회과학**    NASA에서 운영상 목적을 위하여 원자료와 처리 데이터를 명확하게 구분했음에도, 원자료(raw)는 여러 사람들이 지적한 바와 같이 상대적인 용어이다(Bowker 2005, 2013; Gitelman 2013). 'raw'가 무엇인지는 탐구가 어디서 시작되는지에 따라 다르다. NASA의 여러 미션에서 나온 레벨 4의 데이터 산출물을 결합시키는 과학자에게는, 본인들이 프로젝트 시작할 때 가진 데이터가 원자료가 될 것이다. 다른 극단적인 사례는 계기가 처음 신호를 탐지한 상태에서 역으로 데이터의 기원을 추적하는 것이다. 계기는 특정 조건 아래 특정 현상을 탐지하기 위해서 설계되었다. 이러한 설계 및 엔지니어링은 결국 무엇이 탐지되는지를 결정한다. 가장 원시적인 자료 형태의 데이터를 식별하려는 것은, 어떤 지식을 추구할 것인가에 대한 인식론적 선택에 무한히 되돌아가려는 것이 될 수도 있다.

설문조사나 면담의 형태로 관찰 데이터를 수집하는 사회과학자들에게 원자료 데이터는 인터뷰에 대하여 질문자나 응답자들이 채운 답변 내용들이 될 것이다. 이러한 형태는 전형적으로 불충분하거나 이해할 수 없는 답변으로 가득 차 있다. 여기에는 응답자가 측정 순서를 오해하거나, 가능성이 낮은 출생년도를 적어놓기도 한다. 이 같은 오류는 유사 답변을 유도하여 비교하거나, 숫자 범위에 제약을 갖는 변수를 둠으로써 감지된다. 다른 오류 사례로는, 응답자들이 혼동 또는 장난으로 무작위로 답변을 하는 경우이다.

이러한 종류의 데이터를 정제하는 일은 과학을 예술의 경지에 이르게 하는 상당한 방법론적, 통계학적 전문성이 요구된다(Babbie 2013; Shadish, Cook and Campbell 2002). 정제된 데이터는 연구 결론이 도출되는 분석의 기초이다. 소실된 데이터를 어떻게 다루고, 결측치를 어떻게 산정하며, 이상점(Outliers)을 어떻게 제거할지, 변수를 어떻게 변환하고 일상적인 데이터 정제와 분석 단계를 어떻게 수행할지에 대한 의사결정은 최소한 문서화되어야 할 것이다. 이러한 의사 결정들은 연구결과, 해석, 재사용 및 복제에 심각한 영향을 준다(Blocker and Meng 2010; Meng 2011).

**인문학** 인문학에서 데이터의 의미는 특히 명료하지 않게 나타난다

(Borgman 2009; Unsworth et al. 2006). 1차 자료(Primary source)와 2차 자료(Secondary source) 사이의 구분은 자연과학과 사회과학에서의 원자료(raw) 및 처리(processed) 데이터 그룹과 매우 유사하다. 상투적인 표현으로, 1차 자료는 역사적 필사본이나 조각같이 어떤 기원을 갖는 문서이거나 객체이며, 2차 자료는 그러한 객체에 대한 분석 및 후속 작업이다. 3차 자료(Tertiary sources)는 자주 쓰는 용어는 아니지만 목록과 색인과 같은 편찬 자료들이다. 이러한 세 가지 용어에 대한 용례는 인문학과 도서관 및 기록관의 실무에서 폭넓고 다양하게 쓰인다(University of Maryland University Libraries 2013). 7장에서 탐구하는 것처럼, 1차 자료는 더 이상 존재하지 않는 원본의 표현체일 수 있으며, 원본의 가독성을 높이기 위해 편집된 편찬물일 수도 있다. 인문학 분야에서 수행해온 다수의 역사적 학술연구는, 오랜 시간 문화와 맥락 사이에서 사본으로 만들어지고 해석되어 번역되고 전달되어온 수세기 전 고문헌에 대한 논문이거나 이러한 중요 문서들 간의 관련성을 규명하는 데 공헌하고 있다. 1차 자료는 소실되고, 파괴되고, 훼손되어 오랜 시간 방치되어왔다. 2차 자료는 알려지지 않는 변종으로 갈라져 나왔다가, 다양한 목적으로 다양한 방법으로 쪼개지고 합쳐져 왔다. 1차 자료가 무엇인지에 대한 선택은 맥락 및 선택자의 출발점에 달려 있다. 어떤 학자에게 2차 자료가 다른 학자에게는 1차 자료가 되기도 한다.

인문학에서 데이터의 중요한 특징은 지식 표현에 있어서 불확실성이 어떻게 취급되는가에 있다(Kouw, Van den Heuvel, and Scharnhorst 2013). 불확실성은 인식론에서든, 통계학에서든, 방법론에서든 또는 사회문화적 관점에서든 다양한 형태를 갖는다(Petersen 2012). 예를 들자면, 모호성 및 이질성은 역사 레코드에서 불확실성의 근원이다. 인문학 연구자들은 통계학적 도구와 지리정보 시스템과 같이 다른 형태의 탐구를 위해 개발된 기술을 적용하게 됨에 따라, 고유의 방법론을 도구에 적용할 것인지, 아니면 도구를 고유의 방법론에 적용할 것인지 진퇴양난의 상황에 처하게 되었다. 새로운 도구는 새로운 표현과 해석을 낳는다. 각각의 분야에서는 집단적으로, 개별 학자들에게는 개인적으로, 불확실성이 얼마나 용인되는지, 또는 탐구를 통하여 '진리'를 구성하는 것이 무엇인지를 평가할 수 있게 된다. 연구방법론과 데이터로 표현되는 결과는 불확실성을 어떻게 줄일 것인지에 대한 선택이 암시되어 있다.

## 결론

5세기 동안 사용되어온 데이터라는 용어는 아직도 합의된 정의에 이르지 못하고 있다. 데이터는 순수 개념도 아니며 고유 본질을 갖는 자연물도 아니다. 가장 포괄적인 요약은 연구와 학술의 목적을 위하여 현상의 증거로서 사용된 관찰, 객체 및 다른 개체들로 표현된 것이라 말할 수 있다. 개체(entity)는 『옥스퍼드 영어사전』에 "실제의 존재를 갖고 있는 것"으로, "단순한 기능, 태도, 관계 등과는 구별된다". 이러한 개체는 종이나 파피루스에 쓰인 문자들과 같이 물질적 실재를 가질 수도 있고, 센서에서 나온 신호이거나 온라인 설문에 작성된 응답처럼 디지털 형태일 수도 있다. 개체는 누군가가 이것을 현상의 증거로 사용할 때에만 데이터가 되며, 동일한 개체는 다양한 현상의 증거가 될 수 있다. 오래된 가족 앨범의 사진들이나 고등학교 연감은 연구자가 그 시대 헤어 및 복식 스타일에 대한 증거로 쓰게 될 때 데이터가 된다. 다른 연구자는 그것들을 가족 분류 및 사회 정체성에 대한 증거로 쓸 수도 있다. 오래된 선박 항해일지에 기록된 날씨 레코드는 상업과 항해 목적으로 수집되었지만, 지금은 기후변화를 연구하기 위한 데이터로 사용된다. 특허 레코드는 언제 어디서 누가 개체를 발명하여 제작했는지에 대한 증거의 원천으로 사용된다.

학술문헌이나 정책문서들에서는 개체들로 이뤄진 리스트를 데이터로

'정의'하는 경우가 아직도 많이 있지만, 이는 미흡한 정의이다. 주어진 상황 속에서 무엇이 데이터고 무엇이 아닌지를 명백히 가름하지 못하면, 이러한 개념을 붙잡고 데이터 관리계획이나 오픈데이터 정책, 데이터 큐레이션을 말하는 것은 혼란만을 야기하게 된다. 구체적이고 분명한 정의는 운영상 맥락에서 가장 많이 보이는데, 대표적으로 OAIS 참조 모델에서는 일찍이 데이터를 정의하여 "소통과 해석, 처리에 적합하게 공식화된 방식으로 재해석할 수 있게 한 정보의 표현체"라고 했다. 데이터의 기원이나 컬렉션 타입과 같은 카테고리별 정의 역시 해당 맥락 속에서는 유용하다. 그러나 연구 데이터와 관련된 국지적 및 국제적 이슈들을 견인해 내기 위해서는 일반적 정의에 대한 동의가 필수적이다.

데이터라는 용어는 이 책 전체에 걸쳐 가능하면 일관성 있게 사용된다. 학술 커뮤니케이션의 문헌에 공통적으로 적용되는 표준 편집 용례(Bryson 2008)에 따라, 데이터를 개체로 언급할 때는 복수형으로 쓴다. 데이터는 복수명사(a plural noun)이며, 영어권에서 복수 및 집합명사는 다른 문법적 형식을 갖는다는 것을 인정한다. 데이터는 어떤 개념을 말할 때 단수형으로 쓰이는데 "데이터는 새로운 용어가 아니다(data is not a new term)" 또는 "빅데이터는 현대 경영의 연료이다(big data is the oil of modern business)"처럼 사용된다. 그러나 데이터의 용례는 맥락이나 사용자에 따라 종종 미묘하거나 독특한 방법으로 다양하게 쓰인다. 특히 사례연구들에서 데이터는 논의되는 분야의 통념에 따른다. 만약 개념으로 사용되거나 알려진 관례가 없다면, 데이터는 연구 및 학술적 목적으로 현상에 대한 증거로써 사용되는 개체를 말한다.

제3장

# 03 데이터 학술연구

# 서론

데이터 학술연구(data scholarship)는 데이터와 학문 사이의 복잡한 관계 조합을 구조화하기 위해 이 책에서 만들어낸 용어이다. 여기서 데이터는 대중언론에 나오는 것처럼 자체의 생명을 갖고 있거나, 어떤 현상의 증거로 사용해 왔던 학술적 맥락과는 무관한 것이다. 이제 학자와 학생, 경영분석가들 모두, 새로운 문제를 탐구하고 새로운 형태의 근거를 확보할 만큼 충분한 데이터와 적절한 기술을 갖고 있음을 알게 되었다. 데이터를 써서 해결할 수 있는 매우 가치 있는 일들이 있다. 그러나 어떤 데이터들이 얼마나 가치 있는지, 어떤 방식으로 가치 있는지 판단하는 것만 해도 매우 어려운 일이며, 그마저도 아주 먼 미래에 가능할 수도 있다.

데이터 학술연구라는 개념은 2천년대 초반에 정책적으로 시도된 eScience, eSocial Science, eHumanities, eInfrastructure, cyberinfrastrucure 등을 포함하는 '데이터 중심 연구'에서 처음으로 표현되었다(Atkins et al. 2003; Edwards et al. 2007; Hey and Trefethen 2005; Unsworth et al. 2006). 앞의 세 용어는 결국 eResearch로 합쳐졌다. 뒤이어 영국은 디지털 소셜 리서치 프로그램(The UK program on Digital Social Research)을 마련하면서 eSocial Science에 대한 기존의 투자를 통합하였는데, 여기에 사회과학의 데이터 중심연구와 eResearch 연구들이 포함된다(Digital Social Research 2013). eScience는 '인문학을 위한 eScience' 사례에서 보듯이, 모든 분야에서 데이터 학술연구를 총괄할 때 쓰는 말이다(Crane, Babeu and Bamman 2007). Cyberinfrastructure는 데이터 학술연구 및 학술행위를 지원하는 기술적 프레임워크를 포괄하는 미국 특유의 개념이다.

역사적으로 학술연구(scholarship)는 학습자가 지식을 발견하고 규명하는 과정에서 성취해 온 것을 의미한다. 학술연구는 학습 방법, 지적 문제에 대한 생각, 증거에 대한 해석을 포괄하는 내면적 행위이다. 리서치

(Research)는 『옥스퍼드 영어사전』에 따르면 "이론, 주제 등 지식에 대한 공헌을 목표로 수행하는 체계적 조사와 탐구"로 학술연구의 형태이자 행위다. 자연과학 및 사회과학에서 리서치와 학술연구는 종종 호환적으로 사용되는데, 학술연구는 인문학에서 선호된다. 학술연구는 광의적 개념으로 학술 커뮤니케이션으로 연결한 표현으로 더 많이 쓴다. 학술 커뮤니케이션은 학자들 사이의 공식 의사소통으로 연구, 출판 및 관련 행위인 학술지 논문심사(peer review) 같은 것이 있으며, 비공식 의사소통으로 협업과 개인적 교류, 담화, 발표 등이 있다.

개인 또는 개별 학술 커뮤니케이션에서는 자체의 목적을 위하여 어떻게 데이터를 활용할지 알 수 있겠지만, 인접 연구 커뮤니티에 어떤 데이터나 어떤 방법론이 그들에게 가치 있는지 알기는 어려우며, 그 반대의 경우도 마찬가지이다. 방대한 용량으로 데이터를 확대하는 것(scaling)은 방법론과 연구문제에 있어 질적인 차이를 만들어낸다. 낡은 접근법으로는 더 이상 가능할 수도 없고, 낡은 데이터는 새로운 데이터와 결합되어야 할 수도 있다. 전문성은 도메인이나 방법론을 넘어서 쉽게 이전되지 않을 수 있다. 이러한 도전에 대한 반응은 다양하게 나타난다. 어떤 형태로든 다른 사람들이 원하는 대로 데이터를 가공할 수 있도록 널리 배포하는 경우가 있다. 또한 데이터를 통해서 자신이 추출하지 못했던 가치를 다른 이에게 허용하지 않으려고 데이터를 무작정 움켜쥐는 경우도 있다. 데이터의 오용, 잘못된 해석, 법적 책임, 전문성 부족, 도구 및 자원의 부족, 신용의 부재 및 통제권 상실, 공유 데이터 자원의 오염 및 지속가능성을 위협하는 도전 등, 예측할 수 없는 위험 때문에 많은 연구자들이 어찌할 바를 모르게 되었다. 지금에서야 데이터 관련 문제의 범위가 명확해졌으며, 일부 문제들은 해결에 진전을 보일 만큼 이해되기 시작했으나, 다른 문제들은 다루기조차 힘들어 보인다.

학자들은 연구 및 교육 체제에 대한 지원이 줄어드는 시기에, 개인적인 책임이 하나 더 느는 것으로 데이터를 보는 시각이 있지만, 데이터 학술연구는 이미 지식 기반에 깊이 내면화되어 있다. 제1장에서 구조화한 것처럼, 데이터에 대한 소유 및 통제, 접근에서; 맥락과 시간을 초월한 데이터 전달의 어려움과; 학술 커뮤니케이션의 형태와 장르의 차이점; 기술, 실무, 정책상의 변화와; 데이터 및 학술 콘텐츠의 장기 지속가능성의 요구 등의 측면에서 데이터를 둘러싼 긴장 상황이 조성되고 있다. 학술연구를 수행하는 학자와 학생, 나아가 학술연구를 수행하는 광범위한 사회집단이 데이터를 어떻게 볼 것인지에 따라 많은 것이 결정될 것이다. 이런 가운데 지식 기반은 사회기술적 상호작용, 학술연구 개방화(open scholarship)의 의의 및 학술 커뮤니케이션의 수렴 형식을 평가하는 구조를 제공한다.

## 지식 기반

지식 기반(Knowledge infrastructure)이라는 용어는 일찍이 정보, 기반, 인터넷에서 발전된 말이다. 인프라 자체에 기반을 둔 학술연구가 크게 성장하면서, 인터넷은 학문 세계에 깊게 뿌리 내리고, 정보는 지속적으로 흐르고 있다. 포괄적 관점에서 정보 세계가 제안되는 가운데, 정보 기반(information infrastructure)이라는 관용어는 기술적 커뮤니케이션의 구조설계(architecture)를 함축하는 좁은 의미로 사용된다. 마찬가지로 국가정보기반(national information infrastructure), 세계정보기반(global information infrastructure)은 1990년대 정책 프레임을 언급하면서 나온 말이다(Borgman 2000, 2007; Busch 2013; Kahin and Foray 2006; Wouters et al. 2012).

기반이라는 것은 완벽히 논리 정연하게 가공된 과정이라기보다는, 생태계 또는 복잡한 적응 시스템으로 더 잘 이해된다. 기반은 사회적 기술적 상호작용 과정을 통하여, 성공의 정도가 다양하게 나타날 수 있는 많은 부분으로 구성된다. 폴 에드워즈(Paul Edwards, 2010,17)는 지식 기반을 "인류와 자연에 대하여 특정 지식을 창출하고 공유하며 유지하는 사람, 인공물, 제도의 견고한 네트워크"로 정의하였다. 이러한 네트워크는 기술, 지적 활동, 학습, 협업을 포함하며, 인간의 전문성에 따라 문서화된 정보에 접근할 수 있도록 분배된다. 지식 기반 구상에 대한 탐구는 공통적으로 다음의 세 가지 주제를 다루고 있다. 지식 기반은 어떻게 변화하는가? 지식 기반은 권위와 영향, 권력을 어떻게 강화하고 재분배하는가? 오늘날 (또 미래의) 지식 기반은 어떻게 제대로 학습할 수 있고, 알 수 있으며, 상상할 수 있겠는가(Edwards et al. 2013)?

데이터는 정적인 틀로 고정시키기 어려운, 항상 유동적 상태인 듯한 정보 형태로 존재한다. 다수 당사자들이 분야와 도메인, 시간을 넘어서 데이터가 어떻게 이해되는지를 협상하듯이 암묵적 지식과 공통 기반의 경계에서 데이터는 이동하고 있다. 지식 규범이라는 것이 안정적일 수는 없지만 빅데이터 시대에는 더욱 정립하기가 어려워지고 있다. 컴퓨터 처리된 결과가 온전히 설명될 수 없다면 뭔가를 '안다'는 것은 무엇을 의미하는가? 맥락을 초월하여 데이터를 전달하기 위해 데이터의 기원을 어느만큼 알아야 하고, 알 수 있겠는가? 협력자들 간 정보교환 과정에 내포된 "믿음의 조각(trust fabric)"은, 모르는 타인들, 특히 연구 커뮤니티를 벗어나거나 오랜 시간 경과 후 발생하는 정보교환에 적용하기는 어려울 것이다. 일부 데이터를 전달하는 것은 기술적으로 중재될 수 있으나, 데이터 과학자, 도서관사서, 기록전문가 등 연구 인력들 가운데 새로운 역할자가 등장하게 되면서 인간 중개자의 전문성에 의존하게 될 것이다. 상업적 이해관계도 역시 이러한 국면에 진입하고 있다.

지식 기반은 제4장에서 깊게 다뤄지는 '지식 커먼즈(knowledge commons)'에 대한 구조적 인식과도 중복되어 있다. 커먼즈, 즉 공유지는 "사회적 딜레마의 대상이 되는 일단의 사람들이 공유하는 자원"으로 정의되는 복잡한 생태계를 말한다(Hess and Ostrom 2007a,3). 이러한 복잡한 생태계가 권위와 영향, 권력을 어떻게 강화하고 재분배하는지를 이 책 전체에서 사례들을 통해 보여주고자 한다. 빅데이터 분석기술을 가진 개인은 더욱 가치를 인정받을 것이다. 새로운 형태의 데이터를 가공할 수 있는 자원을 가진 학자들도 혜택을 받는다. 데이터 마이닝(data mining)이나 크라우드소싱(crowd sourcing) 같은 새로운 형태의 지식이 등장하면서 지식 영토가 재배치될 수도 있다.

인프라에 대한 대대적인 투자는 어떤 배도 들어올리는 밀물과 같이 모두에게 유익하다. 밀물의 비유에 대해서는 지식격차이론(Knowledge gap theory, Ettema and Kline 1977; Tichenor, Donohue, and Olien 1970), 미디어 리터러시(media literacies, Jenkins et al. 2009), 마태 효과(the Matthew effect, Merton 1968, 1988, 1995) 등 다른 관점을 제공하는 사회 경제적 사조들이 맞서고 있다. 일반적으로는 부익부 빈익빈이라고 말할 수 있는데, 신기술과 정보를 활용하여 엄청난 능력을 갖게 된 사람은 차별화된 이익을 얻게 된다. 마태 효과는 본래 학자들에게 적용되었으며, 노벨상 수상자를 대상으로 연구하면서 공식화되었다. 높은 명성을 갖는 개인이나 학술기관이 더욱 인정을 받고 평균보다 많은 자원을 획득하는 경향이 있다. 탁월한 업적을 이룬 기관에서 새롭게 발견한 내용은, 잘 알려지지 않은 기관에서 얻어낸 것보다 더욱 관심을 끈다. 반대로 낮은 순위의 기관 그리고 저개발국의 학자들은 통상적으로 숙련도가 떨어지고 자원이 많이 부족하여 기술 혁신을 효과적으로 활용할 수 없다.

비가시성(Invisibility)은 인프라 설계와 유지에서 최소한 두 가지 측면에서 고려될 사안이다. 그 중 하나는 인프라를 규정하는 특징으로서 인프라가 작동되지 않을 때에만 가시화된다는 것이다(Star and Ruhleder 1996). 전력망이나 두 기기 사이의 상호운용성 같은 인프라 기능이 멈춰질 때에만 사람들은 자신이 얼마나 인프라에 의존하고 있는지 깨닫게 된다. 또 하나는 인프라 유지에 필수적인 비가시적인 업무의 양인데, 이는 전력망, 과학 계기간 네트워크, 연구 데이터의 분산 리포지토리 모두에 적용된다. 이러한 인프라를 활용하여 이득을 얻는 사람은 모든 부분이 별 문제 없이 작동하기 위해, 배후에 수반되는 노력에 대해서는 잘 모른다. 보이지 않는 작업(invisible work)은 지식 기반의 핵심적 특징이며, 문서 작업이나 학술정보 조직화 등 정보관리업무에 기울이는 노력은 다른 사람들이 발견하고 탐구할 수 있도록 만들어주는 필수 작업이다. 보이지 않는 작업은, 도구 개발이나, 데이터 및 다른 기반 요소들을 공유하고 재활용하는 데서, 협력을 위한 접착제가 되기도 하고 마찰을 일으키는 계기가 되기도 한다 (Bietz and Lee 2009, 2012; Birnholtz and Bietz 2003; Borgman 2003; Edwards et al. 2011; Ehrlich and Cash 1999; Lee, Dourish, and Mark 2006; Paisley 1980; Ribes and Jackson 2013; Star and Strauss 1999).

지식 기반이라는 용어는 새롭지만, 그 아이디어 자체는 새로운 것이 아니다. 지적 탐구가 태동된 이래, 학자들은 폭우, 홍수, 쓰나미처럼 밀어닥치는 데이터에 빠져 죽지 않기 위해서 어떻게 헤엄쳐야 하는지 - 또는 어떻게 더 좋은 배를 설계해야 하는지를 - 익혀왔다. 블레어(Ann Blair, 2010)는 학자들이 기원후 1세기부터 정보에 압도되는 것을 불평해 왔다고, 『Too Much to Know』에 쓰고 있다. 근대 초기 이전부터 책이 넘쳐나는 것에 대한 우려도 있었다. 13세기 중반까지는 정보문제에 대한 해결방법이 공식화되었다. 여기에는 표제면(title pages), 용어색인(concordances), 화보(florilegia, 花譜) 등이 포함되었다. 화보집은 말 그대로 '선별된 꽃'이라는 의미로, 특정 주제를 다룬 책에서 최고의 섹션만을 편집한 것이다. 색인은 16세기에 이르러 유행하였다. 블레어는 초기 학자들이 개인적 독서를 위해 세련되게 필사를 조직화하는 등 정보 해석 문제에 어떻게 대처해 왔는지를 알기 위하여 정보조직 메커니즘을 탐구하였다. 프라이스(Price, 1975)

가 『바빌론 시대 이후 과학(Science since Babylon)』에 발표한 바와 같이, 색인과 초록 서비스는 19세기 중반부터 성장하였으며, 학술지의 지속 성장과 동시에 이루어져온 것이다. 이후 저자와 출판사, 색인자, 도서관 사서, 서적상 및 이해당사자들의 관계는 항상 요동쳐 왔다.

## 사회적 그리고 기술적 측면

데이터 학술연구는 사회적 기술적인 측면에서 살펴보면 긴장되는 요인으로 가득 차 있다. 데이터 학술연구에서 사회적 기술적 요인들을 분리하는 것은 매우 어려운 일인데, 사회적 기술적 측면은 서로의 영역을 투영(reflexive)해주며, 상호 영향을 주고 받기 때문이다. 도구가 데이터 생성을 가능케 하지만, 어떤 데이터를 수집할 것인지에 대한 상상력이 도구 제작을 가능케도 한다. 양자 간의 오랜 논쟁을 해결하는 시도보다는, 학술연구의 사회적 기술적 측면이 분리될 수 없음을 문제의 기본 전제로 보는 것이 바람직하다. 데이터나 도구 모두, 둘 중 하나가 없이는 이해될 수 없고, 각각의 의미는 둘 사이의 관계에 달려 있기 때문이다(Bijker, Hughes, and Pinch 1987; Bijker 1995; Hughes 1989; 2004; Latour and Woolgar 1979; Latour 1987, 1988, 1993; Meyer and Schroeder 2014; Schroeder 2007).

라투어(Bruno Latour, 1987)는 과학적 프랙티스가 기술과 어떻게 짝을 이루는지를 설명하기 위하여 테크노 과학(technoscience)이라는 용어를 만들어냈다. 철학자로서 라투어는 학술적 탐구의 모든 형태를 포괄하는 방법으로 과학(science)이라는 말을 사용하는 경향이 있다. 북미 어법에서, 자연과학(the sciences)은 자주 사회과학이나 인문학과 구별된다. 공학, 약학, 법학, 교육학과 같은 직업적 전문성을 추구하면서 학술 분야별 주제들을 분리함으로써 추가적인 구별이 가능하다. 대학의 학과처럼 제도적 경계선을 확정하는 것도 유용하지만, 이 같은 구별은 지식이나 학술연구에 대하여 임의적이다. 여기서 과학(Science)은 때로는 일반적 의미에서 학술적 지식과 실무를 말하기 위해 사용된다. 분야별로 구분하는 것이 유용하다면, 앞으로 나올 사례연구에서처럼 자연과학(the sciences), 사회과학, 인문학으로 구별한다.

데이터의 급부상에 주목하면서 과학의 역사와 철학에 대한 큰 틀의 질문이 생겨나고 있다. 과학은 값비싼 공공투자이다. 제2차 세계대전 이후 특히 냉전 종식 이후, 공공 영역에서는 책임성을 더욱 요구하고 연구 방향성에 대하여 목소리를 높이고 있으며, 연구결과에 대한 향상된 접근을 요구해 왔다(Kwa 2011; Latour 2004). 학술 체제와 대중의 관계가 변화됨에 따라, 사회과학자들은 학술 작업에 대한 연구에 더욱 몰두하게 되었다. 과학자 및 여타 학자들도 공적인 연구에 더욱 적극적으로 나서게 되었는데, 이를 통해 자신들의 목소리를 내거나, 연구업적에 대한 외부 관찰을 통해 이익을 얻으려는 것이다(Salk 1986). 1950년대 초반 이래, 학술 단체들이 성장하면서 과학 기술의 역사, 철학, 사회학을 다루기 시작했다(Hackett et al. 2007; Latour and Woolgar 1986; Lievrouw and Livingstone 2002; van Raan 1988; Woolgar 1988). 이러한 단체들의 작업에 힘입어 결국 사회과학 및 인문학 분야에서 학술 프랙티스에 대한 연구가 태동하게 되었다(Borgman 2009; Case 2006; De La Flor et al. 2010; Friedlander 2009; Jirotka et al. 2006; Wouters et al. 2012).

## 공동체와 협력(Communities and Collaboration)

데이터에 대한 정책, 프랙티스, 표준, 인프라 등은 대개는 관련된 커뮤니티에 맡겨진다. 주요 사례로 데이터 관리계획(Data Management Plan)이 있는데, "무엇이 데이터를 구성하는지는 동료심사와 프로그램 관리 과정을 통하여 커뮤니티의 관심에 의해 결정된다"(National Science Foundation 2010a). 마찬가지로 디지털 아카이빙 정책은 '지정 커뮤니티(designated community)'라는 용어로 설계된다(Consultative Committee for Space Data Systems 2012). 데이터는 도메인 영역 경계선상에 미약하게 존재하는 '경계 객체(boundary objects)'가 되기도 한다. 협력 활동을 통해 데이터의 역할을 조사하게 되면서, 커뮤니티 간 경계와 범위, 동의와 불일치가 시야에 들어오게 된다.

데이터 수집, 생성, 분석, 해석 및 관리를 위해서는 연구 영역에 대한 전문성이 요구된다. 이론적 실제적 측면으로, 또 사회적 기술적 측면에서 다양한 종류의 전문성이 필요하다. 이러한 전문성은 쉽게 가르칠 수 있는 것도 있고, 책이나 학술지, 문서 등을 통하여 배울 수 있는 것도 있으나, 상당 부분은 깊이 내면화된 지식이어서 명확히 규명하기 어렵다. '암묵지(tacit knowledge)' - 그 자체로 복합적으로 구성된 -로 잘 알려졌는데, 데이터 탐구에 매우 중요한 이 같은 전문성은 연구 집단 및 맥락에서 흔히 잘 이전되지 않는 것이다(Agre 1994; Collins and Evans 2007; Darch et al. 2010; Duguid 2005; Polanyi 1966; Schmidt 2012).

공동체(Community)는 사회과학에 잘 알려진 논리적 구성체이다. 과학 및 학술에 대한 사회학 연구에서 실천 공동체와 인식론 문화는 핵심적 아이디어이다. 실천공동체(Communities of practice)는 레이브(Lave)와 웽거(Wenger)가 지식이 집단에서 어떻게 학습되고 공유되는지를 설명하기 위해 만들어낸 개념(Lave and Wenger 1991; Wenger 1998)으로, 후속 연구를 통해 확장된다(Osterlund and Carlile 2005). 인식론 문화(Epistemic cultures)는 이와는 반대로 분야나 집단에 대한 것이 아니다(Knorr - Cetina 1999). 이는 지식을 구성하는 과정에 연관된 일련의 '방식과 메커니즘'으로, 개인과 집단, 인공물과 기술을 포함한다(Van House 2004). 실천 공동체와 인식론 문화에는 공통적으로 지식은 상황적(situated)이며 국지적(local)이라는 생각이 있다. 밴 하우스(Nancy Van House, 2004, 40)는 이러한 관점을 간명하게 요약하여 "어디서나 볼 수 있는 관점은 없다. 즉, 지식은 언제나 시간과 장소, 조건과 실천, 이해 속에서 자리 잡으며 하나의 지식은 없지만, 다수의 지식은 있다"고 하였다.

## 지식과 표현(Knowledge and Representation)

데이터를 상품화하려는 노력이 있기는 했지만, 주의를 끌거나 산만하게 만드는 인기 주제가 되었다는 의미만으로 볼 때에도 데이터는 "밝게 빛나는 물건"이다(Schrier 2011; Starke 2013). 연구 영역과 분야, 전문가 집단에서는 오랫동안 문화적 과정을 거치면서 신호, 녹음, 메모, 관찰, 시료 및 기타 개체들을 데이터로 보게 되었다. 학문의 프랙티스에 대한 문서화 작업은 '기술(記述), 혹은 글자 새김(Inscriptions)'(Latour and Woolgar 1979, 1986; Latour 1988; Lynch and Woolgar 1988a, 1988b)이라고 알려진다. 각 영역에서 데이터로 간주되는 것을 문서 작업하고, 기술 및 표현을 위해 자체의 새김방법을 개발한다. 데이터를 표현하는 공통의 방법 – 메타데이터, 마크업 언어, 포맷, 레이블링, 네임 스페이스, 시소러스, 온톨로지 등 – 은 영역 내에서 데이터 교환을 촉진시킨다. 공통의 표현 형식은 집단 간 경계를 정의할 수 있게 된다. 마찬가지로, 경계는 경쟁적으로 표현 형식을 채택하려는 영역 간에 데이터를 이동시키려는 사람들에게는 장벽이 될 수도 있다. 다양한 질병, 약품, 동식물, 현상은 무수히 많은 이름으로 표현된다. 여러 출처의 데이터를 모으는 능력은 이러한 기술 방법에 의존한다.

데이터, 증거의 표준, 표현 형식, 연구 실무는 서로 깊이 얽혀 있다. 집단 간 차이점은 외부 데이터 출처를 사용하거나 결합시키려 할 때, 또 한 집단이 다른 집단과 협업하거나 실무를 부여할 때 비로소 명확해진다. 두 번째 문제제기에서 구조화된 것처럼, 맥락과 시간을 초월한 지식의 전달은 어려운 일이다. 데이터 이동은 다른 형태의 지식 이동과 비교해 결코 쉬운 일은 아니다. 종종 데이터 이동이 가장 어려운 것으로 지목되는 이유는 데이터의 의미가 그를 둘러싼 장치들 – 소프트웨어, 하드웨어, 방법론, 문서작업, 출판 등 – 에 의존하기 때문이다.

학술지 기사, 학술대회 발표논문(Conference papers), 책, 출판물의 다른 장르는 적어도 교양 있는 독자들에게 독립적 단위로써 해석되는 정보 패키지이다. 이는 학술적 지식의 표현이며, 배포와 발견 및 교환에 적합한 형태의 데이터 표현을 포함한다. 학술 출판물은 수백 년의 과정을 거쳐 진화된 형식으로 표현되었다. 단행본의 요소로서 인정되는 표제지, 저자 표기, 목차, 색인 등의 특성은 점증적으로 개발되어왔다. 책임 표시(statements of responsibility)와 같은 특성의 일부는 책에서 학술지 논문으로 전달되는 가운데, 1665년 파리에서 《Journal des Scavans》, 런던에서 《Transactions of the Royal Society》라는 이름으로 최초의 학술 저널이 출판되었다. 이후 팽창하는 지식 기반에서 학술지 출판이 생겨나게 되었다. 출판사, 학술지 논문심사, 서지 인용, 색인과 초록 서비스, 정보검색 시스템, 학술지 영향력 지수와 같은 계량적 평가 방법 등, 이 모든 것들이 지식 기반의 일부를 구성하게 되었다. 관련 내용은 9장에서 탐구한다.

## 이론, 프랙티스, 정책(Theory, Practice and Policy)

데이터 학술연구는 이론과 프랙티스, 정책을 뛰어넘는 개념이다. 좁은 의미의 데이터 정책(Data policy writ small)은 연구자들이 무엇을 데이터로 간주하는지, 무엇을 저장하는지, 또 무엇을 관리할 것인지, 무엇을 언제, 누구와 공유할 것인지, 무엇을 언제 얼마나 오랫동안 보존할 것인지와 같은 문제에 대해 내린 일련의 선택이다. 넓은 의미의 데이터 정책(Data policy writ large)은 정부와 연구비 지원기관이 무엇을 데이터로 간주할 것인지, 연구자들에게 무엇을 저장하게 할 것인지, 연구자들에게 무엇을 언제 어떻게 누구를 위해 공개할 것인지, 어떤 데이터를 누구에 의해 얼마나 오래

관리하도록 요구할 것인지, 이러한 요구사항들이 연구비 지원제안서에서, 또한 보상체계를 통해서, 데이터 리포지토리 제공 과정에서 어떻게 실행되도록 할 것인지 등에 관련된 문제들에 내린 일련의 의사결정이다. 중간 범위의 데이터 정책(Data policy in the middle range)은 연구기관이나 대학, 출판사, 도서관, 리포지토리 등 다른 이해관계자들이 무엇을 데이터로 간주하는지, 데이터의 관리와 배포에서 기관의 역할이 무엇인지에 대해 내린 결정이다. 결국 이러한 결정은 연구지원기금, 지적재산권, 혁신, 경제성, 지배구조, 사생활 보호에 대해서 내려지는 보다 큰 정책 범주에 달려 있다.

정보가 상품화되기 위해서는 정보의 교환 가치에 대한 복잡한 전제들이 충족되어야 하는데, 정부와 연구비 지원기관, 학술지 및 단체에서는 흔히 이러한 전제조건을 단순화시킨 채로 학술 커뮤니케이션의 흐름을 개선하는 정책을 채택한다. 일반적으로 연구집단과 분야를 넘나들며 형평성을 촉진하려는 의도에서, 영역 간의 이론, 프랙티스, 문화에서 발생하는 이질적인 차이점을 존중하지 않는 정책은 잘 집행되지 않으며, 역효과를 낳거나 구성원들로부터 외면받기 쉽다. 개별 집단은 데이터를 어떻게 수집하고 관리하고 공유할 것인지를 통제하는 고유의 상도덕(moral economy)을 갖고 있을 수 있다(Kelty 2012; McCry 2000). 제8장 사례연구에서 탐구되는 데이터 관리계획과 데이터 공유라는 당면 정책들은, 복잡하고 비용이 발생하는 데이터 재사용 및 접근 유지의 측면을 지식 기반의 중심으로 설정하기보다 데이터 배포의 측면에 초점을 두는 경향이 있다.

## 공개 학술연구(Open Scholarship)

오픈액세스, 오픈소스, 오픈데이터, 오픈스탠더드, 오픈리포지토리, 오픈네트워크, 오픈비블리오그래피, 오픈어노테이션… 공개해야 할 목록은 끝없이 이어진다. 오픈액세스 운동은 제1장에 소개된 것처럼, 1970년대 이래 진행 중에 있다. 오늘날의 지식 기반은 연구에 대한 오픈액세스, 시스템과 도구, 서비스의 상호운용성을 증진시키는 메커니즘, 분산된 컴퓨터 네트워크와 기술의 발전, 보편적으로 접근 가능한 인터넷에 의해 형성되고 지속되어 왔으며 발전되어 왔다.

공개 학술연구(Open scholarship)는 데이터 학술연구처럼 쉽게 정의되지 않는다. 이는 오픈사이언스와 거의 동일하게 볼 수 있다. 이 책에서 논의하는 공개 학술연구는 오픈액세스 출판과 오픈 데이터, 데이터 공개 및 공유 정책과 관련 프랙티스를 포괄하는 것으로 한다. 공개 학술연구에 대한 기대 속에는 연구를 가속화하고, 새로운 질문과 연구 형식을 장려하며, 사기나 위법 행위를 최소화하고, 기술적 학문적 지식을 갖춘 인재의 성장을 촉진시키며, 연구 및 교육에 대한 공공 투자를 견인하는 것들이 있다(David, den Besten, and Schroeder 2010; Esanu and Uhlir 2004; Nielsen 2011; Boulton et al. 2012; Uhlir and Schröder 2007).

공개 학술연구처럼 단일용어로 표현하게 되면 오픈액세스의 다양한 형식에 존재하는 상당한 차이점들을 묻어버리는 위험이 있다. 세 번째 문제제기에 표현된 바와 같이, 출판물과 데이터는 학술연구에서 각각 다른 역할을 하고 있으며, 상세 내용은 아래에서 설명된다. 오픈액세스 출판 및 오픈 데이터의 공통점은 정보의 흐름을 향상시키고, 지적 자원 활용에 대한 제한을 최소화시키며, 연구 실무의 투명성을 강화시키려는 것이다. 차이점은 학술연구에 대한 가치가 어떤 것인지, 관련된 이해당사자들이 누구인지, 또한 맥락과 시간을 초월하여 이동이 가능한지에 대해서 나타난다.

## 연구결과에 대한 오픈액세스(Open Access to Research Findings)

학술연구는 개인 간에 주고받은 편지나 회합에서 시작하여 1665년 최초로 학술지 저널의 등장과 함께 공개적인 배포 형식으로 이동해 왔다. 독자들은 도서관이나 서적상, 개인 구독을 통하여 책이나 학술지 등의 출판물을 접할 수 있게 되었다. 개인적 편지 교환 및 초안(draft), 필사본(manuscripts)과 프리프린트(preprints)의 교환도 동시에 지속되어 왔다.

연구결과의 오픈액세스는 당초 xxx.lanl.gov라는 웹주소로 알려진 arXiv가 1991년에 World Wide Web보다 먼저 개통하면서 큰 도약을 이루었다(Ginsparg 1994, 2001). 이후 arXiv는 20년 이상의 기간 동안 다양한 학문 영역으로 지속적으로 확장되어 왔는데, 본부가 로스알라모스국립연구소(Los Alamos National Laboratories)에서 코넬 대학(Cornell University)으로 이전하면서, 회원 기관들로부터 더욱 광범위한 지지 기반을 얻게 되었다. arXiv의 사용은 기하급수적으로 늘어나고 있다. 한 달 기준 8천 편 이상의 논문이 arXiv에 기탁되며, 2012년 한 해에만 6천만 편 이상의 논문이 다운로드되었다(ArXiv.org 2013).

arXiv 개통에서 얻는 몇 가지 교훈은 오늘날 데이터 오픈액세스에 중요한 시사점을 준다. 첫째 교훈은, 이 시스템은 고에너지물리학 분야의 적극적인 프리프린트의 교환 문화에서 파생된 것이다. 이는 기존의 지식 기반을 바탕으로 구축될 수 있었으며, 가까운 동료들의 네트워크인 비공식 연구집단(invisible colleges) 내에서 상호간 정보의 흐름을 원활히 하려는 고민 속에서 형성될 수 있었음을 시사한다(Crane 1972).

두 번째 교훈은 arXiv가 물리학 학술 커뮤니케이션의 이해관계자들인 저자와 출판사, 도서관, 이용자들의 관계를 변화시킴으로써 기존의 지식 기반을 무너뜨리는 결과를 가져왔다. 이로써 잘사는 나라건 못사는 나라에서건, 연구자와 학생들은 똑같이 공식 출판보다 더 빠르게 논문에 접근할 수 있게 되었다. 물리학의 저널 편집자와 출판사는 속속 채택되는

arXiv의 존재를 인정할 수밖에 없었다. 이전에는 많은 학술지에서 '사전 출판(prior publication)'이라는 근거로 온라인 논문 게재를 거절해 왔다. 오늘날 많은 영역에서 아직도 이와 유사한 정책들이 남아 있다.

세 번째 교훈은 arXiv의 성공이 다른 영역으로 빠르게 확산되거나 혹은 잘 이전되는 것은 아니다라는 것이다. 다른 분야 프리프린터 서버의 크기가 더 크고, 더 잘 알려져 있음에도, arXiv만큼 학술적 실무에 깊게 뿌리내린 것이 없다. 그러나 아무리 arXiv라 해도 물리학, 수학, 천문학 및 포괄 영역에서 다루는 모든 것을 구현해놓은 것은 아니다. 특정 전문 분야에서 arXiv의 사용은 보편적이나, 다른 전문 분야에서는 지극히 피상적 수준으로 사용될 뿐이다.

출판물에 대한 오픈액세스는 이러한 교훈에 근거하여 구축된다. 오픈액세스는 많은 이해관계자들의 경쟁적 이해관계 때문에 적지않은 부분에서 많이들 오해하는 단순한 개념이다. 가장 간결한 정의는 수버(Peter Suber, 2012a, 4)가 내린 "오픈액세스 문헌은 디지털, 온라인, 무료이며, 저작권 및 거의 모든 라이선스 제한에서 자유로운 것이다"이다. 수버가 꼭 집어 지적한 바와 같이, 연구문헌과 학술연구에 대한 오픈액세스는 다른 형태 콘텐츠에 대한 오픈액세스와는 상당히 다른 차원에서 작동된다. OA 문헌에 대한 첫째 원칙은 저자가 자신의 저작물에 대한 저작권자라는 것이며, 출판사와 같은 다른 당사자에게 저작권이 이전되기 전까지에만 해당된다. 둘째 원칙은 학자들의 연구논문 집필에는 돈이 지불되는 경우가 거의 없다. 연구자들은 수입을 잃지 않고 저작물을 배포할 수 있는데, 대부분의 다른 저자나 예술가, 창작자들의 경우와 다르다. 학술 저자는 수익을 얻기보다는 영향력을 미치기 위하여 연구논문을 집필한다. 학자들의 최대 관심사는 가능한 폭넓은 독자들에게 본인의 연구가 전달되는 것이다. 학술연구를 위한 재원의 주요 원천은 대학에서의 급여(academic salaries)와 연구비(research grants)이다. 학자들의 출판물이 최대 영향력을 획득하는 것은 이들을 고용하고 지원하는 기관들에게 있어서 최대의 관심 사이기도 하다.

문헌에 대한 오픈액세스는 다양한 이름(예:green OA, gold OA, gratis OA, libre OA 등)으로 진행되며, 다수의 통제 모델을 통해서 많은 수단으로 성취해낼 수 있다. 이러한 모델의 공통점은 위에 설명한 두 가지 원칙에 의존한다. 저자는 통상 오픈액세스 배포를 위한 저작물에 대하여 저작권이나 라이선스를 보유한다. 저자는 또한 창작물에 귀속되는 권한을 보유한다. 학술 단행본, 교재, 저자가 직접 수익을 얻고자 하는 저작물의 오픈액세스에 대해서는 다른 고려사항이 적용된다(Budapest Open Access Initiative 2002; Laakso and Bjork 2013; Leptin 2012; Pinter 2012; Research Councils UK 2013; Suber 2012a; Van Noorden 2013b; Wickham and Vincent 2013; Wilbanks 2006; Willinsky 2006).

2천년대 중반 이래, 전 세계적으로 대학교수들의 학술지 출판에 대하여 오픈액세스 정책을 채택하는 연구 대학들이 점점 많아지고 있다. 미국에서는 하버드, MIT, CalTech, 캘리포니아 대학 등이 여기에 포함된다(Harvard University 2010; MIT Libraries 2009; CalTech 2013a; Office of Scholarly Communication 2013). 일반적으로 오픈액세스 정책에서는 대학들에게 보통 공공 리포지토리를 통하여, 학술저작물을 배포할 수 있는 비독점적 권한(nonexclusive license)을 부여한다. 출판물에 대하여 오픈액세스를 지향하는 지각 변동은 2012년과 2013년도에 발생했다. 2012년에 영국의 국가연구위원회(Research Councils of the United Kingdom, RCUK)는 전부 또는 일부의 연구비 지원을 받았고 동료심사를 마친 모든 학술지 논문들과 학술대회 발표 논문에 대하여 오픈액세스 저널에 제출할 것을 공표하였고, 이러한 조치는 2013년 4월부터 효력이 발생되었다. '오픈액세스 저널'이 무엇을 의미하는지, 그 정의가 특히 쟁점이 되었는데 이후 여러 번 수정되고 해석되었다. 이 정책에는 엠바고 기간, 비즈니스 모델의 열거, 잠정적 보조금 규정도 포함되어 있다(Research Councils UK 2012a, 2012b). 2013년에는 미국 행정부에서도 연방정부의 연구비 지원 저작물에 대한 오픈액세스를 규정한 정책을 발표하였고, 국립보건원(NIH, National Institutes of Health)과 PubMed Central(Office of Science and Technology Policy 2013; Holdren 2013b)에서 설정한 엠바고 기간과 정책을 따르게 하였다. 유럽연합, 호주 및 다른 나라에서도 비슷한 정책이 논의되고 있다.

이러한 다양한 정책과 비즈니스 모델, 출판물의 새로운 장르가 생겨나면서 학술지 문헌에 대한 대중적 접근은 더욱 확대되는 결과를 낳았다. 엠바고 기간에 대해서는, 학술지 논문의 약 절반 정도가 출판 1년 안에 온라인으로 자유롭게 이용할 수 있게 되었고, 이 비율은 더욱 늘어날 것으로 기대된다(Laakso et al. 2011; Van Noorden 2013a). 학술 저널에 대한 오픈액세스는 점점 규범화되고 있다. 하지만 악마는 디테일에 있다고 이해관계자들 사이의 긴장감은 사라지지 않았다. 저자들은 오픈액세스 정책이 적용되지 않는 논문 및 여타 저작물을 온라인에 지속적으로 게재하고, 일부 출판사에서는 독점적 저작권을 보유하는 저작물에 대한 접근 통제에 더욱 공격적으로 나서고 있다(Howard 2013b; SHERPA/RoMEO 2014).


## 데이터에 대한 오픈액세스(Open Access to Data)

많은 연구비 지원기관에서는 데이터 오픈액세스를 출판물 오픈액세스 정책에 연계시킨다. 영국의 정책은 이러한 관계를 가장 명확하게 밝히고 있다(Research Councils UK 2012b, 1): "정부는 투명성과 오픈데이터를 지향하면서, 출판된 연구 결과물에 대한 자유로운 접근 보장을 약속한다". 오픈액세스 저널 출판에 대한 RCUK의 정책은 저자들에게 출판물과 관련해서 어떤 데이터가 접근가능한지를 명시하라고 요구하고 있지만, 그러한 작업의 복잡성에 대해서도 인정한다(Research Councils UK 2012b, 4): "연구자가 데이터 접근에 대한 문제를 인식할 수 있도록 한다. …그러나 이 정책은 데이터 공개를 요구하지는 않는다. 예를 들어 영업 기밀이나 인간참여자에게서 잠정적으로 식별 가능한 방식으로 추출된 법적으로 민감한 데이터와 같이 데이터 접근을 보호해야 할 부득이한 이유가 있다면, 공개 불가를 위한 소명서를 제출하여야 한다".

미국의 국립보건원은 연구비 지원을 받은 출판물을 PubMed Central에 기탁하도록 규정하고 있으며, 연구비 지원 제안서를 제출할 때 데이터관리계획을 함께 제출해야 한다(Basken 2012; National Institutes of Health 2013; PubMedCentral 2009; Zerhouni 2006). 국립과학재단(NSF, National Science Foundation)은 데이터 관리계획을 제출하도록 요구하지만 오픈액세스 출판을 요구하지는 않는다. 그러나 이후 미국 연방정부의 오픈액세스 출판정책이 NSF, NIH에도 적용되면서, 연간 1억 US$ 이상의 연구개발(R&D) 예산을 쓰는 다른 연방 기관들에도 적용될 것이다. 미국은 이러한 정책을 통하여 과학 출판물과 디지털 과학 데이터에 대하여 오픈액세스 계획을 개발할 것을 각 기관에 지시하고 있다(Holdren 2013b; Burwell et al. 2013).

그러나 수버의 두 가지 원칙상(2012a) 학술지 논문의 오픈액세스와 오픈데이터는 다르다. 학술지 논문에서 저자는 적어도 최초의 저작권자이지만, 데이터의 경우는 거의 그렇지 않다. 제9장에서 깊이 논의되는데, 저자의 자격을 결정하는 일은 학문 영역 내외에서 상당히 쟁점이 되는 주제이다. 한번 결정이 되면 특정 권리와 책임이 저작물의 저작자에게 누적된다. 데이터의 '저자'로서 자격을 인정하는 것은 대개의 협업구조에서도 거의 탐구되지 않았던 주제이다(Wallis 2012). 개인이나 단체에서 데이터에 대한 권한을 지정한다 해도, 권리와 책임에 대해서는 분명하지 않다. 다양한 형태의 데이터가 학자들에 의해 생성되고 통제되지만, 데이터 소유권은 다른 문제이다. 일부 데이터 형태는 저작권이 인정되지 않는 팩트로 간주된다. 연구자들은 다른 팀에서 소유하거나 공동 자원에서 획득한 데이터를 사용한다. 인간 피험자의 기밀 레코드 같은 특정 형태의 데이터에 대해서는 학자들이 통제하지만 공개되지는 않는다. 권리에 대한 정책은 기관에 따라, 연구비 지원기관 및 계약관계, 관할구역 및 다른 요인들에 따라 다양해질 수 있다.

수버의 제2원칙은 학술저자는 수입 때문이 아니라, 영향을 미치기 위하여 학술지 논문 등 다양한 형태의 출판을 한다는 것이다. 학자들이나 고용된 연구원, 연구비 지원기관들은 가능한 널리 출판물을 배포하려는 동기를 갖는다. 그러나 데이터에 있어서는 거의 다른 상황이다. 학술지 논문은 독자들에게 묶음으로 배포되는 반면, 데이터는 학술적 작업 과정에서 해체된 상태로 나오기 어렵다. 데이터 공개에는 연구 수행과 출판물 집필에 못지않은 상당한 투자가 요구되기도 한다. 데이터는 연구경력을 쌓으며 축적해둔 가치 있는 자산이 될 수 있으므로, 공개한다 해도 조심스럽게 될 것이다.

데이터 오픈액세스에 대한 거버넌스 모델은, 아직은 시작 단계이지만 제4장과 제10장에서 좀더 심층적으로 논의된다. RCUK 정책에서 인용된 '자유로운 접근'은 제1장에서 언급한 스톨만(Stallman)의 경구처럼, 요란한 말뿐인 것으로 보인다. 공유지를 다룰 때 필수적인 고려사항으로 형평성 (equity), 효율성(efficiency), 지속가능성(sustainability)의 문제가 있다(Hess and Ostrom 2007a). 드물게는 극소수 영역에서는 데이터를 저장하고 관리하며 접근을 제공하는 리포지토리를 통하여 형평성과 효율성을 다루는 길을 발견했다. 일부 영역에서는 개인적 교환만으로 충분하다. 어떤 영역에서는 연구도서관의 도움에 의지하려고 한다. 그러나 모든 경우에 지속가능성이 문제가 된다. 일부 리포지토리는 장기적으로 연구비 지원을 받지만, 단기 지원만을 받는 경우도 있다. 가입비 없이 누구에게나 데이터를 제공하는 곳도 있지만, 기금을 출연한 협력기관 회원들에게만 데이터를 제공하는 곳도 있다. 개인적 교환이나 연구팀 웹사이트에 게재되어 공유하는 데이터는 단기적으로만 이용 가능할 수도 있는데, 이에 대해서는 8장에서 논의한다.

이와 같이 오픈데이터는 학술문헌에 대한 오픈액세스와는 현저히 구별된다. 데이터가 '오픈'되는 것이 무엇을 의미하는지에 대한 공감대는 거의 형성되지 않고 있다. 최초로 오픈데이터를 구상한 것은 머레이-러스트와 레파(Peter Murray - Rust and Henry Rzepa, 2004)이며 이후에 나온 거의 모든 아이디어를 포함한다. 화학자들인 이들은 자유로운 접근과 함께 구조화된 데이터 추출 능력을 고려했다. 분자와 같은 개체들이, 알고리즘에 의해 자신의 구조를 식별하는 방식으로 표현될 때, 개체들은 분석, 추출, 조작을 위한 데이터로써 유용하게 쓰인다. 동일한 분자들이 텍스트 파일에 이미지로만 표현될 때, 그들의 구조를 식별하기 위해서는 사람이 직접 눈으로 확인하는 것이 필수적이다. 이들의 공식 속에서 'datument'로 표현된 오픈데이터는 기계가독형의 구조화된 데이터이며, 자유로운 접근이 가능한 데이터이다.

머레이-러스트와 다른 학자들은 Open Knowledge Foundation의 지지를 받으며, 오픈데이터에 대한 간결한 법적 정의를 내렸다: "만약 누구라도 자유롭게 사용하고, 재사용하고 재배포할 수 있다면 그러한 데이터 또는 콘텐츠는 오픈된 것으로, 오로지 저작자 표시 그리고/또는 동일조건 변경허락과 같은 것에 의해서만 제약을 받는다"(Open Data Commons 2013). 상거래에 있어서 정의는 더욱 모호하다 "오픈데이터는 특히 정부 데이터 같이, 타인이 사용할 수 있도록 만들어진 기계가독형 정보이다"(Manyika et al. 2013). 경제협력개발기구에서 발표한『공공기금의 연구 데이터에 대한 접근원칙 및 지침(The OECD Principles and Guidelines for Access to Research Data from Public Funding (Organisation for Economic and Co- operation and Development 2007)』에서는 데이터에 대한 오픈액세스를 13개 원칙으로 설계하며 이에 대해서는 8장에서 설명한다. 영국의 왕립학회(Royal Society) 보고서에서는

제1부 데이터와 학술연구

개방 체제로서의 과학(Science as an Open Enterprise) (Boulton et al. 2012,14)이라고 지칭하며, 오픈데이터를 "지능적 개방성의 기준을 충족시키는 데이터. 데이터는 접근, 이용, 평가가 가능하고 이해가능해야 한다". 생의학 데이터와 관련된 시사점으로는 비용 효과의 균형, 데이터 공개의 결정적 계기와 시점, 데이터 품질 보장 수단, 데이터 포함 범위, 즉 기밀성, 사생활 보호, 보안, 지적재산권 및 관할권과 관련된 것들이 있다(Boulton et al. 2011).

개방성(openness)은 데이터 생성을 촉진시킨다. 예컨대, 텍스트에 대한 오픈액세스는 텍스트에 있는 개체들을 데이터로 취급한다. 텍스트 마이닝 기술을 사용하여, 특정 분자, 천체 객체, 사람, 장소, 사건 또는 다른 개체들을 서술하는 모든 논문이나 책들의 정확한 위치를 찾아낼 수 있게 되었다. 출판물 데이터베이스, 데이터 아카이브, 디지털화된 단행본 컬렉션 등을 데이터 마이닝의 시각에서 들여다보기 시작했다(Bourne et al. 2011; Bourne 2005; Crane 2006; Murray - Rust et al. 2004). 그러나 제4장에서 살펴보듯이 지적재산권 측면에서는 아주 다른 시각에서 보기도 한다.

오픈데이터는 또한 해당 개체가 공개되는지 여부와 상관없이 연구 객체를 데이터로 표현할 수 있는 가능성을 포함한다. 출판물, 데이터셋, 콘텐츠에 대한 오픈 태그와 어노테이션 생성을 사례로 들 수 있다. 어노테이션(annotations)과 서지(bibliographies)는 개체를 기술하여 가치를 더해주고, 개체가 더욱 노출되어 탐색될 수 있도록 만들어준다. 어노테이션 공유에 대한 관심은 디지털도서관 연구 초기에 생겨났는데 어노테이션 시스템의 상호운용성을 위한 표준화 노력과 방법론 개발에 경쟁적으로 나섰다 (Foster and Moreau 2006; Hunter 2009; Phelps and Wilensky 1997, 2000). 개인적 서지사항을 관리하는 초기의 도구들인 ProCite, BiblioLink, RefWorks, EndNote 등은 단일 저자의 저술 작업이나, 네트워크가 아닌 개별적으로 유지되는 파일을 근거로 한다. 2천년 초반 무렵에는 개인이 웹사이트나 이미지, 출판물, 데이터에 태그를 달거나 어노테이션을 만들기 시작했고, Delicious, Flickr와 같은 소셜네트워크에 태그를 공유하기 시작했다. 2000년 중반 이후 개인이 만든 서지사항과 오픈 어노테이션은 수렴되기 시작했으며, Zotero, Mendeley, LibraryThing 등을 통해서 서지, 태그, 메모를 공유할 수 있게 되었다. 국가도서관들이 목록 레코드를 사용할 수 있도록 공개하면서 오픈 비블리오그래피 운동은 더욱 활기를 띠었다 (Open Bibliography and Open Bibliographic Data 2013). 더 많은 서지 레코드가 공개되고 사용됨에 따라, 마이닝할 수 있는 데이터로 취급될 수 있게 되었다. 어노테이션 도구들은 증가하는 다양한 형태의 데이터를 지원할 수 있게 되었다(Agosti and Ferro 2007; Das et al. 2009; Kurtz and Bollen 2010; Renear and Palmer 2009; Rodriguez, Bollen, and Van de Sompel 2007).

## 오픈 테크놀로지(Open Technologies)

오픈 학술연구는 폐쇄적 네트워크와 기술에서부터 개방 네트워크와 기술로 40여 년 이상 이행해온 과정에 있다. 인터넷의 기원과 궤적에 대한 스토리들은 이러한 이행 과정의 이야기다(Abbate 1999; Goldsmith and Wu 2006; Kraut et al. 2002; Levien et al. 2005; MacLean 2004; O'Brien 2004; Odlyzko 2000; National Research Council 2001; Zittrain 2005). 컴퓨터 네트워크는 일반적으로 연구 및 군사적 목적으로 정부 기금을 투입하여 개발되었다고 알려져 있다. 1960년대 후반에 최초로 국제적인 네트워크 간에 상호접속할 수 있게 되었고, 그 이후 1990년대 초반에 정책이 변화될 때까지 인터넷은 정부와의 계약을 통한 연구 및 학술적, 군사적 목적으로만 사용할 수 있었다. 국가연구교육네트워크(NRENs, National Research and Education Networks)라고 알려진 이 네트워크는 초기에는 값비싼 컴퓨터 회로를 공유하기 위해 개발되었는데, 인터넷 용량이 커지면서 e-mail을 포함하고, 파일을 전송할 수 있는 특성을 갖게 되었다. 이와 동시에 Telenet이나 Tymnet과 같은 패킷교환방식의 네트워크가 상업적인 커뮤니케이션을 위해 개발되어, 개별 기업의 상행위를 지원하고 서지 데이터베이스와 같은 새로운 정보서비스를 제공했다(Borgman, Moghdam, and Corbett 1984; Borgman 2000).

1993~1994년에 이르러, 국가정보기반(National information infrastructure) 및 세계정보기반(Global information infrastructure) 규정에 따라, 정부와 상업 상호간 접속이 허용되는 정책 변화가 있었다. 바야흐로 상업용 인터넷이 개통되고, 정부 소유 및 보호 시스템에서 상업적으로 운영되는 커뮤니케이션 네트워크로의 변화를 가져왔다. 인터넷은 상호접속을 위해 '오픈'을 선언하였고, 공공 및 사설기관에 동일하게 서비스를 제공했다. World Wide Web이 처음으로 소개되고 최초의 브라우저 인터페이스가 등장하면서 동시에 네트워크 개방이 이뤄졌다. 이후 20여 년 동안, 인터넷 기술과 용량, 이용자 커뮤니티는 최초 설계자가 도저히 상상할 수 없을 정도로 확장되어갔다. 그러나 새로운 경영 모델, 이해관계자들의 균형 변화, 보안 및 사생활 보호와 관련하여 예측하지 못했던 난관 등에 부딪히면서, 기반을 재설계해야 할 만큼 영향을 받았다(Borgman 2000; Estrin et al. 2010).

오픈네트워크를 통하여 데이터가 이동되는 것은 한번 확보한 데이터를 사용 가능하게 만드는 것과는 다른 문제이다. 디지털 형태의 데이터와 디지털 형태의 표현은 적합한 기술이 있을 때만이 읽을 수 있다. 디지털 데이터셋을 해석하기 위해서는 데이터 생성에 쓰이는 센서 네트워크나 실험실 기계장비 등 하드웨어에 대한 지식이 있어야 하고, 이미지 처리 및 통계 도구 등 데이터를 코딩하고 분석하는 소프트웨어에 대해서도 많이 알아야 하며, 데이터를 조합하는 데 필요한 프로토콜과 전문성도 있어야 한다. 특히 연구 환경에서 기술진보는 매우 빠르게 발생한다. 많은 계기에서 데이터를 생산하는 전용 소프트웨어를 써야만 읽을 수 있다. 이러한 데이터를 사용하거나 재사용하기 위해서는 아마도 기기에 맞는 버전의 소프트웨어로 접근해야 할 것이다. 많은 분석도구들이 특정 기기에 전용되는 것으로, 반입 데이터를 어떻게 공개할 것인지에 대한 문제와는 별개로 데이터 분석은 자체 포맷의 전속적 형태로 데이터셋을 산출해내게 된다. 학자들은 때로는 당면 문제 해결을 위해 자신만의 도구를 개발하고 자신만의 코드를 사용하기도 한다. 단기적으로는 효율적인 관행일 수 있으나, 이러한 로컬 코드와 장치를 장기적으로 유지하기는 매우 어렵다. 또 이 같은 사례가 소프트웨어 엔지니어링을 위한 산업 표준으로 구축되는 것은 거의 드문 일이다. 로컬 도구(local tools)들이 유연하고 적응력이 뛰어나, 종종 이동성이라는 비용을 치르며 장소와 상황을 넘어 적용되기도 한다(Easterbrook and Johns 2009; Edwards et al. 2013; Segal 2005, 2009).

데이터 개방의 정도와 표준, 기술 등이 분석 도구와 실험실, 협력자, 시간의 경과 사이에서 데이터를 얼마나 원활하게 유통하고 교환할 수 있는지에 영향을 미친다. 이와 관련하여 표준화는 연구집단 안에서 정보의 흐름을 향상시킬 수 있으나 집단 간 경계를 형성시킬 수도 있다. 표준화는 시기상조일 수도, 적합하지 않을 수도 있으며, 경계를 만들고 혁신을 방해할 수도 있다. 시스템과 서비스의 기술적 상호운용성은 오랜 세월 디지털도서관과 소프트웨어 엔지니어링의 성배가 되었다. 상호운용성은 특정 데이터와 이해관계자만을 허용하고 다른 것들은 내쳐버린다. 기술 그 자체보다는 정책, 실제, 표준, 경영 모델 및 기득권이 상호운용성의 결정적 요인이 되기도 한다(Brown and Marsden 2013; Busch 2013; DeNardis 2011; Lampland and Star 2009; Libicki 1995; Palfrey and Gasser 2012).

## 수렴하는 커뮤니케이션(Converging Communication)

공식, 비공식 커뮤니케이션은 기업과 정부, 학술연구에서 유사하게 수렴하고 있다. 기업이 살아남으려면, 회사가 도심지에 있거나 신문에 나오는 것으로는 더 이상 충분하지 않다. 이제는 비즈니스도 World Wide Web에, 소셜네트워크에, 블로그 및 마이크로블로그에, 비디오 채널에서 존재를 드러낼 필요가 있다. 정부는 도시에 사는 시민이나 이웃에 사는 개인에게 도 도움이 되어야 한다. 디지털 정부의 성장으로 행정서비스가 온라인으로 24/7, 일 년 내내 제공되어야 한다. 마찬가지로 학자들도 분야의 문헌 뿐만 아니라 웹페이지, 프린프린트 서버, 데이터 아카이브, 기관 리포지토리, 발표자료 및 그림 아카이브, 블로그 및 마이크로블로그, 소셜네트워크 및 새로 개발되는 미디어를 통해 영향력을 행사하고 있다. 신기술은 커뮤니케이션의 새로운 수단을 촉진시킬 뿐만 아니라, 기존의 모델을 불안정하게 뒤흔든다. 기존의 모델이 새로운 모델 위에 중첩되어 그려지게됨에 따라, 우리가 지금까지 사용해 온 메타포는 한계에 도달할지 모른다.

## 데이터 메타포(Data Metaphor)

학술 커뮤니케이션에서 출판물과 데이터가 하는 역할은 '데이터 출판' 및 '출판 데이터'와 같은 비유(metaphor)와 합해져버렸다. 세 번째 문제제기에 언급된 것처럼 이러한 메타포들이 가지고 있는 단순한 가정들은 학술 커뮤니케이션의 새로운 모델에 위험이 된다.

엄밀히 말하면, 출판은 '대중적으로 알게 하다'라는 의미이며, 많은 행위들이 출판으로 해석될 수 있다. 그러나 학술연구의 맥락에서 출판은 일반적으로 (1) 합법화 (2) 배포 (3) 접근 및 보존, 큐레이션(Borgman 2007)의 세가지 목적으로 수행된다. 첫 번째 기능은 보통 학술지 논문심사를 통하여 달성된다. 고정된 시점에서 출판되는 이 공익 도큐먼트는 연구 커뮤니티에서 수여되는 품질과 신뢰의 인장(stamp)으로 합법화 과정을 구체화한 것이다. 인용은 합법화된 연구 기록으로 출판 단위에 계속 누적된다. 배포의 기능은 본질적인데, 타인과 커뮤니케이션이 가능할 때에만 연구가 존재하기 때문이다(Meadows 1974, 1998). 출판사들은 연구를 학술지나 책으로, 학술대회 발표자료 및 기타 장르로 배포한다. 저자는 자신의 작업을 출판물로 동료들에게 배포하거나, 우편으로 보내거나, 대화나 블로그, 소셜네트워크 등 여타의 방법으로 전달한다. 세 번째 기능은 연구작업을 이용하고 발견될 수 있도록, 온전하게 사본이 보장되도록 함과 동시에 장기적으로 이용될 수 있도록 관리하는 것이다. 큐레이션 기능은 저자와 출판사, 도서관의 공동 책임이 되는 경향이 있다. 학자들은 자신의 연구를 출판하는 동기를 갖는데, 고용과 승진, 여타의 보상을 위한 기본적 형태의 인정 행위가 출판이기 때문이다.

데이터 출판이라는 메타포는 학술지와 단행본 출판같이 좁은 의미에서만 적절하다. 예컨대 OECD는 GDP, 고용, 소득, 인구, 노동, 교육, 무역, 재정, 가격 등에 대하여 국가별로, 국제적인 통계를 광범위하게 정리하여 출판한다. 다양한 정부 기관에서 인구조사 데이터 및 유사한 통계를 출판한다. 학술 무대 외부에서의 데이터 출판은, 서술보다는 리스트, 팩트, 광고들로 이뤄진 문서들의 배포를 말한다. 데이터 출판이라는 이름의 어떤 회사에서는 1986년 이래 지역 전화번호부 및 유사 정보들을 생산해왔다(Data Publishing 2013).

좁은 의미를 넘어서게 되면 데이터 출판이라는 메타포는 붕괴된다. 가장 많이 사용되는 의미로는 개인의 학술지 논문과 관련된 데이터셋의 배포를 일컫는다. 데이터는 논문에 첨부되지만, 독립적으로 평가하기 어렵기 때문에 논문심사 과정에서 거의 심사되지 않는다. 이러한 의미의 데이터 출판은, 데이터 단위로 출판되기보다는, 아카이브에 기탁되어 논문에 연결된다. 데이터셋은 검색 가능하게 관리된다는 것이지, 단일 개체로서 배포된다거나 학술지 논문처럼 자체적으로 서술되는 것이 아니다. 데이터 출판은 또한 저자의 웹사이트에 게재될 수 있으며, 이러한 경우는 출판의 세 가지 기능에 잘 들어맞지 않는다. 소수 몇 개 사례에서, 데이터 출판을 일컬어 데이터를 수집하여 아카이브하고, 다른 사람들이 접근할 수 있게 한다는 의미로 쓴다(PANGAEA: Data Publisher for Earth & Environmental Science 2013). 대부분의 데이터 아카이브에서 발견과 큐레이션이 가능하다고 해도, 동료 심사와 배포 기능은 핵심적 활동이 아닐 수 있다.

이러한 메타포에 우호적인 주장은 어디선가 들어본 듯 익숙한데, 학자들은 어떻게 논문을 출판하고 인용하는지를 잘 이해하고 있듯이, 논문에서처럼 출판과 인용을 통해 데이터 배포를 장려할 수 있음을 함축하고 있다(Crosas et al. 2013; Klump et al. 2006; Lawrence et al. 2011; Murphy 2013; Parsons and Fox 2013). 데이터 인용이 데이터 배포의 동기부여가 될 수 있다는 주장은 때로 주어진 사실로 언급되지만, 근거는 거의 없다. 또한 데이터 출판 메타포는 배포를 위한 단위로 데이터를 패키지함으로써 현재의 비즈니스 모델을 확장하려는 출판사의 이익에 부합되기도 한다.

데이터 출판 메타포를 반대하는 주장이 많지만 이 메타포는 집요하게 남아 있다. 그러나 학술지 논문에 "데이터를 출판하라"는 요청은 논문과 데이터셋 간의 이진법적 연결을 구체화하기 때문에 위험하다. 이분법적 관계가 존재하거나 데이터셋에 기반하여 논문을 재생산하는 영역에서는, 논문-데이터의 매핑이 집단 간 이해관계를 충족시킬 수도 있지만 이러한 영역은 거의 없거나, 있어도 아주 드문 경우이다. 이러한 논의는 9장에서 다뤄진다. 일대일 매핑이 유효하기 위해서는, 데이터셋에 대한 동료평가, 리포지토리 유용성, 연결을 용이하게 해주는 학술지 정책 및 기술, 연구 재현성에 필요한 하드웨어, 소프트웨어 및 여타 기구들에 대한 접근을 포함하는 광범위한 지식 기반에 의해 뒷받침되어야 한다.

학술지 논문과 데이터셋의 일대일 매핑은 출판과 데이터 사이에 맺어질 수 있는 많은 관계 중의 하나이다. 보다 빈번한 관계는 다대다 대응인

데, 주어진 출판물에 관련 데이터와 정보자원에 대한 전반적인 범위를 명시하는 것은 불가능하다. 일대일 링크를 요구하는 직접 연결은 발견 및 재현성을 지원할 정도에서 유용한 것이지만, 이를 위한 시스템을 설계할 때에는 다른 목적의 데이터셋을 발견하거나 재사용할 수 있도록 구현해야 한다. 오픈데이터 운동은 많은 출처의 데이터를 조합하고 비교할 수 있는 능력에 근거를 두며, 오픈테크놀로지를 수반한다.

파슨과 폭스(Parson and Fox, 2013)가 식별해낸 데이터 스튜어드십(stewardship)에 대한 다섯 가지 메타포는 모두 문제가 있고 불충분한 것으로 밝혀지는데, 데이터 출판은 그 중 하나일 뿐이다. 두 번째 메타포인 '빅데이터' 또는 '빅아이언(Big iron)'은 천문학, 기후학, 고에너지물리학 및 유사 분야에서 데이터 관련 산업 생산과 공학적 문화를 지칭한다. 빅아이언은 품질 보장, 데이터 축소, 버전 차별화, 데이터와 메타데이터 표준, 높은 시스템 처리 능력과 관련된다. '과학 지원(Science support)'은 세 번째 메타포인데, 데이터로부터 과학을 분리하거나 큐레이터에게서 데이터 수집가를 분리하기 어려운 영역의 생태계를 의미한다. 네 번째 메타포인 '지도 만들기(Map making)'는 기후 모델, 토지사용, 탐사 등 여타 목적에 필수적인 지리공간 데이터를 말한다. 이러한 데이터는 여러 층(layers)으로 집적되고, 논문이나 학술 기사보다는 지도로 출판된다.

'링크드 데이터(Linked data)'는 마지막 메타포이다. 데이터셋과 출판을 연결시키는 수단인 한편, 관련 데이터 단위와 출판, 문서 작업 등을 집합시키는 광범위한 운동의 일부이다. 링크드 데이터의 개념은 시맨틱웹의 근본 토대이다. 시맨틱웹이 효과적이기 위해서는 그래프 모델로 조직화되고 온톨로지와 표준화에 대한 동의를 요구한다. 오픈데이터는 (링크드데이터와 시맨틱웹이라는 관점에서) 이 같은 세계관의 중심에 있지만, 보존이나, 큐레이션, 품질 보증 등의 관점에서는 우선순위가 높지 않다.

## 데이터의 단위(Units of Data)

데이터와 연관된 메타포는 데이터 배포, 인용, 사용, 관리를 위한 적절한 단위에 대한 전제들을 단순화시킨다. 데이터는 데이터셋 및 데이터 아카이브의 픽셀이라든가, 광자(photons, 光子), 글자, 획, 활자, 단어, 스프레드시트의 셀 등 어떠한 크기 단위로 표현될 수 있다. 데이터셋이라는 용어가 문제라면, 최소한 네 개의 공통 주제 – 그룹핑, 콘텐츠, 관련성, 목적 – 를 의미하며, 각각은 다수의 카테고리를 갖는다(Renear, Sacchi, and Wickett 2010). 몇 비트에서부터 몇 테라바이트 규모에 이르기까지 데이터셋은 개별적 독립 객체로 취급될 수 있다. 적절한 단위는 사용 의도에 따라 결정된다. 때때로 데이터의 많은 단위 집적물이 비교와 마이닝을 위해 도움이 되기도 하고, 대량의 자원으로부터 추출된 일부가 도움이 되기도 한다.

한때 커뮤니케이션에 편리한 단위로써 인쇄 형태로만 존재했던 책이나 학술지 논문은 이제는 좀더 작은 단위로 분해될 수 있다. 검색 엔진은 저널 편집진이 심사숙고하여 모아놓은 학술지의 한 호(issue, 號)의 일부분인 기사색인 단위에서 좀더 세밀화된 독립된 개체들로 논문을 검색한다. 논문의 도표와 수치, 데이터셋이 고유 식별자를 갖고 있어서 연구방법론이나 이론적 배경 및 결론의 맥락과 분리되어 독립적으로 검색될 수 있도록 해준다. 책이나 학술지, 다른 형태의 텍스트들은 데이터 단위, 또는 데이터 집적물로 취급될 수 있어서, 단어나 구문, 문자열로 검색이 가능하다.

학술 콘텐츠가 더욱 원자화되고 데이터로 취급되어 갈수록 출판물 같은 공식 커뮤니케이션과 발표, 대화와 같은 비공식 커뮤니케이션의 경계는 희미해진다. 학술지 논문, 프리프린트, 초고, 블로그 포스트, 발표 슬라이드, 표, 그림, 발표의 비디오 프리젠테이션, 트위터, 페이스북, 링크드인 포스트 등 셀 수 없이 많은 개체들이 독립적으로 배포될 수 있다. 공공이나 상업용 발표 슬라이드 및 그림 리포지토리는 데이터 기탁과 접근이 쉽고, 다른 곳에서 손쉽게 출판하기 어렵지만 유용한 개체들을 받아들이기 때문에 대중적으로 사용되고 있다. 디지털 객체를 활용하고 연결할 수 있는 유연성은 새로운 형태의 커뮤니케이션을 촉진시킨다. 예컨대 학술지에서 상당한 페이지 분량의 컬러 자료 출판을 요구하게 되면 – 디지털 형태라 해도 – 저자는 어딘가에는 완전한 컬러 자료를 게시하거나 포스팅해 두고, 학술지 용으로는 흑백 버전으로 만들 수 있다. 컬러 이미지가 결과 해석에 필수적이기 때문에, 저자는 독자들에게 제공하기 위하여 적어도 단기적으로는 비용 측면에서 알맞은 수단을 선택하게 된다. 이러한 콘텐츠의 일부는 일정 기간 유지되지만 많은 경우 유지되지 않는다. 링크는 곧 깨지게 마련이고 이런 일은 자주 일어난다.

분해(disaggregation) 문제에 대한 통상적 대응은 콘텐츠의 재결합이며, 이는 부분들 간의 본래의 관계를 재구성하여 새로운 집합을 창조하는 것이다. 링크드 데이터 접근법은 학술 연구의 가치 사슬을 재구성하고, 논문과 데이터, 문서와 프로토콜, 프리프린트, 학술 발표 및 다른 단위들을 연결시키는 데 사용될 수 있다. 이러한 접근법은 순조롭게 네트워크로 연결되는 단위에는 적합하지만 시스템과 서비스를 넘나들며 연결하는 일반적 해결방법은 아니다(Bechhofer et al. 2013; Goble, De Roure, and Bechhofer 2013; Pepe et al. 2010; Van de Sompel et al. 2012). 마찬가지로 공개된 문헌에 대한 데이터 마이닝은 텍스트, 표, 그림에서 데이터를 식별해줄 수는 있지만, 보충 자료나 아카이브에 있는 것들을 알아내지는 못한다. 분해, 재결합, 인용 및 출판 단위의 문제에 대해서는 다양한 접근 방법이 요구된다(Bourne et al. 2011; Parsons and Fox 2013; Uhlir 2012).


## 공식 문서(Documents of Record)

학술 커뮤니케이션이 새로운 방식으로 분열되고, 흩어지고 다시 재결합되면서, 근거 기록(evidentiary record)의 유지가 더욱 어려워지고 있다. 인용된 객체가 사라지고, 링크가 깨지고, 검색 알고리즘이 독점적 비밀로 진화하고 있다. 데이터는 출판물보다 안정적이지 않은데다가, 다양한 맥락에서 다양한 목적으로 사용될 수 있기 때문이다. 출판물은 오랜 기간 발전을 거듭하여 고정된 단위로 자리 잡았다. 출판되는 시점에, 저작물은 DOI(디지털 객체 식별자, digital object identifiers)와 같이, 권호와 페이지수 및 기타 등록사항에 대하여 고유하고 영구적인 식별자가 할당된다. 영구 식별자를 할당받기 위해서 데이터 단위는 시간이나 버전 및 형태 면에서 고정형(frozen)이어야 한다. 데이터의 어떤 단위들이 증거의 자취를 구성하는지의 문제가 크게 부각된다.

문서 버전의 급증은 새로운 문제로 보기 어렵다. 《뉴욕타임스》와 같은 주요 신문에서는 하루에만도 다수의 편집판을 내보낸다. 인쇄 환경에서는 '석간 시내판(the late city edition)'을 공식 기록으로 간주한다. 디지털 환경에서, 《뉴욕타임스》는 지방판, 국내판, 국제판 등으로 편집된 다양한 인쇄 및 디지털 버전으로 존재한다. 개별 기사도 지속적으로 수정될 수 있다.

인쇄 환경에서는 학술지, 회의 발표자료, 단행본 출판처럼 공식 문서는 대개 모호하지 않은 것이다. 한번 기록이 인쇄되어 출판되면, 출판된 형태로 고정된다. 서지적 인용사항이 출판된 저작물에 누적된다. 독자들은 이러한 인용문헌의 참고 서지사항을 따라서 아이디어의 흐름과 근거를 파악할 수 있으며, 도서관이나 동료에게서 또는 서점에서 몇 년이 지난 후에도 안정적으로 저작물의 사본을 구할 수 있다. 이제 학술지 논문은 인쇄 형태로 출판되는 경우에 출판되기 몇 주나 몇 달 전에 온라인 버전으로 나오게 된다. 최근까지 온라인 판은 예고편(preview)이고, 인쇄판을 참조해야 하는 공식 문서로 간주하였다. 그런데 온라인 판이 공식 기록이 되고 있으며, DOI는 권호와 페이지 번호 등 참조사항들을 빠르게 대체하고 있다.

데이터는 정적인 형태의 학술지 논문보다 동적인 특성을 포착하여 전파될 수 있다.《The Journal of Visualized Experiments》는 실험이 어떻게 수행되었는지를 보여주는 비디오를 첨부한 실험연구에 대한 동료심사 내용을 출판한다(JoVE: Peer Reviewed Scientific Video Journal 2013). 저자들은 학술지 논문에서 천문학 데이터 모델을 회전시킬 수 있도록 3D PDF와 같은 쌍방향 시각화 출판으로 접근할 수 있도록 출판물을 향상시키고 있다(Goodman et al. 2009). 다른 분야에서도 이같은 실험들이 많이 시도되고 있다(De La Flor et al. 2010; Dutton and Jeffreys 2010; Wouters et al. 2012).

연구 방법론 및 연구결과도 학술지나 단행본 같은 공식 출판물 이외의 다른 수단으로 전파될 수 있다. 실험실의 기술을 시연해주는 짧은 비디오는 많이 유행하는 방법이다. 다른 개념들도 그림과 음성해설 등으로 설명될 수 있다. 단백질유전정보학(Proteomics), 미분방정식(differential equations), 계량경제학(econometrics), 상호텍스트성(intertextuality)에 대하여 비디오 사이트를 검색해보면, 수십여 개 무료 녹음 자료들이 나오고, 50만 회 이상 봤다는 기록을 보여주는 동영상들도 있다. 저자들은 소셜미디어를 활용하여 자신의 저작물을 홍보하고, 독자들은 이를 활용하여 새로운 아이디어와, 연구결과, 기술을 배운다. 트위터와 블로그 포스트는 학술 콘텐츠의 최신정보 주지(alerting) 기능을 수행하는 중요한 서비스가 되었다.《사이언스》지는 'Dance your PhD'라는 유명한 경연대회를 연례적으로 개최하는데, 박사 학위과정의 연구자들을 대상으로 논문을 설명하는 짧은 뮤직비디오를 제출하게 한다(Borgman 2013a). 이러한 자원들은 지금은 학술출판에서 부가적으로 통용되는 형태가 되지만, 점점 학자들이 활동하는 지식 기반에서 중요한 부분으로 자리 잡고 있다.

# 결론

데이터와 학술연구는 서로 불가분의 관계에 있다. 이들은 하나의 지식 기반으로 이해될 수 있는 복합적인 생태계에 함께 존재한다. 지식 기반은 연구와 기술이 진보하고, 정책이 변화하며, 이해당사자들의 이해관계가 새롭게 조정되는, 끊임없이 유동적인 상태에 있다. 이들은 오랜 기간 적응하며 진보한다. 지식 기반에 대한 사회적/기술적 영향 또한 마찬가지로 불가분의 관계에 있다. 학자들은 다수의 중첩된 연구집단에 속해 있으며, 각각의 고유한 방법론과 문화, 프랙티스와 지식을 표현하는 도구들을 갖고 있다. 공유되는 표현 방법은 데이터와 다른 자원들의 공유를 활성화시키는 반면 연구집단 사이에 경계를 창출하기도 한다.

학술연구는 많은 측면에서 더욱 오픈되고 있으나, 각각의 오픈 형태는 데이터와 같은 자원의 커뮤니케이션과 교환에 새로운 장벽을 드러내기도 한다. 무엇이 공개된다는 의미에 대하여 합의를 이룰 수 없는 것은 일부 개체나, 정책, 기술 및 서비스가 다양한 방식으로 공개될 수 있는 것으로 간주되고, 각각의 상황이 정상 참작이 가능한 것으로 받아들여지기 때문이다. 공식 및 비공식 학술 커뮤니케이션은 어떤 측면에서는 수렴되고 있지만 또 다른 측면에서는 확산되고 있다. 학술출판의 메타포가 데이터에 적용될 때 그 메타포는 왜곡된다(break down). 커뮤니케이션 단위의 원자화(atomization)는 지식을 새로운 방식으로 집결시키고 분해하는 기회를 제공하지만, 학술 연구의 근거가 되는 기록으로써 무엇을 가치 있게 여기고, 신뢰할 만하며, 관리할 것인지, 또 무엇을 폐기할 것인지에 대한 전통적인 이해의 기반을 약화시킨다.

제4장

# 04

# 데이터의 다양성

# 서론

학술 탐구 과정에서 나타나는 이론과 방법론, 문화, 연구 질문의 다양성을 고려해볼 때, 데이터 역시 다양하다는 것은 놀라운 일이 아니다. 지식 인프라가 효과적으로 기능한다면, 그것은 학술 연구수행을 위한 공통적인 기반을 제공하면서, 방법론이 다를 경우에도 최대한 요구사항을 지원할 수 있으며, 필요할 경우 지식 인프라는 학문 분야와 맥락, 시간의 경계를 뛰어넘어 데이터, 방법론, 도구, 기술 및 이론을 전달하는 기능을 담당하게 된다. 다양한 영역에서 학자들이 지식 인프라를 활용할 수 있도록 만드는 것이 이상적인 상황이라 할 수 있다.

그러나 물리학에 도움이 되는 것이 언어학에 도움이 되지 않을 수 있으며 반대의 경우도 그렇다. 각 학문 영역은 데이터의 양, 다양성, 처리의 속도(Laney, 2001) 및 형태 면에서도 다르고, 데이터를 공유하고 재사용하는 문화에서도 차이가 있을 뿐 아니라, 출판에 있어 또는 데이터에 대해서도 저자와 책임을 지정하는 기준이 매우 다르다. 어떤 데이터가 어떻게 수집, 관리, 사용, 해석, 공개, 재사용, 기탁, 관리되는지에 대하여 구체적으로 관련된 데이터 실무를 자세히 들여다보면 분야별로 공통적으로 나타나는 차이의 범주 및 접근법을 알 수 있으며, 분야별로 상당한 조정(adaptation)이 필요한 접근법과 전수(transfer)의 기회도 발견할 수 있다. 흔히 가장 혁신적인 연구는 다른 영역으로부터 프랙티스를 차용하는 연구이다. 어떤 연구자들은 학문 분야 내부에서 전문지식과 아이디어를 찾고, 다른 연구자들은 학문 분야 외부로 눈을 돌린다. 연구자의 이력 전체에 걸쳐 접근방법은 대체적으로 변하지 않고 고정적이지만 새로운 데이터, 도구, 질문, 기회 및 제약조건에 따라 끊임없이 변화해 가기도 한다. 전혀 예상치 못한 학술계의 귀퉁이에서 혁신이 발생할 수 있고 어떤 분야는 정체현상(stagnation)을 겪을 수도 있다. 제1장에서 제시한 문제제기는 영역별로, 여타 요인에 따라 각양각색으로 나타난다. 여기에서는 다음 세 장에 걸쳐 자연과학, 사회과학, 인문학 분야에서의 사례에 적용되는 모델을 전개함으로써 제3부에서 다루게 될 데이터 정책과 프랙티스에 대한 비교 분석의 기초를 놓고자 한다.

## 학문 분야와 데이터

데이터 프랙티스는 다른 학술 작업들처럼 그 내용에 있어 분야별로 상당한 차이가 있다. 연구를 수행한다는 것은 연구자의 경력 전반에 걸친 학습과, 깊이 있는 전문지식, 경험에 기초한다. 연구 이론과 질문, 방법론 및 가용자원은 연구문제를 해결하기 위한 데이터 선택에 영향을 미친다. 그런데 이와는 반대로, 어떤 것을 데이터로 활용될 수 있다고 인식하는 그 자체도 질문을 탐구하고 적용 방법을 선택하는 방식에 영향을 미친다. 이러한 선택은 흔히 암묵적 지식이거나, 분명하게 표현되지 않은 가정들에 기초하고 있다.

학문 영역을 구분하는 것은 데이터 프랙티스의 차이를 분류하는 데 있어 완벽하지는 않지만, 편리한 방법이라고 할 수 있다. 자연과학, 사회과학, 인문학의 경계는 견고한 것이 아니라 인위적인 것이다. 인간 행위에 대한 폭넓은 범주화는 매우 어려운 일이지만 논의의 틀을 만들기 위해서 약간의 분류는 필수적이다. 분야별로 뚜렷한 차별성을 보여주는 다양한 분류가 있지만 그 어떤 것도 광범위한 합의에 도달하지는 못한다. 흔히 알려진 연구 접근법상의 이분 분류로는 기초연구와 응용연구, 가설 위주의 연구와 발견 위주의 연구, 연역적 접근과 귀납적 접근, 이론적 접근과 경험적 접근이 있다. 과학 정책에서 이런 용어들이 광범위하게 사용되고 있음에도 불구하고 베이컨(Francis Bacon)이 활동했던 16, 17세기 이후로는 항상 논쟁거리가 되어왔다.

스토크(Donald Stoke, 1997)는 위에 제시된 분류가 어떻게 취급되었고, 기초연구와 응용연구와 같은 구분이 연구의 역할, 시간의 경과 및 여타 상황에 따라 어떻게 변화하는지 알아보기 위해 연구 관행에 대한 서양의 기원을 탐구하였다. 스토크는 연구가 근본적인 이해를 위한 탐구인지의 여부와 연구자가 연구결과의 적용을 고려하고 있는지 여부를 묻는다. 두 질문에 대한 답변이 모두 긍정인 경우, 해당 연구는 스토크가 "파스퇴르의 사분면(Pasteur's quadrant)"이라고 명명한 "적용을 고려한 기초연구"로 분류될 수 있다. 파스퇴르(Louis Pasteur)는 발효 과정에 대한 근본적인 이해를 기초로 이 지식이 우유의 부패를 방지하는 데 사용될 수 있는지에 관심을 가졌다. 순수 기초연구는 해당 지식이 어떻게 사용될 것인지를 고려하지 않는, 근본적인 이해를 위한 탐구로써 보어(Niels Bohr, 역주: 덴마크 출신의 물리학자로 원자구조와 양자이론에 대한 기여로 노벨 물리학상을 수상)의 연구가 대표적인 사례이다. 에디슨(Thomas Edison)의 연구는 순수 응용연구의 대표적인 예인데 근본적인 이해에 대해서는 큰 관심을 두지 않고 연구의 활용에 깊이 몰두하였다. 스토크가 언급하고 있듯이(74 - 75), 위의 두 질문에 대한 답변이 모두 부정인 경우에 해당하는 네 번째 사분면 또한 그 예가 있다. 연구자는 때론 단순한 호기심을 가지고, 응용 또는 근본적 이론에 의해 자극을 받지 않는다. 제4사분면은 데이터의 일시적 특성을 고려할 때 매우 흥미로운 현상이다. 예를 들어 조류와 나비에 대한 현장 도감이 그것을 만들 때에는 활용이나 이론을 고려하지 않았을지라도, 나중에는 기후 변화에 대한 귀중한 기록이 되기도 한다.

콰(Kwa, 2011)는 그리스와 라틴어로 씌어진 일차 자료를 통해 서양의 전통을 넘어서는 과학적 추론의 역사를 추적하였다. 크롬비(Alistair Crombie, 1949)의 저작에 기초하여 콰는 여섯 가지 구분양식을 연구하는데 그것은 연역적, 실험적, 가설-유추적, 분류적, 통계적, 진화적 방식이다. 마이어와 슈뢰더(Meyer and Schroeder, 2014)는 eResearch 접근방법을 콰의 (그리고 크롬비의) 앎의 방식과 비교하고 있다. 또한 휘틀리(Whitley, 2000)가 연구한 과학 분야의 사회조직 모델(model of social organization)을 다양한 분야의 eResearch에 적용한다. 휘틀리가 사용하고 있는 차원은 상호의존성(mutual dependence)과 과업불확실성(task uncertainty)의 두 가지이다. 일부 분야는 높은 수준의 상호의존성을 가지고 있어서 자원의 집적(aggregation)과 거버넌스 구조의 공식화를 요구하는 반면, 상호의존성이 낮은 분야는 이런 구조화의 요구 수준이 낮다. 상호의존성은 과업불확실성의 정도와 상호작용을 하는데, 불확실성이 높은 고에너지 물리학 분야 같은 곳에서는 분야의 관리를 위해 통합적인 관료체계를 발달시킨다.

쿤(Thomas Kuhn, 1962, 1970)도 동일 분야에서 어떤 문제가 탐구 가치가 있는지에 대한 합의(agreement)의 수준에 대해 이와 비슷한 주장을 했다. 베커(Tony Becker, 1989, 1994)는 과학 및 학술연구 전반에 있어서 'hard'와 'soft' 접근방법 간의 차이를 구분하는 사람 중 한 명이다. 베커는 비글란(Biglan, 1973)과 콜브(Kolb, 1981)의 저작에 근거하여 순수 접근과 응용 접근을 구분하였고, 그 결과 스토크와 휘틀리와 유사한 2X2 모델을 제시하고 있다. hard-순수 사분면은 자연과학에서의 추상적-사색적 접근법에, soft-순수 사분면은 인문학 및 사회과학의 구체적-사색적 접근법에, hard-응용 사분면은 자연과학에 기반한 전문직에서의 추상적-활동적 접근법에, 그리고 마지막으로 soft-응용 사분면은 사회과학 분야 전문직에서의 구체적-활동적 접근법에 해당한다. 비록 이러한 모델들 모두 여러 분야의 광범위한 경험적 연구에 기초하고 있지만, 각각의 모델은 복잡하고 다양한 양상으로 전개되는 학문 분야의 작업을 몇 개의 단순한 요소로 축소시키는 단점이 있다(Furner, 2010).

자연과학 분야의 연구 방식에 비해 사회과학과 인문학 분야의 연구 방식에 대해서는 상대적으로 관심이 적었다. 과학적 접근방법에 대응되는 위 사분면은 사회과학에도 적용 가능한데 특히 자연과학 분야와 인접한 계량적 분야에서 더욱 그렇다. 이론과 해석과 같은 용어는 인문학 분야 및 인문학에 인접한 사회과학 분야에서 흔히 사용된다. 이런 분야에서의 직무불확실성은 상대적으로 높으며 공유 자원이 많지 않다. 인문학 분야 연구자들은 대부분 혼자 연구하고 상호의존성이 낮다. 그러나 이런 모든 관행들이 분산 기술의 발전에 따라 변화하고 있다. 연구팀의 규모가 커지고, 더 많은 공유 자원이 개발되고 있으며 과업(tasks)은 점점 더 시스템화 되고 있다(Beaulieu, de Rijcke, and van Heur 2012; Burdick et al. 2012; Friedlander 2009; Meyer and Schroeder 2014; Unsworth et al. 2006; Wouters et al. 2012).

## 크기 문제(Size Matters)

제1장에서 설명한 바와 같이 빅데이터는 절대적 크기가 아닌 규모의 문제이다. 데이터 규모의 차이는 다시 어떤 것이 데이터가 될지, 적용될 방법, 질문의 형태, 연구의 목표 및 목적에 영향을 미친다. 프라이스(Price, 1963)의 표현에 따르면 거대과학이란 대규모의 분산된 팀, 국제적인 협력, 대규모 데이터 컬렉션, 대형 계기장비 및 설비로 대표되는 성숙한 과학이다. 작은과학, 소규모 과학 또는 소규모 학문은 그 나머지를 지칭한다.

반면 위 두 구분의 중간에 해당하는 것이 가장 흥미로울 수 있다. 사례 분석을 통해서 명확해지겠지만 어떤 분야도 거대과학 또는 작은과학이라는 엄격한 경계 내에서만 기능하지는 않는다. 거대한 데이터 컬렉션, 공유 장비, 국제적 파트너십 및 정교한 거버넌스 구조를 가진 분야라도 일부 영역에서는 개인 연구자들이 미래에 결코 공유 자원이 되지 않을 국지적인 데이터 컬렉션을 수집하고 유지하기도 한다. 마찬가지로 개별 연구자들 또한 다른 사람들이 수집한 대규모 데이터 컬렉션에 의존할 수도 있다.

어떤 것이 데이터가 될 것인지, 또는 데이터와 연관된 프랙티스, 데이터 표현 방법 및 데이터 공유, 재사용 등이 데이터의 크기와 규모 또는 범주 차이에 따른 차원(dimensions)에 영향을 미치게 된다. 기관 고유의 요인(institutional factors)인 준거(norms)와 상징, 중재자, 통상적 절차, 표준, 유형물 등도 중요하다(Mayernik, in press). 크기 차원은 분야 또는 학문 영역과는 독립적이며 프로젝트의 목표, 데이터 수집 수단, 분석 방법 등과 같은 요인과 상호작용을 한다. 크기 차원은 어떤 영역에서 이동이 적절하고 또는 그렇지 않은지, 또한 지식 인프라에 대한 투자가 어디에서 필요한지를 보여주는 지표가 된다.

## 프로젝트 목표

특정 연구 프로젝트의 목표는 요구되는 근거(evidence)의 범주에 영향을 미친다. 예를 들어 탐색적인 연구에서 학자는 특정 상황 또는 현상을 기술하는 소규모의 데이터셋을 비교적 유연한 방식으로 수집하기를 원한다. 하지만 만약 연구의 목표가 전체 시스템에 대한 모델을 구하는 것이라면 대용량의 데이터에 대한 일관성 있는 수집이 필요하다. 처음 연구 문제의 틀을 잡는 과정에서 연구자는 다양한 데이터의 원천에 대해 열린 마음을 가진다. 하지만 문제를 좁히게 되면서 데이터 수집 범주도 대부분 좁아진다.

일기(weather)와 기후(climate) 데이터는 연구의 목표에 따라 데이터 수집의 범주가 얼마나 달라지는지 보여주는 예이다. 일기 데이터는 온도, 강우, 강설, 구름, 바람, 폭풍 및 여타 사항에 대한 단기적인 예측을 목적으로 수집되는 국지적인(local) 측정이다. 10일 이상의 신뢰할 만한 사전 일기 예보는 매우 드물다. 만약 동일 장소에서, 동일 장비를 가지고, 정기적인 간격으로 정해진 절차를 밟아 측정한 경우라면 일기 데이터에 대한 국지적인 기후 측정이라도 시간의 흐름에 따라 일관성이 있다. 하지만 한 장소에서 측정된 국지적인 데이터가 다른 장소에서 측정한 데이터와 반드시 일관성이 있다고 볼 수 없는데 그 이유는 그 장소들에서 다른 기기와 다른 데이터 수집 절차가 사용되고 있을 것이기 때문이다.

일기 예측과 대비되는 기후과학에서는 오랜 기간 매우 광범위한 지역에서 관찰하는 것이 필수적이다. 기후 데이터는 위성 관측 또는 복수의 일기 데이터셋에서 추출되어 체계적으로 수집된다. 이렇게 수집된 기후 데이터는 지구의 기후 연구를 위해 만든 물리적 과정인 연구 모델에 입력된다. 동일 관측이 복수 모델에 입력되기도 하는데, 개별 모델은 다른 연구팀에 의해 개발되고 또 각각의 모델은 자체적인 기준척도와 이론을 가지게 된다. 에드워즈(Paul Edwards, 2010)는 국제적 협약이 시행됨에 따라 이에 요구되는 과학적, 기술적, 사회적 및 정치적 노력이 1세기에 걸쳐 추진되어왔음을 전반적으로 설명하면서, 이러한 노력이 기후과학을 위해 필요한 일관성 있는 데이터 수집이라는 결과를 낳게 되었다고 지적했다. 현재 이런 데이터는 국제적인 경계를 초월해서 폭풍, 홍수, 기근 및 여타 기후 패턴을 예측하는 데 사용되고 있다.

아직 완벽하다고는 할 수 없지만 기후 모델들의 성공사례가 드러나고 있는데, 이를 통해 국지적인 이해관계와 세계적인 이해관계가 결과적으로 수렴되었다(Edwards 2013). 이러한 수렴이 반드시 일반적이라고 볼 수 없는 이유는 성공담보다는 실패담이 덜 문서화되고, 덜 알려지기 때문이다. 예를 들어 라이비스와 핀홀트(David Ribes and Thomas Finholt, 2009)는 네 개의 대규모 과학 인프라를 장기적으로 개발하면서 생긴 갈등관계를 확인했다. 초기에는, 특히 출발 시점에서 이들 각각의 인프라는 공통의 목표를 가지고 있는 것처럼 보였다. 하지만 협력이 진전되면서 최종 목표, 동기요인, 이용자 커뮤니티, 기술 및 여타 요소에서의 차이점이 점점 더 명확해졌다. 특히 문제가 된 것은 기후변화 시대에 필수적 주제인 물(water) 데이터에 대한 조정이었다. 구체적으로 환경공학, 수문학(hydrology), 공공정책, 건축 및 도시계획학 분야 등에서 취하는 접근 방법과 근본적으로 차이가 있었기 때문이었다. 프로젝트 목표에서의 차이는 스토크(Stokes)의 응용 및 근본적 이해라는 두 가지 차원에서 일시적인 요소, 표준화와 상호운용성, 국지적 맥락에 따라 다르게 접근하는 결과를 갖는다(Jackson and Buyuktur 2014; Jackson et al. 2011; Jackson 2006; Lampland and Star 2009; Ribes and Finholt 2009; Ribes and Jackson 2013).

## 데이터 수집

관측, 기록 또는 여타 개체들이 데이터가 되는지 여부의 문제는 부분적으로 누가 데이터를, 어떻게 수집하는가에 달려 있다. 빅데이터는 대개 기계장비에 의해 수집되는데 예를 들어 망원 기기에 의해 포착되는 엄청난 양의 광자(photons, 光子)나 센서 네트워크에 의해 수집되는 수질 지표에 대한 이산 시료(discrete sample) 등이다. 이런 기술들을 개발하는 데는 수년간의 노력이 필요하지만, 일단 개발된 후에는 대용량의 데이터를 빠른 속도로 산출한다. 이런 종류의 데이터를 파슨스와 폭스(Parsons and Fox, 2013)는 소위 '거대 철근(big iron: 역주, 보통 해커들이 메인프레임 컴퓨터나 수퍼컴퓨터를 지칭할 때 쓰는 은어)'으로 비유하는데, 산업생산과 공학이라는 문화적 특징을 가지고 있다. 개인이나 소규모 팀에서도 소셜네트워크나 센서 네트워크 등을 통해 빅데이터를 수집할 수 있다. 극단적인 경우는 상당한 기술 지식이 요구되는 장인적인(artisanal) 데이터 수집이다. 이러한 사례에는 수작업으로 수집되어 희석, 원심 분리, 배양 및 측정 처리되는 물과 토양 시료 표본이 포함된다(Wallis, Rolando and Borgman 2013). 국지적이고 장인적으로 수집된 데이터는 데이터 수집팀에 의해 자체적으로 유지되게 마련이다. 빅데이터든 리틀데이터든 상관없이 데이터를 수집하고, 사용하고, 해석하는 것은 대부분 해당 분야의 전문지식에 전적으로 의존한다(Beaulieu, de Rijcke, and van Heur 2012; Collins and Evans 2007).

데이터 수집 방법은 데이터 교환을 위한 동기를 부여하고 교환을 가능케 하는 중요한 결정요인이 된다. 힐가트너와 브랜트라우프(Hilgartner and Brandt-Rauf, 1994)는 특정 기법을 사용할 수 있는 역량으로 인해 경쟁 우위가 발생할 수 있음에 주목한다. 새로운 기법은 오직 특별한 기술을 가진 사람들에 의해서만 적용될 수 있는 '마술의 손'에서부터 충분히 일상화된 기법으로 표준적인 '키트(kits)'로 판매될 정도의 기법까지 연속적으로 제시된다. '표준적 절차'는 이러한 연속범위의 중간 지점에 자리하고 있다. 특정 실험실에서 개발된 개별 기법은 마술의 손으로부터 키트의 수준까지 진화가 가능하다. 프릿차드, 카버, 아난드(Pritchard, Carver, and Anand, 2004)는 연구집단들이 분야별로 모인 것이 아니라 데이터 수집 관행을 중심으로 모여 있음을 발견했다. 산업적 방법, 표준적 방법 혹은 키트 방법 등에 의해 생성된 데이터는 장인적 방법이나 마술의 손에 의한 결과로 수집된 데이터에 비해 더욱 손쉽게 문서작업이 가능하다.

3장에서 다룬 데이터의 단위와 데이터 출판 관행과의 관계는 무엇이 데이터가 되는가와 수집되는 데이터의 양에 역시 영향을 미친다. 당일의 현장 방문으로도 여러 개의 논문을 쓸 수 있을 정도의 충분한 데이터를 만들어낼 수 있다. 또 다른 경우는 하나의 학술지 논문을 위해 수년간의 데이터 수집이 필요할 수도 있다. 하나의 대규모 데이터셋이, 독립적으로 또는 다른 근거 자료와 결합되어, 복수의 연구문제를 해결하기 위한 분석이 될 수도 있다. 아카이브에 기록된 메모가 소수의 데이터 요소를 제공하기도 하지만 수년간에 걸쳐 탐색할 만한 분량의 증거를 제시하기도 한다. 연구자들은 자신들의 연구 이력 전체에 걸쳐 하나의 현장, 종, 집단 또는 희귀 문서에 대해서만 데이터를 축적하기도 한다. 현장 기지 또는 기록보존소를 딱 한 번 방문했을 때 반드시 하나의 출판물이 나오는 경우는 드물다. 수집 데이터가 귀중할 경우에는 복수의 논문으로 분할되는 것이 대부분인데 이런 현상을 "최소한의 출판 가능 단위", "가장 작은 출판 가능 단위"와 같은 용어 등으로 부른다. 이런 관행에 대해 때로는 "살라미 조각내기"(역주: 작은 출판 가능 단위로 논문을 잘라서 발표하는 것을 지칭하는 용어로 살라미는 이탈리아의 대표적인 절인 소시지의 일종)라고도 부른다(Owen 2004).

연구자 혹은 연구팀의 데이터 수집에 대한 통제의 수준 역시 데이터 전이와 재사용의 관행, 동기요인 및 제약조건에 영향을 미친다. 리포지토리나 다른 자원에서 연구자가 데이터를 가져올 때, 데이터가 어떻게 수집되었는지 이해하려면 이용 가능한 문서작업에 의존할 수밖에 없다. 데이터 수집은 설문 인터뷰 수행자를 고용하거나 또는 크라우드소싱을 통해 외주가 가능하다. 후자의 경우 학자들은 자원봉사자를 훈련시켜서 조류(birds), 침입종(invasive species) 또는 여타 현상을 발견할 수 있도록 훈련하는 방법을 찾아낸다. 웹사이트와 모바일앱과 같은 도구를 제공하기도 하고, 데이터 수집을 전문가가 감독하고 검증한다(eBird 2013; "What's Invasive!" 2010). 아직 일반화되지는 않았지만 데이터 수집을 위한 크라우드소싱 방법은 대중들의 관심을 끌어들이며, 대용량 데이터를 수집할 수 있도록 해준다.

## 데이터 분석

데이터 분석 단계에서의 투자 및 데이터 수집-분석-해석이라는 반복적인 절차에 대한 투자 역시 데이터가 얼마나 손쉽게 사용, 재사용, 교환 그리고 관리되는지 결정하는 요인이 된다. 일부 데이터는 최소한의 개입으로도 유용하게 되지만 다른 경우에는 상당한 정리, 보정 및 기타 처리가 필요하다. 어떤 데이터를, 어떻게 그리고 왜 수집하는가에 대한 초기의 결정은 나중의 절차까지도 계속해서 영향을 미친다. 나뭇잎의 크기를 재거나 정확한 수집 장소와 시간에 대해 지리공간 및 시간 기준척도를 배정하는 직접적인 측정이 있는가 하면, 특정 형태의 질산염을 표현하기 위한 감지전압 측정과 같이 해석 모델이 요구되는 간접적인 측정도 있다. 주어진 데이터를 해석하기 위해서는 측정에 사용된 기기 종류, 기기의 눈금 보정, 데이터 수집 시간, 날짜 및 장소, 샘플이 포착된 방법 등에 대한 정보가 필요한 경우가 있다. 어떤 데이터는 즉시 분석되고 문서작업이 이루어져 영구 기록을 생성할 수 있다. 몇 시간이 지나면 죽는 원생생물을 함유한 물 샘플과 같은 일부 샘플은 손상되기 쉽다. 반면 양피지에 쓰인 텍스트 같은 경우에는 수세기가 지나도 비교적 안정된 상태로 남아 있다.

데이터 분석 관행은 프로젝트의 목표, 응용 또는 이론에 대한 관심, 도구, 전문지식 및 인프라의 가용성, 기타 요인에 의해 결정된다. 마치 어떤 사람은 집을 깔끔하게 정리하지만 다른 사람들은 무질서 속에서도 행복하게 사는 것과 마찬가지로 학자들도 데이터 수집과 분석 등 개인적인 습관에 있어서 큰 차이가 있다. 일부 학자는 데이터를 가능한 빨리, 정확하게 그리고 온전하게 정리하는데 다른 학자들은 데이터를 정리하기 전에 수일, 수개월 혹은 수년 동안 쌓아두기도 한다. 어떤 이는 수집과 분석의 각 단계마다 분석적인 메모를 적기도 하지만 다른 사람들은 일이 끝난 후에야 그런 평가를 한다. 일부 연구자는 자신의 실험실 또는 연구팀에 명확한 지침과 절차를 줌으로써 비교와 장기적 분석에 용이한 일관성 있는 관행을 장려한다. 다른 연구자는 보다 유연한 형태를 선호해서 연구에 참여하는 참여자 각각이 가지고 있는 다양한 전문지식을 활용하는 방식을 택한다. 데이터 관행이 주로 연구 커뮤니티를 중심으로 모여 있지만 구체적인 데이터 처리는 데이터의 다양성만큼 제각각이다(Bowker 2005; Edwards et al. 2011; Jackson et al. 2011; Mayernik 2011, in press; Wallis 2012).

일반화할 수는 없지만 어떤 형태의 데이터 분석은 크라우드소싱을 통해서도 가능한데 대표적인 예가 Zooniverse이다. 이 단체는 컴퓨터를 이용하여 데이터를 분류하거나, 또는 난해하지만 최소한의 훈련과 분야에 대한 전문지식, 몇 개의 요인만 가지고도 개체가 분류될 수 있는 프로젝트를 지원한다. 현재 진행되고 있는 프로젝트에서는 참가자들이 화성의 날씨를 분류하고, 오래된 선박의 항해 일지로부터 일기 데이터를 옮겨적고, 고래들의 의사소통을 청취하고, 암 관련 데이터를 분석하는 작업을 하고 있다. 게임을 하는 것 같은 인터페이스를 제공함으로써 이런 연구 프로젝트에 사람들이 시간을 기꺼이 기부할 수 있도록 장려한다. 2014년 초 기준 백만 명이 넘는 사람들이 Zooniverse의 회원으로 등록되어 있다. 데이터는 분류를 위해 복수의 자원봉사자에게 제공된다. 각 자원봉사자들의 작업 속도 및 정확성과 더불어 분류의 정확성도 평가된다(Zooniverse 2014).

## 언제 데이터가 되는가?

어떤 것이 데이터가 되는지에 대한 정확한 시점을 정하기는 매우 어렵다. 통상적으로 연구자는 관찰, 물체, 기록 또는 여타 개체를 현상에 대한 증거로 사용할 수 있다고 여기고 그러한 개체들을 데이터로 수집, 입수, 표현, 분석, 해석하는 과정을 거친다. 아래 간단한 사례를 살펴보면 언제, 어떤 것이 데이터가 되는지 잘 알 수 있다. 어떤 연구자가 아동의 행위 연구를 수행하면서 적절한 장소가 공원이라고 생각했다고 하자. 그 연구자는 공원을 방문해서 놀이터에서 뛰어다니는 한 어린아이를 관찰한다. 연구 질문, 탐구의 대상이 되는 현상, 이론적인 틀, 연구 방법론, 연구의 목표에 따라 해당 관찰의 다양한 측면이 데이터가 될 것이다. 연구자는 걸

**제1부** 데이터와 학술연구

음걸이를 관찰해서 나이, 건강 상태와 활동의 종류를 평가할 수도 있다. 달음박질의 시작과 끝 지점이 관심의 대상이 될 수도 있는데 이 경우 이 아동이 뚜렷한 목적 없이 뛰어다니는지 아니면 부모 또는 보호자 사이를, 다른 아이들 사이를 다니는지 관찰할 것이다. 연구자는 개별 아동을 분석 단위로 삼아 관찰하거나 부모와 아동을 한 쌍으로 또는 또래아동 집단을 단위로 관찰할 수도 있다.

공원 자체가 분석의 단위가 될 수도 있는데 이 경우 연구자는 다른 인구통계학적 특성을 보이는 다양한 공원에서의 활동을 비교한다. 그렇지 않으면 연구자는 한 장소에서 장기적인 일상관찰기록 연구를 수행할 수도 있다. 날짜, 시간, 주변지역의 사회경제 통계 데이터, 공원에 오는 교통수단, 일기 데이터 또는 공기오염 수준이나 꽃가루 등에 관한 맥락적인 정보를 수집하기도 한다.

아동 행동에 대한 관찰은 다양한 방법으로 기록될 수 있는데 여기에는 연구대상에 대한 사전 지식, 관찰을 위해 사전 동의를 받은 정도 등이 영향을 미친다. 연구자는 관찰 대상이 알아볼 수 없는 지점의 벤치에 홀로 앉아서 종이에 조용히 메모를 남길 수도 있다. 만약 연구자가 참가자로부터 사전동의서를 받았다면 더욱 광범위한 정보를 수집할 수 있다. 복수의 관찰자가 있을 수도 있고 카메라, 마이크와 여타 센서를 놀이터에 설치할 수도 있다. 참여자들에게 센서를 달아서 행동, 움직임의 패턴, 심장박동 등을 기록할 수도 있다. 연구자는 놀이터의 행동 이전 또는 이후에 아동과 보호자를 면담하기도 한다.

그렇다면 위 연구자가 공원에서 아동을 관찰한 어떤 것이 데이터가 될 것인가? 제3장에서 소개했듯이 관찰이 데이터로 취급되려면 어떤 방법을 통해 반드시 표현되어야 한다. 관찰자는 자신의 눈으로 본 아동의 행동을 포착한 후에 종이나 컴퓨터에 그것에 대한 문서작업을 한다. 이런 문서작업은 이야기 형식의 노트, 스케치, 표 또는 여타 형식으로 표현될 수도 있다. 이것들은 곧장 분석 도구에 입력되거나 뒤에 입력이 될 수 있도록 기록된다(transcribed). 만약 참가자 면담이 있었다면 면담기록이 노트 내용과 합쳐질 수도 있다. 공원 및 관찰 당시의 상황에 대한 맥락적인 정보 역시 스프레드시트 또는 통계 프로그램에 입력된다. 아동의 행위를 담고 있는 음성 및 영상 기록도 디지털 방식으로 저장되는데 이 경우 장소, 날짜, 시간, 조도(照度) 및 여타 측정 요소들이 자동적으로 태깅된다. 개별 참가자에 대한 다른 기록과 대응(짝맞춤)이 될 수 있도록 이런 음성과 영상 기록을 수작업으로 분류한 표현을 추가할 수도 있다. 이러한 표현은 연구의 목표에 따라 다양한 방법으로 분석할 수 있다. 개별 아동, 아동과 보호자의 쌍 또는 개별 공원에 대한 상세한 모델이 정리될 수도 있다. 다른 방법으로는 행동 그룹의 집합과 더 큰 패턴을 대상으로 분석할 수 있다. 이 모든 경우에 주어진 연구 탐구에서의 구체적인 관심 사항을 기록하고 그렇지 않은 것들은 무시하는 선별적인 방식으로 관찰이 선택된다.

이와 같이 무엇이 데이터가 되고, 그런 데이터가 어떻게 기록되며 표현되는지에 연구 맥락의 다양한 측면이 영향을 미친다. 지식과 데이터 간의 관계는 다양한 방법으로 분할된다(Furner 2010). 무엇이 언제 또 어떻게 데이터가 되는지에 영향을 미치는 요소들은 두 가지의 일반적인 범주로 구분되며 다음 장들에서 사례연구를 살펴보면서 설명된다. 첫 번째 범주는 데이터의 기원(origins)과 연구자 사이의 거리에 대한 고려사항이다. 이 범주에는 출처와 자원, 메타데이터, 유래(provenance)에 대한 요소가 있다. 두 번째 범주는 무엇이 데이터가 되는지에 대한 외부 영향 요인들을 담고 있으며 경제성과 가치, 재산권, 윤리 문제로 구분된다.


## (원데이터로부터의) 거리는 중요하다

데이터의 기원에서부터 사용되기까지의 거리는 다양한 방법으로 측정할

수 있다. 시간, 맥락, 방법, 이론, 언어와 전문지식이 중요하다. 연구협력
자들 사이의 지리적인 거리 역시 데이터를 공유하고, 해석하며 사용하는
능력에 중요한 영향을 미친다(Cummings et al. 2008; Hollan and Stornetta 1992;
Olson and Olson 2000). 기원(Origins)이라는 용어도 마찬가지로 문제가 되는데
여기서는 연구자가 어떤 것을 데이터로 처음 다룬다는 것을 뜻한다. 기원
과 거리는 데이터의 표현과 재사용에 있어서 중요한 요소가 된다.

만약 어떤 학자의 작업이 위에 언급한 요소들 중 어떤 것과 관련이 있
고, 기원이 되는 데이터와 가깝다면 데이터 해석을 할 때 공식적인 지식
표현에 덜 의존하게 된다. 극단적으로는 어떤 집단 또는 현상을 연구하기
위해 생애 전부를 바치는 민족지학 연구자의 예와 같이 데이터와 개인적
이고 친밀한 관계를 맺는 연구자가 있다. 공원에서의 아동 행위를 연구하
는 단독 연구자의 경우, 다른 목적을 위해 타 연구자들이 해석할 수 있도
록 메모를 남길 필요를 느끼지 않고 직접 쓴 메모를 통해 학술지 논문을
작성할 수 있다.

또 다른 극단에는 다른 사람들이 수집한 데이터셋만을 가지고 작업을
하는 학자들이 있는데 이들은 흔히 장기간에 걸쳐 여러 원천에서 수집한
매우 큰 데이터셋을 사용한다. 한 도시, 일개 지역 또는 특정 국가의 공원
에서의 행위 지도를 만드는 인구통계학자는 다른 사람들이나 관련 기관
이 상이한 목적으로 기록한 데이터의 표현(representations)에 의지할 수밖에
없다. 인구통계학자나 다른 빅데이터 분석가들이 데이터가 어떻게, 언제
혹은 누구에 의해 수집되었는지에 대한 상세한 지식을 알고 있는 경우는
거의 없다. 나중에 이런 데이터를 사용하는 이용자는 해당 데이터의 표현
또는 기록, 디지털 형식으로 표현된 데이터를 읽을 수 있는 소프트웨어의
입수가능성, 여타 문서작업에 의존할 수밖에 없다. 이 경우 새로운 해석
은 물론 잘못 해석할 가능성도 많아진다.

**원천 및 자원**(Sources and Resources)  학자들은 때론 자신만의 데이터를 수집하고, 어떤 경우에는 특정 현상에 대해 기존의 데이터를 입수하기도 하고, 새로운 데이터와 기존 데이터를 통합하기도 한다. 새로운 데이터(원천)와 기존의 데이터(자원) 사이의 거리는 데이터를 어떻게 관리하고, 다른 맥락과 시간을 뛰어넘어 데이터를 전달하고, 또 어떤 데이터가 보존을 위한 가치가 있을지 평가하는 결정에 유용하다. 원천은 특정 프로젝트의 연구자로부터 유래된 데이터를 지칭하고 자원은 특정 프로젝트를 위해 재사용되는 기존의 데이터를 의미한다. 이런 원천-자원의 구분은 『옥스퍼드 영어사전』의 용례를 따르며 본인의 다른 저서(Borgman 2007)에 보다 더 자세하게 서술되어 있다.

연구자들은 다른 자원으로부터 입수한 데이터보다는 자신들이 직접 생산하는 원천에 대해 더 많은 통제를 할 수 있다. 원천 데이터는 흔히 그것을 만든 개인이나 연구팀에 의해 적어도 데이터가 기탁되고(deposited), 파기되고 또는 쇠락하기(to decay)까지 관리되게 마련이다. 연구자들이 타인의 데이터셋, 데이터 아카이브, 필사본, 소셜네트워크 피드(feeds), 혹은 정부기록물과 같이 본인이 통제하지 않는 자원을 사용할 때는 해당 자원에 대한 접근은 물론 가공된 데이터의 공개, 출판 또는 재사용에 대한 권한에 대해 다른 관계자에 의존해야 한다.

어떤 것이 특정 연구에서 원천인지 아니면 자원인지는 해당 데이터가 어떻게 사용되는지에 달려 있다. 천문학자가 천체를 연구할 때는 망원경을 이용해 특정 지역, 특정 시간대에 특정 기기를 사용해서 관측을 수집한다. 개별 관측 집합은 하나밖에 없는, 고유한 데이터 원천이 된다. 다른 사람이 어떤 천문학 아카이브에서 데이터를 재사용하는 경우에 그 연구자들은 해당 데이터를 자원으로 간주하는 것이다.

연구 목적으로 생성되지 않은 기록도 자원으로 간주될 수 있다. 예를 들어 공원의 주변지역에 대한 인구통계학적 정보, 일기 기록, 일별 공해 또는 꽃가루 기록 같은 것들이 해당 공원의 행위를 연구하는 사람에게는 자원이 된다. 마찬가지로 어떤 학자가 시간의 경과에 따른 언어의 변화를 연구할 때 역사 기록물을 자원으로 활용할 수 있다. 그런 기록물들은 당대의 사람들에게 생각을 전달할 목적으로 씌어졌지만 현시대의 연구자가 텍스트 연구를 위해 그것들을 자원으로 사용하게 된 것이다. 하지만 현재의 학자 역시 이전에 포착되지 않은 정보를 포착함으로써 새로운 데이터 원천을 생성할 수 있는데 예를 들어 손으로 쓴 글씨의 패턴을 부호화하거나 새로운 광학 문자인식(optical character recognition) 알고리즘으로 역사 기록물에서 텍스트를 추출할 수 있다.

**메타데이터**　바우커와 스타(Geoffrey Bowker and Susan Leigh Star, 1999, 1)는 "사람은 분류하는 동물이다"라고 말함으로써 "분류와 그것의 결과"의 문제를 표현한 바 있다. 사람들은 파일 명, 폴더, 색깔 스티커, 책꽂이, 부엌 찬장, 종이와 여타 미디어 더미, 또 셀 수 없이 많은 수단을 사용해서 자신들의 말을 분류한다. 분류의 첫 단계는 대개 사물의 이름을 짓는 것이다. 이름을 지으면, 분류 항목들을 다양한 형식의 계층구조, 네트워크, 그래프 또는 관계들로 정리할 수 있다. 데이터의 이름들과 그들 사이 관계의 선택은 데이터를 발견, 교환, 관리하는 능력에 지대한 영향을 미칠 수 있다. 대개 단순하게 "데이터에 대한 데이터"라고 규정하는 메타데이터는 사물을 명명하고, 데이터 및 관계를 표현하는 수단이다.

*정의와 발견*　메타데이터의 정의가 여러 개 있다는 것은 그것이 사용되는 다양한 활용사례가 있다는 것을 보여준다. 표준 관련 커뮤니티에서는 일반적으로 "메타데이터는 정보 자원을 기술하고, 설명하고, 소재를 찾아주거나 검색, 사용 또는 관리를 용이하게 해주는 구조적 정보"라고 정의한다(National Information Standards Organization 2004, 1). NISO는 기술적, 구조적

및 관리적이라는 세 가지 형태의 메타데이터를 구분한다. 마지막 형태는 권한 관리와 보존 메타데이터라는 두 개의 하부 형태를 가지고 있다. 아카이브 공동체에서도 유사한 용어가 사용되고 있는데 관리적, 기술적, 보존, 기술적 그리고 사용 메타데이터가 그것이다. 기술적 메타데이터는 하드웨어와 소프트웨어 문서작업, 인증 데이터 및 기타 시스템 관련 정보를 포함한다. 사용 메타데이터에는 사용 및 이용자 추적, 콘텐츠 재사용, 버전 정보가 포함된다(Gilliland 2008; Gilliland-Swetland 1998). 목록 규칙, 색인 및 시소러스 같은 도서관의 정보조직 방법들은 위의 기술적 메타데이터에 해당되지만, 도서관 실무에서는 한 걸음 더 나아가 이것을 기술 목록과 주제 목록으로 구분한다(Svenonius 2000). 과학 메타데이터를 평가하는 데 사용되는 요구 조건 중에서 대표적인 것은 다음과 같다. 스킴 추상화(scheme abstraction); 스킴 확장성(scheme extensibility), 융통성(flexibility) 및 모듈화(modularity); 포괄성(comprehensiveness) 및 충분성(sufficiency); 단순성(simplicity); 데이터 교환(data interchange or exchange); 데이터 검색(data retrieval); 데이터 아카이빙(data archiving); 그리고 데이터 출판(data publication) (Willis, Greenberg, and White 2012).

특정 정보 단위가 데이터냐 아니면 메타데이터냐의 문제는 흔히 무엇이 기술되고 또 어떤 목적으로 기술되는지에 달려 있다. 서지 기록은 그것들이 기술하는 도서, 학술지 논문, 학술대회 발표문과 여타 문서들에 대한 메타데이터이다. 또한 서지 기록은 누가 누구를 인용하는지를 보여주는 소셜네트워크 연구에서 데이터로 간주될 수 있으며, 시간이 지나면서 학문 간 아이디어 전이의 학술 커뮤니케이션 연구를 위한 데이터가 될 수도 있다(Borgman and Furner 2002; Borgman 1990). 어떤 사람의 데이터가 다른 사람에게는 메타데이터가 될 수도 있고 반대의 경우도 가능하다.

데이터와 메타데이터의 구분은 2013년 미국 국가보안국(US National Security Agency, NSA)의 기밀 자료 누출 사건에서 상당히 의외적으로 드러나게 된 사실이었다("The NSA Files" 2013). NSA는 영장이 없이는 법적으로 전화 통화의 내용에 대한 정보나 고객의 이름 또는 주소를 입수할 수 없지만 NSA가 메타데이터라고 부르는 "모든 발신자와 수신자의 전화번호, 해당 전화기의 고유식별 번호, 모든 통화의 시간과 길이, 잠재적으로는 통화에 참여한 사람들의 위치"를 수집할 수 있고 또 실제로 수집하고 있다(Ball 2013). 미국 연방정부 변호사들은 이러한 정보 요소들을 편지 봉투에 있는 정보와 동일시한다. 법률적 견해로는 이런 것들이 메타데이터일 수 있지만 이런 정보 단위들은 누가 누구에게, 언제 어디로부터, 어디로 또 얼마나 오랫동안 전화를 했는지에 대한 모형을 만드는 데 데이터로 사용될 수 있다. 여론에서는 이것들을 개인 신상 데이터로 보며, 이 같은 데이터와 메타데이터 간의 법적 구분은 감시대상이 되는 사람들에게는 설득력이 낮다(Gallagher 2013).

메타데이터의 형태와 그것을 생성하는 수단은 다양한 수준의 데이터 수집 방법과 밀접한 관련이 있다. 데이터가 컴퓨터 기법에 의해 수집, 생성되는 경우에는 자동화된 메타데이터가 만들어진다. 이러한 사례에는 전화 통화 기록, 신용카드 거래기록과 과학장비로부터의 출력 등이 있다. 자동화된 메타데이터는 검색, 처리 및 라이선스의 추적을 용이하게 하기 위해 음성, 영상, 텍스트 및 이미지 파일에 내장되어 있다("Embedded Metadata Initiative" 2013). 예를 들어 사진과 영상 공유 사이트들은 이런 메타데이터를 사용해 올라온 파일을 태킹하고 위치를 찾아낸다. iPhoto와 같은 미디어 관리 소프트웨어도 이런 메타데이터를 가지고 개체에 대해 타임 스탬프, 날짜, 장소, 얼굴, 카메라 노출 및 여타 정보를 태킹한다. 아직까지는 소비자 제품과 소셜미디어 분야를 위한 도구처럼 연구 데이터를 위한 분석 도구가 자동화된 메타데이터를 활용하지는 못하고 있다.

데이터가 수동으로 수집되는 경우 메타데이터 생성 역시 연구자가 현장의 물 또는 토양 시료의 수집 및 테스트에 대한 날짜, 시간, 절차 및 결과를 기록하는 것처럼 수작업 절차로 만들어진다. 하지만 데이터가 자동적인 수단을 통해 수집되는 경우라도, 일부 수작업을 통한 메타데이터 생산이 필요할 수도 있다. 현장에 있는 연구원은 날씨 상황, 장비, 소프트웨어 오류와 같이 데이터를 해석하는 데 필요한 맥락 정보를 기록해야 할 책임이 있다. 연구자는 설문 항목에 대해 변수명을 부여하고 스프레드시트의 행과 열을 명명한다. 디지털화한 텍스트를 효과적으로 사용하려면 독자는 흔히 장, 부분, 단락, 이름, 장소 및 여타 단위를 표시해야 한다. 실물이든 디지털로 표현된 것이든 연구대상에 대한 중요한 정보는 그것 자체의 일부가 아닐 수 있다. 인쇄된 책은 연령(연수)과 상태에 따라 저자, 출판일 및 출판 정보가 누락되어 있을 수 있다. 책 소유자, 인쇄소, 제본소, 여백에 주석을 단 사람 등의 신원도 그 책이 어디에서 유래했는지 파악하려면 필요할 수 있다. 희귀도서에 대한 목록을 만드는 사람은 이런 책에 대한 권위 있는 메타데이터를 만들기 위해 광범위한 탐색을 한다.

자동생성이건 수동생성이건 메타데이터는 그것이 표현하는 개체의 존재를 사람들이 발견할 수 있도록 하는 수단이다. 또한 메타데이터는 그것을 사용해 데이터를 대응하고, 비교하고, 구분하는 수단이 되기도 한다. 메타데이터는 데이터가 새로운 맥락에서 사용, 재사용되고, 새로운 기술과 형식으로 이전되고, 또 장기간에 걸쳐 관리되어 누적될 수 있다. 메타데이터는 그것이 표현하는 데이터보다 더 많은 양이 될 수도 있다.

*커뮤니티와 표준*　　메타데이터는 데이터가 어떻게 명명되고 기술되는지 형식을 갖춰 표준화함으로써 원천과 자원 사이의 거리를 메워주는 역할을 한다. 커뮤니티가 자신들의 지식을 조직하기 위해 시소러스, 분류체계, 온톨로지 또는 유사한 구조를 개발하는 것은 어떤 분류가 존재하는지 그리고 그런 분류 간의 관계에 대한 합의를 한다는 것이다. 연구팀 내 국지적인 목적을 위해서는 몇 십 개 정도의 용어와 관계에 대한 간단한 온

톨로지가 데이터셋을 분석하고 결과를 보고하는 데 충분할 수 있다. 데이터를 주고받는 큰 커뮤니티 내에서 전반적으로 사용하려면 훨씬 더 정교한 온톨로지가 요구된다. 예를 들어 생명과학 분야에서는 생물의 분류체계가 필수적인 메타데이터이다. 미국 국립의학도서관(US National Library of Medicine)의 National Center for Biotechnology Information이 제공하는 분류 데이터베이스에는 공식적으로 명명된 23만 개 이상의 종에 대한 설명이 포함되어 있는데 이것도 지구 전체 생명 종의 10% 정도만을 대변하는 것으로 추정된다(Bard 2013; "Taxonomy Database" 2013). 생명과학의 개별 분야는 각각의 분류를 개발하였고 이들 중 더 많은 것들이 공개되고 상호운용이 가능한 자원으로 사용할 수 있는 상황이다("Open Biological and Biomedical Ontologies" 2013). 하지만 그것들이 꼭 호환가능한 것은 아니다. 상충되는 수많은 온톨로지의 존재는 연구분야 내부적으로 혹은 연구분야 사이에 존재하는 깊은 분열을 보여준다(Bowker 2005; Hine 2008).

온톨로지, 분류체계와 시소러스와 같은 분류 구조들과, 앞으로 사례 분석에서 다룰 천문학에서의 FITS 파일, 사회과학 분야의 DDI, 인문학 분야의 TEI와 같은 메타데이터 구조들은 공동체 내에서 상호운용성을 용이하게 한다. 어떤 것을 명명할지, 또 분류 관계에 대한 합의를 통해 연구자들은 복수의 원천으로부터 데이터를 발견, 탐색, 결합할 수 있게 된다. 똑같은 이유로 이러한 구조들은 호환 가능하지 않은 메타데이터 스키마를 가진 분야 간의 갈등을 초래할 수 있다. 노랑초파리의 경우 매우 다양하고 상이한 목적으로 여러 연구 집단에 의해 연구된 결과 호환이 되지 않는 복수의 분류가 만들어졌다. 이들 구조 중 일부의 연원은 20세기 초반에 커뮤니티 뉴스레터 형식을 통해 초파리 데이터를 주고 받았던 때로 거슬러 올라간다(Kelty 2012). 다른 메타데이터 계층이 이들 메타데이터 스키마들을 연결하기 위해 만들어졌다. 예를 들어 Open Fly Data는 복수의 시스템에 걸쳐 이 생물의 유전자 표현 데이터를 통합하기 위한 개념 입증 수준의 제안이다(Miles et al. 2010).

과학의 다수 분야에서 메타데이터 스키마가 충분히 발달되었지만, 다른 분야에서는 메타데이터 스키마가 없거나 존재하는 스키마가 널리 실행되지 못하고 있다(Bowker 2005; Mayernik 2011; Wallis, Rolando, and Borgman 2013). 데이터 컬렉션이 메타데이터 표준을 어느 정도나 배포해서 실행하고 있는지가 데이터의 연구, 자원, 참조 컬렉션을 구별하는 특징 중 하나이다(National Science Board 2005). 디지털큐레이션센터(DCC, Digital Curation Centre)는 자연과학, 사회과학, 인문학의 개별 분야에서 개발된 메타데이터 명세에 대한 광범위한 목록을 유지하고 있다. 또한 DCC 자료는 메타데이터 명세와 더불어 프로파일, 이용 및 관련 소프트웨어 도구까지 정리하고 있다(Digital Curation Centre 2013).

개별 연구자와 커뮤니티들에서 메타데이터에 투자하는 정도는 그들이 데이터만큼 소중하게 생각하는 것이 무엇인지 보여주는 지표가 된다. 하지만 그것의 정반대의 상황이라도 반드시 같은 결론이 성립되지는 않는다. 대량의 귀중한 데이터에 충분한 메타데이터가 없으면, 이것은 데이터의 배포와 이용을 제한한다(Mayernik 2011). 개인들이 자신의 데이터셋을 기술하기 위한 투자이건 커뮤니티에서 분류 스키마를 개발하고 유지하는 데 드는 투자이건, 메타데이터는 생성하는 데 많은 돈이 들 수도 있다. 이런 것들은 정적인 자원이 아니다. 메타데이터는 언어의 변화와 연구 전선(research fronts)의 진전에 발맞추어 끊임없이 개정되고 조정되어야 한다. 메타데이터 스키마를 유지하는 것은 학술활동의 성공을 위해 필수적이지만 대부분은 보이지 않는 작업이며 별다른 외부적 인정도 받지 못한다(Borgman 2003; Star and Strauss 1999).

일반적으로 표준, 특히 정보 관련 표준이 많은 문제를 해결하는 것만큼, 문제가 될 수 있음을 보여주는 사연이 아주 많다. 바우커와 스타(Bowker and Star, 1999)의 「Sorting Things Out」은 분류와 관련된 정치적 사례들이 비일비재함을 보여준다. 질병의 분류체계는 의학적 지식보다는 의사와 간호사 간의 권력 관계나 의료 절차에 대해 청구하는 비용에 관한 것일 수 있다. 공공기록에서의 사망 원인도 여러 가지 원인 중에서 사회적으로 더 용인되는 사망 형태를 의사가 선택한 것을 반영하는 것일 수도 있다. 자살과 매독은 뇌출혈, 심정지 또는 아마도 폐렴으로 인하여 생겨난 것으로 쉽게 생각될 수 있다. 일부 국가에서는 심장질환보다는 위질환으로 죽는 것이 더 받아들여진다(Bowker and Star 1999). 마찬가지로 출생증명서도 문제가 있을 수 있는데 요구만 하면 즉시 만들어질 수도 있기 때문이다(Pine, Wolf and Mazmanian 2014). 지식을 정리하기 위한 모든 구조의 이면에는 어떤 이유로 데이터와 메타데이터가 만들어졌고 사용될 것인지에 대한 무언의, 기록되지 않은 가정들이 있다. 데이터와 메타데이터가 원래의 목적이 아닌 다른 목적을 위해, 다른 맥락에서, 차후에 사용되는 경우 이러한 가정에 대한 문서작업이 존재하지 않거나 찾을 수 없는 경우도 있다. 출생, 사망, 결혼, 혹은 바다에 있는 물고기의 수는 모두 불안정한 근거에 의존하고 있지만 공공정책이나 연구 전선은 여전히 그것에 기초를 두고 있다. 모든 형태의 데이터와 메타데이터도 마찬가지 상황이다. 메타데이터는 데이터를 발견하고, 해석하고 사용하기 위해 필수적이지만 조심해서 취급해야 한다. 라이비스와 잭슨(David Ribes and Steven Jackson, 2013)이 잘 표현하고 있듯이 "데이터가 사람을 물어버렸다(Data bite man)."

**이력**(Provenance, 프로비넌스)　메타데이터는 데이터의 다양한 측면을 표현한다. 지식 인프라와 관련해서 특히 중요한 측면은 데이터가 어디로부터 유래되었는지와 거기로부터 지금에 이르기까지 어떤 여정을 거쳤는지를 표현하는 능력이다. 박물관과 아카이브 분야에서 주로 사용되는 용어인 프로비넌스의 의미는 어떤 개체의 연속적인 이력 사슬이다. 박물관이 진본성(authenticity)을 평가하는 방법 중 하나는 소유 또는 통제 기록을 통해서이다. 만약 연속적인 기록이 개체의 기원까지 서술되어 존재한다면 그것에 대한 소유권을 주장할 가능성은 커진다. 복수의 이력 사슬이 중요할 수 있는데 여기에는 보관에 대해, 개체가 어디서 만들어졌고 고쳐졌는지에 대해, 또는 개체가 사용된 역사적 맥락에 대한 것들이 있을 수 있다(Contadini 2010).

프로비넌스라는 용어는 메타데이터보다 더 협소할 수도 있고, 더욱 넓은 의미를 가질 수도 있다. 이 용어는 어떤 것의 기원 또는 원천을 보여주는 18세기 불어에서 차용한 것이다. 『옥스퍼드 영어사전』에 따르면 이 단어는 단순하게는 기원의 사실 또는 어떤 것의 역사, 그 기록에 대한 문서작업을 의미한다. 더 협소한 의미로 프로비넌스는 데이터의 기원을 기술하는 메타데이터의 한 유형이다. 디지털 객체가 법적이며 과학적인 기록이 되면서 프로비넌스의 개념이 이론적, 실제적 영역에서 더 확장되었다. 웹에서 프로비넌스는 어떤 개체의 귀속, 그것에 대한 책임 소재, 기원, 시간의 경과에 따라 객체에 적용되는 절차, 버전에 대한 통제정보를 포함한다(Moreau 2010; "Provenance XG Final Report" 2010). 예를 들어 데이터셋의 프로비넌스를 설정할 수 있는 능력은 어떤 결과가 믿을 만하고, 재현가능하고, 증거로 받아들여질 수 있고, 또는 누군가에게 공로(credit)를 배분하는지 판단하는 데 영향을 미칠 수 있다(Buneman, Khanna, and Wang - Chiew 2001; Moreau et al. 2008). 데이터 인용에 찬성하는 근거 가운데에는 데이터 인용을 통해서 프로비넌스를 용이하게 기록할 수 있다는 이점이 있다(Uhlir 2012). 이와 마찬가지로 연구 워크플로우를 보전해야 한다는 주장은 프로비넌스를 더욱 자세하게 기록할 필요에 근거하고 있다(Gamble and Goble 2011).

박물관이 프로비넌스 정보를 사용해서 어떤 조각품의 진본성을 평가하듯이 연구자들도 프로비넌스 정보를 사용해서 데이터셋의 진위, 신뢰성 및 유용성을 평가할 수 있다. 프로비넌스 기록은 데이터가 수집된 절차

(예: 공원에서 아동을 관찰 또는 초파리의 유전자 표현), 데이터셋에 대한 변환, 데이터셋을 정리하고 축소하는 기준, 각 단계에 적용되는 소프트웨어 절차, 결과를 반복하거나 해석하는 데 필요한 여타 정보에 대한 문서작업 등에 대한 기록을 포함한다. 연구자가 데이터의 원래 원천에서 멀면 멀수록, 재사용은 프로비넌스 정보의 가용성에 더욱 의존하게 마련이다. 프로비넌스는 여러 원천에서 데이터를 결합하는 경우에 매우 중요한데 각 구성 데이터셋의 프로비넌스가 데이터의 사용, 분석 및 신뢰에 대한 결정에 영향을 미치기 때문이다. 라이선싱과 권한 관련 정보도 무엇을, 언제 어떻게 그리고 어떤 권한으로 사용할 수 있는지 판단하는 데 필요하다.

## 외부 영향

연구자는 자신이 일하는 지식 인프라가 제공하는 기회와 제약조건 속에서 무엇을 데이터로 사용할지에 대한 선택을 한다. 팡글로스(Pangloss) 박사(역주: 볼테르의 소설 『깡디드(1759)』에 나오는 등장인물로 모든 것은 절대적인 필요에 의해 그리고 최선을 위해 발생한다고 주장한다)와 마찬가지로 학자들 역시 가장 이상적인 세상에 존재하기를 희망할 것이다. 하지만 깡디드(Candide)와 마찬가지로 그들은 현실(real) 세계의 외부 영향에 반드시 대처해야 한다(Voltaire 1759). 이러한 영향은 무엇이 데이터가 될 수 있고, 또 어떤 데이터가 맥락과 시간을 넘어 전달될 수 있는지에 따라 무서운 결과를 가져온다. 기술, 정책, 참가자들이 상호작용하면서 개별 이해관계자의 상대적인 권력 역시 변화한다. 그 과정에서 사회적 규범, 시장, 법률, 기술 환경, 소프트웨어 등은 계속해서 다시 균형을 잡게 된다(Lessig 2004).

**경제성 및 가치**　데이터는 여러 종류의 가치를 가지고 있고 금전적인 가치는 그것의 일부일 뿐이다. 연구 데이터의 경제성에 대한 포괄적인 분석이 매우 필요하기는 하지만 그것은 이 책의 범위를 벗어난 것이다. 이곳에서의 논의를 위해서, 연구 데이터를 2장에서 소개한 것처럼 커먼즈 자원(commons resource)으로 이해하는 것이 바람직하다. 데이터는 분명히 "사회적 딜레마의 지배를 받는 사람들의 집단에서 공유되는 자원"이라는 커먼즈의 정의에 포함된다(Hess and Ostrom 2007b, 3). 커먼즈는 관리해야 하는 공통의 자원이지 비용이나 소유권이 없는 공간이 아니다. 공유자원 생산 및 시장 모델은 공존하며 대개 둘 사이의 균형과 관련하여 문제가 생긴다. 마찬가지로 커먼즈 접근법의 결과 또한 좋을 수도 있고, 나쁠 수도 있다(Bollier 2007; Disco and Kranakis 2013; Hess and Ostrom 2007b). 헤스와 오스트롬(Hess and Ostrom)의 포괄적인 커먼즈 용어 사용을 따라 여기에서 논의는 공유자원 시스템과 재산권 체제로서의 공유지 개념을 결합하고 있다. 경쟁과 무임승차는 모든 이해관계가 다 수용될 수 없기 때문에 흔히 나타나는 사회적 딜레마이다. 지식 커먼즈에 위협이 되는 것은 상업적 상품화, 품질저하, 유지 관리의 부재 및 실패 등이다. 지식 커먼즈의 맥락 속에서 지식이란 "어떤 형태로 표현되거나 입수할 수 있는 모든 이해 가능한 아이디어, 정보와 데이터"로 정의된다(Hess and Ostrom 2007b, 7).

학술 문헌이 상업적으로 상품화되고, 도서관이 지불해야 하는 비용이 급격하게 상승하면서, 오픈액세스 운동이 태동했다. 1990년대 중반부터 디지털 자원이 폭넓게 배포되기 시작하는데 지적재산권 체제는 접근을 점점 더 제한하게 되면서, 공유자원(커먼즈)에 대한 분석에 관심이 집중되기 시작하였다. 특히 공유 학술 자원은 1980년대 후반에는 매우 비싸진 반면 접근의 어려움으로 인해 충분히 사용되지 못하는 상황이 발생했다. 이와 비슷한 관심과 상황이 오픈데이터 운동에 영향을 미치고 있는 것으로 보인다. 디지털 데이터는 손상되기 쉽고 분실에 취약하며, 지속가능성을 달성하기가 어렵다. 인간 유전체에서부터 공공장소 지도에 이르기까지, 데이터는 상품으로 통제되기에는 가치가 너무 큰 공유자원이라는 우려가 커져갔다.

하딩(Garrett Hardin, 1968)의 "공유지의 비극" 비유는 너무나 잘 알려진 것이어서 그가 내린 가정과 결론에 도전을 제기한 다수의 연구들이 오히려 묻혀졌다. 사람들이 기본적인 원칙들을 따르기만 하면 공유지는 복수의, 대립하는 이해관계자에 의해 관리될 수 있다. 하지만 이런 원칙들이 어떤 정형화된 규칙의 집합으로 옮겨지지는 않는다. 이해관계자들 사이의 지속적인 협상의 과정 속에서 관리가 이뤄진다(Hess and Ostrom 2007b; Ostrom and Hess 2007). 데이터의 지식 커먼즈를 바라보는 초기의 관점은 이런 시각에서 출발했다. 세계데이터센터(World Data Center)는 이전에는 물물교환에 의존하던 데이터를 공식적으로 교환하기 위한 방편으로 시작되었다. 이러한 관리 모델들은 지속적으로 성숙하고 있다(Hugo 2013; Shapley and Hart 1982). 생명과학 분야의 커뮤니티들에서는 대규모 참조 데이터 컬렉션과 같은 공통의 자원 관리에 대해 이제야 중요성을 인식하고 있는 중이다.

정보의 경제성에 대한 몇 개의 기본 원칙은 연구 데이터의 가치 논의에서 중요하다. 재화는 단순 2X2 행렬에서 두 개의 차원으로 구분할 수 있다. 첫째 차원은 개인들이 사용에서 제외되는 정도에 관한 것이다. 이것은 해넘이와 같이 배제가 어려운 순수 공적재화와, 물건과 같이 배제가 용이한 순수 사적재화 간의 고전적인 구분이다. 두 번째 차원은 경합(rivalry)이라고도 알려진 편익감소성(subtractibility)이다. 만약 편익감소성이 높으면(경합적), 이는 컴퓨터나 차량의 소유에서와 같이 한 사람의 사용은 다른 사람의 사용을 없애버린다. 만약 편익감소성이 낮으면(비경합적), 학술지 구독에서의 경우처럼 한 사람의 사용은 다른 사람의 사용을 방해하지 않는다(Hess and Ostrom 2007b, 8-9). 정보 재화의 경제적인 특성은 그것의 내용만큼이나 그것이 어떻게 포장(packaging) 되었는지에 달려 있다. 예를 들어 같은 소프트웨어가 오픈소스 또는 상업 제품으로 배포될 수 있다. 똑같은 정보가 디지털 파일 또는 인쇄된 책으로 배포될 수 있다. 파일은 비경합적이지만 물리적인 책은 같은 시간에 한 사람만 소유하거나 읽을 수 있다(Disco and Kranakis 2013; Kelty 2008).

연구 데이터는 표 4.1에 나타난 것처럼 2×2 행렬에서 네 개의 범주로 나뉠 수 있다. 배제가 어렵고 편익감소성이 낮은 공공재는 데이터의 가치에 대한 논의에서 가장 많은 주목을 받았다. 데이터 사용에 있어서 최소한의 제약으로 공개되면 그것은 공공재로 취급될 수 있다(Berman et al. 2010; David, den Besten, and Schroeder 2010; David 2004a; Guibault 2013; Murray - Rust et al. 2010; Pearson 2012; Wilbanks 2009, 2011).

오스트롬(Ostrom) 등은 도서관을 높은 편익감소성과 배제가 어려운 공동자원(common - pool resources)의 범주에 넣고 있다(Hess and Ostrom 2007b; Ostrom and Ostrom 1977). 대부분의 데이터 리포지토리가 이 범주에 해당된다. 데이터 리포지토리는 커뮤니티가 공유 콘텐츠로서 그것에 투자한다는 것과 관리가 필수적이라는 점 때문에 공동자원이라고 할 수 있다. 도서와 학술지 비용이 증가함에 따라 지식 커먼즈가 울타리를 쌓는 위협을 받게 되는데 이렇게 되면 공공재는 사유재로 바뀌게 된다. 도서관은 상대적으로 적은 자원을 구입하게 될 것이고 자원에 대한 접근을 제공하는 능력도 더욱 제한받게 된다. 이렇듯 지식 커먼즈의 성공은 이러한 울타리 쌓기를 제한하고, 배제를 어렵게 하며, 효과적인 관리 모델을 유지하는 능력에 달려 있다. 도서관, 아카이브, 데이터 리포지토리 및 여타 공유정보 자원들은 무임승차, 울타리, 지속가능성의 위협에 항시 노출되어 있다(David 2003, 2004b; Disco and Kranakis 2013; Kranich 2004, 2007; Lessig 2001, 2004).

헤스와 오스트롬은 학술지 구독을 유료 또는 클럽 재화의 범주에 두고 있는데 배제가 용이하고 편익감소성이 낮은 경우에 해당한다. 유료 학술지의 부록으로써 접근가능한 데이터의 경우에도 이 범주로 분류될 수 있으며 구독에 의해서만 데이터의 접근을 제공하는 서비스도 마찬가지이다. 컨소시엄의 유료 회원에게만 접근 가능한 데이터 리포지토리 역시 클럽재화로 간주된다. 소셜데이터피드 같은 상업적 데이터도 여기에 포함된다. 마지막 사분면인 사유재는 배제가 쉽고 편익감소성이 높다는 특성이 있으며 대부분의 경제 분석에서 물건 또는 소비재로 구성되어 있다(Hess and Ostrom 2007b; Ostrom and Ostrom 1977). 많은 형태의 데이터가 사유재로 간주될 수 있는데 그 이유는 데이터는 소프트웨어와 같은 "플러그앤 플레이" 성격을 지니지 않기 때문이다. 전문지식, 장비, 소프트웨어 및 하드웨어가 데이터에 대한 경합성을 만들어내는 요인이 된다.

〈표 4.1〉 지식 커먼즈의 데이터 유형

| | | 편익감소성 | |
| | | 낮음 | 높음 |
|---|---|---|---|
| 배제성 | 어려움 | 공공재<br>오픈데이터 | 공동자원<br>데이터 리포지토리 |
| | 용이함 | 유료 또는 클럽 재화<br>구독 기반 데이터 | 사유재<br>경쟁 데이터, 원시(raw) 데이터 |

출처: 재화 유형 행렬을 수정 (Hess and Ostrom 2007b, 9)

가장 이상적인 상황은 디지털 데이터가 공공재처럼 되는 것이다. 데이비드(Paul David, 2003, 4)는 데이터, 정보 및 지식을 경제적 재화로 설명하는 과정에서 아이디어를 석탄이 아닌 불과 동일시하고 있는데, 1813년에 제퍼슨(Thomas Jefferson)이 말한 "나의 양초에서 자신의 양초에 불을 옮기는 사람이 내 양초를 어둡게 하지 않는 것처럼, 나의 아이디어를 가져가는 사람도 내 아이디어를 약화시키지 않으면서 자신을 위한 가르침을 얻는다."라는 구절을 인용하고 있다. 데이터가 아이디어는 아니지만 디지털 객체는 원본을 훼손하지 않고도 복수의 완전한 복사본을 만들 수 있다. 반면 배제가 용이하고 편익감소성이 높은 경우 데이터는 사유재가 되어버린다. 데이터에 대한 독점적인 통제는 연구자, 학자, 기관, 정부 또는 사기업에 경쟁 우위를 가져다준다. 예를 들어 신약 개발과 임상실험 데이터에 대한 접근을 통제하는 것은 어떤 회사가 가장 먼저 시장에 제품을 내놓는지를 결정할 수 있다. 이렇게 과학적, 상업적 가치를 보유한 데이터는 지식 커먼즈를 위한 거버넌스의 최전선에 있다. 대학, 정부의 연구비 지원기관, 제약회사들이 약품 개발에 협력하게 되면서 참여자들은 사적 상업을 보호하면서 동시에 공공의 이익을 위해 데이터를 공개하는 방안에 대해 협상을 벌이고 있다(Boulton 2012; Edwards et al. 209; Edwards 2008a; Goldacre 2012; Thomas 2013).

연구 데이터는 그것과 관련된 전문지식과 장치 때문에 높은 편익감소성을 갖는 경향이 있다. 전문지식과 장비에 대한 접근이 있는 커뮤니티 내에서도, 또 선물교환 문화(역주: 학문 공동체의 주요 활동인 논문 심사, 편집 및 출판, 그리고 비공식 연구집단의 활동 대부분은 경제적 보상이 없이 서로 편의를 주고 받는 것으로 이뤄진다는 것을 표현한 것임)가 있는 상황에서도 데이터는 상품으로 취급될 수 있다. 데이터는 다른 종류의 데이터, 연구비 또는 사회적 자본과 거래되고 교환되기도 한다(Hilgartner and Brandt - Rauf 1994; Lyman 1996; Wallis, Rolando, and Borgman 2013). 이와는 다른 경우로 데이터는 시장에서 거래되는 완제품이라기보다는 원재료로 보는 것이 가장 적절할 수도 있다. 데이터와 연계된 전문지식과 장치로부터 데이터를 추출하려면 표현방법, 메타데이터 및 프로비넌스에 대한 상당한 투자가 요구될 수 있다. 또한 데이터와 더불어 관련 소프트웨어, 코딩, 컴퓨터 스크립트 및 여타 도구가 함께 공개되어야 한다. 여기에서 데이터와 데이터 표현물을 구분하는 것이 필수적이다. 교환되는 것은 데이터의 표현이며 다른 사람들에게 데이터가 유용하게 사용될 수 있으려면 새로운 표현물이 필요할 수 있다.

따라서 이상의 네 가지 데이터 범주는 데이터에 내재된 속성이 아닌 그것의 사용에 달려 있는 것이다. 예를 들어 단백질 구조는 제약회사가 통제하는 경우에는 사유재, 유료 구독을 하는 학술지 논문의 부록으로 첨부된 경우에는 유료재, 단백질 데이터뱅크(Protein Data Bank)와 같은 데이터 리포지토리에 기탁된 경우에는 공동 자원의 일부 그리고 최소한의 라이선스 제한 하에서 공개된 오픈데이터인 경우에는 공공재가 된다.

**재산권** 데이터는 재산인가? 법률가적인 답변은 "그것은 상황에 따라 다릅니다."일 것이다. 데이터의 소유, 통제 및 공개에 적용되는 법률, 정책, 프랙티스는 연구비 지원기관, 정부, 사법권에 따라 달라지게 된다. 재산법, 지적재산권법, 데이터베이스법, 계약과 규정이 다 얽혀 있어서 학자, 변호사, 사서, 학생, 입법자, 일반 대중 모두가 혼란스러워 한다. 재산권과 데이터의 경제성 문제는 연구 정책 분야마다 깊숙이 내면화되어 있다 (Dalrymple 2003; David and Spence 2003; David 2003; Esanu andUhlir 2004, Scotchmer 2003; Uhlir 2007). 또한 이러한 모든 요소는 학자들이 언제 그리고 어떻게 어떤 것을 데이터로 다룰 수 있는지에도 영향을 미친다.

데이터가 지적재산인지 여부와 상관없이, 데이터는 종종 지적재산처럼 취급된다. 공식적으로 '오픈'데이터로 선포된 데이터도 연구자, 대학, 여타 관계자들에 의해 라이선스 되고 있다(Ball 2012; Hirtle 2011; Korn Oppenheim 2011; Wilbanks 2013). 소유권, 데이터 공개 권한, 데이터 공개 책임, 데이터 공개 조건에 대한 혼란은 데이터의 가용성에 심각한 제약 조건이 된다 (David and Spence 2003; Erdos 2013a, 2013b). 관련 사례를 몇 가지 살펴보면, 데이터 수집 또는 생성에서 일어날 수 있는 재산권 관련 이슈들을 잘 파악할 수 있다. 연구자가 출판사 데이터베이스 또는 소셜네트워크(예: 트위터, 페이스북)로부터 정보를 입수하기 원한다고 가정하자. 이런 서비스를 운영하고 있는 회사와의 계약을 통해 구체적인 조건을 명시하면 가능하다. 만약 연구자가 데이터를 웹사이트 '스크레이핑' 또는 여타 자동화된 수단에 기반한 응용 프로그래밍 인터페이스(API: Application Programming Interface)를 통해 입수한다 해도, 해당 콘텐츠는 여전히 재산권의 적용을 받는다. 물론 재산권을 결정하거나 집행하는 것이 더욱 어려울 수도 있기는 하다. 비슷한 상황이 교육청에서 수집한 학생 성과 데이터와 같은 공공기관으로부터 나온 데이터에 적용될 수 있다. 연구자는 이런 데이터에 대해 데이터의 사용, 데이터 사용 주체, 사용기간, 결과 출판, 데이터 기탁 또는 공유 조건 등을 통제하는 계약을 통해 접근을 허락받을 수 있다.

어떤 것을 출판물에 복사해서 실으려면 보통 소유자로부터 서면 허락이 필요한데 이것은 사소한 과정이 아닐 수 있다. 만약 소유자를 식별하고, 연락을 하고 허락을 받는다면, 저자는 출판사의 지침과 해당 관할권의 법률을 따르면 된다. 텍스트, 사진, 이미지, 음성 및 영상 녹화 등 여타 장르를 규율하는 규칙이 다를 수 있다. 특정 유형의 자료 사용에 대한 지침이 있으면 도움이 되지만 기술이 법률보다 더 신속하게 변화하고 있기 때문에 절대적인 규칙이 있을 개연성이 낮다(Hirtle, Hudson, and Kenyon 2009; Visual Resources Association 2012).

저작권이 만료된 오래된 자료만 사용한다고 해서 학자들이 재산 관련 제약조건으로부터 자유로워지는 것은 아니다. 어떤 개체의 저작권 상태와는 별개로 해당 개체에 대한 표현 방법으로도 저작권을 취득할 수 있다. 아카이브와 박물관은 자기들이 소유한 희귀원고 또는 특별 컬렉션 자료에 대한 디지털 버전을 판매 또는 라이선스할 수 있다. 예술가가 그림을 박물관에 판매하는 경우에 해당 그림의 복제물을 만들 수 있는 권한을 보유할 수 있다. 어떤 물건에 대한 사진을 출판하려면, 저자는 물건의 주인, 사진작가, 또는 다른 당사자의 허락을 얻어야 한다. 박물관들은 보유 컬렉션에 포함된 작품의 이미지에 대한 접근을 제한해 왔지만 오픈액세스 조건으로 더 많은 콘텐츠를 개방하기 시작했다(Getty Research Institute 2013; Whalen 2009).

연구자들에게 더 골치 아픈 재산권 문제들은 '고아저작물(orphan works)'

과 관련된 것인데 이것들은 저작권 상태를 파악할 수 없는 저작물들이거나, 파악할 수 있다고 해도 소유자를 식별, 연락할 수 없고 응답하지 않는 것들이다(Hirtle 2012; Society of American Archivists 2009; US copyright Office 2006). 우리에게 알려진 도서의 최대 75%가 고아저작물이며(Grafton 2007) 구글 북스 컬렉션에 포함된 책의 2/3 정도가 고아저작물로 추정된다(Courant 2009; Lewis et al. 2010; Samuelson 2009a, 2010).

고아저작물은 반커먼즈(anti - commons)의 사례인데 이는 과도한 지적재산권 또는 특허에 의해 정보자원이 희소화되는 것을 일컫는다(Hess and Ostrom 2007a). 학자들은 자신의 조사에 덜 적절한 자료를 선택해야 하거나, 관심이 있는 자료들을 복사, 재사용 또는 인용할 수 없을 때에는 연구를 완전히 포기해야 할 수도 있다(J. E. Cohen 2012; Lessig 2001, 2004; "Library Copyright Alliance" 2005). 날씨 데이터나 초파리 게놈과 같이 공동자원으로 관리되는 데이터도 회원들에게 접근을 제한할 수도 있고, 거버넌스 규칙을 위반하는 경우에는 사용을 못하게 할 수도 있다(Edwards 2013; Kelty 2012).

고아저작물 문제에 대한 부분적인 해결책은 디지털 문서에 컴퓨터로 읽힐 수 있는 라이선스 정보를 내장하는 것이다. 저작권과 라이선스 정보가 구체화될 수 있는 정도까지, 인간 또는 기계 검색자는 자신들의 이용 요구조건에 상응하는 디지털 객체를 검색할 수 있다. 그렇게 해서 연구자들은 어떤 객체가 제한 없이 사용 가능한지, 제한이 있는지 그리고 특정 라이선스 조건 하에서만 사용이 가능한지 판가름할 수 있다. 하지만 이런 기술적인 해결책은 문제가 있다. 라이선스 정보의 부호화는 원래 생각했던 것보다 더 어렵다. 가장 널리 사용되는 오픈액세스 라이선스인 크리에이티브커먼즈 라이선스는 기계, 인간 및 법인이 모두 읽을 수 있도록 설계되었다(Creative Commons 2013). 이용에 대한 일반적인 범주는 확인 가능하지만 객체의 재사용은 추가적인 조건에 의해 제한받을 수 있다. 학술지 논문들에 대한 오픈액세스는 규정하기가 어려운데 그 이유는 그것들이 복수의, 상충되는 측면에서 개방 가능하기 때문이다. 어떤 것들은 비용 부담 없이 이용할 수 있고, 어떤 것들은 구조화되고 검색가능한 콘텐츠로 써 이용할 수 있다. 어떤 논문들, 도서들과 여타 저작은 내용의 전부가 다 라이선스 될 수 있지만 다른 것들은 일부만 재사용이 허락되고 그런 경우 각각의 부분은 서로 다른 귀속 요구조건을 가질 수 있다. "라이선스 포개기(license stacking)"라고 알려진 지적재산권 라이선스의 미립자화(atomization)는 데이터 재사용에 대한 법률적, 기술적 장벽을 만들었다(Houweling and Shaffer 2009). 문제를 더 복잡하게 만드는 것은 내용을 목적으로 텍스트를 읽는 것과 "저작 원래의 창의적이고 명확한 목적에 의해 수행"되지 않는 색인 또는 통계분석과 같은 "비소비적 사용(nonconsumptive use)" 간의 법률적 구분이다(Australian Law Reform Commission 2014). 구글북스(Google Books) 소송의 가장 핵심적인 특징은 지적재산권 법률상의 예외 조항으로 비소비적인 사용목적을 제기하여 합의에 이른 것이다(Samuelson 2009b).

학자들은 자신들의 데이터에 대한 통제 및 공개 그리고 자신들이 데이터로 사용하고자 하는 자료에 대한 접근을 얻는 과정에서 이러한 재산권 관련 이슈들에 맞닥뜨린다. 학자들이 어떤 데이터를, 언제 그리고 어떻게 공개할 수 있고, 해야 하는지 판단하기 위해 지적재산권 전문 변호사가 될 필요는 없다. 학자들은 권한을 파악할 수 없고, 권한을 얻기 어렵거나 불필요한 위험부담을 감수해야 하는 데이터 사용을 꺼리게 된다. 데이터와 관련된 권한과 책임은 정보 정책에서 가장 뚜렷한 전선을 형성하고 있다.

**윤리** 어떤 상황에서 무엇이 옳고 그른가의 문제는 시간의 경과, 문화적 요인 그리고 실제 정황에 관련된 수많은 변수에 따라 판단이 달라진다. 연구 데이터의 선택은 삶에서 마주치는 선택들과 마찬가지로 윤리적인 고려에 의해 제한을 받는다. 미국 아메리카 원주민 부족인 터스커기(Tuskegee)

남자들의 매독 연구(Jones 1981)나 사회심리학의 밀그램(Milgram, 1974) 실험과 같이 수십 년 전에는 혁신적이라고 생각됐던 데이터 수집이 나중에는 혐오스러운 것이 되기도 한다. 이런 사례들이 현재의 기준으로는 명확하고도 극단적으로 보이지만 아직은 많은 영역들에서 어중간한 상태로 남아 있고 어떤 것들은 법적, 정책적 규제라는 제한을 받고 있다.

무엇이, 어떻게, 언제 그리고 왜 데이터로 인정받을 수 있는지에 관한 윤리의 문제는 디지털 기록이 일상화되고, 데이터마이닝이 더욱 정교화됨에 따라 빠르게 변하고 있다. 그 중에서 가장 논쟁을 일으키는 사안이 사람에 대한 데이터이다. 사람 데이터에 대한 기밀성, 익명성 및 프라이버시의 개념은 예측하지 못하는 방향으로 변화하고 있다. 한때 안전하게 무기명화되었다고 여겨졌던 인간피험자(human subjects)에 대한 정보가 이제는 다른 자원으로부터 생성된 데이터와 결합하여 재식별 가능해졌고, 데이터 분석자들이 개인들에 대한 풍부한 프로필을 모으는 것이 가능해졌다. 일부 영역에서는 이제 더욱 제한적인 조건하에서만 데이터 공개가 가능하다. 또 다른 영역에서는 연구참가자들의 이름이 드러나고 식별될 수 있도록 하는데, 이는 그들의 기여에 대한 공로(credit)를 인정하기 위해서, 또는 데이터의 조합을 용이하게 하기 위함이다. 어떤 연구자들은 사기업에 의해 수집된 소셜네트워크 데이터를 분석하는 반면 또 다른 연구자들은 개인에 대한 데이터를 수집하는 회사들에 대해서 윤리성의 문제를 제기한다(Bruckman, Luther, and Fiesler, forthcoming; Ohm 2010; Wilbanks 2009; Zimmer 2010).

살아 있는 사람을 대상으로 하는 연구, 즉 인간피험자 연구는 피험자들을 윤리적으로 대우할 것을 요구하며 피험자 기록에 대하여 비밀유지(confidentiality)를 규정함으로써 통제된다. 연구자들은 데이터 수집, 보고 및 공개를 함에 있어 개인의 프라이버시를 존중해야 한다. 참가자의 사전 승낙동의(informed consent)는 보편적인 의무가 되고 있다. 각 연구기관에서는 인간피험자옹호위원회(human subjects review committee)를 구성하여, 연구 프로젝트의 종료 시에 데이터가 공개될지 혹은 파기될지에 대하여 최종적으로 결정하게 되는데, 이로 인해 윤리 규정이 일관성 있게 적용되지 않는 경우도 생겨난다("Ethics Guide: Association of Internet Researchers" 2012; National Research Council 2013; US Department of Health and Human Services 1979).

어떤 연구에서 인간피험자를 활용한 것인지 아닌지 여부는 연구와 인간피험자가 어떻게 정의되는가에 달려 있다. 이러한 용어들은 각 연구비 지원기관, 정책 기구 및 기관의 심사위원회 규정에 명확하게 정립되어 있다. 사회과학 연구자들은 이런 규정과 절차를 대학원 훈련 과정을 통해 배운다. 연구자들은 자신의 분야, 상대하는 기관 및 대학에서 적용하는 규칙을 배운다. 만약 연구자가 다른 대학이나 나라로 옮기게 되거나 다른 곳에 있는 사람과 협력하는 경우, 연구자들은 흔히 새로운 규정 혹은 기존의 규정에서 변형된 내용을 배우게 된다.

인문학, 과학 및 기술 분야 연구자들은 이러한 규정에 대해 덜 익숙한데 그 이유는 그런 규정이 대학원 훈련이나 연구 프랙티스에 깊이 뿌리내리지 않았기 때문이다. 어떤 분야에서 윤리적으로 수집할 수 있는 데이터가 다른 분야에서는 그렇지 않을 수도 있다. 연구자들은 자신의 연구 행위가 특정한 규정들에 제한을 받는다는 것을 모를 수 있다. 만약 엔지니어링 팀이 안면 인식 알고리즘을 완벽하게 구현하기 위해 대학교 건물 복도에 사진기를 설치한다면, 이것은 인간피험자 연구가 되는 것인가? 그 복도가 공학관에 있는지 아니면 기숙사에 있는지는 문제가 될 것인가? 데이터가 프로젝트 종료 시점에 파기되는지 여부는 문제가 되지 않는가? 또는 누가 데이터에 접근하는지는 문제가 되지 않는가? 만약 철학과 대학원생이 아이들이 갈등을 어떻게 해결하는지 연구하기 위해 공원에서 아이들이 운동을 하는 것을 관찰한다면 그것은 인간피험자 연구인가? 만약 그 학생이 공원, 운동팀 또는 부모로부터 승낙을 받았다는 사실은 중요한 것인가? 승낙 양식에 서명을 각 아동과 부모에게 받는 것이 필수적인가? 이런 대부분의 질문에 대한 법률전문가들의 답변은 "그것은 상황에 따라 다릅니다."이다.

동물, 멸종위기종, 유해 폐기물, 전염병, 여타 민감한 주제와 관련된 데이터는 규정과 데이터 개방에 대한 윤리적인 고려사항에 의해 통제를 받는다(J. Cohen 2012; Enserink and Cohen 2012; Enserink 2006, 2012b; Fouchier, Herfst, and Osterhaus 2012). 최근에는 기후변화에 대한 정치적인 문제 때문에 기후 데이터가 민감한 사항이 되었다. 데이터를 맥락에서 벗어나게 하거나 또는 고의로 왜곡하는 사례들은 이런 데이터들을 공개하는 데 더욱 주의를 기울이도록 만든다(Kintisch 2010).

경제학적인 의미에서의 공동자원도 논쟁을 일으키는 사안이다. 고고학 현장, 희귀 필사본, 희귀 종과 같은 소중한 학술 데이터 자원은 세계 유산 자료, 개별 국가 또는 커뮤니티의 문화적 자산, 또는 사유재로 볼 수 있다. 그런 자원에 대하여 경쟁적 우위를 얻기 위해 통제하는 것이 윤리적인가에 대한 의견은 매우 다르게 나타난다. 일부 분야와 국가에서는 무기한적 개발을 위해 자원을 가용하는 것이 용인되는 반면 다른 분야와 국가에서는 비윤리적으로 본다. 시간의 경과와 지역에 따라 관례는 변하고 국제적, 학문적 협력 관계에서 관례는 충돌한다. 데이터의 교환이 더욱 빈번해지고, 기술이 보다 정교하고도 폭넓게 보급되며, 국가와 학문의 경계가 희미해짐에 따라 이런 윤리적 갈등이 더욱 가속화될 것이다.

## 결론

데이터의 다양성은 많은 탐구 영역에서 연구 접근의 다양성뿐 아니라 개별 관찰, 객체, 기록, 텍스트, 표본, 사람, 동물 또는 여타 개체들이 데이터로 표현되는 다양한 방식에 기인한다. 연구 분야에서는 데이터의 다양성과 더불어 연구 프로젝트의 목표, 데이터를 수집하고 분석하는 방법, 데이터의 새로운 원천 또는 기존 자원의 선택 등과 같은 여러 요인으로 인해 상이하게 전개된다. 학자들은 아이디어나 현상의 기원과 정말 가깝게 또는 아주 멀리 떨어져서 작업을 할 수도 있는데, 여기서 거리란 시간, 공간, 이론, 방법론, 언어 또는 다른 척도 등의 측면에서 거리를 의미한다. 같은 개체라도 다양한 방법과 다양한 수단, 다양한 목적을 위해, 장기간에 걸쳐 표현될 수 있다. 표현하는 과정에서 이러한 개체들은 다양한 이름을 획득하게 되고, 그런 이름들은 다양한 방법으로 배열된다. 데이터와 정보 자원을 관리하기 위해 사용되는 구조적인 정보, 즉 메타데이터는 데이터를 표현하기 위한 이름, 라벨 그리고 관계를 포함한다. 분류체계, 시소러스와 온톨로지 같은 분류 구조들은 메타데이터를 조직화하기 위해 사용된다. 다른 현상의 근거로 똑같은 객체가 다양한 방법으로 표현될 수 있기 때문에, 무엇이 데이터가 되고 메타데이터가 되는지는 맥락에 따라 결정된다.

메타데이터, 프로비넌스 그리고 분류 구조들은 커뮤니티 안에서의 데이터 교환을 용이하게 한다. 그것들은 협력 관계에서 갈등의 소지가 되고 커뮤니티 간의 경계 표시가 되기도 한다. 데이터의 외부적 요인들이 어떻게, 왜, 데이터가 경제적인 재화로 간주되는지 여부를 결정한다. 동일한 데이터라 할지라도 각각 다른 단계에서, 나아가 어떤 경우에는 동시적으로 순수공공재, 순수사유재, 공동자원 또는 클럽 재화가 될 수 있다. 데이터의 다양성, 표현 방법, 데이터 가치, 권한 및 윤리의 문제에 대하여 이해관계자들의 상충되는 관점을 고려하는 것은 효과적인 지식 인프라를 설계하는 데 필수적이다. 앞으로 다루게 될 사례연구에서 다양한 긴장관계와 양태를 구체적으로 확인하게 된다.

# 2

# 데이터 학술연구
# 사례연구

# 서론

제2부는 제3부의 '데이터 정책과 프랙티스'에서 제시할 분석에 대한 기초작업이다. 개별 분야 내에서, 특히 과학 분야에서, 연구활동을 탐구하는 문헌은 풍부하지만 각 탐구의 상이한 방법론과 목적으로 인해 학문 간의 연구활동을 비교하기는 매우 어렵다. 더욱이 사회과학과 인문학에서의 연구 프랙티스에 대해서는 연구가 없으며, 데이터 사용에 대해서는 더욱 그렇다. 제2부는 제4장에서 파악한 요인에 따라 자연과학, 사회과학, 인문학에서의 데이터 학술연구를 비교한다.

다음에 나올 세 장은 각기 2개의 쌍으로 된 사례연구를 담고 있다. 각 장의 첫째 사례는 대용량의 데이터가 요구되는 데이터 학술연구의 경우를 다루고, 두 번째 사례는 더 협소하고 국지적인 형태의 데이터를 사용하는 데이터 학술연구를 탐구한다. 사례의 절반은 저자가 다양한 협력자들과 수행한 실제 연구에서 도출되었다. 이러한 연구결과가 보고된 출판물은 본문에 계속 인용하고 있다. 나머지 절반의 사례는 이 책을 위해 특별히 개발한 것이다. 제5장의 자연과학 분야 사례들은 천문학과 센서 네트워크 과학 및 기술을 대조하고 있다. 제6장에서는 서베이, 소셜미디어 연구가 센서 네트워크 과학 및 기술에서의 사회기술적 연구와 대조된다. 인문학 분야 데이터 학술연구를 다루는 제7장은 중국 불교 문헌학의 미시적 분석과 그에 대조되는 고전예술과 고고학 사례들을 전개하고 있다. 이 사례들이 기여한 바에 대해서는 책의 앞부분 감사의 글에서 더 자세하게 밝히고 있다.

사례연구들은 그 특성상 일반화보다는 분석의 깊이와 더욱 관련된다. 각 사례들을 병렬적으로 제시함으로써 비교와 일반화가 가능하도록 배치하였다. 하지만 몇 가지 주의할 점이 있다. 각 사례는 한 명 혹은 소수 연구자로 구성된 팀에 의해 수행된 작업을 그 분야의 데이터 학술연구라는 렌즈를 통해 제시한다. 어떤 사례도 그 분야 연구의 전형적인 모습으로 이해돼서는 안 된다. 여섯 개의 사례들은 각 연구자 또는 팀의 프랙티스를 특징지을 정도로 좁게 도출되었지만 동시에 더 큰 도메인의 연구자들이 직면하는 다양한 이슈들을 보여줄 정도로 광범위하다.

각 사례는 정보학–이론적 관점에서 데이터 학술연구라는 돋보기를 통해 들여다본다. 학자들이 자신들의 연구를 이런 방식으로 기술하지는 않을 것이나, 다만 연구자들의 작업에 대한 재고(reflections)라고 간주할 수 있다. 제1장에서 제시한 문제제기를 보다 명백하게 설명하고자 사례들을 소개하고자 하며, 개별 도메인의 지식 인프라, 이해관계자 간의 긴장 관계, 데이터 수집, 공유 및 재사용을 위한 다양한 동기요인과 프랙티스를 살펴볼 수 있는 증거들을 제시하고 있다.

# 제5장

# 05

## 자연과학 데이터 학술연구

# 서론

자연과학 분야는 자연 세계에 대한 제반 연구를 망라하며, 동식물, 생물학 및 물리 현상과 그들 간의 상호작용에 대한 연구를 수행한다. 제5장의 논의에서는 자연과학 분야에 통상 STEM(science, technology, engineering and mathematics)이라고 부르는 과학, 기술, 공학 및 수학 분야들이 여기에 포함된다. 현재 자연과학 분야는 크건 작건 소프트웨어, 컴퓨팅 방법론과 통계를 많이 활용하고 있다. 표본, 슬라이드, 디지털 컬렉션, 화학 물질을 포함한 여타 물질적 개체들과 마찬가지로 도구와 기술은 일반적인 것이 되었다. 문제제기(provocations)의 근원은 학문 분야 내, 또한 분야 간 데이터와 학술연구의 다양성이다. 적어도 현재까지 지식 인프라가 적절하게 작용하는 분야가 일부 있다. 그러나 인프라가 형성되지 않은 분야에서는 데이터의 소유, 통제, 공유, 교환, 유지, 위험 및 책임과 같은 근본적인 문제들에 대하여 치열한 접전이 벌어지고 있다. 몇몇 분야에서는 긴장관계가 이제 막 표면화되고 있다.

## 연구방법론과 데이터 프랙티스

자연과학 분야는 다른 연구 분야와 마찬가지로 범세계적(cosmopolitan)이다. '과학적 방법론' 또는 '과학적 규범'과 같은 용어는 오해의 소지가 있는데 그 이유는 과학에서는 한 가지 방법이 아닌 여러 방법론이 존재하기 때문이다. 여러 세대 전 머튼(Robert Merton, Merton 1963a, 1970, 1973; Storer 1973)이 제시했던 고전적인 과학적 규범이라는 말은, 과학적 프랙티스를 연구의 무대로 새롭게 옮기고 또 다양한 성격을 가질 수 있도록 훨씬 더 미묘한(nuanced) 이해로 확대 변화되었다. 오늘날 데이터 프랙티스를 연구하는 데는 실천공동체(Lave and Wenger 1991), 인식공동체(Knorr - Cetina 1999)와 같은 개념들이 훨씬 더 유용한 틀이라고 할 수 있다.

프라이스가 제시한 거대과학-작은과학이라는 이분법은 자연과학 분야에서 사용되는 연구방법론의 범위를 생각하는 방법 중의 하나이다. 천문학과 물리학과 같은 분야는 대규모의 광범위한 협력을 통해 움직이고 있으며 대개 건설하는 데 수년이 걸리는 엄청나게 큰 계측장비 인프라를 공유하고 있다. 생태학 또는 조류 행동 관련 생물학 같은 분야는 소규모로 움직이고 각기 특화된 기술을 사용한다. 제4장에서 논의한 이론 지향 또는 활용 지향과 같은 차원도 역시 데이터 프랙티스와 그에 필요한 지식 인프라에 지대한 영향을 미친다.

디지털 데이터 컬렉션은 어떤 분야에서는 필수적인 커뮤니티 공동자원이지만 다른 분야에서는 존재하지도 않는다. 특정 분야에서 개발된 방법론이 국지적으로 남아 있거나 다른 분야에서 사용될 수 있도록 조정되기도 한다. 예를 들어 BLAST(basic local alignment search tool)라고 부르는 기법은 원래 DNA의 염기배열을 비교하기 위해 개발되었다(Altschul et al. 1990). 문자열(string)을 식별하기 위한 신속한 알고리즘인 BLAST는 이후 텍스트, 오디오 및 이미지의 유사성 식별 기법으로 적용되고 있다. 원래 비즈니스 용도로 개발된 스프레드시트 프로그램도 과학 분야에서 널리 사용되고 있으며, 특별한 경우에 스프레드시트 프로그램은 데이터를 다루는 주요 도구가 되기도 한다. 또 다른 상황에서 스프레드시트는 서로 상이한 도구를 사용하는 여러 집단이 데이터 공유를 위해 사용하는 최소한의 공통 해결책이다. 방법론과 도구가 언제, 어떻게, 어떤 이유로 분야 간에 전이되는지에 대해서는 아직까지 이해가 거의 없는 편이다.

## 자연과학 분야 사례

인간 탐구의 가장 오래된 영역이며 학자와 대중에게 모두 친숙한 천문학은 개별 분야에서의 데이터 프랙티스를 탐구하는 데 이상적인 사례분석 대상이다. 천문학 기록은 농업, 항해, 길잡이 및 종교적인 목적을 위해서도 필수적이며 이러한 활용은 현재도 이어지고 있다. 갈릴레오는 망원경의 가치를 처음 알아보았고, 그 당시의 기술을 개선해서 천체를 관측하는 자신의 목적을 위해 사용했다. 1610년 목성 주위 행성들의 움직임 관측에 대한 갈릴레오 본인의 노트는 근대 과학의 고전적인 기록이다. 천문학 연구는 빅데이터, 물리학, 지식 인프라에 대한 통찰을 제시해준다. 천문학은 대단히 긴 시간 궤적을 가지는 분야이며 데이터 수집, 분석, 시각화를 위해 정보 기술에 많이 의존하는 분야이기도 하다.

센서 네트워크 과학 및 기술 분야는 이 장에서 다룰 두 번째 사례분석 대상인데 천문학과는 여러 측면에서 대비되는 점이 있다. 인공위성에 장착된 카메라를 사용한 원격 감지는 지상으로부터 지구의 광활한 조망을 제공함으로써 환경과학을 근본적으로 변혁시켰다. 내장형 센서 네트워크는 이런 기술의 역할을 바꿔서 지표면 환경에 대한 미시적 조망을 제공한다. 이러한 센서들은 장기간에 걸쳐 연속적인 데이터 수집 또는 특정 현상에 단기적인 탐색을 위해 사용될 수 있다. 센서 네트워크의 활용에 대한 연구는 작은 과학, 생명과학, 기술 연구 및 여러 학문 분야의 협력에 대한 통찰을 제시한다.

이들 분야 내의 개별 연구 프로젝트에서 도출된 두 개의 사례분석은 자연과학분야에서 데이터가 어떻게 선택, 생성, 활용, 공유, 재사용, 관리, 큐레이션 되는지에 대해, 네트워크 세계에서 학술연구가 어떻게 변해가고 있는지를 비교하는 데 시사점을 제시한다. 물론 두 개의 사례분석이 데이터 학술연구의 다양한 양상을 모두 보여주지는 않는다. 이 사례들과 더불어 다음 두 장에 포함된 사례들은 서로 대조되는 측면 때문에 선택되었는데, 근거들이 접근 가능하고, 문제제기에 대한 연관성을 고려하여 선택되었다.

자연과학 분야 사례들은 연구 과정의 복잡성과 혼란, 데이터 관측 및 수집을 위해 사용된 장비와 분석에 사용된 방법론을 분리하는 것의 어려움, 어떤 현상에 대한 증거로 해석될 수 있기까지 거쳐야 하는 여러 단계의 데이터 처리과정을 잘 보여준다. 각 사례는 데이터 원천을 검토하는 것으로 시작해서 이런 데이터를 사용해서 어떻게 연구가 수행되는지에 대한 설명으로 마무리된다.

## 천문학

천문학은 장기간에 걸친 빛나는 이력과 잘 기록된 역사를 가지고 있다. 『옥스퍼드 영어사전』에 따르면 현대적 의미의 천문학은 "지구의 대기권 밖 우주를 다루며, 천체의 객체와 지구 밖 현상에 대한 연구 및 우주의 성격과 기원에 대한 연구로 구성된다." 여타 연구 영역과 마찬가지로 천문학의 경계는 명확히 구분하기 어렵다. 천문학자들은 흔히 물리학자, 엔지니어, 컴퓨터공학자들과 협력하며, 천문학 연구자들 가운데는 통계학, 의학, 생물학, 예술 및 디자인, 기타 다른 분야에 협력자들을 두고 있는 경우도 있다.

천문학은 이 책에서 다루는 광대한 범위의 큰 주제를 설명하는 데 도움이 되는 특징이 많다. 천문학이야말로 디지털 데이터나 계산과 관련된 수십 년의 경험을 가진 빅데이터 분야이다. 그 오랜 기간 천문학자들은 데이터 프랙티스에 있어서 근본적인 변화를 경험해 왔는데 이를 통해 단독 연구로부터 대규모 팀 협력으로, 기기에 대한 국지적 통제로부터 국제적 공유자원으로의 전이가 이루어졌다. 천문학 역시 다른 분야와 마찬가지로 매우 다양하게 분야가 세분화될 수 있는데, 빅데이터와 리틀데이터 특성을 가진 부분이 있고 가끔 노데이터 영역도 있다. 일부 천문학자들은 데이터 공유와 재사용의 개척자이기도 하지만 또 어떤 이들은 데이터 자원을 모으기만 하고 나누지 않는 것으로 알려져 있다. 그들은 국제적인 수준에서 정보자원을 조직화하기 위한 정교한 지식 인프라를 구축하였지만 여전히 개별 개체 간의 관계를 식별하기 위해서는 개인적 전문지식에 의존한다. 정보자원을 발견하고 활용하는 능력에 있어서 아직도 상당한 간극이 남아 있다.

아래 사례분석은 관측과학으로서의 천문학에 초점을 맞추고 있는데, 천문학의 모든 영역을 포괄하는 사례들을 발견하기가 쉽지 않기 때문이다. 관측대상에 대한 분석의 범위는 데이터의 원천, 사용 및 배치를 탐색할 수 있을 만큼 포괄적이다. 하지만 특정 연구 영역에서의 데이터 선택에 관한 일관성 있는 설명을 제시하고 다음 장에서 나오는 공유, 재사용, 책임에 대한 논의의 기반을 제공하기 위해서는 분석범위가 충분히 좁고 구체적이다. 여기 소개되는 자료는 출판된 문헌과 이 분야에서의 데이터 프랙티스에 관해 현재 진행되고 있는 연구로부터 도출되었으며, 연구 사례들은 하버드-스미소니언 천체물리학센터(Harvard - Smithsonian Center for Astrophysics, CfA) 연구팀의 작업에 기반하여, 면담과 관찰을 통하여 분석되었다(Borgman 2013; Borgman et al. 2014; Sands et al. 2014; Wynholds et al. 2011, 2012).

## 크기 문제

천문학은 협력의 규모와 다루어지는 데이터의 양에 있어서 큰 편차를 보인다. 20세기 후반기에 이르기 전까지는 천문학은 단독 연구자들을 위한 과학으로 남아 있었다. 갈릴레오는 자신의 망원경을 가지고 있었고 본인 데이터에 대해 온전한 통제를 할 수 있었다. 수년 동안 세계에서 가장 큰 망원경이었던 팔로마(Palomar) 산에 위치한 200인치 직경의 헤일 망원경

(Hale telescope) 등 현대의 망원경도 사적 소유였고, 소수의 천문학자에게 만 접근이 허용되었다. 헤일 망원경이 만들어진 1948년과 1999년에 만들 어진 8미터 직경의 첫 번째 제미니(Gemini) 망원경 사이에 만들어진 망원 경은 매우 다른 연구 도구였으며, 이 시기에 천문학 분야에 공적 자금이 더 투입되어 연구문화에 변화가 나타났다. 그리하여 망원경에 접근하는 시간과 데이터에 대한 접근이 훨씬 더 많은 천문학자들에게 허용되는 결 과로 귀결되었다(McCray 2004). 1970년대 이래 전 세계 대학 및 연구기관에 재직하는 전문가들로 이뤄진 천문학자 커뮤니티의 규모가 최소한 네 배 증가했다. 현재 활동하는 천문학자의 수는 만 명에서 만오천 명 정도로 추산된다(International Astronomical Union 2013; DeVorkin and Routly 1999; Forbes 2008). 천문학 애호집단도 거대해져서 전문적인 천문 지식을 보유한 동호 인들의 규모도 팽창해 왔다.

**거대과학, 작은과학** 와인버그(Weinberg, 1961)와 프라이스(Price, 1963)의 용 어에 따르면 천문학은 크고, 야심적이며, 장기적이고, 상당한 사회적, 경 제적 투자가 요구된다는 점에서 거대과학이다. 지금의 천문학은 장비 설 계와 미션 설정에 있어 높은 조직화(coordination) 수준을 보여주는 국제적 인 분야이다. 크고 작은 팀들이 천문학 연구를 수행한다. 현대의 망원경 은 설계, 제작 및 배치에만도 10년에서 20년 정도가 걸리기 때문에 장기 계획이 필수적이다. 연구팀을 구성하고 조정하기 위해, 또 여러 주기의 연구비 지원을 확보하기 위하여 시간적인 제약조건을 두는데, 이는 부분 적으로는 사회적, 정치적인 성격을 띤다. 또한 장비의 배치 시점에서의 기술 수준을 예측해서 기기와 소프트웨어를 설계해야 한다는 측면에서 부분적으로는 기술적인 성격을, 망원경의 거울에 들어가는 유리의 주물, 냉각 및 연마를 포함한 장비의 건설에 수년의 공정이 소요된다는 점에서 부분적으로는 물리적인 성격을 가진다(University of Arizona Science Lab 2013;

McCray, in press). 장비와 미션의 설계는 결국 생성되는 데이터에 대한 의사 결정에 영향을 미쳐서 데이터가 어떻게 포착되고 관리될 것인지, 어떤 조건에서 천문학자들이 장비와 데이터에 접근할 수 있는지 등을 결정한다. 새로운 망원경이 우주로 발사되고 지상에 있는 망원경이 배치되는 동안, 새로운 세대의 장비 설계가 이미 진행 중이다.

천문학이 공적 연구비 지원과 커뮤니티 협력에 더욱 의존하게 됨에 따라 연구의 우선순위에 대해서도 의견 조율이 이루어진다(McCray 2004; Munns 2012). 1960년대 이래로 미국의 천문학 커뮤니티는 최우선 순위의 프로젝트를 찾기 위한 '10년 주기 설문'을 해오고 있다. 연구 프로젝트의 과학적 범주는 매 10년마다 이 분야의 변화를 반영하여 달라지게 된다. 2010년의 아홉 개 패널 중에는 우주론 및 기초물리학, 행성계 및 별의 형성, 우주의 전자파 관측, 지상에서의 광학 및 적외선 천문학이 포함되어 있다(The National Academies 2010). 10년 주기 설문은 천문학 커뮤니티가 국내 및 국제 연구비 지원기관들에게 지원이 필요한 영역이 무엇인지를 보여주고, 이를 권고하는 내용을 담고 있다. 하지만 이것이 연구비 지원 또는 분배의 우선순위를 보증하는 것은 아니다. 실제 연구비 지원은 지원기관, 미국 의회와 같은 상위 기관, 국제 파트너와의 협상에 달려 있다.

**빅데이터, 롱테일**  천문학은 사용가능한 관측 데이터의 측면에서도 빅데이터 분야이며, 천문학자들은 롱테일 곡선의 왼쪽 머리 부분에 포진된다. 천문 데이터의 절대적인 양은 새로운 세대의 망원경 도입에 따라 몇 배나 더 늘어나고 있다. 제2장에서 소개한 레이니(Laney, 2001)의 용어를 사용하자면, 천문학 데이터는 양과 생성 속도 측면에서 빅데이터에 해당한다. 천문학 분야 데이터 규모에 따른 확장(scaling)의 문제는 새로운 장비들이 보다 빠른 속도로 더 많은 데이터를 포착하게 됨에 따라 거듭되고 있다. 거의 모든 천문학 데이터는 하늘에서의 좌표, 주파수와 시간의 함수로 된

전자기 방사선(예: 엑스레이, 가시광)의 강도로 측정된다.

천문학의 디지털 기술로의 전이는 수십 년에 걸쳐 이루어졌으며 포착되는 데이터 유형에 있어서도 질적 변화를 가져왔다. 수세대 전의 천문학자들에게 데이터 포착은 유리판, (디지털사진의 원리인) 전하결합소자(charge - coupled devices) 또는 분광기(spectrographs)에 장시간, 지속적인 노출을 통한 아날로그 방식이었다. 천문학자들은 망원경 앞에서 밤을 꼬박 새면서 몇 분 또는 몇 시간에 걸쳐 천체의 물체 또는 지역에 대한 지속적인 노출을 얻기 위해 기기를 조심스럽게 조작했다. 망원경이 설치된 산에서 꼬박 하루저녁을 보내서 고작 몇 개의 기록만이 산출될 수 있었다. 반면 디지털 방식의 포착은 연속적이지 않은 분리된 이미지를 생성한다. 디지털 기록은 훨씬 더 손쉽게 원본 그대로 복사되고 다른 저장 장치로 옮겨질 수 있다. 디지털 기록들은 아날로그 데이터에 비해 더 쉽게 다룰 수 있고 훨씬 배포가 용이하다. 아날로그에서 디지털 천문학으로의 전이는 1960년대에 시작해서 70년대에 더욱 가속화된 후에 1990년대 후반에 거의 마무리되었다(McCray 2004, in press).

20세기 후반에 이르러 망원경은 사람들의 가용 범위를 넘어서는 속도로 데이터를 생산하였고, 이 과정에서 여러 부분이 자동화되었다. 데이터 수집이 명확하게 구체화될 수 있는 범위까지는 로봇이 야간에 장비를 작동할 수 있고 그 다음 날 아침에 데이터셋을 준비시킬 수 있게 되었다. 하지만 흔히 이런 장비들은 천문학자의 직접적인 통제 하에 있다. 과거보다 환경이 더 편안해지기는 했지만 자신의 데이터를 얻기 위해서는 여전히 밤샘을 해야 할 수도 있다. 컴퓨터 기반의 데이터 분석 및 시각화가 현 세대의 천문학자들에게는 일반화되어 있다. 하지만 많은 현업의 천문학자들은 자신의 업을 아날로그 시대에 습득했으며, 그런 분석적 전문지식을 현재의 데이터 분석에도 여전히 적용하고 있다. 예컨대 태양흑점의 관측과 같은 일부 수작업 데이터 수집은 계속되고 있기도 하다. 지난 수세기에 걸쳐 수집된 아날로그 데이터는 이전 시대 천체 관측에 대한 영구 자료로써 여전히 가치가 있다. 이러한 데이터의 일부는 디지털 형식으로 변환되어 공공 리포지토리를 통해서도 접근이 가능하지만, 다른 자료들은 그것을 수집한 천문학자와 기관의 사적 통제 아래 남아 있다.

전천탐사(sky surveys, 역주: sky survey는 하늘 전체를 전파를 통해 수색하는 전체 하늘 탐사)는 장기간에 걸쳐 천체의 각 영역에 대하여 대규모 데이터를 포착하기 위해 수행되는 연구 프로젝트이다. 주 연구비 지원기관인 알프레드 슬로운(Alfred P. Sloan) 재단의 이름을 딴 Sloan Digital Sky Survey(SDSS)는 즉각적인 공공 이용을 염두에 둔 최초의 전천탐사이다. 2000년에 데이터 수집이 시작되었는데 미국 뉴멕시코주의 아파치 봉우리에 있는 광학 망원경으로 저녁 하늘의 약 1/4에 해당하는 범위를 천문 지도로 만들었다. 2000년부터 2008년에 걸쳐 SDSS는 모두 9차례 관측 데이터를 공개하였는데, 망원경에 부착된 새로운 장비, 카메라의 전하결합소자(CCDs) 분야의 발달, 컴퓨터 속도 및 용량 개선의 도움으로 더 빠른 속도로, 더 높은 해상도의 데이터를 포착하여 제공할 수 있게 되었다(Ahn et al. 2012; Bell, Hey, and Szalay 2009; Findbeiner 2010; Gray et al. 2005; Sloan Digital Sky Survey 2013a; Szalay 2011).

차세대 전천탐사인 Pan-STARRS는 더 넓은 영역의 천체에 대해 더 높은 세부 수준에서 지도를 작성하고 있으며, 움직이는 물체를 식별하는 추가적 능력도 있다. 하와이에 소재한 이 망원경은 여러 단계를 거쳐 배치되고 있는데, Pan-STARRS의 기가픽셀급 카메라는 이제까지 만들어진 카메라 중 가장 크고 가장 민감하다. Pan-STARRS 이후 차세대 전천탐사로 계획된 것으로, 칠레에 설치되는 지상 관측 망원경인 Large Synoptic Survey Telescope(LSST)가 있는데 "새로운 디지털 시대의 가장 빠르고, 넓고, 깊은 눈"으로 알려져 있다. 이 망원경은 매일 30테라바이트의 데이터를 생성한다. 세계에서 가장 큰 전파망원경으로 계획된 Square Kilometre

Arrary(SKA)는 매일 14엑사바이트의 데이터를 포착할 것으로 예상된다. 전천탐사와 공공 망원경의 주요 미션으로부터 수집된 데이터는 아카이브를 통해 큐레이션되는 추세이며, 일정 기간의 엠바고를 거치고 데이터 처리가 마무리된 후에는 공적 이용이 가능하다. 데이터 관리문제는 Pan-STARRS, LSST와 SKA 같은 미션이 직면하고 있는 주요한 도전 중의 하나이다(Pan - STARRS 2013a; Large Synoptic Survey Telescope Corporation 2010; Square Kilometre Array 2013; Shankland 2013).

하지만 모든 천문학자가 빅데이터 과학자는 아니며 모든 천문학 데이터가 공적 이용으로 공개되는 것도 아니다. 일부 천문학자는 여전히 산에서 밤을 지새며 매우 특화된 관찰을 통해 소량의 데이터를 수집한다. 다른 사람들은 우주의 망원경에 부착된 이차적인 장비로부터 '기생(parasitic)' 데이터를 수집한다. 또 어떤 이들은 자신의 연구 질문을 해결하는 데 필요한 정확한 데이터를 포착하기 위해 자신만의 장비를 만든다. 이런 소규모 프로젝트로부터 나오는 데이터는 연구자의 실험실 컴퓨터 서버에 무기한 저장될 수 있다. 이런 데이터는 양적 측면에서 크고, 매우 전문화되어 있으며, 해석하기가 어려울 수 있다. 아날로그 시대의 천문학자들은 본인들 자신이 수집한 데이터만 신뢰하는 경향이 있다. 아날로그든 디지털이든 데이터 수집자가 데이터를 가장 잘 안다. 이미지를 구분해주는 컴퓨터의 고장이나 또는 기상 이변 등과 같은 일들은 자동화된 공정에서 기록하기가 어렵지만 결과를 해석하려면 필수적인 지식이 될 수 있다.

이론연구자들은 빅데이터를 가지고 있을 수도 그렇지 않을 수도 있는데 이는 무엇이 데이터인가 하는 것에 대한 그들의 생각에 달려 있다. 천문학의 분석적 이론들은 연필과 종이 그리고 지금은 수퍼컴퓨터를 가지고 풀 수 있는 방정식 등으로 구성되어 있다. 분석적 이론들은 관찰한 현상에 대한 모델을 만들거나 현상을 예측하는 데 사용되었다. 계산(computational) 또는 수치 이론들은 천체물리학 현상과 물체에 대한 시뮬레이션을 통해 모델을 만들고, 예측을 하고, 현상에 대한 설명을 하는 것이다. 계산 시뮬레이션은 이론과 관찰의 중간 지대에 위치해 있는데 왜냐하면 그것이 순수 분석이론의 원칙을 관측 데이터와 흡사한 정보에 적용하기 때문이다. 모델을 만드는 사람은 만약 시뮬레이션한 것과 같은 특성을 가진 원천, 사건, 또는 지역이 관찰되었다면 어떤 망원경으로 무엇을 볼 것인가에 대한 정보를 합성할 수 있을 것이다. 대부분의 모델은 다른 천문학자들이 수집한 실제 관측을 입력 데이터로 사용한다. 천체물리학 현상에 대한 계산 모델을 만드는 연구자들은 때로는 자신들의 모델에서 산출된 것을 자신들의 데이터로 생각한다. 다른 연구자들은 이 경우 데이터를 사용하지 않는다고 할 것이다.

시뮬레이션은 통상적으로 어떤 현상의 진화를 보여주는 시계열을 생산한다. 모델은 잠재적으로 실현 가능한 조건들의 범위를 시뮬레이션하기 위해 투입 변수들을 다양한 조합으로 넣어서 계산할 수 있다. 각각의 변수 조합은 여러 시간 단계(time steps, 각 단계는 '스냅샷'이라고 한다)에 대해 계산될 수 있다. 그 결과 각각의 계산(그리고 각 스냅샷)은 몇 테라바이트에 해당하는 산출물을 만들어낼 수 있는데 그 양은 무기한 보유하기에는 너무 많다. 모델을 만드는 연구자들은 그들의 데이터가 모델 계산을 시작하는 데 필요한 고작 몇 킬로바이트 정도의 실증 데이터로 이루어져 있다고 말할 수 있다. 어떤 이들은 시뮬레이션, 시뮬레이션 결과와 관련된 컴퓨터 코드, 변수들, 그리고 데이터 사이의 미세한 차이를 구분한다. 인공 데이터도 실제 관측 데이터와 같은 형식으로 만들어질 수 있어서 동일한 분석 도구들을 사용하여 통계적 비교를 가능하게 해준다.

## 언제 데이터가 되는가?

천문학 데이터는 비전문가가 생각하는 것보다 규정짓기가 더 어렵다. 다양한 재능을 가진, 여러 사람들이 천문학 미션을 설계, 개발, 배치하는 것에 참여한다. 어떤 천문학자들은 이런 초기 단계에 관여하지만 공공 망원경을 이용한 관측 연구는 수십 년 전에 고안된 장치를 위한 데이터에 의존할 수도 있다. 천문학자들은 자신들 경력에서 큰 부분을 장기적인 협력에 할애하고 프로젝트 사이를 옮겨다니며, 복수의 관측 미션으로부터 데이터를 추출하거나 또는 자신들의 장치를 사용한 특화된 주제에 집중할 수도 있다. 어떤 연구자들은 자신들만의 데이터를 수집하기 위해 관측 제안서를 쓰고, 어떤 이들은 아카이브에 있는 기존 데이터를 사용하고, 어떤 이들은 자신들만의 장치를 만들며, 또 어떤 사람들은 이러한 모든 원천과 자원의 조합을 이용하기도 한다. 어떠한 것이 유용한 천문학적 데이터가 되는가의 시점은 이러한 선택들에 달려 있다.

각 단계에 참여하는 사람들은 자신들의 업무 수행을 위해 바로 직전의 단계에 대해서만 알 수도 있다. 어떤 장치가 처음 사용될 때, 단 한 사람도 거기에서 나오는 관측 데이터 흐름의 모든 과정에 대한 결정들에 대해 포괄적으로 알 수가 없다. 장치의 설계를 담당한 물리학자에게는 전하결합소자(CCDs)의 전압이 데이터가 될 수 있다. 우주의 기원을 연구하는 이론가에게는 별, 은하계와 여타 천체의 물체들이 형성되고, 진화하고, 소멸되는지에 대한 모델을 보여주는 시뮬레이션의 결과가 데이터일 것이다. 실증적 천문학자들에게 데이터는 하늘과 스펙트럼에 있는 정육면체 이미지(image cubes) 좌표일 수 있다. 소프트웨어 공학자에게 데이터란 CCD로부터 산출되어 리포지토리로 투입되는 정제, 보정 및 구조화된 파일로 만들어지는 경로의 결과가 된다.

"천문학 논문을 만드는 것은 마치 집을 짓는 것과 같다."고 면담에 참여한 천문학자는 말한다. 시작점이 분명한 경우는 드물다. 어떤 가정에 의해 수년 그리고 수십 년에 걸쳐 집을 보수하고 또 확장한다. 만약 어떤 집이 빈 터로 시작하더라도 그 이전에 어떤 구조물이 그곳에 서 있었을 수도 있다. 그보다 이전에 어떤 사람이 대지가 어떻게 나누어져야 하는지 결정했고, 그것이 향후 집의 크기와 방향의 가능성을 결정하게 되었으며, 이 같은 과정이 계속되어 왔다.

**원천과 자원** 사례분석에서 논의되는 COMPLETE 탐사(Coordinated Molecular Probe Line Extinction Thermal Emission Survey of Star Forming Regions[COMPLETE] 2011)는 관측 천문학에서 사용되는 데이터가 어떻게 수집, 선택, 사용 및 관리되는지, 큰 맥락에서만 이해될 수 있는 연구 분야이다. 천문학에서의 데이터 원천과 자원은 여러 개가 있고, 다양하다. 그것들은 장치, 분야의 전문 지식, 과학적 원칙 및 해당 분야의 특정한 표현 형식과 분리하기 어렵다. 그들에게 데이터란 '천체의 관측'이지만, 특화된 감지 능력이 있는 장치에 의존해야만 이러한 관측이 가능하다. 이들 장치로부터 포착된 신호들은 커뮤니티 표준에 따라 정제되거나 보정된다. 이 신호들을 다른 장치에서 나온 데이터와 일치시키기 위해 메타데이터가 사용되며, 데이터 표준을 위한 구조가 있어서 천문학자들은 분석과 시각화 및 보고를 위하여 공통의 도구들을 적용할 수 있어야 한다. 이러한 기술, 도구 및 표준에 기반해서 국제적인 천문학자 커뮤니티에서 나오는 데이터와 출판물을 연결시켜주는 기관 및 전문가들의 프랙티스가 형성된다.

*망원경* 망원경은 천문학에서 가장 기본이 되지만 가장 복잡한 기술이기도 하다. 광학 기술은 갈릴레오의 시대로부터 엄청난 발전을 해서 이제는 디지털 이미지를 포착할 수 있는 망원경을 만들어냈다. 현대의 망원경은 각기 다른 능력을 가진 복수의 장치를 가지고 있다. 이런 장치들로 인해서 시간이 지남에도 망원경의 수명은 연장된다.

　망원경은 여러 유형의 물리적 형태를 가지고 있으며 지상에, 비행기나 기구의 일부로 또는 지구 대기권 밖의 우주에 위치한다. 지상에 설치된 망원경은 대개 고도가 높은 곳 또는 도시의 빛에 영향을 받지 않는 외딴 곳에 위치한다. 광학망원경은 미국 캘리포니아의 팔로마(Palomar) 또는 칠레의 아타카마 사막에 있는 라시야(La Silla) 천문대의 망원경처럼 빛을 모으기 위한 거울 또는 렌즈가 있는 것을 말한다. 전파망원경은 신호를 모으기 위해 거울이나 렌즈 대신 접시 안테나를 사용한다. 호주와 남아프리카공화국에 많은 접시의 배열로 구축된 안테나의 이름이 Square Kilometre Array로 명명된 것은 실제로 1평방 킬로미터의 수집 면적을 가지기 때문이다. 이 국제 프로젝트는 은하계의 가장 좋은 전망을 얻을 수 있도록 남반구에 위치하고 있으며, 다른 장소와 비교할 때 전파 방해가 상대적으로 적어 적절한 지역에 있다고 볼 수 있다(Square Kilometre Array 2013).

지구궤도에 발사된 망원경은 우주 깊숙한 곳까지 들여다볼 수 있고 지구 대기권 훨씬 너머까지 볼 수 있다. 이런 장비들을 계획하는 데에는 수십 년이 걸리고, 또 수십 년에 걸친 데이터를 생산해낸다. 이런 우주 망원경 중에 가장 잘 알려진 것이 현재 지구 궤도를 353마일로 돌고 있는 허블(Hubble) 망원경이다. 1946년 라이만 스피쳐(Lyman Spitzer Jr.)에 의해 고안된 허블 망원경은 1990년에 발사되었다. 그 사이 국제적인 협력과 자금 지원을 위한 개발 및 설계 프로젝트가 여러 차례 있었다. 허블 우주망원경(Hubble Space Telescope, HST)은 30여 년간 우주로부터 과학 데이터를 제공하고 있다. HST는 다섯 조(sets)의 장비로 구성되었고, 각 조는 다른 주파수에서 다른 방법으로 빛을 모을 수 있는 능력을 가지고 있는데, 가히 천문학을 위한 궤도 실험실이라 할 만하다. 추가적인 장비가 위성에 전원을 제공하고, 상태를 점검하고 또 수정하는 데 사용된다. 대부분의 우주 장치들이 추가적인 물리적 개입의 가능성이 없이 궤도 또는 깊은 우주에 발사되는 데 비해 허블 망원경은 수차례 방문하여 장비를 추가, 수리, 교체를 한 바 있다. 허블 망원경 데이터로부터 만 개 이상의 출판물이 생산되었다(HubbleSite 2013b).

망원경 장치에서의 실제 데이터 수집은 흔히 허블 망원경 또는 찬드라 (Chandra)와 같은 프로젝트 미션에 의해 관리되는 산업적 과정이다. 예를 들어 HST는 신호를 추적하여 중계 위성에 보내고, 이 위성은 이를 다시 뉴멕시코에 있는 지상 기지에 보내며, 이는 다시 메릴랜드주의 그린벨트에 있는 고다드우주비행센터(Goddard Space Flight Center)에, 그 다음은 인근 볼티모어에 있는 Space Telescope Science Institute(STScI)로 보내진다. 이 과정에서 각 단계마다 데이터 유효성 검사와 오류 확인이 이루어진다. 천문학자들은 STScI가 온전히 보정하고 공개한 관측데이터를 사용할 수 있다. 학자들은 또한 자신들만의 연구문제를 조사하기 위해 특정 장비를 특정 시간대에 사용할 수 있는 관측 제안서를 제출할 수도 있다. 매년 약 200개의 관측 제안서가 승인되고 있는데 이는 약 20%의 성공률에 해당한다 (HubbleSite 2013b).

*전자기 스펙트럼*  우주에 있든 지상에 있든, 각 장치는 특정 주파수 범위에 있는 신호를 수집하도록 설계되었다. 전파망원경은 스펙트럼의 저전력 또는 장파장이라고 부르는 저주파 영역 스펙트럼에 있는 신호를 포착한다. 감마선망원경은 고전력 또는 단파장이라고 부르는 고주파 영역 스펙트럼의 신호를 포착한다. 감마선과 엑스선은 대부분 지구의 대기에 의해 봉쇄되기 때문에 감마선과 엑스선망원경은 대기권 밖에서 작동하고 로켓이나 위성에 설치된다. 전자기 스펙트럼은 연속적이다. 천문학에서 통상적으로 사용되는 분할(divisions)의 종류를 에너지 크기 순서로 나열하면 전파, 마이크로파, 적외선, 광학, 자외선, 엑스선 그리고 감마선이 포함된다. 보다 더 정교한 분할은 원적외선, 중적외선, 근적외선, 연엑스선, 경엑스선 등을 포함한다. 파장은 어떤 경우 밀리미터 또는 준밀리미터와 같이 미터 크기에 따라 부른다. 갈릴레오가 볼 수 있었던 인간의 육안으로 식별이 가능한 색인 가시광선은 스펙트럼의 아주 가는 띠에 불과하다.

*우주 물체(celestial objects)* 천체(astronomical objects)로도 알려진 우주 물체는 자연적으로 발생하는 우주의 관측 가능한 개체를 말한다. 여기에는 별, 행성, 은하계와 혜성은 물론 성운(nebulae), 초신성(supernova)의 잔재, 블랙홀과 같은 아직은 많이 알려지지 않은 물체가 포함된다. 대부분의 천문학 연구는 독립적인 또는 다른 현상과 결부된 우주의 물체에 대한 조사로 이루어진다. 물체는 하늘의 특정 영역에서만 발생하거나 특정 파장에서만 식별이 가능하다. 어떤 우주 물체를 연구하기 위해 천문학자는 그 영역에 대해 관심 현상을 포착할 수 있는 장치를 통해 수집된 관측을 필요로 한다. 어떤 경우에는 천문학자가 일 년 중 적절한 때인 며칠 동안의 기간에 대해 해당 영역을 가리키도록 망원장치에 구체적인 관측 시간을 요청하기도 한다. 다른 많은 경우에는 천문학자가 원하는 파장에서 해당 영역을 관측한 장비로부터 수집한 데이터를 검색한다. 별, 행성, 소행성은 우주에서 이동하기 때문에 천문학자는 특정 시간대의 천체들의 (2차 평면에서의) 우주 좌표를 얻기 위해 3D 모델을 필요로 한다.

*천문학 데이터 산물(Astronomy Data Products)* 망원경 장치에서 산출된 관측은 정제, 보정, 데이터 축소와 같은 여러 단계를 거쳐 천문학 데이터 리포지토리를 통해 접근이 가능해진다. 이러한 처리단계는 파이프라인(pipelines, European Southern Observatory 2013; National Optical Astronomy Observatory 2013b)이라고 알려져 있다. 파이프라인 처리에는 몇 개월이 소요될 수도 있다. 따라서 관측은 흔히 '데이터 공개'와 그것에 대한 문서작업을 담은 '데이터 문서'가 결부되어 사용가능해진다. 예를 들어 SDSS의 아홉 번째 데이터 공개는 여덟 번째 데이터 공개 이후 망원경에 부착된 새로운 장치로부터 수집된 모든 데이터와 여덟 번째 데이터 공개에 대한 수정된 천체 관측(astrometry, 천체 위치)을 포함하고 있다(Ahn et al. 2012; Sloan Digital Sky Survey 2013b). 따라서 동일한 관측에 대해, 파이프라인에 대한 개선이 이루

어짐에 따라 복수의 데이터 공개가 있을 수 있다. 천문학자들은 어떤 데이터 공개가 연구를 위해 사용되었는지 식별하는데 주의를 기울인다.

천문학자가 관측 제안을 통해 자신만의 데이터를 수집하는 경우 역시 자신만의 파이프라인 처리를 수행할 수 있다. 추천하는 도구와 절차에 대한 설명서가 지침으로 제공될 수 있다. 잘 보정된 장치를 사용하는 연구자들은 자신들의 데이터와 동일한 장치에서 나온 이전의 데이터 산물(data products)과 비교할 수 있게 된다. 새로운 장치 또는 자신만의 장치를 사용하는 연구자들은 새로운 발견이라는 유리한 점이 있지만 결과를 입증하는 데 필요한 비교가능한 데이터 산물이 없다는 점에서 불리하다. 그들은 자신들의 측정치 일부를 보정하기 위해 다른 데이터 자원에 의존하기도 하는데 이 경우 출판물에 그것을 표시할 수도, 그렇지 않을 수도 있다 (Wynholds et al. 2012). 표준적인 데이터 처리 방법으로는 여타 패턴들이 가려질 수 있기 때문에, 새로운 현상 탐색을 위해서 연구자들은 가공처리가 덜 된 관측자료를 선호할 수도 있다.

천문학 관측에서 데이터 산물은 다수의 여러 형태로 생성된다. 여기에는 행성 목록(star catalogs)과 지역 또는 우주 물체에 대한 탐사가 포함된다. 행성 목록은 연중 행성의 위치와 밝기가 도표로 그려지던 고대의 천체 탐사에서 기원을 찾을 수 있다. 그것은 또한 바다와 육지에서의 길찾기 (navigation)를 위한 필수 정보를 제공하였다. 현대의 목록은 각 행성에 대한 정확한 기술(descriptions)을 위해 데이터 리포지토리를 이용한다(National Aeronautics and Space Administration, Goddard Space Flight Center 2014). 이미 알려진 행성은 목록상의 번호를 활용해 참조될 수 있다. 목록과 여타 데이터 산물은 특정 물체가 알려진 것인지 아니면 알려지지 않은 것인지 판단하기 위한 검색에 사용된다. 실시간 전천탐사(sky surveys)는 이러한 형태의 데이터 산물에 기반해서 거의 즉각적으로 새로운 우주 물체를 식별할 수 있다. 일시적 사건 감지 방법을 통해 '천체경보(skyalerts)'를 망원경이나 스마트폰 등 여타 기기에 송출하는 것도 가능하다(Caltech 2013b). 데이터 공개는 즉각적일 수도 있지만 몇 년에 걸쳐 연기될 수도 있는데 이에 대해서는 제8장에서 자세하게 논의한다.

**지식 인프라** 천문학은 이 책의 사례분석에 포함된 모든 분야 중에서 가장 광범위한 지식 인프라를 가지고 있다. 데이터 구조, 메타데이터, 온톨로지 표준에 대한 합의는 리포지토리, 도구, 인적 자원에 대한 국제적인 협력과 대규모 커뮤니티의 투자와 결합되어 정보 자원에 대한 복잡한 네트워크를 만들어냈다. 천문학 분야의 고도로 자동화된 데이터 수집에도 불구하고 인프라의 상당 부분에서 메타데이터를 배정하고, 관련된 물체 간의 링크를 식별하기 위해서는 사람의 전문지식이 요구된다.

관측자료를 해석하고 디지털 객체 사이의 관계에 대한 문서작업을 위해 요구되는 사람의 수작업은 인프라의 기능을 효과적으로 만들기 위해 필수적으로 요구되는 보이지 않는 작업(invisible work)의 한 예이다. 이러한 작업은 그것을 수행하는 사람에게는 물론 가시적이지만 인프라를 사용하는 사람들은 시스템이 고장나기 전까지는 그러한 투자에 대해 잘 알지 못한다.

*메타데이터* 천문학 관측 자료는 통상 스펙트라(파장의 함수로 된 강도), 이미지(특정 파장에서 하늘에 나타난 강도의 분포), 또는 큐브(위치와 파장의 함수로 된 강도를 제공하는 삼차원 데이터셋으로 여기에서 이미지와 스펙트라가 추출될 수 있음)의 형태로 얻어진다. 어떤 경우에는 볼로미터(bolometer)라고 알려진 장치가 매우 좁은 파장 영역에 걸쳐 단일 위치에서의 강도 측정을 위해 사용된다. 점차적으로 천문학 관측은 시계열로 얻어지는데, 위에 열거된 어떤 형태의 데이터에 대해서도 시간의 경과에 따라 연속 시리즈로 표본이 입수된다는 것을 뜻한다. 망원경 장치는 천체 좌표, 파장 및 관측 시간에

대한 메타데이터를 자동으로 만들어낼 수 있다. 물체의 이름은 관측 시점에 수작업으로 입력되는데 이는 사람의 판단이 요구되기 때문이다. 기상조건 및 장치 오류 등 관측 해석에 유용한 여타 정보들도 관측일지에 수기로 작성된다.

눈에 보이지 않는 스펙트럼 영역의 파장에서 포착된 이미지를 보여주기 위해 천문학자들은 파장의 영역에 색상을 배정한다. 예를 들어 방사선은 빨강, 광파장은 녹색, 엑스선은 파랑과 같은 식이다. 하지만 이미지의 색상 오류에 대한 메타데이터 표준은 거의 없다. 색상 배정 기법은 매우 가변적이어서 발표된 이미지가 거의 대부분 재현불가능한 결과를 만들어낸다. 대중에게는 다양한 색상의 예쁜 사진 합성물이 인기가 많겠지만 많은 천문학자들은 자신의 연구 출판에서 이런 이미지를 제시하는 것을 주저한다. 예술가적 기교와 과학적 타당성과의 조화가 요구되는 지점이다 (Kessler 2012).

장치, 관측 조건, 파장, 시간 및 천체 좌표에 대한 필수 정보들은 FITS (Flexible Image Transport System)로 알려진 표준적 데이터 형식으로 표현된다. FITS는 1970년대에 개발되어 1980년대 후반에 아날로그에서 디지털 천문학으로의 전이 과정에서 널리 수용되었다. 아날로그 관측은 각 망원경의 위치와 조건에 대해 보정될 수 있었다. 디지털 포착은 복수의 장치에서 나온 관측들을 결합하는 기회를 제공하지만 그렇게 되려면 데이터 구조와 좌표 시스템에 대한 합의가 필요했다(National Aeronautics and Space Administration, Goddard Space Flight Center 2013a; Hanisch et al. 2001; McCray, in press; Wells, Gresen, and Harten 1981).

대부분의 천문학 데이터 리포지토리는 현재 FITS 형식에 따라 데이터 자원을 제공하고 있으며 따라서 천문학자들은 FITS 파일에 있는 메타데이터를 사용해서 천체 좌표, 스펙트라, 관측 시점 및 장치와 연관된 여타 특성들에 의거하여 관측 데이터를 찾을 수 있다. 소수의 천문학자들은 제2

장에 추가 설명한 더 낮은 처리 단계에서의 원시적인 'FITS이전' 데이터 형식을 선호하기도 한다(NASA's Earth Observing System Data and Information System 2013).

*좌표 시스템* 천문학은 유일한 천체가 존재한다는 단순한 조직 원리에 기반해 있다. 하지만 천체에서의 물체 위치를 일치시킬 수 있는 좌표 시스템을 구축하는 것에는 수세기 동안의 과학적, 공학적 혁신이 요구되었다. 위도(남-북)는 별을 통해 지상 또는 해상에서 계산될 수 있다. 경도(동-서)는 지구가 그 궤도를 도는 것과 함께 시간의 정확한 계산이 필요하다. 18세기 후반에 성취된 해상 항해에서 정확하게 작동할 수 있는 시계는 운항 및 천문학을 모두 변모시켰다(Sobel 2007). 천문학의 좌표 시스템은 정확한 시간 측정에 의존하는데 그 이유는 지구 궤도에서의 움직임이 어떤 물체의 배출 위치 및 파장이 시간에 따라 미세하게 바뀌기 때문이다.

천문학자들은 천체관측 기술에 대한 FITS 표준의 일부인 세계표준좌표(World Coordinate System, WCS)라는 표준매핑시스템에 합의하였다(National Aeronautics and Space Administration, Goddard Space Flight Center 2013b). 천체 이미지의 각 픽셀은 그 위치에 대한 X, Y 좌표를 배정받는다. 이런 좌표들은 대개 적경(right ascension)과 적위(declination)로 표현되는데 지구상의 위치인 위도와 경도에 해당한다. 전자기 스펙트럼은 천문학 관측에서 사용되는 세 번째 차원이다. 이 차원은 주파수 또는 파장으로 표현되는데 도플러 효과(Doppler effect) 때문에 대부분 속도로 해석된다. 은하계에서 멀리 떨어진 물체에 대한 거리 계산에는 허블의 법칙이 사용된다.

상이한 장치에 의해 다른 시각에 측정된 관측은 이러한 좌표 시스템에 의해 일치될 수 있다. 한 세기 이전에 유리판에 포착된 천체 이미지는 현시대의 망원경에 의해 포착된 이미지와 맞춰볼 수 있다(Harvard - Smithsonian Astrophysical Observatory 2013b; Johnson 2007). 유사하게 오늘 찍은 하늘의 사진도 WCS, 행성 목록 및 기타 천문학적 데이터 산출물을 이용해 100년 전의 천체 위치와 맞춰볼 수 있다. 그 과정이 완벽하지는 않는데 그것은 이러한 일치가 때로는 왜 그 이미지가 포착되었는지에 대한 지식을 요구하기 때문이다(Hogg and Lang 2008; Lang et al. 2009).

*우주 물체*(celestial objects) 우주 물체를 비롯한 여타의 천문학적 현상은 그 각각에 대한 메타데이터가 있다. 이 내용들은 논문이 발표된 후에 국제 협력을 통해 수작업으로 목록화되고 있다. 우리 은하계에서의 우주 물체는 프랑스의 The Centre de Donñes Astonomiques de Strasbourg(CDS)에 위치한 SIMBAD(the Set of Identifications, Measurements, and Bibliography for Astronomical Data)에 목록화되고 있다. 목록작업자는 새로운 천문학 출판물이 발간되면 언급된 우주 물체 각각에 대해 그것을 읽고, 식별이 가능하도록 메타데이터 정보를 생성한다(Genova 2013).

SIMBAD는 출판물의 양과 새로운 발견이 늘어감에 따라 급속히 증가하고 매일 통계치가 업데이트되고 있다. 이 책의 집필 당시 SIMBAD는 28만 5천 개의 문헌에 언급된 7천 3백만 개의 독특한 물체에 대해 약 1천 820만 개의 식별자, 그리고 독특한 물체들에 대해 약 천만 개 정도의 참조를 포함하고 있다(Centre National de la RechercheScientifique 2012; SIMBAD Astronomical Database 2013; Genova 2013). 이러한 숫자를 달리 표현하면 7천 3백만 개의 물체에 대해 평균적으로 약 2.5개의 다른 명칭, 총 1천 820만 개의 식별자가 있다는 것이다. 각 논문은 평균적으로 35개의 우주 물체를 언급하고 있고 28만 5천 개의 논문에 총 1천만 개의 인용이 있다. 이러한 물체들은 천문학 문헌 모두에 고르게 분포된 것은 아니다. 대부분의 논문은 몇 개의 물체만 기술하고 있고, 몇 개의 논문이 많은 수의 물체 목록을 포함하기도 한다. 이와 비슷하게 대부분의 물체는 단 하나의 이름을 가지고 있으나(예: 목성) 어떤 것은 많은 이름을 가지게 되었는데 이는 탐사에서의 식별자와 수세기에 걸쳐 생성된 목록에 포함되어 있다. 각 출판물은 메타데이터라는 풍부한 태그를 가지고 있어서 우주 물질에 대한 데이터를 발견하여 결합하고 구분하는 데 사용되어, 데이터에 가치를 부여한다.

은하계 밖의 물체들은 NASA 외부은하 데이터베이스(Extragalactic Database)에 목록이 만들어진다(National Aeronautics and Space Administration, Infrared Processing and Analysis Center 2014a). 태양계와 행성 데이터는 또 다른 서비스를 통해서 목록이 작성된다(National Aeronautics and Space Administration, Jet Propulsion Laboratory 2014). CDS는 천문학 분야의 여러 메타데이터 리포지토리에 대한 조정기구이며 Aladin과 VizieR과 같은 검색 및 매핑 도구를 제공하고 있다(Centre National de la Recherche Scientifieque 2012, 2013).

*데이터 아카이빙*  엄청난 양의 천문 관측 자료가 리포지토리, 데이터베이스 혹은 정보시스템으로 알려진 데이터 아카이브를 통해 접근 가능하다. 매우 광범위하기는 하지만 이런 자료는 망라적이지는 않다. 정부의 재정지원을 받은 천문 미션에서 나오는 관측, 특히 우주에 발사된 망원경 장치로부터 수집된 관측데이터는 대개 공공자원으로서 접근이 가능하다. 대부분의 리포지토리는 스피쳐 천체망원경(Spitzer Space Telescope), 찬드라(Chandra), 허블미션(Hubble missions)처럼 관측에 대해 미션별로 조직되어 있다(Harvard - Smithsonian Astrophysical Observatory 2013a; NASA Spitzer Space Telescope 2013; HubbleSite 2013a).

데이터는 파장에 의해 조직되기도 하는데 Infrared Processing and Analysis Center(IPAC)에서 주관하는 여러 아카이브가 그 예이다. IPAC는 데이터를 미션별로 그리고 NASA의 Exoplanet Archive에서는 우주 물체 유형에 따라 정리한다(National Aeronautics and Space Administration, Infrared Processing and Analysis Center 2014b). SDSS, Pan-STARRS, LSST와 같은 주요 전천탐사는 각자의 데이터 리포지토리를 제공한다. 2001년에 데이터 수집이 종료

된 Two-Micron All Sky Survey(2MASS)와 같이 잘 관리된 과거 데이터는 그 소중한 가치가 무기한으로 계속 남아 있다(National Aeronautics and Space Administration, Infrared Processing and Analysis Center 2014c).

천문학 데이터 리포지토리가 소중한 자원이기는 하지만 각 아카이브는 독립적이며, 각자의 이용자 인터페이스, 검색 기능 및 기본이 되는 데이터 모델을 가지고 있다. 아카이빙된 천문학 데이터는 관측 파장과 데이터를 수집한 천문대에 따라 구분되는 경향이 있어서 통합적인 접근이 필수적이다(Accomazzi and Dave 2011). MAST와 같은 일부 리포지토리는 복수의 미션과 스펙트라에서 나온 데이터를 큐레이션하고 또한 데이터와 모델의 기증을 받는다(National Aeronautics and Space Administration, Mikulski Archive for Space Telescopes 2013). Data Discovery Tool, SkyView, WorldWide Telescope는 복수의 데이터 아카이브를 검색하고 데이터 원천을 통합하는 데 사용되는 도구인데, 이 같은 도구들은 계속 개발되고 있다(Goodman and Wong 2009; International Virtual Observatory Alliance 2013b).

천문학자들은 자신들이 직접 수집한 데이터 또는 공공의 자원에서 나온 데이터를 공유하기 위하여 다양한 선택을 할 수 있다. 데이터 기증을 받는 아카이브나 대학의 리포지토리, 프로젝트 및 개인 연구자들의 웹사이트 등을 통하여 공유할 수 있고 개인적으로 교환할 수도 있다. 천문학자를 대상으로 한 소규모 설문을 통해 데이터 공유 현실이 여타 학문 분야와 매우 비슷하다는 것을 알 수 있다. 가장 빈번한 데이터 공유는 요청에 의해 동료에게 데이터를 이메일로 보내는 방식이다. 데이터가 기관 아카이브에 저장되는 경우는 극히 적은 비율(전체 175건 중 약 20건)이었다. 데이터 처리는 데이터 수집 및 분석자들의 손에 여전히 의존하고 있다. 한 응답자는 본인 연구팀의 데이터 프랙티스를 SDSS의 데이터 관행에 비교하면서 SDSS Data 공개 버전 1.0, 2.0으로 가는 것처럼, "우리들은 대학원생 1, 2, 3과 같다"(역주: 이 말은 데이터 관리가 특정 시점에 연구팀에서 일하는 대학원생에 의해 비교적 임의적으로 수행된다는 것을 의미)라고 말한다(Pepe et al. in press).

출판  천문학 분야의 서지정보 통제는 다른 분야와 비교할 때 훨씬 더 포괄적이다. 하버드-스미소니언 천제물리학 관측소-나사 천체물리학 데이터 시스템(Harvard - Smithsonian Astrophysical Observatory - NASA Astrophysics Data System(ADS)은 이름과는 다르게 전반적으로 서지정보 시스템이다. 1993년부터 운영되고 있는 ADS는 19세기로 거슬러가는 핵심 천문학 문헌에 대한 기록은 물론 이 분야의 회색문헌을 광범위하게 포괄하고 있다(Kurtz et al. 2000, 2005; Harvard - Smithsonian Astrophysical Observatory 2013c). ADS는 서지정보는 물론 문헌, 우주 물체의 기록 및 데이터 아카이브 사이의 관계까지 큐레이션 함으로써 천문학의 지식 인프라에서 중심적인 역할을 수행한다(Accomazzi and Dave 2011; Accomazzi 2010; Borgman 2013; Kurtz et al. 2015).

프로비넌스(provenance)  천문학자들은 이처럼 다양한 지식 인프라 요소들을 사용하여 데이터의 프로비넌스를 알아낸다. 연구자들은 많은 사람, 많은 장치, 많은 소프트웨어 도구가 디지털 관측 데이터를 거쳐간 것을 알기에 신뢰할 만한 데이터인지 파악할 수 있어야 한다. 이러한 디지털 데이터는 파이프라인 처리 과정에서 다양한 단계를 거쳐 보정, 정제, 변환 및 축소된다. 프로비넌스에 대한 관심은 연구 질문 및 상황에 따라 다르다. 하나의 목적을 위해 천체의 어떤 지역을 특정한 시간대와 파장에서 측정한 데이터는 후일 특정 목적에 유용할 수도 있지만 그렇지 않을 수도 있다. 예를 들어, 전천탐사에서 나온 데이터보다 개인 천문학자에 의해 수집된 오래된 데이터에 대한 프로비넌스를 파악하는 것이 훨씬 더 어렵다. 디지털 형식으로 변환된 구식(legacy) 데이터는 장래의 일부 용도에 맞도록 적절하게 문서 작업이 되지 않았을 수 있다.

전천탐사와 기타 대규모 데이터셋에 대한 프로비넌스는 SDSS의 각 데이터 공개(Ahn et al. 2012)와 COMPLETE(Ridge et al. 2006)를 위한 문서처럼 이미 언급한 데이터 문서(data papers)에 잘 기록되어 있다. 장치 관련 논문(instrument papers) 또한 장치 개발자의 공로를 언급하기 위해, 그리고 의사결정에 대한 보다 상세한 기록을 제공하기 위해 출판될 수 있다. 이러한 문서들은 장치화, 보정 및 처리 의사결정에 대한 기록을 제공한다. 데이터 문서들은 천문학 분야에서 가장 빈번하게 인용되는 논문 중 하나인데, 데이터 원천에 대한 종합적인 참조를 제공하기 때문이다.

천문학에서 프로비넌스는 공통의 분석도구 및 서비스의 이용을 통해서도 유지된다. International Virtual Observatory Alliance(IVOA)는 데이터와 도구들을 개발하고 공유하기 위한 조정 기구이다(Hanisch and Quinn 2002; International Virtual Observatory Alliance 2013a). 협력자들은 정기적으로 만나 상호운용성 이슈를 해결하고, 천문학 연구를 위한 과학 인프라를 조성하기 위하여 국가 간 노력을 조정한다.

천문학은 다른 분야와 비교할 때 완벽하지는 않지만 출판물과 데이터 사이의 관계를 구축하는 데 훨씬 진전되어 있음을 보여준다. SIMBAD는 우주 물체와 ADS에 있는 연구논문 사이의 관계를 제공한다. 출판물과 관측을 연결하고, 우주 물체와 관측을 연결하는 메타데이터는 이보다 관리가 더 잘 되고 있지는 않은 것으로 보인다. 이러한 보완적인 자원을 더욱 의미적으로 상호연계(semantic interlinking)하는 것을 목적으로 하는 복수의 시스템과 더불어 활동을 조정하기 위한 노력이 현재 진행 중이다(Accomazzi and Dave 2011). IVAO, ADS, CDS, 천문학 분야 도서관, 데이터 아카이브, WorldWide Telescope와 같은 시스템들이 함께 참여하는 협력을 통해 이질적인 데이터 원천을 통합시킬 수 있게 되었다(WorldWide Telescope 2012). 이러한 데이터 공유 및 재사용에 대한 통합 노력의 역할에 대해서는 제8장에서 논의한다.

**외부 영향**  천문학 역시 과학의 다른 영역과 마찬가지로 경제성 및 가치, 재산권, 윤리와 같은 외부 문제에 영향을 받는다. 천문학에서의 데이터 생성과 사용은 국제 협약과 다양한 거버넌스 모델들에 의존하고 있다. 천문학의 지식 인프라는 이러한 영향요인들에 의해 미묘하게 또한 지대하게 뒷받침하고 있다.

*경제성 및 가치*  컴퓨터공학 연구에서 천문학 데이터가 매력적인 첫 번째 이유는 데이터가 분명한 금전적 가치가 없기 때문이다. 두 번째 이유는 데이터의 양이 엄청나고, 일관성 있는 구조가 데이터베이스 연구에 유용하기 때문이다. 세 번째로, 인간 피험자가 없어서 재사용에 대한 윤리적 제한이 최소화되었기 때문이다(Gray and Szalay 2002; Hey, Tansley, and Tolle 2009b; Lynch 2009; Szalay 2008).

천문학 관측 자료 또는 수치 모델, 망원경, 장치와 더불어 SDSS, Hubble, Chandra와 같은 대규모 데이터 아카이브의 산출물을 사고 파는 시장은 존재하지 않지만 이것들 대부분은 공동자원(common - pool resources)의 개념으로 잘 이해된다. 공공 및 사적 기관의 인프라는 자원의 품질을 유지하고 접근의 형평성을 확보하기 위해 투자를 위한 거버넌스 모델을 가지고 있다. 지속유지 가능성 및 무임승차자들은 이러한 공동자원에 지속적인 위협이 되고 있다. 하지만 많은 천문학 장치와 데이터 자원이 이러한 공동자원에 포함되는 것은 아니다. 개인 천문학자와 팀별로 국지적인 통제 하에 있는 데이터는 상황에 따라 원자료 또는 사유재로 간주될 수 있다. 일부 장치와 아카이브는 클럽 재화(club goods)로써 오로지 협력자들에게만 제공된다. 천문학 데이터를 분석하고 파일을 해석하는 데 필요한 소프트웨어 또한 오픈소스이거나 상업적 제품일 수 있다.

*재산권*  데이터의 재산권은 프로젝트나 재정지원 기관, 이외 다른 요인

들에 따라 달라진다. 연구비 지원이 공적 혹은 사적이든지, 연구자는 대개 데이터에 대해 일정 기간 동안 독점적인 권리를 갖는다. 엠바고라고 알려진 독점적 통제(proprietary) 기간은 3개월에서 18개월 정도의 범위에 있고 망원경에 의해 관측이 포착된 시점(National Optical Astronomy Observatory 2013, 2013a) 또는 처리 파이프라인에서 "과학적으로 사용가능한 데이터"가 접근이 가능한 시점(Spitzer Science Center 2013)으로부터 연구를 시작한다. 연구자는 데이터를 보다 빨리 접근가능하게 할 수 있는 권한을 가지고 있지만, 독점적 통제 기간을 연장하기 위해서는 특별 승인이 요구된다. 독점적 통제 기간이 관측 시점 또는 과학적으로 사용가능한 데이터의 시점에서 시작하느냐의 구분은 연구자가 논문을 쓰면서 자신의 데이터를 통제할 수 있는 시간에 있어서 수개월 또는 몇 년의 차이를 가져올 수 있다. 망원경에서 나온 중요한 구식 데이터가 접근가능해지고 있지만 사적으로 운영되는 망원경에서 수집한 데이터는 절대 공개되지 않을 수 있다.

거의 대부분의 주요 우주 망원경의 사례와 같이 데이터를 아카이빙하기로 한 미션에 대해서는 파이프라인 처리가 완료되고 독점적 통제 기간이 지난 후에 리포지토리를 통해 데이터에 접근할 수 있다. 천문학자가 이런 장치에서 자신만의 관측을 수집하려고 한다면 데이터에 대한 그들의 권리는 장치의 거버넌스와 결부된다. 망원경은 다양한 방식으로 자금을 지원하는 대학, 컨소시엄, 정부, 여타 기관에 소유권이 있다. 허블 천체망원경과 같은 장치의 사용을 지배하는 정책에 대한 책임은 과학 미션에 위임될 수 있다. 대부분의 공공 망원경은 그것을 사용하기 위해 제안서를 반드시 제출해야 하며, 자격을 갖춘 천문학자들만이 사용할 수 있다. 다른 장치들은 기상 탐사(synoptic surveys)를 위해 이용될 수 있으며, 집적된 대용량의 데이터 컬렉션은 모든 사람에게 공개된다. 그 수가 감소하고 있기는 하지만 일부 망원경은 여전히 그것을 소유하고 있는 사적 기관과 연관이 있는 소수의 엘리트 연구자들에게만 이용이 허락되고 있다.

이렇듯 기관에 따라 데이터 권한 정책이 수립되어 있어 특정 데이터를 사용 또는 통제하는 권한을 명확하게 구분하고 있다. 예를 들어 국립천문관측소(National Optical Astronomy Observatory, NOAO)의 데이터 권한 정책은 독점적 통제 기간에 제한을 받는 과학 데이터와 시간, 지속 기간, 장치의 환경 설정을 포함한 개별 노출에 대해서는, 메타데이터와 같이 "NOAO아카이브에 입고되는 즉시" 커뮤니티에게 접근가능한 여타 데이터를 구분하고 있다. 내부 보정 데이터 역시 공적 데이터로 간주된다. NOAO 직원은 장치의 상태, 안전, 보정 및 성능 점검을 위한 목적인 경우 장치에서 나오는 모든 데이터에 대한 접근 권한을 가진다. NOAO는 애리조나주의 Kitt 봉우리에 위치하고 있으며 NSF(National Science Foundation)와의 공동협약을 통해 천문학연구대학협의회(Association of Universities for Research in Astronomy, AURA)에서 운영하고 있다(National Optical Astronomy Observatory 2013a).

*윤리* 천문학 분야의 윤리 문제는 희소하고, 고가의 자원인 데이터 및 장치에 대한 접근과 관련해서 발생한다. 누가 어떤 망원경에 언제, 얼마나, 그리고 데이터의 수집과 분석을 위해 어떤 자원을 가지는가의 문제는 천문학의 상도덕(moral economy)에 의해 결정된다(McCray 2000, 2001, 2003). 근래에 이 분야에 대한 공적 재정지원이 증가함에 따라 접근의 문제는 형평성과 성과에 기반하게 되었지만 윤리와 정치는 계속해서 역할을 하게 될 것이다. 망원경에 대해서는 회원들이 필요한 시설에 대한 접근을 보장하기 위해, 대학을 포함한 협력기관의 복잡한 집합체에 의해 재정지원을 받는다.

천문학 데이터에 대한 접근은 파이프라인 처리, 독점적 통제 기간, 거버넌스 및 여타 문제에 따라 지연될 수 있다. 예를 들어, 우주배경복사(cosmic microwave background)를 연구하기 위한 플랭크(Planck) 미션에서 나온 데이터는 원래 약속한 것보다 훨씬 더 늦게 접근가능하게 되었다. 연구자들은 30여 개의 논문과 데이터를 동시에 발표했는데, 다른 사람들이 이용하기에 데이터가 유효하지 않았다는 것을 이유로 데이터가 온전히 보정되기 전까지 발표를 미뤘다(Planck Collaboration et al. 2013).

천문학 관측은 그것이 항해(navigation)와 방위(defense)를 위한 가치 때문에 민감할 수 있다. 예를 들어 Pan - STARRS는 일부 근지구(near - Earth) 물체를 감시하기 위해 미국 공군에 의해 지원되었는데, 따라서 민감하다고 판단되는 데이터는 천문학 연구에 이용될 수 없었다. 그래서 Pan - STARRS는 주요한 과학 미션과 국방 관련 역할을 구분한다(Pan - STARRS 2012, 2013b). "공개 작업한다(working in the open)"는 말은 대개 매일매일의 활동을 공공이 조사(public scrutiny)할 수 있도록 한다는 것이 아니라 논문의 출판 시점에서 데이터를 공개한다는 의미이다.

## 천문학 분야 연구 수행

대부분의 천문학자는 데이터를 선택하고 분석할 수 있는 다양한 도구와 서비스가 지원되는, 데이터가 풍부한 환경에 살고 있다. 물론 이들에게도 제약이 있는데 미션을 계획하는 데 매우 긴 기간이 소요되며, 이와 더불어 연구비 확보, 인프라 및 장치, 데이터에 접근하기 위해서는 국제적인 조정과 협력에 많이 의존해야 한다. 과거 세대에 비해 망원경을 자유롭게 사용하고 관측 시간을 확보하는 것이 훨씬 공평해졌지만, 여전히 주요 장치에 대한 컨소시엄에 참여하는 재정이 풍부한 기관의 연구자들이 그렇지 않은 대학의 연구자들이나 가난한 국가의 연구자들보다는 더욱 많은 자원을 보유하고 있음은 틀림 없는 사실이다. 무엇이 데이터가 되고 어떤 데이터를 어떻게 공유, 재사용 또는 큐레이션할 것인지에 대한 의사결정은 이러한 자원에 대한 접근과 시간, 기술 및 인프라상의 제약으로 영향을 받는다.

여기 제시된 사례연구는 하버드-스미소니언 천체물리학센터(Harvard - Smithsonian Center for Astrophysics(CfA)에 소속된 한 연구팀을 추적한 것으로, COMPLETE 탐사로 알려진 다년 프로젝트를 진행하는 가운데 연구 문제를 개발하고, 데이터를 수집, 분석하며, 자신들의 발견을 40개 이상의 논문으로 출판하는 과정을 바탕으로 살펴본 것이다. 이 사례연구에서는 연구자들이 사용하는 지식 인프라가 무엇인지, 연구자들이 어떻게 데이터를 표현하는지, 또한 언제 어떻게 데이터를 공유하는지, 관련된 다양한 이해관계자들은 누구인지, 연구출판의 관례 등은 어떠한지를 탐구한다.

COMPLETE Survey    CfA에 기반을 둔 COMPLETE(Coordinated Molecular Prove Line Extinction Thermal Emission Survey of Star Forming Regions) 탐사를 통해서 얻어진 결과는 천문학 관측의 공공 리포지토리와 천체의 동일 영역에 대한 새로운 관측으로부터 만들어진 대규모 데이터셋이다. COMPLETE 탐사는 우리 은하계에 있는 세 개의 대규모 별성형지역(star - forming regions) 전체를 대상으로 매핑을 하며, 관측 내용에는 엑스선부터 방사선까지의 전자기 스펙트럼을 포함하고 있다. 연구팀은 관측 데이터를 활용하여 다양한 연구문제를 다룰 수 있게 되었는데, 포괄성, 데이터 자원의 다양성 및 크기 측면에서 탐사의 가치를 인정받고 있다. 특히 크기 측면에서 10년 전에 협력 자원으로 탐사되었던 연구에 비교하여 약 1,000배 규모로 추산된다(Coordinated Molecular Prove Line Extinction Thermal Emission Survey of Star Forming Regions [COMPLETE] 2011).

다양한 전문지식을 가진 많은 사람들이 약 7년여 동안 수행된 이 탐사에 참여하였다. 규모 면에서 연구팀은 약 12명에서 25명의 연구원으로 구성되었는데 여기에는 교수, 선임연구원, 박사후 연구생, 대학원생, 학부생이 포함되어 있다. 탐사 데이터셋을 이용하는 연구가 계속되고 있는데 대개는 별성형지역의 물리학을 이해하기 위한 관측 및 통계 작업에 초점이 모여지고 있다.

**연구문제**  COMPLETE 탐사 연구팀의 연구문제는 성간 가스(interstellar gas)
가 어떻게 새로운 별로 배열되는지에 대한 것이다. 별성형 연구에서 관심
이 집중되는 문제는 주어진 성간 가스에 대해 시간의 함수에 따라 별의
분포가 어떻게 형성되는가 하는 것이다. 연구진은 이 문제들을 작은 단
위로 나눴는데, 일부 질문들은 문제가 해결되기 위해서는 해답이 나와야
다음으로 넘어갈 수 있는 성격을 띤다. 현재까지 근적외선에서의 '구름
그림자(cloudshine)'의 발견(foster and Goodman 2006), 실제 관측(Pineda,
Rosolowsky, and Goodman 2009; Rosolowsky et al. 2008) 및 시뮬레이션(Beaumont
et al. 2013)된 별성형 영역을 기술하기 위한 구조탐색 알고리즘의 개발 및
시행, 성간 가스 지도상 온도의 의미에 대한 재해석(Schnee, Bethell, and
Goodman 2006), 별 형성에 있어서 자기 중력(self-gravity)의 역할에 대한 평
가(Goodman et al. 2009) 등이 주요한 연구결과로 보고되고 있다.

**데이터 수집**  기존의 아카이브에서 데이터를 찾아보기 위해 연구팀은 연
구 대상인 세 개의 별성형 영역을 대상으로 좌표 기반 및 물체명 기반 검
색을  사용하여  관련  리포지토리에서  데이터를  추출하였다(Perseus,
Ophiuchus, and Serpens). 연구팀은 또한 SIMBAD와 ADS에 있는 메타데이터
를 사용하여 관련된 영역에서 우주 물체 및 현상을 연구한 과거 논문을 찾
았다. 하지만 아카이브에 있는 메타데이터가 완전하지 않음을 알게 되었
고, 추가적으로 이 분야의 전문 지식과 논문에 언급된 자원을 활용해서
아카이브에서 접근 가능한 데이터를 검색하였다. COMPLETE 탐사의 절반
이상이 망원경 장치를 사용하여 다각도로 접근하여 기록한 관측제안서에
서 나온 신규 데이터이다. 이 신규 데이터는 망원경 장치와 연관된 파이
프라인을 통해 처리되며, 목적 달성에는 복잡한 과정이 되겠지만 이 분야

의 지식 인프라가 복수의 장치에서 생성된 과거 및 현재 관측 자료를 일치시키는 능력을 뒷받침하고 있다는 점을 주목할 만하다.

COMPLETE 탐사에 기초한 논문은 천문학 학술지에 출판되었으며 해당 논문들은 SIMBAD와 ADS 목록에 기재되어 물체, 영역, 서지 특성에 따라 발견이 가능하게 되었다.

**데이터 큐레이션, 공유 및 재사용**　COMPLETE 연구팀은 구성원들이 여러 기관과 나라에 흩어져 있으며, 각각 고유의 데이터 공유와, 큐레이션 및 재사용 프랙티스를 가진다. 하버드–스미소니언 천체물리학센터(Harvard - Smithsonian Center for Astrophysics)의 핵심 팀이 탐사 데이터셋과 웹사이트를 관리하는데, 이 팀은 광범위한 문서화(documentation)를 포함하여 탐사 데이터를 부분적 또는 다양한 형태로 다운로드할 수 있도록 제공한다(Coordinated Molecular Prove Line Extinction Thermal Emission Survey of Star Forming Regions[COMPLETE] 2011). 데이터셋 인용을 위해서는 권장하는 인용정보의 형태를 제공하지만 데이터셋 이용 및 인용에 대해서 추적조사를 하지는 않는다. 파생 데이터셋은 천문학 데이터를 위해 새롭게 조성된 Dataverse를 통해 공개하고 있다. 데이터셋은 현재 활성화된 상태에 있으며 연구진은 필요에 따라 신규 데이터, 새로운 문서작업 및 수정 사항을 추가할 수 있다. 연구팀은 아직까지 탐사 데이터를 MAST를 비롯한 여타 리포지토리에는 기탁하고 있지 않은데, 만약 기탁이 이뤄진다면 장기적 큐레이션의 책임에서는 벗어날 수 있게 된다.

COMPLETE 탐사를 수행하면서 여러 연구 프로젝트를 위해 탐사 결과를 활용해온 Harvard CfA팀은 다른 분야의 많은 학자들과 비교할 때 데이터 큐레이션을 매우 중시한다. 천문학 분야 데이터 공유와 인프라 개발에 활발하게 참여하고 있는 이 연구팀은 천문학 데이터를 맡기고 공유할 수 있도록 Dataverse 사이트를 개발하였다. 또한 이들은 천문학 분야의 데이터와 출판물을 통합하기 위한 ADS All Sky Survey에 대한 책임연구자들이며, 동시에 WorldWide Telescope의 책임자이기도 하다(Goodman and Wong 2009; Goodman 2012; Goodman et al. 2013; Pepe, Goodman, and Muench 2011).

COMPLETE 탐사에 대한 광범위한 문서화에도 불구하고, 연구팀은 장기적인 협력 연구에서 흔히 나타나는 "대학원생 1, 2, 3" 문제를 여전히 가지고 있다고 인정한다(Edwards et al. 2011; Pepe et al. 2013). 수년 전에 일어난 보정, 변환 또는 유사한 분석 과정에 대한 세부적인 의사결정에 대하여 질문을 받으면 연구팀은 이미 팀을 떠난 대학원생이나 가장 깊숙이 참여한 박사후과정 연구원의 소재를 찾아야 한다. 결국 이러한 해석은 장치, 파이프라인, 데이터 산출물의 초기 개발에 참여한 다른 사람들의 의사결정에 의존할 수밖에 없게 된다. 그런 까닭에 데이터를 다루는 문제는 "집을 짓는 문제"로 비유될 수 있으며 가장 초기의 데이터에 대한 프로비넌스를 추적할 수는 있지만, 문제는 데이터가 여러 개의 시작점을 가지고 있다는 것이다.

또한 다른 디지털 데이터와 마찬가지로 천문학 데이터는 그것을 정제하고, 축소하고 또 분석한 소프트웨어 코드와 분리할 수 없다. 이미 파이프라인 처리를 통해 축소된 FITS 파일 형식의 데이터는 상업적 또는 오픈소스 형태의 표준 도구들을 사용해 분석할 수는 있지만, 천문학 데이터와 연관된 많은 소프트웨어 코드들은 공개되지 않을 수 있다. 천문학자들은 자신들만의 관측 제안 또는 장치를 통해 수집한 데이터에 대해 자신들만의 파이프라인을 쓸 수 있다. 또 공공 데이터를 분석하기 위해 특화된 도구를 사용하거나 스크립트를 직접 짤 수 있다. 어떤 경우에는 컴퓨터 시뮬레이션에 사용된 코드는 엄격하게 접근을 통제하지만 분석과 결과 해석에 사용된 코드는 공개하기도 한다. 또 다른 사례에서는 시뮬레이션 결과를 데이터로 간주하지 않아 공개하지 않을 수 있다. 이와 같은 사례들은 천문학 분야의 다양한 데이터 학술연구를 보여주는 극히 일부일 뿐이라고 할 수 있다.


# 센서 네트워크 과학과 기술

1990년대 후반에 이르러 과학기술 분야 연구자들은 과거에 비해 더 많은 양의 연구 데이터를 더 높은 집적도와 품질로 수집하기 위해 내장된 센서 네트워크를 배치하기 시작했다. 예를 들어 환경과학 분야에서는 센서 네트워크를 식물 생육, 대기와 날씨 패턴, 화학 및 생물 활동, 동물 활동, 토양과 수질오염 원천연구를 위해 사용하고 있다. 내장형 센서 네트워크 센터(Center for Embedded Networked Sensing, CENS)에서는 10년 동안 데이터 프랙티스에 대하여 공동 연구를 수행해 왔으며 과학 용도로 네트워크 감지 시스템을 개발하여 실험해왔다. 본 사례연구에 나오는 풍부한 자료들은 이 시스템을 통해 산출되었다. CENS 사례가 개발된 사회과학적 방법론에 대해서는 제6장에서 살펴보기로 한다.

CENS는 2002년부터 2012년까지 NSF의 과학기술센터(Science and Technology Center)로부터 지원을 받아서 공학자, 컴퓨터 과학자 및 분야별 과학자들과 함께 협력하여 자연과학 및 사회적 용도를 위한 감지 시스템을 개발하였다. 참여자들은 다양한 분야들 간의 협력과 서로간의 소통을 위해 각자의 연구 관행과 방법론, 기대사항에 대해 분명하게 표현해야 했다.


## 크기 문제

프라이스(1963)의 용어에 따르면 CENS의 현장 연구 영역 가운데 센서 네트워크 과학은 전형적인 '작은과학'의 예이다. 프라이스는 연구방법론의 불일치라는 점 때문에 이런 종류의 과학을 천문학과 같은 거대과학에 비해 덜 성숙하다고 보겠지만, 센서 네트워크 과학은 적응적(adaptive)이라고 보는 것이 가장 타당하다. 이것은 해당 분야에서 증거의 표준에 부합하는 엄격한 방법론이며, 데이터는 높은 타당성을 가지고 있지만 쉽게 반복되지는 않는다.

CENS는 2002년에 캘리포니아주의 4개 대학의 핵심 연구자들로 시작되었으며 이후 5개 기관으로 늘어났다. 이 연구자들은 각기 다른 기관에 협력자들이 있었다. 프로젝트가 시작되고 또 종료되면서, 참여하는 학생, 교수, 박사후과정 연구원 및 직원의 숫자가 달라짐에 따라 매년 참가 인원에 변동이 있었다. 절정기에 센터에는 약 300명의 참가자가 있어서 다양한 데이터 프랙티스를 반영할 수 있었다. 센터 운영기간에는 평균적으로 약 75%의 CENS 참여자들이 감지 기술의 개발과 배치에, 나머지는 과학, 의학 또는 사회적 적용 분야에 분포되어 있었다. 기술 분야 연구자들은 과학 및 다른 용도를 위한 응용 프로그램을 개발하였고 과학자들은 자신들의 연구 방법론을 진전시키기 위한 새로운 기술을 탐구하였다.

CENS 현장 배치에서 수집된 데이터는 절대적으로 크고, 또한 빠르게 생성되지는 않지만 형태 면에서는 매우 다양했다. 하지만 데이터의 양과 생성 속도가 증가함에 따라 과학자 팀은 규모의 문제를 경험하게 된다. 센서 네트워크는 이 분야에서 주로 사용되는 수작업 방식의 표본 수집과 비교해 훨씬 더 많은 데이터를 생산하였다. 예를 들어 뿌리의 생장에 대한 생물학 연구에서 과학자들은 연구하는 식물 옆의 지면 아래에 투명한 플라스틱 통에 든 카메라를 설치하고 7년에 걸쳐 약 10만 개의 이미지를 수집해서 수작업으로 코딩하였다. 카메라를 자동화하고 이미지를 센서 네트워크를 통해 전송함에 따라 연구자들은 하루에 최대 6만 개의 이미지를 포착할 수 있었는데, 이는 약 10기가바이트에 해당한다(Vargas et al. 2006). 수작업 코딩을 자동화 방법으로 바꾸는 데에는 몇 가지 문제가 있었다. 수작업 코딩은 대학원생과 학부생의 전문지식에 의존했는데 일부는 몇 시간 동안 지속적으로 이 작업을 수행해야 하는데, 뿌리가 매우 작고 느린 속도로 자랐기 때문에 코딩 작업이 무척 힘들었다. 또한 뿌리가 맨 처음 통에 닿을 즈음이면 단지 몇 개의 점으로 보이게 되는데, 뿌리가 통을 따라 식별 가능할 만큼 자라게 되어야, 코딩 작업자는 처음 뿌리가 나타났을 때를 알아내기 위해 이전 이미지를 분석할 수 있다. 이런 관찰에서의 기원을 식별하려면 현장 노트, 뿌리 생장에 대한 비디오 영상 등 여타의 기록을 살펴볼 필요가 있다. 코더 간 신뢰도(inter - coder reliability)를 일부 검사했어도, 오차가 있게 되면 주어진 절차에 맞춰 작업을 체계적으로 정리하는 것이 어려웠다. 해양생물학 연구에서는 과학자들이 매 24시간마다 3~4회 물 표본을 채취했다. 이런 관찰 자료는 시계열로써 서로 연관된다. 하지만 센서 네트워크는 5분 간격으로 표본을 채취한다. 단순한 상관관계와 시계열 분석이 이렇듯 대량 생성되는 데이터에는 적합하지 않아서 복잡한 모델링 기법을 도입했다(Borgman, Wallis, and Mayernik 2012; Borgman et al. 2007; Wallis, Borgman, Mayernik, Pepe, et al. 2007).

## 언제 데이터가 되는가?

CENS에서 데이터의 개념은 센터 존속 10년 내내 움직이는 표적이었다. 면담에 응한 각 연구자, 학생, 직원은 자신의 데이터에 대하여 개인적으로 설명했다. 뒤이어 마련된 면담, 현장 방문, 출판물의 검토단계마다 설명 내용은 계속 변했다. 같은 팀에 있는 개인들은 팀에서의 역할, 경험, 연구 활동 단계에 따라 무엇이 팀별 데이터인지에 대해 다른 설명을 했다. 센서 네트워크 기술이 개선되고 협력과 연구방법론이 성숙해짐에 따라 데이터에 대한 개념 또한 변화했다(Borgman, Wallis, and Mayernik 2012; Mayernik, Wallis, and Borgman 2012; Wallis et al. 2008).

CENS 연구는 전반적으로 탐색적, 기술적, 설명적 연구방법론을 혼합한 것이다. 과학자들은 실험실에서 가설을 만들어 현장에서 시험하거나 그 반대의 경우로 연구할 수 있었다. 기술 관련 연구자들은 일부 이론은 실험실에서 나머지는 현장에서 시험하였다. 센서 네트워크를 모델링하던 전기공학자 같은 이론가들은 센서 네트워크를 현장에 배치함으로써 이론을 시험할 수 있었다(Cuff, Hansen, and Kang 2008; Wallis et al. 2007).

생물학, 지진학, 환경학 등 다른 분야의 과학자들은 자신의 연구문제와 방법론으로 CENS를 도입했다. 특히 이 사례 조사를 생물학 및 환경학적으로 적용한 연구에서, 연구자들의 과학적 프랙티스는 보웬과 로쓰(Bowen and Roth, 2007)가 확인한 바 있는 생태학적 특성을 보였다. 이는 첫째, 연구 설계가 상당히 창발적이다(emergent). 둘째, 도구와 방법론이 현장에서 개발되어 흔히 그 장소에서 활용할 수 있는 재료를 사용하여 대단히 맥락 의존적이다. 셋째, 생태학적 시스템의 동적인 특성 때문에 연구가 쉽게 재현되지 않는다. 넷째, 커뮤니티의 구성원 간 사회적 상호작용이 매우 중요하다는 것이다.

컴퓨터공학과 공학 분야 연구자들도 유사하게 자신들의 연구문제와 방법론을 CENS로 가져왔다. 과학적 응용을 위한 하드웨어 또는 소프트웨어 설계를 한 경험, 특히 예측불가능한 실제 환경에서 현장기반 연구를 경험한 사람은 거의 없었다. 기술 설계의 경우 과학적 질문에 따라 요구사항과 평가 기준이 유동적일 때에는 특히 어렵다(Borgman, Wallis, and Mayernik 2012). 연구팀들은 기술 내용과 산출 데이터를 설계, 배치 및 평가하기 위해 협력자들의 전문 영역에 대해 충분히 배워야 했다.

CENS 연구는 종종 상업적으로 구매한 장비와 현지에서 개발한 장비를 결합해야 했다. 하드웨어와 소프트웨어 관련 감지 기술을 설계하는 데 따르는 의사결정은 확보하는 데이터의 유형에도 영향을 미친다. 천문학의 망원경 장치와 마찬가지로 현장 실험이 수행되기 훨씬 전에 있었던 설계 결정이 무엇이 데이터가 될 것인지를 결정해버릴 수도 있다.

과학 및 기술 관련 팀이 함께 현장에서 작업했지만 두 집단 모두 공동으로 수집한 데이터의 기원, 품질 또는 이용에 관해 완전히 이해하지는 못했다. 실제로 물 표본같이 현장 배치에서 수집한 일부 데이터는 전적으로 과학팀만이 관심을 가지고 있었던 반면 로봇 장치에서 나오는 자기 자극 감응(proprioceptive) 데이터 같은 것은 오로지 기술팀에서만 관심을 가지는 것이었다. 따라서 센서 데이터는 공동의 관심사가 되었지만 서로 다른 연구문제에 적용되었다. 연구 수준(research - grade)과 기술을 새롭게 과학적으로 적용해야 하기 때문에, 데이터를 실제 상황 및 기준과 비교해서 현장 검증(ground truthing)을 해야 한다는 것이 지속적인 문제로 남아 있게 되었다.

**원천과 자원**  CENS의 연구자들은 데이터를 가져올 리포지토리나 다른 외부 자원이 거의 없었기 때문에 대부분의 데이터를 직접 수집했다. 연구팀들은 센서 네트워크를 통해서 물리적 표본으로부터 많은 양의 데이터를 수집했다. 이렇게 수집한 데이터 해석을 위해 소프트웨어 코드와 모델, 장비 설계가 필수적이었는데, 때로는 이런 것들도 데이터로 간주되었다.

*내장형 센서 네트워크*  내장형 센서 네트워크는 2002년 CENS가 만들어진 당시에도 새로운 기술은 아니었다. 센서 네트워크는 화학, 석유 공장과 같은 산업 처리공정을 운영하거나 유수량과 수질을 감시하기 위해서도 사용된다. CENS가 새롭게 적용했다는 의미는 과학 분야에 내장형 센서 네트워크를 사용해서 새로운 연구질문을 탐구하도록 했으며, 실제적 목적과 용도를 가진 기술설계에 과학기술 분야 연구자들이 서로 협력할 수 있도록 한 것이다(Committee on Networked Systems of Embedded Computers 2001). CENS는 상용되는 기술을 새로운 장치, 새로운 연구 설계와 결합시킴으로써 새로운 종류의 데이터를 수집할 수 있게 하였다.

한 세대 전에 원격감지기술(remote - sensing technologies)은 환경과학 분야를 완전히 바꿔놓았다(Kwa and Rector 2010; Kwa 2005, 2011). 위성을 통한 지구 관찰 능력은 정밀도가 더욱 개선되면서 이전에 가능했던 것보다 훨씬 더 통합적으로 지구환경과 현상을 관찰할 수 있게 했다.

센서 네트워크는 기술에 따라 지상과 수중에 설치할 수 있다. 〈그림 5.1〉이 보여주듯이 센서(감지기)는 토양에 매립되거나, 해상의 부표로 또는 선박에 매달려서, 기둥이나 고정물에 부착되기도 하고, 지상 또는 토양 위에 케이블에 매달려 입체적으로 움직이게 할 수도 있다. 센서는 수중의 질산 지표, 논의 비소, 풍속 및 풍향, 조도, 지구 또는 동물의 움직임, 기타 다양한 현상을 탐지하기 위해 사용되었다. 센서에서 수집된 데이터는 이동식 저장장치와 같이 수작업 또는 인터넷에 연결된 노드(node)로 자동 전송된다. 센서 데이터의 사용과 데이터 수집 방식은 활용방법이나 선택 기술, 위치에 따라 다르다. 어떤 센서 네트워크는 도시에 설치되

〈그림 5.1〉 CENS에서 사용된 센서 네트워크 기술

센서 네트워크 과학

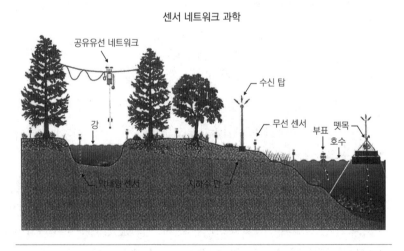

출처: 제이슨 피셔(Jason Fisher)

어 무선 네트워크를 통한 즉각적인 접근 방식으로 이루어지지만 많은 경우 원격에 있는 산, 섬, 사막 등에 배치된다.

CENS 기술 관련 연구자들은 다양한 목적을 위해 감지 데이터를 사용하게 된다(Borgman, Wallis, and Mayernik 2012). 대표적으로 (1) 소리와 이미지를 포함한 물리적, 화학적 현상을 관찰하거나, (2) 특정 환경의 장소에 로봇 센서를 가동시키거나 유도하여 자연 현상을 관찰하고, (3) 센서의 작동 또는 비작동 시간, 오류의 감지, 배터리 전압, 네트워크 라우팅 테이블 등 센서의 성능을 관찰하기도 하며, (4) 센서로 수집되는 자기 자극에 감응하는 데이터, 즉 모터 속도, 방향(heading), 구르기(roll), 작업 간격(pitch), 흔들림(yaw), 꽁지각(rudder angle)과 같이 로봇 장치를 유도하기 위한 데이터 등을 감지하기 위한 목적으로 사용한다.

연구참여 분야마다 가장 뚜렷한 차이를 보이는 점은 근거에 대한 기준이다. 예를 들어, 생물학자들은 온도와 같은 변수를 자신들의 분야에서 확립된 기준에 따라 측정한다. 공학자와 컴퓨터 과학자들은 국제 표준에 대해 알지 못하거나 관심이 없는 경향이 있다. 연구 목적을 위해 현장에서 일관성 있게 측정할 수 있는 기초 데이터만 있으면 보정(calibration)을 하는 것으로 충분하다. 이런 측정 관례에 대하여 질문을 던지면, 어떤 기술 연구자는 "온도는 다 똑같이 온도지."라고 간단히 답을 했다. 이에 반해 동료 생물학자에게 온도를 어떻게 측정하는지 따로 묻자, 장비의 종류, 언제 어디서 측정이 되었는지, 환경에 대한 통제 정도, 장비의 정확성, 보정 기록에 대해 길고 세밀한 답변을 주었다. 이 생물학자는 현장에 세 가지 종류의 온도 측정 장비를 나란히 설치하여 꼬박 일 년간 측정을 기록한 후에야 장비와 데이터를 신뢰하게 되었다(Wallis et al. 2007).

*물리적 표본* CENS의 과학팀은 물, 모래, 토양의 물리적 표본을 지속적으로 수집했다. 여기에는 호수의 식물성 플랑크톤과 동물성 플랑크톤 분

포와 같이 살아 있는 유기체에 대한 관측도 포함되어 있다. 표본은 현장 실험실에서 시험을 거치고, 일부는 배치가 끝난 후에 대학에서 추가로 시험되었다.

*소프트웨어, 코드, 스크립트, 모델*  센서는 바람, 비소, 질산과 같은 과학적 변수를 직접 측정하지는 않는다. 센서가 측정하는 것은 전압과 여타 탐지가능한 지표들이다. 대부분의 센서 산출물은 통계 모델을 통해 해석이 필요한 이진 신호들(binary signals)이다. 일부는 카메라에서 나온 이미지들이다. 물리적 또는 화학적 현상의 통계적 모델은 이러한 지표들을 해석하는 데 사용된다(Batalin et al. 2004; Deshpande et al. 2004; Hamilton et al. 2007; Wallis et al. 2007).

기술분야 팀은 때로 소프트웨어 코드 리포지토리와 같은 외부 정보자원을 사용한다. 우리가 연구한 컴퓨터 과학과 공학 연구자들은 코드, 소프트웨어, 모델들을 데이터와 동일하게 간주하는 경향이 있었다(Wallis, Rolando, and Borgman 2013).

*배경 데이터*  과학분야 팀들은 특정 현장에서 새로운 자원 컬렉션을 계획하기 위해 외부 자원에서 나오는 일부 데이터를 사용했다. 같은 현장에 반복적으로 팀이 구성되는 경향이 있었기 때문에 광범위한 기준 데이터 및 현장에 대한 배경 맥락이 필요했다. 야생동물 수렵 관리당국(Department of Fish and Game)과 같은 공공기관 수집 데이터는 중요한 자원이었으며, 이전 팀이 방문하여 수집한 데이터도 마찬가지였다. 호수에 대한 소중한 배경 정보에는 조류(藻類, algae)가 절정에 이르는 달, 호수바닥 지형, 관측이 예상되는 식물성 및 동물성 플랑크톤 종들, 양분의 존재 및 집중화 정도가 포함되었다. 공학 분야 팀들은 가끔 외부 자원을 통해 보정데이터를 입수하였다(Wallis, Rolando, and Borgman 2013).

**지식 인프라** 천문학 분야가 수십 년간의 국제 협력을 통해 데이터, 출판물, 도구 및 리포지토리를 조정할 정교한 지식 인프라를 획득한 반면 CENS는 인프라에 관한 한 정반대에 있었다. 센터 자체적으로는 공통의 관심사를 가진 연구자들을 모으는 기본적인 소집 기능을 제공하였다. 이는 장비, 네트워크 및 직원의 형태로 기술적인 인프라를 제공하였지만 공동의 정보 자원에 대한 투자는 거의 이뤄지지 않았다. 출판 기록은 캘리포니아 대학의 eScholarship 시스템에 기부되어 방대한 리포지토리로 구축되었다(Center for Embedded Networked Sensing 2013; Pepe et al. 2007).

원래 계획된 CENS 연구 경로는 자동화된 센서 네트워크와 '스마트 먼지' 기술에 기초하고 있었다. 만약 그 경로가 계속되었다면 데이터와 메타데이터에 대한 표준적인 구조가 훨씬 더 실현 가능했을 것이다. 센터가 성숙함에 따라 참여자들은 이러한 성격의 탐색적 연구에 나타나는 과학 및 기술 문제들에 대한 이해 수준이 높아졌다. 현장상황에서 실험적으로 적용된 기술들은 너무 취약하거나 까다로운 것이어서 그대로 둘 수밖에 없었다. CENS 연구는 현장에서 적용이 가능한 '인간참여형(human - in - the - loop)' 접근법으로 이동하게 되었다.

*메타데이터* 센서 네트워크를 이용하는 과학연구는 천문학만큼의 긴 역사는 아니지만 엄연한 연구 영역이다. 연구 참여자들은 자신들이 사용하는 메타데이터를 포함한 각 분야의 관례에 따라 협력에 참여했다. 지진학과 유전학의 예외를 제외하면 CENS 팀이 만들어내는 데이터를 위한 메타데이터 표준은 거의 없었다. 존재하는 메타데이터 표준조차도 과학 커뮤니티 또는 현지 연구팀에 수용되지 못하고 있는데 이는 소규모 과학 연구의 특징이다(Cragin et al. 2010; Millerand and Bowker 2009). 환경 관련 데이터와 센서 데이터에 대해서는 공식적인 XML기반 표준이 존재하지만 활용되지는 않았다(Knowledge Network for Biocomplexity 2010; Open Geospatial consortium

2014; Higgins, Berkley, and Jones 2002; Ruixin 2002).

일부 팀은 위 XML 표준은 아니지만 자신들의 목적을 위해 메타데이터를 배정하였다. 연구자들은 데이터 수집의 맥락을 기술하는 기록을 만들었는데 여기에는 정확한 시간, 위치, 현장 조건, 센서의 위치, 센서 정보(제조사, 모델, 시리얼 번호와 기타 특징), 과학적 변수가 포함되었다. 파일명에 대한 규칙이 이러한 메타데이터의 가장 빈번한 유형이었다. 연구팀들은 데이터 관리에 사용하는 메타데이터의 품질 수준에 만족하는 경우가 드물었으며, 오래된 데이터를 찾거나 재사용의 어려움에 대해 우려를 많이 했다(Mayernik 2011).

프로비넌스 각 CENS 팀은 데이터의 기원과 처리에 대한 각자의 기록을 유지했다. 연구팀들은 이전의 배치 또는 실험실 연구에서 나온 데이터를 비교 목적으로 자주 사용하곤 했다. CENS 과학 팀은 수년 동안이나 동일한 현장을 반복적으로 탐구하는 경향이 있었다. 이에 따라 특정 현장에 대한 지식이 누적되고 데이터가 축적되면서 종단적(longitudinal) 비교를 할 수 있었다. 기술 분야 연구자들은 독립적인 현장 또는 종단적 비교에 많이 의존하지 않고, 초기에 장치에 대한 실험을 욕조, 수영장, 뒷마당, 대학 캠퍼스 공터에서도 수행하였다.

천문학 분야와 같은 공동의 데이터 자원이 없었기에 CENS 관련 분야의 연구자들은 데이터셋에 대한 프로비넌스를 확립하기 위하여 데이터를 기술하거나 문서 작업한 것을 가지고 있지는 않았다. 관련된 데이터와 마찬가지로 프로비넌스 정보는 국지적으로 유지되었다. CENS 데이터를 재사용하고자 하는 사람들은 주로 데이터가 보고된 논문의 저자들에게 연락을 해야 했다(Wallis, Rolando, and Borgman 2013).

**외부 영향** 센서 네트워크 과학은 다양하고 상이한 학문 배경에서 학자들을 끌어들였다. 각 개인과 그룹은 자신들만의 경제적 가치, 재산권 관심사, 윤리적 문제를 가지고 협력에 참여했다. 가장 흥미롭고 예상치 못했던 문제들은 연구 영역이 교차하는 지점에 있는 데이터와 관련해서 일어났다.

*경제성과 가치*   CENS 내에서 데이터가 입수 및 교환되는 방식은 분야와 각 프로젝트가 처한 환경에 따라 달랐다. 지진학과 해양생물학 분야 연구자들은 데이터 공동자원을 일정 부분 가지고 있었다. 환경학 분야 연구자들은 지역이나 주, 미국 연방 정부의 기록으로부터 기상, 유수량 및 현장 조건의 여타 측면에 대한 데이터를 가져왔다. 미국 내에서 작업하는 연구자들에게는 이런 기록의 대부분은 공공재일 것이다. 동일한 자료가 미국을 벗어나서 사용되려면 라이선스 계약에 제한을 받을 수 있는데 이 경우 데이터가 어떻게 관리되는지에 따라 유료재 또는 공동자원이 될 수도 있다. CENS 과학자들은 다른 여러 나라에서 관측 데이터를 수집했으므로 현지 조건을 기술하는 배경 데이터에 대한 접근 역시 달랐다. 컴퓨터과학과 공학 연구자들은 가끔 이들 분야의 공동자원 기능을 하는 GitHub과 SourceForge와 같은 오프소프트웨어 리포지토리에서 소프트웨어를 가져오기도 하고 또 코드를 기탁하기도 했다(Boyle and Jenkins 2003; Kelty 2008; Uhlir 2006; Wallis, Rolando, and Borgman 2013). 이 장의 뒷부분과 제8장에서 다루는 것처럼, 어떤 경우 데이터 교환은 개인들 간의 비공식적인 합의를 통해 이루어진다.

미국의 지진학 커뮤니티는 통합지진연구소(Incorporated Research Institutions for Seismology, IRIS)로부터 지원을 받고 있는데, 이 기구는 지진학 데이터의 입수, 관리 및 배포를 위한 과학 시설을 운영하는 대학들의 연합체이다(Incorporated Research Institutions for Seismology 2013). 지진 데이터는 학술 연구와 교육뿐 아니라 지진위험 대피와 포괄적인 핵실험금지 협정(Comprehensive

Nuclear - Test - Ban Treaty)의 확인을 위해서도 사용된다(IRIS Data Management Center 2013). 미국국립과학재단 지원기금에서 나온 데이터는 정해진 기간 내에 IRIS 리포지토리를 통해 이용할 수 있어야 한다. 독점적 통제 기간에 관한 규정이 존중되지만 연구자들은 현장에 남아 있는 지진 기자재를 언제 철수할 것인지에 대해 상당한 재량권을 가지고 있다. 연구자들은 자신들의 데이터를 분석할 수 있는 추가적인 시간을 얻기 위해 센서 철수를 미룰 수도 있다(Wallis, Rolando, and Borgman 2013).

CENS에서는 소규모의 유전체학 데이터만을 수집하지만 해로운 조류의 만연과 수질 분야 등 일부 연구에서는 DNA 분석이 수행되었다. 연구비 지원기관 또는 학술지의 요구에 의해 이들 데이터는 GenBank, Protein DataBank, 또는 다른 아카이브에 기탁되었다(Wallis, Rolando, and Borgman 2013). 인공위성 원격 감지에 의해 수집되는 일부 환경 데이터는 어류군을 추적하거나 작물 산출을 예측하는 기상 조건과 관련해서 큰 상업적 가치가 있다(Kwa 2005). 환경과학 분야에서의 CENS 프로젝트 대부분은 개별 연구 현장에 대한 소량의 데이터를 수집하였다. 하지만 데이터의 일부만이 손쉽게 결합되거나 비교할 수 있는 방법으로 조직되었다. 이런 데이터들이 모아진다면 다른 사람들에게는 귀중한 가치가 될 수 있다(Borgman et al. 2007; Wallis et al. 2010).

*재산권* 천문학과 마찬가지로 센서 네트워크 과학 및 기술 분야의 재산권은 데이터보다는 장비와 더 연관이 있다. 천문학자들이 대규모 장비를 공유하는 것과 달리 CENS 과학자들과 기술 연구자들은 데이터 수집을 위해 자신들만의 소규모 장치들을 구입하거나 제작하는 경향이 있다. 연구비를 통해 구매한 기자재들은 대개 연구비 지원을 받는 대학 소유의 재산이 된다.

CENS와 협력한 몇몇 회사들은 전문 지식, 장비 및 추가 연구비를 제공하였다. CENS 연구에서 개발된 일부 장치, 알고리즘, 방법론 판매를 위해 몇 개의 회사들이 만들어졌다. 이들 중 단 하나도 상업적 성공을 크게 거두지는 못했는데 회사의 목적이 대부분 기술 이전에 있었기 때문이다. 센터의 전반적인 접근방법은 오픈 사이언스를 추구하는 것으로 소프트웨어의 오픈 소스 공개를 선호했다. 가장 성공적으로 운영되는 창업사업은 CENS 동문에 의해 설립된 비영리단체로 환경, 보건 및 경제개발 목적을 위해 네트워크 센서 기술을 설계하고 있다(Nexleaf 2013).

윤리   센서 네트워크에서 나온 과학 기술 데이터 생성과 관련된 윤리적 문제들은 무엇을, 어디에서, 어떻게 현상을 연구하는가 하는 것과 얼마나 정확하게 결과를 보고할 것인지에 관한 의사결정에서 제기되었다. 예를 들어, 일부 CENS 연구자들은 멸종위기의 종이나 서식지를 연구했다. 출판된 결과들은 연구 타당성을 입증하기에 충분한 구체적 내용을 포함했지만 다른 사람들이 정확한 현장 위치를 식별할 수 있는 정도는 아니었다. 자연보호구역에서 수행되는 연구는 흔히 민감하다. 교육적 활동을 위해 일부가 대중에게 공개되어 있을지라도 연구 보호구역은 대개 외딴 곳에 있다. 동식물군과 현상이 자연 상태에서 연구될 수 있도록 휴양과 연구 목적의 방문자 모두 서식지와 에코 시스템을 보호하는 것이 요구된다.
    CENS의 컴퓨터과학과 공학 연구자들도 해당 분야의 윤리 표준 존중을 당연한 것으로 여겼다. 컴퓨터과학 분야에서 가장 큰 전문조직인 미국 컴퓨터학회(Association of Computing Machinery, ACM)의 윤리규범은 일반적인 도덕적 의무(타인에 대한 존중, 상해 금지, 공정과 정직, 프라이버시 존중, 기밀 유지 등), 전문적인 책임(높은 수준의 작업, 관련 법률의 인식과 존중, 시스템과 위험의 평가 등), 리더십, 규범준수 등을 담고 있다(Association of Computing Machinery 1992). 공학 분야에서 가장 큰 전문조직인 IEEE도 이와 유사하지만 덜 구체적인 윤리규범이 있는데, "공중의 안전, 보건 및 복지와 일관된 의사결정을 할 것", "오류를 인정하고 바로잡을 것", "타인을 상해하는 것을 피할 것" 등과 같은 책임을 언급하고 있다(Institute of Electrical and Electronics Engineers 2013).

이런 지침에 따라 연구자들은 책임감을 가지고 데이터를 수집해야 하지만 '책임'이라는 용어는 분야마다 다르게 인식된다. 공학자들과 생물학자들은 무기 표적에 사용된 기술을 새소리의 위치 식별을 위한 용도로 변경하면서 함께 작업을 했다. 그동안 군사용 목적에 연루되는 것을 피해왔던 과학자들은 이제 평화 목적을 위해 무기 기술을 사용했다. 들판에서 새와 동물의 움직임을 시각화하기 위해 고안된 센서 카메라를 개조하던 컴퓨터 과학자 팀은 실험 목적으로 강의실 복도에 카메라를 설치했다가 동의 없이 복도에서 사람들의 행위를 포착하려 했다는 점 때문에 인간피험자 규정에 근거해 문제제기를 당하기도 했다(Wallis et al. 2007).

CENS가 센서 네트워크 적용을 확대함에 따라, 기술의 과학적인 이용에 대한 전문지식이 모바일 기기를 통한 사회적 이용으로 변모했다. 휴대전화는 데이터 수집과 네트워크 토폴로지 연구를 위한 중요한 기반이 되었다. 참여자들이 음식 섭취, 통근 경로, 자전거 이용 및 다른 목적을 위해 모바일 기기에 있는 앱을 통해 자신들의 행위를 추적하게 되면서 프라이버시 문제가 심각하게 대두되었다. 컴퓨터 과학자들과 공학자들은 자신들이 수집할 수 있는 데이터와 수집해야 하는 데이터 사이에 일련의 도전적인 의사결정에 직면하게 되었다. 모바일 기술 설계 분야에서 가치를 구축하는 동안 CENS는 수년 동안 이러한 연구가 진행되는 현장이 되었다.

## 내장 센서 네트워크 분야 연구 수행

프로젝트가 수행되는 동안 일부 인력과 기자재, 프랙티스는 공유되었으며, CENS는 동시에 다수의 독립적인 프로젝트들을 지원했다. 이러한 협력과정에서 연구자들은 익숙하지 않은 경험을 하게 되었는데, 기술 연구자들은 대단히 예측하기 어려운 현장 조건에서 새로운 기자재를 시험해야 했으며 과학자들은 현장 방문에 성공하기 위해 특정 기술에 의존해야 했다(Mayernik, Wallis, and Borgman 2012).

복수의 연구 분야에서 학생, 교수, 연구 직원으로 구성된 소규모 연구팀들은 몇 시간부터 몇 주에 걸친 기간 동안 현장에서 연구를 함께 진행하였다. 이런 각각의 이벤트는 '배치'로 불리는데 그 이유는 해당 기술이 다양한 데이터를 수집하기 위해 배치되었기 때문이다. 참여 규모는 최대 20여 명 수준이며 매일 변동이 있었다.

보그만, 월리스, 메이어닉의 논문(Borgman, Wallis, and Mayernik, 2012)에 보다 자세히 나와 있지만, 아래에서 언급되는 통상적인 CENS 현장연구 배치에 대한 복합적인 시나리오는 이러한 종류의 데이터 수집, 관리, 이용 및 큐레이션에 흔히 연관되는 일련의 활동들을 보여준다. 시나리오에서는 특정 조류가 갑자기 바닷속에서 휩쓸리는 현상인 위해조류만개(harmful algal bloom, HAB)를 다루고 있다. 담수와 해수에서 발생할 수 있는 이러한 만개 현상은 물고기들에게 필요한 용존 산소(dissolved oxyzen)를 소비함으로써, 또는 큰 포유류에게 영향을 미치는 신경독인 도모익산(domoic acid)을 방출함으로써 물고기, 바다사자와 같은 동물을 죽일 수 있는 유해한 조건을 만든다. HAB는 하루에 수만 마리의 물고기를 죽일 수 있는 심각한 손상을 가져올 수 있기 때문에 깊이 있는 연구가 요구되는 중요한 현상이다. 여름에 만개하는 것으로 알려진 한 호수에 HAB를 위한 배치를 하는 것으로 결정되었다.

해양생물학자들은 센서 네트워크를 사용해서 기존에 수작업 표본 채취 기법보다 더 많은 변수들을 연구할 수 있게 되었고 훨씬 더 많은 관찰을 수집할 수 있었다. 데이터 수집은 센서의 선택과 위치를 통해 현장 조건에 적용될 수 있었다. HAB의 센서 네트워크 연구를 통해 컴퓨터 과학자들과 공학자들은 다수 변수들을 수집할 수 있는 물리적이고 생물학적인 감지기 기능을 시험할 수 있게 되었다. 로봇공학자들이 HAB에 특히 관심을 보인 이유는 지속적인 관찰을 통해 로봇형 배, 부표, 헬기, 카메라, 자율차량 감시 시스템 작동에 적용할 수 있기 때문이다.

**연구문제**  CENS 연구의 전반적인 목적은 새로운 종류의 과학을 가능하게 하는 새로운 장치의 공동 개발 또는 공동 혁신이었다(Center for Embedded Networked Sensing 2012; Committee on Networked Systems of Embedded Computers 2001; Estrin 2008). 과학 분야와 기술 분야의 노력은 리클라이더(Licklider)가 비유한 말벌과 무화과 나무와 같이 공생관계였다(Borgman 2011; Licklider 1960; Waldrop 2001). 즉 다른 하나가 없이는 전진하지 못하는 상호의존적이고 서로 영향을 주는 관계였다.

과학 및 기술팀의 상호의존적인 관계성에도 불구하고 각 팀의 장기 연구 목표는 CENS보다는 각자 영역의 목표와 더 가깝게 정렬되어 있었다. 생물학 연구자들은 CENS 참여 전, 중간, 이후에도 HAB와 연관된 생물학적 연구를 지속했고, 기술팀 연구자들 역시 고유의 장치, 알고리즘 및 모델 개선 작업을 계속했다. 상호 참여 과정에서의 상당한 헌신에도 불구하고 데이터 선택, 데이터 관리 방법 및 연구결과의 출판은 각자의 연구과제와 더 밀접하게 결부되었다(Borgman, Wallis, and Mayernik 2012; Mayernik, Wallis, and Borgman 2012; Wallis, Rolando, and Borgman 2013).

HAB에 대한 현장 연구에서 과학팀은 호수의 현상 분포를 연구한 반면, 기술팀은 로봇 시력을 연구하였다(Borgman, Wallis, and Mayernik 2012). 과학팀의 요구조건은 로봇의 유도, 네트워크 건전성, 센서 오류 감지 및 센서 기술 인터페이스 설계를 위한 알고리즘 기술 연구를 수행하기 위한 수단을 제공하는 것이다. 컴퓨터과학 및 공학 연구자들은 장비, 센서의 선택, 각 센서의 시간, 장소 및 배치 기간을 과학팀과 논의하여 결정하였다

**데이터 수집**　배치 때마다 참여 연구자 수와 능력의 분포는 상당히 차이가 났다. HAB 연구를 위한 4일간의 호수 배치에서도 참여 내용은 매일 변했다. 첫째 날에는 학생들과 연구 직원들이 도착해 장치를 준비했다. 둘째 날에는 교수 연구자들이 도착해서 데이터 수집을 지도했다. 나흘 동안 약 20명의 연구자들이 도착하고 떠났다. 여기에는 감지시스템을 제작한 전기 공학자들 여덟 명에서 열 명 정도, 로봇공학팀 네다섯 명, 통계학 분야 두 명, 해양생물학팀 구성원이 여섯 명에서 여덟 명 정도 포함되어 있다. 사람 수는 역할이 중복되어서 근사치로 제시되었다(Borgman, Wallis, and Mayernik 2012).

　모든 참여자들이 각자의 연구문제와 연관된 장비를 가지고 현장에 왔지만 데이터 수집은 현지 사정에 크게 의존해야 했다. 연구자들은 센서를 조심스럽게 선택하고 설치했는데 각 센서가 특정 형태의 조건에 적합하고 일정한 밀도에서만 데이터를 수집할 수 있기 때문이었다(Akyildiz et al. 2002). 센서 설치는 그 자체로 연구의 주제가 되었다(Ounis and Akkaya 2008). 토양 습기와 호수의 수소 이온농도(pH)와 같은 요소가 어디에 센서를 둘 것인지에 영향을 준다. 센서는 중간 결과에 따라 배치 중에 여러 번 이동할 수 있다. 어떤 위치는 조건적 확률에 근거해서 결정되었는데 예를 들어 로봇공학자들은 HAB가 예측되는 위치로 센서를 자동 이동시킬 수 있다.

　HAB 연구를 위해 두 팀 모두 로봇 센서 유도에 사용되는 화학 및 물리적 현상(예: 호수의 시간, 장소, 깊이에 따른 질산농축)에 대한 관찰과 자연 현상(예: 식물성 플랑크톤과 동물성 플랑크톤의 분포)에 대한 관찰을 필요로 했다. 또한 과학팀은 살아 있는 유기체를 포함한 물에 대한 물리적 표본을 필요로 했는데, 현장의 수중 실험실에서 시험되었고, 일부는 배치 후에 대학 캠퍼스에서 추가로 시험되었다. 기술팀도 역시 센서의 성능 및 자기 자극 감응 데이터를 필요로 했다(Borgman, Wallis, and Mayernik 2012).

센서들은 신뢰성 면에서 큰 차이가 있었는데 이는 CENS 초기에 상당한 좌절을 안겨주는 원인이었다. 센서는 변덕스럽게 작동하는가 하면 작동을 멈추기도 하고 무작위로 다시 시작하기도 했다. 마지막의 경우, 내부 시계가 다시 설정되어 네트워크에 있는 여러 센서에서 수집한 데이터를 일치시키는 것이 거의 불가능했다. CENS에서 수행하는 현장 기반 과학을 위한 센서 네트워크에 대한 신뢰는 기대에 못미치는 자율적 네트워크였다. 다른 대륙의 현장에서 충격적인 데이터 손실을 반복적으로 경험하고 나서 센터는 연구의 초점을 인간참여형(human-in-the-loop) 방법론으로 전환하였다. 이 방법은 실시간으로 데이터 품질을 파악하는 데 더 적합하였다(Mayernik, Wallis, and Borgman 2012).

현실에서 센서 기술은 여전히 연구에 적합한 수준이었고 새로운 과학 문제와 새로운 기술 역량에 지속적으로 적응하였다. 하지만 이 기술은 결국에는 표준화된 데이터 수집 절차를 도입할 수 있을 만큼 충분히 안정화되지는 못했다.

**데이터 분석**   데이터는 현장 배치 이전, 중간, 이후에 처리되었다. CENS 팀들은 신뢰성 확인을 위한 감지 장치 및 데이터의 현장 검증에 상당한 노력을 기울였다. 개략적으로 말하자면 현장 검증(ground truthing)은 이미 알려진 측정 방법론의 타당성을 시험하기 위해 새로운 측정 방법론으로 사용하는 것이다.

과학팀들은 현장에서 수집한 물, 토양 및 여타 물질의 물리적 표본에 대해 온전히 통제하고 있었다. 이러한 물질의 일부는 현장에서 처리되었고 어떤 것들은 대학 실험실에서 처리되었다. 기술팀들은 데이터에는 거의 관심이 없었다. 센서 데이터를 과학적으로 이해하기 위해서는 통계적 알고리즘으로 표현된 과학 모델이 필수적이다. 과학 및 기술팀들이 공동으로 개발한 과학 모델들은 CENS 연구의 가장 중요한 산출물로 평가되었다.

위해조류만개(HAB)와 같은 현장 배치에서 센서 데이터는 센서 네트워크를 운영하는 기술팀의 컴퓨터로 옮겨졌다. 이 팀들은 센서 데이터를 보정하고 정제했는데 여기에는 센서 간의 상이한 시간 표식(time stamps)을 일치시키고, 컴퓨터 오류에 기인한 센서 재작동과 같은 불필요한 사항을 제거하여, 언제, 어떻게, 어디로 센서가 이동을 했는지 등에 대한 현장 의사결정을 담은 기록을 추가하였다(Wallis et al. 2007). 정제 및 보정된 데이터는 연구에 참여한 과학팀에게 제공되었다. 이후 과학자들은 센서 데이터를 자신들의 모델과, 또한 실험실과 현장 시험에서 이미 확립된 보정 곡선과 같은 다른 신뢰할 만한 데이터 자원과 비교했다(Borgman, Wallis, and Mayernik 2012). 오로지 데이터를 수집한 팀만 현장에서 나온 대부분의 데이터를 보유할 수 있었고 나머지 팀은 그렇지 않았다.

과학팀과 기술팀의 장기적인 목표의 차이점은 데이터를 처리하는 데서 가장 두드러지게 나타났다. 상충되는 표준, 데이터 공유 프랙티스, 데이터 관리를 위한 지원 활용과 같은 영역에서 마찰이 일어났다(Edwards et al. 2011; Mayernik, Batcheller, and Borgman 2011; Mayernik 2011). 과학만의 배치와 기술만의 배치에서는 데이터를 수집한 팀이 데이터를 처리했다. 과학 및 기술 공동 배치에서는 데이터의 종류에 따라 처리와 폐기를 달리했다.

**결과의 출판**  CENS의 현장 배치에서 나온 연구는 참여 분야의 학술지와 학술대회를 통해 출판되었다. 대다수의 경우 현장 배치에 따른 과학적 결과와 기술적 결과는 각 분야의 독자에 맞춰 출판되었다. 여러 분야의 저자들이 결과를 공동으로 출판하는 경우도 있었다. CENS 연구자들의 저자 및 상호 친분에 대한 연구는 센터의 십여 년 운영 기간에 걸쳐 어떻게 새로운 협력이 형성되고 어떻게 진화해 왔는지를 보여준다(Pepe 2010, 2011).

CENS 연구활동에 참여한 사람들에는 교수, 박사후 연구원, 대학원생과

학부생, 전임 직원들이 있다. 직원들은 자신들의 역할에 대해 출판에서의 공로(credit)를 항상 인정받지는 못했지만, 연구 장비 설계와 배치에 관여한 학생들과 직원들은 팀의 구성원으로 간주되었다. 프로젝트를 위해 장치를 설계하고 유지한 사람들에게 출판물의 저자를 누구로 정하는지는 특히나 민감한 사안이었다. 과학 기술의 공동 혁신이 센터의 핵심적 목표였기 때문에 CENS 장치 사용은 지속적으로 변화했다.

**데이터 큐레이션, 공유 및 재사용**　현장 배치 종료 시점에 각 팀은 개인 혹은 소속팀이 책임을 지고 있는 데이터를 가지고 흩어졌다. 그 결과 공동현장 배치에서 나온 데이터는 널리 흩어져 버렸고 다시 함께 모아질 가능성은 거의 없다. 특정 현장 배치를 재구성하거나 재현하는 데 사용될 수 있는 프로비넌스 자료도 거의 존재하지 않는다(Borgman, Wallis, and Mayernik 2012; Wallis, Rolando, and Borgman 2013).

각 팀은 각자 사용하기에 충분한 수준에서 데이터에 대한 문서작업을 하였다. 특히 과학 분야의 일부 팀들은 향후 비교를 위해 데이터를 유지하였다. 논문이 출판된 이후에 배치에서 나온 데이터를 거의 필요로 하지 않은 경우도 있었는데 공학 분야에서 흔히 자주 나타났다. CENS 연구팀들은 메타데이터 생성에 대해서는 최소한의 투자만을 했다(Mayernik 2011). 흔히 파일명 규칙이 개별 연구 팀에 의해 사용된 가장 정교한 데이터 관리 형식이었다. 그룹 내, 그룹 간 데이터 교환을 위해서는 스프레드시트가 최소한의 공통 분모가 되는 경향이었다.

CENS 데이터 수집 방법론의 적응적 특성은 국지적으로만 사용되고 다른 데이터셋과 쉽게 결합되지 못하는 데이터셋을 만들어내는 결과를 낳았다. 자신들의 데이터를 리포지토리에 기탁하는 연구자는 소수였는데 표준의 부재가 우선적인 이유였고, 데이터를 기탁할 수 있는 리포지토리의 부재가 또 다른 이유였다. 데이터에 대한 책임은 논문을 작성하기 위한 역할의 분배 과정에서 다뤄지는 경향이 있었는데(Wallis 2012) 이에 대해서는 제9장에서 더 논의하도록 한다(Chang et al. 2006; Wallis et al. 2010; Wallis 2012).

원칙적으로 기존의 메타데이터 표준이 개별적으로 또 복합적으로 센터가 산출해내는 상당한 분량의 데이터를 기술하는 데 사용될 수 있었다. 센서와 수작업 표집으로 수집된 생태학적 관측은 공통의 구조와 어휘로 기술될 수 있다. 유사하게 이러한 XML 표준이 데이터 수집을 위한 알고리즘에 포함되었다면 센서의 특징을 자동적으로 포착할 수 있었다.

하지만 공식적인 메타데이터 구조들이 이같이 국지적이고 적응적인 연구 활동에서 산출된 데이터 형태와 잘 맞아떨어지지는 않는다(Aronova, Baker, and Oreskes 2010; Millerand and Bower 2009; Ribes et al. 2005). 목록 및 색인 전문가용 메타데이터 언어는 연구자들이 쉽게 사용할 수 있는 경량급(lightweight) 수준에 쉽게 적용되지 않는다. 예를 들어 생태학 메타데이터 언어(Ecological Metadata Language)는 200쪽이 넘는 지침서와 함께 사용된다(Knowledge Network for Biocomplexity 2013). 물 연구를 위한 어휘집은 만 개가 넘는 기재 사항이 있고 질산 항목에 대해서만 4백 개의 사항이 있다. CENS 연구자들은 이런 메타데이터 언어의 규모를 벅찬 것으로 여겼다. 연구자들은 소규모 수준에서조차 메타데이터를 적용하는 데 필요한 노력을 정당화할 수 없었다. 게다가 센터에는 데이터 관리를 전문적으로 지원할 인력이 충분하지 않았다. 데이터의 상이성, 데이터 관리를 위한 다양하고 국지적인 프랙티스로 인하여, 센서 네트워크와 관련된 학제간 연구를 뒷받침하기 위한 데이터 리포지토리 구축 노력은 최소한의 성공만을 거두었다(Wallis et al. 2010).

대부분의 CENS팀에서의 비공식적인 데이터 관리라는 특성에도 불구하고 연구자들은 일반적으로 자신들의 데이터를 기꺼이 나누고자 했다. 연구자들이 아무런 제한 없이 데이터를 공개하게 되는 조건은 모든 원시 데이터를 즉각 공개하는 것에서부터 데이터에서 나오는 논문에 공동저자 표기를 요구하는 것까지 상당히 다양했다. 대부분의 경우는 연구결과를 보고하는 논문이 출판된 후에 데이터를 공개하고자 했다(Borgman, Wallis, and Enyedy 2006). 일부 데이터와 일부 소프트웨어 코드는 공공 리포지토리에 기탁되었으나 연구자들이 가장 빈번한 형태로 이용하는 데이터 공유는 요청이 있을 때 개인적으로 보내주는 형태이다(Wallis, Rolando, and Borgman 2013).

## 결론

천문학과 내장형 센서 네트워크는 학술연구, 연구 관례, 데이터의 다양성을 대조적으로 보여주는 사례이다. 천문학은 핵심적인 학술지들과 학술대회들을 통해서 오랜 역사 속에 안정적으로 연구가 정착되어 활동하고 있는 분야이다. 내장형 센서 네트워크를 과학적으로 응용하는 연구는 연구 분야이기보다는 문제 영역에 가깝지만 여기에도 여러 개의 학술지와 학술대회들이 있다. 천문학과 센서 네트워크를 연구하는 학자들은 공유하는 장비에 의존한다. 하지만 망원경이나 데이터 아카이브는 수천 개의 학술논문, 공유되는 지식, 데이터가 영구히 가치 있을 것이라는 기대와 함께 운영되는 대규모 인프라 투자이다. 그에 비해 센서 네트워크 과학 및 기술에서의 인프라 투자는 아주 보잘것 없다.

현장에서 새로운 현상을 연구하기 위해 내장형 센서 네트워크 기술을 사용하는 것은 천문학에서의 과학적 데이터 학술연구와는 정반대의 극단을 보여준다. CENS에 의해 배치된 센서 네트워크는 대부분 연구용 기술이었다. 일부 장치는 사람의 간섭 없이 내버려두기에는 너무 민감했다. 다른 장치들은 인간참여형 연구 설계에 기반을 두고 현장 조건에 적응하기 위해 빈번하게 옮겨졌다. 이런 연구문제 해결에 필수적인 과학적, 기술적 전문지식을 함께 모은 CENS의 소집 기능은 그들 나름의 지식 인프라 구성요소였다. 이 소집 기능의 일부는 추가적인 기술적 전문지식, 운영 지원, 협업 공간을 제공하는 것이다. 그렇지 않은 경우 참여한 학자들은 자신들이 속한 학과 또는 분야의 인프라에 의존하였다.

센터의 인프라 투자에도 불구하고 참여 연구자들은 데이터 자원의 교환을 촉진하고 통합할 수 있는 데이터 표준, 아카이브, 분류체계를 가지고 있지는 않았다. 데이터 관리 책임은 연구자들의 몫이었지만 이를 수행할 수 있는 도구가 거의 없었다. 하지만 이것은 닭과 달걀의 문제이다. 센서 네트워크 프로젝트들은 탐색적인 경향이 있고, 문제들은 창발적이며(emergent), 현장 상황은 본질적으로 역동적이다. 연구팀들은 각 현장 방문에서 새로운 장치로 새로운 문제를 해결하려는 것이기 때문에 서로 다른 배치에서 나온 자신들의 데이터를 일치시킬 필요가 거의 없다. 그들은 장소와 시간에 따라 데이터를 비교하기는 하지만, COMPLETE 탐사에서 경험한 것과 같은 데이터 통합의 요구는 거의 없었다.

이러한 대조적인 상황은 제1장에서 제기한 문제들과 쉽게 연관이 된다. 이 두 개의 과학 영역에서 데이터 학술연구 차이점들은 연구 데이터를 누가 소유, 통제, 접근, 유지하는지에 지대한 영향을 미친다. 천문학 분야에서는 공동 자원이 지배적인 반면 내장형 센서 네트워크 연구에서는 사적으로 데이터를 보유하는 것이 적어도 단기적으로는 표준이 될 것이다. CENS의 관련 영역 내에서 공동 자원에 대한 수요는 지진학과 유전체학과 같은 특수한 영역에서만 존재한다.

이러한 데이터 학술연구의 차이점들은 데이터가 교환되는 방법에도 상반된 영향을 미친다. 장치화 및 정보 시스템 측면에서의 공동 자원은 공유된 표준과 Astrophysics Data System, CDS, SIMBAD, NED와 같이 상호운용성을 뒷받침하는 기관들에 의존한다. 우주 물체는 그것을 언급하고 있는 출판물과 연결이 된다. 하지만 논문과 데이터셋을 연결하는 것은 좀처럼 빈번하게 일어나지 않는다. 센서 네트워크 연구에서 데이터 교환은 대체로 개인별 접촉에 의존하며 출판물, 데이터 및 기타 연구 산출물을 연결하는 공식적인 수단이 존재하지 않는다. 하지만 두 분야 모두 이러한 지식 인프라가 효과적으로 작동할 수 있도록 인적 노동에 광범위하게 투자를 하고 있다.

두 분야의 시간적인 특성 또한 지식 인프라의 진화와 이해관계자 간의 관계에 영향을 미친다. 천문학은 과학 분야에서 가장 오래된 학문 중 하나이며 가장 확고한 위치를 가지고 있다. 현재의 인프라는 공간과 시간을 아우르고 있어서 과거 데이터가 현재 수집된 관측과 통합되고 나아가 먼 미래의 데이터도 통합될 수 있도록 한다. 현재 천문학자들은 수백 년, 수십 년 전의 학자들에 비해 사적인 후원에 덜 의존하지만 대규모 장치가 필요한 새로운 시도를 위해서는 여전히 재정이 풍부한 기증자들의 지원이 요구되고 있다. 공적 연구비 지원이 증가함에 따라 이 분야의 국제화, 공동 자원에 대한 투자, 장치와 데이터에 대한 보다 형평성 있는 접근에 기여했다. 천문학 분야는 10년주기 설문을 통해 통일된 목소리를 내는 흔치 않은 분야이다.

대조적으로 센서 네트워크 과학 및 기술은 보다 나은 기술을 필요로 하는 과학자들과 가치 있는 응용 분야를 필요로 하는 기술 연구자들이 새롭게 만나는 교차로이다. 참여자들은 역사적으로 오랜 분야와 신생 분야에서 다양하게 나왔으며 협력 기간에는 두 세계에 각각 한 발씩을 두고 있다. 연구 분야가 흥미진진해서 학술대회와 학술지의 숫자도 충분히 많아졌지만 교수 채용, 정년보장 및 승진 기회는 다른 곳에 집중되어 있다. 센서 네트워크 과학 및 기술을 위한 더 광범위한 지식 인프라 또는 공동 자원을 구축하려는 동기 요인은 아직은 나타나고 있지 않다.

제6장 **06** 사회과학 데이터
학술연구

# 서론

사회과학은 과거, 현재, 미래의 인간 행동에 대한 연구를 망라하는 학문 분야이다. 사회 탐구라는 사회과학의 오랜 전통에도 불구하고, 연구 영역에 대해서는 캠퍼스 안팎의 공세에 시달려왔다. 스노우(C.P. Snow 1956)의 에세이에서 촉발된 자연과학(the sciences)과 인문학이라는 '두 문화(two cultures)' 논쟁이 1960년대를 휩쓸었지만, 사회과학은 학문의 양대 산맥에서 크게 벗어나 있다. 최근 몇 년간 학제간 공동연구와 커리큘럼이 성장하고 있음에도, 학문의 구분은 연구비 지원 및 보상체계 변화와 함께 더욱 심화되고 있다(Hollinger 2013). 최근 정치학이 사회과학을 가장 큰 정치적인 이슈로 만든 일이 있었는데, 미 의회에서 "국가안보와 경제적 이익을 증진"시키는 것으로 인정되는 경우에만 예외적으로 연구비를 지원하고, 다른 분야의 연구비 지원을 중단하겠다는 방침을 밝힌 것이다(Prewitt 2013). 미국 내외에서 학문 분야의 개인 연구자에 대한 연구비 지원에 정치적 개입의 여지가 있음에 깊은 우려를 표명하였다. 이렇듯 학술지 논문 심사와 전문가 평가를 위협하는 일들이 발생하고 있으며, 장기적 이론정립보다 단기적 성과를 내는 데 대한 압력이 커져가고 있다(P. Boyle 2013; Prewitt 2013).

사회과학 연구과정에서 데이터 취급의 어려움으로 인해 문제가 파생되는 경우가 종종 있다. 그러한 사례로, 한 대학원생이 영향력이 높은 경제학 논문을 반복 연구하면서 계산상의 오류를 발견한 일이 있었다. 연구 오류와 이에 대한 저자의 반응이 학술지나 경영전문지 일면 뉴스로 동시에 보도되었고, 경제 분석의 정확성에 대한 의심을 낳게 되었다(Marcus 2013; Monaghan 2013; Wiesenthal 2013). 네덜란드에서는 한 사회심리학자의 연구 부정행위가 수년 동안 인지되지 않아서, 그 분야 연구성과 및 동료 심사의 유효성에 대해서도 동일한 의구심을 갖게 된 일이 있었다(Enserink 2012a;

Shea 2011). 경제 경영 및 사회과학 제영역의 논문 철회율은 자연과학 분야 보다 훨씬 낮지만, 그렇다고 연구 진실성이 더욱 확고한 것은 아니다. 그 보다는 분야별 출판에서 논문의 오류나 표절 및 학문적 부정행위를 다루는 방식에 차이가 있는 것으로 보인다(Karabag and Berggren 2012; Oransky 2012).

전통적인 모집단 표본 추출 방식, 즉 우편이나 무작위 유선통화 같은 방식이 온라인 통신으로 이동하게 되면서 신뢰성은 더욱 떨어지고 있다. 일부에서는 설문조사나 사회과학의 기존 방법론들이 효용성의 한계에 이르렀으며 다른 접근법이 시급히 도입될 필요가 있다고 주장한다(Savage and Burrows 2007, 2009). 연구대상을 보호하는 정책도 변화하고 있다. 인간 피험자의 디지털 기록 보호를 위해서는 파일 캐비닛 잠금 장치만으로는 충분하지 않고, 사생활 보호 현실을 반영하는 새로운 방법들, 데이터 마이닝이나 재식별조치(reidentification) 등이 필요하다. 테러리즘, 분쟁 같은 민감한 문제를 다룬 연구들이 공공정책 수립을 위해 필수적으로 요구되는데, 피험자의 기밀성 및 생명 보호 사이에서 균형을 유지하는 것이 매우 어렵게 되었다(Jackson, Bikson, and Gunn 2013). 사회과학에서 인과관계 설정은 인간 행동과 사회제도의 복잡성 속에서 상당히 어려울 수 있다. 사회과학 분야 새로운 데이터의 원천 및 방법론을 탐색하는 과정에는, 데이터 학술연구의 가능성을 전망하는 관점이 있는 동시에 데이터 학술연구의 어려움을 주목하는 시선이 있다.

## 연구방법론과 데이터 프랙티스

특정 도메인의 데이터 프랙티스는 연구방법론의 일부인데, 사회과학은 거의 모든 영역에서 가장 뚜렷하게 연구방법론을 설명한다. 연구방법론을 가르치기 위한 필수 과목으로 연구설계 및 통계, 양적 질적 연구, 시각화 등을 가르치고 있으며 이러한 내용을 다루는 교재도 무수히 많다. 사회과학 연구방법론의 본질은 인간 행동에 대한 가급적 풍부한 묘사와, 조사 대상인 개인과 집단, 제도에 대한 권리 존중의 필요성 사이에서 균형을 유지하는 것이다.

환원주의적이지만, 기본적인 이분법으로 방법론의 범주를 몇 가지 제안해본다. 이분법적 구분은 상호배타적이지 않고 다양한 방식으로 결합되기도 한다. 첫째는 개별기술적(idiographic) 대 법칙정립적(nomothetic) 설명 방식이다. 개별기술적 연구는 특정 장소, 조건, 사건에 특징적인 것이다. 이러한 연구 방식은 정체성을 규명하려 하고 사례를 가능한 충분히 설명하려 한다. 이와는 반대로 법칙정립적 연구는 큰 사건이나 상황에 영향을 미치는 인과관계 요인들을 규명하는 것이다. 두 번째 이분법으로로는 사회문제를 '계량적(quantitative)'으로 연구하기 위해 주로 계산과 컴퓨터 기술을 활용하는 방법과, '정성적(qualitative)' 방법, 즉 해석을 중심으로 접근하는 방법이 있다. 세 번째 구분으로 통보적(obtrusive) 대 비통보적(unobtrusive) 방법이 있다. 통보적 데이터는 약간의 개입(intervention)이 있는 연구에서 얻어진 것으로 조사 대상은 연구 진행을 알고 있으며, 가급적 동의를 얻고 진행하는 것이 좋다. 비통보적 방법은 처치가 없는 상태에서 진행된 것이며, 연구자는 어떠한 개입 없이 인간 행동이나 행위를 관찰한 기록을 얻어낸다.

신뢰도(Reliability)와 타당도(validity)는 이러한 이분법을 가로지르는 두 가지 차원이다. 신뢰도는 동일 현상에 대한 반복 관찰에서 동일한 결과를 얻게 될 것이라는 일관성 또는 가능성을 말한다. 타당도는 어떤 측정이 개념을 포착해낸 진리값(truth value) 또는 그 정도를 말한다(Babbie 2013; Shadish, Cook, and Campbell 2002).

학자들은 개별연구에 대해 이러한 고려사항을 차별적으로 적용하기도 한다. 설문조사(Survey)의 경우, 보통 법칙정립적, 계량적 접근법을 적용하고 적절한 신뢰도 확보를 위해 대량의 표본을 요구하게 된다. 이와는 반대로 일상관찰기록(Ethnographies)의 경우, 보통 개별기술적, 정성적, 통보적 접근법을 적용하며 신뢰도보다 타당도를 더 고려한다. 빅데이터 활용 연구에는 통계 방법과 컴퓨터 모델링 같은 것이 필요한데, 이러한 방법론은 거의 비식별 처리되어 재사용 가능한 데이터를 산출한다. 근접 분석(close analysis)은 현상에 대해 풍부하게 기술해주지만 데이터를 비식별화 처리하거나 공유하는 것은 불가능하다. 흔히 어떤 데이터를 확보할 수 있는지, 또는 어떻게 왜 확보해야 하는지, 이를 어떻게 보고하고 배포해야 하는지에 대한 어려운 결정들을 하게 된다.

## 사회과학 연구사례

사회과학의 데이터 학술연구는 자연과학 분야와 마찬가지로 다양하다. 그렇기 때문에 포괄적 연구가 시도되지는 않는다. 제6장의 연구사례는 앞에 설명한 방법론 차원에서, 사람들이 정보기술을 어떻게 또는 왜 사용하는지를 다룬다. 첫째 사례는 인터넷 서베이와 소셜미디어 연구로써, 사람들이 인터넷을 어떻게 사용하는지 진술한 내용과, 트위터 같은 인터넷 기술로 실제 무엇을 하는지에 대한 기록을 비교하는 연구이다. 여기 소개되는 영국의 옥스퍼드 인터넷서베이(OxIS, Oxford Internet Survey of Britain)는 2003년 이래 2년 주기로 옥스퍼드 인터넷연구소에서 대면 면접 방법으로 수행된 연구이다. 데이터 자원으로써 트위터 계정과 마이크로 블로깅을 활용한 여러 연구들에서 데이터 프랙티스가 어떠한지에 따라 연구결과에 영향을 미치는 증거와 방법론을 결정하게 된다.

두 번째 연구사례는 자연과학 및 기술 연구에 사용된 정보기술이 어떻게 설계되고 배치되고 사용되는지를 탐구하는 것이다. 이러한 사회기술적 방법(Sociotechnical methods)을 수행하기 위하여 CENS(Center for Embedded

Networked Sensing) 연구를 데이터 프랙티스에 적용하였다. 이 연구결과는 제5장에서 CENS 데이터 프랙티스 사례로 소개된 바 있다. 제6장에서는 수십 년간의 사회기술적 연구에 적용된 방법을 요약하고, 데이터 학술연구에 대한 함의를 밝히고자 한다. 개별기술적 방법론이 광범위하게 적용되지만 소셜네트워크 분석 및 설계, 기술에 대한 평가도 결합시킨다. 아울러 두 연구사례에서 사회과학 연구자들이 어떻게 새로운 방법론과 연구문제에 대처하는지, 또한 지식 인프라에 시사하는 바가 무엇인지를 조사한다.

## 인터넷 서베이와 소셜미디어 연구

인터넷 연구는 사회과학의 다른 영역에서 고안된 연구방법론에 기반한다. 서베이는 많은 사람들에게 동일한 질문을 던지는 일반적인 방법이다. 사람이 직접 조사하거나 우편 및 전자메일을 보내고, 웹기반 설문지나 모바일 앱 기술을 활용하는 방법으로 수행될 수 있다. 인터넷 연구에 흔히 사용되는 소셜네트워크 분석은 인터넷과 오늘날의 온라인 소셜미디어인 Tweeter, Facebook, LinkedIn, Flickr, Pinterest보다 오래전에 시작되었다. 사회학자들은 1920년대부터 엽서, 전화 통화, 회원 명부, 여타 사회적 관계 등의 가능한 여러 지표를 사용하여 개인 사이와 그룹 간 관계 모델을 연구해왔다(Freeman 2004; Wellman and Haythornthwaite 2002).

어떤 연구방법론을 적용하더라도, 연구설계를 위해서 적절한 모집단과 표본 추출 방법을 선정하거나, 결과 데이터를 정제하고 분석하여 해석하기 위해 학술적 전문성이 필요하다. 사회과학을 비롯한 모든 영역에서 빅데이터 활용에 따르는 위험은, 데이터 확보의 용이성을 바탕으로 분석을 용이하게 진행하려는 잘못된 시도를 생각해볼 수 있다. 서베이나 소셜미

디어 연구를 잘 수행하는 것은 보기보다 상당히 어려운 일이다. 일부 인
터넷 연구는 매우 정교한 방법으로 데이터 신뢰도 및 타당도의 한계를 신
중하게 조정한다. 그러나 어떤 연구에서는 순진하게도, 추출된 데이터 스
트림의 한계에 대한 적절한 이해 없이, 흥미로운 새로운 증거의 원천으로
보는 경우도 있다(Boyd and Crawford 2012).

## 크기 문제

와인버그(Weinberg, 1961)와 프라이스(Price, 1963)가 의미하는 거대과학은 분
야의 성숙도와 연구방법론의 정교함에 관련된다. 서베이 연구는 논란이
있지만 사회과학에서 가장 성숙한 영역이며, 사회적 추세를 문서로 기록
해온 오랜 역사를 가지고 있다. ICPSR(Inter - University Consortium for Political
and Social Research, 2013) 같은 아카이브는 처음에는 인쇄 형태로, 나중에는
디지털 형식으로 50년 이상 서베이 데이터를 수집해왔다. 사회과학 데이
터 아카이브는 연구비 출처, 연구 형태, 지역 등 여타의 기준들에 초점을
두고 다양한 모습으로 존재한다. 하버드대 사회과학 계량연구소(Institute
for Quantitative Social Science at Harvard), UCLA 사회과학데이터 아카이브(Social
Science Data Archive at UCLA)같이 대학에 기반을 둔 연구센터에서는 데이터
리포지토리, 사용지침서 및 교육, 도구 개발 등 다양한 서비스를 지원한
다(Institute for Quantitative Social Science 2013; Social Science Data Archive 2014).

서베이는 일회성으로 수행되지만 장기간 진행된다면 더욱 특별한 가치
가 누적된다. 정치나 고등교육에 대한 대중의 의견, 보편적 사회 태도에
대한 설문조사는 몇 십 년에 걸쳐 일정한 간격으로 수행되기도 했다. 각
시기에 핵심적 질문 모음을 동일하게 물음으로써 비교할 수 있게 한다.
매회마다 새로운 질문을 몇 개 추가하거나 조정함으로써 현재의 사회 이
슈를 다루는 질문들로 갱신된다. 데이터 아카이브에 한번 기탁되면 다른

연구자들이 다시 데이터를 분석할 수 있고, 연구 데이터를 비교할 수 있으며, 부분이나 전체적으로 다른 모집단에 연구설계를 복제해 볼 수 있다. 그러나 이러한 데이터의 재사용에는 각 연구가 어떻게 왜, 수행되었는지를 학습하고, 결과를 해석하는 데, 또 어떤 요소가 재사용되거나 비교될 수 있는지 결정하는 데 있어 상당한 투자가 요구된다.

소셜미디어 데이터는 절대적 용량에 있어서 엄청나며 서베이나 인터뷰, 실험 연구에서 관찰되는 것보다 열 배, 백 배, 천 배 또는 백만 배 이상의 훨씬 방대한 관찰을 얻을 수 있다. 메모장이나 다른 수작업 도구를 통해 사람들의 일상적 의사소통 행위를 추적한다면, 단지 흩어진 레코드 몇 개만을 얻을 수 있다. 소셜미디어 거래활동(transaction)에 대하여 믿을 만한 수치를 확보하기는 어렵지만, 그 양은 엄청나다. 기업 분석을 위한 소셜 네트워크 데이터 분야의 선도적인 사업자는 하루에 30억 행위의 데이터 스트림을 제공한다고 주장한다(Gnip 2013b).

## 언제 데이터가 되는가?

인간행동을 디지털로 포착한 결과, 넘쳐나는 데이터 홍수는 사회과학 연구자들에게는 귀중한 보물이 되었다. 동시대와 역사적 측면에서 데이터 원천과 자원의 과잉은 그 자체로 도전이 된다. 보물을 발견하는 것은 해적선의 지도를 찾아 – 비밀통로, 지뢰, 엉뚱한 방향표시, 거짓 단서가 있는 길을 – 따라가는 것과 같다. 학술 탐구는 어떤 개체가 특정 현상에 타당한 증거가 될 수 있는가를 결정하는 것이다. 학자들은 자주 자신이 원하는 데이터를 수집하는 것과 자신이 확보할 수 있는 데이터를 얻는 것 사이에서 갈피를 못 잡는다. 가장 좋은 연구는 연구문제에 가장 효과적으로 부합되는 방법론을 쓴 연구를 말한다. 새롭고도 영리한 연구설계가 강력한 연구결과를 도출해낸다 해도, 연구를 반복하기 어렵거나 외부에 설명하기 어려운 연구가 될 수 있다. 새로운 방법론은 또한 전통적 연구설계에서 나온 결과 데이터들보다 문서화, 공유, 재사용, 관리에 더욱 어려운 데이터를 산출할 수 있다.

**원천과 자원** 학자들은 본인이 직접 데이터를 수집할 때, 연구설계를 더욱 통제한다. 연구자들은 큰 성과를 거두기 위해서, 외부 자원으로 확보된 데이터를 결합시켜야 한다. 대량의 데이터는 인터뷰 또는 소셜미디어, 상거래 내역, 센서스, 현상에 대한 기록 등 일상관찰기록 등으로 보완된 접근법을 결합시킨다.

서베이는 본질상 법칙정립적이지만, 대량의 모집단들을 비교하기 위하여 몇 개의 변인을 통제한다. 학자들은 다양한 변량의 출처를 가급적 통제하기 위하여 연구문제를 정확히 특정하고, 모집단과 표본 추출 계획을 구체화한다. 연구자들은 무엇을 질문하고, 누구에게 질문하고, 각각의 설문 문항에서 무엇을 알아내게 될지를 알고 있다. 또한 면접 질의자들이 응답자들에게 일관되게 접근할 수 있도록 설문 문항에 정확한 단어 선택을 하게 하고 답변에 대한 기록을 훈련시킴으로써 어떻게 질문을 하는지도 통제한다. 연구설계는 내적 타당도(internal validity) – 독립변인에 의해 실험결과가 초래되었다고 확실히 말할 수 있는 정도 – 와 외적 타당도(external validity) – 실험 결과를 크고 다양한 모집단에 일반화시킬 수 있는 정도 – 의 균형을 유지해야 한다(Shadish, Cook and Campbell 2002). 이러한 방법론의 선택은 데이터 원천에 대한 신뢰, 프로비넌스(provenance)에 대한 결정, 가용한 분석도구 적용, 결과 해석 능력에 영향을 준다.

온라인 및 웹기반의 서베이는 개인적 인터뷰보다는 크고 광범위한 모집단을 포괄할 수 있지만, 일관성 있는 표본을 확보하기 어렵고 응답률이 낮은 경향이 있다. 신뢰도와 타당도는 질문자가 대면 응답하는 서베이에서 높게 나타나는 경향이 있지만, 비용이 많이 든다. 연구자가 스스로 데이터를 수집할 경우에는 때로 자신의 데이터 원천에 타 연구자의 자원을 비교하면서 변량을 통제할 수 있다. 공공 여론조사 요원은 일반적으로 약 1,500명을 인터뷰하는데, 대면 접촉보다 전화로 진행한다. 서베이는 망원경이나 센서 네트워크의 계기 측정처럼, 알려진 데이터 원천들에 대하여 보정될 수 있다.

트위터는 국제적으로 광범위하게 활용되어 왔고 5년 이상 시스템이 가용되면서 종단적 분석이 가능해졌으며, 이 때문에 기술 연구(technology research) 분야에서 인기를 얻게 되었다. 트위터는 '트윗(tweets)'으로 알려진 것처럼 140 글자의 단문 메시지를 보내주는 것이다. 140 글자는 축약과 링크 도구를 사용하여 더 많은 콘텐츠를 전달할 수 있는데 링크는 URL 단축 서비스를 경유하여 축약될 수 있다. 트윗은 모바일 기기로 전송할 경우 시간 단위(time stamps)와 지리공간 좌표(geospatial coordinates)와 같이 기기의 특성에 따르는 부가적인 정보도 전달된다. 사진과 이미지 파일이 트윗에 첨부될 수도 있다. 트위터 계정은 기명 또는 익명일 수 있다. 공인이나, 회사, 크고 작은 기관에서 트위터 계정을 많이 운용한다. 트윗 내용은 개인의 일상 관찰, 새로운 연구결과에 대한 학자들의 논평, 회사의 신상품 공개, 활동가들이 지지자들에게 알리는 집회, 도서관 운영시간 및 서비스 변경에 대한 안내 등 경계가 거의 없다. 트위터 데이터는 많은 주제들 가운데 커뮤니케이션 관계, 공공 보건, 정치적 사건, 언어학, 증권 시장 등을 연구하는 데 사용된다(Bollen, Mao, and Zeng 2010; Bruns and Liang 2012; Collins 2011; Eysenbach 2011; Murthy 2011; Ozsoy 2011; Shuai, Pepe, and Bollen 2012; Simonite 2013; Thelwall et al. 2013; Zappavigna 2011).

트위터 스트림에 나타난 개체들의 집합과 데이터로 사용 가능한 개인의 트윗들은 자원으로써 매력이 있다. 그러나 유효하고 신뢰할 만한 데이터 확보가 어려운 것이 단점이다. 트위터 콘텐츠에 대한 상거래 가치가 분명해질수록, 사생활 보호 문제가 부상하고, 연구자들에게는 트위터 계정 활용이 쉽지 않게 된다. '소방 호스[fire hose, 역주: fire hose는 트위터상에서 생산되는 전체 트위터 메시지로 하루에도 수천만 건 이상이며, 이런 메시지를 보낼 수 있는 기관은 제한적이다. 트위터 이용자들이 실제로 수신하는 트윗(garden hose)은 fire hose 중 극히 일부에 해당하지만 일반 사용자들에게 보다 적합한 수준이다]' 트윗 스트림에 대한 접근은 제한적이기 때문에 이로 인해 표본 추출이 어렵다. 트위터 계정과 활동은 나이, 성별, 인종, 국가, 정치적 지향, 소득 수준 등 인구통계학적 지표에 따라 고르게 분포되지 않는데 따라서 트위터 사용 자나 트윗 샘플은 연구자가 조사대상으로 하는 모집단의 정확한 표현이 아닐 수 있다. 온라인 서비스 사용 방식이 발전하면서, 사회적 행위의 지 표로써 트윗의 타당성은 더욱 위협받게 된다. 트위터 계정의 상당 부분이 공적 커뮤니케이션에 영향을 미치기 위해 사용되는 소셜 로봇(social robot, 역주: 사람이 실제로 트위터 메시지를 보내는 것이 아니라 컴퓨터 프로그램을 통해 트윗을 상황에 따라 자동적으로 생성하고 보내는 것)으로 구성되어 있다. 일부 트위터 계정으로 팔로워가 재빠르게 어마어마하게 몰려들 수 있는데, 여 기에는 그만한 대가가 있다. 트위터 팔로워 중 겨우 35% 정도가 실제 사 람이며, 소셜네트워크 활동의 10%는 로봇 계정으로 생성되는 활동이다 (Furnas and Gaffney 2012; Urbina 2013).

**지식 인프라**  사회과학 분야 데이터 자원의 다양성과 계기화는 천문학이 일궈낸 지식 인프라에 비교할 바는 아니다. 인간 행동은 천체 및 전자기 스펙트럼처럼 표준화된 기술로 표현할 수 없으며, 우주망원경처럼 대단 한 규모로 조정되는 프로젝트도 아니다. 하지만 사회과학 지식 인프라 역 시 영역 내에 공유되는 전문성 및 도구를 통합시킨다. 사회과학 대학원 과정에서 일관되게 훈련시키는 연구방법론은 방법론 및 데이터 공유에 필수적이다. 연구방법론 과목에는 일반적으로 통계 패키지, 지리공간적 매핑 소프트웨어, 정성적 코딩 시스템과 같은 분석 도구를 활용하는 과정이 포함된다.

이미 논의된 바와 같이 가장 풍부한 데이터 자원을 서베이 연구에 활용하는 분야는 사회과학 아카이브이다. 소셜 레코드를 수집하고 관리하는 전통은 인터넷 연구(Boruch 1985)보다 오래전에 시작되었다. 인구조사 센서스 레코드를 예로 들면, 시간이 갈수록 가치가 높아지는데, 이는 장소와 시간에 대한 관찰이기 때문이다. 1085년과 1086년에 정복자 윌리엄이 영국에서 실시한 센서스 기록인 『The Domesday Book』[역주: 1086년 영국의 왕 윌리엄 1세(재위 1066~87)가 잉글랜드를 정복하여 조세징수의 목적으로 양피지 2권에 라틴어로 작성한 토지조사부(土地調査簿)]은 국립기록보존소(2013)에서 현존하는 '영국의 최고 보물'로 인정하고 있다. 2011년에 이 책에서 언급된 이름과 장소에 대한 검색이 가능해지면서 온라인으로도 접근 가능하도록 공개되었다. 현대의 센서스 레코드와 다양한 사회 및 기관에 대한 기록이 연구를 위해 사용될 수 있다.

소셜미디어에 대한 아카이빙은 미국 의회도서관이 겪고 있는 것처럼 중대한 도전이다. 2010년에 미 의회도서관은 트위터 아카이브 전체를 구축하고 관리하기로 했다. 2012년 10월까지 하루에 약 5억 건의 트윗이 송신되었다. 현재 미의회도서관은 133테라바이트의 데이터를 소장하고 있는데, 이를 검색하는 데만도 이틀이 걸린다(Alabaster 2013; Allen 2013). 아직은 데이터 검색이 가능하도록 구현하지 못하고 있으며, 데이터 해석이 가능하도록 구축하는 일은 더욱 어려운 일이다. 소셜미디어의 형태, 내용, 사용은 학자들이 이를 어떻게 활용할 것인지 이해하는 것보다 더욱 빠르게 변하고 있다. 새로운 미디어를 지식 기반에 통합할 방법을 찾는 것은 어려운 도전이다. 소셜미디어는 가치 있는 자원이지만 어떤 방식으로, 어떻게, 누구를 위한 것인지에 대해서는 아직 해답을 찾지 못하고 있다.

*메타데이터* 인터넷 연구에서 데이터와 연구문제의 다양성은 상호운용

성 및 데이터 교환을 지원하는 공통의 메타데이터 구조 형성을 어렵게 한다. 서베이에 대해서는 XML 기반의 DDI(Data Documentation Initiative)가 메타데이터 표준으로 광범위하게 인정되고 있다. 제2장에서 지적한 바와 같이 DDI는 사회과학 데이터 아카이브에서 폭넓게 채택된 것으로, DDI 사용자가 데이터로 간주하는 모든 디지털 객체에 적용된다(Data Documentation Initiative 2012). DDI 표준의 목표 중 하나는 메타데이터의 재사용을 촉진하는 것이다(Vardigan, Heus, and Thomas 2008). DDI는 천문학의 FITS 파일보다 더욱 유연하고 덜 지시적(prescriptive)이다. 그러나 다른 모든 표준처럼 DDI는 아주 많은 문서화 작업을 요구한다. 사용자는 데이터 구조와 문서화 도구로써 DDI 표준을 배우고, 이를 실행하는 데 상당한 시간을 할애해야 한다. 한번 DDI가 적용되면, DDI로 기술된 데이터셋은 데이터 아카이브에 용이하게 제출되고, 같은 표준을 사용하는 협력자들 사이에 데이터셋 교환이 쉽게 이뤄진다.

개별 서베이는 독립적으로 수행되었기 때문에, DDI에서는 변수 이름과 코드북, 데이터 분석과 향후 재사용을 위한 해석에 필수적인 다양한 형태의 문서 작업 등에 대해서는 표준화하지 않는다. 명명에 대한 합의와 도큐멘테이션 프랙티스는 사회과학 분야의 현실에 맞게 개발되는 경향이 있다. 한 서베이 조사에서 성별과 나이를 어떻게 코딩할 것인지에 대한 기본적 합의조차도 연구 프로젝트마다 데이터셋 사이에 다양하게 나타나며, 이는 데이터 아카이브에도 영향을 미친다. 어떤 서베이에서 남녀 응답자를 각각 (0,1)로 코딩했는데, 다른 조사에서는 반대로 표기하여 (1,0)으로 하든가, 아니면 (1,2) 또는 (2,1)로 코딩할 수도 있다. 마찬가지로 연령의 경우에도 연도 또는 탄생년으로 코딩하는데, 2자리 또는 4자리를 쓴다. 따라서 '연령' 필드에 '45'로 기입된 것은 어떤 연구에서는 '피험자 나이 45세'를 의미하지만, 또 다른 연구에서는 '피험자 1945년 출생'을 의미한다. 데이터셋과 더불어 변수명, 코드북 등 관련된 다른 문서 작업들이 없다면 가치 없는 데이터가 될 수 있다.

소셜미디어 데이터는 데이터 원천이 다양하고 비구조적, 동적 커뮤니케이션 형태를 띠기 때문에 특히 복잡하다. 상업 서비스에서 산출되는 데이터는 좀더 표준화된 방식으로 나타나는 경향이 있는데 특히 응용프로그램 인터페이스(API)를 제공하는 경우가 그렇다. 예컨대 상거래를 위한 트위터 데이터는 트위터 스트림이 제공되는 포맷을 공개한다(Gnip 2013a). 이러한 포맷은 또한 JavaScript Object Notation(2013)과 같이 데이터 교환을 위해 발행된 표준에 기반하고 있다. DDI와 마찬가지로 이러한 포맷은 학자들이 데이터로 사용하기 위한 소셜미디어 행위의 단위를 어떻게 선택하는지에 대한 시작점일 뿐이다.

프로비넌스　인터넷 연구에서 데이터의 이력 설정은 방법론의 적응적 (adaptive) 성격, 데이터 자원의 다양성, 데이터 기원의 다중성, 각 처리 단계에서 데이터 취급 의사결정에 대한 문서화 부재 등의 이유로 상당히 어려운 작업이 된다. 최상의 프로비넌스(이력 정보)는 통상 서베이의 최초 연구설계 단계의 일부로써 데이터 재사용을 고려하는 경우다. 가장 잘 알려진 사례로, 국제사회조사프로그램(ISSP, International Social Survey Programme) 일환으로 수행된 일반사회조사(GSS, General Social Survey)가 있다. 1972년 수행된 이래, 데이터, 코드북 및 기타 다른 도큐멘테이션을 공개적으로 사용할 수 있다(General Social Survey 2013; International Social Survey Programme 2013). 서베이 조사와 데이터의 사용에 대해 익숙한 사람들에게는, 특정 연도에 어떤 질문을 했고 배포된 결과를 이해하는 것이 비교적 간단하다. 좀더 복잡한 활용을 위해서는 어떤 주제, 예를 들어 정치 성향이 해마다 어떻게 변화되었는지, 변수가 어떻게 코딩되었는지, 복수의 변수들이 어떤 지수(indexes)로 통합되었는지 등에 대한 심층적 탐구가 필요하다. 〈표 6.1〉는 GSS 사례를 보여준다.

[표 6.1] General Social Survey: 시기별 정당 가입 분포 비교

56.　Generally speaking, do you usually think of yourself as a Republican, Democrat, Independent, or what?

[VAR: PARTYID]

| RESPONSE | PUNCH | 1972-82 | 1982B | 1983-87 | 1987B | 1988-91 | 1993-96 | 1998 | 2000 | 2002 | 2004 | 2006 | COL.240 ALL |
|---|---|---|---|---|---|---|---|---|---|---|---|---|---|
| Strong Democrat | 0 | 2197 | 143 | 1271 | 151 | 864 | 1050 | 370 | 414 | 408 | 455 | 700 | 8023 |
| Not very strong Democrat | 1 | 3482 | 109 | 1855 | 89 | 1282 | 1542 | 597 | 507 | 515 | 504 | 736 | 11018 |
| Independent, close to Democrat | 2 | 1768 | 44 | 904 | 51 | 578 | 887 | 349 | 325 | 267 | 281 | 527 | 5981 |
| Independent (Neither, No response) | 3 | 1736 | 30 | 855 | 32 | 721 | 1031 | 477 | 566 | 528 | 471 | 997 | 7444 |
| Independent, close to Republican | 4 | 1106 | 8 | 743 | 9 | 571 | 698 | 244 | 261 | 199 | 239 | 327 | 4405 |
| Not very strong Republican | 5 | 2011 | 8 | 1259 | 15 | 1170 | 1318 | 484 | 399 | 449 | 425 | 637 | 8175 |
| Strong Republican | 6 | 1009 | 8 | 751 | 2 | 662 | 808 | 239 | 285 | 315 | 396 | 495 | 4970 |
| Other party, refused to say | 7 | 243 | 0 | 75 | 1 | 44 | 104 | 63 | 48 | 48 | 29 | 65 | 720 |
| Don't know | 8 | 10 | 0 | 0 | 0 | 0 | 0 | 0 | 0 | 0 | 0 | 0 | 10 |
| No answer | 9 | 64 | 4 | 29 | 3 | 15 | 64 | 9 | 12 | 36 | 12 | 26 | 274 |

REMARKS:　See Appendix D: Recodes, for original question format and method of recoding. See Appendix N for changes across surveys. If planning to perform trend analysis with this variable, please consult GSS Methodological Report No. 56.

출처: National Opinion Research Center. p.134

　GSS에서 명확히 이력정보를 문서화했음에도, 이러한 데이터를 신뢰할 만하게 사용하기 위해서는 도표 제목의 상호 참조에서 분명하게 보여지듯이 상당한 전문성과 노력이 필요하다. 서베이가 진행되면서 설문 문항은 당시 상황을 감안하여 조금씩 바뀌어 왔다. 제5장에서 살펴본 COMPLETE 전체 관측의 매핑 문제와 유사하게 데이터 집합(aggregations) 역시 변해왔고 이로 인해 데이터셋의 범위(footprint) 또한 변화되었다. 서베이, 경제 지표, 천문 관측 등 데이터 축소와 정제에 대한 초기의 결정은 이력을 추적하거나 나중에 데이터셋을 해석하는 능력에 심각한 영향을 줄 수 있다 (Blocker and Meng 2013).

　프로비넌스에 대한 문서화는 소셜미디어 데이터에 필수적이지만, 프로비넌스 설정은 더욱 어렵다. 트위터, 블로그 포스트, 여타 커뮤니케이션의 기원은, 데이터의 가치와 신뢰성, 타당성에 대한 지표로 취급된다. 프로비넌스는 송수신자에 대한 맥락, 커뮤니케이션 맥락 및 각각의 요소에 결합된 관계의 연결고리를 포함하게 된다. 어떤 연구는 관계를 고려하고 어떤 연구는 커뮤니케이션의 내용을 고려한다. 트윗은 자주 온라인

자원을 언급하고 링크시킨다. 이러한 링크는 쉽고 빠르게 깨지고 자원은 사라져버려, 트윗에 대한 프로비넌스 추적을 어렵게 한다(Salaheldeen and Nelson 2013).

프로비넌스와 상호운용성에 대한 고려는 소셜미디어 연구를 위한 무료 공개 도구(open tools)의 보급을 가져왔다(Social Media Research Foundation 2013). 이러한 도구들은 또한 시멘틱 웹에서 이력관계를 문서화하는 기술적 표준에 의존한다(Groth and Moreau 2013). 그러나 대부분의 소셜미디어는 아직 시멘틱 웹에 기반하지 않기 때문에, 데이터를 사용하는 연구자들은 자체적으로 이력관계를 구축할 필요가 있다(Barbier et al. 2013). 소셜미디어의 변화 속도, 도구, 방법론, 전문성을 고려해볼 때, 데이터셋을 비교 가능하고 재사용할 수 있을 만큼 충분한 정도로 프로비넌스를 설정하는 일은 가까운 시일 내에 실현될 가능성이 거의 없어 보인다.

**외부 영향**　사회과학 분야는 인간행동을 연구하기 때문에 어떤 영역에서든 외부 영향에 가장 많은 제한을 받게 된다. 사생활 보호, 기밀성 유지, 재산권 등 많은 난제들이 있다. 무엇을 질문하고 관찰할 것인지, 데이터 확보에 드는 비용, 타인 소유재산 사용과 같은 제약 조건하에서 여러 문제들을 창의적으로 다룰 수도 있다(Brady 2004).

*경제성과 가치*　사회과학 데이터의 가치 특히 인터넷 연구에서의 가치는 데이터를 어떻게 패키징하는지에서 나타난다. 사회 설문조사는 영국의 데이터 아카이브(UK Data Archive)처럼 대부분의 연구자들에게 공개되어 사용하게 되면서 공동자원(Common pool resources)이 된다. 데이터가 ICPSR 같은 협력기관 회원들에게만 허용되는 아카이브를 통해서 접근된다면 클럽 재화(club goods)가 된다(Inter - University Consortium for Political and Social Research 2013; UK Data Archive 2014). 학자들 사이에서 개인적으로만 교환된다면 사

유재(private goods)가 되며, 모든 이가 사용할 수 있도록 공개적으로 게시되었다면 공공재(public goods)가 된다. 서베이 데이터는 확보하는 데 돈이 많이 들 수 있다. 현장에 인터뷰 질의자를 훈련시켜 보내는 것만 해도, 상당한 돈과 시간, 전문성이 요구된다. 서베이의 재사용은 돈을 절약할 수 있고, 비교 연구 및 종단 연구에 필요한 자원으로 확장시킬 수 있다.

　마찬가지로 소셜미디어 데이터의 경제성은 데이터 원천과 패키지화된 정도에 의존한다. 페이스북, 트위터, 구글과 같은 상업회사에서는 가장 많은 자원을 소유하고 있다. 이러한 자원들은 막대한 상거래 가치를 갖고 있으며, 회사 경영분석을 위해서 다른 회사에 판매되기도 한다. 이 같은 데이터 묶음을 얻기 위해서 연구자들은 비용을 지불해야 할 때도 종종 있다. 따라서 이 데이터는 유료재(toll goods)이다. 일부 데이터는 웹사이트에서 '긁어(scarping)' 오거나 다른 수단을 써서 확보할 수도 있다. 대화방에서 인터넷 활동이나 다른 공개적인 출처에서 나온 데이터는 무료 사용이 가능하지만, 다른 제약조건이 적용될 수 있다. 요금 지불과 무관하게, 일반적으로 소셜미디어는 콘텐츠로 무엇을 할 것인지, 타인에게 어느 정도까지 공개될 것인지 등과 같은 라이선스 제한의 대상이 될 수도 있다.

　서베이, 소셜미디어 등 인터넷 행위에 대한 관찰은 소프트웨어 도구로 분석된다. 많은 도구들이 상업적으로 판매되고, 일부는 오픈소스로 무료 공개된다. 한편 이러한 도구로 처리되면, 미리 정의된 절차와 사용자 정의 스크립트가 적용된다. 소셜미디어 데이터 분석을 위해서는 상당한 맞춤형 프로그래밍이 요구될 수 있다. 데이터셋은 통상 이러한 도구를 거쳐서 나온 산출물이다. 데이터셋을 이후에 사용하려면 대개 분석 소프트웨어의 특정 버전에 의존해야 하며 추가적으로 사용자 정의 스크립트나 프로그램에 대한 접근이 필요할 수 있다. 따라서 데이터셋에 어떤 조건의 라이선스가 적용된다 해도, 도구에 대한 접근이 데이터 사용 방법 및 사용 가능 여부를 결정하는 제약조건이 된다.

*재산권*  데이터 및 소프트웨어 도구에 대한 권리는 인터넷 연구에서 특히 복잡하다. 데이터 사용이 가능하게 될 때, 관련 소프트웨어 도구 및 버전을 명시한 도큐멘테이션이 함께 공개될 수도 있지만 그렇지 않을 수도 있다. 맞춤형 소프트웨어가 반드시 공개되는 것은 아니다. 데이터셋 재사용 및 해석에 필요한 소프트웨어는 비싸거나, 더 이상 사용되지 않는 것일 수도 있으며, 사용 중인 하드웨어나 운영 시스템에 맞지 않을 수도 있고, 전부 공개되지 않을 수도 있다. 연구자가 사람에 대한 정보를 수집할 때, 데이터에 대한 권리는 연구자 또는 피험자, 정보 제공자에게 있을 수 있다. 고객에 대한 데이터를 판매하는 회사나, 고객이 자신에 대한 데이터를 통제하는 능력은 국가와 사법관할에 따라 다양하다. 이에 따라 데이터 공개 가능성과 책임성은 다양하게 나타난다. 이렇듯 재산상 고려는 인터넷 연구와 사회과학의 다른 많은 연구들을 선택하는 데 영향을 미친다. 학자들은 이러한 문제들을 피하는 수단으로 흔히 스스로 데이터를 수집하는 것을 선호한다.

*윤리*  인터넷 연구를 포함하여 사회과학 분야 연구에서 윤리 문제는 연구 대상이 되는 개인과 집단, 권리 존중에 관한 것이다. 사람에 대한 데이터는 어떤 데이터를 어떤 조건에서 수집할 수 있는지에 대해 수많은 법률과 규제의 대상이 된다. 미국에서는 인간 피험자 취급에 대한 기본적인 윤리원칙을 사람에 대한 존중, 선의(beneficence), 정의(justice)라고 『벨몬트 보고서』(Belmont Report)를 통해서 성문화하였다(US Department of Health and Human Services 1979). 이러한 법규의 시행은 연구 분야, 연구비 지원기관, 사법권 및 기타 요인에 따라 다르다. 대부분의 국가에서 이와 유사한 인간 피험자에 대한 연구지침을 갖고 있다.

인간 피험자 데이터를 둘러싼 복잡한 갈등이 존재한다. 한편에서는 사람들이 소셜미디어에서 공개하거나 사회적 경제적 거래관계를 통해서 만들어진 개인정보의 양이 급증하고 있다. 이는 사생활 보호와 데이터 소유권 논쟁을 불러온다. 또 한편에서는 연구대상의 신원이 드러나게 되면 신체적, 심리적, 경제적 위험에 처할 수 있기 때문에 만들어진 개인보호 원칙이 있다. 둘 사이에 사전 통보를 통해 동의를 받게 하는 규정이 너무 엄격해서 참여하는 개인들에게 혜택이 되는 데이터 공유를 막을 수 있다는 염려가 있다. 이러한 갈등 국면의 최전선에 있는 것이 생의학 데이터이다. 환자들의 권리를 옹호하는 어떤 단체에서는 재식별 방지를 위해 강력한 통제를 요구하고, 다른 단체에서는 환자들에게 자신의 데이터 공유에 대한 선택권을 줄 것을 요구한다(Field et al. 2009).

인간 피험자에 대한 윤리 규정은 서베이와 같은 전통적인 연구방법론에 좀더 명확하게 나타난다. 조사자는 어떤 항목을 질문할지, 누구에게 질문할지 결정하고, 기밀성 유지 방식으로 어떻게 데이터를 보고할 것인지를 결정한다. 서베이 데이터를 공개할 수 있는지는 종종 익명성을 보존하는 방식으로 데이터를 코딩하는 능력에 따라 결정된다. 데이터 아카이브는 기밀성 유지 형태로 데이터를 제공하고 공개하는 절차와 정책을 갖고 있다. 그러나 더욱 많은 인간 피험자 데이터가 온라인으로 가용하게 될수록, 데이터셋을 결합함으로써 사람을 식별할 수 있는 능력이 커지고 있다. 때로는 메타데이터에만, 또는 허가받은 연구자에게만 접근을 허용하는 경우처럼 다중의 통제방식이 필수적이다. 개인을 식별할 수 있는 데이터가 더 많이 수집되고 디지털 형태로 유지되면서, 위험의 형태는 변하고 있으며, 위험을 줄이기 위한 수단도 바뀌고 있다(National Research Council 2013).

공개된 데이터 또는 트위터, 블로깅, 포스팅 등과 같이 공개 행위는 대부분의 인간 피험자 규정에 따르면 연구를 위해 자유롭게 사용할 수 없다. 인터넷 연구자 협의회(Association of Internet Researchers)는 온라인 활동을 통한 데이터 수집의 기본 원칙을 설계하면서 이러한 방면에서 주도적인 역할을 하고 있다(Association of Internet Researchers 2012). 개인이 소셜미디어 서비스를 사용한다고 해서, 연구대상이 되는 것을 수락한 것은 아니다. 비록 이 같은 연구를 위하여 사전동의를 얻어내기는 쉽지 않지만, 피험자의 권리와 사생활을 보호해주는 다른 수단이 존재한다. 소셜미디어 회사는 사생활 보호 정책을 위해 강력한 규제를 받아왔고, 트위터, 페이스북 등 유사 정보원을 출처로 하는 데이터 접근에 더 많은 제약을 초래하게 되었다(Bruns and Liang 2012; Schroeder 2014).

데이터의 윤리적 사용에 대한 문제들은 연구결과가 발표된 이후에 생겨나기도 한다. 학자들은 결과가 어떻게 쓰이는지, 잘못 사용될 가능성이 없는지 염려한다. 논문의 철회라는 결과와 상관없이 이러한 문제들은 논문의 정확성에 도전을 받게 될 때 더욱 복잡해진다. 라인하트-로고프(Reinhart - Rogoff)의 경제학 논문에서 나타난 스프레드시트상 오류는 제3자가 결과를 재현하는 연구를 할 때 비로소 발견되었고, 저자들은 어떤 오류가, 어떤 처리 단계에서 발생했는지를 알아내는 데 상당한 노력을 기울여야 했다. 이 사례에서 제기된 다른 문제로는 어떤 데이터를 선택했는지, 데이터에 가중치를 어떻게 적용했는지, 통계분석 패키지가 아닌 스프레드시트를 사용한 이유는 무엇인지 등이다(Marcus 2013; Wiesenthal 2013). 또 다른 영향력 있는 저자는 정책 담당자들이 하나의 통계 분석 결과에 너무 크게 의존한다고 비판하면서 유의한 결정을 뒷받침하기 위해서 다양한 데이터와 방법론, 이론 등을 폭넓게 검토할 필요가 있다고 강조한다(Summers 2013).

## 인터넷 서베이와 소셜미디어 연구 수행

소규모 인터뷰와 실험, 온라인 서베이, 소셜미디어 분석은 개인이나 소규모 연구팀이 수행할 수 있는 연구지만, OxIS 규모의 서베이는 풍부한 인적 자원과 재정적 투자가 요구된다. 소셜미디어 연구에는 이론적 방법론적인 연구설계가 필수적인데, 그 밖에도 컴퓨터와 통계적 전문성, 컴퓨터 자원에 대한 접근, 데이터에 대한 접근 등이 요구된다.

옥스퍼드 인터넷 서베이(OxIS)는 2003년에 인터넷 사용에 대한 국제적인 연구의 일부로 처음 수행되었다(World Internet Project 2013). 초기 성공에 힘입어, OxIS는 2005, 2007, 2009, 2011, 2013년에 연속적으로 조사가 수행되었다(Dutton, Blank, and Groselj 2013; Dutton, di Gennaro, and Millwood Hargrave 2005; Dutton, Helsper, and Gerber 2009; Dutton and Blank 2011). 비록 매회 또는 2회마다 팀원들이 교체되었지만 6회째 서베이가 진행되는 동안 OxIS 연구 책임자는 동일한 연구자가 맡아서 연구의 연속성을 제공하였다. OxIS 조사를 통해서 영국에서 누가 인터넷을 쓰는지, 어떻게 쓰는지, 어떤 기기를 사용하는지, 인터넷 사용이 다른 커뮤니케이션 미디어 사용과 어떻게 차이 나는지 등에 대해 10년 이상의 비교 관찰 기록을 축적할 수 있게 되었다. 또한 정치 및 정부에 대한 태도 등 사회 규범에 대한 질문도 함께 조사함으로써 다른 연구와 비교 가능하게 하였다.

트위터 활용 연구는 트위터 콘텐츠를 공통적으로 사용함에도 불구하고 이론과 방법론에서 매우 다양해서 비교하기가 어렵다. 연구 현상에 대한 선택은 개체의 선택을 수반한다. 결과적으로 동일한 콘텐츠는 많은 종류의 데이터를 산출해낼 수 있다. 예컨대 마이어, 슈뢰더, 테일러(Meyer, Schroeder, Taylor, 2013)는 컴퓨터 과학자들이 사회문제를 다루는 3개의 트위터 연구에서 이론과 방법론, 결과 등을 비교하였다. 한 연구는 트위터가 커뮤니케이션 매체로 쓰이는지 아니면 소셜네트워크로 쓰이는지를 질문하면서, 14억 7천만 개에 달하는 트위터상의 관계를 분석하였다(Kwak et al. 2010). 다른 두 연구는 각각 160만 사용자와 5,400만 이용자의 17억 개 트윗을 사용하여, 누가 누구에게 영향을 미치는지(Bakshy et al. 2011; Cha et al. 2010)를 분석하였다. 슈뢰더(Ralph Schroeder, 2014)는 곽 등이(Kwak et al.,

2010) 사회적 측면을 추가적으로 검토한 논문에서 저자가 이용한 트위터의 데이터 범위가 더 이상 다른 연구자들에게는 이용 가능하지 않다는 점을 지적하기도 했다.

**연구문제**　인터넷 서베이와 소셜미디어 모두 이론과 방법론에서 연구문제를 분리해내기가 어렵다. 이 분야의 연구는 특정 현상에 대한 정보를, 특정 집단에 대해, 특정 시점에 그리고 아마도 특정 장소에서 포착하기 위해 설계되고 이론과 가설을 반영하는 방식으로 측정한다.

OxIS 서베이는 단일 국가에서 오랜 시간 넓은 범위의 인터넷 사용에 대해 문서 작업한 것이지만, 부분적으로는 세계인터넷프로젝트(World Internet Project)에 참여하는 협력기관에 동일한 설문을 진행하여 비교하기 위해 설계되었다. 옥스퍼드인터넷연구소(Oxford Internet Institute, OII)의 연구자들은 각각의 인터뷰 항목을 공들여 작성하고, 문항 순서, 표본 추출 계획, 인터뷰 질문자에 대한 지시 내용까지 세세하게 연구를 설계하였다. 매회 서베이의 연속성을 위하여 핵심 문항들은 반복되었고, 기술 변화를 반영하기 위하여 문항을 손질하였다. 데이터 분석 관련 결정은 서베이 연구설계 자체에 포함되었으며, 미리 각 항목을 어떻게 코딩할 것인지를 결정하여 통계적 검증력을 극대화할 수 있게 하였다. 서베이 질문은 인구통계학 정보와 인터넷 사용 모집단에 대한 기술통계 데이터를 묻는 항목과, 누가 언제, 어디서, 왜 인터넷을 사용하는지를 탐구하는 이론적 질문으로 항목을 구성했다.

연구문제가 증거의 채택을 결정하는 방식은 소셜미디어 연구에서 특히 주목할 만하다. 예를 들면 곽 등(Kwak et al., 2010)은 네트워크 토폴로지(topology, 역주: 네트워크의 물리적 연결 형태를 의미하는 용어이나 여기서는 소셜네트워크를 구성하는 사람들, 행위 간의 관계 구조를 의미)에 관심이 있다. 트위터가 소셜네트워크인지 뉴스 미디어인지를 질문하기 위하여, 이들은 2009

년 중반의 전체 트위터 사이트에 나타난 팔로워 및 팔로잉(follower - following) 분포를 다른 소셜네트워크상에 나타난 인간 행동의 패턴과 비교 하였다. 이와 대비되는 연구는 중국의 마이크로 블로깅 네트워크의 검열 에 대한 연구이다(King, Pan, and Roberts 2013). 사회과학 분야에 대한 계량 분석으로 유명한 이 연구자들은 네트워크 분석에 인터뷰를 결합시켰다.

**데이터 수집** 데이터 수집에 들어가는 연구 노력이 어떠한지, 어떤 자원 이 어느만큼 투입되는지도 일정하지 않다. 서베이에서는 인터뷰를 진행 하는 현장연구에 몇 주 또는 몇 달이 걸릴 수 있으며, 뒤이어 데이터 분석 에도 비슷한 기간이 걸린다. 6개의 OxIS 서베이에서는 2천 명 이상을 대 면 인터뷰한 응답 내용을 각각 정리하고 있다(Dutton, Blank, and Groselj 2013). 연구 설계와 분석은 OII 연구원들이 하지만, 인터뷰 진행은 현장연 구 서비스 제공업체에서 용역을 수행했다. OII에서는 명세서를 작성해주 고 이에 따라 무기명 처리된 데이터 파일을 받는다.

소셜미디어 연구에서 어떤 데이터가 바람직하고, 어떤 데이터가 수집 될 수 있으며, 어떻게 수집할 것인지에 대한 결정은 데이터셋을 확보하는 것보다 훨씬 많은 노동을 요하는 것일 수 있다. 데이터 컬렉션은 알고리 즘을 이용해 몇 시간 또는 며칠이라는 기간에도 실현될 수도 있다. 알고 리즘의 개발과 실험에 의해 데이터 컬렉션이 생성되면, 이후 이렇게 생성 된 데이터 분석에 장시간이 걸릴 수 있다. 비록 하나의 트윗에서는 최소 한의 정보를 전달하지만 트윗 데이터는 상대적으로 단순한 구조, 표준화 된 포맷, 방대한 범위라는 장점이 있다. API가 데이터 수집에 사용된다면, 시간, 날짜, 장소 등 메타데이터로 취급될 수 있는 다른 변수들을 이미 표 준화된 구문으로 표현한 레코드를 확보하게 된다. 그러나 길이만 400페이 지 이상의 트위터 API 사용 가이드북을 고려하건대 트위터 API 사용을 배 우는 데는 적지않은 투자가 필요한 일이다(Makice 2009).

곽 등(Kwak et al., 2010)은 트위터 API를 사용한 연구에서 3주 동안 트위터 사용자 모두의 프로파일을 수집하였다. 그 후 두 달 동안 인기 있는 주제를 언급한 사용자 프로파일을 수집하였다. 인기 주제에 부수적으로 따르는 관련 트윗도 함께 수집하였다. 킹, 팬, 로버츠(King, Pan, Roberts, 2013)의 연구는 데이터 확보를 위해 매우 다른 방법을 사용했는데, 중국에서 1,400개가 넘는 마이크로 블로깅과 다양한 소셜미디어 서비스에서 1,130만 게시물을 확보하였다. 연구자들은 당국에서 검열하고 삭제하기 전에 게시물을 재빨리 캡쳐하기 위하여, 데이터 수집과 코딩을 위한 자체 알고리즘을 개발하였다.

**데이터 분석**　계량적 방법론을 적용하게 되면 데이터를 정제하거나 측정해야 하며, 해석 및 관리하는 데 쉽지않은 복잡한 데이터를 산출해낸다. 또한 데이터 처리 및 분석 과정에서 무수한 작은 결정들이 내려진다. 차후 데이터에 대한 재사용을 가름하는 것은 데이터 오류와 변칙(anomalies)을 어떻게 수정했는지, 그러한 수정이 정확하고 일관성 있게 결정되었는지, 또한 수정에 따른 의사결정이 연구 목적에 적합한 정도인지, 그에 따르는 작업 내용에 대해 명확하고도 완결적으로 문서작성을 해뒀는지에 따라 결정된다.

OII는 사회과학 분야에서 널리 사용되는 데이터 분석 및 통계 분석 소프트웨어 패키지인 STATA 파일로 인터뷰 데이터셋을 받는다(STATA 2013). 인터뷰를 진행하는 용역회사에서는 OII에서 보내준 명세서에 따라, 데이터셋의 각 인터뷰 항목에 대한 응답을 특정 변수명으로 코딩한다. OII 분석자들은 이와 같은 변수명들을 데이터 분석에 사용되는 메타데이터로 취급한다. 첫 번째 단계는 데이터 정제과정으로 변칙과 오류를 찾아내고, 필요한 경우 서베이 회사에 직접 질문하여 확인을 한다. 2011년 서베이를 수행하는 과정에서 OII 연구원은 최초의 보고서가 발표되기 전에 용역회사에 세 번에 걸쳐 확인 질문을 했다. 이어지는 학술지 논문 수록을 위해 심층적인 데이터 분석이 이뤄지기 위해서는, 연구원들은 훨씬 더 구체적인 질문을 가지고 여러 번 더 용역회사와 접촉하였다.

대부분의 변칙은 데이터에서 발견할 수 있는 관계 및 추세에 대해 잘 아는 사람에 의해서만 식별될 수 있다. 예측되지 못했던 관계들이 중요한 결과로 나타나거나 아니면 일관성 없는 코딩에 의해 유발될 수도 있다. 젊은이들이 노인들의 전형적인 행동을 보일 때, 혹은 그 반대의 경우, OII 연구자들은 나이 항목 필드의 코딩을 의문시한다. OII는 인터뷰 질의자에게 나이가 아닌 탄생년을 묻는 것으로 명시했지만 자세히 살펴보니 일부 질문자들이 응답자의 현재 나이를 묻고 그에 따라 코딩을 한 것으로 드러났다. 따라서 어떤 사람의 나이인 22살을 22로 코딩을 했고 그 결과 STATA 파일에서는 탄생년인 1922년을 의미하게 되었다.

곽 등의 연구(Kwak et al., 2010)는 소셜네트워크 데이터를 시험대로 삼아, 네트워크 토폴로지 관점에서 연구문제를 구조화하였다. 따라서 데이터 컬렉션과 분석은 링크 간 관계에 초점을 두게 된다. 그들은 각 트윗에 대해 가능한 많은 맥락 정보를 수집했다. 연구자들은 스팸 트윗을 규명하고 이를 나쁜 데이터(bad data)로 처리하기 위하여 다중 임계치를 설정하는 등 다양한 기법으로 실험하였다. 종국에는 최초 데이터셋으로부터 2천만 개 이상의 트윗과 거의 2백만 개의 사용자 계정을 제거하였다. 정보의 흐름은 각 트위터 사용자의 팔로워 수와 쌍방향 관계 정도에 의해 측정되었다. 연구자들은 트위터가 사회관계 네트워크 구축 및 유지보다는 정보 전파 메커니즘에 더욱 가깝다는 결론을 내렸다.

킹 등의(King et al., 2013) 연구는 이와 대조적으로, 검열 및 정부 조치의 이론에 근거하고 있다. 이론과 데이터 수집, 코딩과 분석에 대한 논의는 밀접하게 얽혀 있으며, 논문의 거의 절반 분량을 이러한 논의를 서술하는 데 할애하고 있다. 각각의 코딩에 대한 결정은 사회 이론의 관점에서 신중하게 설명된다. 일부 게시물은 메시지의 내용과 의도를 해석하기 위하여 수작업으로 코딩을 했다. 그들은 규명된 검열 양식에 대한 사회적 정치적 함의를 논하면서 결론을 내렸다.

**연구결과의 출판**　인터넷 연구결과는 다양한 장소에서 이론과 방법론에 따라, 또는 차별화된 독자들을 대상으로 발표된다. 각각의 OxIS 서베이 보고서는 널리 일반에게 전파될 뿐만 아니라 정책결정자를 겨냥하는 이벤트를 개최하여 배포된다. 온라인이나 인쇄 버전으로 출판된 개요 보고서에는 주요 변인에 대한 요약 데이터, 교차분석표(cross tabulation), 데이터 수집방법에 대한 요약이 포함된다. 온라인에서는 추가로 상세한 방법론을 설명해주고 인터뷰 도구도 공개된다. 보고서가 공개되고 나면 OxIS 연구원은 이론과 정책연구를 위해서 서베이 데이터를 좀더 깊이 분석한다. 학술지 논문은 방법론과 해석에 대한 미세 논점에 대해 토론할 수 있는 좋은 수단이 되며 다른 연구와도 비교해볼 수 있는 출판 방법이 된다(Di Gennaro and Dutton 2007; Dutton and Shepherd 2006). 연구결과는 이 밖에도 커뮤니케이션 연구, 정치학, 사회학 및 관련 분야의 학술지와 학술대회 자료(proceedings)로 발표된다.

　소셜미디어 연구는 사회과학 분야에서부터 컴퓨터학, 과학, 의학, 인문학, 대중 언론까지 모든 분야에서 발표된다. 여기서 논의한 두 연구(King, Pan, and Roberts 2013; Kwak et al. 2010)는 각 분야의 권위 있는 발표 현장에서 공개되었고 두 연구 모두 대단히 많이 인용되었다. 그러나 이론과 방법론이 크게 다르기 때문에, 소셜미디어 연구를 비교한다는 것은 자칫 초점을 잃을 수도 있지만 때로는 신기원을 이루는 통찰력으로 이끌 수도 있다. 이런 종류의 연구는 공동 자원(common resources)에서 데이터가 도출되지만, 선정된 개체들은 각기 다른 현상에 대하여 상당히 다른 증거로 제시될 수도 있다. 학술연구는 새로운 방식으로 서로 다른 분야를 교차시키고 있다. 하지만 일반적으로 정치학자들과 컴퓨터 과학자들은 이론과 방법론을 모색하기 위하여 서로의 문헌을 검색하지는 않는다.

**데이터의 관리, 공유, 재사용**  인터넷 연구 사례는 전통적 및 혁신적 방법론 간에 상충관계가 있음을 강조한다. 혁신적 방법론은 더욱 검증력이 강한 연구결과를 산출해낼 수 있지만 데이터 기록 관리와 데이터 공유 및 재사용을 더욱 어렵게 만든다. 데이터 관리와 공유, 재사용의 프랙티스는 프로젝트마다 다르게 나타난다. 이 외에도 데이터 프랙티스에 영향을 미치는 요인으로는 프로젝트 크기와 기간, 연구진의 연속성, 표준화 및 기탁에 대한 외부적 요구사항, 재사용에 대한 기대 수준 등이 있다.

OxIS 서베이는 다른 나라의 대응되는 연구와 비교할 수 있도록 영국에서의 인터넷 사용 방식에 대해 기록하고자 설계되었다. 비록 핵심 문항 다수가 동일하더라도, 표본 추출 계획, 연구문제, 해석 등에서 중요한 차이가 있을 수 있다. OxIS 연구가 영국의 도시 및 지방을 대상으로 하고 있는 반면, 개발도상국 연구들은 거의 도시를 대상으로 하고 있다. 부유한 국가에서는 광대역(broadband) 네트워크로 연결된 경우가 많지만 가난한 나라에서는 모바일 접근에 더욱 의존하는 등의 추가적인 차이가 있다.

데이터의 재사용에 대한 기대수준은 나중에 데이터 해석 능력에 영향을 미친다. 2003년 최초의 OxIS 서베이는 연구비 지원의 가용성과 협력기관의 호응에 부응하여 신속하게 착수되었다. 지속적인 연구가 예상되었음에도 불구하고 최초 프로젝트의 연구요원들은 데이터 수집, 관리, 코딩, 분석에 대해 아주 최소한의 문서 작업만을 수행하였다. 2003년에 마련한 서베이 설문지와 데이터셋은 2005년 OxIS 연구의 기반이 되었다. OxIS 연구를 하는 동안, 연구원들은 종단적 비교 연구의 지원을 위하여 더욱 정교하고 상세한 문서 작업과 절차를 개발하였다. 축적된 데이터셋은 관찰이 계속 이어지면서 더욱 가치를 갖게 되었다.

OII는 OxIS 데이터와 데이터셋 도큐멘트를 재사용할 수 있도록 널리 공개하고 있다. 그러나 이는 별도의 과정으로 볼 수 있다. 연구비 지원기관은 OII가 데이터를 리포지토리에 기탁할 것을 요구하지 않았기 때문에, 2년 엠바고 기간이 지나면 데이터셋을 비영리 목적의 자격을 갖춘 연구자들에게 직접 제공하고 있다. 예를 들어 2011년 서베이 보고서가 발표될 때, 2009년 데이터셋이 배포되는 것이다. 데이터 접근에 대한 지시사항과 라이선스 조건은 웹사이트를 통해서 제공한다. 공유된 데이터셋은 인터뷰를 수행한 용역회사가 제출한 버전으로서 STATA 파일로 되어 있다. 온라인 문서에는 변인명과 관련된 인터뷰 문항과 더불어 서베이 보고서에 발표된 기본적인 방법론과 기술통계가 포함된다. OxIS 연구원들은 요청이 있으면 데이터셋에 대하여 더 많은 정보를 공개하지만, 데이터셋을 확보한 200여 개 기관들로부터 추가 질문은 거의 없었다. 데이터셋을 재사용하는 연구자들은 '원자료(raw)' STATA 데이터셋을 자체적으로 변형하고 코딩할 수 있다. OxIS 팀은 DDI에 익숙하지만 이를 구현하지는 않았다. 데이터셋의 사용 수준으로는 추가로 드는 비용을 정당화할 수 없을 뿐 아니라 DDI 표준을 이행하라는 외부적 요구사항도 없었기 때문이다.

OII에서 보고한 결과는 각 발표 현장의 표준에 맞게 문서 작업되었다. 연구 진행 과정에서 신뢰성과 타당성, 지속성을 유지하기 위해 개발된 내부 도큐멘테이션은 자체 사용을 위한 독점적 자료로 받아들여지고, 국지적으로 개발된 다양한 소프트웨어도 마찬가지로 취급된다. 국지적 정보에는 변수의 변환, 변수의 지수로의 통합, 항목 간의 유효성 점검 등과 같이 연구자들이 데이터 정제 및 분석 과정에서 내린 결정에 대한 상세 설명이 포함된다. 이러한 일련의 국지적 도큐멘테이션 작업은 연속성을 지원할 뿐만 아니라 연구 성과를 널리 알리고 빛내줄 바람직한 수단이 된다.

소셜미디어 연구의 특정성과 적시성은 장점이지만 재사용과 반복 검증의 관점에서는 약점이 되기도 한다. 소셜미디어 데이터의 일시적(temporal) 성격은 참조한 데이터 출처의 빠른 붕괴(decay)와 결합하여 재사용 가치를 제한한다. 원칙적으로 소셜미디어 연구는 규칙적 기간을 두고 반복 검증 될 수 있다. 그러나 빠르게 변화하는 도구 때문에 데이터 수집과 분석 방 법론의 연속성의 측면에서 볼 때 서베이 접근법보다 반복될 가능성이 훨씬 낮다. 이러한 미디어가 커뮤니케이션의 주류가 되면서 특징이 변했는데, 소셜 로봇이나 스스로 없어지는(self - destruct) 메시지 등 다양한 종류의 혁신이 등장하면서 비교가능성을 더욱 어렵게 만들고 있다. 측정 방법이 안정적이지 않아서 방법론을 입증하고 보정하는 것이 문제가 될 수도 있다. 컴퓨터학(Kwak et al. 2000)과 정치학(King, Pan, and Roberts 2013)의 두 논문 모두, 연구결과를 다른 영역에 어떻게 널리 적용시킬 것인가에 대한 논평 으로 결론을 맺었다. 이 논문들에서는 데이터셋이 언제, 어디서 사용하게 될지, 또는 재사용이 가능할지에 대해 분명히 밝히지는 않는다. 각각의 연구에서는 다른 도메인에서 탐구될 수 있는 연구문제들과 함께 데이터 셋과 알고리즘의 재사용 가능성, 혹은 조건의 반복 검증에 대해 도발적인 문제제기를 하고 있다.

## 사회기술적 연구(Sociotechnical Studies)

제6장의 두 번째 사례연구의 초점은 일부는 사회적인(social), 일부는 기술 적인(technical) 문제를 연구하는 사회기술적 연구이다. 2002년 이래 CENS (Center for Embedded Networked Sensing) 연구를 통해서 데이터 프랙티스와 지식 인프라를 주제로 연구를 수행해왔던 사회기술적 사례연구는 개별기술 적 및 법칙정립적 접근법을 결합시키고 그 과정에서 다양한 연구방법론 을 적용시킨다.

사회기술적 연구에 적용할 수 있는 개별기술적 방법론에는 민족지학연구, 인터뷰, 구술 역사기록, 공식 비공식 관찰, 인간 행동의 기록 분석 등이 포함된다. 기술적 측면에서 인간과 컴퓨터의 상호작용을 연구할 수 있는데, 특정 맥락에 연관된 인식과 현상에 대한 탐구를 포함한다. 또한 기술은 컴퓨터가 지원하는 협력적 업무 영역에서 프랙티스에 대한 개입으로 연구될 수도 있다. 이 영역에서 진행되는 프로젝트들은 대개는 작고, 국지적이며, 단기적인 연구들이다. 하지만 크고 분산적이며, 장기적 프로젝트를 수행할 수도 있다.

개별기술적 설명은 근접탐구 및 해석에 초점을 두는 가운데 통합적으로 분석된다. 해석주의적(Interpretivist) 접근법은 다양한 관점으로 탐구되거나 비교되는 사회과학과 인문학의 연구 프로젝트들을 연결해 준다. 이러한 방법론은 오랜 전통을 지니며, 인식론(epistemology), 증거의 표준(standards of evidence), 지식의 철학(philosophies of knowledge) 논쟁의 주제로 남아 있다. 이 책에서도 이러한 논쟁은 인식하고 있으나, 이를 다루거나 해결하려 하지는 않는다(Garfinkel 1967; Geertz 1973; Graser and Strauss 1967; Latour and Woolgar 1986; Latour 1987; Levi - Strauss 1966; Lofland et al. 2006; Roth and Mehta 2002).

## 크기 문제

대부분의 사회기술적 연구는 작은 과학이라 할수 있는데, 오래되지 않았으며 창발적이고 어수선한(emergent and messy) 문제를 탐구한다. 이런 연구는 프로젝트 범위에 따라 소규모 연구팀 또는 일인 연구자에 의해 수행된다. 질적 데이터를 필사, 편집, 코딩, 분석하거나, 질적 데이터를 해석하는 데 수개월 또는 몇 년의 노력이 요구된다. 출판물 분석 또는 사회계량적 지표 등을 통해 연구 집단의 소셜네트워크를 계량적으로 비교할 수도 있다. 마찬가지로 출판물에 대한 텍스트 마이닝을 통해 연구 주제의 패턴을 밝혀낼 수 있고 시간의 경과에 따라 어떻게 변화되는지를 보여줄 수도 있다. 목표는 다양한 방법론을 결합시키는 것이다. 다양한 수준의 신뢰도, 내적 외적 타당도, 척도를 적용함으로써 연구결과의 삼각화(triangulated)를 이룰 수 있다.

## 언제 데이터가 되는가?

여기에 사례연구로 소개되는 CENS 연구는 점차 늘고 있는 현장 프랙티스에 대한 사회기술연구에 기초하고 있으며, 이것들의 대부분은 환경과학에 대한 것이다. 대체로 일상관찰기록, 인터뷰, 참여관찰, 도큐멘트 분석 등을 혼합시킨 질적 연구로 진행된다(Aronova, Baker, and Oreskes 2020; Cragin et al. 2010; Cragin and Shankar 2006; Jackson and Buyuktur 2014; Jackson et al. 2011; Karasti, Baker, and Halkola 2006; Olson, Zimmerman, and Bos 2008; Zimmerman 2007). 인터넷 연구처럼, 학자들은 선택 가능한 다양한 데이터 원천을 가지고 있으며, 사회기술 연구자들은 데이터의 원천을 찾아내고 해당 데이터의 신뢰성, 독립성 및 다른 형태 데이터에 대한 관계성에 대해서도 예민하게 평가해야 한다.

**원천과 자원**  과학의 수행으로부터 만들어지는 데이터의 홍수에도 불구하고 데이터 프랙티스에 대한 사회기술적 연구는 현장 특정적인 경향이 있다. 그 결과, 학자들은 외부 원천에 크게 의존하는 데이터를 도출하기보다 스스로 관찰하여 수집하기를 원한다. 그러나 연구대상으로부터 생산된 기록들과 관련 출판물들은 필수적인 보조 원천이 될 수 있다. 아래에 논의되는 데이터 원천 및 자원의 카테고리는 이전에 인용된 현장의 프랙티스 관련 연구에서는 통상적인 것이지만, 가능한 모든 증거의 원천을 포함하고 있지는 않다.

*현장 관찰과 일상관찰기록*   사회기술적 연구는 하나 또는 복수의 물리적 장소인 연구 현장에서 수행된다. 여러 현장에서 수행되는 일상관찰기록은 현장에 대한 비교연구를 하게 된다(Marcus 1995). 관찰은 '가상 민족지학(Virtual ethnography)' 방법론을 사용하여 온라인으로 진행될 수도 있다(Hine 2000). 연구자들은 멀리 떨어져 행동을 관찰하고 비디오나 음성 커뮤니케이션으로 인터뷰를 수행하기도 한다. 연구 프로젝트의 규모와 거리를 확장시킬 수는 있지만 후자의 접근법으로는 맥락상의 정보가 일정 부분 손실된다.

원래의 발생장소(in situ), 즉 현장에서 개인이나 커뮤니티를 탐구하는 연구는 이에 대한 동의가 요구된다. 이는 '진입(getting in)'으로 알려져 있다. 일단 진입하게 되면 연구 현장에 '머무르는 것(staying in)' 역시 어렵다 (Lofland et al. 2006). 사회과학의 현장관찰 연구의 목표는 꼭 필요 이상으로 환경을 방해하지 않은 가운데 현상을 연구하는 것이다. 진입하게 되면 연구자는 자신을 소개하고 그곳에 있는 이유를 상세하게 설명한 다음, 비통보적 방법으로 가능한 간섭하지 않으면서 지낸다. 그들이 염두에 두는 것 중의 하나는 웨스턴 전기공장(Western Electric plant)에서 수행된 유명한 연구의 이름을 딴 '호손 효과(Hawthorne effect)'로, 이 연구에서는 조명의 밝기를 조절하는 실험적 개입으로 생산성이 향상되었지만 연구 종료 이후에는 이전과 마찬가지로 생산성이 감소했다. 자신이 관찰된다는 사실을 아는 것만으로도 인간의 행동을 바꾸게 된다는 것이다(Landsberger 1958).

이러한 현장관찰의 타당성 위험을 최소화시키는 한 가지 방법으로 연구자의 존재가 일상적인 환경의 일부가 될 수 있도록 충분히 오랫동안 머무르는 것이 있다. 이를 위해 현장에 있는 기간이 몇 주, 몇 달, 몇 년이 걸릴지도 모른다. 인류학자들은 소립자 물리학자들 또는 도시의 범죄조직 같은 하나의 커뮤니티를 연구하며 본인의 연구 생애 전체를 보내기도 한다. 환경의 일부가 되는 방법 중에는 현장에 적극 참여함으로써 현장을 더욱 알게 되는 것도 있다. 과학 데이터 프랙티스 연구를 예로 들면, 연구자는 연구팀의 데이터 수집, 분석을 도울 수도 있고, 필요한 소모품과 장비 확보를 위해 소소한 일을 할 수도 있으며, 현장으로 배터리를 운반하는 것과 같은 육체노동을 할 수도 있다. 연구하려는 행위에 참여하는 것은 그 자체로도 위험이 있다. 연구자들은 너무 주관적이 되어 '현지인으로 살고(going native)', 자신의 연구대상에 대해서(about) 연구하기보다 그들을 대변하게 되는 것을 경계한다.

학자들은 관찰을 수집하고 그것을 데이터로 변환하기 위하여 많은 기법을 적용한다. 현장 상황에 참여한 다음, 나중에 기록하는 방법이 더 좋을 수도 있다. 환경에 따라 관찰대상의 동의를 얻어 연구자는 메모하고, 시청각 녹음을 기록하고, 사진을 찍는다. 오디오 녹음을 글로 옮기는 전사 작업(transcriptions)에는 시간이 걸리고 돈이 많이 들어간다. 녹음자료(Recordings)는 목소리 뉘앙스와 시각적 단서들이 남아 있어서 가치 있는 자료가 된다. 메모 노트, 전사 자료, 인터뷰 등 기타 문서작업들은 연구되는 주제, 사건, 현상에 대한 지표들로 코딩된다. 코딩은 간단히 수작업으로, 또는 복잡한 기술적 지원을 받을 수 있다. 상용 및 오픈소스 분석도구들이 사건, 사람, 주제 등 다양한 카테고리로 코딩하는 데 사용된다. 한번 코딩되면 이러한 도구들은 간단히 데이터를 집계해주고 시각화된 정보로 표현이 가능해진다.

*인터뷰* 개별기술적 사회기술 연구에서 인터뷰는 개방형 질문으로 구성되는 경향이 있다. 인터뷰 문항 5~10개로 한 시간 이상의 대화가 이어질 수도 있다. 질문은 일반적이지만 참여자들이 현장과 기술을 어떻게 선택했는지, 데이터 관리에 특별한 어려움은 없었는지 등과 같은 행위에 대한 설명을 도출해낼 수 있다. 다수에게 동일 질문을 함으로써, 연구자는 개

인, 연구팀, 연구 영역, 현장 및 다른 요인들 간의 데이터 프랙티스를 비교할 수 있다.

무선 표집(Random sampling) 방식은 정성적 연구에는 거의 적용하지 않는다. 현장이 작으면 모든 참여자를 인터뷰하는 것이 가능하다. 대개는 현장의 모집단이 너무나 다양해서 어떤 조합의 인터뷰 문항이라도 참여자 모두에게 적합한 것이 아닐 수도 있다. 예컨대 연구팀장의 관심사는 질문지를 만드는 실무자에게는 관심이 없을 수 있고, 그 반대의 경우도 마찬가지다. 대안적 접근법으로 연구 현상에 대한 이론적 카테고리에 따라 표본을 계층화하여 각 카테고리 참여자들의 숫자 및 구성 비율을 맞추는 방법이 있다.

*레코드와 도큐먼트*　연구 현장 관련 레코드와 다른 형태의 도큐먼트들은 매우 유용한 데이터 자원이 될 수 있으나, 역사학자와 기록관리자들이 익히 알고 있는 바와 같이 레코드는 그 자체만으로는 증거의 형태가 되지 않는다. 인간 행동에 관한 레코드는 시간, 장소, 데이터가 사용된 상황에 따라 다르게 이해된다(Furner 2004a). 연구자들은 각 레코드의 맥락에 대해 가능한 많은 정보를 확보해야 하며, 궁극적으로는 많은 실타래처럼 수집한 정보를 한데 묶어야 한다. 예컨대 두 실험연구자의 데이터 로그 기록이 차이 나는 것은 수집하는 데이터의 차이가 아닌 레코드를 기록하는 습관 차이 때문에 생겨나는 것일 수가 있다. 마찬가지로 사람의 신상 정보에 대한 가용성 차이는 사람들이 자신을 어떤 형태와 빈도로 표현하고자 하는지에 대한 선택을 반영한다.

사회기술적 연구자들은 연구 현장에 대해서 공개된 정보를 가능한 많이 알아내려고 한다. 연구비, 인력, 장비, 사건, 연구행위 및 출판에 대하여 공개된 정보는 대체로 쉽게 찾을 수 있다. 공문서의 상세 내용은 통상 연구참여자로부터 확인될 수 있는데, 현장 활동에 대한 연구자의 이해수준이 높으면 현장 체류시간을 보다 잘 활용할 수 있게 된다. 관찰이나 인터뷰를 하게 된다면, 연구자들은 연구 참여자들이 자발적으로 공유하는 데 따라 관련된 내부 문서를 많이 수집한다. 실험실 노트와 같은 레코드는 어떻게 연구가 수행됐는지에 대한 깊이 있는 통찰을 제공한다. 이런 레코드 중 일부는 연구자들이 기밀유지 협약에 따라 보호하는 민감한 자료일 수 있다.

*기술 구축 및 평가*　현장 연구의 일부는 사람들이 업무환경에서 기술을 어떻게 사용하는지를 조사하는 것이다. 디지털 도서관, 데이터 아카이브, 교육용 기술, 협력적 도구, 기후 모델, 워드프로세싱, 전자우편 등 기술에 대한 연구들은 대개 어떻게 업무가 수행되는지에 대한 본질적 통찰을 제공한다(Bloomberg and Karasti, Bowker and Star 1999; Edwards et al. 2007; Edwards 2010; Karaski, Baker, and Halkola 2006; Olson, Zimmerman, and Bos 2008; Ribes and Finholt 2007, 2009).

일부 사회기술 연구자들은 커뮤니티의 프랙티스에 대한 개입으로써 시스템을 구축한다. 디지털 도서관에서는 더 나은 사용자 인터페이스 설계, 정보검색 능력, 교수 이론 또는 인지적 과정을 시험하기 위하여 소규모 시스템을 구축하기도 한다. 예를 들어 알렉산드리아 디지털 지구원형 프로젝트(Alexandria Digital Earth Prototype Project)는 지구과학 데이터를 학부 수업 과정에서 활용하기 위해 지리학자, 컴퓨터학자, 심리학자, 정보학자들의 공동 노력으로 수행된 연구이다(Borgman et al. 2000; Janee and Frew 2002; Smith and Zheng 2002). 『과학도서관 목록(Science Library Catalog)』은 과학 정보를 탐색하는 8~12살 어린이의 인지 발달 능력을 연구하기 위한 초기 사용자 대상 인터페이스였다. 이 시스템은 어린이의 능력에 대응하여 개선하는 방식으로 점진적으로 구축되었다. 몇 년간의 연구과정을 통해 계층 조작, 정보 분류, 알파벳순 탐색, 시각 검색, 정보과업을 수행하면서, 연령에 따라 끈기와 관련된 능력이 차이가 있는지를 가설 검증하였다 (Borgman et al. 1995; Hirsh 1996).

**지식 인프라**  사회기술적 연구는 하나의 분야라기보다는 문제 도메인(a problem domain)이다. 학자들은 저마다의 이론, 방법론, 관점을 가지고, 데이터 프랙티스와 같은 사회기술적 측면을 갖는 문제로 모인다. 그들은 또한 각자의 분야에 존재하는 지식 인프라에 대한 지식도 함께 가지고 온다. 인터넷 연구와 유사하게, 전문성과 방법론, 도구들은 아카이브에 각각 공유되기보다는 중앙 인프라로 집중된다. 혼합 방법론에서 나온 데이터 결과들은 조직화, 공유, 큐레이션하기가 특히 어렵다. 이런 종류의 연구에서 수집되는 현장 메모, 웹사이트, 시청각 녹음, 데이터 파일, 소프트웨어, 사진, 물리적 시료, 여타 다양한 형태의 데이터에 적용될 수 있는 리포지토리나 공통의 표준은 거의 존재하지 않는다. 장르와 관심 주제에 의해 데이터가 공개되지만 이는 반복 연구라는 목표와는 상반되는 결과를 초래한다.

*메타데이터*  데이터의 다양성을 고려할 때, 명명을 위한 합의나 문서작업 프랙티스는 국지적으로 개발되는 경향이 있다. 어떤 연구자는 장기적인 코딩과 다수의 코딩 작업자 간의 일관성 추구를 위하여 코드북을 작성한다. 원칙적으로 DDI는 질적 데이터와 메타데이터 구축에 사용될 수 있다(Data Documentation Initiative 2012; Vardigan, Heus, and Thomas 2008). 실질적으로는 다수 협력자들이 함께하는 대규모 프로젝트만이 공식적인 메타데이터 프랙티스에 투자를 하게 만드는 동기요인으로 작용한다.

프로젝트에 따라, 연구 현장에 따라 데이터 원천은 매우 다양하게 나타나기 때문에, 질적 데이터 코딩 프랙티스를 표준화하기는 대단히 어렵다. 현장 관찰과 코딩의 반복적 성격 또한 표준화를 저해한다. 예컨대 근거

이론(grounded theory)에서 연구자들은 더 많은 데이터를 수집하고 데이터에 대한 추가적인 맥락을 입수함에 따라 자신이 만든 코드 구조를 더 풍부하게 하고 수정하도록 장려된다(Anderson 1994; Glaser and Strauss 1967; Star 1999). 코딩을 통하여 가설이 개발되면 말뭉치 데이터(corpus)의 다른 부분에서 가설이 검증된다. 반복은 일관성을 향상시키고 방법론의 신뢰도를 높인다. 그러나 내적 타당도가 높아질수록 외적 타당도는 낮아진다.

*데이터 프로비넌스*  혼합방법론에 대한 도큐먼트 이력은 각각의 데이터 타입과 데이터 관계에 대한 레코드를 필요로 한다. 예를 들어 어떤 인터뷰의 일부분으로써 특정 시간과 장소에서 찍은 사진을 가정해보자. 다른 도큐먼트 세트도 동일 인터뷰의 일부로 확보되었다. 사진은 다른 시간대 동일 실험실에서 찍은 사진이나, 동일 시간대의 다른 실험실에서 찍은 사진과 비교하는 데 유용하다. 인터뷰와 사진, 녹음자료, 도큐먼트, 다양한 형태 데이터의 묶음은 복수의 계통 관계(lineages)를 가질 수 있다. 혼합방법론이나 다른 형태의 해석적 연구에 대한 프로비넌스는 많은 관계의 가능성을 수반한다.

개별기술적 설명은 사람, 장소, 시간, 상황에 밀접하게 연계되기 때문에 반복연구(Replication) 그 자체로는 문제가 되지 않는다. 그러나 다른 영역과 마찬가지로 사회기술적 연구에서도 진실성(Veracity)은 매우 중요한 문제이다. 학자들은 가능한 다수의 독립적 원천으로부터 정보를 확보한다. 프로비넌스 정보는 타인의 재사용을 위하기보다는 연구자의 필요를 충족시키는 용도로 사용된다. 학자들은 자신의 관찰을 증명하고 보장해주는 데이터를 일생에 걸쳐 보유하기도 한다. 다른 사례의 경우, 개인에 대한 기밀 데이터에 대해서 인간피험자 검토위원들이 프로젝트 종료시 폐기하도록 요구하기도 한다. 데이터를 보고함에 있어 레코드의 기밀성과 개인의 익명성은 매우 중요하다. 개인 참여자에 대해 상세하게 레코드

이력을 기술할수록, 데이터 공개는 더욱 어려워질 수 있다.

**외부 영향** 사회기술적 연구는 인간 피험자를 포함하게 되므로 사회과학의 다른 영역과 비슷한 경제적, 재산권적, 윤리적 문제들에 의해 제한된다. 개별기술적 연구는 연구자와 피험자 간 밀접한 관계에 기초하여 수행되는 경향이 있기 때문에, 사회기술적 데이터는 공개된 행동의 흔적을 포착하는 인터넷 서베이나 소셜미디어 연구보다 더욱 민감할 수 있다.

*경제성과 가치* 데이터 산출물을 어떻게 포장(packaging)하는지가 데이터 가치에 영향을 미친다. 혼합방법론의 연구결과로 나온 데이터는 많은 방법으로 결합될 수 있어서 경제적 상품의 사분면 어디에 할당하기가 어렵다. 사회기술적 연구자들은 데이터 아카이브와 참여자들이 저자인 출판물 리포지토리와 같이, 자신의 연구 현장에 관련된 공동자원에서 데이터를 반출할 수 있다. 연구대상 관련 정보는 어떻게 입수되느냐에 따라 공적이거나 사적인 것이다. 그러나 한번 입수되면 사회기술적 데이터의 산출물은 공유될 수 없고, 대상의 신원(identity)이 노출되지 않는 사적 재화(private goods)가 된다. 예로써 연구 참여자들의 홈페이지 리스트는 공개된 정보에 연결되는 링크로 구성되나, 리스트 자체는 참여자 풀(pool)이 되어 기밀성이 유지되어야 한다.

*재산권* 사회기술적 연구자는 증거로 추출할 수 있는 정보에 대한 접근권을 얻지만, 정보 접근이 자료를 공개하거나 재생산할 수 있다는 것을 의미하지는 않는다. 예를 들어 실험실 노트는 통상 실험실 자산으로 남아있고 출판물은 저작권자의 자산이 된다. 사회기술적 연구의 각 데이터 원천은 하드웨어, 소프트웨어, 도큐먼트, 실험 샘플 또는 다른 자료들과 연관된 재산권에 따라 제한을 받게 된다.

*윤리* 사회기술적 연구는 일반적으로 인간피험자 관리감독(oversight) 하에

있다. 그러나 동의 규정, 익명성, 기밀성, 레코드 통제는 적용되는 방법론에 따라 조금씩 다르게 나타난다. 위험과 법적 책임도 일상관찰기술, 현장 관찰, 인터뷰, 기술 평가(technology evaluations) 등 방법론에 따라 다소 다르게 나타난다. 윤리적 문제는 데이터를 어떻게 수집하고, 레코드를 보호하고, 결과를 공개할 것인가에서 나온다. 예를 들어 연구가 출판된다면 제시되는 구체성의 정도는 피험자를 얼마나 위험하게 만들 수 있는지에 달려 있다. 식별 처리(identification) 관행은 학술지나 커뮤니티에 따라 다를 수 있다. 대부분의 경우에 사람은 가명으로 처리하고, 연구 현장은 지역적 상세 내용을 불분명하게 해서 감추는데, 다른 경우에는 현장이나 사람의 이름으로 식별하도록 한다. 연구결과는 큰 데이터 집합으로 모아서 집단이나 개인을 쉽게 파악할 수 없게 한다.

관찰에는 참여자의 진술로 구성된 긴 이야기, 상세한 신상정보, 비디오로 찍은 얼굴 등이 포함될 수 있다. 개인과 집단에 대한 상세 묘사에 의존하는 연구들은 기밀성 및 인간피험자 권리보호에 상당한 투자를 해야 한다. 미국에서 인간피험자 보호를 위하여 새로운 규정이 제안된 바 있는데, 기밀성 보호를 위한 4중 구조(four-part framework for protecting confidentiality)라고 일컬어지며 "안전한 데이터(safe data), 안전한 장소(safe place), 안전한 사람(safe people), 안전한 결과(safe output)"를 내용으로 한다(National Research Council 2013, 50). 이 규정의 제출안에는 연구 시작 전, 연구 과정, 연구를 마친 후에 데이터 컬렉션이 안전하게 유지될 수 있도록 연구가 설계되어야 한다고 명시되어 있다. 한 가지 접근법은 다수의 현장에서 데이터를 수집함으로써 위치 발견을 어렵게 하는 것이다. 기밀 데이터(confidential data)는 "안전한 장소"에서 "가상의 데이터 저장소(virtual data enclave)"와 같은 수단으로 공유할 수 있다. 연구자는 데이터를 요청하고 데이터 조작은 가능하지만, 로컬 컴퓨터에 전송할 수는 없는 데이터 센터에서 관리된다. 데이터를 공개하고 재사용하는 연구자들은 훈련과 인증을 통해서 "안전한 사람"이 된다. 데이터 산출도 데이터의 위해(harm) 정도에 따라 카테고리로 구분함으로써 더 안전하게 만들 수 있다. 위해 정도가 적은 데이터는 간단한 사용 동의만으로 충분하다. "매우 위해한(really radioactive)" 데이터에 대해서는 아주 엄격한 규정이 적용되어야 한다(National Research Council, 2013, 52). 비록 이 같은 규정이 인간 피험자 데이터의 모든 카테고리에 적용되겠지만, 가장 심각한 변화는 질적 연구에 대한 것이다. 제출된 규정 변경안에는 인간 피험자 데이터 공유와 재사용을 촉진하는 내용도 있다.

## CENS 사회기술적 연구의 수행

CENS 사례연구는 어떻게 협력이 형성되고, 데이터를 수집, 분석, 관리, 출판하는지에 대하여 장기적으로 연구하는 흔치 않은 기회를 제공한다. 제5장에서 설명한 바와 같이, CENS는 국립과학재단 과학기술센터로서 2002년에 최초 5년간 연구비 지원기금으로 설립되었다. CENS에 대한 2차 5개년 지원이 확정됨에 따라 연구기간은 2012년까지로 연장되었다. 데이터 프랙티스 연구의 책임자는 센터 설립의 핵심 연구원 중에 한 명이 맡았다. 데이터 프랙티스팀은 나중에 CENS의 연구담당 부서인 통계 및 데이터 프랙티스팀이라는 명칭으로 소속되었다. 다른 많은 부서들처럼 데이터 프랙티스팀도 CENS 외부의 대학들과도 협력관계를 맺었다.

 CENS 데이터 프랙티스 연구의 많은 부분이 참여관찰인데 연구팀이 센터 내부 소속이기 때문이다. 실무팀의 교수요원, 학생, 직원들이 공식, 비공식 활동에 참여하면서 현장에서 가능한 많은 시간을 보냈다. CENS 연구가 진행되는 동안 데이터 실무팀은 일상관찰기록과 개방형 인터뷰를 수행하며, 실험실 및 현장에서 파일럿 실험을 관찰하고, 몇 시간에서 몇 주에 걸친 현장 배치(field deployments)에도 참여했으며, 셀 수 없이 많은 팀별 회의에 참석하였다. 또한 학회, 연구발표회, 수련회에서 결과를 발표하기도 했으며, 실험실과 현장의 연구노트, 소프트웨어 포맷의 데이터 파일, 출판물과 같은 문서들을 분석하였다. 연구팀의 데이터 컬렉션은 CENS 유산으로서 공식 종료 이후에도 몇 년간 유지되었다(Borgman et al. 2014).

연구대상 조직의 공식 직원이 참여관찰자가 되는 경우는 드물다. 이 사례에서는 사회과학 연구팀이 다른 연구팀과 동등하게 CENS 행정에 참여할 책임을 갖게 되었다. 이들은 또한 CENS 출판물에 대한 오픈액세스 리포지토리 사이트를 구축하고, 과학데이터 컬렉션을 구성하거나 관리를 지원하기 위해 관련 기술을 개발함으로써 센터에 공헌하였다.

여타 연구방법론에서와 마찬가지로 연구의 규모, 범위, 목적의 조정 과정(trade - offs)은 끊임없이 반복되었다. CENS 정회원으로서, 데이터 프랙티스팀은 개인이나 연구 현장이나 도큐멘테이션에 대해서 대부분 다른 연구자들에 허용되는 것보다 훨씬 더 많은 접근 권한을 갖는다. 또한 내부자로서 주관성의 위험에 대해서도 인식한다. 이러한 위험은 단순히 인지하고 있는 것만으로도 위험을 줄일 수 있는 것처럼, 외부 협력자와 방법론, 해석에 대한 주요 문제를 함께 공유함으로써 위험을 줄일 수 있다. CENS 과학 및 기술 연구자들은 보통 자신의 연구를 출판하기 전에 데이터 프랙티스팀에게 연구활동에 대한 설명을 확인하도록 요청받았다. 프랙티스팀은 매우 정중하게 논문 내용을 교정하고 수정하였지만, 해석을 바꾸려고 하지는 않았다.

**연구문제** 데이터 프랙티스팀은 CENS 연구로 출범하면서 개인 연구자와 연구팀이 어떻게 데이터를 생성하고, 연구팀과 연구 도메인에 따라 데이터 프랙티스가 어떻게 다른가라는 문제의식으로 연구를 시작하였다. 처음부터 커뮤니티 멤버로 시작함으로써, 초기 발상부터 데이터 정제, 분석, 보고, 최종적 처리의 반복적 과정을 따라갈 수 있었다. 데이터 학술연구의 맥락이 더욱 잘 이해됨에 따라, 연구팀 간 협업, 데이터 통제 및 소유권, 메타데이터와 프로비넌스, 공유 및 재사용, CENS 데이터의 교육적 활용과 같은 연구문제를 다루는 것으로 진전하였다. 센터의 데이터 프랙티스와 협력활동에 대한 박사학위 논문이 여러 개 나오고, 석사논문 1개, 학생 프로젝트가 다수 수행되었으며, 2002년부터 계속 다뤄진 연구문제들은 더욱 심화되고 확장되어 연구되었다.

연구문제와 연구비 지원은 전체 프로젝트를 통해 반복되었다. CENS의 초기 연구비를 통해 데이터 구조화와 데이터 프랙티스 관련 문제들을 지원했다. 연구결과들을 목적으로 연구비 지원제안서가 제출되었고, 이어지는 연구결과들은 더욱 많은 연구비 지원과 출판물을 만들어냈다. 연구비 대부분은 다수의 협력기관도 관련되어, CENS의 데이터 프랙티스와는 다른 현장에서의 연구와도 비교가 가능해졌다(Borgman, Wallis, and Enyedy 2006, 2007; Borgman, Wallis, and Mayernik 2012; Borgman et al. 2007; Borgman 2006; Edwards et al. 2011; Mandell 2012; Mayernik, Wallis, and Borgman 2007, 2012; Mayernik 2011; Pepe et al. 2007, 2010; Pete 2010; Shankar 2003; Shilton 2011; Wallis et al 2010, 2012; Wallis, Rolando, and Borgman 2013; Wallis 2012; Wallis et al. 2007).

**데이터 수집**　CENS 연구자가 있는 곳이 사회기술 연구자들의 현장이 되었다. CENS팀은 5개 참여 대학에 위치해 있었고 더 많은 기관들이 파트너로 참여해왔다. 데이터는 캠퍼스의 실험실이나 공공 장소에서, 미국이나 세계 도처의 연구 현장에서 수집되었다. 2~8명으로 구성된 팀이 복수의 방법론을 동시에 적용하였다. 일부 팀원은 연구 현장 관찰에 집중하였고, 다른 팀원은 인터뷰를 수행하고, 도큐먼트를 분석했으며, 기술을 구축하고 평가했으며, CENS 내부의 소셜네트워크 관계를 규명하였다. 팀 구성원 모두가 최소 2개 이상의 데이터 컬렉션 방법론에 참여하도록 교차 훈련을 받았고, 다수 방법론으로부터 데이터가 추출되어 데이터 간 결합이 촉진되었다.

데이터 프랙티스팀의 주요 활동 가운데 CENS와 같이 이제 막 태동하는 학제적 공동체의 연구 노력에 적합한 메타데이터 표준 및 포맷을 식별하는 것이었다. 예상은 했지만 이는 기대했던 것보다 훨씬 더 어려운 작업이었고 또한 연구 초기 몇 년을 안내하는 작업이 되었다. CENS 연구자들은 메타데이터 표준에 대한 경험이 거의 없었기 때문에, 자신의 선호가 무엇인지 직접 물어보는 것은 전혀 도움이 되지 못했다. 다음 단계의 과업은 수집 데이터의 범위 규명이었다. 현장 관찰, 인터뷰, 센터에서 나온 출판물에 대한 분석은 이러한 정보에 핵심적인 기본 원천이 되었다. 프랙티스팀은 과학 및 기술 연구자들이 어떤 데이터를 수집하는지, 수집 데이터 중에 어떤 것을 분석하고 이후 재사용을 위해 흔히 보유하고 있는지를 평가하였다.

메타데이터에 대한 일반적인 요구사항이 식별되면, 기존의 메타데이터나 새로 만들어지는 표준에 매칭해 본다. 환경 데이터와 센서 데이터를 위한 몇 가지 표준이 유망 후보가 되었다. 원칙적으로 이러한 메타데이터 표준은 개별적으로 혹은 복합적으로 상당 부분의 CENS 데이터를 기술하기 위해 사용될 수 있었다. 센서로 수집되거나 수작업으로 표본 추출된 생태 관찰은 공통의 구조와 용어로 기술될 수 있다. 마찬가지로 센서의 특징이 데이터 수집 알고리즘에 XML 표준으로 내장되어 있다면 자동적으로 기록된다.

CENS 연구자들에게 이러한 메타데이터 표준들에 대해 각각의 장점과 단점에 대한 설명을 함께 제시하면서 검토를 요청한다. 데이터 프랙티스팀이 데이터 관리를 위해 기울인 노력을 인정하기는 했지만, CENS 연구자들은 이러한 표준이 자신들의 요구에 적합하지 않는다고 보았다. 제8장에서 더 자세하게 밝히겠지만 표준 채택을 하지 않는 이유를 이해하는 데,

수년 동안의 근접 연구가 필요했다(Borgman, Wallis, and Enyedy 2006, 2007; Borgman 2006; Pepe et al. 2007; Shankar 2003; Wallis et al. 2006).

CENS 프로젝트가 수십 명에서 수백 명의 참가자들로 성장하면서, 프로비넌스 정보의 필요성은 더욱 명확해졌다. 더 이상 말로 전하는 것(oral culture)으로는 부족했다. 연구팀은 차로 몇 시간 거리의 배치 현장으로 보내지는데, 현장에 도착해서야 필수 장비를 잊었거나 꼭 필요한 전문가(통상 대학원생)가 없다는 것을 종종 발견한다. 데이터 프랙티스팀은 "CENS 배치센터"로 부르는 간단한 소프트웨어 도구로 이러한 격차를 채우려 했다(Mayernik, Wallis, and Borgman 2007). CENS DC라고 알려진 이 도구는 과거 현장 배치에 필요한 장비 일체와 인력을 기술한 내용으로 채워졌는데 이 데이터들은 데이터 프랙티스팀이 이전 자료를 수집하여 작성한 것이다. 이 시스템은 템플릿 기능이 있어서 현장 배치 계획을 만들고 또 현장에서 어떤 것이 작동되고 어떤 것이 안 되는지, 어떤 것이 분실되고 특히 유용한지 등에 관한 레코드를 생성할 수 있다. 이러한 기능은 이전 관찰의 연구 결과에 기초하여 현장 배치를 더욱 효율적이고 생산적으로 만들기 위한 것이었다. 이 시스템은 또한 연구자들이 자신의 출판물에 통상적으로 포함되는 정보 카테고리를 포착함으로써 현장 연구에 대한 논문 작성에 도움을 주도록 만들어졌다. CENS DC는 설계의 기초를 제공하고 실제 업무를 진행한 연구팀을 대상으로 파일럿 테스트를 거친 후에 배치되었다. 이러한 기능은 중간 정도의 성공을 거뒀고, 몇 개 팀에서는 연구활동 과정에 이 시스템을 통합시켰다(Mayernik 2011; Wallis 2012).

**데이터 분석** OxIS 서베이처럼 CENS 데이터 프랙티스 연구는 작은 규모로 시작되었다. 팀 규모가 커져 더욱 확대되고, 연구가 장기적으로 진행될 가능성이 명확해지면서 데이터 분석은 좀 더 공식적이 되었다. 인터뷰는 음성 녹음되고 전문가에 의해 필사되었다. 다수의 서베이와 많은 현장

관찰을 진행하는 동안 일관성 유지를 위하여 코드북이 개발되었다. 질적, 혼합방법론 연구를 위하여 상용 데이터 분석 소프트웨어 패키지인 NVivo로 메모와 전사자료에 포함된 사람, 사건, 주제 및 여타 카테고리를 코딩하였다(NVivo 10 2013). 데이터 컬렉션을 구축할 때마다, 대학원생 두 명이 동일 인터뷰를 독립적으로 코딩하였다. 그 뒤 각자의 코딩을 비교하면서 해석상의 차이점을 조화시키는 데 초점을 두고 토론하였다. 이 과정은 코더 간 적정 신뢰도가 도달할 때까지 반복되었다. 코드북은 해석의 일관성 유지를 위하여, 해석에 주석을 달아 설명하였다. 어려웠던 점은 이러한 데이터로 가설을 설정하고 검증함과 동시에 예기치 않은 결과가 나올 수 있다는 가능성도 열어놓는 것이다.

인터뷰 필사본은 다른 종류의 데이터보다 코더 간 신뢰도를 평가하는 데 보다 적합하다. 비록 다수의 팀원이 인터뷰를 수행해도, CENS 연구자에게 질문할 공통 문항으로 작업에 임한다. 현장업무에서 각 팀원은 관찰을 광범위하게 기록한다. 이러한 메모에 대해서는 기록한 관찰자가 코딩작업을 해야 한다. 신속하고 정기적으로 코딩이 된다면, 관찰자는 메모에 차이 있는 부분을 메울 수 있고, 무엇인가 빠진 것이 있다면 다른 수단을 통해 확보할 수 있는지 판단할 수 있다. 관찰자는 가급적 기록을 많이 하고 사진을 찍어두도록 요청받는다. 경험이 쌓이면서 메모 작성 기술도 개선되었다. 그러나 세부사항을 염두에 두거나 관찰에 대한 기초 지식 등 관찰자들 간에 개인차가 컸다. 생물학 배경을 가진 대학원생은 생물 종에 대해 매우 상세하게 정보를 모으는 반면, 공학 전공 대학원생은 기기 장치에 더욱 주목한다. 상호보완적 배경을 가진 다수 관찰자가 있다면, 센터의 데이터 프랙티스로 확보되는 정보의 범위가 확장된다.

NVivo로 코딩된 데이터는 주제, 사건 및 다양한 다른 카테고리로 통합될 수 있다. 데이터 하위집합이 추출되어 다수 연구를 비교할 수 있게 해준다. 데이터가 많이 수집될수록 비교가 가능해지고 해석은 더욱 풍부해진다. NVivo 파일, 요약 메모, 사진, 다른 기록들은 데이터 프랙티스팀이 출판물을 만들거나, 발표자료나 포스터의 틀을 짜기 위한 논의의 주제가 되었다.

**연구결과의 출판**　데이터 프랙티스 연구에서 도출된 결과를 공유하는 통상적인 첫 번째 단계는 CENS 기관 내부에서였다. 센터에서는 정기적 공개 행사의 일환으로 포스터 세션과 시연회를 개최한다. NSF의 연례 현장 방문, 대중적으로 공개되는 연례 연구평가회, 연구 수련회 등이 여기에 포함된다. 데이터 프랙티스팀은 자체의 업무를 포스터로 제작하고 다른 CENS 팀의 포스터 세션에도 참가했다. 방문자들은 30~80개 정도의 포스터들을 살펴보면서 풍부한 토론과 피드백을 제공하는 기회로 삼는다. 센터는 현재 진행하는 연구 보고를 위해 매주 오찬 세미나도 개최하였다. 데이터 프랙티스팀은 이 같은 행사에 정규 회원으로 참여하여 주기적으로 결과를 발표하였다.

　CENS 데이터 프랙티스에 대한 연구결과는 다수의 청중들에게 전달될 수 있도록 여러 장소에서 공개되었다. 센터 연구비를 지원하는 데 핵심적 역할을 하고 있는 분야가 컴퓨터학이어서, 많은 논문이 ACM 학술대회에 제출되었다. ACM 학술대회는 권위 있는 논문들이 발표되는 자리여서 논문 수락 비율도 낮지만, 사회기술적 연구결과를 기술 분야 청중들에게 발표할 수 있는 중요한 기회가 되었다. 정보학 연구, 자연과학의 사회적 연구, 기술 커뮤니티에서도 다양한 출판물들이 발표되었다. 교육학 커뮤니티를 대상으로 몇 개의 출판물이 나왔는데, 특히 학습 어플리케이션을 위한 데이터 재사용에 대한 논문들이 발표되었다. 출판과 더불어 연구발표에서 파생되는 많은 토론의 자리가 마련되어, 자연과학과 사회과학, 기술과 인문학 분야를 아우르는 광범위한 청중들을 접하게 되었다.

　이러한 출판물에서 CENS의 명칭은 연구센터로서 제시되었지만, 개인 연구자들의 이름은 거명되지 않았다. 개인연구자를 인용해야 된다면 소속(예, 과학자, 테크놀로지 연구자) 명칭 또는 가명으로 처리되었다. 그러나 센터의 정체는 여러 가지 이유로 드러나게 마련이다. 첫째 이유는 데이터 프랙티스를 설명하기 위해 네트워크 센싱 연구의 세부사항을 밝혀야 했으며 연구 현장이 너무나 독특했기 때문에 쉽게 감춰지지 않았다. 센터를 익명으로 하면, 많은 맥락이 제거되어 연구결과를 의미 없게 만들어버릴 수도 있다. 또 하나의 이유는 데이터 프랙티스팀이 센터 연구집단의 일원으로서 CENS 업적을 홍보하기 위해서였다. NSF는 센터의 자연과학적, 기술적 업적과 더불어 사회과학적 공헌도 인정했다. CENS를 데이터 프랙티스 연구의 모범사례로 만들어냄으로써, 다른 연구소들도 사회과학 연구를 주관하도록 장려하였다. 그러나 연구 현장이 거명됐기 때문에, 개인에 대한 신원이 드러나지 않는 수준에서 결과를 종합하기 위해서는 더욱 주의가 요구되었다.

**데이터 큐레이팅, 공유, 재사용**  데이터 프랙티스 팀에서 나온 데이터는, 오디오 녹음, 전사자료, 현장 메모, NVivo 파일, 다양한 공적 및 사적 기록 등으로 구성되며 연구자나 팀의 통제 아래 엄격하게 저장된다. 기관연구윤리위원회(Institutional Review Board, IRB)의 지침에 따라, 종이 기록이나 문서들은 잠금 장치가 된 사무실에 파일 캐비닛에 잠겨 보관된다. 디지털 기록은 보안 서버에 저장된다. IRB에서는 프로젝트 종료 시 데이터 파기를 요구할 때도 있는데, 이 연구팀은 연례적으로 IRB 승인을 갱신하여, 데이터 분석을 지속적으로 추진하며 뒤이어 수집한 데이터와 비교할 수 있도록 관리한다. 현재의 지침상으로는 한번 IRB 승인 기간이 경과되면 프로젝트 데이터를 더 이상 분석할 수 없다.

복수의 대학이 관계하는 데이터 프랙티스 연구비 지원의 경우, 연구자 각 개인이 자신의 연구팀이 수집한 데이터에 대하여 IRB 승인을 받아야 한다. 대학별 정책이 세부사항에서 다양하게 나타나기 때문에, 대학 간 데이터 공유 능력은 한정적일 수밖에 없다. 일반적으로 연구자들은 코드 처리나 무기명 처리된 데이터를 대학들 간에 공유할 수 있으나, 전사자료나 개인 식별이 가능한 정보를 담은 연구대상 자료들은 그렇지 않다. 협력기관이 보유한 데이터를 한 데 모으기보다 참여하는 각 대학팀에서 각자의 데이터를 별도로 관리했다. 대학원 신입생과 박사후과정 연구원들이 연구팀에 합류하게 되면, 새로 인증을 받아서 데이터셋을 사용할 수 있도록 IRB 프로토콜에 추가시켜야 했다.

현재까지, 연구비 지원기관들은 데이터 공개를 요구하지 않고 있으며, 또한 협력기관 이외의 외부 연구자들이 데이터 접근을 요청하지는 않고 있다. 이 데이터는 가치 있는 자원의 보고이며 다른 영역의 데이터 프랙티스 연구를 비교하는 데에도 활용될 수 있다. 연구비 지원이 종료되고 IRB 승인이 경과된다면, 데이터 재사용은 연구자 자신들에게도 어려울 수 있다. 연구 대상자는 연구 참여를 위하여 여러 장으로 길게 작성되고 IRB가 면밀하게 검토하는 동의서에 서명하게 된다. 이와 같은 동의서 양식은 연구 참여에 대한 보답으로써 분석 및 연구결과를 공개할 때 개인식별 가능한 데이터에 대한 기밀성 유지를 보장해야 한다.

요약하자면 데이터는 연구팀의 지속적 사용을 위해 큐레이션되고 있다. 데이터는 IRB 프로토콜에 승인으로 명명되지 않았다면 어떤 누구에게도 공개할 수 없게 된다. 향후에 공공 현장에서 확보한 기록들처럼 일부 데이터가 공개될 수도 있으나, 인터뷰 일환으로 얻어진 기록들은 별도로 지정된 내용이 없다면 동의서 양식으로 작성된 기밀유지 협약의 적용 대상이 된다. 현장에서 작성된 메모들은 개인 이름이나 식별성 정보를 삭제하게 되면 다른 사람들에게도 유용하게 활용될 수 있다. 오디오 녹음, 인터뷰 전사자료, 연구대상에 의해 생성된 레코드, 개인 신원에 밀접하게 연결된 정보들은 윤리적인 고려나 데이터가 수집된 동의 조건에 따라 좀처럼 공개하게 되지 않는다. 전체적으로 보면, 데이터셋은 CENS의 10년 이상 운영 성과와 활동, 또 이러한 과거 데이터로부터 지속적으로 이어져 온 연구에 대한 다면적인 정보를 갖고 있다. 하지만 이를 개별적으로 따로 떼어놓는다면, 맥락과 프로비넌스는 결코 재구축될 수 없다.

## 결론

인터넷 연구와 사회기술 연구는 사회과학의 전형적 주제이다. 둘 다 혁신적 방법론을 적용함으로써 인간 행동에 대해 질문하고, 다방면의 학자들을 끌어낸다. 이들의 지식 기반은 공유되는 기술 인프라나 정보 자원이라기보다, 공유되는 지식에 의해 더욱 특징지어진다. 학과목이나 교재에서 나타나는 연구방법론에 대한 합의는 사회과학에서 공유되는 전문성을 이루는 기반이 된다. 이러한 방법론은 결과적으로 데이터 분석과 컴퓨터 모델링을 위한 소프트웨어 같은 공통의 기술 도구들의 조합으로 적용된다.

서베이 연구는, 인터넷 사용이건 인간 행동에 대한 어떤 주제들이건, 방법론적 전문성의 오랜 전통에 의지한다. 서베이 프랙티스는 사람에 대해 수집할 수 있는 정보의 풍부성, 정교한 변량 통제, 데이터 기밀성 사이의 균형을 유지한다. 표본 추출 계획, 모집단, 질문 문항, 응답 분포, 결과에 대한 추론, 참여자의 익명성 보장 등 거의 모든 것에 대한 상세한 설명과 함께 증거가 공개된다. 적절한 수준으로 품질이 보장되는 연구데이터는 데이터 아카이브에 기탁되거나, 연구자들에게 직접적으로 배포될 수 있다.

마이크로 블로깅 사례와 같은 소셜미디어 연구는 소셜네트워크 분석 방법론과 같은 연구방법론의 오랜 전통에 의지하기도 한다. 다른 분야에서 온 학자들은 컴퓨터학의 네트워크 토폴로지와 같이 각 분야에서 고유의 전통을 가져온다. 이렇듯 공통의 데이터 자원 사용에 대한 상반된 접근법은 영역 간 전문성의 교환에 영향을 미친다. 그렇게 하지 않을 경우에는 접근법에 공통점이 거의 없어서, 다른 영역의 학자들에게는 아무것도 보이지 않는 것처럼 서로가 불투명하게 비쳐진다. 비교연구에서 가장 두드러지는 것은 학자들 각자가 데이터로 여기는 것이 무엇인지에 대한 차이점이다. 예를 들어 트위터 계정의 링크는, 영향력의 증거로, 그래프 구조로, 불온한 커뮤니케이션으로, 개인적인 관계망 또는 다른 현상으로 각각 다뤄진다. 개별 트윗 또는 다른 메시지의 콘텐츠는 연구 질문 및 방법에 따라 다수 현상에 대한 증거로 취급될 수 있다. 어떤 메시지가 사람 사이의 국제적 교환인지, 사람과 소셜 로봇 사이의 교환인지, 어떤 것들이 로봇 사이의 교환인지를 구분해내려면, 연구 환경에 대한 사회적, 기술적 전문성이 요구된다.

CENS의 10여 년 연구에 드러나 있는 것처럼 사회기술적 연구는 문제에 대한 상호보완적 연구방법론을 적용한다. 이 사례에서의 문제는 센터의 많은 참여자들이 데이터 프랙티스를 이해하고 이것을 지원하는 도구와 서비스를 개발하는 것이다. 데이터 프랙티스를 더욱 잘 이해하고, 기술들을 설계하고 테스트하고, CENS 연구가 성숙하게 되면서 문제와 방법론은 계속 발전했다. CENS는 내장형 센서 네트워크에 대하여 과학기술에서 공유되는 전문성, 협력적 공간, 다양한 형태의 행정적, 동료(collegial) 지원이라는 지식 인프라를 활용했다. 하지만 데이터보다 기술이 공통의 기반을 형성했기 때문에 공유되는 정보 자원에 대한 투자 수준은 최소한이었다. 사회기술 연구수행팀은 자체의 내부 데이터 리포지토리를 유지했는데, 이러한 데이터는 다른 연구 환경과의 비교를 위해서, CENS의 과거 정보에 대한 지속적 연구를 위하여 유용하다. 그러나 데이터의 풍부함과 장르의 다양성은 공유를 어렵게 만든다. 개인과 집단에 대한 정보가 포괄적일수록, 무기명 처리가 용이하지 않다. 이러한 어려움은 극복할 수 있어도,

오디오 녹음, 전사자료, 사진, 현장 메모, 인터뷰 코딩, 출판물, 포스터, 연구대상으로부터 확보하는 셀 수 없이 많은 인쇄 및 디지털 형태의 기록을 한 군데로 모을 수 있는 곳을 찾는 것은 가능성이 낮고 그것들을 형태와 주제에 따라 분산시키는 것은 데이터의 가치를 떨어뜨리게 될 것이다.

　제1장의 문제제기와 관련하여, 이러한 사회과학의 사례들은 동일 개체가 데이터로 취급될 수 있는 다양한 방법과, 공통의 데이터 원천에 적용되는 연구방법론의 다양성, 이러한 종류의 학문적 작업을 지원하기 위해 만들어지는 지식 인프라의 다양성을 보여준다. 첫 번째 문제제기와 관련하여, 데이터 소유권 및 통제는 사례마다 다르다. 옥스퍼드 인터넷 연구소는 OxIS 서베이 데이터를 수집하고 통제권을 유지한다. 서베이는 특정 시점과 장소에서의 관찰이라서 재생산될 수 없지만 나중에 새로운 표본을 대상으로 반복연구될 수 있다. OxIS 데이터는 2년의 엠바고 이후 공개되지만, 사회과학 리포지토리에 기탁되지는 않았다. 마이크로 블로깅 연구는 재현성 및 공유의 관점에서는 적합하지 않다. 그것 역시 시간과 장소에 대한 관찰이며, 일부는 공공에서, 일부는 독점적(proprietary) 출처에서 나온다. CENS의 사회기술 연구는 반복 가능하지 않지만, 비교연구를 목적으로 프로토콜이 다른 시간과 다른 연구 현장에서 적용되었다. 이러한 데이터는 연구자들의 통제 하에 있으며, 인간 피험자 규정에 따라 제한적으로 공유된다.

　두 번째 문제제기인 이전성(transferability) 또한 사례연구에서 다르게 펼쳐진다. 연구방법론에 대한 합의가 사회과학 전반에 걸쳐 공통의 기반을 제공하지만, 구체적인 데이터 취급 기법 – 정제, 결측값 삽입(interpolating), 이상치 제거 등 – 이 너무나 다양해서 데이터셋 분석과 해석이 나눠진다. 세번째와 네 번째 문제제기에서 구조화된 바와 같이 학술 커뮤니케이션 기능의 변화는 이번 사회과학 사례연구에서는 급진적이기보다는 점진적인 것으로 나타난다. 연구자들은 데이터 공개보다는 연구결과 출판에 훨씬 더 많은 관심을 갖는 것으로 나타난다. 연구자들은 과학, 기술, 인문학에서 다뤄진 연구문제들을 교차시키면서 과거보다 더욱 방대하고 다양한 데이터 원천을 활용할 수 있다. 연구 분야 전반에 걸쳐 공통의 데이터 원천을 적용했음에도 불구하고, 방법론, 연구문제, 표현 양식의 차이에서 생산되는 데이터셋의 발견과 재사용이 제한적일 수 있다.

이러한 사례연구는 또한 5번째 문제제기인 사회과학 연구에 필요한 전문성의 변화를 전형적으로 보여준다. 사용되는 질적, 양적 연구의 배합은 연구에서 다양하게 나타나며, 새로운 도구를 개발하거나, 기존 도구에서 스크립트를 만들거나, 복잡한 통계적 루틴을 개발할 때에도, 각각의 영역에서 일정 정도의 소프트웨어 전문성이 필수적이다. 데이터를 재사용하는 능력은 이러한 도구나 스크립트, 루틴을 사용할 수 있는 역량에 따라 제한된다.

끝으로 이 장에서 다룬 분야에서는 데이터 공유를 목적으로 하는 지식기반에 대한 신규 투자가 거의 없었다. 서베이 데이터의 발견과 큐레이션을 위한 가장 강력한 지지가 있었지만, 인프라는 결코 포괄적이지 않았다. 소셜미디어는 가장 빠르게 변화하는 연구 분야이며, 연구대상과 연구도구들은 효과적으로 공유하기에는 너무나 빠르게 진보한다. 복수의 연구로부터 데이터를 결합하거나 메타 분석을 수행하려면 데이터 통합에 상당한 투자가 요구된다. 사회기술적 연구를 위한 방법론과 도구들은 다소 안정적이나, 기밀성을 고려해야 하기 때문에 질적 형태의 데이터 공개는 제한적이다. 모든 사례에서 데이터셋은 선호 때문이건, 대안 부재건, 기밀성의 난제 때문이건, 이러한 모든 요인이 결합된 것이든 연구자의 통제 하에 남아 있는 경향이 있다. 그 결과 사회과학 연구자들은 데이터를 다른 도메인으로 이전하게 만드는 메타데이터나 분류법에 투자할 동기요인을 거의 갖지 않는다. 사회과학 지식 인프라에 대하여 장기적인 관점에서 보면 분야 내에서 또는 다른 학술 분야와 도메인 간에, 공적 및 사적 자원 사이에 데이터 자원의 수집 및 관리 문제를 다룰 필요가 있다. 데이터 원천의 확산, 영역 간 불분명한 경계, 주제의 정치적 민감성, 다양한 이해당사자를 고려할 때 사회과학의 지식 인프라에 대한 투자는 가까운 미래에 큰 논쟁을 초래할 것이다.

제7장

# 07

**인문학 데이터
학술연구**

# 서론

인문학은 상상할 수 있는 모든 증거의 원천에서 얻어낸 인류 문화와, 인류의 기록 연구가 통합된 학문 분야이다. 학문 분야별 범주로 인문학을 구분하기도 하지만 다양한 측면에서 다르게 나눌 수도 있기 때문에, 학문 분야와 도메인들을 하나의 방법으로 묶어서 '인문학(the humanities)'으로 구분하는 것은 문제가 될 수 있다. 예컨대 역사학, 고고학은 인문학의 일부로 간주되지만 사회과학으로 볼 때도 있다. 예술은 인문학의 일부이지만 독자적일 수 있고, 공연 프로그램이나 건축 및 디자인과도 결합될 수 있다. 인문학 산하에 학술 프로그램을 구성할 때, 학과 범위를 크거나 작게 할 수 있고 고전에서 시작하여 언어학 및 문학까지 포괄할 수 있으며, 근동의 문화를 포함할 수도 있다. 또 인문대학 학과 내에는 다른 분야 학위 취득자들이 있을 수 있다. UCLA에는 학부 및 대학원 과정에 15개 이상의 학과와 프로그램이 마련되어 있으며, 교수들은 여러 프로그램을 겸임하고 있다. 디지털 인문학 프로그램은 겸임교수진 약 35인으로 구성되는데, 원래 소속은 인문학, 사회과학, 자연과학 및 전문 대학원에 걸쳐 있다.

　제7장의 논의를 위해서 인문학은 인류 문화와 기록을 연구하는 분야로 한다. 학자들 범위는 공식 소속과 관계없이 스스로 인문학 소속이라고 정체성을 밝힌 경우를 포함한다. 인문학 연구자들은 형체를 갖는 물질 (material)이건 디지털이건, 정적이건 동적이건, 지상에서 또는 지하에서, 아주 오랜 것이나 아주 새로운 것이나, 그 무엇이든 증거의 원천을 찾아내는 데 상당한 재주가 있다. 넓은 세상을 여행하게 되면서, 인문학 탐구의 지리적 범위가 확장되었다. 유형의 객체가 디지털 형태로, 또는 텍스트, 이미지, 오디오 등으로 표현되면서 증거로써 가용한 장르 또한 확장되었다. 인문학은 다른 분야처럼 데이터 홍수를 겪고 있지만, 그런 명목으로는 덜 언급되는 것 같다. 가용한 콘텐츠의 규모에 대처하여 학자들은

관련 분야에서 기술 및 방법론을 빌려오고, 자체적으로도 개발하고 있다. 이 과정에서 데이터, 메타데이터, 표준, 상호운용성, 지속가능성의 관점의 고민이 생겼다. 기법을 빌려오게 되면 보통 개념도 빌려오게 된다. 인문학자들도 컴퓨터로 다룰 수 있는 형태로 정보를 표현할 방법이 필요하게 되었다.

제2장에서 정의한 바와 같이, 데이터는 학술 연구의 목적으로 현상에 대한 증거로 사용되는 개체를 말한다. 제3장 정의처럼, 데이터 학술연구는 데이터와 학술연구 사이 일련의 관계이다. 인문학에서 데이터와 학술연구라는 관계의 조합은 특히 복잡하며, 관련 학자들에게 항상 안정적인 프레임워크를 제시해주지는 않는다. 인문학 연구자들이 증거의 원천으로 사용할 수 있는 데이터를 식별하는 방법을 탐구하게 됨에 따라, 또한 이러한 데이터에 대처해 나가면서, 다가오는 도전이 무엇인지, 지식 인프라를 형성하는 데 필요한 요인들이 무엇인지를 조명하게 되었다.

## 연구방법론과 데이터 프랙티스

인문학자들은 물리적 유물, 이미지, 텍스트, 디지털 객체 등 남겨진 산물을 통해서 인간의 행위를 관찰한다. 연구방법론으로는 개별기술적(idiographic) 설명을 지향하며, 개인의 텍스트, 물건(objects) 및 집단과 문화를 깊이 있게 탐구한다. 대량의 데이터로 작업하게 되면서, 법칙정립적(nomothetic) 설명의 개연성이 점점 커지고 있으며, 더 많은 맥락을 통해 동일한 질문을 탐구한다.

디지털 인문학은 1949년으로 거슬러 올라가는데, IBM이 예수회 로베르토 부사(Roberto Busa) 신부와 협력하여 성토마스 아퀴나스 작품 전집에 용어색인(concordance)을 작성하면서 비롯되었다. 30년 동안 추진된 이 디지털 프로젝트는 현재 온라인으로도 접근 가능하다. 인문학 학술연구를 위한 도구, 서비스, 인프라는 계속 확장되었고, 이에 따라 가용한 디지털 콘텐츠 용량 및 다양성도 확장되었다. 연구 실무에는 상당한 기술이 내면화되어 있어, 일부 학자들은 '디지털 인문학(digital humanities)'을 동어반복으로 간주한다. 다른 학자들은 확장되는 연구방법론과 증거의 원천을 뜻하는 '디지털 인문학'이라는 용어가 여전히 유용하다고 본다(Alarcón 2000; Borgman 2007, 2009; Burdick et al. 2012; Wouters et al. 2012).

인문학자들은 물리적 형태로만 존재하는 독특한 자료들, 즉 편지나 메모, 조약, 사진 등에 매우 많이 의존한다. 대학, 박물관, 정부 기관, 공공 및 사설 기관의 아카이브에는 이러한 많은 원천들이 소장되어 있다. 아키비스트(기록관리자)는 가능한 원본을 유지하는 가운데, 이러한 자료를 조직하여 맥락을 제공한다. 인쇄 및 온라인 형태의 검색 도구들은 계층적 용어 색인으로 컬렉션, 자료 상자, 개별 항목에 접근하게 해준다. 연구자들은 아카이브를 방문하여, 관심 주제의 자료 상자를 확인하고, 상자 몇 개를 요청한다. 상자 안 폴더에는 자료들이 정리되어 있다. 아카이브 이용자들은 자료들을 정리 순서대로 유지하기 위해 대개 한 번에 한 폴더만을 들여다볼 수 있다. 개인적인 기기 사용에 대하여 아카이브마다 매우 다양한 정책이 있다. 이용자가 디지털 스캐너를 소지하는 것을 허락하는 경우가 가끔 있으나, 많은 경우에 디지털 카메라로 사진 촬영하거나 휴대용 컴퓨터로 메모 작성하는 것까지는 가능하다. 그러나 상당수 아카이브에서는 종이와 연필만을 허용한다.

연구대상에 대한 비교는 다양한 형태의 인문학 탐구에 필수적이다. 비교 대상은 아카이브에 있거나, 세계 곳곳에 흩어져 있는 공개된 장소에 있을 수 있는데, 그렇기 때문에 연구대상에 대한 표현체(representations)를 기반으로 비교해야 할 때가 있다. 학자들은 대상의 특징을 메모하거나, 사진을 찍거나, 스케치하는 등 다양한 수단으로 대상을 표현한다. 또한 다른 학자의 표현 방식을 가져오기도 한다. 원본(original object)이 더 이상 존재하지 않거나 직접 관찰할 수 없으면, 학자들은 증거의 원천으로써 전적으로 표현체에 의존하게 된다. 연구대상 객체 및 그 표현체에 대한 디지털화는 이처럼 비교에 의존하는 방법론의 변화를 가져왔다. 텍스트, 이미지, 사운드 등의 개체들을 – 또한 그 일부분을 – 스크린에 나란히 두고, 혹은 컴퓨터 모델링을 통해 과거에는 결코 가능하지 않았던 방식으로 비교할 수 있다.

일부 인문학자들은 구술 언어를 녹음하거나 고고학 발굴 현장에서 관찰자료를 수집한다. 이러한 경우, 관찰에 대한 표현체는 대체불가능한 형태의 증거가 된다. 희귀하거나 사라진 언어는 언어학 및 문명 탐구를 위한 자원이다. 발굴작업은 현장을 원래 상태로 복원될 수 없도록 땅을 변화시킨다. 유물은 안장된 곳에서 출토되고, 보존 및 안전을 위하여 옮겨진다. 사진 촬영을 하고 3D 디지털 스캔을 하고, 무게를 달고, 세부사항을 메모하고, 정확한 위치를 포착하는 등 많은 종류의 도큐멘테이션 작업을 한다. 광선 탐지를 통해 식별이 가능하도록 만든 LIDAR(light ranging and detection) 같은 시각 기술처럼 덜 파괴적인 도구를 사용하여 현장에 대한 관찰을 기록할 수도 있다.

인문학자들은 종종 다른 도메인의 학자들과 협력관계를 맺음으로써, 많은 데이터 원천과 새로운 문제를 위한 방법론을 결합시킨다. 문명의 유산을 지도로 그려주는 지리정보 시스템을 활용할 수도 있고, 수십 년 및 수백 년 전 도시와 장소에서의 사회 행동을 모델링하기도 한다. 또 어떤 학자들은 디지털 형태의 텍스트와 시, 출판물을 대상으로 실험한다(Burdick et al. 2012; Fitzpatrick 2011; Frischer et al. 2002; Presner 2010). 인문학 연구 방법론은 이 분야의 데이터 원천처럼 유동적이다. 학자들은 인문학 도메인의 특정한 방법론을 배우고 익혀왔지만, 사회과학 전반에 통용되는 연구방법론 과목과 프랙티스같이 공통된 특징을 갖지는 않는다. 인문학의 전문성은 종종 멘토와의 오랜 지도관계 속에서 개발되거나 독립된 연구로 만들어진다. 인문학에서 박사학위를 받는 데 걸리는 평균 기간은 자연과학이나 사회과학 영역보다 훨씬 길다.

## 인문학 연구사례

인문학에서 데이터 학술연구는 물리적 유물 연구와 관련된 디지털 컬렉션의 생성 및 활용을 탐구하는 사례에서 살펴본다. 이를 위해 증거의 원천이 자료에서 디지털 객체로 전환되는 과정을 묘사하고 데이터 학술연구가 어떻게 변화되는지, 학자들이 데이터로 사용하기 위해 특정 개체들을 어떻게, 언제, 왜 선택했는지를 보여주는 사례를 선정했다. 첫째 사례는 고전예술 및 고고학이라는 두 분야에 걸친 연구이다. 그 하나의 모범사례는 옥스퍼드 대학의 CLAROS 프로젝트인데, 문화 유산 현장과 기념물, 객체에 대한 테크놀로지 기반의 테스트 베드를 만드는 학제적 협력연구이다. 다음 본보기는 역사적 청동 조각상인 피사 그리핀(Pisa Griffin)의 고고학적 야금술 분석에 초점을 둔 연구이다. 후자의 경우 그리핀이라는 '유물의 일대기' 작성을 위하여 상호보완적 전문성을 갖는 학자들이 참여한다.

두 번째 사례는 불교 연구인데, 한 명의 중국불교 문헌학 연구자가 물리적 텍스트와 유물을 결합시킨 디지털 컬렉션을 어떻게 사용하는지를 탐구한다. 3세기경으로 거슬러 올라가는 텍스트의 디지털화는 연구자의 연구 행위에도 커다란 변혁을 가져오게 되었다.

## 고전예술과 고고학

고전예술 및 고고학은 연구가 교차되는 영역에 있으며, 두 분야가 합쳐져 인문학, 사회과학, 자연과학으로부터 방법론, 이론, 전문성을 가져온다. 고고학 발굴현장에서 출토된 유물은 문화적, 예술적 가치를 위해 연구된 다(Wiseman 1964; Yoffee and Fowles 2011). 사회과학자들은 이러한 유물이 사용되고 만들어진 사회가 무엇을 보여주는지를 연구한다(Smith et al. 2012). 고고금속공학자 및 재료과학자들은 금속, 광석, 도자기, 염료 등 유물의 성분을 규명하고, 유물의 연대 측정, 기원의 추적을 위해 이러한 객체들을 연구한다(Northover and Northover 2012). 동물 고고학자들은 동물의 잔해를 연구하고, 사회에서 동물이 어떻게 사용되는지를 탐구함으로써 고대 유물의 연구에 생명과학을 적용한다(Crabtree 1990).

고고학 발굴은 학술적 증거의 주요 원천이다. 발굴을 통해 산출되는 데이터의 형태는 탐구 형태나 전문적 관습, 수집 시기에 따라 다양하다. 19세기 고고학 전성기에 포로 로마노(Roman Forum) 및 주요 발굴 현장에서 처음 작업이 진행될 때, 유물들은 종종 현장에 파헤쳐지고 더미로 함께 쌓여져 조사되었다. 선정된 개체들만이 목록으로 정리되었고, 많은 것들이 약탈되었다. 온전하게 유물 목록이 작성되지 못하였으며, 유물이 최초로 발견된 위치도 주의 깊게 기록되지 못했다. 20세기에 들어와서야 유물의 위치정보가 최소한으로 기록 관리되기 시작했다. 이스터섬 같은 중요 현장에서 찍은 사진, 슬라이드 등 다른 형태의 증거가 이름표도 없이 상자에 담겨 기록관리자들에게 계속 넘겨진다. 현재의 모범 사례는 발굴 현장의 환경에 대하여 가능한 상세히 묘사하면서, 각 유물의 위치를 꼼꼼하게 기록하는 것이다. 각 항목이 발견된 절대적이고 상대적인 위치에 대한 기록은 객체 하나하나에 대한 맥락을 이해하는 데 필수적으로 간주된다. 문화유산 유물이 우연히 발견되면, '발굴 지점'에 대한 기록은 상세히 유지되지 않는다. 청동검의 발견이 이러한 사례인데, 농부가 밭을 갈면서, 또는 토탄 늪지를 정리하면서 청동검이 계속 발견되었다(Faoláin and Northover 1998).

세계적으로 위대한 박물관 컬렉션의 다수는 문화유산을 통제하는 국가적 권한에 대한 특별한 고려 없이 수집된 것이다. 20세기 후반까지도 고고학자들과 탐험가들은 문화유산과 유물 더미를 갖고 본국으로 귀국할 수 있었다. 이러한 문화 유물이 예술로서 또는 수집할 만한 물건으로서 금전적 가치를 얻게 되면서, 불법 거래가 성행하였다. 1970년에 유네스코는 문화재 거래를 통제하는 협약을 채택하였다. 아직은 법적인 세부 사항이 국가마다 다르고, 예술품, 원고, 표본, 인간 유골 등 내용에 따라 다르게 적용된다(UNESCO 1970, 2013). 학자들은 이제 디지털 기록과 공책, 사진, 광이미지, 관찰을 기록한 표현체를 들고 귀국한다. 이것이 연구 출판을 위해 쓰이고, 다음 연구를 계획하게 해주는 데이터인 것이다.

## 크기 문제

인문학은 수백 년 동안의 학술연구로 성숙했지만, 대부분의 연구 프로젝트는 여전히 한 명 또는 소수 연구자가 관여한다. 데이터의 원천은 용량도 크고, 매우 다양할 수 있지만, 일반적 속도의 관점에서는 느리다. 많은 연구자들이 유물과 기록의 작은 일부분을 근접 검사하고 이질적인 증거의 원천을 함께 추출하면서 몇 달, 몇 년을 작업한다. 개별 발굴에서 나오는 기록은 수십 또는 수천 건이 될 수도 있다. 디지털 컬렉션에는 수백만의 기록 레코드를 보유할 수 있다. 유물의 3D 고해상도 스캐닝은 기가바이트, 테라바이트 크기의 디지털 파일을 산출한다.

## 언제 데이터가 되는가?

인문학은 무엇을 또는 언제 데이터로 쓸 수 있는지를 결정한다는 점에서는 사회과학과 비슷한 위치에 있다. 소여(Sawyer, 2008)의 용어를 빌리면,

오랫동안 데이터 빈곤 상태였던 연구 영역들이 지금은 데이터로 익사할 수준이 되었다. 학자들은 희귀한 필사본 하나에 매달리는 대신, 디지털로 된 원고의 다양한 컬렉션에 접근할 수 있게 되었다. 증거로서 무엇을 사용하고, 어떤 현상을 쓸 것인지 선택하는 일은 이제 쉽기는커녕 더욱 어려워졌다. 학자들은 데이터로 사용되는 개체들을 규명해냄으로써 경쟁 우위의 위치에 서게 된다. 이러한 개체들은 이름 없는 평범한 장소에 숨겨져 있을 수 있다. 다른 분야에서 데이터로 사용된 객체는, 인문학 연구를 위한 목적으로 재조정되어 새로운 형태의 데이터가 될 수 있다. 천문학자에게 갈릴레오가 관찰한 목성의 달은 천체에 대한 증거이다. 과학, 종교 또는 정치 역사가들에게 갈릴레이의 관찰은 그 당시 문화에 대한 증거가 된다.

데이터 학술연구와 관련하여 인문학은 고유의 특성 때문에 자연과학 및 사회과학과 구별된다. 한 가지 특성은 해석 및 재해석에 집중한다는 것이다. 힉스 입자는 오직 한 번 발견되지만, 셰익스피어의 『햄릿』은 반복적으로 재해석될 수 있다. 두 번째 특성은 데이터 원천의 다양성과 해석을 위해 요구되는 전문성이다. 많은 종류의 인문학 탐구를 위해서, 학자들은 다수 언어를 말하거나 읽어야 하고, 다수의 글자 및 문자 집합을 잘 알아야 한다. 연구 객체의 맥락을 잘 알아야만 비교를 할 수 있다. 이러한 두 가지 특성으로 인해, 데이터 원천은 반복 재사용되고, 시간이 경과할수록 축적되어 가치가 높아진다. 이에 반하여 동일 객체가 많은 방법으로 표현되고 해석될 수 있기 때문에, 컬렉션이 사용되는 다양한 상황을 포괄하는 분류 메커니즘을 적용하는 것은 대단히 어려운 일이 되었다.

**원천과 자원** 인간 행위의 증거로서 거의 모든 것을 사용하기 때문에, 인문학 데이터 학술연구의 잠재적 원천이 무엇인지를 경계 짓는 것은 지극히 어려운 일이다. 박물관, 도서관, 기록관은 무엇을 수집할 것인지를 결정하는 경계선에서 각기 방향을 설정한다. "기억의 기관(memory institutions)"
이라는 이들 세 기관의 역할은 특히 디지털 객체와 관련해서 상당히 중복
된다. 각 기관은 기관의 사명에 따라 객체를 표현하고 정리한다. 도서관
은 출판자료를 널리 수집하기 때문에 표현과 정리에 있어서 가장 지속적
이다. 목록과 분류 메커니즘이 세상 어디든 똑같지는 않겠지만, 같은 책
을 소장하는 연구도서관에서 이를 동일하게 기술할 수 있도록 충분히 조
화시킨다. 그러나 박물관과 기록관에서의 상황은 다르다. 두 개의 유사
객체들, 동일 예술가가 만든 무용수 조각은 미술박물관, 무용 박물관, 해
당 예술가의 기록관리 컬렉션에 수집될 때나, 예술가의 국가나 지역의 문
화 박물관에서 수집될 때 각각 다르게 취급될 것이다. 조각작품의 디지털
이미지는 다른 컬렉션들에 수집되어 더 많은 방법으로 표현되고 정리될
수 있다. 인문학에서 무엇이 데이터 원천으로 또는 자원이 되는가는, 데
이터 형태, 장르, 기원 또는 원래 상태에서 변형된 정도에 따라 구분된다.

*물리적 객체 대(versus) 디지털 객체*  자료를 대상으로 종이, 파피루스, 제
본, 표기, 잉크, 이미지, 기술, 구조 등을 연구하는 학자들은 인공물을 관
찰하고 처리하고 실험을 해야 한다. 그러나 희소하고 귀중하며, 손상되기
쉬운 유물에 손대는 것을 허용하는 도서관이나, 기록관, 박물관은 거의
없다. 접촉이 허용되어도 특정 방법으로만 간단히 허용하고, 희귀서는 빛
노출을 제한하기 위하여 종종 한 번에 한 페이지씩 공개하는 경우도 있
다. 종이, 금속 및 다른 물체를 실험하기 위해서는 연구 객체 소유자에게
협조를 구해야 할 수도 있다.
　문서의 내용을 공부하는 학자들에게는 디지털 표현체가 원본 못지 않
게, 오히려 더 좋을 수도 있다. 디지털 이미지를 가지런히 비교하여, 가까
이 훑어보고, 비교하고, 출력하고, 주석을 달면서 조사할 수 있다. 페이지
의 일부와 이미지를 확대함으로써 현미경적 분석 기법을 적용할 수 있다.

텍스트와 이미지 상태를 향상시킬 수 있어, 육안으로는 볼 수 없는 미세한 흔적들을 볼 수 있게 해준다.

*디지털(Digital) 대 디지털화(Digitalized)*   디지털 컬렉션은 컴퓨터로 작성된 책이나 학술지 논문과 같은 "본래적 디지털(born digital)"과 문서, 이미지, 사운드 레코딩 등 물리적 아날로그 형태에서 디지털화된 레코드로 구성된다. 인문학 컬렉션의 대부분은 물리적 아날로그 자료의 디지털화된 표현체로 구성된다. 본래적 디지털 콘텐츠가 많아지면서, 균형이 옮겨갈 것으로 예측된다.

*대용물(Surrogates) 대 전문(full Content)*   1980년대 자동화 발전 이전까지는, 학자들은 책이나 기록물, 유물을 청구하면서 종이 목록이나 우편 통신에 의존했다. 디지털 대용물로서, 서지 레코드, 썸네일 형식(thumbnail) 이미지 파일, 시청각 클립 등 객체에 대한 표현체를 온라인으로 가용할 수 있게 되자, 학자들은 무엇이 어디에 존재하는지 쉽게 확인할 수 있게 되어, 자료를 찾으러 돌아다니는 시간과 인력 소모를 상당히 줄일 수 있게 되었다. 그러나 온라인 목록과 다른 검색 도구들이 속도와 규모를, 또한 탐색과 검색을 위한 편의를 제공함에도, 대용물 컬렉션은 학술연구 프랙티스에 근본적 변화를 이끌어내지는 않는다.

원문 전체를 디지털로 만든 전문(Digitalizing full content)은 인문학 연구의 다음 단계 변신이며, 자료를 온라인으로 보급할 수 있게 되었다. 자료들이 어떻게 디지털화되었는지에 따라, 데이터 자원으로서 분석되고 결합되며 모델을 구성하고 활용될 수 있다. 역사 기록문서, 이미지, 시청각 녹음자료를 스캔 작업하여 온라인으로 게시하는 것처럼 엄청난 분량의 도서들도 스캔되기 시작했다. 오래되거나 알려지지 않은 자료들의 가용성이 높아지면서 대형 연구도서관 컬렉션에 접근이 용이하지 않은 나라 및 기관의 독자들에게 아주 요긴하게 되어, 예측하지 않은 방식으로 학술연구가 민주화되었다.

　대용물은 종종 디지털 콘텐츠를 기술하고, 위치를 찾고, 검색하며, 진본성을 확인하는 데 필수적인 것으로 남아 있다. 텍스트 기반이 아닌 콘텐츠를 사용하면, 대용물 레코드 정보에 거의 전적으로 의존하게 된다. 예컨대, 이미지나 사운드 클립에서 작가 관련 정보나 날짜, 기원, 소유, 등 여타의 맥락 정보가 없이는 연구 목적에 부합하는 가치를 갖는 경우가 거의 없다.

*정지화상(Static Image)* 대 *검색 가능한 표현체(Searchable Representations)*　검색 가능한 텍스트, 이미지, 오디오, 비디오 같은 표현체가 널리 사용되면서, 인문학 연구 프랙티스는 다음 단계의 변신을 하게 된다. 디지털 콘텐츠 개발은 정도의 문제인데, 정지화상에서부터 시맨틱으로 풍부하게 표현된 객체에 이르기까지 다양하다. 이러한 특성은 텍스트 변환 사례로 아주 쉽게 설명된다. 기계적 수단으로 문서를 표현한 초기 방법은 각 페이지를 관련 기술로 시각적으로 완벽히 표현하는 것이다. 페이지를 사진 찍고 디지털 이미지로 만든 것은 종이 사본보다 용이하게 보급되었으나 기능성 측면에서 인쇄된 책과 별반 다르지 않다. 이용자들은 목차면을 참조하거나 브라우징을 통해서 관심 있는 페이지를 찾을 수 있을 뿐이다. 학술자료의 많은 부분이 페이지 이미지에 대한 온라인 접근만이 가능한 것으로 남아 있으며, PDF 초기 버전이나 일부는 독점권이 있는 다른 포맷으로 스캔 작업이 되어 있다.

　검색되기 위해서는, 개별 글자와 단어가 식별되어야 한다. 텍스트는 수작업 입력 또는 OCR(광학문자판독) 기법으로 변환되었다. OCR은 20세기 초반의 전신 시스템에 기원을 둔다. 이 기술들은 많이 향상되었지만, 흰색의 종이 배경에 현대식 폰트로 입력된 텍스트가 가장 효과적인 것으로 남아 있다. 그러나 역사책이나 역사기록은 이 기준을 충족시키기 어려운 경우가 있다. 과거 몇 세기 전에 인쇄된 텍스트를 변환하는 작업은 사전 편찬 및 컴퓨터학에서 활성화된 연구 영역이며, 상당히 어려운 기술적 도전이다.

1992년의 유니코드 시스템의 표준 채택으로 모든 주요 운영체제, 영상 및 인쇄기술에 적용되면서, 본래적 디지털 텍스트를 현대 언어로 표현해주고 문자 세트가 검색될 수 있게 되었다. 텍스트 변환을 위해서, 현대적 OCR 기술은 문자열을 인식할 수 있고, 매핑이 가능할 경우 유니코드로 변환시킬 수 있다(Unicode. Inc. 2013; ISO 10646 2013). 밀리언 북스 프로젝트(Million Books Project)나 구글 북스 같은 대량의 텍스트 디지털 작업이 유니코드와 OCR기술로 가능해졌지만, 학술연구를 수행할 정도로 충분히 정확하게 변환되었는지는 쟁점으로 남아 있다(Duguid 2007; Nunberg 2009, 2010).

OCR 기법으로 잘 변환되지 않는 스캔 처리 텍스트는 크라우드소싱(crowdsourcing)으로 해석되고 있다. CAPTCHA(Completely Automated Public Turing test to tell Computers and Human Apart)는 웹사이트 보안에 사용되는 똑똑한 기술이다. 새로운 계정, 비밀번호, 특별 권한을 요청할 때, 퍼즐로 제시된 문자열을 베껴 쓰게 한다. 하루에 약 2억 개의 CAPTCHA 퍼즐을 푸는데, 이는 인간 노동으로 약 15만 시간에 해당된다. ReCAPTCHA는 OCR 변환이 실패한 텍스트에서 퍼즐을 생성한다. 4만 개 이상의 웹사이트에서 고문서 전사를 위해 ReCAPTCHA 기술을 사용하고 있다. 성가신 퍼즐들이 텍스트 전사작업의 정확성을 높여주고, 인간노동을 효과적으로 사용하게 해준다(von Ahn et al. 2008; reCAPTCHA 2013).

구텐베르크, 즉 활판인쇄술 발명보다 오래전에 만들어진 텍스트는 해석이 더욱 어려워, 인간의 개입이 요구된다. 학자들은 대용량의 희귀자료 변환을 지원하는 크라우드소싱을 적용하고 있다. 예컨대 Ancient Lives는 수천 년 이전의 고대 이집트 파피루스에 씌어진 텍스트를 옮겨 적는 Zooniverse 프로젝트의 하나이다. 크라우드소싱 자원 봉사자들은 파피루스 이미지를 제시받고 개별 문자들을 중간에 표시하고, 그것들을 알려진 문자표에 매칭시켜 식별해주도록 요청받는다. 파피루스에서 몇 글자라든가 크기라든가 몇 가지 특징을 식별해내는 것만으로도, 학술 프로젝트에서 문서의 내용을 결정하는 데 도움이 된다(Ancient Lives 2013).

*검색 가능한 문자열(Searchable Strings) 대 향상된 콘텐츠(Enhanced Content)*
연구방법론의 보다 근본적인 변환은 자료의 온전한 활용을 위해 보강되었을 때 가능하게 되었다. 인문학은 1980년대 중반 TEI(Text Encoding Initiative)와 같은 노력을 통해서 디지털 문서의 구조화된 표현 방법을 개척한 바 있다. 텍스트의 디지털 프로젝트는 TEI 표준과 관련 도구들에 따라 라틴어와 그리스어의 변환, 음악 등 다양한 형태의 자료에도 적용되고 있다(Text Encoding Initiative 2013).

인문학은 다른 과학과 유사하게, 전체 텍스트 코퍼스를 디지털 객체로 다룰 수 있는지에 대한 탐구 문제를 새롭게 선택하는 길을 열어준다. 검색 가능한 문자열, 띄어쓰기, 구두점은 페이지 이미지보다 훨씬 유용하다. 단어, 구절, 표제, 장, 페이지 구분, 개인명, 장소, 인용 등 여러 단위에 대한 의미론적 정보가 표현될 때, 더욱 풍부한 분석이 가능해진다. 예컨대 평범한 텍스트에서 'Paris'와 'brown' 같은 단어가 식별되는데, 의미론적으로 코딩된 텍스트에서는 Paris를 도시, 그리스의 신, 석고 모형으로 구분하며, brown은 색상, 또는 성(이름)으로 구분된다. 마찬가지로 이미지, 오디오, 비디오도 태그와 코딩으로 풍부하게 기술될 수 있다.

텍스트의 문자, 음악의 음표 등 연속적 순서들을 디지털 객체로 취급할 수 있게 되면, 컴퓨터 작업의 가능성이 확장된다. 제5장에서 DNA 염기서열 매칭을 위한 도구로 언급된 BLAST(the basic local alignment search tool)는 인문학에서도 가치가 있다. 18세기 프랑스 문서나 파피루스 기록 등 유사한 역사적 텍스트나, 음악 컬렉션에서 나온 비슷한 사운드, 다양한 형태의 많은 콘텐츠를 식별하는 데 이 같은 도구들이 사용되고 있다(Altschul et al. 1990; Ancient Lives 2013; Olsen, Horton, and Roe 2011).

이미지의 경우에도 레이저나 엑스레이 이미지 기술로 향상될 수 있다. 원래의 글 위에 다시 쓴 고대 문서인 팔림프세스트(palimpsests)는 판독하기 어렵기로 악명이 높다. 이미지 기법으로 글을 덧씌운 층을 분리시키고, 돌이나 나무에 쓰여 닳은 새김들도 보강되고 식별될 수 있다. 고대의 유물들에 광학을 적용하게 되면서 과학 분야 연구의 최전선에 유물이 등장하게 되었다(Knox 2008; Miller 2007; Salerno, Tonazzini, and Bedini 2007).

**지식 인프라** 전 세계 박물관, 기록관, 도서관, 기념물, 발굴 현장, 문화 유적지와 제도권 맥락 외부에서 가용되는 자료 등의 범위를 고려할 때, 인문학자들이 가용할 수 있는 컬렉션의 집합은 다양하다. 인문학은 또한 방법론적 전문성의 풍부하고 오랜 역사를 지니고 있다. 그러나 이러한 모든 자원과 전문성을 학자들을 지원하는 지식 인프라로 한 데 모으는 것은 상당히 어려운 과업이다. 자원의 다양성, 광범위한 분포, 접근 배열의 복합성은 인문학의 장점이자 단점이다. 심지어 고전예술과 고고학 학술연구에서 컬렉션과 전문성 경계가 명백하지 않기 때문에 논의가 제한적일 때가 있다.

일반적으로 인문학의 지식 인프라에 대한 관심은, 특히 고전예술과 고고학 연구를 중심으로 볼 때 자연과학이나 사회과학 사례들과는 많이 다르다. 한 가지 두드러진 특징으로 연구 컬렉션과 일반적 공공 컬렉션의 구분이다. 자연과학 분야 연구 컬렉션에 대한 연구비 지원에 비교하면 인문학에 대한 지원은 지극히 낮은 수준이다. 자연과학 분야 연구 컬렉션이 성공적으로 구축되어 더 큰 사회집단의 관심을 끌게 되면, 자원 컬렉션으로 성장하고 마침내 Protein Data bank나 Sloan Digital Sky Survey 같은 레퍼런스 컬렉션이 된다(National Science Board 2005). 인문학의 연구 컬렉션이 이러한 경로로 성장하는 것은 거의 드문 일이다. 박물관, 기록관, 도서관 같은 일반적 공공 컬렉션은 학술연구에 대단한 가치를 지닌다. 그러나 각 기관은 고유 미션과, 커뮤니티, 지배구조를 갖고 있다. 대개는 널리 공공을 위한 것이며, 연구자들을 위한 컬렉션은 일부분만을 차지한다. 이렇듯 이질적인 개체들의 컬렉션과 서비스를 공통 인프라로 함께 엮는 것은 가능하지 않을 것으로 보인다. 표준 및 분류 메커니즘에 대한 동의와 함께 약간의 상호운용성은 확보될 수 있으나, 상이한 여러 잠재적 이용자들을 지원하기 위해서는 복수의 중첩적인 컬렉션이 필요하게 된다.

두 번째 특징은, 넓게 보면 첫째 특징으로 인한 결과인데, 자연과학 및 사회과학 분야에 비교하여 인문학 기반에 직접적 투자가 거의 없다. 연구비 지원이 훨씬 부족하게 되니, 연구비 지원 규모도 작고 프로젝트 지원 기간도 훨씬 짧아진다. 컬렉션, 연구문제, 방법론의 다양성은 공통의 도구 개발에 어려움을 겪게 하고, 지속가능성에 계속 도전이 된다(Borgman 2009; Burdick et al. 2012; 2012; Zorich 2008). 인문대학 학과들에 대한 기술적 지원이 부족하고, 연구자들의 기술적 전문성도 다소 떨어지는 경향도 있다. 예외적인 경우도 많이 있어서, 일부 대학은 높은 기술적 전문성을 보유하거나 디지털 인문학센터가 많이 생기게 되면서, 최소한 국지적 범위에서 지식 인프라를 지원하는 경우도 있다(Parry 2014).

과학 분야에서 지식 공유는 종종 컬렉션 공유와 함께 형성되는데, 인문학에서는 온라인 커뮤니티와 컬렉션이 다소 독립적인 경향을 보인다. 학자들은 H - Net(Humanities and Social Sciences Online) 같은 소셜네트워크를 통해 전문성을 공유하고 커뮤니티를 형성한다. 이런 사이트들을 통해서 토론과 리뷰, 일자리 게시, 학술대회 개최 공고 등 다양한 정보가 교환된다(H - Net 2013b).

*메타데이터* 메타데이터는 맥락을 제공하지만, 누구의 맥락인가가 인문학에 특별히 쟁점이 된다. 이 같은 이유로 문헌의 "Western canon (서구적 정본 목록)"과 "great books"라는 교육학의 접근법(Bloom 1994)은 다양하고 더 많은 콘텐츠로 대체되고 있으며, 고전적 지식의 조직화 방법도 'postcolonial(탈식민지적)' 접근법으로 대체되고 있다. 고전적 방법일수록 컬렉션과 전문성 실무를 포괄하여 공통의 인프라 형성을 목적으로 만들어진다. 가장 잘 알려진 사례로 Getty Trust와 협력기관들이 개발하고 유지해온 Art and Architecture Thesaurus, Union List of Artist Name, Getty Thesaurus of Geographic Names, Cultural Objects Name Authority 같은 분류 메커니즘이 있다. 이들은 이름, 장소, 객체, 형식 및 이들의 관계와 속성을 표현하는 메타데이터를 제공한다. Art and Architecture Thesaurus는 고전예술과 고고학에 널리 쓰이지만, 용어 사용과 관계에 대한 표현은 적용 사례마다 다양하게 나타난다(Baca 1998, 2002; Borgman and Siegfried 1992; Getty Research Institute 2013; Harpring 2010). 수십 년 동안 개발되어온 CIDOC 개념적 참조 모델은 박물관 커뮤니티의 정보교환 및 통합을 위한 전시물 코딩 및 기술을 위해 현재 적용되고 있다. 고전예술과 고고학 프로젝트는 비교적 일찍 신개념을 채택한 조기수용자 집단이라고 할 수 있다(Binding, May, and Tudhope 2008; International Council of Museums 2013).

이 같은 공식 메커니즘은 시스템 간 표준화와 상호운용성을 촉진시킨다. 공식 메커니즘은 박물관, 기록관, 도서관의 데이터베이스 관리에 필수적인 엄격한 구조화를 제공한다. 그러나 전문가들이 독특한 객체를 표현하기 위해 기술한 용어가 때로는 박물관 관람자나 다른 관점으로 질의하는 연구자들에게는 외래 언어처럼 느껴지는 경우도 있다. 대안적 접근법으로 문화유산 및 문화재를 창조하고 사용하는 사람들의 언어를 써서 표현하는 방법이 있다. 여기에는 이미지 태깅을 통한 크라우드소싱과 상향식 분류 메커니즘 개발 같은 접근법이 포함된다. 대중을 참여시키고 컬렉션에 가치를 더하는 일은 의미 있는 일이나, 문화 유산의 언어적 '탈식민지화(decolonize)' 노력은 대중화의 대가로 표준화를 희생시킬 수도 있게 된다(Marshall 2008a, 2008b, 2009; Srinivasan, Boast, Becvar, et al. 2009; Srinivasan, Boast, Furner, et al. 2009; Srinivasan 2013; Steve: The Museum Social Tagging Project 2013).

프로비넌스  프로비넌스는 인문학의 핵심 개념이지만, 누구의 이력인가는 연구문제가 된다. 학자들은 연구의 일환으로 객체, 문서, 또는 여타 문화유산 자료의 기원, 소유, 위치에 대하여 기록 관리한다. 고전예술 및 고고학 분야에서는 무엇이 어디서 만들어지고, 어디에서 발견되었으며, 어떻게 사용되었고, 이러한 사용이 시간의 경과에 따라 어떻게 변화해 왔는가에 대해 구분을 한다. 프로비넌스는 객체의 구성요소들을 추적하는데, 객체의 칠, 석조, 금속, 나무 또는 이것들을 만들기 위해 사용된 장치들의 기원 같은 것들을 포함할 수 있다. 다른 시도로는 알려진 방법과 당대에 있을 법한 재료들을 써서 재구성하여 제작해볼 수 있다. 고전예술과 고고학에서는 연구대상에 대하여 기록한 기록이 거의 없거나, 연구대상이 문자 발명 이전의 것들일 수 있다.

프로비넌스, 메타데이터, 온톨로지는 고전예술과 고고학에서 설정하기가 매우 어려운 것으로 악명 높은데, 동일 아이템이 아주 많은 방법으로 이해될 수 있기 때문이다. 중국 고대의 찻주전자를 예로 들면 도자기로서, 디자인으로, 생산 측면에서, 차 제조 역사의 측면에서 시기와 역할에서 중요한 것일 수 있다. 실크로드를 따라 무역이 이뤄진 것을 보여줄 수 있고, 특정인 소유라서 중요할 수 있으며, 어디에서 출토되었는지, 또 관련된 다른 유물들 때문에 중요할 수 있다. 이러한 것들은 어떤 객체에 대한 프로비넌스가 어떻게 문서화되고 연구되어야 하는지 보여주는 몇 가지 사례에 불과하다.

박물관 소장품 큐레이션 기록은 알려진 입수 일자나 기원에 대한 기본 정보를 제공하지만, 소유자나 이전 경위, 관련 일자, 가격 등 민감한 세부 사항이 공개 레코드에 포함되는 것은 거의 드문 일이다. 크리스티 경매, 소더비 경매 같은 주요 예술 하우스의 경매 물품 목록에는 프로비넌스를 설정해주는 세부적 설명으로 기록된 정보들을 포함한다. 프로비넌스는 유네스코 협약과 다른 적용 법률(UNESCO 1970)에 의해 모든 당사자들이 준수해야 하기 때문에 복잡한 법적 문제가 되는 경우도 있다. 천문학에서처럼, 고전예술과 고고학 연구대상의 프로비넌스는 무한 회귀(infinite regress)될 수 있다.

유물 소유권에 대한 다툼이 있을 때, 프로비넌스 문제가 종종 전면에 나서게 된다. 대영박물관은 그리스와의 수십 년간 법적 공방을 진행하고 있음에도, 파르테논 신전 프리즈에서 가져온 대리석 조각물을 전시하고 이에 대한 합당한 소유권을 주장한다. 박물관은 석고상 옆에 19세기에 입수한 물품이라고 표시된 법적 권한 관련 기록을 함께 표시한다. 박물관 측은 그리스 조각상들을 고대 이집트, 아시리아, 페르시아 등지의 다른 유물들과 나란히 전시하고 있다(British Museum 2013). 아테네에 있는 아크로폴리스 박물관은 고대 아테네 역사의 맥락 속에서 파르테논 신전 프리즈 전시 위치를 지정해놓았다. 2009년에 아크로폴리스 박물관은 아크로폴리스 현장에 있었던 유물들을 전시할 수 있도록 공간을 10배 이상 확장하여 새로운 건물로 증축했으며, 오랜 시간 런던에 소장되어 있는 유물들의 귀환을 희망하고 있다(Acropolis Museum 2013).

*컬렉션*  컬렉션은 물리적이건 또는 디지털이건, 모든 분야 지식 기반에서 필수적인 구성요소가 된다. 고전예술과 고고학은 연구 목적 혹은 일반의 대중적 사용을 위해, 인프라 구성요소로 컬렉션이 어느 정도로 개발되는지 실제 사례들을 제공해준다.

연구비 지원기관에서는 프로젝트의 주요 목표나 연구 프로젝트의 부산물로서 연구 컬렉션 개발을 후원한다. 경쟁력을 얻기 위해 연구자들은 종종 새로운 미디어나 새로운 논쟁으로 의도적 위험을 감수하는 프로젝트를 제안하기도 한다. 그러나 연구비 지원 기관들이 커뮤니티를 위해 어떤 콘텐츠를 디지털화해야 더 좋은 것인지에 대한 전략적 의사결정을 하는 경우는 매우 드물다. 그보다는 일반적으로 매회 제출된 제안서 중에 최상의 연구계획에 보조금을 지급하는, 다소 대응적 방식으로 연구비 지원 결정을 내리게 된다. 그 결과 컬렉션 개발은 수요 측면보다 공급 측면에서 더욱 추진되는 경향이 있다. 천문학의 경우처럼, 커뮤니티에서 컬렉션과 기반에 대한 요구를 통일된 목소리로 요구하는 일은 거의 일어나지 않는다.

커뮤니티의 강력한 후원을 받는 컬렉션은 때로는 연구에서 레퍼런스 컬렉션으로 중심이 이동될 수도 있다. 설형문자 디지털 도서관(Cuneiform Digital Library)은 1990년대 연구비 지원을 통한 디지털 도서관 프로젝트에서 참여기관들의 지속적 후원으로 운영되는 시스템으로 전환되었다. 한때 물리적으로 모여 있던 점토판(Tablets)은 현재는 전 세계 컬렉션으로 흩어져 있다. 개별 점토판은 타입, 장르, 위치, 기간 등의 특성에 따라 목록으로 작성된다. 이제 학자들은 디지털 도서관의 도구와 자원을 활용하여, 개별 객체들 혹은 관련된 객체를 디지털로 재구성하여 연구할 수 있게 되었다(Cuneiform Digital Library Initiative 2013).

언어학 코퍼스 연구를 위한 유럽 연합의 프로젝트인 CLARIN(Common Language Resources and Technology Infrastructure)은 컬렉션, 인프라, 커뮤니티 구축의 문제를 전체적으로 다룬다. 프로젝트의 목표는 "글로 표기되거나, 음성, 비디오나 다양한 형태의 디지털 언어 데이터"에 대한 "쉽고 지속가능한 접근"이다. 기술 개발, 이용자 참여, 데이터 자원, 유럽 전역의 데이터 리포지토리 연합을 통한 상호운용적 서비스 등이 여기에 포함되어 있다(CLARIN European Research Infrastructure Consortium 2013).

예술과 인문학의 연구비 지원기관들은 몇 가지 눈에 띄는 실수를 겪고 난 뒤, 더욱 분명하게 인프라와 지속가능성 문제에 초점을 두기 시작했다. 영국의 예술인문학 연구위원회(AHRC)는 예술인문학데이터센터(AHDS)를 설립하여 연구비 지원을 받은 프로젝트에서 생산된 데이터를 아카이브하고, 재사용을 위해 쓸 수 있게 하였다. 이 시스템은 디지털 자원의 생성 및 기탁을 후원하였고, 모범사례가 될 만한 지침들을 제공하였다. AHDS는 검색 역량을 유지시키는 온라인 환경보다는 근원이 되는 데이터 자원 보존에 포커스를 두었다. 2008년에 연구비 지원이 중단되어 웹사이트와 상당 분량의 기록 문서들이 남아 있지만, 이 컬렉션은 더 이상 검색할 수 없게 되었다. AHDS의 폐쇄는 이 같은 자원을 유지하는 연구 커뮤니티와 연구비 지원 기관들이 기울여 왔던 기여에 경종을 울렸다. 비공개 아카이브(dark archive)에서 후위(back - end) 콘텐츠를 유지할 것인지 아니면 능동적인(active) 웹사이트와 서비스를 유지할 것인지, 학술적 지속가능성인지 기술적 지속가능성인지, 보존을 선택할 것인지 큐레이션을 선택할 것인지, 이러한 컬렉션의 이용 및 수요에 대한 선택의 문제들이 생겨나고 있다(Arts and Humanities Data Service 2008; Robey 2007, 2011).

또 하나의 유망했던 인프라 구축 노력이 실패한 것으로 2008년부터 2012년까지 앤드류 멜론 재단(Andrew W. Mellon Foundation)에서 후원한 Project Bamboo(대나무 프로젝트)가 있다. 이 프로젝트는 인문학 커뮤니티 구축과 도구 및 서비스 개발에 상당한 투자를 했다. 이 책을 쓰는 2015년에 공식적으로 중단되었는데, 웹사이트와 위키 아카이브, 소스 코드는 공개 리포지토리를 통하여 배포되었다(Project Bamboo 2013).

인문학 연구비 지원 기관들의 지식 인프라와 지속 가능성에 대한 우려는 데이터 관리계획(DMP)이나 기술 계획(technical plans)이라는 새로운 요구사항으로 반영되었다. 연구자는 어떤 데이터와 관련 기술로 접근 및 재사용을 유지할 것인지, 또 기간은 언제까지 관리할 것인지를 반드시 특정해야 한다. 모든 컬렉션과 기술이 무한한 가치를 지닐 것으로 예측되지는 않지만, 지속 및 중단 계획도 연구비 제안서의 일부로 포함되었다(Arts & Humanities Research Council 2012; McLaughlin et al. 2010). 멜론 재단에서 후원하는 ConservationSpace 프로젝트에는 자료 보존을 위한 도큐멘테이션 작업에 연구비가 지원된다(ConservationSpace 2013).

초기 디지털 컬렉션에 대한 간략한 검토를 통해 일부 인프라에 대한 교훈을 살펴볼 수 있다. 구텐베르크 프로젝트(Project Gutenberg), 비즐리 아카이브(Beazley Archive), 페르세우스 프로젝트(the Perseus Project), the Valley of Shadow는 1970년대와 1980년대에 시작되었다. 연구 컬렉션으로서 이들 프로젝트는 연구자 한두 명의 주도로 시작되었다. 스턴(Michael Stern)은 일리노이 대학 컴퓨터를 활용하여, 텍스트를 입력하는 자원봉사자를 모집하고 책에 대한 자유로운 온라인 접근 서비스를 제공하는 구텐베르크 프로젝트를 1971년에 출범시켰고 처음으로 'e-books'를 만들었다. 학술적 의도로 시작되었지만, 구텐베르크 프로젝트는 저작권 소멸 자료들만을 대상으로 디지털 작업을 할 수 있었다. 이러한 작업의 결과물은 종종 학자들이 믿을 수 있는 권위 있는 정본이 아닐 수도 있다. 구텐베르크 프로젝트는 현재 free e-books의 주요 원천으로서 기증 및 연구비 지원, 다른 협력기관들의 후원으로 추진되고 있다(Hart 1992, 2013).

옥스퍼드 대학의 쿠르츠(Donna Kurtz) 등이 1979년에 메인 프레임 컴퓨터로 시작한 비즐리 아카이브는, 고전 예술품의 디지털 표현에 초점을 두고 있다. 학교와 일반 대중에 서비스하기 위해 설계되었으며, 2009년에는 영국여왕 기념상(the Queen's Anniversary Prize)을 수상하기도 했다. 비즐리 아카이브는 지속적 성장과 콘텐츠 보강을 통하여, 컬렉션만큼 인프라를 중요시하는 CLAROS 프로젝트의 핵심적 위상을 차지했다(Burnard 1987; Hockey 1999; Kurtz and Lipinski 1995; Moffet 1992; Robertson 1976).

1985년 이래 터프츠 대학의 크레인(Gregory Crane)이 이끌어온 페르세우스 프로젝트는 그리스, 로마 고전 텍스트에 대하여 애플의 하이퍼카드 시스템을 통한 데이터베이스 구축으로 시작되었다. 1994년까지는 사회기술적 평가 시스템 및 서비스의 대상이었고(Marchionini and Crane 1994), 이후 1995년에 신생 World Wide Web으로 이전하게 되었다. 후대의 많은 기술을 적용함으로써 현재 페르세우스 디지털 도서관(Perseus Digital Library)으로 알려지게 되었는데, 다양한 언어와 시대적 배경을 아우르는 예술, 고고학, 역사 자료들을 포함하고 있다. 크레인과 동료들은 페르세우스 자원으로 고전 연구를 수행하고, 디지털 도서관에 대한 기술 연구를 계속하고 있다(Crane and Friedlander 2008; Smith, Mahoney, and Crane 2002; Perseus Digital Library 2009).

The Valley of the Shadow는 1993년부터 2007년까지 에어스(Edward Ayers)가 미국 남북전쟁을 연구하고 학습하기 위한 대중적 자원으로 개발하였다. 이 시스템은 기록물에 대한 새로운 검색과 표현 방식으로 향상된 디지털 접근을 제공하였다. 에어스와 동료, 학생들은 이 자료들을 활용하여 뱅크로프트상(Bancroft award)을 수상한 책을 집필하는 등 출판물을 발표했으나, 다른 학자들이 연구 자원으로 이 시스템을 활용한 사례는 거의 없었다(Ayers and Grisham 2003; Ayres 2003, 2007). 에어스가 다른 대학으로 옮겨간 후에도 버지니아 대학은 자료 접근성과 학술연구에 활용이 될 수 있도록 2년 동안 10만 달러 상당을 지원하는 등 큐레이션에 투자를 했다(Howard 2014).

이질적 디지털 컬렉션을 통합시킴으로써 인프라를 구축하려는 전략적 시도로는 유로피아나(Europeana)와 미국디지털공공도서관(Digital Public Library of America, DPLA)이라는 프로젝트가 있는데, 둘 다 문화유산에 초점을 두고 있다(Europeana 2013; Digital Public Library of America 2013). 이 프로젝트들은 도서관, 박물관, 기록관의 콘텐츠를 포함하고, 다양한 연구기금의

278

원천을 갖고 있으며, 범위도 광범위하다. 유로피아나는 유럽 국가들부터 정보자원을 수집하며, DPLA는 미국을 기반으로 하는 컬렉션인데, 모두 국제적 협력기관을 파트너로 갖고 있다. 유로피아나의 주요 연구비 지원 기관은 유럽 연합이며, DPLA는 비영리조직으로서 공공 및 사립재단으로부터 후원을 받는다. 이 두 프로젝트는 연구 목적에 사용되는 중요한 컬렉션을 보유하지만, 특정 커뮤니티를 위한 연구 컬렉션으로 사용하는 것을 주된 목적으로 하지는 않는다.

**외부 요인**　인문학에서 데이터 자원에 대한 접근은 특히 외부적 요인에 의해 제한된다. 고전예술 및 고고학 분야에는 특히 많은 위험이 따를 수 있다. 유물은 흔히 오래되고, 가치가 있어서, 소유권 분쟁에 휘말릴 수도 있다. 취급 관리에 다양한 법률과 정책이 동원되지만, 관할권에 따라 종종 갈등이 생긴다. 연구자, 대학, 학교, 도서관, 박물관, 기록관, 정부, 개인 소유자, 거래상, 대중을 망라한 이해관계자는 많고 서로 경쟁적이다. 경제적, 재산권적, 윤리적 문제들 가운데 일부는 아주 다루기 힘들고, 협상의 대상이 되는 것도 있다.

*경제성과 가치*　다른 분야에서와 마찬가지로, 인문학에서 특정 자원의 가치는 그것이 어떻게 포장(packaging)되었는지에 달려 있다. 고전예술, 고고학 범주의 객체들 중에는 학술적 가치가 높고, 어떤 것은 재산 가치도 높은데, 학술적 금전적 가치를 모두 갖는 경우도 있으나, 둘 다 없는 경우도 있다. 이 분야 연구자들은 다수의 상충되는 경제적 특성 속에서 기능을 한다. 학술 목적으로 개발된 컬렉션인 Perseus Project, Beazley Archive, Valley of the Shadow, Arts and Humanities Data Service, Archaeological Data Service는 모두에게 공개되어 있으며, CLARIN ERIC의 언어 자원들은 공동자원(common - pool resources)으로 간주된다. 이러한 컬렉션은 커뮤니티 구

성원들이 다양한 수준으로 관리 통제하면서 지속가능성(sustainability)과 무임승차자(free rider) 문제에 대처해 나간다. 미국디지털공공도서관(DPLA)과 유로피아나 같이 일반 대중을 위해 개발된 컬렉션의 경우도 마찬가지이다. 컬렉션의 상당 부분이 저작권 보호를 받는 물리적 객체나 텍스트에 대한 디지털 대용물이다. 물리적 객체와 텍스트는 공공, 사립 기관 또는 개인 소유일 수도 있고, 이들이 어떤 조건 하에 누가 자료에 접근하는지를 결정한다. 연구자들은 객체의 표현물에 대하여 훨씬 많은 접근 권한을 보유하고 있으나, 객체 자체에 대해서 반드시 더 많은 접근권을 갖는 것은 아니다. 접근이 얼마나 만족스러운지는 현재 수행하고 있는 연구 방법론과 연구문제에 따라 달라진다.

고고학은 인문학 분야 내 다른 영역보다 데이터 오픈액세스를 향해 성큼성큼 빠르게 앞서 나가고 있다. 주목할 것은, 고고학 데이터서비스(Archaeological Data Service)는 본래 예술 및 인문학 데이터서비스(AHDS)의 한 구성 요소였는데, 이 컬렉션에 대한 수요를 반영하여 2008년도에 AHDS가 폐쇄될 때 살아남은 것이다. 영국의 일부 연구비 지원 기관에서는 데이터 서비스를 필수 요구사항으로 지정하는 경우가 있으며, 다른 기관들에서도 데이터 서비스를 권고한다. 국제 고고학연구 커뮤니티는 데이터 관리 및 기탁을 위한 지침을 개발해 왔으며, 연구자들은 연구자료들을 Archaeological Data Service 또는 다른 컬렉션에 기탁한다(Archaeological Data Service 2013; The Digital Archaeological record 2013; Journal of Open Archaeological Data 2013; Open Context 2013; Kansa 2012; Kansa, Kansa, and Schultz 2007).

그러나 데이터, 자료 컬렉션, 디지털 객체에 대한 접근은 일관적이지 않다. 고전예술과 고고학 연구자들이 관심을 갖는 많은 자원들이 클럽 재화라서, 특정 기준을 충족시키는 자에게만 접근이 허용된다. 국가적으로 종종 발굴 현장과 유물에 대한 접근을 유보할 수 있는데, 자국 학자들과 연구자, 공무원 및 내국인이 이끄는 연구팀에만 기록 문서를 허용하기도 한다. 내국인들이 연구결과를 출판할 채비를 마쳤거나 연구과제를 완료할 때까지 엠바고 기간을 묵시적, 명시적으로 무한정 연장할 수 있다. 고고학 현장에 대한 연구 보고서에 접근하는 것은 매우 어려운 일이 될 수 있으며, 유물에 대한 접근은 더더욱 어려운 일이 된다.

다른 분야의 학술연구와 같이, 데이터 해석, 분석, 재사용에 필요한 소프트웨어 접근이 문제가 될 수 있다. 자원이 넓은 범주에 걸쳐 있고 도구 사용 방법이 다양하기 때문에 도구의 일반화에는 제한이 된다. 각 컬렉션과 프로젝트에서 맞춤형 소프트웨어를 구축할 수도 있다. 학자들이 코딩 데이터를 공개해도, 컬렉션 유지 관리보다 소프트웨어를 유지하는 것이 훨씬 더 어려울 수도 있다. 이질적 데이터에 대한 큐레이팅 문제나 관련 소프트웨어 및 상호운용성 메커니즘 등의 어려움들이 Arts and Humanities Data Service, Project Bamboo 등의 가치 있는 노력들이 소멸하게 되는 데 일조했다(Borgman 2009; Robey 2007; 2011, 2013; Unsworth et al. 2006; Zorich 2008).

*재산권* 일반적으로 인문학에서, 특히 고전예술 및 고고학 학술연구는 재산권 문제에 깊이 휘말리게 된다. 이러한 인문학 분야의 데이터에 대한 권한은 실물 소유권자에게 묶여 있으며, 때로는 연구대상 표현체의 소유권자에게 있을 때도 있다. 학자들은 객체나 현상에 대한 관찰을 통제할 수 있지만, 출판을 통해서 객체의 이미지를 재생산할 수는 없다. 복합적인 재산권이 개별 객체와 관련될 수도 있다. 예를 들어 사진에 대한 권한은 피사체 소유자가 가질 수 있고, 재생산 권한을 갖는 자가 개입할 수 있으며, 사진을 촬영한 자, 또는 사진 출판사가 간여할 수 있다. 어떤 박물관에서는 학자들이 이미지를 복제하는 것을 금지하는데, 이러한 조치로 예술 세계가 디지털 출판으로 이동하는 데 제약이 따르게 되었다(Whalen 2009). 공공 도메인에 더 많은 이미지를 게시하는 최근의 움직임은 학자들

에게는 매우 큰 도움이 된다(Getty Trust 2013). 인문학에서 데이터 개념이 전면으로 나서게 되면서, 데이터 및 표현체에 대한 권리가 재산권 분쟁에서 다음 전선으로 등장할 수 있다.

*윤리*　고전예술과 고고학의 윤리 문제에는 여러 형식이 있는데, 그 중 하나가 법률적인 것이다. 연구자는 적용되는 법규들을 알고 있어야 하며, 박물관, 큐레이터, 소유자, 관할 행정구역 등 다른 이해당사자들과 윤리적으로 협상을 이끌어낼 책임이 있다. 이와 관련하여, 고려될 사항은 객체에 대한 존중이다. 학자들은 연구현장이나 연구 객체의 손상을 최소화해야 한다. 금속 실험을 예로 들면, 눈에 띄지 않는 위치를 선정하여 조심스럽게 표본을 추출해야 한다.

　사실상(de facto)의 '독점적 사용기간'은 희귀 텍스트와 문화재를 연구하는 인문학 연구 분야에서는 특별한 것이 아니다. 연구자들은 한번 자료에 대해 접근권을 확보하면, 연구결과를 출판할 때까지 사적인 관리를 원하게 된다. 정부는 자국의 유산에 대하여 국제적인 커뮤니티에서 접근하기 전에 자국 연구자들이 먼저 접근하도록 묵인할 수도 있다. 사해 사본(Dead Sea Scrolls, 역주: 사해 서안의 쿰란 동굴에서 발견한 구약성서 사본 및 유대교 관련 두루마리 문서) 발굴 및 연구는 국가에서 통제권을 행사한 것으로 유명해진 사례이며, 전형적인 빼돌리기(hoarding) 행위로 평가된다. 1940년대 유대의 사막에서 발견된 이 두루마리 문서들은 1991년까지 이스라엘 학자들이 붙들고 있으며, 공개하라는 요구와 압박이 높아지자 공개되었다. 하지만 그것도 보존 목적으로 만들어진 마이크로 필름 복사본에 대한 접근만을 제공하였다(Schiffman 2002). 이 두루마리 문서들은 지금은 폭넓게 연구할 수 있도록 오픈되었으나, 문서를 해석하는 과정에서 원한을 불러일으키는 논쟁거리가 되고 있다(Leland 2013).

## 고전예술 및 고고학 연구 수행

여기 소개되는 두 사례연구는 고전예술과 고고학을 위한 인프라 형성 과정과, 최소한의 정보자원이 디지털 형태로 가용되는 영역에서 연구를 수행하는 과정을 대조하여 보여준다. "시맨틱 웹의 예술 세계(The World of Art on the Semantic Web)"로 일컬어지는 CLAROS는 연구나 교육 목적으로, 대중이 사용할 수 있도록 도구와 기술, 디지털 컬렉션의 인프라를 구축하는 프로젝트이다. 원래 Classical Art Research Online Services의 머리글자를 딴 것으로, 1970년대 후반 고전예술 컬렉션으로 디지털 작업을 시작한 비즐리 아카이브에 뿌리를 두고 있다. CLAROS는 대학박물관 중에서 세계 최고급 컬렉션 4개(the Ashmolean, Natural History, History of Science, Pitt Rivers)를 소장하는 옥스퍼드 대학에 자리 잡고 있는데, 멀티미디어 데이터베이스 연구를 위한 일종의 테스트 베드라 할 수 있다. CLAROS는 오픈소스 소프트웨어를 기반으로, 동물학을 위해 개발된 데이터 통합도구, 공학에서 나온 이미지 인식 도구, 인터넷 서비스를 위한 인공지능 도구 등을 포함하고 있다. 유럽과 아시아 등지에 있는 박물관, 기념관, 문화유산 관련 기관들로부터 컬렉션을 가져온다. CLAROS는 소장 컬렉션의 상호운용성을 두루 확보하기 위하여 박물관 커뮤니티에서 개선하여 적용하는 CIDOC 개념적 참조 모델을 테스트하고 있다(University of Oxford 2013b; Kurtz et al. 2009; University of Oxford Podcasting Service 2011; Rahtz et al. 2011).

피사 그리핀은 유형물(a material object)에 대한 정보 발견이 얼마나 어려운지를 보여주는 일종의 학술적 탐정 소설이라 할 만하다. 그리핀은 적어도 3세기 동안 이탈리아 피사 대성당 꼭대기에 있었던 신화적 동물의 대형 청동 조각상이다(그림 7.1 참조). 피사 그리핀의 프로비넌스를 추적한 어떤 예술사가는 15세기 말에 이에 대한 시각적 참조가 있음을 밝혀냈다. 다른 증거로는 1828년에 조각상 받침대가 없어졌고, 결국 현대식 복제품으로 대체되었음을 지적한다. 본래의 조각상은 피사 대성당 근처 한 박물관이 현재 소장하고 있다. 예술, 역사, 고고학 및 여타 분야에서 수백 년간 학술연구가 진행되었음에도, 그리핀의 기원, 프로비넌스, 기능에 대해서는 다툼이 지속되어왔다. 이 조각상은 그 지역의 솜씨 있는 장인에게 얻은 것이거나, 혹은 전리품이거나 아니면 다른 수단으로 획득한 것일 수도 있다(Contadini, Camber, and Northover 2002; Contadini 2010; The Pisa Griffin Project 2013).

〈그림 7.1〉 피사 그리핀

출처: 피사 그리핀 프로젝트의 Gianluca de Felice

**연구문제**　인문학 연구자들은 연구문제 및 실험적 가설을 설정하기보다 객체나 현상 자체를 더욱 자주 문제로 만들어낸다. 그러나 인문학의 연구 활동은 자연과학 및 사회과학 분야와 유사한 반복적 단계들을 갖는다.

CLAROS가 넓은 범주를 갖는다 해도, 핵심 연구 목적은 문화유산 컬렉션의 다양한 배열에 부응할 수 있는 기술 플랫폼의 개발이다. 연합된 시스템(federated system)을 구축하여, 더 많은 파트너들에게 용이하게 확장될 수 있게 한다. CLAROS 레코드의 대부분은 이미지와 간단한 설명 글을 포함하며, 기관에서 할당한 고유 식별자를 갖는다. 현재 각 하위 컬렉션은 독립적으로 운영된다. CLAROS 컬렉션 내부와 외부 컬렉션에 있는 관련 객체들을 링크로 연결하려는 계획이 있다.

피사 그리핀의 연구 목적은 조각상의 기원과 프로비넌스, 문화적 가치, 조각상 존재 기간 동안의 기능을 이해하는 것이다. 간단히 말하자면, 이게 무엇인지, 어디서 온 것인지, 어떻게 거기 있게 된 것인지 등이다. 피사 그리핀 같은 오래된 유물은 형태적으로, 기능적으로, 역할에 있어서 고정된 것이 아니다. 그리핀은 이슬람이나 그리스도교 기원의 신성한 물건일 가능성이 있다. 가장 그럴듯하고 설득력 있는 설명은, 성당 꼭대기에 매달려 바람이 불 때마다 조각상 내부를 울려 "으스스한 기운과 매혹적인 소리를 내는" 기능을 한다(Contadini, Camber, and Northover 2002, 69). 그리핀의 금속공학 분석은 가설을 검증하고 새로운 가설 설정에 사용되었다. 사격 연습에 사용된 것으로도 보이는 관통된 탄흔을 갖고 있어서 탄도학 분석도 계획되고 있다. 방사성 탄소를 이용한 연대 측정법을 활용하여, 제작 연도는 기원후 1020년에서 1250년 범위로 좁혀졌다. 구리는 사이프러스에서 전래된 것이 거의 확실하나, 조각상은 이탈리아 남부나, 이집트 또는 스페인에서 제작되었을 수 있다. 피사 그리핀에 대한 관심은 1990년대 초반 뉴욕 예술품 거래시장에 비슷한 양식의 사자가 등장하면서 다시 한번 관심을 끌었다(Contadini, Camber, and Northover 2002; Contadidni

2010). 피사 그리핀 연구가 어려운 이유 중 하나는 그것을 분류하기 어렵다는 것이다. 유사한 객체들이 미술, 응용예술, 고고학, 자연사, 지역사, 인류학 등의 여러 박물관에 흩어져 있다.

**데이터 수집**  고전예술 및 고고학에서 많은 활동들이 데이터 수집으로 간주된다. CLAROS 데이터 수집의 한 측면은 데이터 베이스를 위한 콘텐츠를 입수하는 것이고, 또 다른 측면은 컬렉션을 위해 현재 및 잠재적 이용자 커뮤니티에 대한 정보를 수집하는 것이다. 세 번째 측면은 이러한 커뮤니티를 위해 컬렉션에 적용되는 기술에 대한 정보를 수집하는 것이며, 이러한 세 가지 측면들은 여러 방식으로 상호작용한다.

CLAROS는 각 협력기관에서 자발적으로 기탁하는 기록(records)만을 수집 대상으로 한다. 이 기록은 형식과 내용, 완결성 측면에서 매우 다양하다. 참여 기관들 중에 일부는 수세기에 걸쳐 자체 컬렉션을 축적해온 기관들도 있다. 이러한 기록들을 디지털 형태로 변환하는 과정에 30여 년이라는 기간이 걸렸는데, 그동안에 표준, 실무, 기술도 상당히 변화해왔다. 따라서 이러한 기록에는 객체의 기원과 입수, 큐레이션에 대한 상당한 분량의 정보가 다양한 형태로 포함되어 있다. 해당 레코드 구조와 분류 메커니즘 또한 대단히 다양하다. 200만 건 정도의 레코드가 모였을 때부터 CLAROS는 레코드를 국제적인 박물관 커뮤니티에서 개발한 데이터 구조 및 온톨로지인 CIDOC에 매핑했다. 대규모 CIDOC 구현을 위한 첫 번째 프로젝트의 일환인 것이다(International Council of Museums 2013; Kurtz et al. 2009).

사회기술 연구에 수행되는 사용자 연구나 시스템 평가가 CLAROS 후반 단계에 계획되어 있기는 하지만 그런 연구는 디지털 인문학에서 흔한 것은 아니다. 이러한 연구의 부재로, 테스트베드에 대한 사용자 인터페이스는 컬렉션이 현재 어떻게 이용되는지에 대한 지식에 근거하여 설계되었다. 예를 들어 일반적 키워드 검색과 더불어, 형상이나 색상으로 그리스 항아리 검색이 가능하도록 하여 비즐리 컬렉션의 가치를 높여주도록 했다. 동물학, 컴퓨터학, 공학 분야 파트너들은 컬렉션 시작 때부터 분야별로 예상 독자층에 맞도록 각 분야의 기술을 적용했다. 프로젝트의 목표는 독자들에게 충분히 적용될 수 있도록 필요한 다양한 콘텐츠를 제공하고 개방된 설계 방식을 유지하는 것이다.

피사 그리핀 연구는 예술사 및 고고-금속공학(archaeo-metallurgical)의 방법론과 전문성을 결합시킨 것이다. 각 영역의 데이터 수집은 각각의 분야에 필요한 다른 정보를 준다. 예술사가는 역사 기록 및 기존 연구를 통해서 조각상에 대한 증거를 모은다. 예술사가 모은 정보의 원천에는 소묘, 목각, 판화, 기록의 해석과 문체 분석들이 포함된다(Contadini, Camber, and Northover 2002; Contadini 1993). 고고학-금속공학자는 조각상에서 흩어져 나온 샘플과 별도의 표본을 가져와서 각 부분의 금속을 규명하고, 각 부분이 어떻게 연결되었는지를 연구한다. 이 작업은 어떤 샘플을 취하고 어떻게 테스트할 것인지를 결정하는 예술사 분석에 활용된다.

고고-금속공학자가 찾으려는 정보의 상당 부분은 이 시기, 그 지역에 있는 금속의 사용과 관련된다. 온라인 디지털 자원이 부족하고 관련된 많은 레코드들이 독점적으로 보유되고 있기 때문에 이에 대한 탐색도 제한적이다. 금속공학 분석은 일상적으로 진행되는 것이 아니지만, 보존과 가치평가, 프로비넌스의 일환으로, 혹은 진본성 도전에 대응하여 수행된다. 분석 기록이 존재해도 종이로 되어 있거나 마이크로필름에 기록된 것일 수도 있다. 연구자에게 정보가 되는 유사 객체에 대한 기록은, 샘플을 이미 갖고 있는 고고-금속공학자를 포함해서 개인 소유자나, 거래상, 다른 연구자들이 사적 소장품으로 보유하고 있을 수 있다. 정보 공유는 동료들 간의 개인적 교환에 많이 의존한다. 피사 그리핀을 연구하는 고고-금속공학자는 이메일이나 전화, 또는 다른 수단을 통하여 전문가들과 접촉하고, 관련된 유사 객체를 금속 분석을 통해 식별해내고 찾아낸다. 또한 인쇄 기록과 마이크로필름 기록 조사를 위해서 탐사 여행을 다니기도 한다.

**데이터 분석** 분석단계에 이르면 정보의 표현과 분류, 조직화에 대한 방법론들 간의 상충이 보다 명확해진다. CLAROS 프로젝트는 참여기관에서 보내온 다양한 기록들을 공통 구조로 매핑하고, 객체에 대한 의미론적 기술(descriptions)을 위해 온톨로지를 개발하고, 결과 데이터를 활용할 수 있도록 기술(technologies)을 구축하였다. CIDOC 개념적 참조 모델로 객체를 기술하기 위하여 코딩 작업을 하게 되는데, 최소한의 공통분모로 모든 레코드를 축소하기보다는, 이를 통해 존재하는 가능한 많은 메타데이터를 지원할 수 있다는 데 이점이 있다. 생물 정보학의 '데이터 웹(data web)' 아키텍처는 동물학에서 택소노미(계층학)를 전공한 협력자들이 구현해냈다. 그들은 생물학과 고고예술에서 연구대상의 시맨틱 문제에 유사성이 있음을 발견했다. 박물관에서는 '예술가(artist)'와 '창조자(creator)' 같은 용어들을 다르게 사용하고, 생물학 컬렉션에서는 '벌레(bug)'보다는 '곤충(insect)'이라는 용어를 사용하는 경향이 있다. 어떤 분류체계에서는 도시로서 Paris와 회반죽 Paris를 분명히 구분하고, 생물학에서는 곤충으로서 fly(파리)이나 행동으로써 fly(날다)를 구분한다(University of Oxford 2013b; Kurtz et al. 2009; Rahtz et al. 2011). CLAROS는 이질적으로 나열된 레거시 형식(legacy formats)을 반입하기 때문에 상호운용성이라는 기술적 장벽에 부딪혔다. XML이나 SQL 데이터베이스 포맷으로 변환된 레코드들이 가장 손쉽게 반입되었다. 인쇄 형태 자료의 조판을 만들기 위해 사용되었던 관계형 데이터베이스 같이 특정 방식으로 사용하는 레코드의 반입이 더 어려웠다.

피사 그리핀 데이터 분석과정에서 이 하나의 객체가 객체들의 조합으로 더욱 잘 이해된다는 것이 분명해졌다. 조각상이 처음 만들어진 이래 수세기에 걸쳐, 장식품이나 다른 요소들이 첨가되거나 제거되었다. 따라서, 많은 원천에서 나온 금속들이 오늘날 존재하는 그리핀 상에 결합되어 있을 것이다. 예술사가는 시간의 경과에 따라 피사 그리핀과 유사한 객체가 존재한다는 것을 추적함으로써 변화하는 맥락 속에서 조각상을 이해하기 위한 조사를 한다(Contadini 2010). 금속 분석은 개별 광석 및 합금의 구성요소들을 밝히기 위해 샘플에 대한 미세구조를 실험한다. 이러한 분석은 광석이 채굴된 광산이 어딘지, 금속조각들이 얼마나 포함되었는지를 보여주는 불순물 패턴, 객체가 만들어진 대략의 시기와 제조 방법이 무엇인지를 결정하도록 도와준다. 그리핀에 대한 또 다른 분석으로는, 디지털 스캐닝을 통한 2D, 3D 시각적 형상화 등이 있다.

한번 금속 실험실에 들어가면, 샘플들은 고정되고, 깨끗이 닦이고, 경도 및 성분 구성 실험의 대상이 된다. 실험 및 금속 조직 검사에 대한 선택은 금속 성분에 대한 가설과 각 방법론의 검출 한계에 따라 결정된다. 어떤 방법론은 파괴적이고, 다른 방법론에서는 미래의 분석을 위해 샘플을 유지한다. 파괴가 적은 방법론이 선호되는데, 새로운 가설이나 나중에 개발되는 기술적 방법으로 샘플을 재실험할 수 있기 때문이다. 현재 기술로는 이미 나노 척도보다 더욱 미세한 방법(sub - nanoscale)이 있으며, 일부 분석에서는 피코 척도(picoscale, 역주: 10조 분의 1), 옹스트롬 해상도(angstrom resolution, 역주: 파장이나 원자간 거리의 측정 단위. 1미터의 100억 분의 1)에서 연구가 수행될 수 있다.

가능한 엄밀하게 자료의 기원을 설정하기 위해서는, 아카이브 레코드, 특허 레코드, 박물관 레코드, 관리 및 보존 레코드, 경매 목록에 근거하여 후속 연구가 진행된다. 어떤 금속이 어느 광산에서 출토되었는지를 아는 것이 필수적이지만 이것만으로 충분하지는 않다. 이것과 더불어 비슷한 시기 그런 광산에서의 금속 거래, 객체가 만들어졌을 공산이 큰 지역에서 장인들이 사용한 금속, 비슷한 시기의 교역 경로 및 전리품 등 물건의 교환에 미치는 사회적 정치적 영향 등 객체에 대한 여타 맥락적 정보에 대한 지식이 중요하다. 기술 진보와 정보자원에 대한 더 나은 접근방법을 통해, 객체에 대한 더 의미 있는 데이터가 확보될 수 있다. 따라서 그리핀 같은 문화재들은 그것들에 대해 더 많은 것들을 알게 될수록 무한정 재해석될 수 있다.

**연구결과 출판**  고고예술과 고고학에는 독특한 출판 관행이 있다. 연구 참여자들은 각자의 커뮤니티에 연구결과를 발표하는데, 공저자 출판 구조는 특이하다. 공저 작업(coauthored work)의 경우 대부분의 분야에서 단독저자 논문(single narrative)들로 구성된다. CLAROS에 대한 개요 논문으로 학술대회에서 발표자료가 출판되었는데, 개인 저자들이 여러 장을 나눠서 썼다. 다섯 개의 각 장에 저자가 서명하고 한 저자만이 본인만의 장(section)을 갖고 있지 않았다. 다른 협력자들은 논문 뒤편 감사의 글(acknowledgements section)이나 각주에 다뤄지기보다는, 첫째 장에 이름이 언급된다(Kurtz et al. 2009).

피사 그리핀 연구는 저자들의 다양한 조합으로 다수 논문이 발표되었다. 그리핀의 기원에 대한 증거를 다룬 첫 번째 조사연구는 이 프로젝트에서 예술사 연구를 이끈 콘타디니(Anna Contadini)가 집필한 것으로 목록 전시회를 통해서 이탈리아어로 출간하여 공개되었다. 그녀는 피사 그리핀에 대해서 영어와 이탈리아어로도 논문을 여러 편 발표했다(Contadini 1993, 2010). 뒤이어 피사 그리핀과 뉴욕의 사자상에 대한 개요보고서가 CLAROS설명 방식과 동일하게 구분하여 비교할 수 있도록 출판되었다 (Contadini, Camber, and Northover 2002). 앞부분 3장은 예술사적 맥락을 논의했는데, 이 중 2개 장은 단독 집필이고 하나는 공동으로 집필했다.

노쓰오버(Peter Northover)가 서명한 마지막 장은 금속 분석결과를 자세하게 정리했는데, 두 조각상 각각의 성분 분석에서부터, 관련된 제3의 객체에서 추출한 표본의 성분들을 비교하였다. 개별 섹션의 각주 내용은 뒤편에 통합된 서지사항과 함께 감사의 글(Acknowledgements)에도 언급되었다.

제2부 데이터 학술연구 사례연구

논의된 객체들의 이미지도 포함되었다. 두 가지 출판 사례에서, 협력 작업에 기여한 바에 대한 인정(credit)은 인문학의 단일 저자 전통의 유산에 따라 신중하게 분배된다.

**데이터 관리, 공유, 재사용**　고전예술과 고고학에서 데이터 관리, 공유, 재사용의 어려움은 각각의 상황에서 데이터로 간주될 수 있는 개체의 다양성 및 상충되는 이해관계자로부터 나온다.

　CLAROS는 컬렉션이기보다 테스트 베드에 더 가깝다. 테스트 베드로써 CLAROS 프로젝트는 개방적이고 상호운용이 가능하도록 설계되었으며, 다른 관계자들이 분류 메커니즘, 사용자 인터페이스, 다른 기능들을 추가할 수 있도록 시맨틱 웹 기술을 활용한다. 컬렉션으로써 CLAROS 프로젝트는 다른 관계자들이 레코드를 다른 목적으로 사용할 수 있도록 공개되어 있다. CLAROS의 지속가능성은 연구비 지원의 계속성, 현재 협력기관들의 지속적 헌신, 새로운 파트너 개발에 달려 있으며, 이 모든 일이 상당히 어려운 것임이 판명되었다. 협력기관에서 CLAROS와의 결합을 위해 내부 데이터 구조를 변경하지 않아도 될 것임을 알았기 때문에, 각 협력기관의 데이터를 CIDOC 개념적 참조 모델로 전송(export)하는 것이다. 이러한 접근법은 인프라를 위한 테스트 베드로써는 적합하지만, 협력기관들이 각자의 시스템을 조화시키는 동기요인이 되지는 않는다. 내부적으로 운영되는 시스템은 통상 재정이나, 인사, 도서관 및 아카이브 컬렉션 등 시스템 간에 상호운용성이 확보되어야 하지만, 외부 시스템인 공개 웹사이트, 박물관 가상체험, CLAROS 같은 연합된(federated) 컬렉션은 물론 유로피아나, 미국디지털공공도서관처럼 광범위한 연합 서비스와도 상호 운용이 가능해야 한다.

　피사 그리핀에 대한 정보는 이 분야 연구자들에게 통상적으로 알려지는 것보다 더욱 널리 공유되었다. 광범위하고 독특하며 역사적으로 중요한 연구대상으로서 그리핀 프로젝트에 대한 관련 문서들을 탑재한 자체 웹사이트도 구축되었다. 피사 그리핀 주제의 학술연구는 예술, 고고학, 건축학, 역사학, 종교학, 문화, 무역, 금속학 등 관련 많은 영역에 유익할 수 있다. 피사 그리핀에 대한 출판물은 지속적인 학술연구 기록이 된다. 연구의 기반이 되는 역사적 기록들은 도서관에, 또는 아카이브와 큐레이터 담당 사무실에, 그것들이 발견된 여러 장소에 남아 있다. 이 프로젝트로 생성된 디지털 레코드는 방대한 분량이다. CT 촬영, 레이저 이미지, 고해상도 사진들은 크기만 해도 기가바이트, 테라바이트급 규모이다. 이런 자료들은 잘 공개되지도 않고 커뮤니티 내 공유도 일반적인 것은 아니다 (Contadini, Camber, and Northover 2002; Contadini 2010; The Pisa Griffin Project 2013).

그리핀의 금속 표본 데이터는 금속학 분야의 관례에 따라 도표 형태로 출판되었다. 이는 독자들이 자유롭게 쓸 수 있다는 의미에서 오픈된 것이나, 컴퓨터상에서 검색되거나 추출될 수 있는 구조화된 데이터라는 의미에서 오픈은 아니다(Murray - Rust and Rzepa 2004). 객체에 대한 물리적 샘플의 소유권 및 배포는 비교적 탐구되지 않은 영역이다. 실험을 마친 이후에 남은 극소량의 샘플은 커뮤니티 관행에 따라 고고-금속학 연구자의 소유로 남아 있다. 비록 그 자신은 샘플을 박물관 재산으로 보거나 연구 객체 소유권자의 것으로 간주하지만, 다른 사람들이 사용할 수 있도록 충실히 문서작업 해놓는 것은 쉬운 일이 아니며, 이 연구자의 경우 자신의 은퇴 프로젝트로 문서화 작업을 계획하고 있다.


# 불교학(Buddhist Studies)

불교는 약 2,500년 전에 시작되었고, 아시아 전역에 널리 실천되고 있으며, 전 세계에 신도들과 성직자, 학자들이 퍼져 있다. 불교 교리는 초기 필사본에서부터 현대 디지털 컬렉션에 이르기까지 문서로 잘 정리되어 있다. 중국 당나라 측천무후가 705년경, 불교 경전 10만 부를 인쇄해서 배포한 것으로 추정되며, 이에 따라 종이와 인쇄술이 전파되고 발전하게 되었다(Barrett 2008). 종이와 인쇄술의 발달은 동아시아와 밀접하게 연관되는데, 구텐베르크가 잉크와 활자의 조합으로 완성시킨 1450년보다 몇 백 년 전에 아시아에서 목판 인쇄가 성숙해 있었던 것이다.

불교 텍스트들은 2천 년 이전으로 거슬러 올라간다. 경전의 말(words)들인 초기 텍스트들은 운문과 산문 형태로 구전되었다. 일부 텍스트는 종교적으로 신성시되었고, 종교적 의식과 학술연구를 위한 텍스트가 되기도 했다. 종이 이전에는 자작나무 껍질, 대나무, 벽돌, 점토판 등의 다른 매체에 글자가 씌어졌다. 나중에 텍스트는 다른 많은 문자 체계 및 언어로 기록되었고, 한 언어에서 다른 언어로 번역되었다. 불교는 빠르게 번역되어 퍼져 나간 반면 그리스도교, 이슬람교 및 다른 종교들에서는 초기 교리에서 원본 언어의 신성한 텍스트 번역을 종종 금지해왔다. 마틴 루터의 개혁으로 독일어판 성경이 번역되면서, 16세기 독일어권 세계에 개신교 (Protestantism)가 전파되었다.

불교 경전을 널리 배포해야 한다는 종교적 윤리는 오늘날에도 고도의 학술적, 기술적 표준에 맞추어 대형 디지털 프로젝트가 진행되면서 계속 뒷받침되고 있다. 더 많은 텍스트에 접근할 수 있고, 연구 도구들이 더 고도화되면서, 학술 프랙티스가 변모하고 있다. 불교 텍스트는 많은 분야에서, 많은 연구문제를 위해 탐구될 수 있기 때문에, 학자들은 다양한 방법으로 현상의 증거로서 다룰 수 있는 개체들을 선택하게 된다. 중국 불교 문헌학의 사례연구는 텍스트 분석을 비롯하여, 경전 및 학술 문서에 대한 대형 디지털 컬렉션 생성, 물리적 유물 및 디지털 객체를 통한 비교, 새로운 탐구방법론을 지원하는 컬렉션의 역할 등에 대해 다룬다. 문헌학 (philology)은 기록된 역사적 원천을 연구하기 위해 언어학(linguistics)과 문헌

연구, 역사학을 결합시킨 도메인이다.

　초기 불교 텍스트들은 역사적, 문화적, 예술적, 언어적, 종교적 가치 때문에 연구되었다. 불교가 번성한 나라들은 역사적으로 중국, 일본, 인도, 스리랑카, 태국, 몽고, 티베트 및 버마/미얀마이다. 불교는 일본과 아시아의 많은 나라에서 대다수가 믿는 종교이다. 서구에서는 대학에 프로그램이 설치되는 분야이기보다 연구주제가 되는 경향이 있다. 불교를 연구하는 서구 학자들은 종교학과, 역사학, 언어학, 세계 문화, 지역학 같은 학과에 소속된다. 비록 불교학 연구가 경전을 중심에 두고 있지만, 학자들 개인의 연구문제, 방법론, 출판 현장은 수련 영역이나 현재 가르치는 영역에 관련되어 있다.

　중요한 불교 텍스트들은 대체로 산스크리트어와 관련 인도어에 기원을 두는 것으로 보인다. 산스크리트 언어는, 인도에서 오랫동안 사용된 인도-유럽 문화의 언어로 몇 개의 현대 문자체계와 다수의 고대 문자체계에 사용된다. 산스크리트와 인도어 텍스트는 후에 불교 전파 및 연구를 위해 중국어와 다른 언어로 번역되었다. 여러 언어에서 쓰이는 중국의 문자체계는 기원전 3세기경에 표준화되었다. 중국어는 동아시아에서 공통으로 사용된 문화 언어로, 초기 유럽의 라틴어 역할에 비교할 만하다. 이러한 텍스트가 수세기 넘어 통용되었기 때문에, 이를 연구하기 위해서는 언어, 역사, 문화에 대한 전문성이 필요하다. 예를 들어, 2세기와 5세기 사이 중국어로 번역된 불교 텍스트 연구를 위해서는, 중국어와 산스크리트어를 포함하여 그 시기 다른 언어에 대해서도 잘 알아야 한다. 이상적으로는 글자가 씌어진 당시 (고대) 언어들에 대해서도 잘 알고 있어야 한다.


## 크기 문제

불교 연구자 커뮤니티는 작지만 전 세계에 넓게 분포되어 있다. 불교가 가장 성행하는 아시아 지역을 중심으로 커뮤니티가 형성된다. 불교 관련 자료는 언어 및 문자 체계, 지리적 위치, 시대를 포괄하여 상당히 다양하다. 학자들은 보통 혼자 연구하거나 소그룹 연구를 수행한다. 그들의 방법이란 텍스트를 엄밀하고 꼼꼼하게 읽는 것으로, 이를 통해 몇 개의 관찰을 산출한다. 하지만 불교 텍스트의 디지털 컬렉션은 크기와 정교함에서 성장하고 있으며, 자동 분석이 가능하다. 앞에 언급한 CLARIN의 코퍼스 음성학 도구들이 적용될 수 있다. DNA 염기서열 매칭 방식으로 프랑스 역사 문헌을 대상으로 이미 적용된 바 있는 BLAST 도구들도 마찬가지로 불교 커뮤니티의 연구문제를 지원하게 된다.

## 언제 데이터가 되는가?

불교 텍스트는 기원상으로는 종교적이다. 이러한 텍스트에서 증거의 선택은 연구 목적이 종교적인가 아니면 학술적 목적인가에 따라 달라진다. 신성한 경전의 전파는 불교의 기본 교리이며, 신자들은 번역, 편집을 통해 이러한 자료들을 널리 접근하여 활용하게 할 동기요인을 갖고 있다. 수세기에 걸쳐 증대되는 노력으로 이러한 과정이 이어졌다. 각각의 텍스트는 더 많은 언어로, 더 많은 사본으로 만들어 영향력을 넓힐 수 있도록 전사되거나 번역되었다. 또한 불교 텍스트 학술연구와 이에 대한 주석 작업도 연구의 관심사가 되었다. 이것들도 사본으로 만들어지고 번역되었다. 이 같은 증식적 노력은 이미지화 및 디지털화에 따라 가속화되었다. 디지털 형태로 제작된 각각의 텍스트는 더 많은 디지털 산출물을 생성하는 지렛대가 되었다. 디지털 작업은 학자들이 텍스트 단위들을 별개의 개체로 취급할 수 있도록 도와주었다. 한번 디지털 작업이 마쳐지면, 텍스트는 전체로서 혹은 구절로, 문자로, 필치로, 구두점 및 다른 세부 단위로 조사될 수 있다. 이러한 텍스트의 각 개체들은 다른 현상을 탐구하기 위해 다양한 방법으로 추출되고 결합되기도 한다.

**원천과 자원**   불교 연구에서 원천과 자원의 차이점은, 이러한 작업들이 지극히 오랜 기간 진화해왔다는 점에서 특히 문제가 된다. 초기 텍스트를 디지털로 제작한 컬렉션은 분명히 자원이다. 어떤 것이 원천인지 아닌지는 무엇을 본래의 것으로 간주하는지에 따라 결정된다. 인문학 영역에서 이는 또 하나의 논쟁이 되는 개념이기도 하다. 무엇이 언제 어떻게 데이터로 다뤄지게 되는지를 결정하는 것에 대한 어려움을 보여주는 몇 가지 구분법이 있다.

*1차 원천(primary sources) 대 2차 원천(secondary sources)*   1차, 2차 원천의 구분이 다소 도움이 되지만 이것은 그 경계마저 희미하다. 예컨대 불교문헌학의 산스크리트 원본 텍스트나 초기 중국어 번역판은 1차 원천으로 간주되지만, 초기 텍스트에 대한 현대적 번역이나 학자적 저술은 2차 원천으로 간주된다. 책이나 학술논문에서, 서지목록은 때로 1차 및 2차 원천의 목록을 분리하여 제공한다. 교정판(critical editions)은 합의된 형태의 텍스트를 제시하기 때문에 보통 1차 원천으로 간주된다. 교정판은 다수 원천의 텍스트를 함께 가져와서, 본래 텍스트에 가장 가깝게 읽을 수 있도록 학자들이 구성한 형태의 텍스트를 제시한다.

이러한 구분은 도메인에 대한 깊이 있는 전문성에 의존한다. 초기 불교 텍스트는 서방의 자료들보다 해석하기가 훨씬 더 어렵다. 예를 들어 그리스 로마 언어에서는, 제국이 연합되어 있을 당시의 관습에 대한 어떤 가정들이 가능하다. 불교에서는 이런 문화적 가설은 거의 가능하지 않다. 텍스트와 연계된 관습은 지배 계급, 언어, 지리적 위치, 시기, 문자 및 많은 요인들에 따라 다양하게 나타난다. 이러한 텍스트로 학술연구를 할 때는 반드시 번역자와 전달자의 역할을 고려해야 한다. 인도의 어떤 시기나 중국에서는 때때로, 문서 번역자가 텍스트를 변경하거나, 바꾸지 않을 수 있는 암묵적 권한을 갖는다. 경전의 한 텍스트가 다른 번역판에서 다른 의미를 가질 수 있는데, 기독교 텍스트 번역에서의 문자적 해석과는 거리가 멀다. 교정판 또한 오랜 역사를 가지며, 텍스트에 대한 수정을 포함하기도 한다. 13세기 일부 교정판은 오늘날 1차 원천으로 간주되기도 한다.

*정지 화상(Static Images)과 보강된 콘텐츠(Enhanced Content)* 불교 연구에서 일반적으로 문헌학은 특히 텍스트의 일부나 전체를 비교하는 능력에 따라 좌우된다. 학자들은 텍스트가 다른 시기, 지역, 언어, 문화적 맥락 속에서 어떻게 이해되는지를 연구한다. 5세기, 또 그 이전의 텍스트를 연구하는 사람들이 원본 자료를 나란히 함께 대조하여 비교하는 것은 거의 불가능한 것이나 다름없었다. 물리적 개체로 남은 것도 거의 없으며, 나중에 번역되거나 어딘가 언급된 내용으로 알려질 수도 있다. 남아 있는 것들은 희귀하고, 귀중하며, 손상되기 쉬운 상태로 전 세계에 흩어져 있다. 마이크로 필름이나 영인본, CD-ROM에 기록된 정지화상의 배포로 학자들이 처음으로 많은 텍스트를 함께 비교할 수 있게 되었다. 그 다음 온라인으로 페이지 이미지가 전달되면서, 접근의 차원이 한층 높아졌다.

최근 10여 년간, 텍스트가 검색 가능한 표현체로, 향상된 콘텐츠로 변환되는 과정이 가속화되면서, 역사적 자료 활용에 혁명적 발전을 이루었다. 한 번에 한 페이지, 폴더, 문서 상자를 보는 대신에, 학자들은 이제는 디지털 텍스트에서 비교, 조합, 정보 추출이 가능해졌다. 고전 연구자들이 Thesaurus Linguae Graecae 사용에 어떻게 적응해갔는지 보여주는 초기 연구에서 보듯이, 연구자와 텍스트와의 관계는 미묘하고 복합적인 방식으로 변화한다(Ruhleder 1994).

**지식 인프라** 불교 연구자 커뮤니티는 불교 텍스트에 대한 관심으로 결속된다. 많은 분야에서 연구자들이 모이고, 다양한 방법론과 이론을 적용하고, 수많은 언어와 문자를 읽으며, 전 세계 도처에서 일한다. 공통의 지식 기반이라는 점에서, 불교 텍스트에 대한 접근 수단에 집중된다. 여행이 아닌 다른 목적으로 연구비를 지원받는 경우는 거의 없다. 연구자들은 컬렉션의 디지털화, 리포지토리, 기술, 도구, 표준의 생성, 또는 조교의 채용을 지원하기 위한 공적 연구비 지원기관에 의존하지 않는다. 가능하다면 도서관이나 무료로 접근 가능한 온라인 원천에 의지한다. 불교 학술 커뮤니티가 보유한 것으로는, 지식 인프라를 위한 제도적 지원이 가능하게 하고 불교 텍스트의 명맥을 이어가게 해주는 종교 커뮤니티가 있다. 절이나 종교활동 중심 기관에서는 디지털 작업과 불교 텍스트 전파에 활발히 참여하고 있으며, 학술 커뮤니티와 협력을 하는 경우도 자주 있다.

불교 학자들은 학술대회, 소셜미디어, 인터넷 기술을 통하여 전문성을 공유한다. 예컨대 H-Buddhism은 인문학과 사회과학 학자들을 위해 국제적으로 만들어진 H-net의 일부이다. 웹을 통해 활발하게 교류하는 이 웹사이트에는 토론 목록, 리뷰, 공지사항, 구인구직 등의 게시물이 올려진다(H-Net 2013a, 2013b). 중국 불교 학자들은 온라인 화상 회의를 소집하여 불교 텍스트를 읽고, 해석하고, 번역하며, 토론한다. 이러한 회의 출판물에는 자료를 제공해준 사람들에 대한 정중한 감사의 말과 함께, 초안에 대한 논평과 다양한 지원 내용이 수록된다.

*메타데이터*　메타데이터 문제는 인문학 대부분의 영역에서 문제가 되는 것처럼 불교 연구에서도 중요하다. 학자들은 어떤 텍스트가 권위를 갖는지, 어떤 텍스트의 저자가 누구인지, 심지어 저자 개념에 대해서도 다른 의견을 갖는다. Art and Architecture Thesaurus같이 불교 연구에 통용되는 공통의 분류 메커니즘이 없으며, 디지털 형태의 텍스트에 적용할 CIDOC 같은 참조 모델도 없다.

조직화 메커니즘이 존재한다고 하면 그것은 특정 텍스트의 컬렉션에 관련한 것으로 보인다. 중국 불교경전의 권위적 디지털 정본은 1920년과 1930년대에 개발된 권위 있는 인쇄 정본에 기반하여 제작되었다. 다이쇼 경전(Taisho edition)으로 알려진, 이 인쇄 정본은 종교적 학술적 목적으로 편찬되었다. 본편 55권 및 부록 80권이라는 대량의 텍스트로 구성되어 있다. 구입 가격이 높지만, 아시아 및 불교 연구를 위한 연구도서관 컬렉션 구성에 필수적 소장자료가 된다. 대부분의 중국 불교경전에 대한 인용은 바로 이 원천을 명시적으로 참조하며, 대개는 페이지 번호를 표기한다 (Takakusu and Watanabe 1932). 1998년에는 다이쇼 경전의 최초 디지털 버전인 중국 불교전자경전조합(CBETA, Chinese Buddhist Electronic Text Association)이 처음으로 배포되었으며, 인쇄본의 형식을 충실히 따라 제작되었다. 인쇄본과 디지털 버전은 학술연구의 역사적 지속성 보장을 위해 페이지 표시도 똑같이 유지하였다. CBETA 편집자는 구두점을 교정하여 콘텐츠를 보강했는데, 이는 중대한 학술적 공헌이 된다. 구두점은 예를 들어 중국어 단어가 명사인지 동사인지를 식별해주는 표시로, 텍스트 해석에 크게 영향을 준다. 이 시스템은 텍스트 일부를 선택하고 비교할 수 있는 도구와 함께 구문론적 및 의미론적 마크업을 포함하고 있으나, 메타데이터 언어나 분류 시스템을 설정하지는 않았다(CBETA Chinese Electronic Tripitaka Collection 2013).

어떤 의미에서, 불교학자들의 연구 방법론은 연구 텍스트에 대한 메타데이터를 산출한다고 볼 수 있다. 문헌학적 기술 내용은 텍스트에 대한 해석이며, 이러한 기술 내용은 다른 텍스트의 위치와 해석을 돕게 되므로 메타데이터가 된다. 마치 민족지학에서처럼 소수의 현상에 대한 두터운 기술(think descriptions)을 생산해내는 것이 학술연구의 주된 내용으로 되는 것처럼, 데이터와 메타데이터의 경계는 분명하지 않다(Geertz 1973).

*프로비넌스*   프로비넌스 문제는 원천이 오래된 것일수록 더욱 복잡해진다. 다양한 텍스트들이 파생되어 나올 수 있었던 최초의 불교 텍스트가 무엇인지 정확히 설정할 수 없는 이유는, 부처의 생애 관련 날짜에 대해 학자들의 견해가 일치되지 않기 때문이다. 최근에는 기원전 4~5세기에 살았다는 것으로 가장 가깝게 추정된다. 텍스트는 구전되다가 기원전 약 1세기에 처음으로 글로 쓴 텍스트로 전해지는데, 1세기 인도 불교의 필사본이 최근에 발견되었다. 고문서 분석 및 방사성 탄소활용 연대 측정법에 의해 그 시기를 판별할 수 있었다(Falk 2011). 인도의 필사본은 최초라고 알려진 중국의 텍스트보다 앞선 것인데, 중국 텍스트는 기원후 약 3세기의 것이다.

초기 필사본에 대한 프로비넌스의 모호성은 불교학 학술연구의 한 부분을 차지한다. 학자들은 다수 언어로 씌어진 텍스트를 동일 시대 및 다른 시대 구분으로 비교하고, 텍스트의 생성과 전달에 관여한 저자와 편집자, 번역자 및 관련된 당사자들의 신원을 밝히려 노력한다. 일부 학자들은 사상의 전달에 관심을 갖고, 또 어떤 학자들은 언어 또는 물리적 객체에 관심을 갖는다. 불교 텍스트는 대나무나 종이같이 익숙한 매체의 형태로 나타나기도 하지만, 애슈몰린 박물관(Ashmolean Museum)에 소장된 Gopalpur 벽돌과 같이 일상적인 물건에서도 발견된다. 심지어 그 벽돌 자체의 프로비넌스에 대해서도 의견이 엇갈린다(Johnston 1938).

*컬렉션*   CBETA 같은 컬렉션이나 도서관, 기록관, 박물관 소장품들은 불교 연구에 대한 지식 기반의 일부를 형성한다. 세계 도처에 자료가 널리 흩어져 있지만 디지털 기술을 사용하여 자료들의 표현체는 합쳐질 수 있다. CBETA 출범 10주년을 맞아, 불교 학자들은 연구활동에 미친 CBETA의 변혁적 영향을 높이 평가했다(Goenka et al. 2008). CBETA는 정지된 시스템이 아니며, 콘텐츠를 지속적으로 확충해왔고 새로운 기술을 시의적절

하게 적용하였다. 현재 버전은 XML과 유니코드를 포함한 현대적 텍스트 코딩으로 강화되었다. CBETA 사용자는 검색 또는 텍스트 마이닝 도구를 통해 컬렉션을 탐색하고, 다른 분석 도구들에 결과를 전송하며, 모든 문자와 구두점 및 다른 메타데이터가 온전한 상태로 문서작성 소프트웨어를 통해서 발췌문이 이전될 수 있도록 작업해준다. 컴퓨터 기반으로 사용할 뿐만 아니라, 모바일 기기나 운영체제, 전자책 단말기, 소셜네트워크 등 모든 응용 시스템에도 적용할 수 있다.

중국 불교 경전의 CBETA 버전은 인쇄판의 범주를 넘어 불교 관련 다른 중요 레코드를 디지털 작업으로 확충함으로써 지속적으로 성장하고 있다. 현재 CBETA에는 경문(sutra)이 2,370개 이상, 중국 한자 7천만 자 이상이 수록되어 있다. 전례 없는 범주의 자원을 포괄하고 있는 이 컬렉션을 기반으로 학자들은 중국 불교 텍스트의 언어학적 분석을 수행할 수 있게 되었으며, 결국 CBETA는 새로운 온라인 컬렉션 탄생의 디딤돌이 되었다. CBETA 베트남어판은 코퍼스의 기계 번역을 베트남어 전자사전과 결합시켜 자국어판의 기반으로 삼았다. 베트남 불교 학자들은 컴퓨터 번역을 교정하고 편집하고 있다(Nguyen and Nguyen 2006).

불교 연구의 지식 기반으로서 컬렉션이 어떻게 기여하는지를 보여주는 또 다른 사례로는, 1994년 영국 국립도서관 주도로 시작되어 현재 전 세계 협력기관들이 참여하는 국제 둔황 프로젝트(International Dunhuang Project)가 있다. 중국의 둔황은 고대 실크로드에 있는 중요한 교역지였다. 20세기 초반 둔황 근처 모가오 석굴에서 대량의 불교 문서 은닉처가 약 천 년 동안 안전하게 봉인된 채 발견되었다. 5만 권가량의 문서들이 도서관이나 기록관, 전 세계 수집가들에 의해 여러 방편으로 흩어지는 바람에 다양한 논쟁을 불러일으키는 결과를 초래했다. 발굴 문서들 가운데 불교에서 가장 신성하고도 중요한 텍스트로 알려진 「금강경(Diamond Sutra)」이 있었다. 현재 영국 국립도서관에 소장되어 있는 이 「금강경」에는, 처음 인쇄본으로 완성된 날짜가 868년 5월 11일임이 명확히 표시되어 있다(The British Library Board 2013). 국제 둔황 프로젝트는 둔황과 실크로드 동쪽 고고학 발굴지에서 나온 필사본, 회화, 직물 및 다른 유물들을 목록하고 디지털화하는 프로젝트이다. 이 책을 저술하는 현재까지, 40만 개 이상의 디지털 이미지가 웹사이트를 통해 가용할 수 있으며, 연구와 교육 목적을 위해 자유롭게 활용할 수 있다(International Dunhuang Project 2013).

**외부 요인들**  불교 연구에서 학술적 원천의 접근에 영향을 미치는 외부 요인들은 도메인에 매우 특정적인 형태로 나타난다. 고고예술이나 고고학보다는 덜 지뢰밭이라 짐작되지만, 불교 커뮤니티는 무엇을 데이터로 취급하는지에 대한 고유의 경제적, 재산권적, 윤리적 제한을 갖는다.

*경제성과 가치*  불교 텍스트는 종교 교리이기 때문에, 다른 어떤 역사적 자원보다 더욱 폭넓게 공개되고 전파되었다. 그러나 모든 것이 공개되고 무료인 것은 아니다. 막대한 분량의 중국 불교 경전 인쇄판은 구입 가격이 상당하다. 인쇄판 책들은 구매용으로 나온 사유재로 볼수 있다. 도서관에서 이 책들을 구입하면 공동자원으로 간주되며, 도서관과 관련 커뮤니티에서 사용을 관리한다. 도서관, 기록관, 박물관 및 역사유적지에서 관련 자료를 누가 어떤 조건으로 연구하는지에 대해서는 자체의 규정을 갖고 있다

중국 불교 경전의 다이쇼판에 대응하는 디지털 컬렉션인 CBETA는 온라인 오픈액세스 시스템을 통하여 무료로 이용되며, CD-ROM 버전도 제공된다. CBETA는 개발과 유지관리를 해온 협력체가 소유 및 관리하는 공동자원이다. 불교 커뮤니티에서는 신자들과 학자들이 똑같이 사용할 수 있도록 이러한 자원에 투자한다. 지속가능성과 무임승차 문제는 연구비 지원에 의존하는 다른 도메인보다는 그다지 큰 고민거리가 되지는 않

는다.

개인 수집가들이 보유하는 중요 자료들이 아직도 많이 있으며, 일부는 컬렉션을 만들어 학자들이 사용할 수 있도록 제공하기도 한다. 학자들 자신이 연구경력의 전 과정을 통해 중요한 컬렉션을 구축하기도 한다. 학자들이 보유한 자료나 개인 도서관도 학자들이 사망하거나 은퇴하면 기증될 수 있고 또는 판매될 수 있는 가치 있는 자원이 된다.

*재산권*  재산권 문제는 대체로 자료 유물에 대한 통제 및 텍스트에 대한 표현체의 배포에서 가장 빈번하게 관련되며, 이는 법률 문제인 동시에 윤리 문제가 된다. 불교 텍스트는 21세기에 아시아의 고립된 지역인, 특히 아프가니스탄, 파키스탄, 티베트가 개방화되면서 더욱 표면화되었다. 일부는 오래전 소실된 것으로 추정된 것이 나타나거나, 다른 텍스트에서 인용되거나 다른 언어의 번역을 통해서만 알려진 내용들이 포함되어 있는 등 귀중한 발견을 하게 되었다. 개인 수집가들이 고문서들을 소장하는 경우도 있는데, 학자들의 접근을 허용할 것인지는 그들 손에 달려 있다. 어떤 텍스트의 개별 낱장이 암거래 시장에서 팔리는데, 이렇게 되면 이 텍스트를 재구성하는 것은 거의 불가능하다. 최근에 발견된 텍스트의 상당 부분이 지하로 사라져버렸다. 이 외에도 수년 동안 비밀스럽게 통제되어 왔던 텍스트들이 있는데, 소수의 학자들에게만 알려지고, 텍스트에 대한 학술 연구가 출판될 때에만 공개된다(Allon 2007, 2009).

*윤리*  불교 학술연구의 윤리 문제는 미묘하고 복잡하다. 종교, 학술연구, 문화, 정치가 불가분하게 엉켜 있다. 예를 들어 텍스트에 대한 커뮤니케이션은 수세기에 걸쳐 시기에 따라 정부가 지원하기도 제한하기도 하였다. CBETA는 대만 프로젝트여서 전 세계 중국어 독자들이 이용할 수 있다. 대만과 중국 본토의 관계가 미묘할 때도 있고, 중국 내부에서, 또 중

국과 다른 정부들 사이에 불교가 긴장의 원인이 될 때도 있다. 1989년 노벨 평화상을 수상한 달라이 라마는 중국으로부터 독립을 추구하는 티베트 자치구에서 망명하였다. 학자들은 종교와 정치 체제 사이의 과거, 현재, 미래의 잠정적 긴장관계를 잘 알고 있으며, 이러한 상황이 자료 접근에 영향을 준다는 것도 잘 알고 있다(Vita 2003).

불교 신자 커뮤니티는 불교 텍스트의 문화적, 역사적, 언어학적 유물로서의 가치를 확신하며, 이에 대한 학술연구를 장려한다. 학자들 또한 경전을 근거로 하는 종교적 전통을 존중한다. 일부 연구자료는 종교적 공경의 대상이 되지만, 대부분 자료는 학술 목적으로 연구된다. 텍스트는 부처의 현존을 보여주는 대체제이다. 부처를 불러내는 유물(artifacts)은 사원의 한 곳에 소중히 모셔진다. 축복의 의미로 건물 외벽에 있는 벽돌에 비문(inscriptions)이 씌어져 있는 경우도 있다. 디지털 기술의 발전에 따라, 예를 들어 컴퓨터 또는 다른 기기에 소중히 기록된 텍스트를 스님은 어떻게 마주할 것인가와 같은 흥미로운 윤리적 질문이 제기될 수 있다.

## 불교학 연구 활동 수행

이 사례 조사는 중국 불교문헌학의 한 연구자가 최근에 수행한 연구활동을 설명한 것이다. 그가 추진한 프로젝트 중 하나는 다른 언어로 된 불교 텍스트들을 비교하여, 텍스트 기원에 대한 공통점과 논점을 제시한다. 이러한 연구는 학술지 논문출판으로 이어졌고, 텍스트에 대한 연구는 지금도 계속 수행되고 있다(Zacchetti 2002). 이 연구자의 또 다른 프로젝트는 초기 중국 불교 경전에 대한 비평적 개요이다(Zacchetti 2005). 이 연구자의 후속 연구들은 CBETA에 상당히 많이 의존하고 있는데, 이를 통해 그동안 추진해온 학술연구들에 대한 새로운 연구문제, 새로운 방법론, 새로운 증거의 원천이 만들어진다.

중국 불교문헌학 학술연구에 요구되는 전문성의 깊이와 넓이는 상당히 압도적인 수준이다. 이 연구자는 중국학과 문헌학에서 학술적 훈련과정을 겪었으며, 앞에 사례에서 본 고고학-금속학 두 분야에서 양성된 과학자의 경우와 유사하다. 특히 주목할 것은 학술 작업에서 사용된 언어의 종류와 다양성이다. 학술연구에 대한 교육과 출판은 거의 대부분 영어로 진행했다. 고전문헌학은 라틴어와 그리스어를 요구하는데, 모두 언어적으로 영어에 가깝다. 이 연구자는 문헌학을 공부하면서 라틴어와 그리스어를 배웠고, 이 기초 위에 중국어, 산스크리트어, 티베트어, 팔리어(역주: 부처 시대의 언어, 고대 인도어), 일본어를 배웠다. 후자의 언어들과 이들 언어들 간의 조합으로 이뤄진 글자들은 서구 학자들에게는 널리 연구되지 않은 분야이다. 모국어인 이탈리아어로 가르치고 출판도 하며, 중국의 역사문화 고급과정을 가르칠 때는 중국어로 강의하였다. 연구자의 방대한 언어 능력은 목적을 위한 수단이 되었고, 고대 아시아 전역에서 기록되고 이해되는 불교 역사와 문화, 언어 연구를 위해 필수적인 기반이 되었다.

디지털 컬렉션과 관련 장치들은 중국 불교의 언어학적 연구를 혁명적으로 변화시켰다. 연구자는 CBETA를 자신의 망원경으로 비유했는데, 갈릴레오처럼 새로운 기술(더 좋은 망원경)을 사용해서 전에는 가능하지 않았던 방법으로 멀리 살펴보는 데 사용할 수 있었기 때문이다. 또 CBETA와 유사 컬렉션을 현미경이라고도 부르는데, 마치 현미경처럼 텍스트를 더욱 세밀하게 조사할 수 있기 때문이다. 연구자는 텍스트 일부분으로 자신만의 용어색인을 생성하고, 추출하며, 새로운 비교표를 만들 수 있었다.

**연구문제**  연구자는 불교 텍스트들이 특정 시기, 특정 장소에서 어떻게 전파되고 다른 문화들에 의해 어떻게 이해되는지를 텍스트 간의 관계를 조사함으로써 보여주고자 했다. 학술지 논문에서 탐구된 연구문제는 초기 중국 불교 텍스트 인쇄본을 연구할 당시에, 고대 인도어인 팔리어로 읽은 텍스트와 유사함을 깨닫게 되면서 떠오른 것이다. 연구자는 기존에 이 텍스트들이 독립이라고 추정되었기 때문에, 두 텍스트 간의 지리적, 문화적 관계를 설정할 수 있다면 이는 의미 있는 역사적 발견이 될 것으로 봤다. 두 텍스트를 비교해볼 때, 중국어 텍스트가 더 짧고, 팔리어 텍스트는 장문의 경전을 이루는 한 개의 장(Chapter)이다. 그가 세운 가설은 초기 인도 텍스트에서 중국 불교 경전으로 번역되었고, 인도 텍스트에서 기존의 팔리 텍스트도 번역되어 나왔다는 것이다. 그리하여 하나의 인도 텍스트가 중국어와 팔리어 텍스트를 낳았고, 두 문화 사이에서 불교 사상이 커뮤니케이션 되는 복잡한 경로를 보여준다고 밝혔다(Zacchetti 2002).

교정판은 텍스트의 본래적 의도를 가능한 많이 설정하려고 한다. 교정판은 각 텍스트의 프로비넌스 기록을 유지하고 번역과 변형을 비교함으로써, 또한 텍스트가 씌어지고, 순환되고, 사용된 맥락에 대해 알려진 것들을 설명함으로써 각 텍스트의 기원을 탐구한다. 교정판이 이 분야에서 권위적 학술연구로 인정된다면 1차 원천이 될 수 있다. 연구자의 교정판은 두 언어로 된 유사 텍스트에 대한 포괄적 분석이다. 연구자는 중국 불교의 중요 텍스트 3개 장(Chapter)을 산스크리트어 판본과 비교하면서 수년 동안 학자적 노력을 바쳤다. 중국 교리 정본의 관련 부분은 단일 텍스트로 되어 있는 반면, 비교 대상인 산스크리트어 버전은 복수의 텍스트가 새겨진 판본들(tablets)로, 그때까지 출판된 적이 없는 필사본 부분이 포함되어 있다. 산스크리트 텍스트 네 건에 대한 중국어 번역을 비교함으로써, 수세기 전에 불교 텍스트가 어떻게 중국어로 번역되었는지, 또 텍스트에 나온 개념들이 당시 두 문화에서 어떻게 이해되었는지를 해석하였다(Zacchetti 2005).

**데이터 수집**　데이터라는 단어는 연구자가 이 사례연구에 대해 설명하기 이전에는 일상적으로 쓰는 용어가 아니었다. 연구자가 적용한 방법론에는 텍스트에서 용어, 구절, 개념, 글자를 엄밀하게 선정하는 일이 포함되는데, 이는 데이터 수집으로 해석될 수 있다. 연구자는 일대일 비교를 위해서 워드 프로세서를 써서 두 개의 열이 있는 표를 작성한다. 유물을 대상으로 작업할 때는, 수작업으로 검색하고 관찰 내용을 표에 기입한다. 개체가 CBETA에서 선택되면, 디지털 형태의 개체를 캡쳐하여, 자신의 문서에 복사하여 붙여넣었다. CBETA 장치를 통해 선택한 텍스트는 메타데이터도 함께 따라오기 때문에, 데이터 선정의 속도와 정확성이 높다. 텍스트를 비교할 때는 한 줄 한 줄 보거나, 구절 단위로 비교했다. 각각의 기입 내용에 대하여 출처 정보, 비교 항목 간의 유사점 및 차이점을 주석으로 빽빽하게 달았다. 중국어 텍스트에 매겨진 장절 번호처럼 간략한 파일 명명 규칙을 정하여 도표를 관리했다.

학술지 논문과 단행본 교정판 출판의 목적은 텍스트의 해석인데, 특히 각 텍스트의 언어 사용을 분석하는 것이다. 이러한 연구는 다양한 디지털 도구 및 자원에 의존해야 하며 일부는 널리 가용되는 것이지만, 일부는 다른 학자들이 맞춤형으로 제작한 도구들을 빌려와야 하는 경우도 있다. 연구자에게 특별히 가치를 갖는 도구 중에는 잘 알려지지는 않았지만 중국 한자의 역사적 변천을 알려주는 온라인 사전이 있다(Ministry of Education, Republic of China 2000).

연구자가 작업한 중국어 텍스트는 인쇄본이었으나, 비교 대상인 팔리어 텍스트는 디지털 컬렉션에서 발견되었다. 본인의 논지를 만들기 위해 이러한 문서들의 역사적 기원과 관련 연구를 사용하였으며, 그 과정에서 문서에 대한 절대적인 기원 설정은 어렵다는 것도 인정하였다. 예컨대 중요한 용어에 대해서는 "추정된 기원"에 주목한다(Zacchetti 2002, 79). 증거를 모으기 위하여 인쇄본과 디지털 버전을 검색하는데 일부는 도서관에서, 일부는 온라인이나 CD-ROM에서, 일부는 연구경력의 전 과정을 통해 축적해놓은 상당한 분량의 복사본 텍스트 장서에서 나온다. 연구자는 초기의 번역이 무엇이며, 이러한 텍스트가 처음으로 언급된 역사적 목록과 서지를 식별하기 위한 조사를 한다(Zacchetti 2002, 75).

**데이터 분석**  중국 불교문헌학 연구자의 데이터 분석은, 논지를 펼치기 위해 자신의 메모에 기록한 증거나 도표에 대한 해석을 통하여 접근한다. 학술지 논문에서 분석 내용은 중국어 텍스트를 왼쪽에, 팔리어 텍스트를 오른쪽에 배치한 일련의 비교표들로 제시된다. 영어로 집필된 이 논문에서, 비교를 위해 상당히 많은 중국어와 팔리어 구문을 주석으로 삽입하여 설명하였다. 어떤 해설은 잘 알려지지 않은 표현에 대한 설명을 하고, 다른 해설은 텍스트의 직설적 표현과 은유적 해석을 비교하기도 했다. 법학 논문처럼, 일부 페이지에서는 본문보다 더 많은 분량으로 각주를 채웠다. 사회과학 학술지처럼, 논문은 주장의 맥락을 보여주기 위한 선행연구 분석에서 시작하여 증거에 대한 토론과 결론으로 끝을 맺었다.

단행본으로 나온 교정판은 한 줄씩 비교하는 줄 단위 비교와 구문 단위로 비교하기 때문에 비평적 공관 편집(critical synoptic edition)으로 일컬어진다. 이러한 작업에서 본문의 중심 내용은 〈표7.2〉에 보여지듯이, 두 개의 열이 있는 도표를 통해 텍스트를 비교하는 것이다(Zacchetti 2005, 157). 학술지 논문과 마찬가지로, 영어로 된 많은 설명이 달린 해설로 비교하였고, 중국어 및 산스크리트어 참조 표시를 달았다. 용어 정의가 어떻게 비교되는지 또는 어떤 개념이 나열되는지를 비교하여 설명한다. 표에서는 출처, 이형 표기, 번역 등을 비교하면서 이 언어가 어떻게 진화되어 왔으며 텍스트는 어디에 기원을 두는지 증거를 제시한다. 연구의 출처로 대개 중국어 및 산스크리트어 고문자 이형 표기와 이들의 조합 문자를 수록하고 있다. 이러한 이형 표기 문자들은 유니코드 형식으로 존재하지 않으면 디지털 형태로 정확히 표시하기 어렵다. 분석 내용 중 일부는 동시대 독자들이 콘텐츠에 더욱 쉽게 접근할 수 있도록, 필요할 경우 원본 글자에서 현대 문자로 텍스트를 바꿔 썼다. 교정판에서는 텍스트의 프로비넌스에 대한 폭넓은 논쟁에 대하여 설명하는 내용도 포함하고 있다(Zacchetti 2005).

〈그림 7.2〉 스테파노 자케티(2005)의 「빛의 찬양: 다르마락샤가 최초로 중국어로 번역한 반야경 1~3장에 대한 주석번역을 포함한 비평적 공관본」 157쪽.

|  |  | karmāntājīvā<br>virahitākuśalakāyavāṅmanas-<br>karmāntājīvāś[109] ca bhavanti sma |
|---|---|---|
| § 1.66<br>(14장 28-1쪽 1) | 一切衆生得平等心，展轉相瞻如父、如母、如兄、如弟、如姊、如妹、各各同心，等無偏邪，皆行慈心。 | PG 4r 4-5 (Ś 18, 22-19, 1; PD 10, 1-2; PSL kā a 4-5): sarvasatvāś ca sarvasatveṣu samacittā abhūvan* yad uta[110] mātāpitṛbhrātṛbhaginīsamacittāḥ mitrajñātisahāyasamacittāḥ[111] |
| § 1.67<br>(14쪽 1-2) | 一切群萌悉修十善，清淨梵行，無有塵埃。 | PD 10, 2-3 (PG 4r 5-6; Ś 19, 2-3; PSL kā a 5): daśakuśalakarmapathasevināś ca bhavanti sma[112] / brahmacāriṇaḥ śucayo nirāmayagandhāḥ[113] |
| § 1.68<br>(14쪽 2-4) | 一切黎庶悉獲安隱，所得安隱猶如比丘得第三禪。于時衆生而致智慧，而悉具足善快調定，離於卑劣，逮得和雅。 | PG 4r 6-8 (PD 10, 3-8; PSL kā a 5-6; Ś 19, 3-8): sarvasatvās tasmin samaye sarvasukhasamarpitā abhūvan* evaṃrūpeṇa sukhena samanvāgatās[114] tadyathā {s} tṛtīyadhyānasamāpannasya bhikṣoḥ sukhaṃ sarvasatvāś ca tasmin samaye evaṃrūpayā prajñayā samanvāgatā abhūvan* yad evaṃ jānaṃti sma[115] • sādhu dānaṃ sādhu damaḥ sādhu saṃyyamaḥ[116] sādhu satyaṃ • sādhv apramādaḥ sādhu maitrī sādhu karuṇā sādhv avihiṃsā prāṇibhūteṣu[117] • |

---

[110] sarvasattvāś ... yad uta: not in PD & PSL.
[111] PG wrongly repeats verbatim this latter compound. PD 10, 2 and PSL have at this point a longer reading: mitrāmātyajñātisālohitasamacittā. Note that Ś has all the words construed as one compound.
[112] PG 4r 5-6 & Ś 19, 2: daśakuśalakarmapa(tha)samanvāgatā [Ś without daśa-] abhūvan.
[113] PG 4r 6, Ś 19, 3 and PSL kā a 5: nirāmagandhāḥ, which seems to be the correct reading; after this word, PG & Ś + sarvākuśalavitarkavigatāḥ.
[114] PD 10, 4 & PSL kā a 5: īdṛśaṃ sukhaṃ pratilabhante sma.
[115] yad ... sma: PD 10, 6 & PSL kā a 6: yad anyabuddhakṣetrasthā buddhā bhagavanta evam [PSL + udānam] udānayanti sma.
[116] Ś 19, 7: saṃyamaḥ.
[117] sādhu dānaṃ ... prāṇibhūteṣu: PD 10, 7-8 & PSL kā a 6: sādhu damaḥ [PSL + sādhu śamaḥ] sādhu saṃyamaḥ sādhu cīrṇo brahmacaryyāvāsaḥ sādhu prāṇibhūteṣv avihiṃseti.

---

**연구결과의 출판**  중국 불교학자들은 학술지나, 책, 학술대회 발표자료를 통해서 연구결과를 출판한다. 문헌학의 출판은 텍스트 인용에 매우 의존한다. 이러한 인용들은 저작권법상 공정 사용 및 공정한 취급 규칙이라는 통상적인 몇 개의 단어보다 훨씬 광범위하게 발생하는 것이 문헌학 학술 프랙티스의 특징이다. 논의된 두 건의 출판물에서, 텍스트는 현대 문자 세트로 제시되지만, 연구자가 작업한 중국어 텍스트의 원본 문자 일부는 유니코드로 표현할 수 없는 고어로 씌어졌다. 현재 모든 대중적으로 사용되는 소프트웨어나 하드웨어에 유니코드가 내장되어 있어서, 연구자가 집필한 영어, 중국어, 산스크리트어는 컴퓨터 스크린과 프린터상에는 적어도 현대 문자인 경우, 온전하게 변환된다. 문제는 다른 키보드와 브라우저의 경우에 발생하는데 이 또한 상호운용성이 개선되고 있다. 학술 연구 저작물이 마이크로소프트 워드 문서로 작성되고 있음에도, 인문학 연구자 중에는 라텍스(LaTex) 조판 언어를 선호하는 연구자도 있다. 대부분 출판사는 MS 워드 문서나 라텍스 문서, PDF 형식으로 제출된 문서들을 허용한다.

학술지 논문으로 출판된 것은 33페이지에, 134개 각주, 3페이지 분량의 참고문헌이 수록되었다(Zacchetti 2002). 교정판은 길이 469페이지에, 세 부분으로 나눠 각 부분에 몇 개의 장을 포함하고, 여기에 부록과 방대한 서지사항을 첨부한다(Zacchetti 2005). 이 교정판은 일본 불교철학(Buddhology) 연구센터에서 일본어 단행본으로 출판되었다. 아직은 저작권이 유효하지만, 단행본은 PDF 문서로 과금 없이 무료로 온라인 출판되었고, 불교 자료들의 다른 온라인 컬렉션으로 함께 통합되었다. 인쇄본 역시 이용할 수 있다. 논문과 교정판, 두 출판물 서두에는 텍스트 초안을 읽어주고, 주석이나 자료 제공 및 그 밖의 다른 방법으로 도움을 준 학자들에게 전하는 감사의 말을 포함하고 있다.

**데이터 큐레이션, 공유, 재사용**　불교 문헌연구자의 연구방법론과 연구 프랙티스는 정보기술의 발달과 더불어 상당히 진화해왔다. 데이터 큐레이션, 공유, 재사용을 위한 연구자의 선택은 더욱 확장되어 갔다. 연구자는 연구방법론과 기술에 대한 역사적 개요를 통해 이러한 변천 과정을 설명한다. 연구자는 1994년에 중국학으로 학사 논문을 제출했는데, 이때는 유니코드가 공식 채택된 지 2년밖에 지나지 않은 때였고, 유니코드가 문서처리 소프트웨어나 프린터, 디스플레이 장치에 널리 구현되지 않았을 때이다. 당시 아시아에서는 중국어, 일본어, 한국어 문자 세트를 캡쳐하여 표현하는 다른 소프트웨어가 사용되었는데, 서구의 연구도서관에서는 일부 버전에서 유니코드를 이미 사용하고 있었다.

학생으로서 중국 문자를 표현하는 이러한 초기 기술에 대한 접근이 부재함에도, 신예 연구자인 저자는 자신의 논문을 보편적인 워드프로세싱 시스템을 통해서 이탈리아어로 집필하였고, 중국어 문자 표현을 위해 빈칸을 남겨두었다. 최종 학위 논문 제출본에는 손으로 글자를 써넣었다. 그렇기 때문에 중국어 글자가 수록되어 있는 이 논문의 디지털 복사본은 없다.

교정판 집필에는 초기 세대의 중국 워드프로세서를 이용했다. 수년간의 노고 끝에 나오게 된 문서들은 PDF 형식으로 변환되어 출판되었다. 온라인으로 이미 전파되고 있지만, PDF의 초기 버전은 페이지를 정지 화상의 이미지로 표현할 뿐이었다. 그러한 결과 출판 내용은 검색되지 않을 뿐만 아니라, 컴퓨터가 읽어낼 수 있는 시맨틱 구조를 포함하지 않는다. 연구자가 교정판을 집필한 1990년대의 워드프로세싱 시스템은 중국어와 산스크리트어 문자 세트를 온전하게 표현해 내지만, 파일 자체는 현재 기술로 읽어낼 수 없다. 당시의 워드프로세싱 시스템은 널리 적용되지 않았고, 파일들도 변환되지 않았다. 마이그레이션 작업을 못하는 이유는 유니코드가 아닌 다른 형태의 텍스트 코딩으로 인한 것으로 보이는데, 관련 소프트웨어가 더 이상 지원되지 않을 수 있고, 더 이상 지원되지 않는 물리적 포맷으로 저장되거나, 이러한 것들의 조합으로 인한 것일 수 있다. 이유가 무엇이든, 주요 연구 작업에 대한 구문론적, 의미론적 구조를 유지하는 컴퓨터 가독형 버전을 연구자가 가지지 못하는 결과를 가져왔다. 자유롭게 활용된다는 의미에서 교정판 단행본은 오픈된 것이나, 콘텐츠가 검색되고 추출될 수 있는가의 의미에서는 그렇지 않은 것이다. 이러한 상황은 인문학에서 특별한 것이 아니며, 참고 저작물(reference work)에서 특히 문제가 된다. 텍스트를 교정하고 갱신하려면 완전히 새로운 판을 만들어야 한다.

연구자가 현재 관심을 기울이는 작업은, 컴퓨터 가독 형식으로 데이터와 메타데이터를 캡쳐하여 큐레이션하는 것이다. 연구자의 데이터는 다양한 많은 원천에서 가져온 것이다. 이러한 원천들은 데이터를 추출하는데 많은 노동이 요구되는 데 반해, 일부 소수의 학자들만이 같은 시기에 특정 텍스트에 대해 작업을 할 뿐이다. 이 연구자가 자신의 작업을 하면서 데이터를 큐레이션하게 되면 나중에 더욱 용이하게 재사용될 것이며, 다른 연구자들과 데이터와 분석 내용을 공유할 수도 있다. 이 연구 커뮤니티에서는 개인적 교류가 가장 일반적 형태지만, 앞서 어떤 디지털 리포지토리가 연구자의 공개 단행본을 흡수한 것처럼, 불교학 연구자료를 입수해서 디지털 리포지토리를 확대 구축하는 경우도 있다.


## 결론

인문학은 학문 분야의 경계를 뚜렷이 정의하기 어렵기 때문에 분야를 특징 짓기에 제일 어려운 분야라 할 수 있다. 또 인문학 내에서 어떤 영역이나 도메인을 그룹으로 구분하는 것에 대해서도 이의 제기가 있다. 연구

대상, 연구문제, 연구방법론의 다양성으로 볼때, 인문학 분야 데이터를 일정하게 특징짓는 것이 얼마나 어려운 일인지가 잘 드러난다. 동일 객체가 여러 방법으로, 많은 연구 질문으로, 또한 다른 장소와 시간에서 연구될 수도 있다. 학자들은 저마다의 독특한 방법으로 연구결과를 표현할 수 있다. 그러한 가운데 객체들에 대한 표현체(representations)가 일부 현상의 증거가 되는 개체가 될 수 있다. 각 연구 객체, 심지어는 단일 객체에 대한 개별 표현도 반복적으로 재해석될 수 있다. 새로운 관점이나 증거에 비추어 해석하거나 재해석하는 능력이 인문학 학술연구의 본질이다. 이 것은 고고학 발굴 현장에서 나온 유물이거나 고대 그리스 항아리이거나, 불교 텍스트이거나, 3세기 중국 지식의 전달 과정, 또는 인류문화의 다양한 측면이건 상관이 없다. 그러나 이런 재해석 능력은 지식이 축적되는 분야와는 다른 종류의 인프라에 의존한다. 객체와 프로비넌스를 기술하는 표준 개발은 분류 메커니즘이나 프로비넌스에 대한 도큐멘테이션을 설정할 권한을 누가 갖는가의 문제로 이어진다. 이러한 연구 영역의 특징들은 한정된 연구비와 이해관계자들 간 경쟁과 맞물려, 인문학 연구자와 연구비 지원 기관들이 공유 인프라 개발을 위해 나서는 데 제약이 되어 왔다.

연구 데이터를 누가 소유, 통제, 접근, 유지할 것인가의 문제가 데이터의 가치가 어떻게, 누구에 의해 개발될지를 결정할 것이라는 이 책의 첫번째 문제제기는 인문학에서 특히 문제가 된다. 고전예술, 고고학, 불교학 연구에서 학자들에게 요구되는 자원은 세계 도처에 흩어져 있고, 컬렉션들은 고유 커뮤니티에서 유지 관리되기도 하고 그렇지 않기도 하다. CLAROS 테스트 베드와 같은 인프라를 구축하게 되면, 공통 플랫폼으로 컬렉션이 집결되고 신기술 보강을 통해 성과를 이룰 수 있음이 입증되었다. CLARIN, 유로피아나, 미국디지털공공도서관(DPLA)같이 컬렉션을 연합시키는 접근법이 인프라 구축을 위한 노력의 기저를 이룬다. 이 모든 것에 지속가능성이라는 도전이 마주하고 있으며, 그럼에도 불구하고 불교 커뮤니티가 개발한 CBETA는 가장 지속되는 인프라 지원이 될 것으로 보인다.

맥락과 시간을 초월하여 지식을 전달하는 두 번째 문제제기 역시 인문학에서는 어려운 것이다. 그러나 이 문제의 특성 중 일부는 보다 명백해지고 있다. 제7장에 제시한 사례에서, 객체를 비교하고 근접하여 엄밀히 검토하는 능력은 대단히 필수적이다. 많은 연구 프로젝트에서 객체에 대한 표현체의 비교는 자료 객체 비교 이상으로 학술 목적에 적합하다. CLAROS는 그리스 항아리의 이미지를 하나하나 대조하고, 돌려보며, 크게 확장하여 비교할 수 있게 해준다. CBETA를 통해 처음으로 중국 불교 텍스트를 검색을 통한 대규모 비교가 가능해졌고, 고문자로 쓴 글자 이미지를 크게 확대할 수 있었다. 피사 그리핀의 3D 시각화 형상을 통해서 육안으로는 보이지 않은 세밀한 내용을 확인할 수 있게 되었다. 유사한 학술 목적을 위해서는 이러한 기술들이 적용되지만, 다른 학술적 맥락으로 잘 이전되지는 않는다. 고고-금속학자에게 CLAROS는 별 도움이 되지 않는데 비록 관심 영역의 컬렉션을 다루고 있어도 금속학자들이 필요로 하는 금속에 대한 정보를 레코드에 포함하고 있지 않기 때문이다. CBETA를 위해 개발한 장치들은 중국어 연구자나, 문자 및 문화 전문가들을 지원하는 강력한 도구들이다. 지식 인프라에 대한 도전은 이렇듯 도메인을 초월하여 이전될 수 있도록 특성을 일반화하는 것이다.

세 번째, 네 번째 문제제기와 관련하여, 인문학 출판의 형태와 장르는 대부분의 다른 분야와는 구분된다. 고전예술 및 고고학의 두 사례에서, 출판은 개인 저자들이 서명한 짧은 섹션으로 나뉘어진다. 불교문헌학 출판 사례를 통해서는 자연과학 분야에서 자주 보이는 긴 행렬을 이루는 데이터 표, 법학 분야에서 보듯이 본문보다 더욱 광범위한 각주 등의 편집 방식이 교차적으로 나타난다. 데이터 공개는 인문학 학술연구에 일상적으로 발생하는 일은 아니지만, 작업의 일부는 공개되었다. CLAROS는 오픈 소스 코드를 제공하고, 협력기관에서 제공한 레코드는 컬렉션으로 구축한다. 피사 그리핀의 성분 분석으로 나온 금속 데이터는 연구 출판물에서 도표 형태로 정리되어 공개된다. 불교문헌학 출판물은 논지를 위한 상세한 증거를 제공하면서, 개체에 대한 비교표를 제시한다. 이러한 행위들은 과학 분야에서 데이터 공개로 간주되지는 않지만, 해당 연구 커뮤니티 내에서는 학술 커뮤니케이션의 기능을 충족시켜주는 것이다.

　마지막으로, 인문학 학술연구에 대한 지식 인프라의 역사성을 강조하는 것이 중요하다. 인문학 연구는 재해석이 계속되고 있으며, 수세기를 넘어 축적된 컬렉션과 전문성에 의존한다. 지식은 시간과 맥락을 초월하여 이전되지만, 항상 용이하게 잘 되는 것은 아니다. 고전예술, 고고학, 고고-금속학, 불교학 연구자들은 많은 새로운 기술에 - 몇 개만 거론해보면 파피루스, 인쇄, 종이 등 - 연구 프랙티스를 적용해왔다. 경제성, 재산권, 윤리 및 이해관계자들의 갈등이라는 다양한 난관 속에서도 길을 찾아왔다. 다수 연구자들이 정보기술을 새롭고 혁신적으로 이용함으로써 다른 연구자와 비교하여 경쟁 우위를 획득하고 있다. 또한 새로운 기술의 위험을 마주하고 있음을 확인하게 되는데, 오랜 노력을 투입하여 입력한 소프트웨어가 이전 세대 것이어서 데이터를 재생시킬 수 없게 된 불교 문헌학자의 사례에서 특히 이러한 도전을 확인하게 된다. 디지털 형태로만 저장된 문화 레코드는 선의적 방관으로는 살아남지 못한다. 오늘날 연구가 지속되는 파피루스, 설형문자, 그리스 항아리, 금속 조각상 등과는 다르게, 인프라에 대하여 상당한 투자가 있지 않고서는 이런 디지털 문화 레코드는 사라지게 될 것이다. 인문학 도메인에서 가장 강력한(resilient) 지식 인프라는 학자들 간의 개인 네트워크이다. 연구자들은 낡은 미디어와 뉴미디어 모두를 통해 정보를 교류한다. 장시간, 정기적 토론을 통해 아이디어를 공유하고 증거를 개발한다. 인터넷이나, 도서관 목록 및 다른 원천을 통해서는 발견할 수 없는 정보 자원에 대한 진입 지점을 제공한다. 빅데이터는 통상 데스크탑으로 들어오지만, 이 연구자들은 흔히 데이터에게로 직접 가야 한다. 인문학 연구자들의 지식 인프라는 이렇듯 복잡하게 결합된 지능적(intellectual), 유형적(material) 디지털 자원들에 어떻게든 적응해야 하며, 이를 효과적으로 활용하는 수단을 제공해야 한다.

# 데이터 정책과
# 프랙티스

# 08

제8장

데이터 공유,
공개 및 재사용

물, 물이 사방에 있지만
모든 뱃전들이 점점 쪼그라들어간다.
물, 물이 사방에 있지만
마실 수 있는 물은 한방울도 없구나.
−새뮤얼 테일러 코울리지(Samuel Taylor Coleridge)
「노수부의 노래」 제2부(Rime of the Ancient Mariner - Part II)

# 서론

잘 알려져 있듯이 17세기의 갈릴레오(Galileo, 1610)와 18세기의 캐번디시
(Cavendish, 1798)는 자신들의 과학적 주장을 뒷받침하기 위해 자신의 모든
데이터셋을 제공했다. 목성 달에 대한 갈릴레오의 연구와 지구 밀도에 대
한 캐번디시의 연구에 대해서는 지금도 그들의 데이터, 방법론 그리고 주
장을 확인할 수 있다는 점 때문에 여전히 과학사의 중요한 업적으로 남아
있다(Goodman et al. 2004). 현시대의 연구자들에게 데이터를 기꺼이 공유할
수 있느냐고 묻는다면, 대부분이 긍정적으로 답변할 것이다. 하지만 동일
한 연구자에게 자신의 데이터를 공개하고 있는지 물어보면 대개는 그렇
게 하지 않았다고 인정한다(Tenopir et al. 2011; Wallis, Rolando, and Borgman
2013). 의지와 행동은 별개의 것이다. 따라서 "데이터, 데이터, 사방에 있
으나, 한 방울도 마실 수 없구나"라는 것이 대부분의 연구 분야에서의 실
제 모습이다. 갈릴레오와 캐번디시가 지금 살아 있다면 자신들의 데이터
를 공개할까?

위 질문을 달리한다면 "데이터의 가치는 데이터의 사용에 있느냐"는 것
과 이 진술이 진정 "과학 데이터에 대한 완전하고 공개적인 접근이 연구

**제3부** 데이터 정책과 프랙티스

결과로 생성된 과학 데이터 교환의 국제 표준으로 받아들여져야 한다"라는 것을 의미하는지에 대한 여부일 것이다(National Research Council 1997). 자주 반복되는 정책 선언으로 인해 데이터는 그 자체로 목적이라는 생각을 갖게 한다. 만약 데이터에 내재적인 가치가 있다면 데이터는 자산으로써 포착되고, 관리되어야 하며 계속해서 재사용될 수 있도록 유지되어야 한다. 역시 자주 반복되는 대안적인 관점에 따르면, 연구대상은 탄력적이고(malleable), 가변성이 있으며(mutable), 이동성(mobile)이 있다(Latour 1987). 데이터는 1장과 2장에서 설명한 바와 같이 "자연적인 객체"가 아니다. 오히려 그것은 목적에 대한 수단이며 연구 과정과 불가분의 관계에 있다. 이러한 관점에 따르면 데이터는 연구 프로젝트의 종료 시점 또는 논문이 출판된 이후에 폐기할 수 있다. 데이터는 자산임과 동시에 부채이며, 유지할 만한 가치가 없을 수도 있다. 진실은 분명히 상반되는 이 두 관점의 어느 사이에 있다. 어떤 데이터는 공유할 가치가 있고, 상당수 데이터는 그렇지 않다.

　관련 데이터에 따르면, 데이터의 오픈액세스를 위한 수십 년간의 정책에도 불구하고 데이터 공개 또는 기탁 비율은 낮다. 《사이언스Science》학술지(2011)가 해당 학술지의 동료 심사자를 대상으로 한 설문에 따르면 7.6%의 응답자만이 자신들의 데이터를 커뮤니티 리포지토리에 기탁하고 88.7%는 다른 연구자들이 직접 접근할 수 없는 대학의 서버 또는 실험실 컴퓨터에 데이터를 저장한다고 한다(Science Staff 2011). 약 1%의 생태학 데이터만이 연구결과가 출판된 이후에도 접근 가능하다(Reichman, Jones, and Schildhauer 2011). 학술지가 데이터 접근 정책을 가지고 있는 경우에도 준수 비율은 낮다. 어떤 형태로든 데이터 공개를 의무화하고 있는, 영향력 높은 50개 학술지의 논문을 대상으로 한 조사에서 9%에 해당하는 논문만이 온라인에 온전히 데이터를 기탁한 것으로 나타났다. 정책이 적용되었을 때(논문의 약 70%에 해당), 59%의 논문이 학술지 지침을 부분적으로 준수한 반면, 의무규정의 제한을 받지 않는 논문에서는 데이터의 공개가 전혀 없었다(Alsheikh - Ali et al. 2011).

데이터와 그것에 대한 표현(representations)을 공개, 공유, 재사용할 수 있는 능력은 그것을 가능하게 하는 적절한 지식 인프라에 달려 있다. 그리고 그것은 다수의 서로 상충되는 이해관계자 간 합의에 달려 있다. 누구의 인프라에 투자해야 하는가, 그리고 누가 혜택을 받을 것인가? 사례조사에서 분명하게 나타났듯이 데이터와 그것의 사용은 맥락과 시간의 경과에 따라 달라진다. 이러한 커뮤니티들에게 필요한 컬렉션, 도구 그리고 정책 차원의 투자 역시 그들과 다른 이해당사자 사이의 관계와 마찬가지로 달라진다.

이 장은 세 개의 상반되는 분석을 제시한다. 첫 번째 분석은 데이터의 공개와 재사용에 대한 이해관계자의 관심이 수요와 공급 차원에서 얼마나 중요한가에 대한 것이다. 두 번째 분석은 학자들의 데이터 공개와 재사용에 대한 동기요인을 고려함으로써 데이터 프랙티스를 학술 커뮤니케이션의 보다 넓은 맥락에 두고자 한다. 세 번째 분석은 이러한 두 개의 관점이 지식 인프라의 설계와 유지에 어떤 영향을 미치는지 평가한다. 이러한 분석은 사례조사, 누가 데이터를 어떻게, 언제, 왜 그리고 무엇을 위해 공유하는지에 대한 보고서 그리고 여러 분야의 연구자들, 학자들과 나눈 대화에 근거하고 있다.


## 연구 데이터의 수요와 공급

National Research Council(1997)의 『Bits of Power』 보고서는 연구 데이터에 대한 오픈액세스를 장려하는 수많은 정책보고서의 하나이다. 그로부터 10년 뒤에는 경제협력개발기구(OECD)가 공적 재원으로 지원받은 나온 연구 데이터 접근을 위한 국제 원칙을 선포했다. 간결하게 요약된 이 정책 문서에는 개방성, 유연성, 투명성, 법적 준수, 지적재산권의 보호, 공식적 책임, 전문가 정신, 상호운용성, 품질, 보안, 효율성, 책임성 그리고 유지 가능성이라는 13개의 원칙이 담겨 있다. 이 문서의 적용 대상은 광범위하지만 포함된 원칙은 협소하게 도출되었다. 연구 데이터의 정의에는 "사실 기록들"…"주요 자료로 사용된"…"연구결과를 입증하는 데 필요한 과학 커뮤니티에서 통상적으로 용인된" 것이 포함되어 있다. 이 정의에는 구체적으로 "실험실 노트, 예비 분석" 그리고 실험실 표본과 같은 "물리적 객체들"은 제외되어 있다(Organization for Economic Co-operation and Development 2007, 13-14). 그 뒤에 나온 대부분의 보고서와 정책들에서는 보다 더 광범위한 데이터 유형에 대한 공개를 장려하고 있다(Australian National Data Service 2014; Ball 2012; Wood et al. 2010). 그 중에서도 OECD 문서는 가장 구체적으로 데이터 공개의 많은 제약과 이것들이 데이터 유형, 법적 관할권 그리고 다른 문제에 따라 어떻게 변하는지를 밝히고 있다.

공급과 수요는 닭과 계란의 문제와 유사하다. 재사용에 대한 수요가 없으면 데이터 공개도 없을 것이다. 데이터 공개가 없으면 재사용을 위한 인프라 구축에 대한 수요가 불충분하다. 대부분의 데이터 공유 정책들은 연구자들이 데이터를 공유하도록 의무화하거나 권고를 통해 공급을 늘리려고 시도한다. 정책 입안자들, 연구비 지원 기관들, 학술지들 그리고 다른 이해관계자들은 데이터 관리계획, 데이터 기탁 그리고 유사한 요건의 채찍에 초점을 맞춰왔는데 그 이유는 제공할 수 있는 당근이 거의 없기 때문이다. 이러한 정책들은 데이터에 대한 어떠한 기대 수요라든가 공유와 재사용을 뒷받침하기 위해 필요한 인프라에 대해서는 거의 언급하지 않는다.

데이터가 공개되어야 한다고 선언하는 것만으로는 데이터 공개를 이끌어내지 못한다. 데이터 공유 정책들은 개방성에 대한 역사적인 주장을 가지고 연구자들의 선한 본성에 호소한다. 하지만 이런 정책들은 매우 경쟁적인 학술연구의 성격, 보상과 인정에 따른 혜택, 노동과 보상의 부조화, 연구 프랙티스에 대한 투자, 분야 및 연구자 간 프랙티스의 다양성, 커뮤니티 간 자원의 불평등, 공유된 데이터 해석의 어려움 그리고 데이터를 공유하거나 유지하는 데 필요한 자원의 규모에 대해서는 잘 인정하지 않는다. OECD의 정책과 같은 류의 정책들은 정부를 겨냥하고 있고, 개방성과 투명성에 대해서도 호소하고 있다. 정부 또한 상호 경쟁적이며, 국가 정책들도 정보가 공개적인지 아니면 폐쇄적인지의 정도에 있어 차이가 있다. 데이터 공급을 늘릴 수 있는 많은 방안들이 존재하고 있으며, 이 모든 것은 여기에서의 논의에서 데이터 공개로 간주된다. 여기에는 연구자가 공개한 데이터, 리포지토리를 통해 사용 가능한 연구 데이터, 관찰 또는 다른 형태의 컬렉션 그리고 연구 이외의 목적을 위해 수집된 데이터가 포함된다.

## 연구 데이터의 공급

데이터 공유 정책의 기원은 다양하다. 그 중 하나는 1970년대와 1980년대에 있었던 지적재산권 법률의 변화와 결부된 정보의 상업상품화 추세이다(Schiller 2007). 인간 유전체(human genome) 배열 규명 초기에 이에 대한 특허를 출원하고 상품화하려는 시도는 과학 정보의 통제에 대해 거센 폭풍을 불러일으켰다. 이와 같은 '반 커먼즈(anti-commns)'적인 시도들은 오히려 연구를 위한 더 많은 공동 자원의 개발에 기여했다. 인간 유전체 데이터의 오픈액세스 정책을 만든 것은 과학 데이터 공유 프랙티스의 전환점이 되었다(Hamilton 1990; Hess and Ostrom 2007b; Koshland 1987; Science Staff 1987, 1990; Watson 1990).

데이터 공유에 대한 주장은 공공 및 사적 연구비 지원 기관, 국가연구위원회와 연구비 지원 위원회와 같은 정책 기구, 학술지 출판사, 교육자, 대중 그리고 연구자 자신들을 포함한 여러 곳에서 나왔다. 이전에 개발된 데이터 공유의 네 가지 근거를 여기에 다시 정리한다. (1) 연구의 재현 (reproduce)을 위해, (2) 공적 자산을 공공이 사용할 수 있도록 하기 위해, (3) 연구에 대한 투자를 최대한 활용하기 위해 그리고 (4) 연구와 혁신을 발전시키기 위해서. 이것들이 망라적 목록은 아니지만 연구 데이터 공유와 관련된 정책, 프랙티스 그리고 이해관계자 간의 공급 측면에서의 상호작용을 검토하기 위한 틀을 제공한다.

이유, 근거, 주장, 동기요인, 인센티브 그리고 혜택과 같은 것들은 흔히 뒤섞여 있다. 근거(rationale)란 어떤 주장, 믿음, 또는 행위의 지배적인 원칙에 대한 설명이다. 반대로 주장(argument)은 설득을 위한 것이며 개인 또는 기관이 행동을 하기 위해 제시하는 일련의 이유이다. 이러한 근거의 기저에 있는 것들이 명시적 또는 암묵적 동기요인과 혜택이다. 동기요인 (motivation)은 어떤 이가 행동을 하게 만드는 무엇이며 반대로 혜택(incentive)이란 어떤 사람을 행동하도록 자극하는 외부 영향이다. 여기서 수혜자 (beneficiary)는 데이터 공유의 행위로부터 혜택(예를 들어, 특정한 목적을 위해 이런 데이터를 활용)을 받는 개인, 기관, 커뮤니티, 경제 부문, 또는 다른 이해관계자이다.

**연구의 재현**　　재현성(reproducibility)은 흔히 과학에 있어서 '황금률(gold standard)'이라고 한다(Jasny et al. 2011). 이것은 연구 데이터 공유를 위한 근거로서는 강력하지만 문제도 있다. 이것은 근본적으로는 연구 지향적이지만 또한 공공의 유익에 이바지하는 것으로도 볼 수 있다. 연구를 재현하는 것은 학술활동을 확인시켜주고, 그렇게 함으로써 공적 재원이 잘 사용되었음을 확인시켜준다. 하지만 이 주장은 특정 종류의 연구에만 적용되며 몇 가지 미심쩍은 가정에 근거하고 있다.

*재현성의 정의*   이 근거의 가장 근본적인 문제는 무엇이 '재현성'인가에 대한 합의가 부족하다는 것이다. 연구의 반복검증(replication)과 재현성에 대한 《사이언스》의 특집호는 여러 분야에 걸쳐 재현성의 상충되는 개념을 강조하였다. 가장 문제가 되는 분야는 '~체학(omics)' 분야(예: 유전체학, 전사체학, 단백질체학, 대사체학)로 이 분야에서는 "임상적으로 의미 있는 발견은 수백만 개의 분석에 숨겨져 있다"(Ioannidis and Khoury 2011, 1230). 재현성(reproducibility), 입증(validation), 효용(utility), 반복검증(replication) 그리고 반복가능성(repeatability) 사이에 미세한 구분이 있으며 각 용어는 개별적인 '~체학' 내에서도 독특한 의미를 가지고 있다. 자연과학과 사회과학에 있어이 용어들의 차이는 더 크게 나타난다(Ioannidis and Khoury 2011; Jasny et al. 2011; Peng 2011; Ryan 2011; Santer, Wigley, and Taylor 2011; Tomasello and Call 2011).

재현성에 대한 새로운 반전은 과학자들이 출판 전 또는 후에 자신들의 연구 및 관련된 데이터에 대해 제삼자에게 비용을 지불하고 입증을 받아야 하는 것이다. 재현성 이니셔티브(Reproducibility Initiative)에 대한 논의는 그것이 어떤 문제를(만약 문제가 있다고 하면) 해결할 것인지, 이러한 계획이 과학의 재발명(reinvent) 시도인지의 여부 그리고 이것이 새로운 연구를 할수 있는 자원을 빼돌리는지 여부를 중심으로 이루어진다. 출판사들의 반응은 미지근한데 이는 연구와 반복연구의 조합이 문헌 세계를 어수선하게만 할 것이라는 우려 때문이다(Bamford 2012; Science Exchange Network 2012).

*재현 대상의 결정*   연구의 재현, 반복, 반복검증, 입증, 또는 확인과 같은 개념 간 차이를 구분하는 것이 어렵다는 것은 어떤 단위가 재현되는지 그리고 무엇을 위해 재현되는지를 생각하면 금방 나타난다. 어떤 접근 방법은 동일한 관찰, 재료, 조건, 장치, 소프트웨어 등을 포함한 똑같은 반복연구를 시도하는 반면 다른 접근 방법은 유사한 투입과 방법론을 가진

비교가능한 결과를 얻는 것을 시도한다. 첫 번째 접근 방법은 구체적인 논문을 입증하는 반면 후자의 접근 방법은 검증되는 가설을 확인함으로써 보다 유효한 학술연구를 만들어낸다.

재현가능성은 관찰 또는 실험의 정밀한 복제, 동일 소프트웨어 워크플로우의 반복, 필요한 노력의 정도, 독점적(proprietary) 도구가 요구되는지의 여부 등 여러 단계가 있을 수 있다. 계산과학(computational science)은 재현가능성과 관련해서 가장 촉망받는 분야인데 그 이유는 데이터와 소프트웨어에 대한 충분한 접근만 있다면 과정을 정확하게 반복하는 것이 가능하기 때문이다(Stodden 2009a, 2990b, 2010; Vandewalle, Kovacevic, and Vetterli 2009). 연구 과업에 대해 상세한 기록을 유지하는 과학 워크플로우 소프트웨어는 흔히 재현가능성 또는 적어도 프로비넌스 기록을 유지하는 능력을 목표로 삼고 있다(Bechhofer et al. 2010; De Roure, Boble, and Stevens 2009; Goble, De Roure, and Bechhofer 2013; Hettne et al. 2012).

약품과 의학적 절차에 대한 임상실험은 반복검증과 증명을 중시하지만 전체 실험을 재현하는 비용은 엄두도 못 낼 정도로 높다. 하지만 하나의 집단을 대상으로 한 성공적인 실험이 다른 집단을 대상으로 반복될 수는 있다. 재현가능성 자체에 대한 것은 아니지만 근거중심의학(evidence - based medicine)은 다수의 실험에 대한 체계적인 검토에 기초해 대상 집단, 방법론 그리고 발견의 비교를 통해 결과를 입증한다(Chamers 2011; Cochrane Collaboration 2013; Goldacre 2012; Thomas 2013). 의생명 분야 기업들은 흔히 어떤 연구 분야가 생산적인지 판단하기 위한 첫 단계로 학술지 논문에 보고된 결과를 반복검증하고자 한다. 기업들은 출판된 연구를 재현하기 위해 수억 달러에 달하는 비용을 지출하지만 흔히 실패한다. 주주들 사이에서는 이것이 잘못된 투자를 피하기 위한 정당한 비용인지 아니면 과학적 방법론의 결함을 드러내는지 여부에 대해 이견이 있다. 《월스트리트저널》은 후자의 견해를 지지한다(Naik 2011). 하지만 과학에 대한 언론의 설명은 흔히 실제 결과와 반하거나, 방법론과 결과에 대해 오도하는 수준으로 단순화하는 경향이 있다(Goldacre 2008).

*사기(fraud)의 탐지*  주요 학술지에 출판된 논문이 철회될 때마다 심사자들이 데이터와 절차에 대해 무엇을 알았는지, 혹은 알았어야 했는지에 대한 질문이 제기된다(Brumfiel 2002; Couzin and Unger 2006; Couzin - Frankel 2010; Normile, Vogel, and Couzin 2006). 심리학 연구에서 세간의 이목을 끈 사기 사례 이후, 교수들로 구성된 심리학자 집단이 그 분야의 주요 학술지 최신 논문을 반복검증하는 프로젝트를 시작했다. 그러나 곧 그러한 반복연구 시도가 심리학 분야의 연구를 강화하는지 아니면 혁신적인 방법론을 적용하는 연구자들을 부당하게 심판하는지에 대한 갈등이 생겼다(Carpenter 2012; Doorn, Dillo, and van Horik 2013; Enserink 2012a).

어떤 것이 유효하고, 적절하고 또는 합리적인 데이터 검토인지에 대한 질문은 지금에야 비로소 공식화되고 있지만 그것에 대한 답은 잘 보이지 않는다(Borgman 2007; Lawrence et al. 2011; Parsons and Fox 2013). 잘못된 결과를 식별하기 위해 꼭 데이터 접근이 필요한 것은 아니다. 많은 경우 동일한 사진 이미지 또는 그림이 복수의 논문에서 발견되는 경우와 같이 논문이 출판된 후에야 사기를 탐지할 수 있다(Couzin and Unger 2006; Wohn and Normile 2006). 사기, 부적절한 행동 그리고 실수를 구분하는 것은 매우 어려운 문제이다. 동료심사는 학술 저작을 입증하기에는 불완전한 장치이지만 그보다 더 좋은 시스템이 아직은 발견되지 않았다. 레퍼리라고 알려진 심사자들은 제시된 정보에 근거해서 연구 보고의 신뢰성과 유효성을 평가하도록 되어 있다. 동료심사는 재현성이 아닌 전문가의 판단에 근거하고 있다(Arms 2002; Fischman 2012; Fitzpatrick 2011; Harnad 1998; King et al. 2006; Shatz 2004; Weller 2001).

*분쟁의 해결* 재현성에 대한 가장 야심찬 관점은 그것을 과학적 또는 학술적 분쟁을 해결하는 수단으로 보는 것이다. 만약 어떤 결과가 확인되거나 부당한 것으로 증명된다면 그 답은 분명하거나 적어도 그렇게 보일 것이다. 하지만 결과를 재현하려는 노력은 흔히 이러한 논쟁이 기초하고 있는 지적 다툼을 드러내고, 이는 결국 학술 탐구의 핵심을 건드리는 것이다. 알프레트 베게너(Alfred Wegener)가 20세기 초에 제안한 판구조이론은 1960년대 기술의 발전으로 해저에 대한 지도가 그의 모델을 확인시켜줄 때까지는 널리 받아들여지지 않았다. 베게너는 다양한 분야에서 증거 자료를 가져왔지만 각각의 전문 분야에서는 본인 이론의 장점을 과학자들에게 확신시킬 정도의 충분한 깊이가 없었다(Frankel 1976). 비슷하게 물리학 분야에서도 중력파가 존재하는지 여부에 대한 해결 시도가 검증 방법에 대한 의견충돌로 실패했다. 일부 과학자들은 이러한 파장을 감지한 실험만이 적절하게 수행되었다고 믿는 반면 다른 과학자들은 파장을 감지하는 데 실패한 실험만을 신뢰했다(Collins 1975, 1998).

**공적 자산의 공공 이용** 데이터 공개에 대한 다른 근거(rationale)는 공적 재원을 통해 산출된 것은 대중이 사용할 수 있도록 해야 한다는 것이다. 이러한 근거는 오픈 정부, 출판물에 대한 오픈액세스 그리고 데이터에 대한 오픈액세스에 관한 주장에서 찾을 수 있다(Boulton 2012; Lynch 2013; Wood et al. 2010). 예를 들어 영국의 정책들은 출판물과 데이터에 대한 오픈액세스를 통합했다(Research Councils UK 2011, 2012c; Suber 2012b). 호주는 데이터 관리를 연구 윤리 규정에 포함시켰다(National Health and Medical Research Council 2007; Australian National Data Service 2014). 미국의 정책은 기관마다 다르다. 미국국립보건원(National Institutes of Health)은 데이터 관리계획을 다루기 이전에 PubMed Central을 통해 연구 출판물에 대한 오픈액세스를 확립했다. 미국 국립과학재단(National Science Foundation)은 출판물에 대한 오픈액세스를 다루지 않고 데이터공유와 데이터 관리계획을 다뤘다. 이러한 미국의 관련 정책들은 연구 정보에 대한 새로운 연방정부 정책으로 수렴될 가능성이 있지만 아직은 이르다(Burwell et al. 2012; Holdren 2013a, 2013b).

이러한 정책들을 통합하면 출판물과 데이터에 대한 오픈액세스가 동등하게 취급된다는 것으로, 3장에서 제기된 문제들을 야기시킨다. 출판물에 대한 오픈액세스는 학자, 실무자, 학생 또는 일반 대중을 가리지 않고 모든 독자에게 혜택이 된다. 데이터에 대한 오픈액세스는 훨씬 더 적은 수의 사람에게 직접적인 혜택이 되고 이러한 혜택도 이해관계자에 따라 달라진다. 예를 들어 임상실험 데이터의 오픈액세스의 초기 보고서들에 대한 대부분의 요청은 제약회사, 변호사, 컨설턴트 그리고 소수의 대학 연구자들에게서 나온다(Bhattacharjee 2012; Cochrane Collaboration, 2013; Fisher 2006; Goldacre 2012; Marshall 2011; Rabesandratana 2013; Vogel and Couzin - Frankel 2013).

**연구 투자의 극대화**  데이터 공개에 대한 세 번째 근거는 다른 사람도 데이터를 이용할 기회가 있어야 한다는 것이다. 여기서도 마찬가지로 이해관계자들의 관점 차이가 분명하다. 학자들이 자신의 데이터를 공개하는 동기요인은 혜택의 수혜자에 대한 그들의 인식에 의해 영향을 받는다. 이러한 근거는 연구 데이터를 받아들이고 관리하는 더 많은 리포지토리, 데이터를 활용하기 위한 보다 나은 도구와 서비스 그리고 지식 인프라에 대한 추가적인 투자 등의 필요를 뒷받침한다. 이것은 또한 대학이 생산하는 데이터에 감춰진 "가치의 족쇄를 풀기" 원하는 사적 영역의 이해관계자들의 주장도 뒷받침한다(Biemiller 2013; Thomson Reuters 2013). 하지만 이 근거는 학술 커뮤니케이션에 있어서 다른 역할을 하는 연구에 대한 투자와 데이터에 대한 투자를 동일시하는 위험이 있다.

오래된 데이터를 예기치 않게 사용하는 사례들이 가급적 많은 데이터를 유지하자는 주장을 위해 자주 사용된다. 아내 마리 앙투아네트와 함께 1793년 단두대에서 처형당한 루이 16세의 DNA의 미세한 흔적은 그의 직계 조상의 DNA와 비교되었다. 분석결과 루이왕의 유전적 위험 요소에 당뇨, 비만 그리고 조울증이 포함되어 있음이 밝혀졌다. 이러한 결과는 왕의 우유부단함이 어디에 기인하는가에 대한 논쟁에 새로운 정보를 제공했다(Science Staff 2013). 아주 오래된 DNA 해독의 진전은 《사이언스》지가 선정한 2012년의 "올해의 획기적인 개가" 중 하나였다(Gibbons 2012; Science Staff 2012). 미래의 활용을 예측하는 것은 도서관, 박물관 그리고 아카이브의 고전적인 문제이지만 이 기관들도 모든 것을 다 유지, 보관할 수 없다.

**연구와 혁신의 발전**　마지막 근거는 데이터 공유가 연구와 혁신의 발전을 가져온다는 것이다. 이것은 학술연구의 혜택을 다룬다는 점에서 앞의 두 근거와는 다르다. 이 근거는 "과학은 좋은 데이터에 달려 있다"(Whitlock et al. 2010, 145), "과학 데이터 큐레이션은 데이터를 수집, 정리, 입증 그리고 보존하는 수단으로 이를 통해 과학자들이 우리 사회가 당면한 거대한 과학적 도전에 맞설 수 있는 새로운 방법을 찾을 수 있다"와 같은 선언에 암묵적으로 드러나 있다(Data Conservancy 2010). 이것은 연구 데이터를 유지하기 위한 지식 인프라 투자를 통해 높은 수준에서, 전문적으로 데이터를 큐레이션하자는 것을 옹호하는 주장이다. 모든 데이터가 큐레이션을 해야 할 가치가 있는 것은 아니지만 보존해야 할 데이터를 잘 보존함으로써 연구 커뮤니티를 위한 자산으로 만든다는 것이다.

## 연구 데이터에 대한 수요

데이터 공유에 대한 네 개의 근거는 재사용이라는 가정에 근거하고 있다. 즉 데이터가 공유되면 이용자들이 사용할 것이라는 것이다. 이 가정은 데이터의 공유가 "가치의 족쇄를 풀" 수 있도록 한다는 주장에 암묵적으로 깔려 있다(Thomson Reuters 2013). 하지만 연구 데이터는 커뮤니티 내에 존재하는 복잡한 사회기술적 객체이며, 공개된 시장에서 거래될 수 있는 단순 상품이 아니다. 만약 학자들이 재사용을 위해 데이터를 적극적으로 찾는다고 하면 더 많은 데이터가 공유될 것이다. 데이터 재사용을 위한 가장 큰 수요는 제4장에서 논의된 것과 같은 높은 상호의존성을 보이는 분야에 있다. 이 분야들은 장치, 컬렉션 및 다른 자원을 공유하기 위해 지식 인프라에 많은 투자를 한 영역들이다. 사례분석에서 논의되었듯이 데이터 학술연구의 많은 측면이 언제, 어떻게 그리고 학자들이 데이터를 공개하거나 재사용하는지 여부에 영향을 미치고 있는 것으로 보인다.

일부 분야에서는 학자들이 데이터의 재사용을 적극적으로 막는다. 제이미 캘런(Jamie Callan)과 알리스터 모팻(Alistair Moffat, 2012)의 말을 바꾸어 표현하면 데이터 재사용은 단지 빛이 있다는 이유만으로 가로등 아래에서 분실한 열쇠를 찾는 것과 같다. 흥미로운 데이터와 질문은 다른 곳에 있다. 연구자들의 경력(career)은 미지의 영역을 개척함으로써 만들어진다. 새로운 데이터와 함께 새로운 질문을 던지는 것이 새로운 분야를 개척하는 데 있어 가장 믿을 만한 방법이다. 과거 데이터를 가지고 새로운 질문을 던지는 것 또한 새로운 발견으로 이어질 수 있지만 데이터의 재분석이 가치 있다는 것을 편집인과 동료 심사자들에게 납득시키기는 어려울 수 있다. 연구를 반복함으로써 동일한 질문을 던지는 것은 거의 인정받지 못하고 논문으로 출판하기가 특히 어렵다.

자연과학 분야 및 사회과학 분야의 연구들은 데이터의 사적인 교환이 리포지토리를 통한 공개적인 교환보다 더 흔하다는 것을 보여준다. 연구자들은 자신들이 다른 연구자들의 데이터를 거의 찾지 않으며 다른 사람들로부터 본인 데이터에 대한 요청도 드물다고 보고한다(Faniel and Jacobsen 2010; Pienta et al. 2010; Wallis et al. 2013). 데이터 요청이 있으면 연구자는 데이터를 공유하기 위해 필요한 자원, 요청한 사람과의 관계 그리고 데이터가 만들어진 시점으로부터 경과된 시간과 같은 요인들에 따라 응하기도 하고 그렇지 않기도 한다(Campbell et al. 2002; Hanson, Surkis, and Yacobucci 2012; Hilgartner and Brandt - Rauf 1994; Hilgartner 1997). 마이어닉(Mayernik 2011)은 데이터 공개가 안 되는 이유가 연구자들 자신이 누가 데이터를 원할지 또는 데이터가 무엇에 유용할지에 대해 미처 생각하지 못하기 때문이라는 것을 발견했다.

데이터 재사용 실태 평가의 가장 큰 어려움은 무엇이 '재사용'인가에 대한 합의의 부족이다. 재사용은 결국 데이터 또는 다른 형태 정보의 '사용'이 무엇을 의미하는지에 달려 있다. 정보 탐색, 필요 그리고 사용의 개념은 정보학 분야에서 오래되고 곤란한 사안들이다. '정보 이용'에 대한 만족할 만한 정의는 없다. 다양한 분야와 맥락에 걸쳐 적용되기 때문에 데이터의 '사용' 또는 '재사용'에 대한 합의의 부재는 놀랍지 않다. 천문학 분야 기록전문가들(archivists)은 수년 동안의 분석을 거쳐 망원경 서지 (telescope bibliographies)에 대한 국제적인 합의에 도달했지만 주어진 망원경에서 나온 "데이터를 사용하는 것"이 무엇을 의미하는지에 대한 명확한 정의를 만들지는 못했다(IAU Working Group Libraries 2013). 정의와 결부된 문제는 다른 문제들로 연결된다. 아카이브들은 무엇이 '심사받은' 출판물인지 그리고 '관찰'과 같은 핵심 개념을 어떻게 측정하는지에 대해 의견을 달리한다. 천문학 분야 데이터 이용에 대한 지표들은 다른 분야보다는 더 적절하지만 이러한 지표들이 인접 분야에 적용되지는 못하며, 다양한 학문 분야에 걸쳐 비교가능하지도 않다.

요약하자면 공급과 수요 모델은 데이터 공개, 공유 및 재사용과 관련된 문제들을 적절하게 묘사하기에는 충분하지 않다. 이러한 활동과 관련된 동기요인, 보상 그리고 이해관계자에 대해 설명하기 위해서는 학술연구 실태에 대한 보다 더 심층적인 분석이 필요하다.

# 학술적 동기요인

데이터 공유는 실행이 어렵고 투자회수율로 정당화하기도 어렵다. 대부분의 학자들은 데이터 재사용을 염두에 두고 연구를 수행하지는 않는다. 데이터는 목적을 위한 수단이며, 그 목적은 대개 출판물에 보고되는 연구 결과이지 데이터 그 자체가 목적은 아니다. 데이터를 공개나 공유가 필요한 상품으로 취급하려면 연구의 방법론과 실무 또는 프랙티스의 변화가 필수적이다. 일부 이러한 프랙티스는 조정이 가능하지만 소유권, 윤리, 자원 그리고 커뮤니티 규범과 같은 다루기 어려운 문제들도 많다. 대부분의 분야에서 학자들은 데이터 공유를 위해 필요한 자원이 별로 없으며, 만약 공유를 한다고 해도 그들의 데이터를 받아줄 리포지토리가 없다. 데이터 공개를 촉진하기 위한 정책이 성공하려면 연구비 지원기관, 학술지, 도서관, 아카이브 또는 학자들이 인정하는 것보다 훨씬 더 급진적으로 지식 인프라에 대한 투자가 있어야 한다.

## 출판물과 데이터

제 3장에서 소개한 것과 같이 학술연구에서 데이터는 출판물과는 매우 다른 기능을 수행하고 있다. 문헌에 대한 오픈액세스와 데이터에 대한 오픈액세스를 동일시하려는 시도는 데이터와 출판물 사이의 복잡한 관계를 혼란스럽게 만든다. 느린 속도이지만 이러한 관계는 진화하고 있으며 여기에 대해서는 제10장에서 다룬다.

**연구의 커뮤니케이션**   연구의 커뮤니케이션은 서적과 학술지보다 훨씬 더 앞선다. "반복적으로 옮겨적은 필사본을 통해 간신히 보존된"(Meadows 1998, 3) 아리스토텔레스 시대 그리스 사람들의 토론은 지금까지도 학술적 사고에 영향을 미치고 있다. 학술 커뮤니케이션은 점차 더 공식화되고 전문적이 되었다. 커뮤니케이션을 하기 위한 긴 형식인 책이 먼저 등장했다. 학술지는 17세기에 학자들 사이에 오가던 편지 교환을 공식화하기 위해 만들어졌다. 여러 유형들(genres)이 점차 현재의 출판 양식으로 진화했다. 학술지 논문은 저자 정보, 제목, 초록, 다른 출판물에 대한 참조, 그림, 표 그리고 기타 사항에 대한 서술을 포함한 공식적인 구조를 가지고 있다. 이러한 것들은 각 분야에서 병행적인 구조로 분화되었지만 어떤 학술 탐구를 다루는 논문에서도 핵심 요소들은 동일하게 남아 있다. 더욱이 이 점은 인쇄와 온라인 형식 간에 거의 차이가 나지 않는다.

책, 학술지 논문, 학술대회 논문 그리고 여타 출판물들은 관련 커뮤니티가 연구결과를 점검할 수 있도록 한다. 출판물은 결론을 뒷받침하는 주장, 방법론, 증거의 원천 그리고 절차에 대해 충분한 세부 사항을 담고 있지만 거의 대부분은 결과를 재현할 수 있을 만큼의 상세함을 담고 있지는 않다. 일부 분야 학술지는 상세한 표와 그림을 출판한다. 다른 분야의 논문은 증거의 원천에 대한 최소한의 설명과 더불어 대개 논지만으로 구성된다.

출판물은 필연적으로 연구 활동을 단순화하며, 주장과 증거를 독자들이 이해하는 데 불필요하다고 생각되는 세부 사항을 생략한다. 생략되는 세부 사항 중에는 자연과학 분야에서의 장비 설정, 보정, 거르기 그리고 프로토콜, 사회과학 분야에서의 통계분석 방법, 데이터 축소, 인터뷰 설계, 현장 프로토콜 그리고 인문학 분야에서의 아카이브 자료 검색 방법, 언어 간 번역, 현장 접근의 획득 등이 포함된다. 논문을 이해하는 데 필수적인 것은 아니지만 이러한 세부 사항은 데이터를 이해하기 위해서는 필수적일 수 있다.

따라서 출판물은 단순히 데이터를 담기 위한 용기(container)가 아니다. 학자들은 자신들의 작업의 타당성과 중요성을 다른 사람들에게 납득시키기 위해 서술을 만들어낸다. 출판물은 증거를 통해 뒷받침된 주장들이다. 그것은 협력자, 지원기관, 동료 심사자, 편집자, 출판사, 학술대회 분과 책임자 그리고 동료들과의 긴 협상과정의 결과로 만들어지는 고정된 (fixed) 산물이다. 어떤 연구에서 나온 결과라도 논문이 제출된 학술지의 독자들, 책의 원고가 의도하는 출판사의 편집인, 또는 학술대회 참가자들에게 어필하기 위해 전략적으로 정교하게 기술된다. 동일한 또는 유사한 결과라도 다른 종류의 독자들을 위해 조정될 수 있다. 저자들은 용어, 연구 질문, 데이터, 표와 그림, 원고의 길이와 조직 그리고 각 출판문을 위한 자신들의 주장을 선택한다. 심지어 논문마다 참고문헌의 형식이 달라진다(Bowker 2005; Kwa 2011; Latour and Woolgar 1979; Lunch and Woolgar 1988a; Merton 1963b, 1970, 1973; Star 1994; Storer 1973).

어떤 개별 논문, 학술대회 발표문, 도서 또는 다른 출판물과 연계된 데이터가 무엇인지 식별하는 것은 대체로 어렵다. 연구자들은 상호연관된 일련의 문제들을 탐색하고자 장시간에 걸쳐, 여러 방법을 사용해 지속적으로 데이터를 수집한다. 그들은 각각의 출판물에서 다른 주장을 하기 위해 누적된 여러 데이터를 사용하는데, 이런 데이터에 대한 문서작업의 수준은 매우 다양하다. 연구자들은 특정 논문에 대해 별도의 데이터셋을 추출하기도 하고 그렇지 않기도 한다. 데이터셋이 어떻게 도출되었는지 설명하려면 앞의 여러 개 논문에서 사용된 방법론과 여러 번에 걸쳐 수행된 데이터 축소에 대해 설명해야 한다. 출판에 있어서 일반적인 규칙은 각 출판물이 각각 독립적으로 이해될 수 있도록 충분히 구분되어야 한다는 것이며 온전한 해석을 위해서는 참조된 다른 출판물도 읽어야 한다는 것을 인정하고 있다.

일단 출판된 후에는, 이러한 고정된 산출물들은 그 자체로의 생명을 가지게 된다. 각 독자는 자신의 지식을 사용해 문서를 접하고 자신들만의 의미를 획득한다. 어떤 사람은 결과를 알기 위해 논문을 읽고, 다른 사람은 방법론 때문에, 어떤 사람은 특정 그림을 보기 위해, 또 어떤 사람은 문헌 분석을 위해 논문을 읽는다. 전문 분야의 독자는 같은 분야의 새로운 연구결과를 알기 위해 프리프린트를 읽는다. 연관된 전문 분야의 독자는 출판일 일 년 후에 논문을 읽고 거기에 있는 결과와 본인 소속 분야의 최근 전개 상황을 비교한다. 상이한 분야의 독자는 적용가능한 방법론이나 결과를 찾기 위해 해당 논문을 읽는다. 5년이나 10년 후에는 박사과정 학생이 그 출판물을 박사학위 논문을 위해 평가하는데 그때가 되면 해당 논문이 이정표가 된 연구인지, 사기인지 또는 해당 분야를 잘못된 방향으로 이끈 가짜 결과라는 것이 판명되었을 것이다(Brown and Duguid 1996, 2000; Latour and Woolgar 1986).

**연구의 출판**   각 출판물과 함께 데이터셋을 공개하는 것은 한 번도 학술 커뮤니케이션의 규범이 되지 못했다. 출판사의 관점에서 출판과정에 데이터셋을 포함시키자는 주장은 인쇄와 디지털 배포 간에 차이가 있다. 인쇄 방식에서는 대규모 데이터셋을 논문에 복제하는 비용은 엄청나다. 저자들은 논문 쪽수에 제한이 있어서 논문 내용은 대개 최소한으로 필요한 근거의 뒷받침과 함께 주장을 설명하는 데 사용된다. 방법론 부분은 공간이 부족하다는 이유로 무시되거나 생략되는데 그 이유는 독자들이 해당 분야에 대해 충분히 알고 있기 때문에 보다 상세한 내용을 필요로 하지 않을 것이라고 가정하기 때문이다.

디지털 방식에서는 이 부분에 대한 경제성이 달라진다. 인쇄 및 쪽수 제한이 더 이상 중요한 문제가 아니다. 하지만 《사이언스》와 《네이쳐(Nature)》같이 인쇄와 디지털 버전을 동시에 출판하는 학술지들은 각 논문에 대해 동일한 범위를 유지하는 경향이 있다. 따라서 인쇄에서 4쪽의 쪽수 제한이 디지털 논문에서도 똑같은 길이로 적용된다. 이러한 제한은 온라인에서만 출판되는 '보조적 정보'를 요구함으로써 부분적으로 극복할 수 있는데, 이 보조적 정보에는 방법론과 데이터에 대한 필수적인 정보가 포함될 수 있다. 보조적 정보는 대개 자연과학 출판의 한 특성으로 사회과학 또는 인문학에서는 결코 보편화되지 못했다. 동료 심사자들은, 예를 들어 특정 실험이 어떻게 수행되었는지에 대한 추가적인 정보를 요청할 수 있고, 저자들은 학술지의 편집 정책 제한 내에서 이러한 요청에 반드시 부응해야 한다. 어떤 학술지들은 본문에 무엇이 들어가고, 어떤 것이 보조적 정보에 그리고 다른 곳에 저장되고 연결되는 것은 무엇인지, 이러한 관계들이 어떻게 식별되는지에 대한 엄격한 규정을 가지고 있다. 데이터셋과 다른 형태의 증거 분량이 더 커지면서 출판사들은 장기적인 저장 및 큐레이션 비용을 부담하는 것에 대한 우려를 가지고 있다. 데이터 재사용의 관점에서 볼 때 더 문제가 되는 것은 비용을 지불해야 하는 데이터셋, 또는 저자 웹사이트에서 접근할 수 있는 데이터셋을 쉽게 발견할 수 없다는 점이다.

## 자산으로서의 데이터와 부채로서의 데이터

출판 시점에 데이터를 공개하도록 하는 규정은 저자들이 해당 데이터셋의 사용을 종료했다는 것을 가정하고 있다. 데이터 공개는 출판물과 데이터셋을 짝짓는 것이 비교적 명확한 유전체학이나 "데이터셋이 비교적 단순하고, 동일성이 있고 잘 규정된" 분야(Shotton 2011)에서 가장 보편적이다. 연구 경력이 특정 종, 지역 또는 일련의 인공물에 근거하고 있는 경우에는 데이터가 누적될수록 데이터의 가치가 더 높아진다. 이러한 연구자들은 데이터의 사용을 종료하는 것이 어려울 수 있다. 그들은 특정 논문과 연계된 데이터의 공개를 꺼리는데 그 이유는 그것이 결국 수년간 누적된 데이터를 공개하는 것이 되기 때문이다. 비슷한 경우로 어떤 하나의 출판물과 연계된 데이터를 복제하는 것이 문제가 될 수 있는데 그 이유는 보고된 일련의 관찰들이 이전 연구 그리고 훨씬 이전의 데이터 해석에 아주 많이 의존하고 있기 때문이다.

또한 데이터셋은 다른 연구자와 교환할 수 있고, 공동협력에서 지렛대로 사용할 수 있으며, 지참금으로 가져갈 수 있는 자산이기도 하다. 인문학 분야 학자들은 새로운 직장 또는 새로운 협력을 할 때 귀중한 자료의 보고(troves of material)를 가져가기도 한다. 데이터가 공개되면 그 데이터는 물물교환을 할 수 있는 자산으로서의 가치를 상실한다. 연구자가 답례로 뭔가 가치 있는 것을 얻지 못한다면 이러한 자산을 포기하도록 설득하는 것은 어려우며 특히 데이터를 입수하는 데 많은 노력과 비용이 들어간 경우가 더욱 그렇다(Borgman 2007; Edwards et at. 2011; Hilgartner and Brandt - Rauf 1994). 데이터 공개에 있어서 또 다른 요소는 시기의 선택이다. 연구자들은 데이터를 필요로 할 시점보다 더 일찍 공개하지 않음으로써 자신들의 협력과 작업에 소요된 투자를 보호한다. 만약 데이터가 너무 빨리 공개되면 협력자들은 공동협력에 필요한 관리(overhead) 인력 및 비용을 지출하기를 꺼릴 것이다. 엠바고 기간은 연구자들의 출판 우선순위와 시의적절한 배포 사이의 균형을 고려해서 설정된다.

데이터는 부채이기도 하다. 데이터 저장을 위해서는 그것의 유형에 따라 물리적인 공간과 컴퓨팅 자원이 필수적이다. 데이터를 관리하기 위해서는 인적 자원이 요구된다. 데이터 공개를 준비하는 시간은 다른 연구 활동에 투자하지 못하는 시간이 된다. 비슷한 의미에서 데이터 관리를 위해 연구비 지원에 포함된 예산은 정작 연구 활동을 위해 사용할 수 없는 자금이다. 데이터를 공개하기 위한 권리는 그것을 유지해야 하는 책임으로부터 떼어놓을 수 없다. 따라서 법적, 경제적 문제가 데이터 공유의 문제에 구석구석 스며들어 있다. 흔히 데이터는 공개되지 못하는데 그 이유는 그것을 하기 위한 권한 또는 책임이 누구에게 있는지 불분명하기 때문이다. 연구자들은 자신들의 데이터를 본인, 소속 대학, 소속 실험실 또는 학과, 연구비 지원기관, 출판사 또는 다른 기관 중 누가 '소유'하고 있는지 모를 수 있다. 여기에 대한 답은 데이터 공개와 관련된 문제가 제기되기 전까지는 이슈가 되지 않을 수 있다. 더 많은 수의 협력자와 더 많은 법적 관할권이 연루될수록 데이터 공개를 위한 권한을 판단하기가 더욱 어려워진다(Arzberger et al. 2004; Berman et al. 2010; Birnholtz and Bietz 2003; Hirtle 2011; Reichman, Dedeurwaerdere, and Uhlir 2009; Stanley and Stanley 1988).

또한 연구자들은 만약 데이터가 잘못 사용되거나 잘못 해석되는 경우 발생할 자신의 명성에 대한 법적 책임과 위험에 대해 우려한다. 연구자들은 자신들의 작업에 대해 대중매체가 잘못 이해하는 것에 익숙해져 있기 때문에 오사용이 중요한 문제가 아닌 것처럼 보일 수도 있다(Goldacre 2008). 하지만 데이터의 선별적인 추출, 인간피험자 또는 실험 동물의 재식별(reidentification) 그리고 다른 형태의 오사용(전문성의 부족, 문서작업의 부족, 또는 악의에 기인한)은 타당한 문제들이다. 기후 변화에 대한 국제적 비교연구는 데이터에 대한 오픈액세스에 의존하고 있지만 기후 연구의 정치 쟁점화는 이 분야의 연구자들이 데이터 공개에 대해 경계하도록 만든다(Costello et al. 2011; Gleick 2011; Overpeck et al. 2011; Santer et al. 2011; Servick 2013).

## 데이터 공개

학자들은 흔히 현재 그리고 미래의 활용을 위해 본인의 데이터를 관리하는 데 큰 어려움을 겪는다. 데이터를 효과적으로 관리할 수 있는 수단을 가지는 것은 그 데이터가 다른 학자들에 의해 해석될 수 있는 형태로 데이터를 공개하는 것에 대한 선결조건이다.

**표현과 이동성**　연구 맥락으로부터 데이터를 추출하는 것의 어려움은

'이동성(mobility)'의 문제로 알려져 있다. 데이터를 이동성 있게 만들려면 데이터가 된 상황으로부터 데이터를 분리하는 것이 필수적이다. 결과적으로 일부 의미는 상실된다. 프로비넌스 정보에 대해 기록을 남겨놓음으로써 그 의미의 일부를 복구할 수 있지만 정확한 맥락은 결코 온전히 이전할 수 없다. 데이터는 커뮤니티의 가장자리 경계를 표시하는 '경계 객체'라고 할 수 있다. 데이터는 그것이 분야 사이에, 연구자 사이에 사용되고, 기술되고, 문서화되고, 해석됨에 따라 다른 의미를 획득한다(Bishop and Star 1996; Bowker 2005; Kanfer et al. 2000; Star, Bowker, and Neumann 2003; Star and Griesemer 1989; Star 1983, 1989).

제2장에서 설명했듯이 데이터는 연구 또는 학술활동을 위한 현상의 증거로 사용되는 객체이다. 이러한 객체는 그것의 표현과 분리되기 어렵다. 학자들이 공원에서 아동을 연구하든지 또는 중국의 불경에 나타난 문장을 연구하든지, 그들은 특정한 관심 현상에 대한 증거로써 자신의 데이터를 특정한 방법으로 표현한다. 이러한 표현이 일단 STATA, Word, R, 또는 다른 도구의 일부가 되면 그것이 왜 특정 현상의 증거였는지에 대한 이유가 사라진다.

데이터 교환에서 소프트웨어 도구가 갈등의 소지가 될 수 있다. 예를 들어 CENS에서 일부 그룹은 대중적인 오픈소스 통계 패키지인 R을 사용했고 다른 일부 그룹은 Matlab 또는 다른 도구를 선호했다. 그룹간 데이터 교환은 가장 낮은 수준의 공통분모 해결책인 엑셀(Excel) 스프레드시트로 데이터를 내보내는 방법을 선택했다. 다른 그룹들은 구글(Google) 스프레드시트와 비슷한 방법을 통해 데이터를 공유했다. 데이터 학술연구에서는 CENS는 작은 규모의 유형에 해당하지만, 베르테시와 두리시(Vertesi and Dourish 2011)는 천문학 분야에서도 그룹간 데이터 교환을 위해 가장 낮은 공통분모 소프트웨어로 데이터를 축소해야 하는 상황에서 같은 경험을 겪었다. 마찬가지로 질적 데이터도 NVIVO와 Atlas.ti 같은 분석 도구를 통해 스프레드시트나 문서작성 소프트웨어로 내보낼 수 있는데 이 경우 데이터 구조를 잃게 된다. 이러한 축소는 분석적 능력의 상당한 상실로 귀결된다. 반면 스프레드시트를 이용한 데이터 교환이 이제는 많이 흔해져서 데이터 기탁의 공통 양식이 되었다(California Digital Library 2013).

공통 표준은 일련의 도구들로 데이터를 분석, 시각화, 문서화, 공유 그리고 재사용하는 것을 가능하게 한다. 표준은 하드웨어, 소프트웨어, 도구, 프로토콜 그리고 커뮤니티 내 혹은 커뮤니티 간의 프랙티스 상호운용성에까지 확산된다. 반대로 이 같은 표준이 서로 상호운용되지 못하는 단절된 데이터와 시스템을 만든다. 가장 낮은 공통분모의 형식이 연관된 집단 사이에서 데이터를 교환하기 위한 유일한 수단이 될 수도 있다. 사람에 의한 또는 기술적인 다양한 번역(translation) 장치가 있지만 그것들은 항상 번역에 머무를 수밖에 없다(Busch 2013; Lampland and Star 2009; Libicki 1995; Nature Staff 2012; Star 1991).

협력자 간의 교환의 경우처럼 곧장 재사용을 기대하고 데이터를 공유하는 것이 앞으로 몇 년이 될지도 모르는 불특정한 시점에, 불특정한 이용자가 사용할 수 있도록 데이터를 공개하는 것보다는 용이하다. 후자의 경우 문서작업과 표현이 데이터 작성자와 이용자 사이의 의사소통을 가능하게 하는 유일한 도구가 된다. 미래의 이용자는 다른 연구자 또는 컴퓨터가 될 수도 있다. 데이터 마이닝 전문가 또는 자동처리 프로그램(bots)은 무엇을 '읽고', 색인을 작성하고, 추출해야 하는지에 대한 자신만의 기준을 가지고 있다. 시간, 분야 전문성, 언어 그리고 다른 요인에 있어서 저자와의 거리가 멀면 멀수록 연구의 주장, 방법론, 데이터, 결과 및 맥락 또는 데이터셋을 해석하기가 더 어려워질 것이다.

디지털 데이터와 물리적 객체에 대해 데이터 공유 정책은 달라진다. 데이터 공유의 일부 정책은 표본과 시료를 명시적으로 언급한다. 물리적 표본은 생명과학 실험실 사이에 데이터 공유의 한 방식으로써 우편을 통해 전달되고 있다. 어떤 때는 직원을 데이터가 있는 실험실, 아카이브, 또는 현장으로 보냄으로써 데이터 공유가 성취되기도 한다. 물리적인 이전 합의서가 대개 이와 같은 공유에 관한 사항을 다룬다.

**프로비넌스**　아카이브적 의미의 '관리 연속성(chain of custody)', 컴퓨터공학적 의미의 '원상태로부터의 변환(transformation from original states)'과 관련된 프로비넌스의 문제는 데이터를 해석하는 데서 제기되며, 이는 여러 사람과 절차를 거쳐 진화하였다(Bunemanm, Khanna, and Tan 2000; Carata et al. 2014; Groth et al. 2012). 데이터와 그것의 표현은 소프트웨어와 밀접한 관련이 있고 또 하드웨어와도 종종 관련이 되는 경향이 있다. 센서 네트워크, 천문학의 파이프라인 처리공정, 금속공학을 위한 전자 성분분석 스캔(scanning electronic microscopes)은 하드웨어와 소프트웨어 처리가 깊숙하게 연결된 사례의 일부이다. 과정을 재현하거나 결과를 해석하려면 소프트웨어에 대한 접근이 필수적이다. 소프트웨어는 지속적으로 변화하고 이는 소프트웨어가 오픈소스인지 상업제품인지와 관련이 없다. 데이터에 대한 문서화 작업을 하려면 각 소프트웨어 버전과 데이터가 처리된 플랫폼의 설정에 대한 기록이 필요할 수 있다. 통계, 수학 및 워크플로우 소프트웨어와 같은 처리 및 분석 도구가 각 트랜잭션에 대한 시스템 또는 데이터의 정확한 기록을 거의 유지하지 않기 때문에 결과의 해석이 어려울 수 있다(Claerbout 2010; Goble and De Roure 2009).

　데이터를 해석하는 데 필요한 일부 소프트웨어는 학자 자신이 본인 데이터를 수집, 처리, 분석 그리고 문서화하기 위해 개발한 맞춤식 도구일 수도 있다. 연구자들은 기후 모델 또는 파피루스에 씌어진 상징 배열과 같은 자신의 연구대상 현상의 모델을 만들기 위해 코딩을 직접 한다. 어떤 때는 이러한 코드 자체가 전문 프로그래머가 있어야 하는 주요한 투자이기도 하지만 대개는 통계, 시각화, 또는 다른 도구를 사용해서 작성하는 스크립트로 구성되어 있다. 컴퓨터공학에서 소프트웨어는 가끔 프로젝트에서 생산되는 '데이터'이기도 하다.

연구자들은 연구의 기반이 되는 데이터를 공개하는 것보다 자신의 코드를 공개하길 꺼려 하는 경향이 있다. 이러한 꺼림에는 여러 가지 이유가 있는데 첫 번째 자신의 코드가 너무 '지저분한' 것에 대한 우려이다. 연구를 위해 사용하는 코드는 흔히 잘 문서화되지 않고, 실행 자체도 비효율적일 수 있다. 일회성 연구 프로젝트처럼 즉각적인 사용을 위해 만든 코드에 대해서는 재사용을 위한 문서작업을 거의 하지 않는다. 두 번째 우려는 소프트웨어 통제에 대한 것이다. 코드에 들어간 연구자의 지적 투자는 개별적인 데이터셋 또는 출판을 넘어서는 것이다. 현상의 모델 또는 여타 분석적 코드는 연구자의 경쟁적인 장점이다. 모델이나 모델 변수의 결과는 어떤 경우에 그것의 기반이 되는 코드를 공개하지 않은 채로 공유되기도 한다.

아직까지 탐색되지 않은 데이터 공개와 재사용의 측면은 데이터셋의 해석에 영향을 미치는 초기 처리 관련 의사결정이다. 데이터를 어떻게 정제하고 축소하는지에 대한 초기 의사결정은 데이터에 대한 프로비넌스가 어떻게 온전하게 복원될 수 있는지를 결정한다. 천문학, 생물학 그리고 '~체학' 분야와 같이 재사용이 흔한 영역에서는 연구자들이 데이터베이스를 구축하기 위해 데이터를 정제하고 축소한다. 알렉산더 블로키와 샤올리 멍(Alexander Blocker and Xiao - Li Meng 2013)이 설명하듯이, 통계적 관점에서 보면 대부분의 전처리 의사결정은 되돌릴 수 없는 것이기에 "매우 위험할 수 있다." 초기의 가정들이 뒤에 따라오는 모든 단계에서의 분석을 제한한다. 따라서 연구자들에 의한 사후 재사용은 그러한 가정에 기초하고 있다. 각 추론은 이전 단계에서의 처리가 기반하고 있는 가정만큼만 유효하며 이러한 것은 알아내기가 불가능할 수 있다. 다수의 과학적 의견 불일치는 여러 단계 추론의 통계적인 문제로 추적할 수 있다. 심지어 함께 일하는 협력자라고 해도 이러한 가정을 간과할 수 있다. 재사용은 함께 일하는 협력자의 범위를 벗어나거나 인접 학문의 학자에게는 더욱 위험한데 그 이유는 전처리 의사결정에 대해 어떤 질문을 해야 할지 모를 가능성이 더 높기 때문이다(Blocker and Meng 2013; Meng 2011).

전처리, 데이터 정제 및 축소의 여러 유형에 관한 의사결정은 고려 중인 특정 연구질문들과 현상에 대한 것이다. 이런 데이터가 다른 질문에 대해 사용된다면 다른 전처리 의사결정이 필요할 수 있다. 예를 들어 암에 관한 새로운 이론에 따르면 치료에 대한 반응이 개인별로 매우 다르다. 약품이나 다른 치료법이 소수의 환자에게만 이례적으로 효과적인 사례들은 흔히 통계적인 이상치(outliers)로 처리되는 까닭에 데이터 분석에서 제외되게 마련이다. 일부 약품이 왜 어떤 사람에게는 잘 듣고 다른 사람에게는 잘 듣지 않는지에 대한 새로운 가설을 만들어내기 위해 기존 데이터에서 이러한 이상점을 찾아내 검토하는 새로운 시도가 있다(Kaiser 2013). 하지만 이러한 결정에는 대가가 따른다. NASA는 2장에서 설명한 것과 같이 여러 처리 수준의 데이터를 유지한다. 복수의 처리 수준에서 나온 데이터 또는 각 처리 단계가 재분석되거나 재사용될 수 있을 정도로 충분한 문서작업을 갖춘 데이터 자원을 유지할 수 있는 연구자는 거의 없다.

데이터셋의 프로비넌스 정보는 관계의 선형적인 순서보다는 네트워크로 이해하는 것이 좋다. 분야에 따라 개별 데이터셋은 소프트웨어 도구, 장치, 프로토콜, 연구 노트(laboratory notebooks), 기술문서 그리고 하나 또는 복수의 출판물과 같은 연구 객체와 연결될 수 있다. 이러한 객체를 함께 연결함으로써 개별 객체를 보다 유용하게 하고 찾는 데 도움을 준다. 출판물을 연계된 데이터와 연결하는 것은 특히 유용한데 그 이유는 이러한 연결이 서로에게 가치를 더하기 때문이다. 논문은 대부분의 데이터셋을 발견하는 주요 수단이며 데이터셋에 대한 유일한 공적 문서작업일 수 있다. 이러한 연결을 만드는 것은 데이터 관리에 대한 투자인데 왜냐하면 개별 연구 객체가 기술되어야 하고 객체 간의 관계 또한 규정되어야 하기 때문이다. 링크드 데이터(linked data)와 같은 기술들은 이러한 관계를 기록하고 발견하는 데 도움을 줄 수 있지만 온전한 해결책은 아니다 (Bechhofer et al. 2010, 2013; Borgman 2007; Bourne 2005; Parsons and Fox 2013; Pepe et al. 2010).

## 재사용을 위한 데이터 입수

오래된 DNA 샘플, 기후 관련 기록, 교통 흐름, 모바일폰 통화 기록의 재사용과 맨홀 뚜껑의 폭발 패턴 규명(Anderson 2006, 2008; Mayer - Schonberger and Cukier 2013)의 가능성에 대한 매력에 빠지면 데이터 재사용의 위험은 흔히 잊게 마련이다. 오래된 데이터를 용도에 맞게 사용하려는 노력의 대부분은 정제, 코딩 그리고 확인 작업에 소요된다. 대나 보이드와 케이트 크로포드(danah boyd and Kate Crawford, 2012, 668)가 말했듯이 "더 큰 데이터가 더 좋은 데이터는 아니다." 건초더미의 크기를 늘린다고 해서 바늘이 더 쉽게 찾아지는 것이 아니듯 연구자들은 다른 연구자, 리포지토리 또는 여타 외부 자원으로부터 데이터를 언제 입수할지 결정하는데 있어 조심스럽다(J. Boyle 2013; Eisen 2012; Kwa and Rector 2010).

**배경적 사용 및 전면적 사용**(background and foreground uses)　데이터셋이 출판물에 딸려 있는지 여부와 상관없이 데이터 자원이 학술 출판물 자체 내에서 참조되지 않을 수 있다. 참조가 없다는 것 자체가 연구에서 아무런 데이터도 사용되지 않았다는 것을 의미하지는 않는다. 이것은 단지 데이터의 사용 또는 재사용이 언급되지 않았다는 것을 뜻한다. 장비를 보정하고, 측정을 확인하거나 또는 현장 상황을 평가하는 목적으로 데이터를 입수한 것에 대해서는 언급할 필요가 없을 뿐 아니라 특정 분야의 학술 프랙티스에서는 '사용'으로 간주되지 않는다. 연구자의 개인 파일, 도서관, 박물관, 아카이브, 디지털 리포지토리, 다락 그리고 창고에서 정보를 찾거나 친구와 동료에게 물어보는 것은 학술활동의 일부이다. 이러한 형태의 증거 수집은 출판물에 명시적으로 기록되지 않는 경향이 있으며 이는 분야에 따라 차이가 있다. 연구결과는 언급되지 않는 많은 수의 검색, 원천, 자원, 사용과 재사용에 의존하고 있는데 그 이유는 논지 전개에 그것들이 꼭 필요하지 않기 때문이다.

이런 이유 등으로 인해 실제로 문서에서 데이터의 사용과 재사용을 찾기 어렵다. 자신의 연구 질문을 뒷받침하기 위해 새로운 데이터를 수집하는 사람들은 연구 배경을 목적으로 다른 정보를 찾기도 한다. 예를 들어 CENS와 천문학자들에 대한 연구에서 이런 종류의 정보는 데이터 리포지토리, 전천탐사(sky surveys), 날씨 또는 토지 이용에 대한 정부 기록물 또는 다른 연구자로부터 가져온다. 연구의 결과를 해석하는 데 필수적이기는 하지만 이런 원천들이 논문에서 언급되지 않거나 명시적으로 인용되지 않는 경향이 있다. 반면 연구자 자신이 수집한 새로운 데이터 원천은 그들의 저작 전면에 있으며 언급된다(Borgman, Wallis, and Mayernik 2012; Wallis et al. 2012; Wynholds et al. 2012).

데이터의 전면적 그리고 배경적 사용에 대한 이런 초기 결과는 재사용, 즉 연구자에 의해 수집되지 않은 데이터 사용이 보고된 것보다는 더 빈번할 수 있다는 것을 제시한다. 데이터를 외부의 원천과 비교하는 것은 바람직한 프랙티스로 간주되며 출판물에 보고될 필요가 없는, 방법론에 대한 일종의 암묵적인 지식이라고 할 수 있다. 제9장에서 논의하고 있듯이, 데이터 인용 비율이 일부 분야에서 높아지고 있는 것으로 보인다. 실제 데이터의 재사용이 높아지는지 또는 데이터 원천을 인용하는 것이 바람직한 프랙티스로 널리 받아들여지고 있는지 여부는 알려져 있지 않으며 알 수도 없다. 언제 무엇이 데이터로 간주되는지, 어떤 종류의 증거가 보고할 만한 것으로 간주되는지, 연구 절차의 어떤 부분이 커뮤니티 내에서 암묵적인 지식으로 남겨져야 하는지 등이 문제로 나타나고 있다. 심리학적인 의미로 본다면 이것들은 인물과 배경의 문제이다. 일부 객체들은 데이터로써 전면에 나오고 다른 것들은 맥락으로써 또는 단순히 잡음으로 배경에 남아 있다.

**해석과 신뢰**　다른 사람의 데이터를 신뢰할 수 있는지의 문제는 중요한데 그 이유는 데이터의 선택에 연구자의 명성이 걸려 있기 때문이다. 출판 및 개인 네트워크는 데이터의 발견을 위한 주요 수단이며 특히 공유된 리포지토리에 의존하는 분야가 아닌 곳에서는 더욱 그렇다. 가능하다면 연구자들은 조사한 사람에게 연락을 해서 데이터의 생성, 정제, 처리, 분석 그리고 보고된 방법론에 대해 의논을 한다(Faniel and Jacobsen 2010; Wallis et al. 2013; Zimmerman 2003, 2007). 연관된 문제에 대해 연구하는 커뮤니티는 다른 리포지토리에 데이터를 기탁할 수 있다. 그들의 데이터는 서로에게 숨겨져 있을 수 있는데 그 이유는 메타데이터, 분류 체계의 차이 또는 커뮤니티의 경계 바깥에 있는 원천에 대한 인식 부족 때문일 수 있다. 단백질 구조와 같이 매우 구체적인 것을 찾는 검색이 그것을 기술하는 논문으로 인도될 때 연구자는 그 구조가 포함된 아카이브를 찾기보다 논문의 저자에게 연락을 할 수 있다.

데이터 공유와 재사용에 대한 높은 관심을 고려하면 데이터의 재사용과 연관된 환경, 동기 요인 또는 실무를 검토한 논문이 거의 없다는 것은 의외이다. 지진 공학 연구자들에 대한 조사에서 파니엘과 야콥센(Faniel and Jacobsen, 2010, 357)은 데이터의 재사용성을 평가하는 데 사용될 수 있는 세 가지 질문을 밝혔다. "1) 데이터가 적절한가(relevant), 2) 데이터를 이해할 수 있는가, 그리고 3) 데이터가 신뢰할 만한가." 위 공학 연구자들은 대개 자신들의 관찰을 비교할 수 있는 기술적인 기준점을 찾고 있다. 이들은 천문학과 센서 네트워크 연구 분야에서 발견된 것과 비슷한 용도의 '배경 데이터'를 찾고 있는 것으로 보인다(Wallis et al. 2012; Wynholds et al. 2012).

## 지식 인프라

데이터 리포지토리, 데이터 관리 분야의 전문성을 가진 인력 자원, 개선된 도구 그리고 데이터 공유 기여에 대한 인정(credit) 방법과 같은 지식 인프라에 대한 전략적 투자는 데이터의 공개와 재사용을 증가시킬 수 있다. 보다 효과적인 지식 인프라가 되려면 다양한 형태의 공개 데이터, 데이터가 사용되는 다양한 방법, 기여자와 사용자 간의 데이터에 대한 지식 전달의 다양한 방법을 수용해야 한다. 또한 적절한 기간 동안 정보 자원에 대한 큐레이션 및 접근을 지원해야 한다.

공개와 재사용을 뒷받침하는 인프라의 부재는 데이터 공유에 대한 일부 초기 정책 보고서에서 확인되었다. 미국의 National Academies of Sciences에서 1985년에 발표한 『연구 데이터 공유』 보고서는 연구비 지원기관, 연구자, 학술지 편집인, 동료 심사자, 데이터 아카이브, 대학 그리고 도서관의 관행 변화를 요구하는 권고안을 담고 있다(Fienberg, Martin, and Straf 1985). 이와 유사하게 2007년에 발표된 OECD 원칙도 다양한 이해관계자들이 가지고 있는 인프라에 대한 우려 사항을 길게 나열하고 있다. 사람들이 사용하고 싶어하는 정보 시스템(또는 지식 인프라)을 구축하는 것은 보기보다 훨씬 어렵다(Markus and Keil 1994). 인프라는 한꺼번에 구축할 수 있는 것도, 정적인 것도 아니다. 그것은 여러 동적 부분을 가진 복잡한 생태계이다. 인프라는 프랙티스, 정책, 기술 그리고 이해관계자의 변화에 따라 적응해야 한다. 지식 인프라의 주요 부분에 대해서 그것이 어떤 것인지 지목할 수는 있겠지만 부분들 사이의 모든 관계를 확인하는 것은 불가능하다.

## 리포지토리, 컬렉션, 아카이브

학자들에게 데이터를 공개하라고 요구하면 당연히 이런 데이터가 어떻게, 어디에서 그리고 얼마 동안 접근 가능하게 될 것인지에 대한 질문을할 것이다. 온전하지는 않지만 가장 분명한 대응은 학자들이 데이터를 기탁할 수 있는 리포지토리를 더 많이 개발하는 것이다. 아카이브, 컬렉션,데이터 시스템, 데이터뱅크, 정보시스템 또는 리포지토리와 같은 용어 중어떤 것으로 알려졌더라도 그것과 관련된 기술(technology)은 단지 시작점일 뿐이다. 이것들은 장서 개발 정책, 기탁과 접근 관련 규칙, 분류 및 데이터 구조에 대한 표준 그리고 유지를 위한 계획 등의 거버넌스 모델이 필요한 공동자원이다. 컬렉션과 거버넌스는 커뮤니티와 연관되어 있지만학술 커뮤니케이션의 경계는 명확하지 않고 또 중복되는 경향이 있다.

리포지토리는 흔히 상향식(bottom up)으로 성장하는데 제2장에서 소개한 바와 같이 소규모 연구팀 또는 커뮤니티를 대상으로 하는 연구 컬렉션에서 유래한다. 이러한 형태의 컬렉션은 협력 기간 동안 공유를 용이하게하지만 지속적으로 유지되지 않을 수 있다. 가장 성공적인 것들은 장기적인 지원을 유치하고 해당 커뮤니티의 표준으로 설정되는 참조 컬렉션(reference collections)이 된다(National Science Board 2005). 다른 종류의 컬렉션은대규모 프로젝트의 전략적 목표의 하나로 하향식(top down)으로 구축된다. 천문학 미션이 여기에 해당하는데 특히 천체 기반 망원경 분야가 그렇다. 데이터 아카이빙은 주요 망원경 미션(telescope mission) 예산에서 상대적으로 적은 비중을 차지하지만 데이터의 장기적인 사용을 가능하게한다. 데이터는 장치가 더 이상 사용되지 않게 된 한참 후에도 가치를 가지고 있다.

**제3부** 데이터 정책과 프랙티스

데이터는 동시에 그리고 시간의 경과에 따라 다양한 방식으로 표현될 수 있다. 연구자들은 복수의 리포지토리에 데이터셋을 제출할 수도 있으며 어떤 곳에도 보내지 않을 수도 있다. 그들의 선택은 연구비 지원기관, 학술지, 기관 단위의 계약 그리고 각 리포지토리의 장서 정책 요구에 따라 달라진다. 일부는 연구 분야 내에서 데이터를 수집하고, 다른 리포지토리는 재료의 종류에 따라, 또 다른 것들은 지역에 따라 데이터를 수집한다. 어떤 리포지토리는 아무에게서나 기탁을 받지만 다른 것들은 동일 컨소시엄의 회원으로부터만 데이터를 받는다. 대학 도서관들은 소속 대학에 기반한 연구 프로젝트로부터 데이터를 입수하기 시작했다. 하지만 대부분의 도서관은 다른 곳에 보낼 수 없는 아주 소규모의 데이터를 받아들이거나 데이터의 발견을 지원하는 등록 서비스(registration service)만을 운영할 수 있다.

데이터 리포지토리는 또한 큐레이션에 얼마나 충실한지에 따라 큰 차이가 있다. 제출된 형식 그대로 데이터를 백업하는 것은 비용이 높을 수 있으며 장기간에 걸쳐 데이터를 유지하는 것은 새로운 기술과 형식의 등장에 따른 데이터의 이전(migration)을 위한 대규모 투자가 요구된다. 각각의 리포지토리는 받아들이는 데이터의 품질 및 형식 표준에 대해 규정하고 있다. 리포지토리들이 데이터의 내용과 구조를 검증하고, 메타데이터, 프로비넌스에 대한 문서작업과 함께 데이터셋을 확장하거나 다른 부가적 서비스를 제공하는 데 투자하는 수준은 그 편차가 매우 크다. 어떤 리포지토리는 데이터가 기술적인 표준에만 부합하면 받아들이고 대부분의 과학적 또는 학술적 확인 작업은 기탁자의 책임으로 남겨둔다. 다른 것들은 데이터를 받아들이기 전에 품질 표준에 대해 데이터를 검사(audit)한다. 일단 기탁된 후에는 데이터를 유지하고 접근을 제공하는 책임은 연구자에서 리포지토리로 옮겨진다. 리포지토리들은 데이터를 무기한 또는 정해진 기간 동안만 유지하는 책임을 진다. 리포지토리는 품질표준, 유지 계획에 대한 인증 제한을 받을 수 있으나 인증은 대개 자발적이다(Consultative Committee for Space Data Systems 2012; Data Seal of Approval 2014; Jantz and Giarlo 2005; Digital Curation Centre 2014).

연구자들이 데이터를 자발적으로 공개하고자 하는 경우 자신들의 데이터를 관리하고 데이터를 무기한으로 접근 가능하게 하는 신뢰할 만한 리포지토리에 공개하려고 할 것이다. 리포지토리는 데이터에 메타데이터, 프로비넌스, 분류, 데이터 구조에 대한 표준 그리고 이전(migration)과 같은 부가적인 가치를 추가할 수 있다. 또한 데이터가 보다 손쉽게 발견되고, 도구와 서비스를 통해 손쉽게 사용할 수 있도록 만드는 것도 데이터의 가치를 제고한다. 이러한 것들은 커뮤니티, 대학 그리고 연구비 지원 기관과 정부가 할 수 있는 상당한 투자이다.

리포지토리는 지식 인프라의 필수적인 부분이며 데이터 공개와 재사용을 위한 주요 요소이다. 하지만 리포지토리가 모든 문제에 대한 만능 해결책은 아니다. 설계 고려사항은 커뮤니티, 상황에 따라 달라진다. 내용에 대해 사람들이 어떤 질문을 하느냐보다는 내용의 구조에 따라 컬렉션을 조직하는 것이 더 쉽다. 개별 시스템들은 내용과 커뮤니티 내에서 알려진 데이터 이용에 맞는 기준을 활용하여 내부적인 일관성을 유지하려고 한다. 각 리포지토리는 뚜렷이 구별되는 목적을 추구하기 때문에 여러 리포지토리에 걸쳐 검색을 할 수 있는 효과적인 수단이 거의 없다. 각 사람 그리고 각 컴퓨팅 에이전트는 데이터에 대해 상이한 질문을 할 것이다. 사람의 질의(queries)는 시간에 따라 변한다. 또한 로봇도 학습하고 적응한다. 원래 데이터를 만든 동일한 목적을 위해 단순히 재사용하는 것을 넘어 예상치 못한 질문에 맞춰 다시 변경하는 것은 훨씬 더 큰 목표이다. 여러 곳에 흩어진 데이터를 모으는 결합 방법(federation mechanisms)이 필요하고 이것 역시 거버넌스 모델이 필요하다.

일부 학자들은 다른 형태의 연구, 소규모 연구비 그리고 다른 형태의 데이터 생성에 투입될 수도 있는 자원을 빼돌린다는 근거로 컬렉션의 개발에 반대한다. 대규모 데이터 중심 프로젝트들은 새로운 종류의 발견지향적(discovery - driven) 연구를 못하게 하는 것으로 인식되어 역효과를 낳는 것처럼 보인다. 일부 사람들은 데이터가 너무 크거나 너무 작은 규모로 모아져서 효과적으로 사용되지 못한다고 주장한다(J. Boyle 2013; Eisen 2012; Kwa and Rector 2010). 세분성(granularity)과 표현(representation)은 어떤 정보시스템의 설계에 있어서도 근본적인 도전이다. 하나의 커뮤니티를 위한 데이터 활용을 가속화시키는 일련의 구조, 도구 그리고 분류가 다른 커뮤니티에는 장벽을 만든다. 모든 것을 한 가지 치수로 맞출 수는 없으며 특히 정보나 연구 데이터와 같이 쉽게 변형되는 경우에는 더욱 그렇다. 일반적인 지식 인프라의 설계, 특히 데이터 리포지토리 설계에 있어서는 복수의 세분성, 내용을 활용할 수 있는 복수의 도구 그리고 접근 수단에 있어서의 유연성을 제공하는 것이 필수적이다.

## 개인 차원의 공유

리포지토리는 다른 사람들이 데이터를 재사용하도록 공개하는 하나의 방법일 뿐이다. 데이터는 또한 보충 정보의 일부로 공개되는데 웹사이트에 탑재하거나 또는 요청에 있을 때에만 제공하는 방식이다. 학술지 현황에 대한 연구들은 데이터가 논문과 함께 얼마나 공개되고 있는지 명확하게 말하는 것이 얼마나 어려운가를 보여준다(Alsheikh - Ali et al. 2011). 논문과 연계된 데이터가 반드시 접근 가능해야 한다고 학술지가 밝히는 경우에도 학술지 편집자들이 준수(compliance)에 대한 세부적인 통계를 유지하고 있을 가능성은 낮다. 데이터와 문서작업의 종류, 형식 그리고 양은 매우 가변적이다. 데이터가 커뮤니티 컬렉션에 기탁된 것을 증명하기 위해 데이터 등록 식별자가 제공될 수도 있으며 어떤 경우에는 요청이 오면 데이터를 제공하겠다는 서술로도 충분하다. 이러한 공개 수단의 어떤 것도 연구비 지원기관의 의무 또는 권고사항을 충족시킬 수 있다.

이미 언급했듯이 리포지토리에서 데이터를 입수하는 것보다 개인 간에 데이터를 공유하는 것이 더 보편적일 것이다(Faniel and Jacobsen 2010; Pienta et al. 2010; Wallis et al. 2013). 이러한 형태의 데이터 공유는 식별하기도, 기록을 남기기도 어렵다. 따라서 이에 대한 연구나 통계가 거의 없다. 사적인 연락은 학자들이 어떤 현상에 대한 특정 데이터셋의 내용, 맥락, 장점, 제한점 그리고 적용성을 의논할 수 있기 때문에 매우 효과적일 수 있다.

비록 재사용을 위해 보편적이고 효과적인 방법이기는 하지만 개인 간 데이터 공유는 확장될 수 없다. 학자들은 특정한 환경에서만 다른 사람을 위해 데이터를 유용하게 만들기 위해 시간과 노력을 투자한다. 이것은 그들이 요청한 사람을 얼마나 잘 알고 신뢰하는지, 어떤 것이 요청되었는지, 어떤 용도로 데이터가 사용될 수 있을 것인지 등에 달렸다. 만약 요청이 빈번하거나 부담이 된다면 연구자들은 데이터 공개를 거절할 수 있다. 데이터셋 또는 데이터셋에 대한 정보를 웹사이트에 탑재함으로써 데이터를 공유하는 것은 문서작업에 대한 일부 부담을 덜겠지만 데이터가 어떻게 재사용되고, 누가 사용하는지에 대한 대부분의 통제권을 포기하는 것이다.

불완전하지만 이런 각각의 방법들은 재사용을 위한 데이터의 접근 가능성을 증가시키기 때문에 지식 인프라에 수용되어야 한다. 개인 간 공유와 공개된 웹사이트상의 탑재는 데이터 공개 의무를 만족시킬 수 있지만 발견 가능성, 프로비넌스, 사용성 또는 지속가능성을 발전시키는 것에는 도움이 되지 않는다. 개인 간 공유는 학자들이 데이터를 여전히 보유하고 있고 데이터의 맥락에 대해 친숙한 기간 동안, 오로지 동시대의 재사용에만 적용될 수 있다. 유사하게, 웹사이트에 탑재된 데이터셋은 대체로 소프트웨어의 특정 버전과 연계된 정적인 파일들이다. 연구 데이터에 대한 지식은 학생이 졸업을 하고, 박사후과정 연구원이 연구팀을 떠나면서 빠르게 손실된다. 데이터에 대한 접근은 소프트웨어가 진화하고, 컴퓨터가 교체되고, 저장장치가 지워지고, 상세한 것에 대한 기억이 희미해져감에 따라 줄어든다.

## 인적 인프라

데이터를 공개, 공유 그리고 재사용할 수 있는 것은 인적 인프라에 크게 의존한다. 데이터는 처리되지 않은 데이터셋(문서화도 거의 없이 기호로만 구성된)으로 공개될 수 있다. 하지만 그런 것들은 충분한 표현과 문서화가 없다면 재사용 가치가 거의 없다. 자신의 데이터를 아카이빙 표준에 맞게 문서화할 수 있을 정도의 전문지식을 가진 학자는 거의 없다. 메타데이터, 프로비넌스와 같은 개념은 적어도 정보 전문직을 제외하고는 대학원 과정에 포함된 핵심 개념이 아니다. 이러한 기술을 습득하기 위해 필요한 시간은 보통 연구에 사용하지 않은 시간으로 인식된다. 어느 정도가 되었건 데이터에 대한 문서화는 흔히 대학원생과 다른 연구원에게 위임된다. 이 사람들이 보통 데이터와 가장 가까운 사람들이며 특히 과학 분야에서는 수집과 분석의 대부분을 수행한다. 연구자들이 이러한 작업의 일부를 도서관 사서, 아카이브 전문가에게 기꺼이 위임하려고 할 수도 있는데 이는 이 사람들과 작업하는 데 필요한 시간의 양, 반대급부에 대한 인식 그리고 예상 수혜자가 누군가에 달려 있다. 데이터를 공개 가능하고 재사용 가능하게 만드는 투자는 인프라의 문제이다. 이것은 단지 개인 학자들의 책임이 아닌 공동체의 문제로 인식되어야 한다. 데이터를 관리하는 데 필요한 인적 자원에 투자하는 기관은 이런 데이터를 더욱 재사용할 수 있게 된다. 데이터를 큐레이션하는 사람 그리고 표준, 분류 체계 및 관련된 도구를 유지하는 사람은 데이터를 생산하는 사람과 그것을 재사용하는 사람 사이에 있는 중개인이다. 이러한 작업의 대부분은 데이터 리포지토리와 다른 기관에 있는 정보 전문가에 의해 수행된다(Lee, Dourish, and Mark 2006; Mayernik, in press).

제3장에서 설명했듯이 이것은 흔히 보이지 않는 작업이다. 데이터를 표현해서 데이터가 이동성을 갖게 만드는 연구자들과 정보 전문가들의 수고의 혜택을 받는 사람들은 이러한 투자에 대해서는 알지 못한다. 모든 부분들이 무리 없이 잘 돌아가도록 유지하기 위해 필요한 보이지 않는 이 작업이야말로 인프라의 결정적인 특징이다. 또한 이 작업의 비가시성은 이해관계자 사이의 긴장관계를 강조한다. 리포지토리, 데이터를 관리하기 위한 단위 기관의 작업 그리고 이 인프라의 다른 부분에 투자한 사람들이 항상 직접적인 수혜자는 아니다. 다른 공동체, 다른 국가 그리고 다른 분야 이해관계자들이 중요한 수혜자일 수 있다. 이것은 이러한 공동자원 관리에 대한 도전이며 이 도전에는 지속가능성, 무임승차자에 대한 즉각적인 접근이 포함되어 있다.

## 난제들

데이터 리포지토리와 같은 공동자원의 거버넌스는 가능하지만 이를 위한 방법은 정형화된 것과는 거리가 멀다(Ostrom and Hess 2007). 지속적인 협상이 필수적이다. 일부 문제는 난제로 보이는데 여기에는 사례분석에서 드러나듯이 외부 영향에서 제기된 것들이 포함되어 있다. 이것들을 해결할 수는 없지만 일부 협상은 가능할 수 있다. 예를 들어 데이터의 소유권, 라이선싱 그리고 권한은 분야, 관행, 정책 그리고 관할구역에 따라 차이가 있다. 협업의 초기에 체결된 협약은 마찰을 줄이기는 하겠지만 완전히 없애지는 못할 것이다.

일부 형태의 데이터는 기밀유지 또는 윤리적인 문제 때문에 공유할 수 없다. 인간피험자에 대한 대부분의 사회과학 연구는 데이터 공개를 제한하는 규정 하에서 수행된다. 인간피험자 데이터가 공개되어도 그것은 최대한 비식별 조치된다. 만약 그러한 데이터가 독립적으로 사용된다면 이름을 식별자로 교체하는 것과 같은 기본적인 기법이면 충분하다. 인구조사에서 사용되는 것과 같은 다른 방법들은 개인이 식별되지 못하도록 데이터를 큰 분석단위로 통합한다. 하지만 하나의 데이터셋에서 익명 처리된 사람들이 복수의 데이터셋이 결합되면서 식별될 수 있다. 연령, 성별, 지리적 위치, 퇴원일자, 자녀의 수와 같은 정보들이 결합되면서 놀라울 정도로 쉽게 재식별이 가능하다. 무기명의 DNA 기증자 신원이 공개된 족보 데이터베이스를 사용해 재식별된 경우가 있다(Bohannnon 2013b; Gymrek et al. 2013; Rodriguez et al. 2013). 데이터를 안전하게 무기명 처리하면서도 연구 데이터로써의 유용성을 유지하는 방법을 찾는 것은 기술적, 정책적인 도전이다(Ohm 2010; Sweeney 2002). 자격을 갖춘 연구자들에게만 그리고 재식별이 시도되지 않도록 보증하는 조건 하에서만 인간피험자 데이터를 공개하는 것도 하나의 방법이다. 이러한 방법을 적용하려면 기관의 관리감독이 필수적이다.

## 분야별 지식 인프라

제시된 사례들은 여러 학문 영역에서의 데이터 학술활동에 대한 자세한 설명을 제공한다. 이 영역들이 해당 분야의 데이터를 어떻게 관리하는지, 이를 위한 동기 요인, 관련된 이해관계자들에 대한 간략한 요약은 분야들마다 지식 인프라 요구사항이 어떻게 달라질 것인가에 대한 설명을 제시한다.

## 자연과학 분야

데이터의 취급, 데이터 공유 관행 그리고 지식 인프라에 대한 투자에 있어서 과학 분야들 간에 동질성이 있다고 할 수는 없다.

**천문학** 천문학 분야의 데이터 공급은 대개 하향식, 즉 주요 국가나 국제 미션이, 우주 또는 지상 망원경 장치를 개발하거나 배치하는 방식으로 이뤄진다. 우주 미션은 데이터 수집에 엄청난 투자를 함으로써 데이터를 장치로부터 지상 기지로 보내고, 그곳에서 다시 데이터 리포지토리로 보내 파이프라인을 통해 데이터가 처리된다. 데이터는 정제, 보정 및 검증된 후 커뮤니티에 공개된다.

Sloan Digital Sky Survey, Hubble, Chandra, 그리고 Planck와 같은 천문 미션의 각 데이터 공개는 흔히 관련된 과학 내용과 데이터셋의 프로비넌스를 문서화하기 위하여 데이터 논문이 첨부된다. 데이터 논문은 천문학 분야 학술지 출간을 위해 제출되고 여기에는 책임을 지는 모든 팀 구성원의 이름이 포함된다. 이것은 이 분야에서 가장 빈번하게 인용되는 논문 중 하나이며 연구자들이 데이터를 공유한 데 대해 인정을 받는 수단이다.

천문학은 사례연구에 포함된 분야 중에서 가장 광범위한 지식 인프라를 가지고 있다. 천문학의 공동자원에는 망원경, 데이터 리포지토리, 분류 시스템 그리고 다른 많은 자원이 포함되어 있다. 이 커뮤니티는 데이터 구조, 메타데이터와 온톨로지 표준에 대한 합의를 했다. 그들은 이런 표준화된 형식에 담긴 데이터를 분석할 수 있는 일련의 소프트웨어 도구들을 가지고 있다. 1990년대 초반부터 그들은 국제적인 출판 노력을 조정해 왔으며 천문학 분야 서지 레코드를 Astrophysics Data System에 기탁하고 있다. ADS는 천문학 문헌에 대해 19세기까지 거슬러 올라가는 범위를 가지고 있다. 이러한 출판물에 언급되는 천체 객체들은 SIMBAD, NED와 관련된 시스템에서 목록이 되고 있다. 이러한 시스템들은 밀접하게 상호

참조가 되고 있어서 출판물들이 천체 객체들과 연결되고, 천체 객체에 대한 기록들은 그것이 언급되는 출판물에 연결된다. WorldWide Telescope (WWT)는 이런 시스템들과 다른 자원의 데이터, 문헌을 결합함으로써 데이터 시각화를 위한 플랫폼을 만들어냈다. 전문가나 초보자 관계없이 객체, 현상 그리고 천체의 지역에 대한 '여행(tour)'을 제출할 수 있다. WWT는 과학적 그리고 교육적 플랫폼으로 사용하기 위해 천문학 분야 과학 도구로 통합되고 있는 중이다(Accomazzi and Dave 2011; Accomazzi 2010; Eichhorn 1994; Genova 2013; Goodman, Fay, et al. 2012; Hanisch 2013; Norris et al. 2006; Pepe, Goodman, and Muench 2011; Udomprasert and Goodman 2012; White et al. 2009; WorldWide Telescope, 2012).

이런 광범위한 지식 인프라에도 불구하고 천문학 커뮤니티는 리포지토리로부터 가져온 데이터든지 아니면 관측 제안과 같은 다른 수단을 통해 수집한 것이든지 아직까지는 연구자들이 데이터를 공개하는 것을 기대하고 있지 않다. 몇몇 데이터 리포지토리가 데이터를 받기 위해 존재하지만 대부분은 미션 지원 아카이브들이다. 일부 연구자들은 사례조사에 있는 COMPLETE 탐사의 경우와 같이 연구 팀 웹사이트에 데이터를 탑재한다. Dataverse 같은 대학 소재 리포지토리는 천문학 분야를 위한 아카이빙 능력을 구축하고 있다(Goodman, Muench and Soderberg 2012). 데이터 인용 비율이 증가하고 있음에도 불구하고 비교적 적은 수의 천문학 출판물들이 데이터 원천에 대한 링크를 포함하고 있다(Pepe et al. in press).

찬드라 엑스선 관측소(Chandra X - Rady Observatory)는 데이터 관리에 대한 집중 투자를 통해 천문학 데이터가 시간이 경과함에 따라 어떻게 더욱 가치 있게 될 수 있는지에 대한 사례를 제공한다. 찬드라 팀은 데이터의 가치를 높이기 위해 지표와 수단을 개발하고 1999년 미션이 시작될 때부터 이용 통계를 문서화해왔다. 찬드라 데이터 아카이브 직원은 찬드라를 언급하고 있는 천문학 문헌을 검색한 후에 찬드라 데이터가 사용되었는지,

그렇다면 어떻게 사용되었는지를 결정하기 위해 해당 문헌을 꼼꼼하게 읽는다. 그들의 지표는 논문이 구체적인 관측과 분명한 연계가 있고 또 일부 특성(property)이 해당 관측으로부터 도출되었다는 것을 요구한다. 그들은 찬드라의 과학 관련 논문, 찬드라 관련 논문 그리고 장치 개발 논문을 구분한다. 요구조건에 부합하는 데이터 사용은 찬드라 아카이브, ADS, 그리고 SIMBAD에 추가되고 데이터셋, 출판물, 천체 객체가 메타데이터와 함께 링크된다. 이 과정은 추가적인 과학적 문서작업을 제공함으로써 데이터에 가치를 더하고, 새로운 진입점들을 제공함으로써 데이터셋이 보다 손쉽게 발견될 수 있도록 한다. 거의 대부분의 저자들이 데이터 원천에 대해 명시적으로 인용하고 있지 않기 때문에 찬드라 팀이 이런 링크를 생성한다(Becker et al; 2009; Blecksmith et al. 2003; Lagerstrom et al. 2012; Rots and Winkelman 2013; White et al. 2009; Winkelman and Rots 2012a, 2012b, Winkelman et al. 2009).

또한 이러한 관리 노력은 데이터 '사용'을 정의하는 것의 어려움을 노출시킨다. 롯스, 윙켈만 그리고 베커(Rots, Winkelman, and Becker 2012)가 발견했듯이, '관측'의 개념이 관측소마다 다르고 동일 천문학 미션에서도 차이가 있을 수 있다. 리포지토리 간의 지표 비교에 있어서 여러 가지 불명확성으로 인해 국제적인 워킹그룹이 데이터 아카이브 사용 통계에 대한 일련의 모범사례를 만들었다(IAU Working Group Libraries 2013).

**센서 네트워크 과학 및 기술**  CENS에서의 데이터 수집 표준화 및 메타데이터 표준 도입 노력은 이 분야 커뮤니티의 탐색적이고, 가설 생성적인 (hypothesis - generating) 특성과 상충되었다. 데이터 재사용이 있다면 이것은 대개 데이터셋과 함께 반드시 맥락 정보를 제공하는 개인 간 사적 공유가 수반되었다. 리포지토리에 기탁될 가능성이 가장 높은 데이터 종류는 유전체학과 지진 데이터와 같이 표준화된 프랙티스와 프로토콜을 통해 생성된 것이다. 일부 소프트웨어는 코드 리포지토리에 기탁되기도 한다. 연구 팀들은 흔히 데이터를 공개하고자 하는 좋은 의도를 가지고 있는 반면 이것을 누가 책임질 것인가의 문제는 해결하지 못한다(Borgman et al. 2012; Wallis and Borgman 2011; Wallis 2012).

CENS 연구자들은 개별 팀 외에는 외부와는 장기적으로 데이터를 일치 (reconcile)시킬 필요가 없었다. 대부분의 CENS 연구자들은 여러 연구 현장의 비교보다는 본인 관찰의 일관성에 더 관심이 있었다. 국제적인 규모에서의 비교는 기후 변화와 생물다양성을 평가하기 위해 필수적이지만 이것은 CENS가 지향한 연구 프로그램은 아니다. 예외가 있다면 CENS 연구에서 수행한 동식물 그리고 기후에 대한 기상 관측 데이터 수집에 포함된 자연보존 현장들이다(James San Jacinto Mountains Reserve 2013; Natural Reserve System 2013). 이들은 일부 CENS 연구에서 배경 데이터 역할을 했다.

CENS 현장 연구에서 생성되는 탐색적 데이터를 받아들이는 리포지토리는 거의 없다. CENS 내에서도 리포지토리에 대한 수요는 미미한데 왜냐하면 연구자들은 누가 이런 데이터를 사용할지 모르기 때문이다(Mayernik 2011). CENS는 데이터 공유와 재사용을 권장하기 위해 소규모 데이터 아카이빙 기능을 개발했지만 참여는 미미했다(Wallis et al. 2010). 환경학 및 생태학 커뮤니티는 CENS의 후반기에 이르러서야 리포지토리와 데이터 공유를 의무화하는 것을 시작했다(Dryad 2013; Reichman, Jones, and Schildhauer 2011; Whitlock 2011).

CENS와 Long Term Ecological Research Centers(LTER) 간 여러 공통 상황 중 하나는 데이터 공유, 재사용 및 비교를 개선하기 위한 장치로써 Ecological Metadata Language(EML) 표준을 도입하는 것이었다. 밀러란트와 보커(Millerand and Bowker, 2009)는 어떻게 EML이 LTER 현장에서 수용되었는지에 대한 대립되는 입장을 말한다. EML 개발자들은 이 표준이 전체 LTER 커뮤니티에 의해 성공적으로 수용되었다고 한다. 연구 현장에서 EML을 실행하는 데 참여한 정보 관리자들은 다른 입장이다. 그들은 EML은 복잡한 표준이고 전부를 이해하기 어려우며, 제공된 도구들이 현장의 실무와 호환되지 않는다고 한다. 그들의 견해에 따르면 EML은 부분적인 성공이다. CENS의 경험은 이 후자의 서술과 비슷하다. EML은 여러 CENS 팀의 연구활동에 대해서 최적의 조합이었고 따라서 공동 데이터 리포지토리 표준으로 제안되었다. 하지만 200쪽에 달하는 EML 매뉴얼은 소규모 팀들을 주눅 들게 하는 것이었다. 그들은 자신들의 필요를 위한 해결책으로는 너무 거창하다는 이유로 EML을 거부했다. 대신 대부분의 연구팀들은 계층적인 파일 폴더를 사용해 데이터를 조직하고 데이터 요소와 변수 명명에 대한 연구팀의 관례를 계속 이어갔다(Wallis et al. 2010).

CENS의 공동협력의 구심점은 공유 데이터가 아닌 공통의 연구문제였다. 과학자들은 연구를 수행하기 위해 개선된 도구가 필요했다. 반면 컴퓨터 공학자들과 엔지니어링 분야 연구자들은 개발된 기술을 시험할 수 있는 실제 환경이 필요했다. 각 팀이 각자의 데이터 수집 노력에 대한 프로비넌스를 재구축할 수 있었겠지만, 공동의 배치는 온전히 재구축될 수 없었다. 이것이 꼭 나쁜 결과라는 것은 아니다. 오히려 이것은 각 팀이 공동의 문제 해결을 위해 상대방의 분야를 이해하기 위해 상당한 노력을 기울였다는 것이다. 상호호환성의 문제가 있었음에도 불구하고 그들은 여전히 협력할 수 있었다(Edwards et al. 2011; Mayernick, Batcheller, and Borgman 2011; Olson, Zimmerman, and Bos 2008; Wallis et al. 2008; Wallis et al. 2007).

**유전체학** 이 책에서 온전한 사례분석으로 제시되지는 않았지만 유전체학은 다른 과학 분야 사례와 상반되는 지식 인프라 사례를 보여준다. 유전체학 연구자들은 자신의 데이터를 재사용해야 하는 필요 때문에 연구팀들이 게놈 시퀀싱을 하고 그것을 리포지토리에 기탁하는 것과 같은 상향식으로 데이터 공급이 수행된다. 이 과학자들은 실험실, 하드웨어, 소프트웨어, 인력에 대해 대규모 자원 투자를 했다. 그들은 절차를 표준화하려는 동기부여가 있기 때문에 즉각적으로 공유될 수 있는 표준화된 형태의 데이터를 만든다. 이 분야는 매우 경쟁적인 연구 분야이다. 연구팀들은 암, 알츠하이머병, 유행성 인플루엔자 그리고 다른 위험한 질병에 대한 치료를 찾기 위해 경쟁한다. 그들의 관점에서 보면 사람의 생명과 돈이 걸려 있다. 유전체 데이터의 범람과 더불어 인간 유전체에 대해 특허를 신청하고 통제하는 것에 대해 커뮤니티가 느낀 초기의 위협으로 인해 데이터 공유에 대한 역사적인 합의가 도출되었다(Watson 1990). 이러한 합의 이후 신약의 임상실험 성공률이 하락하고 실험을 수행하는 비용은 증가했다. 임상실험의 결과를 공개하라는 대중의 압력 또한 증가했다. 유전체 데이터를 공유함으로써 신약 개발 시간을 줄이고, 중복실험을 줄이고, 인간피험자 모집을 줄이고, 비용을 줄이고, 또 환자와 임상의사들에게 보다 많은 혜택을 제공하려는 기대가 있다.

이해관계자 사이의 극심한 경쟁에도 불구하고 공동자원이 속속 개발되고 있다. 복수의 제약 회사들과 대학의 컨소시엄이 임상실험, 게놈 시퀀싱 그리고 단백질 구조에 대한 데이터를 공유하기 시작했다. 모두가 다 적극적으로 참여하고 있지는 않으며 각 단체는 공유와 재사용에 있어서 자신들의 조건을 시행하려고 한다(del Besten, Thomas and Schroeder 2009; Bhattacharjee 2012; Check Hayden 2013; Corbyn 2011; Couzin - Frankel 2013b; Edwards et al. 2009; Edwards 2008b; Goldacre 2012; Howe et al. 2008; Nelson 2009; Rabesandratana 2013; Weigelt 2009; Williams, Wilbanks, and Ekins 2012).

자신들이 가진 단백질 구조를 공개한다고 해도 연구를 수행한 연구팀은 자신들의 데이터를 가지고 과학적 기능을 설명하는 데 있어 여전히 우위를 점하고 있다. 그들은 데이터를 생성, 정제 그리고 축소하는 데 이미 수주 또는 수개월의 시간을 보냈다. 최종적으로 정제되고 보정된 데이터만이 보고되고 공개된다. 프로토콜과 중간 과정에 대한 기록이 유지되기는 하지만 엄청난 양의 데이터가 생성되고 축소되기 때문에 정확한 단계들이 그대로 반복되기는 어렵다. 각 실험의 정확한 조건들을 재현하기는 매우 어려운데 그 이유는 온도, 습도 그리고 실험실의 다른 미세한 차이가 관찰에 영향을 미치기 때문이다. 연구진은 다른 사람들이 자신의 데이터를 사용하는 것을 돕기 위해 데이터와 함께 프로토콜을 공개한다. 하지만 그들은 다른 사람들이 결과를 반복하려고 할 때 프로토콜의 사소한 차이가 상이한 결과를 도출한다는 것을 발견한다. 엄정한 과학적 표준이 적용되는 경우에도 단백질의 결정화(crystallization)와 같은 단계별 처리 과정들이 예측한 결과를 내지 못할 수도 있다.

이런 데이터를 한 곳으로 모은다는 것은 상충되는 이해관계가 신기하게 통합된다는 것을 의미하지만 여기에는 예상되거나 예상치 못한 여러 도전적인 과제가 수반된다. 유전체학을 위한 데이터 공유와 재사용에 있어 가장 최전선에 있는 두 개의 대규모 협력이라고 하면 Structural Genomics Consortium(2013)과 Sage Bionetworks(2013)라고 할 수 있다. 이 둘은 연구비 지원 및 제약회사를 포함한 복수의 재원으로 수행되었다. 정상급 인재를 확보하고 유지하기 위해 해당 연구자들은 《사이언스》, 《네이처》 그리고 《셀(Cell)》과 같은 정상급 학술지에 연구결과를 출판할 수 있어야 한다. 여기에서 데이터와 연구결과 간의 명확하지 않은 경계가 드러난다. 만약 데이터에 대한 논문원고(manuscript)를 제출하기 전에 데이터를 탑재(post)하는 경우 학술지는 때로 이것을 '사전 출판'으로 간주하고 해당 원고를 거절한다. 하지만 새로운 연구결과란 단백질의 생물학적 기능과 모델을 설명할 수 있는 능력을 의미한다. 따라서 데이터를 공개하는 것은 결과를 보고하는 것과는 별개의 다른 학술적 행위이다. 대학 연구팀이 유전자발현(gene expression)과 단백질 간의 상관관계를 설명하는 생물학 연구를 수행하는 시간에 제약회사가 이러한 상관관계에 기초한 신약개발을 동시에 추구할 수 있다.

인간게놈 정보를 공개하는 것에는 복잡한 의생명 윤리 문제들이 얽혀 있다. 예를 들어, '부수적인 결과(incidental findings)'를 공개하자는 제안은 생명윤리자, 의생명 분야 연구자, 정책 입안자, 임상의사 그리고 환자 사이에 존재하는 예리하고 분열된 견해들을 드러낸다. 어떤 이는 예기치 못한 유전자적 결과들이 환자에게 공개되어야 한다고 하고 또 다른 사람들은 현재 환자가 진단받은 상태와 상관없는 결과가 진료기록의 일부가 되어야 하는지에 대해서는 환자 또는 의사가 결정할 수 있어야 한다고 한다 (Couzin - Frankel 2013a; McGuire et al. 2013; Wolf, Annas, and Elias 2013).

## 사회과학 분야

사례연구가 보여주듯 사회과학 분야 연구에도 다양한 데이터 공유 프랙티스가 있다. 이러한 것들이 데이터를 공개하고, 해석하고 또 재사용하는 능력에 영향을 미친다.

**인터넷 연구**　World Internet Project 참여자로서 Oxford Internet Survey(옥스퍼드 인터넷 서베이)를 수행하는 연구자들은 시간과 장소에 따라 데이터를 비교해야 하는 필요성 때문에 비교가능성을 보장하기 위한 내적 일관성 유지에 관심을 가지고 있다. 연구자들은 논문 출판을 위한 데이터 사용 기간 동안 특정 조사 주기의 데이터셋에 대해 엠바고를 시행한다. 그들이 자격을 갖춘 연구자들에게 공개하는 데이터셋은 조사 업체가 제공하는 '원시(raw)' 관측치이며 많이 사용되는 통계 패키지인 STATA 형식으로 되어 있다.

　Oxford Internet Institute는 비상업적인 사용을 확인하는 간단한 라이선스와 더불어 기관 웹사이트를 통해 데이터셋을 공개함으로써 데이터 요청과 다운로드에 대한 기록이 있다. 하지만 실제 데이터 사용을 추적할 수 있는 방법은 없다. 데이터를 다운로드받은 사람들을 상대로 데이터의 상세한 특징에 대한 다양한 조사를 하지 않기 때문에 데이터가 연구를 위한 배경 목적이나 조사방법론 수업과 같은 교육적 목적으로 사용되고 있을 것으로 가정하고만 있다. 데이터셋을 아카이브에 기탁하고 있지 않기 때문에 내부적 사용에 필요한 것 이외에는 메타데이터나 프로비넌스 문서화를 배정할 필요는 없다.

트위터 피드와 다른 소셜네트워크 데이터는 이러한 서비스를 운영하는 회사로부터 입수할 수 있다. 만약 서비스 제공 회사와의 계약을 통해 데이터를 입수한다면 이러한 계약 사항은 연구자들의 데이터 공개를 통제할 수 있다. 만약 데이터를 인터넷 사이트 크롤링(scraping)을 통해 입수했다면 서비스 제공 회사가 이러한 데이터의 배포를 여전히 제한하려고 할 것이지만 실제 통제는 어렵다. 자신 또는 다른 사람에 대한 정보를 통제하고 공개할 수 있는 것은 인터넷 정책의 애매한 영역에 해당한다(J. E. Cohen 2012). 학술지들은 공개할 수 없는 독점(proprietary) 데이터에 기반한 논문 출판에 우려한다. 정보검색 연구자들도 다른 사람이 반복연구를 할 수 없는 비공개 데이터셋 기반 연구 수행에 대하여 이와 유사한 우려를 표명한다.

**사회기술 연구**　제6장에서 논의한 사회기술연구팀은 면접 질문, 프로토콜, 코드북 그리고 다른 방법의 조정을 통해 연구결과가 시간 및 연구 현장에 따라 비교될 수 있도록 하고 있다. 도구, 코드북, 면접 그리고 필드노트의 재사용은 인간피험자위원회(human subject committees)로부터 매년 승인을 받아야 한다. 연구 참여자들은 데이터 재사용 조항에 선택적으로 참여할 수 있다. 복수의 대학이 참여하는 협력 프로젝트의 경우, 인간피험자 프로토콜은 참여하는 각각의 대학 그리고 대학 간에 공동 승인되어야 한다.

개방형 면담과 민족지학 기록은 서베이나 의학 기록보다 익명 처리가 더 어렵고 특히 참여자가 해당 공동체 내에서 알려진 경우에는 더욱 그렇다. 사례연구 경우와 같이 과학 및 기술 연구자들의 음성 녹음은 익명 처리될 수 없다. 음성은 독특하고 식별 가능하며, 구술 내용을 전사해서 사용한다고 해도 식별 가능성이 조금 더 낮아질 뿐이다. 연구 관심의 세부사항, 비유의 선택, 독특한 말투가 신원을 밝혀줄 수 있다. 이러한 자료에 익명 처리를 하고 이 자료를 다른 사람이 재사용될 수 있을 정도로 충분한 정보를 담고 있게 만드는 작업은 그 자체가 연구 프로젝트이다. 설명은 가급적 기술적이 될 수 있도록 세심하게 편집되고, 의사소통의 미묘한 해석을 유지하면서도 관련된 사람들의 신원을 드러내지 않을 정도의 내용만을 남겨야 한다. 이런 데이터를 사용하는 것은 어렵다. 그것을 재사용하는 것은 당연히 더 어렵다.

## 인문학 분야

인문학의 데이터는 모든 분야에서 가장 애매모호하지만 여기서도 재사용이 증가하고 있는 것으로 보인다. 인문학 연구자들은 자신들의 데이터를 활용하고 새로운 질문을 던지기 위한 새로운 방법을 찾아가고 있다.

**고전 예술 및 고고학**　CLAROS 프로젝트는 컬렉션 구축을 위한 것이지만 동시에 인프라 구축을 위한 것이다. 연구자들은 전시를 위한 기록(curatorial records)이 학자, 학습자 그리고 일반 대중에 의해 재사용될 수 있도록 용도 변경하고 있다. 그들은 이미지 검색과 박물관 교차 검색과 같은 새로운 기능을 추가했다. 이러한 컬렉션은 복수의 독자들에게 유용하다. 여기에서 거버넌스 관련 도전 문제는 해당 커뮤니티에 대한 충분한 기여를 통해 시스템이 존속되어야 한다고 주장하는 것과 동시에 "모든 사람들을 위한 모든 것"이 되려는 것이다. 이것은 여러 방법으로 유지될 수 있는 복잡한 시스템이다. 한 가지 접근 방법은 상호작용적인 시스템을 유지하는 것이고 다른 방법은 콘텐츠의 다크 아카이브(dark archive)를 유지하는 것이다. 전체 운영 시스템과는 별개로 '백엔드 데이터(back-end data)'를 아카이브하려고 했던 시도가 결국 Arts and Humanities Data System이 없어지게 된 하나의 요인이 되었다(Reimer, Hughes, and Robey 2007; Robey 2007, 2011).

피사 그리핀(Pisa Griffin) 연구를 위해 미술사가들과 한 명의 고고금속공학자가 전 세계 아카이브와 이차 원천으로부터 데이터를 수집했다. 과학자는 이 청동 물체에 포함된 금속과 유사한 물체를 비교할 수 있는 형식의 데이터를 제공한다. 피사 그리핀에 대한 출판물들은 정보가 발견된 출판물과 다른 문서들에 대한 참고문헌과 주석을 포함하고 있다. 어떤 때는 연구자들에게 구체적인 정보를 제공한 사람들의 이름이 명기된다. 하지만 방문한 아카이브나 증거가 발견된 컬렉션은 거의 언급되지 않는다. 이들 분야에서는 이러한 것들이 배경 데이터로 간주된다. 자료를 제공한 아카이브와 컬렉션은 그들의 컬렉션이 어떻게 사용되고, 수집된 증거들이 어떻게 재사용되었는지에 대해 전혀 알 수가 없을 것이다. 이 커뮤니티에서는 데이터의 공개보다 해석을 출판하는 것이 더 중요하다. 정확성이나 사기와 같은 이슈로 연구 자체에 문제가 발생하는 예외적인 경우에만 노트나 다른 기록들이 공개되는 경향이 있다(Wiener 2002).

**불교학** 중국불교 문헌학학자는 그의 경력 전반에 걸쳐 대규모 자료 컬렉션을 구축하였고 그것을 계속해서 추출, 활용하고 있다. 최근까지 이것들은 대부분 종이 자료들이었다. 연구자는 이제 비서구(non Western) 언어로 씌어진 아주 오래된 글이 기록된 것을 포착, 배포, 재사용하는 것이 가능해짐에 따라 그의 관찰에 대해 더 많은 디지털 기록을 축적하고 있다. 수년 전만 하더라도 이것은 이 작고, 긴밀하게 조직된 학자 커뮤니티에서는 상상할 수 없었다. 그는 이러한 자료들을 본인이 미래에도 추출하고 결합할 수 있는 방법으로 유지하고자 한다. 그는 또한 CBETA에 접근할 수 있게 되면서 훨씬 더 많은 디지털 기록 자료들을 사용할 수 있게 되었다. 연구자는 긴 표의 형식으로 작성한 상세 분석 내용을 본인의 출판물에서 보고하고 있다.

불교 커뮤니티가 지원하는 CBETA와 다른 컬렉션들은 공동자원의 특별한 사례에 해당한다. 이 커뮤니티는 수세기 동안 종교의 교리로써 경전 배포를 홍보해 왔고 따라서 이러한 디지털 자원의 지속가능성을 학자들이 걱정할 필요는 없을 것 같다. 원래 135권 정도의 이 컬렉션은 계속해서 확충되고 있으며, 이 분야의 학자들에게는 그 범위와 품질에 있어서 견줄데가 없다.

## 결론

데이터 학술활동에서 연구비 지원기관, 학술지 그리고 여타 이해관계자의 정책은 재사용을 위한 데이터의 공급을 늘리는 데에만 초점을 맞춰왔고 연구자들의 데이터 공유나 재사용 동기요인 또는 요구되는 지식 인프라 투자에 대해서는 별로 관심을 갖지 않았다. 데이터 공유를 촉진하는 것에 대한 근거는 연구를 재현하고, 공적인 자산을 대중이 사용할 수 있도록 하고, 연구에 대한 투자를 활용하고, 그리고 연구와 혁신을 진전시키는 것과 같은 이해관계자들의 정당한 관심사를 반영한다. 하지만 이러한 근거들은 흔히 분야 내 그리고 분야 간 데이터 학술활동의 방대한 다양성을 반영하지 못하는 일반적인 정책으로 귀결된다. 데이터는 자산인 동시에 부채이다. 자신의 데이터를 재사용하고 커뮤니티에서 다른 연구자들과 함께 이런 데이터를 모으는 능력이 연구에 영향을 미칠 때 데이터를 공개하고 재사용하기 위한 인센티브가 존재한다. 연구가 국지적(local)이고 탐색적이거나 오랜 기간에 걸쳐 축적된 증거에 의존하는 경우에는 데이터 공개에 대한 인센티브가 거의 없다.

데이터에 대한 오픈액세스와 출판물에 대한 오픈액세스를 동일시하는 것은 학술 커뮤니케이션을 제대로 이해하지 못하는 것이다. 출판물은 데이터를 포함하고 있는 용기 이상의 것으로 그것은 증거에 근거한 주장이며 데이터와 이런 주장과의 관계는 매우 가변적이다. 데이터셋 사이의 구분이 확실하고 출판물과 일대일 대응이 될 수 있는 분야에서는 데이터 공개가 실현될 수 있다. 하지만 출판물이 대부분 해석으로 구성되어 있는 분야에서는 데이터 공개가 적절하지 않을 수 있다. 대부분의 데이터 공개는 논문 출판 후에 이뤄지는 단순한 절차가 아니다. 데이터를 다른 사람에게도 유용하도록 표현하려면 상당한 자원이 소요되고 이것은 연구에 직접 사용하지 못하게 되는 자원이다.

데이터의 공개, 공유 그리고 재사용은 지식 인프라의 문제이다. 데이터 공급에 초점을 맞추는 것은 당연히 수요가 있는지에 대한 질문을 수반한다. 대부분의 분야에서는 재사용할 수 있는 데이터에 대한 수요가 매우 낮은 것으로 보인다. 하지만 사용과 재사용을 규정하는 것은 어려운데 왜냐하면 프랙티스가 매우 광범위하게 차이가 나기 때문이다. 데이터를 분야 간, 맥락과 시간을 넘어 이동할 수 있도록 하는 것은 매우 어렵다. 데이터는 시장에서 손쉽게 상품화되고 교환할 수 있는 자연적인 물체가 아니다. 그것은 현상에 대한 증거로 사용하는 개체이다. 동일한 관찰과 객체도 여러 방법으로 표현될 수 있다. 그 결과 동일한 개체가 흔히 다른 맥락으로 옮겨지게 되면 다른 데이터가 된다. 해석, 방법론, 또는 프랙티스의 일부를 바꾼다면 그 개체가 사뭇 다른 현상에 대해 약간 다른 증거로 판단될 수 있는 결과를 낳을 수 있다. 관찰 이전에 수행된 전처리와 같은 연구 초기 단계에서의 의사 결정은 데이터로 간주되어 남은 처리 기간 내

내 영향을 준다.

흔히 데이터는 소프트웨어, 하드웨어, 장치, 프로토콜 그리고 문서작업과 분리하기 어렵다. 학자들은 데이터를 취급하는 데 있어 이런 복잡한 문제들을 다루는 여러 방법을 가지고 있다. 이것은 대개 연구 활동에 깊숙이 내재된 의사결정과 관련이 있으며 기록으로 남기거나 다른 사람에게 전달하기 어려운 암묵적 지식의 일부이다. 다른 경우에는 이것이 같은 커뮤니티에서는 이미 알고 있을 것으로 가정하는 세부 내용이어서 문서작업과 출판물에서 생략될 수 있다. 데이터셋은 기술적 맥락에서 추출되고, 해석을 위해 가장 낮은 공통분모의 도구로 축소되기도 한다. 데이터의 이동성을 성취한다는 것은 이러한 미묘한 문제들을 처리하는 동시에 번역에 있어 의미 손실이 있음을 인정하는 것을 요구한다.

지식 인프라는 커뮤니티 내에서 그리고 커뮤니티 간 정보 교환을 촉진할 수 있다. 학자에게 가장 큰 도전은 자신의 데이터를 관리하는 것이다. 자신의 데이터를 활용하는 능력은 데이터 공유의 전제조건이다. 데이터 관리 방법, 도구 그리고 인적 자원의 지식 인프라 개발은 데이터 공개에 영향을 미칠 것이다. 여러 커뮤니티에서 유용한 또 다른 능력은 메타데이터와 분류 체계와 같은 연구 객체를 표현하는 공유 수단이다. 커뮤니티가 정보교환을 위한 표현 방법과 다른 표준에 대해 동의할 수 있으면 공유 컬렉션을 구축할 수 있는 기반을 가지게 된다. 또한 공유된 컬렉션은 정보자원을 통합할 필요가 있는 커뮤니티에서 나올 가능성이 높다.

연구 커뮤니티의 경계는 확실하지 않으며 계속해서 변한다. 개별 연구자가 복수의 커뮤니티의 일원일 수 있고 연구 의제와 연구 전선이 변함에 따라 이러한 회원 소속은 조정된다. 동일 커뮤니티 내에서의 데이터 공유를 촉진하는 표준, 프랙티스 그리고 표현 방법들이 다른 커뮤니티와 공유하는 데 있어서는 장벽이 될 수 있다. 이러한 장벽들 사이에 다리가 놓이는 것은 흔히 개인 학자들 간의 사적 의사소통을 통해서이다. 집단 내 개인 사이의 토론 및 지식의 공유는 지식 인프라의 필수적인 부분이다. 하지만 이것은 확장되지 않는다는 단점이 있다. 각 학자가 데이터를 일대일로, 제한된 수의 사람들과 공유할 수 있다. 하지만 사적 공유는 시간이 지나도 확장되지 않는다. 적극적으로 장려되지 않는다면 데이터와 그것에 대한 지식은 빠른 속도로 쇠퇴한다.

연구 데이터의 효과적인 공유, 공개 그리고 재사용을 위해서는 지식 인프라에 대한 투자가 필수적이라는 것을 인식하는 것이 가장 중요하다. 데이터셋이나 컬렉션의 가치는 시간이 훨씬 지난 후에야 분명해질 수 있다. 하지만 그러한 가치를 실현하려면 금전적, 기술적 그리고 인적 자원에 대한 대규모 투자가 필요하다. 지식 인프라는 흔히 국제적인 경계에 걸쳐 복수의, 상충하는 이해관계자의 참여가 요구된다. 그것에 대한 투자의 비용 및 효과는 고르게 분포되어 있지 않다. 많은 것들이 관리되어야 하고, 적절한 기간 동안 유지되어야 하며, 무임승차자들을 상대해야 하는 문제가 있다. 연구자들이 공공의 이익을 위해서 데이터를 공개해야 한다고 선언하는 것은 기껏 단순한 주장에 그칠 수 있다. 이것은 공동체의 의무사항이다. 어떤 데이터의 공유, 공개 그리고 재사용을 성취하려고 하는지에 대한 광범위한 대화가 필요하다. 만약 두 명의 학자가 각자의 데이터 학술활동에 대해 더 배우기를 원한다면 사적 공유가 가장 신속한 수단이 된다. 만약 데이터 자원이 미래 세대를 위해 관리되어야 한다면 기술, 컬렉션, 인력 그리고 거버넌스에 대한 상당한 투자가 필요하다. 우리의 목표는 분명히 앞에 언급된 것들과 다른 많은 것들을 포함한다. 이해관계자들과 기득권도 많지만 이미 존재하는 자원을 보다 더 잘 사용하기 위한 차원 높은 가능성이 훨씬 크다.

제9장

09

데이터 기여 인정(credit),
귀속(Attribution),
발견(Discovery)

# 서론

출판물이 과학이라는 우주에서 별과 행성이라 한다면, 데이터는 '암흑물질'이다.
그것의 영향력은 크지만 천체 지도가 그려지면 사라져버린다.
– CODATA–ICSTI 데이터 인용표준 및 프랙티스를 위한 태스크 그룹(Task Group
an Data Citation Standards and practices), "Out of Cite, Out of Mind
(인용되지 않으면, 잊혀진다)"

학술 커뮤니케이션에서 데이터가 적절하게 기술되거나 관리 또는 발견되
지 않는다면 '암흑물질'로 남게 된다. 데이터 인용은 도서관, 출판사, 학
계, 리포지토리, 연구비 지원기관의 주요 의제가 되었다. 연구 정보와 관
련하여 CODATA, the Research Data Alliance(RDA), the Board on Research
Data and Information(US), the Joint Information Systems Committee(JISK, UK),
DataCite 같은 기관은 데이터에 들인 노력에 대한 인정(credit)을 시급한 현
안으로 다루고 있다. 데이터 인용을 어떻게 할 것인지를 결정하기 위해
국제적인 태스크 그룹이 결성되었다. 이해당사자들은 모여 주제 토론과
실무 작업을 했고, 성명서가 발표되고, 표준이 개발되었다(Altman and King
2007; Crosas et al. 2013; Institute for Quantitative Social Sciences 2011; Research Data
Alliance 2013).

데이터 인용은 겉에서 보면 기존의 서지사항의 인용 메커니즘을 응용
하면 되는 간단한 기법상의 문제이다. 하지만 그렇게 하는 과정에서 특정
형태의 학술적 기여에 대해 누가, 무엇을, 어떻게, 왜, 언제 인정할 것인
가라는 오래된 논쟁이 대두됐다. 학술적 기여에 대한 관리 및 인정, 책임
성의 귀속, 출판을 통한 발견이라는 학술적 프랙티스는 수백 년의 과정을
통해 공인되었다. 그 결과로 형성된 지식 인프라는 불완전하지만, 오랜
출판 전통과 새로운 출판 기능을 지원하기에 충분할 정도로 견고해졌다.

그 결과 오늘날의 분산된 디지털 네트워크상에서 갈릴레오의 저작물이 발견되고, 널리 인용될 수 있게 되었다. 이러한 인프라상에, 학자들에 대한 생산성 평가 지표, 학술지 및 출판사별, 국가별 영향력, 분야와 시대 간 생각의 흐름이 표현되어 있다(Borgman and Furner 2002; Borgman 1990; Cronin 1984, 2005; Kurtz and Bollen 2010).

데이터에 대한 기여를 인정하는 것은 보기보다 훨씬 복잡한 문제이며, 나아가 헌신적 노력을 통해 해결하고자 하는 데도 그렇다. 인용의 기술적 메커니즘(technical mechanism)은 내면화된 지식 기반의 표면적 특징일 뿐이다. 인용 프랙티스의 기저에는 사회적 합의가 있고, 이는 출판물, 데이터, 문서, 웹페이지, 또는 사람, 장소, 기관에 대한 모든 인용에 적용된다. 저자는 각 출판물에 대해 인용할 가치가 있는 객체를 선정한다. 이러한 선정 행위, 즉 누가 어떤 항목을 인용하고, 언제, 어떻게, 왜 선택하는가 하는 프랙티스는 아직 충분하게 밝혀지지 않은 상황이다. 인용 방법은 과학, 사회과학, 인문학, 법학 분야의 상이한 출판 스타일 매뉴얼이 보여주듯 분야별로 다양하게 나타난다. 각 출판물에 다양한 형식의 인용이 붙게 되는데 이때 저자명, 논문제목, 페이지수, 또는 수치 식별자 등이 포함된 목록이 포함되기도 하지만 그렇지 않을 수도 있다. 인용은 명시적으로 또는 완곡하게 표현되는데, 증거에 대한 중요 원천이 언급되지 않을 수도 있다. 서지적 참조는 인용 대상이 대체로 고정적, 안정적, 온전한 단위라고 가정하는데, 데이터에 대해서는 이러한 조건 중 어느 것도 가정할 수 없다.

연구 객체에 대한 기여인정, 귀속, 발견의 메커니즘은 학술 커뮤니케이션과 불가분의 관계에 있으나, 인용의 사회적 프랙티스에 대한 이론은 찾아보기 정말 어렵다. 인용 방법에 대해서는, 가르치기보다는 사례로 배우는 경향이 있다. 커뮤니티 내에서 독자적으로 나타나 진화해온 관례들이 동떨어져 사용되어왔거나, 인접 커뮤니티의 관례들과 갈등을 일으키는 경우가 자주 있다. 저자의 지위 인정 또한 도메인 사이에 다양하게 나타나고, 여러 분야의 협력관계에 갈등을 일으키거나 혼란을 초래한다. 누구의 기여를 인정하는지에 대한 결정은 부분적으로는 어떤 산출물이나 과정이 인정받을 만한 가치가 있는지에 달렸다.

학술적 인정, 귀속, 발견, 식별성, 지속성(persistence), 서지 통제(bibliographic control)라는 광범위한 원칙들에 대해 익숙하지 않은 실무자가 실용적으로 내린 결정은 지식 인프라에 막대한 위험을 초래할 수 있다. 데이터 생산자는 정렬 알고리즘의 효율성 개선을 위해 논문의 저자 배열 순서를 재정렬할 수 있다. 편집자는 학술지 논문에서 브랜드를 알릴 목적으로 DOIs(Digital Object Identifiers)를 바꾸는 경우도 있다. 저자는 원본 출처에 있는 이름을 확인하는 대신, 피인용 저자의 중간이름 첫 글자를 누락시킨다. 이렇듯 출판물과 데이터 인용의 완결성을 훼손할 가능성은 끝이 없다. 사소한 결정이 분야를 넘어 파문을 일으키고 시간의 경과에 따라 큰 영향을 초래할 수 있다.

데이터에 대한 기여 인정에 대해서는 그 기준과 정책, 실행 방안의 선택에 성패가 달려 있다. 데이터 인용 규칙의 성공은 커뮤니티의 적용, 즉 출판물을 집필하고 출판의 증거로써 데이터를 사용하는 학자들이 얼마나 이를 적용하는가에 달려 있다. 또한 지식 인프라에 대한 투자를 통해 데이터 인용이 실현 가능하고 매력적인 것으로 만들 때 성공하게 된다. 데이터가 발견될 수 있도록 기술하고, 조직화하는 데에는 상당한 인간의 수고가 요구된다. 제9장에서는 인용 프랙티스가 학술연구의 실제와 이론에 어떻게 내면화되었는지를 탐구하고, 지식 인프라의 일부로써 데이터에 대한 인정과 귀속을 보다 광범위하게 개념화하는 것을 제안한다.

# 원칙과 문제

데이터 인용과 관련하여 다음과 같은 문제들이 있다. 특정 데이터 객체에 연관된 다수 당사자들의 기여에 대한 인정 배분 방법; 라이선스, 소유권, 통제를 위한 법적 요건; 피인용 객체의 세분성; 프로비넌스의 장기적 추적; 데이터 완결성과 검증가능성 유지; 기존 서지통제 메커니즘과의 통합; 현존 디지털 네트워크 표준 및 기술과의 통합; 인간과 기계에 의한 발견가능성; 데이터 유지 관리의 스튜어드십(stewardship); 공유 및 재사용 촉진; 데이터에 결합된 개인 및 조직의 식별; 평가와 정책 등의 이차적 사용을 위한 인용 메커니즘의 유용성; 그리고 분야 및 이해당사자들 간 이질적 실무에 대한 수용. 이상이 '데이터 인용'처럼 단순하게 보이지만 이것을 실현하기 위해 풀어야 할 문제들의 긴 목록이다(Borgman 2012b).

결실을 볼 수 있는 하나의 출발점은 서지적 인용이 내면화된 학술 커뮤니케이션 시스템을 평가함으로써, 데이터 인용이라는 현재의 골치 아픈 문제를 이론적으로 해결할 방법을 도출하는 것이다. 이러한 통찰력을 데이터에 대한 기여 인정, 귀속, 발견에 적용해볼 수 있다. 이러한 서지적 인용과 데이터 인용의 교차점에서 탐구될 수 있는 여러 문제에서 핵심 이슈를 꼽아본다면 어떻게 인용하고, 왜 인용하고, 기여를 어떻게 인정하고, 책임을 어떻게 귀속시키고, 사람과 객체를 어떻게 식별하고, 데이터 인용을 어떻게 실행할 것인지 등의 문제들이 있다. 또한 인정과 귀속에서 인용의 역할, 서지 인용 및 데이터 인용의 원칙적 차이, 학술 커뮤니케이션에서 이해당사자들의 이질적인 관심사 등을 들 수 있다.

과학 정책 및 인프라에 관심을 갖는 이해당사자들은 데이터 인용을 위한 일련의 요구사항을 공식화하였다. 현재까지 가장 포괄적으로 발표된 원칙은 국제적 과제를 수행해온 CODATA-ICSTI 태스크 그룹이 출판한 것이다(CODATA ICSTI Task Group on Data Citation Standards and Practices 2013).

Ⅰ. 지위의 원칙(The Status Principle): 데이터 인용은 학술 기록의 다른 객체 인용과 동등한 중요성을 부여해야 한다.

Ⅱ. 귀속의 원칙(The Attribution Principle): 인용은 데이터에 책임이 있는 모든 당사자에게 학술적 인정과 법적 귀속력을 부여할 수 있도록 활성화해야 한다.

Ⅲ. 지속성의 원칙(The Persistence Principle): 인용은 피인용 객체와 마찬가지로 오래 지속되어야 한다.

Ⅳ. 접근의 원칙(The Access Principle): 인간과 기계가 참조된 데이터의 용도를 알고 사용하는 것이 필요하듯이, 인용은 데이터 자체 및 그와 결합된 메타데이터, 관련 문서들에 대한 접근을 활성화해야 한다.

Ⅴ. 발견의 원칙(The Discovery Principle): 인용은 데이터와 관련 문서의 발견을 지원해야 한다.

Ⅵ. 프로비넌스 원칙(The Provenance Principle): 인용은 데이터의 프로비넌스 설정을 촉진해야 한다.

Ⅶ. 세분성의 원칙(The Granularity Principle): 인용은 데이터 식별에 필수적인 것으로, 최대한 세분하여 기술할 수 있도록 지원해야 한다.

Ⅷ. 검증가능성의 원칙(The Verifiability Principle): 인용은 데이터 식별을 위해 모호하지 않을 충분한 정보를 담아야 한다.

Ⅸ. 메타데이터 표준의 원칙(The Metadata Standards Principle): 인용은 광범위하게 채택된 메타데이터 표준을 적용해야 한다.

Ⅹ. 유연성의 원칙(The Flexibility Principle): 인용 방법은 커뮤니티들의 각기 다른 관습을 충분히 수용할 수 있도록 유연해야 하지만, 커뮤니티 간 데이터의 상호운용성을 위협할 정도로 달라서는 안 된다.

CODATA-ICSTI 보고서가 출판되자, 다른 그룹에서도 즉시 이러한 원칙들을 논의했고 더욱 세밀하게 정의하기 시작했다. 이 책의 집필 시점에는, 도서관, 출판사, 관련 정책기관, 데이터 리포지토리 및 다른 부문의 책임자들이 모여, 이와 유사하지만 좀더 압축적으로 줄인 8개 원칙에 합의하게 되었는데, 그 내용은 중요성, 인정 및 귀속, 증거, 고유의 식별체계(unique identification), 접근, 지속성, 버전차별전략(versioning) 및 세분성, 상호운용성 및 유연성이다(Data Citation Synthesis Group 2014). 실행 그룹들 또한 만들어지고 있다.

이 같은 원칙에 대한 합의를 도출하기 위해 수년간의 토론이 필요할 수 있다. 이는 실행 가능한 인정과 발견 메커니즘의 필요에 따른 운영상 요구사항으로써, 다양한 이해당사자들이 학술 커뮤니케이션을 위한 제도 정비에 책임을 지고 나서는 것이다. 이와 반대로 본서의 논의는 이론과 학술 행위의 증거로부터 시작한다. 학자들은 다양한 탐구 과정에서 수많은 방법으로 새롭거나 낡은 증거를 도출한다. 증거가 될 만한 원천은 정적이거나 동적이고, 명확하거나 다툼이 있으며, 단순하거나 복잡하고, 희소하거나 풍부할 수 있다. 이러한 원천을 근거로 하는 출판물에는 저자 한 사람, 혹은 수천 명의 이름이 관련될 수도 있다. 저자에 대한 기준은 어떤 행위나 어떤 객체가 인용 가치가 있는지에 대한 기준만큼이나, 영역 및 분야에 따라 대단히 다양하다. 서지적 인용을 기술하기 위한 프레임워크는 프랙티스의 다양성을 수용하여 수백 년 이상 발전해왔지만, 쉽게 무너질 수 있다. 주목할 것은 프레임워크가 프랙티스에 적응한다는 것이고 그 반대가 아니다. 기술적 프레임워크를 설정하고 나서 학자들에게 적용하라고 요구하는 것은 위험한 접근이다. 연구대상에 대한 기여 인정, 귀속, 발견에 대한 학술적 프랙티스로부터 출발하는 것이 훨씬 장기적 전망을 가지게 될 것이다.

# 이론과 실천

학술연구에서 인용의 역할은 20세기 중반에 사회학자들의 관심을 촉발시켰다. 뒤이어 이 방면에 전념한 몇 개 학술지들이 나타나고 관련 학술대회 시리즈가 개최되면서, 학술 커뮤니케이션과 계량서지학(bibliometrics)을 주제로 대량의 문헌이 쏟아져 나왔다. 출판 문헌의 관계를 연구하는 계량서지학은 아주 오랜 기원을 갖는다. 중세 탈무드 학자로부터 계량서지학이 유래한다고 추정하는 학자도 있다(Paisley 1990). 기원전 몇 세기로 거슬러 올라가는 학자들도 있는데, 어떤 텍스트 분석을 계량서지학과 유사한 것으로 볼 것인지에 따라 그 기원이 결정된다. 정보 발견을 위한 인용이라는 현대적 사용은 일반적으로 법률 분야의 셰퍼드(Shepard)의 인용으로 거슬러 올라간다. 19세기 말부터 셰퍼드는 판례를 유지할지 뒤집을지, 아니면 인정할 것인지를 고민하면서, 후속 판결 연계를 위해 스티커를 붙이다가 나중에는 인쇄 색인을 사용하였다. 20세기 말이 되면서, 이러한 링크가 자동화되었다. 법률 판례는 이제 현재 판례의 법적 상태를 판단하기 위해 LexisNexis 시스템으로 "Shepardize"할 수 있게 되었다.

1955년에 유진 가필드(Eugene Garfield)는 학술지 논문에서 참고문헌목록의 인용을 통해 검색할 수 있도록 도치시킨 Science Citation Index(SCI)를 고안했다(Garfield 1955). 1960년대 중반에 기계 생성 SCI가 인쇄 형태로 출판되었고, 1970년대 초반에는 온라인 데이터베이스가 구축되었다. 뒤이어 Social Science Citation Index 와 Arts and Humanities Citation Index가 나왔다. 인용의 링크는 한 객체에서 참조된 객체를 따라가는 것으로, 현재 검색 엔진에서 사용되는 기법의 하나이다.

## 실체와 형식(Substance and Style): 어떻게 인용할 것인가?

인용 메커니즘은 저자와 독자들이 사용하는 관례에 깊이 내면화되어 있으며, 이들은 그 원칙과 가정에 대하여 깊이 이해하지 않은 상태에서 인용을 사용한다. 일상적인 표현이 서로 다른 개념을 혼동시키는 경향이 있다. 일례로 참조는 만들어지는 것이고 인용은 받는다고 표현된다. 문서를 실제로 참조하거나 인용하는 행위가 인용되는 형식을 통제한다. 참조하는 저자는 피인용 저자의 분야에 통용되는 인용 형식에 완벽하고 정확하게 들어맞도록 피인용 문서를 기술해야 한다. 그렇지 않으면 참조하는 저자는 저자 이름을 잘못 적을 수 있는데, 이름을 빼거나 이름순서를 바꿀 수 있고, 표제, 날짜, 권호, 페이지수 등 다른 항목을 기입하면서 오류를 범하거나, 다른 인용 형식을 적용할 수도 있다. 일반적으로 미국심리학회(American Psychological Association) 형식을 따르는 저자들은 법학, 과학, 인문학 분야에서 자신의 출판물이 다르게 기술된 것을 발견하게 된다. 오류나 이형 표기(variant forms)가 한번 생성되면 확대 증식되는 경향이 있다. 출판물 또는 데이터셋이 말 그대로 야생에 배포되면, 제8장에서 논의한 바와 같이, 저자는 자신의 출판물이 어떻게 인용되고, 사용되고, 해석되는지 거의 통제를 하지 못한다.

저자가 참고문헌이나 각주, 서지사항 등에서 다른 출판물을 인용하게 되면 인용 문서와 피인용 문서 사이에 관계가 형성된다. 인쇄물만 존재하는 세계에서는, 인용 문서와 피인용 문서 사이의 관계는 일방향이다. Shepard's와 Science Citation Index가 참고문헌 양식을 도치시킨 결과 인용이 쌍방향 관계가 다뤄질 수 있었다. 디지털 출판만이 존재하는 세계에서는 쌍방향 관계가 자동으로 링크된다. 이러한 링크의 효용은 인용의 정확성과 인용 및 피인용 대상을 고유하게 식별해주는 능력에 달려 있다. 또한 출판 현장이 링크를 지원하는 기술 인프라에 얼마나 많이 참여하는가에 달려 있다. 결국 기술 인프라의 바탕에는 컴퓨터공학의 오랜 논쟁에서 나오는 대칭, 비대칭 데이터 구조에 대한 소프트웨어 공학적 의사결정이 있다. 이러한 관계들은 쉽게 설정되는 것이 아니며, 링크 형성 메커니즘은 사용자들에게는 거의 보이지 않는다. 저자와 독자는 인용에서 피인용으로, 또는 피인용에서 인용으로, 막힘 없이 연결되는 문서들을 만나게 된다. 또 깨지거나, 잘못 연결되거나, 존재하지 않는 링크를 만나게 되면, 대안적으로 유료 인터넷으로 옮겨가거나 다른 권위 있는 웹페이지를 검색한다.

왜 일부 링크는 작동이 되고 일부는 되지 않는지 이해하려면 학술 커뮤니케이션 시스템과 이를 뒷받침하는 기술에 대한 높은 수준의 지식이 요구된다. 대다수 사용자에게 시스템은 불투명하다. 인프라의 비가시성은 복잡성은 가려주면서 쉽게 사용할 수 있게 하는 장점이 있다. 하지만 출판물 링크의 원칙과 메커니즘이 데이터 링크로 이전되기 위해서는 이러한 복잡성의 일부가 밝혀져야 한다.

인용과정이 기반하고 있는 메타데이터 요소와 표현 양식에 대한 합의 역시 사용자들의 눈에는 보이지 않는다. 거의 모든 서지인용 형식은 저자, 출판물 제목, 발행일이라는 기본 메타데이터 요소에 동의한다. 이러한 수준을 넘어, 학술지 논문의 경우에는 권호와 페이지 수가, 단행본일 경우 발행지가 표시되듯이, 메타데이터는 장르에 따라 다양하게 표시되는 경향이 있다. 메타데이터 요소는 출판사 통제 시스템이나 도서관에서 채택한 목록 및 색인 시스템에 연결되어 있는데, 출판사와 도서관 모두 학술 커뮤니케이션 시스템에서 핵심 이해관계자들이다. 개별 연구 영역이나 시스템, 분류 메커니즘에서 특정 메타데이터가 각각 개발된 것처럼, 위치와 식별을 위한 메타데이터인 URNs(uniform resource names)과 DOI(digital object identifiers)는 나중에 나왔다.

메타데이터 요소의 선택은 인용 형식에서 뚜렷이 구분된다. APA(American Psychological Association), MLA(Modern Language Association), law(Bluebook), the

Council of Science Editors 같이 현재 통용되는 스타일 매뉴얼에는 메타데이터 요소의 배열순서, 저자이름 표기법, 학술지 제목 축약법, 다른 메타데이터 포함 여부 등이 사안에 따라 다양하게 표기된다. 일부 형식에서는 본문 참고문헌 목록에 번호 붙이기를 요구하고 또 일부는 문장이나 단락의 끝에 인용(in - line citation)을 하고 참고문헌을 알파벳순으로 정렬한다. Zotero, Endnote, Mendeley 같은 서지관리도구들은 기술적(descriptive) 메타데이터를 끌어와서 태그 생성 및 메모 작성을 지원한다. 이러한 도구들을 통해서 수천 개의 다른 인용 스타일에서 메타데이터 요소들로 이뤄진 서지적 참조 형식을 만들 수 있다. 인용 및 피인용 문서를 링크시켜주는 CrossRef 같은 기술은 인용 스타일에 구애받지 않는다(Council of Science Editors and the Style Manual Committee 2006; CrossRef 2009, 2014; EndNote 2013; Mendeley 2013; American Psychological Association 2009; Harvard Law Review Association 2005; Zotero 2013; Modern Language Association of America 2009).

이러한 것들은 서지 인용의 기저에 있는 인프라의 비가시성을 드러내는 몇 가지 사례에 불과하다. 서지 인용은 몇 백 년에 걸쳐 발전해왔고, 그 뿌리는 전문가들에게만 보인다. 이 시스템은 대체로 목적에 충분히 부합되도록 견고하기 때문에, 근본적인 취약성이 쉽게 드러나지 않는다. 서지 인용은 정보의 발견을 적절히 지원하고, 출처를 인정하는 기본 기능을 수행하며, 저자 지위가 귀속됨을 밝혀준다. 그러나 인용이 2차적 목적, 가령 인용통계를 기반으로 저자나 학술지, 국가별 영향력을 평가하거나, 시간과 지리적 위치, 분야별 경계 사이에서의 지식의 흐름을 매핑하기 위해 사용될 때, 그리고 데이터 인용 목적으로 사용될 때, 그 근본은 붕괴되기 시작한다.

## 인용행위 이론: 객체의 무엇을, 언제, 왜 인용하는가?

누가, 무엇을 인용할지 선택하고, 언제 그렇게 하고, 그렇게 하는 이유가 무엇인지에 대한 의문점들은 가장 문제가 되고 있음에도 불구하고, 인용 과정에서 가장 탐구되지 않은 영역이기도 하다. 이 문제들은 학술 커뮤니케이션 이론 정립에 유망한 영역이다. 데이터 사용 및 재사용에 대한 연구는 데이터 인용 시스템을 견고하게 설계하기 위한 목적을 달성하기 위해 유용한 연구 분야이다.

**연결**(Links)**의 의미**   발견과 인정, 귀속, 평가지표를 위한 기초로써 출판물 간의 링크를 다루는 것은 처음부터 문제가 되어 왔다. 관련성은 의미를 갖고, 그 의미는 객관적으로 산출될 수 있다고 추정한다. 일찍이 학술 연구의 지도를 그리기 위해(to map scholarship) 계량적 지표로서 인용을 사용하는 것에 대하여 데이비드 에지(David Edge, 1979)가 비평한 바 있다. 과학사를 연구한 학자적 견해로써, 오늘날에도 반향을 불러일으키는 그의 분석 뉘앙스는 인용이 연구자, 논문, 프로젝트에 대한 객관적인 측정 방법이 되지 않음을 드러낸다. 주어진 출판물에서 참조할 문서를 선택한 것은 이해될 수 있으나, 적어도 측정이 되려면 연구 과정을 세밀히 조사해야 한다. 저자는 뒤에 얼마든지 자신의 선택을 정당화할 수 있기 때문에, 심지어 회고를 통해 설명하는 경우에도 의심의 여지가 있다.

에지의 논문은 계량서지학자들을 집결시키는 구호가 되었고 많은 이들이 이에 화답하였다(MacRoberts and MacRoberts 1989, 2010; McCain 2012; White 1990). 하워드 화이트(Howard White 1990)는 인용 지표의 타당도에 대한 갈등이 경험적으로 당장 해결되지 않을 것을 인정했다. 그는 상충하는 관점들(p. 91)에 대해 "한편에는 특정 관심과 개인적 성향이라는 관점에서 서지적 의미만을 부여하려는 사람들이 있다. 또 다른 한편에는 고도의 추상적 개념 속에 존재하는 대단히 집합적인 데이터를 신뢰하여 패턴을 찾는 사람들이 있다"라고 특징을 간략히 정리하였다.

화이트(White)는 덧붙여 이러한 특성들을 "지상에서의 수준(ground level)"과 실체에 대한 "공중에서의(aerial)" 관점으로 구분한다. 그는 이러한 견해가 조화되지 않는다고 판단한다. 집합적 관점에서, 즉 공중에서 보면, 지상에서는 보이지 않는 패턴이 보이지만, 이러한 패턴은 실제 지상에 무엇이 있는지에 대한 적절한 이해 없이는 해석될 수 없다는 위험성이 있다. 망원경과 현미경은 둘 다 데이터를 보는 데 필요하지만 대비되는 관점을 제공해준다.

공중에서의 관점에서 나온 만족스러운 모델은 국지적 프랙티스에 대한 깊은 이론적 이해를 요구한다. 그러나 수십 년 동안의 연구에도 불구하고, 저자가 각 논문이나 기사에서, 또 책이나 다른 문서에서 무엇을 인용할 것인지를 어떻게 결정하는지에 대해서는 알려진 바가 거의 없다. 관련성의 객관적 지표로써 인용을 산출하고 인용지도를 그려보기 위해서는, 저자가 모든 가능한 문서 자료의 원천 세계에서 참고자료를 선정했다고 암묵적으로 가정한다. 따라서 이렇게 각 논문에서 형성된 인용 세트는 최적화되고, 논문에 관련된 모든 원천으로써 필요하고도 충분한 레코드여야 한다. 또한 참조사항은 피인용 객체를 정확하고 완벽하게 기술해야 함을 암시한다. 실제로는 이러한 가정의 어떤 것도 진실이 아니거나 일반화될 수 없다.

인용에 대한 공중 및 지상의 관점은 이론적 견해에서 다를 뿐 아니라 방법론적 접근법에도 어울리지 않는다. 인용의 집합은 분야 간, 커뮤니티 간, 국가 간 정보 흐름의 좌표를 설정해준다. 또 학술지나, 대학, 큰 기관의 영향력을 평가하는 데도 쓰인다. 집계된 통계치를 집단 내에서 개인에 대하여 추론하는 데 사용될 때 '생태적 오류(ecological fallacy)' 문제가 발생한다(Babbie 2013; Robinson 1950). 인용이나 다른 지표들은 특정 그룹 안에서 고르지 않게 분포된다. 영향력이 큰 커뮤니티가 동등한 영향력을 지닌 개인 저자들로 구성되지는 않는다. 엄청나게 많이 인용된 소수 논문이 특정 그룹의 수치를 높일 수 있다. 좋은 학술지가 인용이 적은 논문을 출판할 수도 있고 반대 경우도 있다. 특정 그룹에 대한 집합적 통계치를 그룹 내 개인에 대한 행위나 영향력으로 대신해서 사용하는 것은 통계적으로도 유효하지 않다.

**참조의 선택**(Selecting References)　참조를 선택하는 사회적 관습은 위에서 설명한 객관적 이상과는 거리가 멀다. 참고문헌은 출판물에서 논증을 지지하는 서술에 동원된다. 비록 저자는 자신의 연구결과와 모순되는 출판물을 참고할지라도, 전반적으로는 모순된 증거나 결론이 없는 결과보다는 주장을 지지하는 증거를 훨씬 광범위하게 인용하는 경향이 있다. 저자들은 본문에 인용하지 않는 많은 글을 읽는다. 저자들은 때로 읽지 않은 것도 인용하는데, 이 경우, 분야의 고전적 저작물, 다른 논문에 인용된 항목, 분야에서 책임의 지위나 권위적 위치에 있는 연구자의 저작물을 인용한다.

　저자가 인용 가치가 있다고 판단하는 것들은 출판 현장, 독자 등 많은 요인들에 따라 다양하다. 저자는 논문을 쓰거나, 리뷰 논문 및 단행본을 집필할 때 가장 망라적으로 읽는다. 다른 경우에는 광범위하게 문헌 연구를 수행하기보다, 익숙하거나 책상 주변에서 가장 찾기 쉬운 것을 선택할 수 있다. 특정 학술지에 논문을 제출하면서 커뮤니티와 동료 심사자들에 대해 자신의 주장을 펼치는 수단으로 그 학술지에서 너무 많은 참조를 하기도 한다. 그 반대의 경우가 강제적 인용(coercive citation)인데, 저자의 의사와는 별개로 다른 연구자가 서지적 참조로 명백히 인정받기를 기대하는 경우에 발생한다(Cronin 2005). 참조의 선택이 모든 공저자들이 읽은 것보다 문헌 연구를 수행한 공저자가 읽은 것을 반영할 수도 있다. 참고문헌 목록의 길이는 출판물의 페이지 제한이나 학술지마다 허용되는 참고

문헌의 분량으로 인해 제한될 수 있다.

참조의 관행은 또한 개인적 스타일의 문제이기도 하다. 일부 저자는 오캄의 면도날(Occam's razor) 원칙을 적용하여, 논문의 주장을 뒷받침하는 데 필요하고도 충분한 정도의 참고 정보를 조심스럽게 선택한다. 다른 학자들은 주제 탐구에 대한 독자들의 깊은 관심을 언짢게 할 정도로 인용을 흩어놓아 참조 내용이 과도한 경우도 있다. 일부는 표절이나 연구부정 관련 비난을 두려워하여 방어적으로 인용한다.

참조 정보는 긍정적이거나 부정적인 많은 이유로 만들어지지만, 평가 목적으로 사용되거나 계량서지적 네트워크에 매핑될 때에는 각각의 인용이 하나의 단위로 계산된다. 팩트를 기록하고, 주장에 대한 근거를 대고, 논거를 반박하고, 방법론에 대한 배경적 지식을 제공하고, 현재의 논문이 기반한 저자들의 선행 연구 작업을 규명하거나 입증하고, 멘토에 대한 존경을 표시하고, 게재를 목표로 하는 학술지의 관련 저작을 식별하는 등의 모든 참조 행위가 결국에는 동등하게 취급된다.

**인용행위의 이론화 및 모델링**    단순 계산을 위한 참조가 축소되면서, 인용행위의 포괄적 이론정립 요청이 촉발되었다(Cronin 1981, 1984; Zhang, Ding, and Milojevic 2013). 처음에는 일반적 이론이 부재한 가운데, 참조가 만들어지는 이유를 분류하려는 많은 시도들이 있었다. 처음으로 인용을 분류한 학자들 중에는 벤 아미 리페츠(Ben - Ami Lipetz, 1965)가 있다. 검색을 위해 인용을 활용하는데 '잡음(noise)'을 줄이는 것이 목표였는데, 인용 중 일부가 논문 내용에 좀 더 관련된 것들이 있기 때문이다. 리페츠는 인용 및 피인용 출판물 사이 관계 유형을 29개의 '관계적 지표'로 제안하였다. 이를 인용 논문의 본래적 공헌 및 의도, 다른 유형의 공헌, 논문들 간 관계 식별, 인용 논문에서 피인용의 배치라는 네 개의 범주로 구분하였다. 데이터는 두 개 범주에서 '데이터 변환' '데이터 축적'으로 언급된다. 따라서 데이터 인용을 다른 종류의 인용과 구분하는 것은 정보 검색 초창기부터 관심 영역이었다.

인용을 범주로 구분하려는 많은 시도들은 학술 커뮤니케이션의 이론 개발과 검색 시스템 개선 등 연구 목적에 따라, 또한 인용이 근거하는 문헌 집단에 따라 다양하게 나타난다. 예컨대 인문학에서의 인용 프랙티스는 자연과학 분야의 인용과는 상당히 다르다. 인용행위를 분류하는 시도들은 이론, 방법론, 연구문제, 문헌상 코퍼스(말뭉치)의 측면에서 광범위하기 때문에 저자가 어떻게, 언제, 왜 인용하는지에 대한 지배적 이론을 형성할 수가 없다. 많은 유형의 분류체계는 범주와 가정, 목적의 차이점 때문에 통합되기 어렵다. 어떻게, 왜 프랙티스가 다양한지에 대한 이해가 거의 없는 상황에서 서지 인용행위에 대한 지배적 이론을 정립하기는 어렵다.

저자, 객체, 데이터와 그들 간의 속성은 공식적으로 모형화할 수 있다. 그 사례로 SCoRO(the Scholarly Contributions and Roles Ontology, Shotton 2013)가 있는데, 시맨틱 웹 표준에 근거하여 클래스와 객체의 속성, 데이터 속성, 개인명과 학술적 공헌에 대한 다양한 특성들을 기술한다. 100개 이상의 개인 명칭 카테고리가 온톨로지에 포함되며, 접근 제공자, 중개인, 데이터분석가, 연구자, 필사본 검토자, 권한보유자, 학자, 연구비 확보자 등으로 세분하여 구별한다. SCoRO는 학술 커뮤니케이션의 이론적 모델에서 출발하지는 않았다. 그보다는 기술적(technical) 기원에서 나온 것으로, 시맨틱 출판에 사용 가능한 범주와 용어 간 관계의 리스트를 철저하게 제공하려는 시도에서 출발하였다. 이와 유사하지만 좀 더 간단한 인용 분류가 저자나 출판사에 의해 개발되고 있다(Harvard University and Wellcome Trust 2012).

인용 범주는 그것을 누가 배정하는지에 따라 다양하게 나타나는데, 여기에는 저자, 학생, 색인자, 편집자, 나중에 문서에 주석을 다는 독자, 인용 실제를 연구하는 연구자 등이 포함된다. 인간이 작업한 색인이나 자동화 색인은 표면적 수준의 의미에 근거하여 인용 범주를 구분하지만 저자의 의도를 담아낼 수는 없다. 저자는 논문의 관련성을 고려하여 인용하지만 종종 개별 참조의 목적에 대한 엄밀한 차이를 구분하는 것은 어려워한다.

저자들은 자신이 사용할 수 있는 자료 세계에서 인용할 후보를 선정할 뿐인데 그 자료 세계는 실로 다양하다. 일부 저자들은 세계적으로 훌륭한 도서관에 접근하고, 또 일부는 최소 정보 자원을 소장하고, 최근 출판물에 대한 최소한의 접근만을 제공하는 곳에서 자료를 찾는다. 출판물에 대한 오픈 액세스가 성장하면서 학자들과 학생들이 동등하게 가용 가능한 공동자원에 접근하는 환경이 만들어지고 있고, 인용의 양상이 변화되고 있다. 논문에 첨부되는 참고문헌 수는 계속 증가하고 있다. 특정 출판물에서, 참고문헌의 조합이 제시되는 내용을 위해 필요하고 충분한 원천으로써 최적 조합이라고 가정하기는 매우 어렵다.

**데이터 인용**　데이터 인용에 대해 알려진 것이 있다면 그것은 데이터가 거의 인용되지 않는다는 사실이다. 참고문헌과 각주에 데이터를 포함한 논문은, 최근에 그 수가 비록 증가하고 있지만, 극히 적은 비율에 불과하다는 것을 데이터 인용 연구결과가 보여준다. 여기에는 데이터 인용이 서지사항 인용, URN, 본문 내 언급, 또는 다른 수단으로 표현되었을 수 있기 때문에 비교가 어렵다는 연구결과들도 있다. 인용수를 비교하는 것은 문제가 있다. 데이터는 종종 논문에 보고되거나, 논문의 표나 그림에 포함된다. 저자들은 논문 안에 포함된 데이터의 대용물(proxies)로 논문을 인용한다. 일부 영역에서는 특정한 공헌에 대한 기여를 인정하여 '데이터 논문(data papers)', '장비 관련 논문(instrument papers)'을 출판하기도 한다. 이러한 것들은 데이터 그 자체에 대한 대용물의 기능을 하는 것으로, 대단히 많이 인용되는 출판물이다. 이와 반대로, 제8장에서 살펴본 전면적 및 배경적 사용이라는 사례에서 보듯이 저자들은 데이터를 인용하지 않으면서 사용하기도 한다.

데이터 인용이나 데이터 사용을 구성하는 것이 무엇인지 결정하는 것은 복잡하고 맥락적이다. 제8장 찬드라 엑스레이 관측소 사례에서 논의한 것처럼, 천문학 데이터 기록전문가들은 데이터 분류를 위한 기본 단위가 되는 관측을 어떻게 정의할 것인지에 대한 의견 일치를 이루지 못했다. 천문학 커뮤니티는 결국에는 데이터 사용에 대한 통계적 모범사례에 대한 국제적 합의를 달성했다. 하지만 논문 저자가 자신이 사용한 데이터를 인용했음을 분명하게 표시하는 경우가 거의 없을 것이므로 이러한 합의가 실천으로 실현되기 위해서는 논문과 데이터셋 사이 링크를 생성하는 정보전문가의 작업이 결정적인 역할을 하게 된다.

## 누구의 기여를 인정하고, 누구에게 귀속되는가?(Who is Credited and Attributed?)

모든 인용 형식에서 동의하는 단일 메타데이터 요소는 창작자(Creator), 즉 피인용 객체에 대해 책임을 지는 당사자이다. 대개의 경우 창작자는 개인 저자나 다수 저자가 된다. 위원회나 연구협력체 같은 단체, 또는 National Science Foundation 같은 기관이 될 수도 있다. 다른 경우 책임 당사자는 기고자, 편집자, 번역자, 연기자, 예술가, 큐레이터, 일러스트레이터 등이 될 수 있다. 책임 표시(Statements of responsibility)는 매우 복잡해서 일부에서는 영화에서 범주별로 개인 및 조직의 기여를 인정하는 긴 자막의 엔딩 크레딧으로 마무리하는 방식을 제안하기도 한다.

**피인용 저자의 명명방식**(Naming the Cited Author)　인용 과정에서 가장 간단한 부분은 출판물에 포함되는 참고문헌 리스트 작성이다. 각 참조에서 이름을 명시함으로써 창작자의 기여를 인정한다. 저자 인용을 위해서는 피인용 문서를 만든 사람의 이름이 명확해야 하며 이는 문서에 나타난 대로의 책임 표시를 말한다. 현재 학술지 논문과 저서에서 저자 표시는 분명하게 나타나며 인용에서 용이하게 언급된다. 다른 경우에서는 인용하는 저자가 누가 또는 무엇이 인정받을지에 대한 판단을 해야 한다. 사이버 인프라 관련 NSF 보고서는 익히 알려져 다양하게 인용되는데, 간단히 "the Atkins report"로 쓰거나, 긴 제목의 일부 또는 전체로, "Blue Ribbon Panel Report on Cyberinfrastructure"나, Revolutionizing Science and Engineering through Cyberinfrastructure, Report of the National Science Foundation Blue - Ribbon Panel on Cyberinfrastructure로, 또는 패널에 참여한 개인 저자들의 이름으로 인용된다(Atkins et al. 2003).

기입의 일관된 관점을 유지하기 위해, 목록자는 수백 쪽의 규칙을 참조한다. 인용 저자는 대부분 출판된 매뉴얼을 지침으로 사용할 수 있지만 임의적으로 기여 인정(credit)에 대한 결정을 하는 경향이 있다. 참조가 부정확하면, 이러한 이형 표기(variant forms)는 검색 엔진과 서지 데이터베이스에서 확대 증식된다. 저자 표시의 일관성에도 불구하고, 크리스틴 보그만(Christine L. Borgman)의 출판물에 대한 참조는, 중간이름 첫 글자가 있거나 없고, 때로는 보그만이라는 독일 성이름으로 검색될 수도 있다. 첫 이름이 생략되어 합쳐지는 통상적인 저자명은, Clifford A. Lynch와 Cecilia P. Lynch가 "Lynch, C"로 통합되기도 한다. 이름과 날짜, 페이지수, DOI, URN와 다른 출판물 표기의 세부 사항에 대한 이형 표기 또한 정보 검색의 질을 악화시킨다. 인용통계의 정확성은 이에 따라 달라진다.

더욱 복잡한 문제는, 동일 저자가 복수의 이름으로 출판하거나 또는 이형의 이름으로 알려질 수도 있는데, 이에 대해서는 식별성의 문제에서 심층 논의한다. 문서 및 데이터셋을 만든 창작자는 종종 선호하는 인용 형태를 제공하는데, 이는 일관성에 공헌할 수는 있으나 일관된 적용을 보상해 주는 것은 결코 아니다. 웹페이지 콘텐츠와 회색문헌(gray literature)에 대한 인정(credit)은 더 일관성이 없다. 참조 형식에 공통점이 거의 없어 동일 객체에 대한 지시자(pointers)로 인식되기 매우 어려울 수 있지만, 검색 엔진이 참조 정보의 모호성을 해결하기도 한다.

가장 안 좋은 사례는 누군가의 아이디어가 본문에 참조되었으나 서지 인용에는 포함되지 않는 것일 듯하다. 아이디어가 지식의 일부로 받아들여지게 되면, 인용은 소멸되고(McCain 2012), 지적 흔적(intellectual trail)은 혼란스럽게 된다. 자주 언급되는 "개혁의 확산(Diffusion of Innovations)"은, 이 용어를 만든 에버렛 로저스(Everett M. Rogers, 1962)에 대한 참조 표시 없이 쓰인다. 인용의 소멸은 학술연구를 관통하여 발생하며, 때로는 의도적이지만 그렇지 않을 수도 있다. 한 분야에 공공연한 지식이 되는 것은 다른 영역에서는 새로운 발견이 될 수 있다. 연구자나 학생들 모두 아이디어가 처음 어떻게 시작되었는지 알지 못할 수 있다. 특히 인문학 분야에서는, 독자들이 커뮤니티에서 지속적으로 대화를 이어오고 있다는 가정 아래 저자들이 다른 사람의 아이디어를 간접적으로 참조한다. 아이디어의 자취를 찾아 기여를 인정하는 것은 계량서지학적인 문제이기도 하지만 동시에 역사적 탐구와 과학 수사(forensics)의 영역이라고도 할 수 있다.

**저자 지위 인정의 협상(Negotiating Authorship Credit)**   출판물과 데이터셋 저자 자격을 갖춘 당사자를 결정하는 과정은 훨씬 더 복잡하다. 저자나 다른 형태의 책임표시는 사회적 통념(social conventions)이다. 이러한 합의는 개인이나 팀, 커뮤니티, 출판 현장, 시간 경과에 따라 달라진다. 1950년대 중반까지 학술출판의 대부분은 단일 저자였다. 논문당 저자수가 증가하면서 출판물에 대한 책임은 더욱 확산되었다(Wuchty, Jones, and Uzzi 2007). 1990년대 후반에는 논문에 보통 복수의 저자가 있고, 때로는 수백 명에 이르러, 단일 저자의 비율이 계속 감소하였다(Davenport and Cronin 2001; King

2013).

연구협력자들은 각 논문에서 누가 저자이고, 어떤 순서로 이름을 쓸 것인지를 협상한다. 고용과 승진에서 저자 지위 인정 및 인용이 가치를 갖게 되면서, 협상이 논쟁으로 확산되었다. 저자 지위는 집필 서술에 대하여, 또는 데이터 수집, 서지적 편찬, 데이터 분석 및 장치 제작 등의 과정에서의 기여를 인정하거나 인정하지 않는 것이다. 가끔 특정 출판에서 저자 지위가 개인의 관여와는 관계없이 연구비를 확보한 학과장이나 연구실 책임자에게 예우상 돌아가기도 한다. 천문학에서 발생하는 경우처럼, 일부 연구자는 데이터 논문에, 일부는 장치 논문과 과학논문에 협력자로 각 논문에 대한 책임이 분배될 수 있다. 서베이 연구에서 설문지를 만든 사람은 논문에서 저자로 명명되거나 그렇지 않을 때도 있지만, 데이터를 재사용하려면 반드시 접촉해야 하는 중요 인물이다.

제1저자는 돌아가면서 하거나, 다가오는 정년심사나 구직, 국가평가 시스템 등에서 누가 더 '필요한지'에 따라 결정될 수도 있다. 어떤 분야에서는 제1저자가 가장 중요한데, 다른 분야에서는 마지막 저자가 가장 명망 있을 수도 있다. 저자들은 알파벳순으로 배열되는데, 알파벳순으로 학생 저자를 처음에, 다음에 지도교수를 연속 표기하는 것도 가능하다. 교신저자로 표기된 사람은 어느 순서에 이름이 나타나는지와 무관하게 가장 중요할 수 있다.

출판물에는 감사의 말(acknowledgements)을 통해 저자가 아니어도 공헌자들을 밝히는 경우가 자주 있다. 감사의 말은 계량서지학적 평가에는 거의 포함되지 않는다. 학술 커뮤니케이션에서 이 같은 역할에 대한 연구는 거의 없지만, 특정한 감사 표시는 사람과 아이디어 간 관련성을 문서화하는 데 중요할 수 있음을 확인해준다(Cronin and Franks 2006; Cronin 1995). 연구비 출처에 대해서는 감사로 표시되는 경향이 있고 인용되거나 저자로 인정되지는 않는다. 연구비 출처 온톨로지에는, 4천 개 이상의 연구비 출연기관에 대한 표준화된 이름이 계층 분류되어 있는데, 출판물에 저자와 출판사가 태그를 달 때 참조할 수 있는 출처로 개발되고 있다(CrossRef 2013). 참조 양식을 표준화함으로써, 연구비 지원기관과 출판사는 특정 연구비 지원으로 이뤄낸 결과들을 담은 출판물들을 탐색하여 추적하는 기능을 개선할 것으로 기대된다.

저자수가 적을 때, 각 논문의 저자 지위는 통상 협력자들 간 협의로 결정된다. 약학, 생물학, 물리학 등 논문 하나에 많은 저자가 있는 분야에서는, 출판사가 저자 지위에 대한 특정 조건을 규정한 윤리 규칙을 발행한다(Committee on Publication Ethics 2013; International Committee of Medical Journal Editors 2013). 모든 저자들은 출판 전에 최종 원고에 서명해야 한다. 일부 학술지에서는 각 저자가 연구나 논문 집필에 어떻게 기여했는지를 구분하여 작성하는 진술서를 요청한다. 공헌의 내용으로는 데이터 수집, 데이터 분석, 집필 등이 포함되며, SCoRO에 나온 100가지 이상의 역할보다는 덜 구분되어 있다(Shotton 2013).

고에너지물리학 같은 영역에서는 저자가 집단일 수 있다. 예컨대 CERN에서 나온 힉스 입자 관련 최초 논문에서는 저자를 "The Atlas Collaboration"으로 표시하고 2,932명의 저자명을 리스트로 작성하여 공개했다(Aad et al. 2012). CERN 협력 사업은 저자 기준을 명확하게 특정하고 있다. 그 기준은 연구 초기 단계의 결과에 기여한 사람들이 인정을 받을 수 있도록 일정 기간 동안 지속되었다. 그 결과 사망한 사람도 저자가 될 수 있었다(Mele 2013). 아드 등(The Aad et al.)의 논문은 "실험에 공헌했으나 실험의 기여에 대한 온전한 영향과 의의를 보기까지 함께 하지 못한 Atlas 동료들을 기억하며" 이를 헌정한다고 표시되었다. 그러나 특정성이 논쟁을 없애 주지는 않는다. 피터 힉스(Peter Higgs)는 그의 이름을 따서 힉스 입자가 명명되었으나, 입자의 존재를 제안한 몇 명 이론가 중의 한 사람이었다(Cho 2012). 일부는 The Atlas collaboration이 노벨 물리학상을 수상하기를 바랐지만 힉스와 프랑수아 앙글레르(François Englert)에게 수여되었다.

인문학에서는 논문당 저자수가 더 천천히 증가하고 있는데, 인문학의 많은 도메인에서 단일 저자가 규범으로 남아 있기 때문이다. 공저 논문집은 개인들이 저술한 섹션들을 모은 것일 수가 있다. 제7장에서 사례로 다룬 고전예술과 고고학 분야 연구에서는 공저자 논문들이 한두 명의 저자가 서명을 한 별개의 논문들로 구분된다(Contadini, Camber, and Northover 2002; Faolain and Northover 1998; Kurtz et al. 2009).

**책임성**  오늘날의 저자 지위에 대한 논의는 아이디어와 기록에 대한 책임성이라는 지난한 논쟁을 되돌아보게 한다. 개인 및 집단의 책임이라는 관념은 수세기에 걸쳐, 문화와 맥락에 따라 달라진다(Einstein 1979; Fitzpatrick 2011). 초기 종교 문서, 예술 작품, 문화적 유물, 유산에는 서명도 없고 관련 날짜가 없는 경우가 많다. 이들의 기원과 프로비넌스를 규명하는 학술연구가 후속적으로 진행되지만, 몇 세기에 걸친 논쟁으로만 남아 있을 수 있다. 학자들은 오랜 기간 동안 복사되고, 통합되고, 분리되고, 설명되고, 주석을 달고, 편집되고, 번역된 텍스트를 재구성하는 시도를 해왔다. 제7장의 불교학 연구사례처럼 텍스트는 또한 구전으로 옮겨지면서 매번 말과 글이 조금씩 변경되었다.

아이디어를 기록한 개개인은 문서화된 역사로 살아 남게 하는 데 기여했다. 학자들만이 아니라, 수도자나 필경사일 수 있고, 장사꾼이나 기록을 생성한 관료일 수도 있다. 오늘날 표절행위로 간주되는 작업은 다른 맥락에서는 진정한 학술연구로 간주된다. 시간이 지나면서 저작, 편집, 복제의 경계가 모호해진다. 문서에 대한 책임성을 해석하는 데 많은 역할들이 의미를 가질 수 있다. 가령 'tradent'는 때로는 익명으로 정신적 진리를 좇아가는 텍스트 생산자를 말한다(Editors 2013; Mayer 2010). 근대적 정본에 자신의 사상을 내면화함으로써 이름이 잊혀진 학자들(McCain 2012)은 지식에 공헌한 무명의 대규모 집단(cohort)의 구성원들이다. 이런저런 이유들로 인해, 일부에서는 저자 지위를 '공헌자 지위(Contributorship)'로 다시 설정하는 것을 선호한다(Harvard University and Wellcome Trust 2012).

**데이터에 대한 기여 인정**(Credit for Data)    데이터 발견 및 재사용 능력은 데이터에 대해 책임 있는 관련자들을 식별할 수 있을 때 향상된다. 그러나 데이터에 대한 책임이라는 개념은 불교 경전 저자가 누구인지만큼 쉽게 이해되는 것이 아니다. 항해도, 로그표, 인구통계 같은 데이터 편집본은 데이터 생성에 대한 책임이 누구인지 몰라도 유용하다. 저자, 편집인, 엮은이, 공헌자, 수집가 등의 지위를 분리하는 것은 어려운 일이다. 데이터 활용 당사자가 특정 방식으로 출처 인용을 함으로써 권한을 귀속시켜야 하는 법적 책임의 상황과 같은 특정 환경에서는 인정과 귀속이 구분된다(Pearson 2012). 정보 생성과 팩트 편집 간의 구분은 어떤 것이 저작권의 보호를 받을지에 대한 법률적 시사점을 가진다.

출판물의 저자 지위는 제3장과 제8장에 제시된 여러 이유들 때문에 데이터에는 잘 적용되지 않는다. 출판물은 저자가 제시하는 주장이며, 데이터는 주장을 뒷받침하기 위해 사용되는 증거다. 이러한 데이터는 많은 원천, 많은 사람과 계기에서 나오고 그 사이에 데이터가 취급된 일련의 과정들이 있다. 출판물은 의도된 독자층에 의해 이해될 수 있는 단일 객체이다. 데이터는 독자적으로 존재하지 않으며 그 의미는 맥락에서 그리고 프로토콜, 소프트웨어, 측정 계기, 방법론 및 데이터를 기술하는 출판물 등과 같은 결합된 객체에서 도출된다. 데이터셋에 책임 있는 일련의 사람을 정확히 말하기가 불가능한 경우가 많고, 하물며 저자 순서에 이름을 넣는 것은 더 어렵다. 전천 탐사(sky survey)와 같은 대규모 데이터셋의 경우, 데이터 논문을 통해 다른 사람들이 데이터셋을 사용할 수 있도록 데이터에 대해 충분히 설명한다. 하지만 이러한 데이터에 대한 인용은 논문에 축적되고, 데이터셋에는 직접적으로 누적되지는 않는다.

CERN의 연구자들에게 데이터에 대한 저자 지위에 대해 처음 질문했을 때, 데이터 저자라는 용어가 그들에게 와 닿는 것이 아니었음이 분명해졌다(Wallis, Borgman, Mayernik, and Pepe 2008). 데이터는 출판물과 결합되지만 그 관계가 일대일 대응은 아니다. 하나의 데이터셋이 다수 논문을 만들 수 있고, 하나의 논문이 다수 데이터셋을 사용할 수도 있다. 심층 탐구를 진행하면서 데이터가 기탁되지 않는 주요 원인이 팀 내부에 데이터 책임에 대한 합의가 없기 때문임을 알게 되었다. 데이터와 게시 책임이 연구 책임자, 데이터 분석을 진행한 학생, 아니면 다른 팀원에게 있는지 불분명했다(Wallis, Rolando, and Borgman 2013). 데이터를 수집하고 분석한 학생들과 박사후 연구원들이 데이터의 특성과 프로비넌스를 가장 잘 알고 있었다. 연구자들은 프로젝트에 대한 법적 책임을 지고, 대부분의 논문에서 교신저자로 기재된다. 교신저자는 가장 안정적인 주소를 가지고 있는 사람이지만 연구 수행의 세부적 내용을 가장 잘 알고 있는 사람은 아니다.

질리안 월리스(Jillian Wallis, 2012) 논문은, 비록 CERN이라는 한 연구센터를 탐구한 것이지만, 현재까지 저자 지위 문제와 데이터 관리 책임을 가장 광범위하게 조사한 연구이다. 그는 연구자들이 데이터에 대한 책임을 어떻게 인식하는지, 데이터 관리 과업은 팀에서 어떻게 배분되는지, 어떤 과업을 어떤 기준으로 개인이 책임지는지를 탐구했다. 데이터 관리 과업의 구체적인 사항은 연구 주제나 연구팀에 따라 다르지만, 조사대상 6개 팀에서 책임 양상이 다르게 나타나는 것을 발견했다. 때로는 프로젝트 과정에서 데이터가 한 사람에게서 또 다른 사람에게 인수인계되면서 데이터에 대한 책임이 바뀐다. 논문 저자와 데이터 관리 책임은 여러 면에서 서로 얽혀 있다. 모든 사례에서 "데이터에 대한 책임"은 모호한 개념으로, 이를 해석하기 위해서는 흔히 오랜 논쟁이 요구될 수 있다(Wallis 2012, 174).

데이터에 대해 책임을 지는 개인에게 연락할 수 있다면 데이터에 대한 기여를 인정함으로써 재사용을 촉진할 수 있다. 데이터가 기술된 출판물을 통해 데이터를 발견할 때, 먼저 접촉하게 되는 사람은 저자이다. 그렇기 때문에 데이터 기여 인정은 출판물에 대한 인정과 결부된다. 학자들은 자신의 출판물에 대한 참조로부터 혜택을 얻기 때문에, 대개는 데이터셋에 대한 인용보다는 본인의 출판물에 대한 인용을 선호한다.

데이터셋이 출판물과는 독립적으로 인용될 경우, 프로비넌스 문제가 제기된다. 데이터 프로비넌스는 데이터셋이 통합되고 추출될 때마다 연쇄적으로 나오는 문제이다. 나중에 관련 당사자가 초기 데이터 처리에 대한 이해를 할 필요가 생기면, 제8장에서 논의한 다국면적 추론 문제(multiphase inference problem)가 발생한다. 프로비넌스 기록은 후세대를 위해 데이터셋과 함께 반드시 이월되어야 하는데, 이러한 큐레이션 작업에는 상당한 투자가 요구된다. 프로비넌스 역시 인정(credit)의 문제이다. 비록 일부 연구자들이 권한을 고수하지 않고 공공 도메인에 데이터를 공개할 것이지만, 대부분의 데이터 생성자는 후속 사용에 대한 기여를 인정받기를 원한다. 프로비넌스 기록은 데이터를 가지고 무엇을 할 수 있는지, 누구에게 어떻게 권한이 귀속되어야 하는지를 명확히 특정한 데이터 라이선스 같이 법적 계약을 포함할 수 있다(Ball 2012; Guibault 2013).

## 이름 또는 숫자: 식별의 문제(Name or Number; Questions of Identity)

참조는 구체적인 객체에 대한 것인데, 이러한 객체가 출판물일 수도 있고, 데이터셋, 사람, 장소, 웹페이지, 레코드, 소프트웨어, 워크플로우 등의 다른 개체들일 수 있다. 이상적인 경우에 객체는 고유하게 식별되며 인용 및 피인용 객체들의 관계가 정확하게 설정된다. 연구대상을 표현하는 일반적 형태인 식별자와 메타데이터 레코드는 사람과 기계가 인용 및 피인용 객체의 위치를 찾아 발견하고, 검색하도록 한다. 또한 식별성

(identification)은 객체가 계속 존재하는 한, 인용을 통해 정확히 발견될 수 있도록 유지되어야 한다. 현실에서는 식별성도, 지속성도 절대적이지 않다. 사람들이 이름을 바꾸고, 문서 버전이 달라지고, 디지털 객체는 컴퓨터 간 이동을 해서 위치가 바뀌고, 소프트웨어 갱신에 따른 마이그레이션을 거쳐 변형되어 비트 단위에서의 동일성이 사라진다. 제3장에서 소개한 레코드의 문서화는 출판물이든 데이터든, 인쇄 환경보다 디지털 환경에서 훨씬 불안정하다. 솜펠(Herbert van de Sompel, 2013)은 이러한 문제를 구조화하여 "공식 버전(version of record)"이 아닌 "복수의 공식 버전(versions of the record)"을 위한 기술 인프라 구축이 필수적일 수 있다고 지적했다.

**사람과 기관의 식별** 식별성과 지속성은 개념적 뿌리가 깊은, 쉽지 않은 문제들이다. 페이스북이 개인의 신원을 융합시키려고 노력함에도 불구하고 개인은 저자, 편집자, 학생, 교사, 직원, 고용주, 부모, 자식, 친구, 동료, 상급자, 시민, 형제, 운전사, 회원 등 많은 역할과 신분을 갖고 있다. 개인은 많은 형태의 신분확인증을 가지며, 운전면허증, 여권, 사원증, 유권자등록, 보험증서, 신용카드, 직불카드, 항공사 카드, 매장고객 카드, 헬스클럽 회원권 등은 각각 식별자와 함께 네임 스페이스 안에 고유한 자리를 점하고 있다. 범용 신분확인증을 만들려는 모든 시도는 주어진 목적 하에서 어떻게 사람들을 식별할 것인지, 누가 적격자이며, 신분 인정 조건이 무엇인지 등의 공통적인 문제들에 직면하게 된다. 운전면허증은 차를 빌릴 때 필요하고, 여권은 국경을 넘을 때 요구된다. 이러한 형태의 신분확인은 비록 둘 다 항공기 탑승권 증명을 위해 허용된다 하더라도, 각각의 목적을 위해 교환될 수 있는 것이 아니다.

개인명을 일관되고 지속적인 형태로 설정하는 일 또한 험난하다. 성 이름(surname) 관념에 대해서는 많은 다툼이 있고 이름의 순서도 고도로 맥락적이다. 동시대 이름의 이형들을 함께 배열하는 것(collocating)은 어려운 것이다. 역사적 이형들을 모아 함께 배열하려면 도메인에 대한 상당한 지식이 요구된다. 법률상 이름은 해당 언어의 문자집합에 기원을 둔다. 영어로 옮겨지면서, 중국어 문자와 헝가리어 발음기호가 사라진다. 아시아와 중부 유럽에서는 보통 성(family name)을 이름(given name) 앞에 쓴다. 그래서 헝가리의 Berend Ivan은, 미국의 Ivan Berend와 같은 사람이다. 흔히 서양에서 공부하는 아시아 학생들은 Ding Jian이 James Ding으로 알려지듯이, 서양식 이름을 쓴다. 서구인들도 아시아에서 쓰는 아시아 이름을 만들기도 한다. 라틴과 히스패닉 전통에서는 배우자와 어린이가 부모와 파트너를 인정하는 복합 이름을 얻기도 한다. 일부 지역에서는 결혼 또는 학위에 따라 이름 앞 또는 뒤에 직함이 생기기도 한다. 배우자는 때때로 파트너의 경칭을 얻기도 한다. 개인은 저자 지위, 법적 기록, 사회 행사 등의 경우에 적합한 이름을 활용하여 자신의 신분을 드러낸다. 이러한 것들은 시간의 경과에 따라, 언어, 지역, 맥락에 따라 이름과 그 목적이 어떻게 변화해 왔는지를 보여주는 아주 작은 사례에 불과하다. 각 개인이 하나의 이름을 지속적으로 갖는 것을 가정하는 정보 시스템은 실패할 수밖에 없다. 개인에 대한 다양한 이름을 사용 의도에 맞도록 시스템으로 지원할 수 있도록 충분한 신뢰성을 갖춘 개인명 클러스터를 만드는 것이 과제이다(Borgman and Siegfried 1992).

사람을 식별할 수 있게 만든 각각의 네임 스페이스는 적격성(eligibility), 식별성(identification), 적용성(application)에 대한 규칙을 갖는다. 저자명도 예외가 아니다. 도서관 목록규칙은 저자, 편집자, 일러스트레이터 및 다른 기여자들을 식별하는 기준을 포함한다. 이러한 규칙은 목록과 색인자들 간에 일관성을 유지해 준다. 그러나 내적 일관성은 시스템 간 충돌이라는 비용을 치를 수 있다. 목록규칙은 사회적 관습에서 나온 것이기 때문에, 국가적, 지역적 문화를 반영하고, 국가별, 대륙별로 다양하게 나타난다. 1960년대부터 도서관 자동화가 가속화된 이래, 국제적 규칙이 보다 조화화되었지만, 아직도 지역적 변형을 반영하고 있다. 단행본 저자가 학술지 논문 저자보다 좀더 풍부하게 기술되는 경향이 있지만, 저자명은 각국의 국가도서관에 의해 표준화되고 있다.

도서관의 이름전거 파일(name authority files)은 선호되는 전거형 이름과 이형(variant forms) 관계를 상호 참조할 수 있도록 설정한다. 예컨대 필명으로 출판물을 낸 저자는 필명을 참조하여 법률적 이름으로 기입될 수 있으며, 그 반대도 마찬가지다. 물론 이것은 그 사람이 각 이름으로 얼마나 잘 알려져 있는가에 따라 다르다. 새뮤얼 클레멘스(Samuel Langhorne Clemens)는 마크 트웨인(Mark Twain)이라는 이름으로 출판을 했다. 최소한 미국에서는 목록기입의 트웨인 이름에 상호참조로 클레멘스를 기입한다. 해리포터 시리즈 저자인 롤링(J. K. Rowling)은 비밀을 유지하려고 나중에 가명으로 출판했다. 해리포터 시리즈 레코드는 J. K. Rowling 이름으로 기입되었고, Joanne Kathleen Rowling 같은 이형 이름에 대하여 상호참조로 연결된다. 목록자들은 그녀의 가명에 나중에 상호참조를 덧붙일 것인지 결정하게 된다.

**식별과 발견**(Identity and discovery)  정보 시스템은 크게 두 개의 범주로 나눌 수 있는데, 정보 반입 시점에 자료를 조직하는 것과 검색 시점에 자료를 조직하는 것이다. 도서관 목록 시스템은 전자의 경우로 기입의 일관된 형태를 확립하고, 조정하며, 유지하는 인프라에 투자한다. 오랜 기간의 발견 가능성과 정보 관리를 위해 지불하는 값비싼 투자이다. 검색 엔진은 두번째 형태로, 검색 시점에 모호성을 해결하고 이형(variant forms) 검색어를 조정하는 것이다. 후자의 접근법은 규모 확대의 문제(scaling)를 갖고 있으며, 기계가 해결하지 못한 형태들은 검색자에게 그대로 되돌려준다. 레코드에는 저자명, 논문 제목, 날짜 및 다른 디스크립터의 이형 표기 때문에 중복된 객체들이 포함되어 레코드의 길이가 길어진다. 학술지가 급증하고, 논문당 저자수가 증가할수록 레코드 길이는 길어진다. 평범한 저자 명인 스미스(Smith), 존스(Jones), 가르시아(Garcia), 첸(Chen), 리(Lee), 응우엔 (Nguyen) 같은 이름은 모호성 해결이 쉽지 않다. 또 하나의 도전 과제는 기계 검색의 증가인데, 사람의 개입 없이 다른 단서를 기반으로 유사한 이름들의 차이를 보여주는 것이다.

이름 모호성 해결에 있어 규모 확대 문제가 가속화되면서, 기술적, 정책적 해결을 추구하게 되었다. 저자에 대한 고유식별자 설정 시스템과 서비스는 레코드 생성 또는 변환과정 시점인 정보 반입 시점에 자료를 조직한다. VIAF, ORCID, ISNI는 이름 형태를 표준화하기 위해 느슨한 협력을 하려는 시도들이다. VIAF(Virtual International Authority File, 2013)는 OCLC 주관으로 국가도서관들이 추진하고 있다. ORCID(the Open Research and Contributor ID)는 출판계에서 주도한다(Haak et al. Open Researcher and Contributor ID 2011). ISNI 역시 예술가, 공연가 및 다른 종류의 권한 보유자에 대해 사용하는 ISO 표준이다(International Standard Name Identifier International Agency 2013).

VIAF는 기관 차원에서 추진되는 시도로, 도서관과 여타 조직들이 정해진 기입 규칙을 자체 시스템에 사용하는 것이다. 생존 여부와 관계없이 저자들은 VIAF에 직접 참여하지 않으며, 대개는 그 존재를 알지 못한다. ORCID는 식별되는 저자와 기관의 참여에 많이 의존한다. 개인에게 ID 등록을 장려하고 본인의 출판물을 자신의 것으로 주장하도록 하며, 본인 저작물에 대한 온라인 서지를 생성하도록 한다. 참여하는 출판사는 요청이나 의무화를 통해 저자들이 논문 제출 시에 ORCID 등록번호를 포함시켜 제출하도록 함으로써 ORCID를 실행한다. 대학이나 여타 기관에서는 서지를 생성하고 교수들의 전문 영역 데이터베이스와 같은 다양한 서비스를 추가함으로써 소속 저자들의 출판물에 대한 소유권을 주장하도록 장려한다. ORCID는 동시대 저자에 주로 관심을 두는 반면, ISNI는 역사적 인물과 현존 데이터베이스 레코드에 대한 식별자 설정에 더욱 초점을 둔다.

VIAF, ORCID, ISNI 등의 서비스들이 적용되고 시행됨에 따라, 개인명 관련 정보관리 인프라는 통합될 것이다. 여기에서의 성공은 이름 식별, 신뢰, 협력, 유연성이라는 다루기 힘든 문제들의 방향성을 어떻게 잘 처리하는가에 달려 있다. 하나의 기관이 전적으로 신뢰 구조를 형성해 나갈 수는 없다. 많은 저자들은 출판사나 중앙집권적인 기관 주도의 시도들에 대해 미심쩍어한다. 일부 저자들은 개인 웹사이트를 유지하고, 온라인상 본인의 존재(presence)를 관리하는 데 아주 많은 노력을 기울인다. 다른 이들은 그럴 의지가 없거나 할 줄도 모른다. 많은 이들은 도서관 사서들이 기관 차원에서 서지적 존재(bibliographic presence)를 관리해주는 것을 선호한다.

식별자에 관한 더 큰 질문은 식별자를 발행하는 권한은 누가 갖게 되며, 누가 관리할 것이며, 누가 편집할 것인가에 관한 것이다. 일부 문제는 학술 커뮤니케이션의 정곡을 찌르는 것으로, 출판물을 주장할 권위는 누가 갖는가? 저자로 열거되지 않는 사람이 출판을 주장할 수 있는가? 대학은 현재 및 과거의 교수, 직원, 학생들을 대신해 주장할 수 있는가? 누가 고인이 된 사람의 출판물에 대해 주장할 수 있는가? 관련 분쟁은 어떻게 해결될 것인가? 개인은 복수의 신분을 유지할 수 있는가? 과학자들은 연구출판물이 소설 쓰기(fiction writing)가 되지 않도록 구분하여 유지할 수 있는가? 식별자 시스템 채택은 누가 시행하고 유지하는가? 등에 따라 결정된다. 출판사, 대학, 도서관, 데이터 아카이브 및 운영 시스템의 관련 이해당사자들이 기술과 인적 자원에 투자하는 한, 이는 성공할 것이다. 반면 식별성 유지를 위한 학자들의 투자에 의존한다면 식별자 채택은 성공하지 않을 것이다. 가장 근접한 비유는 기관 리포지토리 채택에 대한 것으로, 저자들에 의한 기탁 비율이 낮았다. 리포지토리의 성공은 대체로 도서관이 관련 저자들을 대신하여 출판물 입수, 목록, 기탁에 투자한 것에 의존해왔다.

**객체의 식별**(Identifying Objects)　연구 객체를 고유하게 식별하는 것은 사람이나 조직을 식별하는 것보다 쉽지 않다. 정보의 발견은 항목을 고유하게 식별하고 관련 항목을 함께 모으는 것에 따라 결정된다. 햄릿을 검색하면 나오는 수백 개 레코드는 거의 쓸 만한 것이 없으며, 특히 검색 결과에 셰익스피어 연극이나 작은 시골마을이 포함될 때 더욱 그렇다. 따라서 저자들은 앞선 장에서 보르헤스(Borges), 갈릴레오(Galileo), 볼테르(Voltaire)에 대한 참조와 같이 인용하고자 하는 저작의 특정 버전, 특정 번역을 반드시 결정해야 한다. 각 이해당사자와 네임 스페이스는 관계 설정과 상호 참조를 관리하는 고유 방법론을 갖고 있다. 도서관 목록규칙을 예로 들면, 저작물의 검색 시스템에서 구현될 수 있는 저작(works), 표현체(expressions), 실현체(manifestations) 그리고 개별자료(items)의 계층적 구조에 기반하고 있다(Mimno, Crane, and Jones 2005).

단행본은 식별에 가장 안정적인 객체로 보일 수 있다. 그러나 복본이 존재하고 양장본과 페이퍼백 같은 포맷, 복수의 디지털 편집본, 번역본 등이 있으며, 이들 각각은 International Standard Book Numbers 네임 스페이스에서 고유번호를 할당받는다(International Standard Book Number Agency 2013). 영화, 연극, 아동용 판이나 다른 출판사로부터의 취득의 경우 새로운 ISBN 번호가 필요하다. 도서관에서는 각 저작물의 메타데이터를 충분히 기술하여 관련 저작물과 구분될 수 있도록 목록작업을 한다. 대출 도서관에서는 각 복본(카피)에 고유번호를 부여하여 물리적 객체를 대출자에게 빌려줄 수 있도록 구분한다. 대출자는 도서관에서 발급하는 고유한 이용자 등록번호를 갖는다.

마찬가지로 학술지에는 고유 식별자로 ISSN(International Standard Serial Number)이 부여된다(International Standard Serial Number International Centre 2013).

학술지 명칭은 때로 변경되고 새로운 ISSN 번호가 할당된다. 예컨대 《American Documentation》은 《Journal of the American Society for Information Science(JASIS)》가 되었고, 그 뒤 《Journal of the American Society for Information Science and Technology(JASIST)》로 변경되었으며, 현재는 《Journal of the Association for Information Science and Technology(JASIST)》가 되었다. 학회 및 편집진이 계속 유지됨에도, 이 학술지는 ISSN 번호를 네 개나 갖고 있다. 인용 지표도 각 학술지 명칭과 등록번호에 따라 분리되어 축적된다.

ISBN과 ISSN은 인쇄출판물에서 기원한 것으로, 개별 학술지 논문들을 별개로 관리하기 위해서는 충분하지 않다. 개별 출판물에 대한 고유하고 지속적인 식별자를 할당하기 위해 1990년대 후반 출판계를 중심으로 디지털 객체 식별자(Digital Object Identifiers)가 설정되었다(Paskin 1997, 1999). DOI는 학술지 논문에 폭넓게 적용됐으며 이전 개체에도 소급 적용되었다. 개별 DOI는 인터넷 자원에 대한 고유하고 지속적 식별 시스템인 핸들(Handle)의 특정 개체를 나타낸다(Corporation for National Research Initiatives 2013). DOI 사용이 확산되는 과정에서, 일관성 없는 사용으로 인해 때로는 논문을 참조하기도 하고, 때로는 논문에 있는 표나 그림을, 또 어떤 때는 데이터를 참조하기도 한다. 리포지토리의 프리프린트 같은 출판물의 이형 표기는 출판 논문의 DOI와는 별개의 DOI를 부여받기도 한다. DOI는 영화산업 같은 다른 분야에도 적용되어 적용의 일관성이 더 떨어지고 있다. 디지털 객체를 식별하는 DOI, URL, URN 등의 장점에 대해 많은 논쟁이 벌어지고 있다(Altman and King 2007; Van de Sompel and Lagoze 2009; Van de Sompel et al. 2012).

객체 식별자 선택이라는 논쟁 뒤에는 세분성(granularity)이라는 다루기 힘든 문제가 가려져 있다. 어떤 단위로 인용되어야 할까? 출판의 인용 단위는 논문이 온라인에서 복수의 버전으로 나타나고, 표와 그림 등 논문의 세부 항목이 개별적으로 인용됨에 따라 불분명해지고 있다(Cronin 1994; Nielson 2011). 서지사항 인용은 전체 출판물을 인용하거나 각주를 통해 페이지 번호로 '딥 링킹(deep linking)'함으로써 이러한 문제들을 다루고 있다. 출판물 전체 인용은 이 책에서 적용된 양식(Chicago Manuel of Style 2010)처럼, 출판물 말미에 참고문헌 리스트를 만든다. 각주에서는 더 개별적인 참조 사항을 표시하지만, 피인용 출판물의 동일 객체에 대한 복수의 표현을 도입하는 문제를 야기한다. 법학 및 인문학 분야에서 공통적으로 사용하는 인용 스타일인 Ibid.(상게서)와 op. cit.(전게서)의 사용은 동일 객체를 첫 번째 참조할 때, 같은 페이지에서 나중에 인용할 때, 그리고 인용 문서에서 나중에 참조할 때 모두 다르게 기술한다. 모든 각주 항목을 정리한 서지 목록이 출판물 말미에 제공될 수도 있지만, 그렇지 않을 수도 있다. 각주가 쪽번호와 함께 문서의 일부만을 참조하는 경우, 참조되는 전체 객체의 식별이 안 될 수도 있다. 인쇄 출판물에서 안정적인 식별자로 오랫동안 사용된 쪽번호는 디지털 객체에서는 흔히 의미를 잃게 된다. 페이지는 디지털 객체가 표현되는 화면 크기와 모양에 따라 결정되고, 만약 쪽번호가 있어도 사용하는 기기에 따라 달라진다.

학술지 논문에 첨부된 보충 자료(Supplemental materials)는 데이터 단위가 문제가 되는 또 하나의 영역이다. 많은 학술지, 특히 과학 분야 학술지는 연구를 해석, 증명, 재현하는 데 필요한 보충 자료를 요구한다. 이 자료에 데이터셋이 포함될 수 있으며, 통상 온라인에서만 이용할 수 있고, 논문에서 링크된다. 보충자료가 확대되면서, 그 존재가 자립적인 연구보고서(self - contained research report)라는 개념을 허무는 게 아닐까 하는 우려가 제기된다(Maunsell 2010). 더 복잡한 문제는 검색 엔진이 이런 자료에 대한 색인을 하지 않아서 발견을 어렵게 한다는 것이다. 보충 자료에 대한 모범 사례는 국제표준기구에서 공표한 바와 같이, 필수 콘텐츠(integral content), 부가 콘텐츠(additional content), 관련 콘텐츠(related content)로 구분하는 것이다(National Information Standards Organization 2013).

각 리포지토리는 데이터셋의 범위와 다른 기탁 자료의 단위에 대한 자체 규칙을 갖고 있다(Gutmann et al. 2009). 세분성 관점에서 보면 리포지토리에서의 데이터 인용은 가장 손쉬운 작업으로 DataCite가 맨 먼저 다룬 문제이다. DataCite는 데이터의 발견, 사용 및 재사용을 촉진시키기 위한 국제적 비영리기관이다. 파트너 기관으로 국가도서관, 연구도서관, 학회 및 전문가 단체, 표준화 기구, DOI 재단이 포함되어 있다(Brase et al. 2014; DataCite 2013).

데이터는 물리적 표본, 디지털 기록, 다중처리단계에서의 데이터셋, 실험실 연구 노트, 코드북, 현장 메모, 아카이브 기록, 사진, 주석 등의 많은 형태로 된 객체와 버전으로 구성될 수 있기 때문에 식별이 특히 문제가 된다. 이러한 데이터들과 발표, 슬라이드, 표, 그림, 비디오, 트윗, 블로그 게시물 같은 다른 형태의 디지털 객체들에 고유식별자가 부여될 때, 단위 문제는 확대 증식된다.

이런 많은 객체들의 관계가 계층적 구조를 갖는 경우는 거의 없다. 오히려 주어진 데이터셋의 프로비넌스를 이해하는 데 관계 네트워크가 필수적이다. ORE(Object Reuse and Exchange) 같은 관계에 대한 공식 모델은 링킹과 발견에 도움이 될 수 있으나, 구축에는 상당한 노동력이 요구된다(Pepe et al. 2010). 〈그림 9.1〉은 ORE 모델로 표현된 CENS 연구의 객체들이다.

데이터는 다양한 단위로, 다양한 장소에 존재하며, 다양한 목적과 다양한 방법으로 인용될 수 있다. 세분성 원칙은 저자들에게 "데이터 식별에 필요한 가장 세분화된 서술"을 인용할 것을 장려한다(CODATA - ICSTI Task Group on Data Citation Standards and Practices 2013). 표, 표의 한 칸, 그림, 복합 그림의 한 부분 등 작은 단위의 인용은 프로비넌스 추적에 활용될 수 있으며, 특히 더 큰 단위의 맥락 일부분이라면 더욱 그렇다. 스트리밍 데이

〈그림 9.1〉 내장형 네트워크 센서 센터(CENS)의 과학 생명주기 사례(Pepe et al. 2010). 허락을 받아 전재.

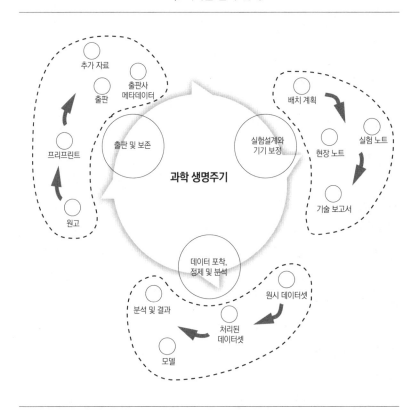

터 즉 특정 시점의 순간 촬영(a snapshot in time) 데이터셋 인용은 또 하나의 도전이다. 관련 개별항목을 함께 쓸 수 있도록 결합시키는 한편, 인용 단위를 고유하고 지속적으로 식별하는 능력은 도서관 목록, 기록관리 실무, 정보 검색, 데이터 인용에서의 고전적인 문제들이다(Agosti and Ferro 2007; Renear, Sacchi, and Wickett 2010; Svenonius 2000).

　　　　　　　　　　　　　　**제3부** 데이터 정책과 프랙티스

## 이론, 기술을 만나다: 행위로서의 인용 Theory Meets Technology: Citations as Actions

인용법은 이제 인용을 생성하고, 발견하고, 검색하고, 분석하고, 계산하고, 인용지도를 만드는 기술로 구현된다. 브라우저에서 한번 클릭으로 개별 학술지 양식에 맞게, 전체 메타데이터가 포함된 서지 레코드로 인용이 생성된다. Zotero는 현재 6,789개 인용 스타일을 지원한다(Zotero 2014). 한 논문에서 다른 논문을 참조한 것은 클릭으로 링크된다. 인용은 논문검색을 위한 질의어다. 저자에 대한 인용수 계산은 학술적 영향력을 측정하는 h-index, g-index, 그리고 다른 지표를 산출해낸다. 학술지 인용 횟수는 학술지 영향력지수(Journal Impact Factors, JIFS)가 되는데, 출판물 순위를 나타내는 데 쓰이고, 정년심사와 승진을 위해 출판을 해야 하는 학술지 목록으로 구체화된다. 인용 지도는 아이디어의 흐름과 대학 및 국가별 영향력을 모형화하는 데 사용된다.

이러한 기술의 일부는 학술 커뮤니케이션 이론에 기반하고 있다. 다양한 기원에 대한 참조 없이 또는 서지 통제의 오랜 역사를 고려하지 않고, 디지털 객체 관리를 위한 공학적 해결을 모색하는 경우도 있다. 어떤 경우든 소프트웨어 코드가 무엇을 인용하고, 무엇을 인용할 수 없는지, 또 어떻게 인용이 만들어지고, 인용을 가지고 무엇을 할 수 있는지를 결정한다고 할 수 있다. 로렌스 레식(Lawrence Lessig)은 어떻게 코드가 프랙티스를 제한하고(lock in), 사회적 규범과 시장, 법 같은 필수적 영향력에 대해 잠금 해제(lock out)를 하는지 설명한 바 있다(Lessig 1999, 2001, 2004). 초기의 선택이 중요한데 지금은 데이터 기여 인정, 귀속, 발견을 위한 프랙티스를 정립하는 초창기이다. 타자기 자판처럼, 기술에서의 초창기 선택은 그것을 발명한 사람이 상상하지 못할 오랜 세월 동안 영향력을 미친다.

인쇄 환경에서의 인용은 고정 객체들 간의 안정된 연결이지만 디지털 환경에서의 인용은 변화하는 객체들 간의 연결이다. 인용 객체도, 피인용 객체 어느 것도, 무기한 고정된 형태와 위치를 갖지 않는다. 인정, 귀속, 발견을 목적으로 인용을 사용하기 위해서는 고정성(fixity)의 일부 개념이 인프라에 도입되어야 한다. 예컨대 고유하고 지속적인 식별자는 프로비넌스 관리에 필수적이다. 객체가 버전을 바꾼다면, 새로운 식별자와 링크가 필요하다. 버전 통제는 결국 어느 정도가 변해야 새로운 버전이 필요한지에 대한 규칙을 요구한다. 소프트웨어 공학에서 버전 통제는 공식적으로 체계화된다. 천문학 같은 빅데이터 연구 도메인에서는 대개 순차적인 데이터 공개(releases)로 버전을 성문화(codify)한다. 그러나 대부분의 학술연구 환경에서 버전 통제는 국지적인(local) 프랙티스의 문제이다.

## 위험과 보상: 유통 화폐로서의 인용(Risks and Rewards: Citations as Currency)

데이터 인용에 대한 주요 주장 가운데 하나는 데이터에 대한 연구자의 기여를 인정하는 것이 데이터 공유의 동기부여가 된다는 것이다. 이것은 자주 반복되기는 하지만 확인되지 않은 가설이다. 데이터 인용은 특히 데이터셋이 폭넓게 활용될 때 인정될 수 있다. 그러나 출판물에 대한 기여 인정에 훨씬 더 많은 가치가 부여되기 때문에 일부 연구자는 데이터 인용을 못하게 한다. 이들은 데이터 대신 자신의 논문이 인용되는 것을 더욱 선호한다. 데이터 인용에 대한 학자들의 관심은 그것이 의도한 목적에 따라 다양하게 나타난다. 예컨대 찬드라 엑스레이 데이터 이용을 추적하는 연구팀은 데이터 링크가 레코드에 대한 과학적 가치를 높여줄 때 연구자들이 데이터와 출판물 사이의 링크를 기꺼이 지원하는 것을 발견했다. 그러나 관리책임을 목적으로 하는 인용과 링크를 하는 데 시간을 쓰는 것에는 훨씬 덜 적극적이었다(Winkelman and Rots 2012a; Winkleman et al. 2009).

출판과 인용의 계량화가 고용이나 승진, 평가에 더 많이 사용되면서,

그것은 더욱 세심하게 검토된다. 어떠한 계량화도 조작될 가능성이 있으며, 특히 인용수 계산처럼 단일한 방법으로 계량하게 될 때 그렇다. 자기를 인용하거나, 동료들끼리 인용하거나, 가르치는 학생들 또는 스승을 인용할 수 있고, 경쟁자를 참조하지 않게 만들 수 있다. 연구 결과물은 출판물과 인용의 수를 늘리기 위해 "salami sliced(살라미 소시지 조각)"처럼 작은 단위로 쪼갤 수 있다. 이름만 올리는 저자(Honorary authorship)라든가 인용률을 높이는 다른 방법을 적발하기는 쉽지 않은데 이 때문에 출판 윤리가 보다 더 성문화되고 있다(Committee on Publication Ethics 2013). 마찬가지로 데이터 인용도 조작의 대상이 될 수 있고, 특히 세분성의 문제를 고려할 때 더욱 그렇다. 천 개 또는 십만 개의 데이터 객체가 개별적으로 인용될 수 있는데 왜 하나의 데이터셋을 인용하겠는가?

인용 계량화의 단점에 대해서는 영향력 지수(impact factor)와 다른 지표들이 맨 처음 제안될 때부터 잘 알려져 있다. 인용 계량화는 너무나 자주 잘못된 추론을 수반하여, 집단 내의 개인에 대해 집단적 특성을 적용하는 생태학적 오류를 범하게 한다. 학술지 인용은 학술지 내 논문들에서 고르게 분포되지 않는다. 고도로 인용이 많이 된 몇 개 논문들에 분포가 집중되어 있다. 여러 학술지 논문이 하나의 호(issue)로 묶였을 때, 논문과 학술지 인용의 상관관계는 높게 나타난다. 학술지와 무관하게 논문 단위로 검색되면서, 그 상관관계는 낮아졌다(Lozano, Lariviere, and Gingras 2012). 톰슨 사이언티픽(Thomson Scientific, 이전에는 ISI; 현재는 Thomson Reuters)에서 산출하는 학술지 영향력지수(JIF)는 학술연구의 영향력을 가장 잘 예측하지 못하는 지표 중 하나이다(Bollen et al. 2009). 그러나 이것이 학술지와 연구자 개인 평가를 위한 계량법으로 가장 많이 통용되는데, 심지어 영향력 있는 학술지 편집자가 다른 의견을 갖는 수가 있음에도 불구하고 연구자 평가에 쓰여진다(Alberts 2013; The PLoS Medicine Editors 2006). 과학 분야에 기원을 둔 학술지 영향력지수(JIF)는 2년 주기의 인용계산에 기초한다. 사회과학 및 인문학 분야에서는 인용 시차가 훨씬 더 긴 경향이 있어서 이 분야에서 영향력지수의 타당성은 더욱 떨어진다(Borgman 2007).

서지 인용 계량화의 문제점 때문에 Webmetrics 또는 Webometrics가 나왔는데 이는 계량서지적 방법을 인터넷상 문서나 링크에 적용한 것이다(Ingwersen 1998, Thelwall, Vaughan, and Bjorneborn 2005). 계량서지학의 타당도와 신뢰도 문제에 대해 잘 알고 있는 연구자들은 출판사 데이터베이스에서 계산되는 모델 이외의 보다 넓은 범위의 영향력 모델을 개발했다. 다른 연구자들은 학자들의 평가를 위해 비공식 학술 커뮤니케이션의 수치를 포함하는 방법을 찾고 있다. Altmetrics Manifesto를 통해서 학술 영향력과 생산성에 대한 대안적 지표가 제안되었다(Priem et al. 2010). 여기에는 다운로드, 블로그에서의 언급, 주석 달기, 태깅과 소셜미디어인 트위터(Twitter), 레딧(Reddit)에 등장한 것을 포함한다. Altmetrics를 중심으로 작은 산업이 나타났으며 수치를 출판사, 논문과 함께 그 수치를 게시하는 곳에 제공한다. 저자나 독자들은 이제 논문이 얼마나 많이 읽히고, 인용되고, 언급됐고, 공유됐는지를 확인할 수 있으며, 이러한 링크를 따라갈 수도 있다(Chamberlain 2013; Fenner 2013; Thelwall et al. 2013; Yan and Gerstein 2011).

이러한 학술 커뮤니케이션의 다양한 단위는 관련 객체를 발견하는 데 유용하지만, 학술 생산성을 위한 대안적 지표로서의 타당성에는 의심이 간다. 엄밀히 말하면, 트위터에서 새로운 학술지 논문을 알리는 것은 그 논문에 대한 인용이다. 모든 단점에도 불구하고 서지 인용은 증거와 영향력의 원천, 기여를 인정하는 역사적인 학술 프랙티스를 기반으로 한다. 하지만 비공식 커뮤니케이션이나 데이터 인용에서 언급(mentions)이 무엇을 의미하는지에 대해서는 훨씬 알려져 있지 않다. 데이터에 대한 평가와 기여 인정 프랙티스 모델을 이러한 종류의 서지통계에 기초해 만드는 것은 그러한 모델과 함께 검증되지 않는 가정을 전달하는 결과를 낳는다.

인용 횟수의 가치, 특히 톰슨 로이터스(Thomson Reuters)와 엘스비어

(Elsevier)의 Engineering Index에 의해 색인되는 학술지로부터 나온 통계는 너무 부풀려져서 저자 지위가 상당한 금액으로 거래될 정도가 되었다. 《사이언스》지에서 수행한 한 조사는 중국에 "번성하는 학문 암시장"이 있고, 논문 저자가 출판 불과 수일 전에 교체되는 사례를 발견했다. 다른 사례로는 중국어 논문을 영어로 번역해서 영문 학술지에 다시 제출하는 자기표절의 경우가 있다. 저자, 학술지, 편집인, 중개인 및 다른 관계자들이 교수 연봉만큼의 높은 사례를 받으며 다양한 작전 계획에 연루되기도 했다(Hvistendahl 2013). 《사이언스》 조사는 중국에 집중되었는데, 중국에서는 연구자가 이러한 학술지에 출판하면 대단한 보상을 받을 수 있어서 2000년 이래 Science Citation Index에서의 출판물 게재가 6배 증가했다. 다른 나라에서는 얼마나 사기행위가 일어나는지는 알려지지 않았지만, 출판사와 학자들 모두 인용수 계산에 조작 개입 가능성을 인정한다.

학자들이 연구평가에서 인용 및 관련 지표가 광범위하게 사용되는 것에 상당한 위협이 있음을 알게 되면서, 연구평가에 대한 샌프란시스코 선언(San Francisco Declaration on Research Assessment, DORA)을 출범시켰다. 미국 세포생물학회의 주도로 발족된 이 선언은 많은 학술지와 전문가 단체 및 학회, 연구자들의 지지를 받았다. DORA에 대한 논설이 다수의 학술지와 언론에서 발표되었다. DORA는 학술 커뮤니케이션의 다수 이해당사자들에게 지침을 제시하고, 연구자들에 대한 넓은 범주에서 다양하고 세분화된 평가방법을 마련할 것을 요청한다(Declaration on Research Assessment 2013). 학술경력 평가규범(Academic Careers Understood through Measurement and Norms, ACUMEN)과 같은 프로젝트는 데이터 역할을 포함하여 학술 생산성과 영향력 평가에 대해 보다 총체적인 접근을 도모하고 있다(Research Acumen 2013).

너무나 많은 계량적 방법이 단지 쉽게 계산할 수 있는 것을 측정하는데 그치고 있다. 학자, 연구비 지원기관, 연구 정책 결정자, 출판사, 도서관 및 다른 이해당사자들이 얼마나 자주 인용 통계, Altmetrics 그리고 여타의 지표들이 학술적 증거로서의 표준에 부합되는지 검토하지도 않은 채 액면 그대로 받아들인다는 사실은 놀라운 일이다.

## 결론

데이터 인용은 아직 잘 정의되지 않은 문제에 대한 해결책이다. 출판물과 데이터가 동일한 지위로 인정되어야 한다는 근거로 기존의 서지적 인용을 데이터 인용에 적용하는 것은 잘못된 방향이다. 데이터를 잘 발견할 수 있도록 만드는 것이 당면한 실제 문제다. 출판물은 과학이라는 우주에서 여전히 별과 행성으로 남을 것이다. 데이터가 암흑물질이 되지 않도록 데이터에 빛을 비출 정도의 기여 인정 방법이 필요하다. 네트워크의 모든 노드가 동등한 가치를 가질 필요는 없다. 긴밀하게 짝지워진 별무리는 은하계 사이에서 별이 많지 않은 공간과 함께 공존할 것이다. 연구 객체들을 발견하고, 추출하고 통합할 수 있도록 관련 연구 객체 간의 경로를 따라갈 수 있는 수단을 갖는 것이 필수적으로 요구된다.

데이터 아카이브, 출판사, 도서관은 서비스를 통해 관리와 재사용을 도모하기 때문에 데이터 발견의 핵심 당사자들이다. 데이터 인용을 위한 견고한 인프라는 대규모 자원 투자에 달려 있는데 여기에는 데이터가 인용되고 발견될 수 있도록 표현하는 작업을 담당하는 정보전문가에 대한 투자가 포함된다. 데이터 인용을 완벽한 수준에서 성실하고 정확하게 하는 학술 저자는 거의 없다. 데이터 인용 전문가가 되려는 사람은 더욱 드물 것이다.

서지 인용은 데이터 인용이 추구할 최적의 표준으로 보인다. 하지만 실상은 서지 인용이 그것이 의도하는 목적을 간신히 지원하고 있는 취약한 지식 기반이라는 것이다. 이러한 인프라는 수백 년의 시간과 수많은 학술

세대에 걸쳐, 변화하는 프랙티스와 기술에 진화하고 적응해 온 것이다. 이 인프라는 기여에 대한 인정과 귀속 또는 아이디어 흐름을 보여주는 것보다는, 발견을 위한 기능을 더 잘 수행해왔다. 서지 인용 기반에 새로운 기능이 부과될 때마다, 인프라는 더욱 취약해지고 있다. 인용에 대한 계량화가 학술적 생산성에 적용될 때, 통계적 추론, 신뢰도, 타당도라는 엄격한 기준을 결코 충족시킬 수 없었다. 이런 지표가 쉽게 조작될 수 있고, 이제는 부정행각에 이용됨에도 불구하고 여전히 학술보상체계에 깊이 자리 잡고 있다. 데이터 인용은 데이터의 선택, 수집, 편집, 정제, 처리, 분석, 관리, 해석, 마이닝, 결합, 라이선싱, 계기화, 추출, 시각화, 표현 그리고 기타 활용에 대한 기여를 인정하는 수단이다. 그것은 그 자체로 목적이 아니다. 더 큰 문제는 데이터와 관련된 많은 역할을 이해하고, 이러한 역할을 합당하게 인정함과 동시에 기여를 인정하는 최적의 방법에 대해 커뮤니티 내에서 합의를 이루는 것이다. 결국, 인정은 발견과 재사용을 촉진한다. 데이터 행위에 대한 기여를 통합하는 견고한 지식 인프라는 다양하고 경쟁적인 수많은 이해당사자를 아울러야 하며, 데이터에 기반해서 증거를 수집, 생성, 분석, 해석 그리고 제시하는 당사자인 연구자들의 동기요인과 보상체계에 대해 항상 유념해야 한다.

제10장  **10** 무엇을,
왜 유지할 것인가

# 서론

빅데이터(big data), 리틀데이터(little data), 그리고 노데이터(no data)라는 개념은 여전히 잘 이해되고 있지 않다. 좋은 의도를 가지고 보다 나은 데이터 관리, 공유, 기여에 대한 인정, 귀속을 촉진하려는 노력을 경주하고 있지만, 문제의 시작점과 최종 목적지, 그 사이 과정에 대한 이해관계자 간의 이견이 존재한다. 어떤 개체가 데이터인지에 대한 합의조차 없는 상태에서, 모든 분야의 데이터 학술연구의 다양성을 포괄하는 공유, 배포, 기탁, 인정, 귀속, 인용 그리고 접근 유지를 위한 정책을 수립하는 것은 어려운 문제이다. 데이터에 대한 접근 유지는 어렵고 상당한 노력이 필요하지만, 이해관계자들 간에 비용과 혜택이 고르지 않다. 무엇을 유지하고, 왜 그래야 하는지의 문제는 누가, 어떻게, 왜, 누구를 위하여 그리고 얼마나 오래 유지할 것인지에 대한 질문과 분리할 수 없다. 개별 학자, 학생, 도서관 사서, 기록관리자, 연구 담당 관리자, 학술지 편집장은 코끼리의 몸집에 비유되는 이 거대한 난제에 대해 기껏해야 개미 수준의 시각만 가지고 있는 것 같다.

일부 데이터는 의심할 바 없이 무기한 유지할 가치가 있고, 그것의 가치도 생성 시점부터 분명하다. 독립적으로 혹은 더 큰 데이터 집합의 한 부분으로서 미래 가치가 있을 것 같아 유지할 가치가 있는 데이터도 있다. 하지만 많은 데이터는 초기부터 명확할 수도 있고 혹은 그렇지 않을 수도 있는 일시적 가치를 갖는다. 이를 구별하기는 어렵고, 데이터가 손실되기 전에 데이터를 포착하고, 큐레이션할 수 있도록 조기에 구분하는 것 또한 어렵다. 이러한 데이터가 무엇인지 결정하는 것은 더욱 어려운 일인데, 데이터는 자체적인 본질을 갖지 않기 때문이다. 미래의 데이터 사용은 어떤 현상에 관련해서 데이터가 어떻게 표현되는지 그리고 이러한 표현과 현상이 시간의 경과에 따라 어떻게 변하는지에 달려 있다. 예기치 못한 사용에 맞게 데이터를 만드는 것이 어쩌면 최대한의 가치를 만들어낼 수도 있지만 이것은 가장 위험한 투자가 될 수 있다. 누군가, 어떤 이유로, 특정 형태로, 미래의 어떤 시점에 자신의 데이터를 원할 가능성이 있어서 데이터를 유지할 연구자는 거의 없다.

데이터 컬렉션 구축은 미래 사용자들이 데이터를 사용할 수 있게 만드는 가장 분명한 방법이다. 도서관, 기록관, 박물관 및 데이터 리포지토리는 컬렉션을 구성하는 객체들을 선정하고 평가하기 위한 전문적인 지침을 가지고 있다. 기억기관(memory institutions)으로서 그들의 소장 자료는 롱테일의 특성을 갖는다. 즉, 약 20%의 소장이 이용의 80% 정도를 차지한다. 이용 현황을 추적한다면 선정 정책을 만드는 것에 참고가 되겠지만, 이용되는 20%가 지속적으로 변화한다는 것이 문제이다. 일부 객체는 초기에 높은 인기를 보였지만 시간이 지나면서 점차 관심이 없어진다. 처음에는 이용이 거의 안 되었지만, 나중에 인기가 치솟는 경우도 있다. 다른 소장 자료의 활용은 무작위 패턴을 보인다. 소수의 객체들은 전혀 사용되지 않고, 발견되기만을 기다린다. 아무리 명망이 높은 기관이라 해도 미래가치를 예측하는 데에는 어려움이 있다. 보들리언 도서관(The Bodleian Library, University of Oxford)은 셰익스피어의 First Folio(역주: 셰익스피어 사망 후 7년 뒤인 1623년에 친구이자 동료였던 존 헤밍과 헨리 콘델이 그의 작품으로 알려진 36편을 모아서 출간한 작품집. 이전에 출판된 여러 판본을 비교하여 오류를 최대한 바로잡은 가장 신뢰할 만한 작품집으로 평가됨) 소장본을 팔아버린 것으로 유명한데, 일부 사서가 1664년에 출판된 The Third Folio를 대체물로 봤기 때문이다. 20세기 초반에, 보들리언 도서관은 17세기 First Folio를 매우 큰 금액을 들여 재구입했다. 그리고 셰익스피어 탄생 449주년을 맞이해서, 이 소중한 자료의 디지털 복제본을 공개하였다(University of Oxford 2013a).

연구 데이터에 대한 접근 유지는 학술 커뮤니케이션의 모든 이해관계자들이 관련되어 있는 지식 인프라의 문제이다. 디지털 보존은 연구 데이

418

터 접근과 얽혀 있는 문제로, 유사한 인프라 및 규모(scaling)의 특성을 가지고 있다. 디지털 보존의 경제성 분석을 한 국제 패널은 네 가지의 구조적 해결 과제를 1) 오랜 시간의 지평(long time horizons), 2) 광범위한 이해관계자(diffused stakeholders), 3) 엇갈리거나 미약한 보상체계(misaligned or weak incentives), 그리고 4) 이해관계자들 간 역할 및 책임의 명확성 부재(lack of clarity about roles and responsibilities among stakeholders)라고 확인하였다. 패널은 다음과 같은 세 가지 정책 권고사항을 제시했다. 1) "강력한 가치 제안을 분명히 표현할 것", 2) "공공 이익에 맞도록 보존을 위한 분명한 보상을 제공할 것", 3) "디지털 생애주기에 따른 보존을 위해, 지속적이고 효율적인 자원의 흐름을 보장할 수 있도록 이해관계자들 간 책임과 역할을 정의할 것."(Berman et al. 2010, pp. 1 - 2).

디지털 보존이나 연구 데이터 중 어느 하나만도 쉽지 않은 과제이다. 데이터를 디지털 표현체로 보존하는 것은 그 가치를 유지해주는 한 측면에 불과하다. 디지털이건 다른 형태이건, 데이터는 거의 독립적으로 존재하지 않는다. 데이터는 연구방법론, 이론, 기기, 소프트웨어, 맥락에서 뗄래야 뗄 수 없다. 연구 데이터 접근 유지를 위해서는 개별 객체들과 그것들 사이의 관계에 대한 큐레이션이 요구된다. 이를 위한 방법과 수단은 사례연구에서 분명히 드러난 바같이, 연구 도메인에 따라 매우 다양하다. 오픈데이터 관점에서 빅데이터, 리틀데이터, 노데이터의 문제를 다시 진술하자면, 데이터가 발견되고, 사용되고, 접근되고, 이해되고, 해석될 수 있게 하고, 또한 적정 시기 동안 이러한 조건들이 유지되도록 만드는 것은 도전적인 과제이다. 첫 단계는 이러한 문제점들이 개별 학자들과 커뮤니티에 어떻게 나타나는지 고려하는 것이다. 둘째 단계는 특정 도메인의 어떤 종류 데이터가 투자 가치가 있고, 누구를 위한 가치인가를 고려하는 것이다. 셋째 단계는 누가 이러한 투자를 감수하고자 하는지, 이러한 투자로 가장 큰 혜택을 받는 곳이 어디인지를 결정하는 것이다. 데이터 접근을 위한 가치 제안(value proposition for access to data)은 이해관계자에 따라 다양하게 얽혀 있는 상호 연결된 요인들에 의해 결정된다. 이러한 과제들을 제1장에서 다룬 문제제기의 관점에서 평가해본다.

## 문제제기 다시 보기

어떤 것이 보존할 가치가 있다는 것은 보는 사람의 관점에 달려 있다. 소수의 분야에서는 과제수행의 일부로, 또한 주요 연구 프로젝트에서는 데이터 컬렉션으로 개발된다. 수집되지 않는 관측은 데이터 손실로 간주된다. 일부 분야에는 학자들이 데이터를 기탁할 수 있는 데이터 리포지토리가 있지만, 다른 많은 분야에는 그러한 것이 존재하지 않는다. 대개의 경우 무엇을, 어떻게, 얼마나 오랫동안 유지할 것인지는 개별 학자나 연구팀의 재량에 맡겨진다. 일부 학자들은 본인 경력의 전체 과정에서 수집한 모든 노트, 기록, 책, 논문, 디지털 객체, 물리적 시료 등을 보유하고 싶겠지만, 대부분의 연구자들은 유지할 가치가 있다고 판단되는 데이터를 관리할 수 있는 더 나은 방법이 마련되기를 원한다. 그러나 데이터 공개에 대한 태도는 종종 퇴임이 임박하면서 변화를 보인다. 자신의 지적 유산이 유지되는 것을 위해 학자들은 오랫동안 간직해 온 컬렉션을 장기적으로 관리할 수 있는 아카이브나 리포지토리에 기증할 수도 있다.

더 많은 연구 데이터가 유지되고 시의적절하게 활용될 수 있게 된다면, 많은 사람들에게 혜택이 된다. 학자, 학생, 대학, 도서관, 아카이브, 박물관, 연구비 지원기관, 출판사, 회사, 납세자, 정책결정자, 환자, 공공 대중 등 학술연구의 어떤 이해관계자도 개별적으로는 많은 영향력을 갖지 못한다. 이러한 문제는 집단적인 도전이며, 지식 인프라의 문제로 해결하는 것이 최선이다. 보다 많은 이해관계자들이 협상 테이블에 참여할수록,

**제3부** 데이터 정책과 프랙티스

논의의 수준은 훨씬 더 깊어질 것이다.

## 권한, 책임, 역할과 위험(Rights, Responsibilities, Roles, and Risks)

첫 번째 문제제기에서 드러났듯이, 연구 데이터는 기원과 해석에 대해 많은 관계자들이 있기 때문에 책임이 분산되어 있다.

> 데이터의 재현가능성(reproducibility), 공유, 재사용의 문제는 이미 수십 년, 어떤 경우에는 수세기에 걸쳐 논의되어 왔다. 연구 데이터를 누가 소유하고, 통제하며, 접근권을 갖고, 유지할 것인가에 대한 논의를 통해 데이터의 가치가 어떻게, 그리고 누구에 의해서 활용될 것인지 결정될 것이다.

연구를 수행한 사람이라도 본인이 사용한 모든 데이터를 반드시 소유하지는 않는다. 데이터에 대한 법적 권한은 천문학의 사례처럼 장치, 소셜미디어 활용에서처럼 민간 회사, 또는 중국 불교 경전의 디지털 버전의 경우와 같이 편찬자와 편집자에 연계되어 있을 수 있다. 연구팀 내부에서는 초기 수집과 관리 책임이 대학원생에게 맡겨질 수 있지만, 결국 유지 관리는 연구자의 책임이다. 애초 설계에 따라 당연히 데이터를 돌보는 책임이 데이터를 가장 잘 아는 사람에게 돌아가지 않고, 가장 안정적인 주소지를 가지고 있는 사람에게 넘겨지기도 한다. 법적 소유권 설정은 어려운 문제인데 그 이유는 관련된 관행, 당사자, 사법 관할이 너무 많기 때문이다. 주어진 상황에서 소유권이 분명하든 그렇지 않든, 수집, 분석 및 관리 책임이 복수의 당사자에게 맡겨질 수 있다. 법률적 표현에 "소유가 법의 9/10"이라는 말이 있는데, 연구 데이터에 꼭 들어맞는 말이다. 토지나 데이터나, 무언가를 소유한 사람은 그렇지 않다고 증명되기까지는 그것을 소유한 것으로 간주된다. 소유자는 자신의 소유물을 가지고 법과 윤리의 테두리 안에서 원하는 대로 할 수 있다. 학자들 가운데 자신의 데이터 유지와 기증에 대한 법적 의무를 지는 경우는 거의 없다.

　데이터 저장은 물리적이건 디지털 형태이건 비용이 매우 많이 든다. 2007년에도 이미 디지털 정보는 저장기기가 만들어지는 것보다 훨씬 빠르게 생산되고 있다(Berman 2008). 정보 자원을 생성하고 사용하는 연구자들은 당연히 무엇을 유지할 것인지를 선택해야 한다. 학자들은 통상 사무실, 실험실, 집이라는 물리적 공간에 의해 제약을 받는다. 대학이나 연구 협의체는 디지털 저장을 위해 공유 서버 공간을 제공해주는데, 이 비용이 다시 연구 프로젝트나 학과에 청구되기도 한다. 클라우드 기반 저장 공간이 대안적 모델이라고 하지만 아직은 연구 데이터를 믿고 맡길만 하지 않다(Kolowich 2014). 비록 클라우드 기반 저장 공간 비용이 낮아졌지만, 장기적으로 데이터 저장 공간의 비용이 수평 안정화되거나 상승할 것이라는 추정이 있다(Rosenthal 2010, 2014). 연구 데이터에 대한 접근 유지를 위해서는 데이터 해석에 필요한 프로토콜, 코드북, 소프트웨어, 시료, 메타데이터, 표준과 같은 정보 또한 유지되어야 한다. 이러한 자원들은 종종 데이터 자체보다 더 양이 많다.

　학자들이 다른 사람보다 더 나은 살림꾼은 아마 아닐 것이다. 임의로 교수연구실에 방문하면 "쌓아 올린 파일링(filing by piling)" 방식이 깔끔하게 정리된 책상보다 훨씬 일반적이겠지만, 대개는 이 두 극단 사이에 있다. 《사이언스》 학술지의 동료 심사자와 같은 엘리트 과학자라고 해도 데이터 대부분을 자체적으로(locally) 저장하고, 커뮤니티 리포지토리에 대부분의 데이터를 아카이브한다는 연구자는 1,700명 응답자 중에 단 7.6%에 불과했다(Science Staff 2011). 기관 차원에서 데이터 관리 요구를 하는 경우는 거의 없으며, 실험실 차원 또는 개인에 따라 임시 방편으로 데이터를 관리한다. 유전체 염기서열이나, 임상실험 기록, 지진 기록과 같이 관리를 위한 요구조건이 적용되는 데이터에 대해서는 연구자들이 기탁한다.

연구자들은 재사용 가능성이 있는 데이터는 유지하겠지만, 재사용이 될 수 있게 잘 유지할 것인가는 별개의 문제이다. 학생과 직원들이 프로젝트를 떠나게 되면, 데이터에 대한 전문적 지식은 돌이킬 수 없게 사라질 수 있다. 소프트웨어가 업그레이드되고 컴퓨터가 교체되면, 데이터 파일의 해석이 불가능하게 될 수 있는데 특히 데이터가 새로운 기술에 맞게 이전되지(migrated) 않는 경우가 그렇다. 파일이 훼손되고, 링크가 없어지고, 시료 저장고가 사라지고, 사무실 이사와 컴퓨터 업그레이드를 하는 가운데 기록이 분실된다.

데이터 관리는 오로지 개별 학자들의 책임으로 두기보다는 기관 차원의 관심사로 두는 것이 최선이다. 도메인이나 기관에 따라 활용가능한 지원의 수준이 많이 달라진다. 일부 분야의 연구자들은 도구 셋, 기술적 표준, 데이터 입수와 기탁을 위한 리포지토리 등에 손쉽게 접근할 수 있는 반면 이런 것이 전무한 분야들이 있다. 대학과 여타 연구기관에 데이터 관리, 메타데이터 부여, 신규 플랫폼 이전, 기탁, 발견 및 다양한 종류의 조정에 도움을 주는 정보 전문가들이 제대로 배치되어 있을 수도 있지만 이는 예외적인 경우이다. 더 큰 문제는 비용과 혜택의 분포가 고르지 않은 것이다. 많은 곳에서 데이터 스튜어드십(data stewardship, 데이터 유지관리 책임)은 그것을 수행하는 기관에는 직접적인 혜택이 거의 없으면서, 재정 지원은 되지 않는 의무 사항으로 여겨진다. 누가 디지털 자산에 대한 저장 및 유지관리 책임에 대한 비용을 치를 것인지도 분명하지 않다. 대학의 연구 담당 관리자, 도서관, 학과와 개별 학자들에게 데이터는 자산임과 동시에 부채이다.


## 데이터 공유

사람 간 또는 기계 간 정보 공유는 두 번째 문제제기에 표현된 것처럼 복잡한 활동이다.

여러 다른 상황에 걸쳐 또 시간의 흐름에 따라 지식을 전달하는 것은 어려운 일이다. 데이터의 일부 형식과 표현은 여러 학문 분야, 맥락 및 시간의 경과와 관계없이 용이하게 공유될 수 있지만 많은 경우에는 그렇지 못하다. 어떤 특성이 더 중요하고 어떤 것은 그렇지 않은지에 대한 이해는 학술연구의 실행과 정책에 유용한 정보를 제공하고, 지식 인프라에 대한 투자를 이끌어 내기 위해서도 필수적이다.

지식은 개인들이 직접적으로, 동시에 상호작용할 때 온전히 소통되는 것 같다. 그래야 의도를 확인하면서 서로 질문할 수 있다. 과업을 분명히 설명하고, 프랙티스 실례를 보여줄 수 있고, 기법에 대해 확인을 함으로써, 암묵적 지식은 좀더 명확해질 수 있다. 사람 대 사람의 상호작용에서 한 발짝 멀어질 때마다, 중재의 필요가 생긴다. 메타데이터와 다른 형태의 문서화 작업은 데이터의 발견과 해석, 사용에 필수적이다. 이러한 문서화 작업은 개별 연구 커뮤니티 내에서 더욱 의미를 갖게 되어 내부 교류를 향상시키지만 반면에 커뮤니티 간 장벽을 만들 수도 있다. 그래서 연구데이터 공유 능력은 누가, 어떤 커뮤니티를 위해, 어떤 목적으로 데이터를 관리하는지에 많이 의존한다. 제4장의 경제학적 논의와 사례연구로 돌아가면, 일부 연구 데이터는 공동 자원에 더 적당하고, 다른 것들은 사유재로 남아 있을 것이다. 일부 데이터는 공공재로 공개되지만 또 일부 데이터는 유료재 및 클럽재로 판매될 것이다. 이러한 차이점은 데이터를 어떻게 패키징하고 또 취급하는가에 달려 있고, 데이터 자체의 특성에 따른 것은 아니다. 동일한 관찰 자료 셋이 다르게 표현되어 각각의 다른 경제적 조건 하에서 동시에 이용될 수 있다.

특정 데이터 조합이 차별적으로 접근 활용될 수 있는지를 보여주는 천문학의 사례는 데이터 공유 조건 평가의 어려움을 보여준다. 관측 데이터는 연구자들이 데이터를 어떻게 입수했는지에 따라 일반적인 세 개 범주로 나누어 데이터 컬렉션, 연구자가 신규로 수집한 데이터, 추출된 데이터로 구분할 수 있다. NASA는 미국의 다른 많은 기관 및 국제 기구들과 협력하여 천문학 분야 공동 자원에 투자하는 최대 기관이다. 데이터 컬렉션의 생성 및 관리는 NASA의 기관 차원 미션의 일부이다. 과학자, 데이터 과학자, 소프트웨어 공학자들이 데이터 리포지토리에 동원된다. 이용자들이 데이터를 발견하고 입수하고, 활용하고 해석하는 데 도움을 주기 위해 데이터 이전, 데이터 활용 도구 그리고 인적 자원에 대한 투자가 이뤄진다. 천문학자들은 이런 리포지토리를 많이 이용해서 관측이 수행된 이후에도 오랜 기간에 걸쳐 데이터를 추출한다.

두 번째 범주인 신규 데이터 수집은 천문학 연구자들로부터 직접 확보한 관측 데이터이다. 제5장의 COMPLETE 서베이처럼, 일부 천문학자는 망원경으로부터 자체 관측을 입수하기 위해 연구 제안서를 작성한다. 이러한 관측 자료들은 계기와 연결된 파이프라인을 통해 처리될 수도 있고 그렇지 않을 수도 있다. 관측 자료를 수집하기 위해 본인만의 계기를 만들고, 본인만의 파이프라인을 만드는 천문학자들도 있다. 정제되고 보정된 이 데이터들은 리포지토리로 저장되거나 기관 컬렉션으로 구축된다. 일부는 프로젝트 웹사이트에 게시되거나 요청이 있으면 제공된다. 그러나 신규 수집 데이터의 상당 부분은 천문학 분야에서도 연구자의 통제 하에 남아 있는 것으로 보인다.

세 번째 범주인 추출된 데이터는 아카이브에서 입수되거나 다수의 원천에서 결합된 것들이다. 학자들은 찬드라 엑스레이 관측소와 Sloan Digital Sky Survey같이 큐레이션된 컬렉션에서 데이터를 가져와서, 자신의 연구문제에 맞도록 데이터를 변형한다. 연구자들은 종종 다른 컬렉션의 데이터 또는 새롭게 수집한 데이터와 자신의 데이터를 비교하기도 한다. 예를 들면 COMPLETE Survey는 복수의 리포지토리에 저장된 관측 자료들을 신규 수집된 데이터와 통합하였다. 추출된 데이터는 다른 리포지토리로 가거나 직접 공개되고, 아니면 대개의 경우 연구자의 통제 아래 남아 있게 된다.

이러한 데이터의 삼각 모델은 공동 자원을 유지하는 다른 분야에도 적용될 수 있다. 데이터 리포지토리는 데이터 큐레이션 및 자원의 집중화에 대한 투자 정도에 따라 다양하다. 공동 자원 컬렉션의 일부는 단일의 원천에서 나온다. Sloan Digital Sky Survey는 수년 동안 중첩적으로 수집된, 단일 망원경에서 나온 관측으로 구성된다. CBETA는 중국 불교 경전에 있는 단일 텍스트 본문을 디지털화하면서 시작되었다. 다른 컬렉션들은 데이터 생성자에 대한 품질 확인을 통해, 이질적인 원천으로부터 데이터를 받아들인다. 일부 리포지토리는 데이터셋 콘텐츠 확인을 위해 인력을 충분히 갖추고 있고, 자체의 품질기준을 충족하는 데이터셋만을 허용한다. 담당자들은 메타데이터 및 추가 문서화 작업, 신규 포맷으로의 변환, 상담 데스크를 통해 데이터의 가치를 높인다. 컬렉션 간에 일부 중복이 존재할 수는 있지만, 아직 메워야 할 간격이 크다. 학자들은 인접한 분야의 컬렉션에 대해 잘 알지 못하며, 데이터 발견은 여전히 미결의 문제다.

리포지토리나 다른 자원에서 데이터를 추출하기 위해 학자들은 접근 가능한 프로비넌스 정보에 의존한다. 프로비넌스에 대한 후속 분석, 해석, 관리, 문서화 작업은 학자들 손에 맡겨진다. 추출된 데이터도 신규 수집 데이터와 마찬가지로 영구적인 보금자리를 찾는 데에는 동일한 어려움을 겪는다. 특히 데이터 또는 다른 자원으로부터 추출된 산물을 다른 원천과 통합하여 소장자원으로 받아들이는 아카이브는 거의 없는 것으로 보인다. 기록관리자는 흔히 프로비넌스를 확인할 수 없거나 후속 작업이 수행된 연구 객체를 받아들이는 것을 꺼리게 된다. Sloan Digital Sky Survey 같은 일부 데이터 컬렉션에서는 검증을 거친 추출 데이터를 받아들이기도 한다.

　주목할 점은 데이터 공유가 공동 자원이 거의 존재하지 않는 도메인에서 훨씬 덜 체계적이라는 것이다. 센서 네트워크 과학 및 기술 영역에서는 협력자들이 데이터 자원을 자체적으로 유지하는 것 외에는 다른 선택지가 거의 없다. 공동 자원으로 새롭게 수집되는 데이터는, 매번의 배치에서 연구문제, 기술, 프로토콜이 달라진다. 필요할 경우 여러 팀에서 나온 데이터 자원을 모으기도 하지만, 이마저도 개별 과업이나 프로젝트에서는 잘 되지 않는다. 소셜미디어 연구에서 학자들은 동일 스트리밍에서 데이터를 추출했으나 이후 자체 연구 질문을 다루기 위해서 데이터를 변형했다. 여러 팀의 데이터가 비교가능한지 여부와 상관없이, 데이터 입수와 관련된 법적 계약 때문에 공유가 금지된다. 연구비 지원기관에서 데이터 관리계획(DMP)를 의무화한다면 연구자들은 데이터의 잠재적 가치에 대해 좀더 인식하게 될 수 있다. 그러나 그와 같은 계획이 리포지토리, 도구, 직원 충원 등 효과적인 데이터 공유 수단으로 뒷받침되지 않으면, 의도하는 데이터 공유와 재사용 촉진이라는 결과를 가져오지 못할 수도 있다.

## 출판과 데이터

데이터와 출판물에 대한 다양한 비유는 세 번째 문제제기에서 언급한 정책과 프랙티스에 대한 논의를 오히려 혼란스럽게 하는 경향이 있다.

　새로운 형태의 출판물과 장르의 확산에도 불구하고 학술 출판물의 기능은 안정적인 상태로 남아 있다. 학술 커뮤니케이션에서 데이터는 학술지 논문, 서적, 혹은 학술대회 발표문과는 다른 기능을 수행한다. 데이터를 출판물로 간주하는 것은 학술 커뮤니케이션의 새로운 모델을 찾아보는 노력을 훼손시키는 동시에 기득권의 기능을 강화시켜주는 위험이 있다. 학술연구에서 있어서 데이터의 기능은 반드시 다양한 이해관계자의 관점에서 검토되어야 한다.

이 책을 통해 탐구한 바와 같이, 학자들은 논증을 위하여 출판물을 집필하며, 데이터는 이러한 주장을 지지해 주는 증거들이다. 인정, 귀속, 저작권은 출판물과 결합되어 있는데, 데이터는 이러한 것들과 쉽게 또는 잘 상응하지 않는다. 일부 출판물은 데이터로 거의 채워지고 약간의 서술로 엮여 있다. 반대로 어떤 출판물에는 서술이 대부분이고, 데이터가 있어도 얼핏 지나가는 말로 언급될 뿐이다. 논증에 대한 증거 비율이 어느 정도이건, 출판물은 데이터로 구성된 패키지 그 이상이다. 출판물에서 데이터를 추출해서 독립된 상품으로 만드는 것은, 의미의 상당 부분을 없애는 것이 된다. 출판물은 해당 도메인에 익숙한 독자들에게 해석될 수 있는 독립 단위로 만들어진다. 출판물은 데이터 발견을 위한 수단이 될 수 있고 반대로 데이터가 출판물의 발견 수단이 될 수 있다. 따라서 출판물과 데이터 간의 연계는 각각의 가치를 높여줄 수 있다. 그러나 데이터와 출판의 연계를 너무 강조하게 되면 데이터와 출판물 간 일대일 관계를 공식화하게 될 위험이 있다. 데이터셋을 범용적으로 활용될 수 있도록 표현하는 대신 재현가능성을 목적으로 데이터를 유지하게 되면 데이터셋을 출판 단위 크기로 강제하는 결과를 낳게 될 수 있다.

제3장에서 수버(Peter Suber, 2012a)가 설명한 것처럼 학술 출판물에 대한 오픈액세스는 학술연구의 두 가지 특별한 이유 때문에 실행이 가능하다. 학자들은 적어도 초기에는 출판물에 대한 권한을 갖고 있으며, 수입을 얻기보다는 영향을 미치기 위해 집필하기 때문에, 가능한 광범위하게 출판물을 배포하려는 동기요인이 있다. 그러나 데이터는 위 두 가지 이유에 적용이 되지 않는데, 이는 데이터 관리와 정책의 여러 다른 측면에 영향을 미친다. 학자들은 출판물의 발견가능성을 높여주는 방법을 환영하며, 특히 출판물에 대한 인용을 증가시켜주는 결과를 가져올 때 더욱 그렇다.

**제3부** 데이터 정책과 프랙티스

학술 출판의 비즈니스 모델은 지난 몇 세기 동안 급격히 변화되어 왔다. 저자의 원고 제출에서부터 온라인 배포 및 접근에 이르기까지 출판의 거의 전 과정이 이제 디지털 방식이 되었다. DOI 같은 고유하고 지속적인 식별자가 출판 시점에 할당되고, 발간된 지 오랜 자료에 소급하여 배정된다. 리포지토리들도 데이터셋에 대해 DOI, Handle 등 다양한 식별자를 할당한다. ORCID(Open Researcher and Contributor ID) 같은 고유하고 지속적인 식별자는 개인 저자에게 할당되고 있다. 이들을 포함한 다른 식별자들은 제9장에서 논의된 바 같이, 디지털 객체를 Crossref, Object Reuse and Exchange, ResourceSync 같은 기술로 링크시키는 데 사용될 수 있다. 이러한 기술 진보는 오픈액세스 운동에 기여해왔으며 출판의 진입장벽을 낮추고 있다. 학술지와 대학, 학과, 리포지토리, 연구비 지원기관 및 개별 학자들의 업적에 대한 맞춤 보고서를 제공하기 위해 크고 작은 출판사들이 디지털 객체들의 통합에 활용되는 데이터 마이닝 서비스를 새롭게 제공하고 있다.

도서관과 아카이브는 컬렉션 구축 및 관리의 전문기관들이다. 도서관은 주로 출판자료에 집중하고, 아카이브는 독특한 사물에 초점을 둔다. 연구도서관은 대학 교과과정에 부합하는 깊이의 장서를, 다양한 지식 영역에서 폭넓게 수집한다. 외부 인증(accreditation) 기준에 따라, 박사과정에는 학부과정만 있는 프로그램보다 훨씬 포괄적인 장서를 지원한다. 아카이브 컬렉션은 통상 훨씬 작은 도메인이나 자료의 형태에 집중한다. 어떤 연구도서관이 보유한 특정 도메인의 심화된 컬렉션은 학자들과 학생들을 끌어들이고 또 기관의 핵심 자산이 된다. 과학 및 기술 분야의 많은 학자들은 대학도서관에서 디지털 서비스만을 원한다. 반면 인문학 분야 학자들 상당수는 인쇄 및 기록자료에 집중적으로 의존한다. 이들은 도서관이 심층적이고 유구한 컬렉션을 유지하고, 이러한 자료를 사용하기 위한 물리적 공간을 제공해주기를 기대한다. 학자들과 학생들은 디지털 및 물리적 자료 모두 필요로 하며, 자료 이용을 위한 건물, 발견 및 해석을 도와 주는 직원을 요구한다. 정보전문가들의 노력이 이용자들에게 인식되는 것과는 별개로, 모든 이용자는 전문가의 정보 자원 선정, 수집, 조직 및 제공과 관련된 전문성에 의존한다.

기관 차원의 과제 중 하나는 보존과 접근 사이의 균형이다. 산속에 인쇄본을 저장하는 것과 같은 가장 효과적인 보존 형태는 접근에 취약하다. 이와 반대로 저해상도 페이지 이미지 같은 효과적인 접근 형태는 보존에 취약하다. 기관에서는 흔히 두 가지를 다 수행하는데 이를 위해 일부 형태의 자산에 대하여는 이중 시스템이 요구된다. 이러한 구분은 연구 데이터에 적용될 때 더욱 분명해진다. 디지털 파일은 재난으로 손실된 경우 복원은 가능하지만 접근은 거의 제공하지 않는 다크 아카이브(dark archives, 백업을 위한 비공개 아카이브)에 보존될 수도 있다. 연구 가치를 실현하기 위한 데이터 접근을  위해서는 온라인 상호작용 시스템, 도메인에 적합한 기술적 장치, 계산 능력, 이용자들의 자원 활용을 도와주는 직원의 전문성 등이 요구된다. 또 이러한 활동은 도메인 전문성과 큐레이션을 위한 지속적인 투자를 요구한다.

디지털 보존의 여러 가지 굵직한 문제들을 차치하고라도, 대부분의 대학에서는 대규모 도메인 컬렉션에 대한 접근유지 책임을 지기보다는 다크 아카이브나 특수자료의 작은 컬렉션을 관리하는 데 좀더 유리한 위치에 있다. 대규모 컬렉션 유지에는 연구 커뮤니티나, 대학 간 협력체 또는 국가 전체 차원의 인프라에 대한 투자가 요구된다. 대부분의 연구 분야에서 데이터 자원의 집적(aggregation)은 가장 실현 가능한 활용 수단이다.

무엇을 유지하고, 왜 유지할 것인가를 고려함에 있어 출판물과 데이터 사이의 또 다른 구별 역시 적절하다. 그 중 하나는 출판물은 많은 장서에서 여러 복본(copies)으로 존재할 수 있지만, 단 한 번의 목록을 하면 된다는 것이다. 20세기 초반부터 도서관은 목록 작업의 부담을 공유하기 시작했고, 이후 공유 디지털 서비스 개발을 위해 협력 체계를 구축했다(Borgman 2000). 반면 연구 데이터는 아카이브 자료에 더 가깝고, 개별 데이터셋은 고유한 메타데이터와 프로비넌스 레코드가 필요하다. 고유한 개체를 기술하거나 공통 구조로 통합(merge)하기 위해서는 더욱 많은 작업이 요구된다. 그러나 두 경우 모두, 컬렉션 규모가 커짐에 따라 가치 또한 증가한다. 대학도서관들은 각 기관이 무엇을 수집할 것인지에 대한 협력 협약을 체결하고, 자원의 집중화와 커뮤니티 회원의 접근을 도모한다. 데이터 컬렉션에도 같은 활동이 이뤄질 수 있다.

　도서관과 아카이브는 무엇을 수집할 것인지에 대해 상호보완적인 정책을 취한다. 전문적인 표현을 빌리자면, 도서관은 선정하고(select) 아카이브는 평가한다(appraise). 두 기관은 유지하고자 하는 자원을 무기한적으로 수집한다. 도서관은 정보가 낡거나 신판이 나오면 기존 자료를 뽑아내는 '장서 제적(deaccessioning)'을 많이 한다. 개체를 언제 폐기하고 제거할 것인지 결정하는 것은 수집 시점의 결정보다 더욱 어려운 것이다. 출판물에 있어서도, 도서관은 '최종 사본(last - copy)' 협정을 통해, 한 협력기관이 큐레이션하기로 하면 다른 협력기관들은 자체의 사본을 처분한다. 그러나 최종 사본 협정(last - copy agreements)은 데이터와 같은 고유 객체에는 적용되지 않는다. 일부 데이터는 몇 개월 안에 유용성이 없어질 수도 있고 반대로 수십 년간 활용될 수 있는 데이터도 있다. 보유 계획 수립은 특히 데이터와 관련하여 문제가 된다. 학자들과 도서관 사서들은 종종 보존만료 기간 설정을 서로에게 미루는 교착상태를 초래한다.

　여러 사례연구들을 통해 출판물과 데이터에 대한 투자가 상이하다는 것은 주목할 만하다. 출판물에 대한 접근 유지는 모든 연구 도메인에 있어 공통적이다. 하지만 데이터에 대한 접근 유지는 도메인마다 고르지 않다고밖에 할 수 없다. 사례연구에서 가장 망라적 지식 인프라를 갖는 것으로 나타나는 천문학에서는 출판물, 객체 분류, 데이터가 각각 별개로 관리된다. 천문학 분야 문헌은 천체물리학 데이터시스템(Astrophysics Data System, ADS)에서 관리되고, 출판물에 거론된 천체 객체들(celestial objects)은 CDS와 NED에서 목록을 한다. 이 세 기관은 밀접하게 연결되며 출판물과 객체들 간의 링크를 생성한다. 그러나 우주 탐사 미션에서 나온 관측이 지상에서 관측된 데이터보다 훨씬 잘 관리된다. 천체 객체, 출판물, 데이터 간 가장 광범위한 링크 작업은 ADS, CDS, NED와 천문학 데이터 리포지토리에서 일하는 정보 전문가들이 수행한다. 천문학 도서관에서도 링크를 제공하는데, 이는 자관(local) 컬렉션의 가치를 높여준다. 천문학 출판물을 집필한 저자들이 만들어낸 링크가 가장 일관성이 없는데, 출판물은 인용하면서도 데이터에 대해서는 거의 인용 표시를 하지 않는다 (Accomazzi and Dave 2011; Pepe et al., in press). 천문학 분야이건 다른 분야이건, 발견가능성을 위해 출판물과 데이터를 링크로 연결하는 견고한 지식 인프라를 구축하는 것은 그것을 수행할 수 있는 정보전문가들에 대한 투자에 달려 있다.

## 데이터 접근

네 번째 문제제기에 나타난 것처럼 데이터에 대한 접근 제공은 출판물의 오픈액세스 제공보다 훨씬 더 어려운 문제이다.

> 학술 저작물은 오픈액세스 출판, 오픈데이터와 오픈소스 소프트웨어 등의 운동을 통해 더욱 폭넓게 확산되고 있다. 학술연구에서 데이터와 출판물의 목적이 다르다는 것은 확산에 따르는 보상, 수단 및 관행에도 영향을 미친다. 데이터에 대해 오픈액세스를 제공한다는 것은 우리가 아직 잘 파악하지 못하고 있는 연구자, 도서관, 대학, 연구비 지원기관, 출판사 및 기타 이해관계자 등에

대한 시사점을 제시한다.

데이터의 발견과 접근을 제공하는 능력은 공동 자원에 투자해온 분야에서 보다 잘 나타난다. 데이터가 쉽게 모이거나 집적되는 도메인에서는, 이 같은 자원 구축에 대한 보상이 있다. 자연과학 분야의 천문학, 생물학, 생의학 및 '～체학(omics)', 사회과학 분야의 서베이 연구, 인문학의 텍스트 코퍼스 연구 등이 분명한 사례들이다. 이러한 영역에서 데이터는 비교되고 통합될 수 있다. 그 결과 학자들은 공동 자원 접근을 얻기 위해 자신의 데이터를 기탁한다. 하지만 다른 공동 자원과 마찬가지로, 이 공동 자원들도 관리(governed)되어야 한다. 지속가능성과 무임승차자 문제는 지속적인 도전이다. 연구 컬렉션 구축을 시작하는 것 자체가 힘든 일이다. 하지만 이것을 자원 컬렉션 또는 참조 컬렉션으로 만들기 위해 기관 차원의 헌신(commitment)을 끌어내는 것은 훨씬 더 어려운 일이다. 그렇게 구축한 모든 것이 살아 남지도 않는다. 심지어 가장 견고한 데이터 리포지토리라 할지라도 연구비 지원이 중단될 경우를 대비해서 자산 배치 개요를 정리한 승계 계획을 갖고 있다. 무임승차자를 활동 회원으로 전환시키기 위해서는 지혜로운 관리가 필요하다.

대부분의 연구 데이터는 적극적으로 파괴되기 전까지는 구형 파일(legacy files) 형태로 오랜 동안 남아 있거나 자연스럽게 소멸되도록 방치될 가능성이 높다. 이 책 전반에 걸쳐 설명했듯이 그 이유는 많다. 그냥 내버려둔다면 대부분의 학자들은 당장의 그리고 계획된 연구 프로젝트의 목적에 필요한 정도로만 데이터 문서작업을 할 것이다. 데이터 접근 향상을 위해서는, 더 많은 데이터가 재사용 가능한 형태로 보존되어야 하는데, 이를 위해서는 보상 체계의 변화가 요구된다. 대부분의 학자들에게 보다 근본적인 문제는 자신의 데이터를 더욱 잘 관리하는 것이다. 본인 데이터를 본인이 재사용할 수 있게 데이터를 아카이빙할 수 있는 도구, 서비스,

지원이 필요하다. 이렇게 함으로써 본인의 데이터가 후에 다른 이들에게 유용할 수 있는 가능성이 높아진다.

이용허락 규정(permission rules)은 중요하다. 학자들에게는 자신의 자원에 대한 통제를 유지할 수 있게 하는 데이터 관리 솔루션이 필요하다. 연구와 데이터에 따라 다양한 형태의 통제가 필요할 수 있다. 여기에는 엠바고 기간, 라이선스, 상호협정 내용, 인간피험자 관련 규제 준수 등이 포함된다. 학자들이 자신의 데이터를 신뢰할 수 있고, 준수 지원이 되는 (compliant) 시스템에서 아카이브할 수 있고, 그런 시스템을 필요에 따라 사용할 수 있다면, 그 데이터들을 나중에 기꺼이 공개할 수 있을 것이다. 데이터가 일단 리포지토리에 저장되면, 이용허락 요건 변경을 통해 공동 연구자나 대중에게 제공될 수 있다. Dataverse와 SciDrive 같은 시스템은 오픈액세스를 위해 필요한 첫 번째 조치가 신뢰할 만한 데이터 아카이빙이라는 원칙에 따라 운영된다(Crosas 2011; Drago et al. 2012; Goodman et al. 2014; SciDrive 2014). 데이터 문서화작업은 최적화에는 미치지 못하지만, 유실될 수 있는 데이터를 큐레이션할 수 있는 도구들을 제공해주며, 데이터를 발견할 수 있는 가능성을 높여준다. 데이터가 용이하게 유지될 수 있다면, 그것을 더욱 재사용 가능하게 만드는 투자에 대한 동기요인이 증가하게 된다. 마찬가지로, 큐레이션에 대한 투자는 발견가능성을 높여준다. 신뢰할 수 있게 저장된 데이터는 훨씬 용이하게 인용된다. 출판물은 데이터를 발견하는 주요 경로가 되는데, 출판물에서 데이터가 좀더 풍부하게 기술되기 때문이며, 또한 학자들이 데이터셋 인용보다 출판물 인용을 더욱 선호하기 때문이기도 하다.

데이터는 부채임과 동시에 자산이다. 데이터는 유지 비용이 많이 드는 반면 잠재적 악용, 잘못된 해석, 법적 책임이 데이터 공개 의욕을 꺾는다. 최근 한 데이터 공개 요청이 몇 개월간의 협상, 광범위한 법률 자문 그리고 누구도 원하지 않은 상당한 매스컴의 관심이라는 결과를 낳았다. 한 주요 대학의 지진공학 연구자들이 붕괴 위험에 처한 로스앤젤레스의 콘크리트 건물들을 연구한 일이 있었다. NSF 연구비 지원으로 수행된 이 연구는 출판물을 통해 연구결과를 설명했지만 건물 목록은 포함시키지 않았다. 이에 로스앤젤레스 시 공무원들은 건물 안전 평가를 위해 건물 목록을 요청했다. 대학 연구자와 관계자들은 처음에는 건물 소유주의 소송 제기 가능성 때문에 공개 요청을 거부하였다. 대학은 과학적 연구와 개별 건물에 대한 지진 평가를 위해 수집한 데이터를 구분한 것이다. 결국 당사자들은 수정된 목록의 공개와 지진의 위험성에 대한 법률적 용어 표현에 동의하게 되었다(Lin, Xia, and Smith 2014a, 2014b; Smith, Xia, and Lin 2013; Xia, Smith, and Finnegan 2013). 관련된 이해관계자들이 모두 일관된 입장을 가지지는 않았지만, 다들 정당한 관심을 갖고 있었다.

공공 정책을 위한 지진공학 데이터의 사용은 출판물과 데이터가 예기치 못한 다른 목적으로 사용된 하나의 사례일 뿐이다. 재사용 문제에 대한 좀 더 일반적인 해결책은 출판물, 데이터 및 다른 디지털 객체의 대량 코퍼스에 대한 수리적 분석이나 마이닝을 허용하는 것이다. 질문을 예측하는 대신, 차후에 검색자들은 아마 APIs(application programming interfaces) 같은 것을 사용해서 자신만의 알고리즘을 사용할 수 있게 된다. 후자의 접근법은 다양한 모습으로 제안되어 왔다(Bibliographic Service Task Force 2005; Bourne 2005; Bourne et al. 2011; Shotton et al. 2009). 이러한 접근법의 단점은 맥락의 손실, 프로비넌스의 손실, 결과 해석에 필요한 객체들 간의 관계 유지의 어려움이 있다. 자유로운 재사용이라는 의미에서의 오픈데이터(Open Data Commons 2013)는 연구 목적을 위해서는 필요 조건이지만 충분 조건은 아니다. OECD 원칙으로 구현된 유연성, 투명성, 법적 적합성, 지적재산권 보호, 공식 책임, 전문성, 상호운용성, 품질, 보안, 효율성, 신뢰성, 지속가능성이라는 보다 온전한 의미의 오픈데이터는 더 높은 기준을 충족시켜야 한다(Organisation for Economic Co - operation and Development 2007).

## 이해관계자와 기술(Stakeholders and Skills)

학자들은 기존 데이터의 활용보다는 신규 데이터의 수집과 생산에 대해 더 많은 인정을 받는다. 다섯 번째 문제제기에서 나왔듯이 만약 보상 체계가 재사용에 더 가치를 두는 방향으로 아주 느리게라도 변화한다면, 새로운 능력과 새로운 인프라가 요구된다.

지식 인프라는 오픈액세스, 데이터 중심 연구, 신기술, 소셜미디어 및 실무와 정책에서의 변화에 적응하기 위해 진화하고 있다. 이 과정에서 어떤 이해관계자는 우위를 얻게 되는 반면 다른 이해관계자는 손해를 본다. 비용, 혜택, 위험 및 책임이 재분배되고 있다. 새로운 형태의 전문성이 필요하고, 이러한 전문성의 적용은 맥락 및 연구 분야에 따라 상이하게 나타날 것이다.

이해관계자들은 어떤 데이터를 왜 유지할 가치가 있는지에 대한 기본적인 문제에 대해 상충되는 대답을 가지고 있다: 왜 데이터셋을 유지해야 하는지? 어떤 데이터를 유지할 것인지를 결정하는 기준은 무엇인지? 유지할 만한 가치가 있는 데이터라는 것을 누가 결정하는지? 누구를 위해 유지하는지? 예상 가능한 목적이나 용도는 무엇인지? 어떤 형태로, 어떤 부수적인 정보와 함께 유지해야 하는지? 얼마나 오랫동안 유지되어야 하는지? 누가 유지할 것인지? 가치 있는 데이터의 장단기 유지를 위해 누가 투자할 것인지? 누가 데이터에 대한 접근권한을 가질 것인지? 접근, 사용, 재사용을 위해 어떤 정책이 시행되어야 하는지? 주어진 데이터 자원의 활용성 유지를 위해 어떠한 도구, 기술, 시설, 인적 자원이 필요한지?

앞서 논의한 바와 같이 데이터가 신규 수집되거나 가용 자원에서 추출될 때, 관리와 큐레이션, 배포의 책임은 보통 연구자들에게 있다. 데이터 관리에는 연구 도메인과 정보조직 및 큐레이션에 대한 전문성의 조합이 요구된다. 상당한 기술적 전문성도 요구될 수 있는데, 이러한 전문성은 데이터, 맥락 및 사용의 특수성에 따라 달라진다. 연구 분야 전문가가 곧바로 데이터 관리 전문가가 되지는 않는다. 데이터 관리 기법이 학문 영역의 대학원 과정에서 교육되는 경우는 거의 드물다.

그러나 데이터 관리 부담을 학자들이 얼마나 기꺼이 감당하려 하는지는 분명하지 않다. 대부분은 아니겠지만 많은 사람들이 데이터 관리에 들이는 시간과 자원을 연구에 사용하지 못하는 허비된 노력이라고 본다. 연구자들은 도서관이나 아카이브 직원들에게 데이터 관리에 대한 의무를 위임하기를 선호하지만 그런 협력관계 역시 구축하는 데 시간이 걸린다. 도서관은 현재의 서비스를 제공하는 것도 버거워하고 있으며, 모든 도서관이 데이터 관리를 업무의 범위에 있는 것으로 보지는 않는다. 출판사는 데이터 관리보다는 데이터 색인 및 리포지토리로의 연결에 더욱 관심이 많다.

데이터 사이언스 관련 교육 과정은 데이터 분석(analytics), 관리, 조직, 큐레이션, 접근 등을 다양하게 다룬다. 디지털 보존 인력을 주제로 연구한 미국의 한 국가 학술단체(National Academies)의 연구는 디지털 보존에 요구되는 다양한 기술(skills)의 범위를 정의하기 어렵다고 밝힌 바 있다(Hedstrom et al. 2014). 인력 충원 문제의 핵심은 데이터 관리에 수반되는 노동이 거의 보이지 않는 작업이라는 것이다. 정보 전문가, 소프트웨어 공학자, 과학 프로그래머, 계기 제작자 및 여타 기술 전문가들이 학술연구의 기반을 뒷받침해준다. 흔히 이러한 기술들은 저평가되고 경력개발 경로는 불확실하다. 능력 있는 사람들을 직업 안정성이나 승진 경로가 부족한 '소프트 머니'(soft money, 역주: 안정적인 재원이 아닌 연구비, 기부금 등의 임시적인 재원) 계약으로 채용하기는 어렵다. 인적 인프라에 대한 투자는 연구 데이터 유지 및 활용에 결정적 요인이 된다. 견고한 지식 인프라가 유지되어야 한다면 연구 커뮤니티는 이러한 전문가들을 반드시 채용하고 경력개발 경로를 제공해줘야 한다.

데이터 관리, 큐레이션, 디지털 보존에 필수적인 전문성 조합은 이해관계자에 따라 다양하다. 대학, 학과, 도서관, 연구팀 등은 조직 전반에 걸쳐 이러한 종류의 전문성을 요구한다. 연구비 지원기관, 연구 커뮤니티, 또는 여타 기관으로부터 지원을 받는 데이터 리포지토리는 도메인 관련, 데이터 관리 관련, 기술(technology) 관련 각 영역에서 기량을 갖춘 전문가들이 필요하다. 새로운 참가자들이 일부는 공공 영역에서, 일부는 민간 영역에서 진입하고 있다. 유럽 연합(EU)은 출판물, 데이터 및 다른 콘텐츠를 자체 리포지토리에 받아들이는 Open Access Infrastructure for Research in Europe(OpenAIRE)에 투자하고 있다. CERN을 기반으로 하는 Zenodo는 OpenAIRE의 한 구성요소로 다른 리포지토리에서 보유하지 않는 연구 객체들을 받아들인다. 호주는 데이터 관리 연구 수행 규범(code of research conduct)에 명시하였고, 리포지토리, 인력, 개별 기관들과의 다양한 협력 관계를 포함하는 데이터 관리 국가 인프라 구축을 시작했다(Australian National Data Service 2014; National Health and Medical Research Council 2007; Open Access Infrastructure for Research in Europe 2014; Schirrwagen et al. 2013; ZENODO 2013).

대학의 기관 리포지토리와 arXiv와 SSRN 같은 오픈액세스 리포지토리는 프리프린트(preprint), 리프린트(reprint), 회색문헌(gray literature)에 지속적으로 초점을 두고 있다. 일부는 텍스트 기록물에 대한 보충 자료로 데이터셋을 허용할 것이다. Dataverse같이 데이터셋에 특화시킨 리포지토리들도 있다(ArXiv.org 2013; Crosas 2011; J. King 2013; Social Science Research Network 2014). SlideShare와 FigShare 같은 상업 회사들은 광범위한 연구 객체들을 반입하여 DOI를 할당하고 보유 자원이 더욱 용이하게 발견될 수 있도록 해준다. Thomson Reuters는 외부 리포지토리들에 있는 데이터셋을 등록하기 위한 Data Citation Index를 시작했지만 아직 데이터를 반입하고 있지는 않다. 이러한 것들은 연구 객체에 부가가치 서비스를 제공하는 수많은 참여 유형 중 몇 가지 사례들일 뿐이다. 일부는 단기적 목적을 갖고 있으나, 연구 자원에 대한 장기적 접근 유지를 목적으로 하는 것들도 있다.

## 지식 인프라 – 과거, 현재, 미래

제6장에 마지막 문제제기로 나타난 바와 같이 지식 인프라 구축은 닭이 먼저냐, 계란이 먼저냐의 문제와 같다.

지식 인프라는 여러 학술 세대를 거쳐 개발되고 조정된다. 장기적 관점의 설계와 정책이 필요한 반면 연구비 지원은 단기적인 주기에 따라 운영된다. 현재뿐 아니라 미래에도 연구 데이터를 획득, 유지, 활용할 수 있으려면 인프라에 대한 상당한 투자가 필요하다. 이러한 투자에는 논쟁이 따를 수 있는데, 그것은 오늘 내린 결정이 가까운 장래를 넘어서 장기적으로 어떤 데이터와 정보 자원이 가용하게 될 것인지를 결정하기 때문이다.

긴장 관계에 있는 것이 많은데 특히 "기술 인프라에 대한 장기적인 관점(long now of technology infrastructure)"[역주: long now라는 개념은 Steward Brand 가 만든 동명의 재단(The Long Now Foundation)을 통해 촉진되고 있는 것으로 현재라는 개념을 단기적이 아닌 장기적인 것으로 보자고 주장한다]에서 더욱 긴장감이 크다(Ribes and Finholt 2009). 개인, 프로젝트, 조직은 서로 다른 시간 기준에 따라 기능하기 때문에 상충되는 목표가 곧바로 뚜렷하게 드러나지는 않는다. 대부분의 연구지원은 5년 주기 또는 더 짧은 주기로 이루어진다. 많은 연구비는 1년 또는 2년 단위이다. 데이터 리포지토리도 연구비 지원으로 운영되고, 몇 년마다 계약을 갱신해야 한다. "구축해놓으면, 오게 될 것"이라고 추정하는 것은 위험한 전략이 될 수 있다. 개념 입증(proof of concept)이 될 때쯤, 연구비 지원이 끝날 수도 있다. 연구비 지원이 종료되면 협력기관들은 해체되고, 다음 프로젝트로 자원과 전문성이 이전된다.

그렇지 않을 경우 전문성을 가진 사람들은 길을 잃고, 데이터는 소실되고, 기술은 분산되며, 인프라의 핵심적인 부분이 방치된다. 지식 인프라의 시작, 중간, 종료가 어떻게 되는지에 대해서는 알려진 것이 별로 없다 (Cummings et al. 2008; Duderstadt et al. 2002; Edwards et al. 2007, 2011, 2013; Lee et al. 2006; Olson, Zimmerman, and Bos 2008; Ribes and Jackson 2013).

연구 인프라를 지원하는 것과 연구를 지원하는 것은 다르다. 정부와 연구비 지원기관에게 기술, 사람, 서비스 공유 인프라에 투자하도록 설득하는 일은, 미국의 사이버 인프라 프로그램, 영국의 eScience 프로그램, 호주의 National Data Service 및 이와 유사한 각국의 프로그램의 사례에서 경험한 바와 같이, 납득시키기 어려운 일이 될 수 있다. 이러한 사업들의 구체적인 내용이 매우 다양함에도 불구하고, 많은 학자들은 이러한 투자를 선호하는데 그것은 공유기술과 공동 자원은 개별 대학이나 연구자들이 구축할 수 있는 범위를 넘어선 것이라고 인식하기 때문이다. 이러한 투자가 하향식, 중앙집권화된 해결책이라는 것 때문에 지지하지 않는 사람들도 있다. 이러한 인프라는 장기적인 사업인데 그렇게 유지되려면 단기적인 연구비 지원 순환주기와 정치적 변화 속에서 길을 찾아야 한다. 인프라에는 여러 개의 움직이는 부분들(moving parts)이 있고, 각 부분은 각기 다른 시간 기준에 따라 진화한다. 기술은 빠르게 변화하는 반면 대학과 출판사는 훨씬 느리게 움직인다. 스타트업 기업은 빨리 움직일 수 있지만 장기적 유지 가능성에 투자하지는 않을 것이다.

데이터를 유지, 개발하는 능력은 또한 데이터 관리를 위한 제도적 투자에 의존한다. 연구자들에게는 투자의 목표가 데이터의 관리 책임이라고 인식할 때보다는 이런 투자가 연구 가치를 제고한다고 할 때 데이터 큐레이션에 대한 동기요인이 더 생긴다. 데이터 관리에 투자하는 학자들은 어떤 데이터가 유지할 가치가 있는지 공동으로 결정할 수 있다. 데이터의 가치가 빨리 저하될 것으로 인식된다면 이를 유지할 이유는 거의 없다.

**제3부** 데이터 정책과 프랙티스

구형(legacy) 데이터, 하드웨어, 소프트웨어는 관리가 어렵고 비용이 많이 든다. 일부 데이터는 복수의 에뮬레이션을 작동시켜야만 복구가 가능하지만, 이를 일반적으로 정당화하기는 어렵다(Brooks 1975; Jackson and Buyuktur 2014; Lee et al. 2006; Mayernik, in press; Segal 2005; Winkleman and Rots 2012a).

단기적으로만 유용한 데이터는 배포와 접근을 위해 사이트에 기탁되거나 게시될 수 있다. 장기적 가치를 갖는 데이터와 연구 객체들은 도서관, 아카이브, 박물관 또는 재정 지원이 잘 되는 리포지토리와 같이 안정적인 기관에 맡겨지는 것이 바람직하다. 일부 학자들은 재빨리 신기술을 채택하고 적응한다. 다른 사람들은 미래에도 지원이 확실할 것으로 보이는 기술만을 채택함으로써 위험을 회피하고자 한다. 마찬가지로, 일부 사람들은 자신의 데이터를 상업전매(proprietary) 소프트웨어에서 유지할 것이며, 다른 사람들은 오픈포맷으로만 데이터를 관리할 것이다. 고립된 데이터 섬(silos)은 어디에나 있으며 상호운용성은 아득한 목표로 남아 있다.


## 결론

어떤 데이터를 유지할 것인가라는 질문에 대한 일반적인 해답은 없다. 왜냐하면 무엇이 데이터인가의 질문에 대한 일반적인 해답이 없기 때문이다. 전반적인 합의는 없지만 대부분의 학자들은 자신이 데이터라고 간주하는 것을 관리하기 위해 보다 나은 수단을 갖기 원한다. 보다 나은 데이터 관리는 지속가능한 데이터로 나아갈 것이고 이는 결국 보다 나은 데이터 발견과 공유의 수단으로 귀결될 것이다. 이것은 학자들에게만 책임을 지울 수 없는 값비싼 투자이다. 데이터에 대한 보다 나은 접근을 위해서는 연구 커뮤니티, 연구비 지원기관, 대학 및 출판사, 이해관계자들이 지식 인프라에 투자하는 것이 필요하다. 기술, 정책, 프랙티스는 많은 면에서 교차한다. 지식 인프라에서 변화하는 많은 부분들을 함께 엮어 나가기 위해서는, 보이지 않는 작업을 통해 관련된 부분들을 연결하는 인적 자원에 대한 투자가 필요하다.

학자들은 이전에는 결코 가능하지 않았던 규모로 데이터를 수집, 발견, 검색, 분석, 배포할 수 있게 되었다. 이러한 데이터의 일부는 영원히 유지할 가치가 있지만 일부는 일시적인 가치를 지닌다. 유지하는 것보다 필요할 경우 더욱 손쉽게 재생성되는 데이터도 있다. 인류 역사를 통해 모든 것을 다 유지하는 것은 결코 가능한 선택이 아니었다. 미래의 정보 이용은 온전하게 예측될 수 없다. 많은 학술연구에서의 핵심은 오래된 정보에서 새로운 증거를 식별하는 능력이다. 데이터 유지는 단순 저장이나 백업보다는 훨씬 달성하기 어려운 기준이다. 데이터를 발견할 수 있도록 하고, 사용 가능하게 하고, 접근 가능하게 하고, 이해할 수 있도록 하고, 해석할 수 있도록 만들며, 또한 이것을 장기간에 걸쳐서 할 수 있도록 만드는 것이 우리에게 주어진 과제이다. 이해관계자들이 특정 도메인에서 어떠한 종류의 데이터에 대해 그러한 정도의 투자를 할 만한 가치가 있는지, 혹은 누구에게 그런 데이터가 가치가 있을지에 대해 합의를 하지 못할 수 있다. 가장 어려운 부분은 이해당사자들을 대신하여 누가 이러한 투자를 기꺼이 할 수 있을지 판가름하는 것이다. 데이터 접근을 위한 가치 제안은 지식 인프라에 대한 가치 제안이다. 매우 장기적인 관점이 요구되지만 이것은 다양한 연구 도메인, 커뮤니티, 국가에 걸쳐 복잡하게 서로 얽혀 있는 이해관계자 상황 때문에 아주 힘든 작업이다. 이 책의 기본 전제를 재차 확인하자면, 데이터의 가치는 그것을 사용하는 데 있다. 이해관계자들이 무엇을 유지하고 왜 그래야 하는지에 동의하지 못하고 지식 인프라 유지에 필수적인 보이지 않는 작업(invisible work)에 투자하지 않는다면, 빅데이터와 리틀데이터 모두 곧 노데이터가 될 것이다.

Aad, G., T. Abajyan, B. Abbott, J. Abdallah, S. Abdel Khalek, A. A. Abdelalim, O. Abdinov, et al. 2012. "Observation of a New Particle in the Search for the Standard Model Higgs Boson with the ATLAS Detector at the LHC." *Physics Letters [Part B]* 716 (1):1~29. doi:10.1016/j. physletb.2012.08.020.

Abbate, Janet. 1999. *Inventing the Internet.* Cambridge, MA: MIT Press.

Accomazzi, Alberto. 2010. "Astronomy 3.0 Style." *Astronomical Society of the Pacific Conference Series* 433: 273~281.

Accomazzi, Alberto, and Rahul Dave. 2011. "Semantic Interlinking of Resources in the Virtual Observatory Era." *Astronomical Society of the Pacific Conference Series* 442: 415~424. doi:arXiv: 1103.5958.

Acropolis Museum. 2013. "The Frieze." http://www.theacropolismuseum.gr/en/content/frieze-0.

Agosti, Maristella, and Nicola Ferro. 2007. "A Formal Model of Annotations of Digital Content." *ACM Transactions on Information Systems* 26 (1). doi:10.1145/1292591.1292594.

Agre, Philip E. 1994. "From High Tech to Human Tech: Empowerment, Measurement, and Social Studies of Computing." *Computer Supported Cooperative Work* 3 (2):167~195. doi:10.1007/BF00773446.

Ahn, Christopher P., Rachael Alexandroff, Carlos Allende Prieto, Scott F. Anderson, Timothy Anderton, Brett H. Andrews, Éric Aubourg, et al. 2012. "The Ninth Data Release of the Sloan Digital Sky Survey: First Spectroscopic Data from the SDSS-III Baryon Oscillation Spectroscopic Survey." *Astrophysical Journal* 203:21. doi:10.1088/0067-0049/203/2/21.

Akyildiz, I. F., W. Su, Y. Sankarasubramaniam, and E. Cayirci. 2002. "Wireless Sensor Networks: A Survey." *Computer Networks* 38 (4):393~422. doi:10.1016/S1389-1286 (01)00302-4.

Alabaster, Jay. 2013. "Library of Congress Saves 500 Million Tweets Per Day in Archives." *Computerworld* (January 8). http://www.computerworld.com/s/article/9235421/Library_of_Congress_saves_500_million_tweets_per_day_in_archives.

Alarcón, Enrique. 2000. "Corpus Thomisticum." www.corpusthomisticum.org.

Alberts, Bruce. 2012. "The End of 'Small Science'?" *Science* 337 (6102):1583. doi:10.1126/science.1230529.

Alberts, Bruce. 2013. "Impact Factor Distortions." *Science* 340 (6134):787. doi:10.1126/

science.1240319.

Allen, Erin. 2013. "Update on the Twitter Archive at the Library of Congress." (January 4). http:// blogs.loc.gov/loc/2013/01/update-on-the-twitter-archive-at-the-library-of-congress.

Allon, Mark. 2007. "Recent Discoveries of Buddhist Manuscripts from Afghanistan and Pakistan: The Heritage of the Greeks in the North-west." In *Memory as History: The Legacy of Alexander in Asia*, ed. Himanshu Prabha Ray and D. T. Potts. New Dehli: Aryan Books International.

Allon, Mark. 2009. "Recent Discoveries of Buddhist Manuscripts from Afghanistan and Pakistan and Their Significance." In *Art, Architecture and Religion along the Silk Roads*, ed. Ken Parry, 133~178. Belgium: Brepols.

Alsheikh-Ali, Alawi A., Waqas Qureshi, Mouaz H. Al-Mallah, and John P. A. Ioannidis. 2011. "Public Availability of Published Research Data in High-Impact Journals." *PLoS ONE* 6:e24357.

Altman, Micah, and Gary King. 2007. "A Proposed Standard for the Scholarly Citation of Quantitative Data." *D-Lib Magazine* 13 (3/4). doi:10.1045/ march2007-altman.

Altschul, S. F., W. Gish, W. Miller, E. W. Myers, and D. J. Lipman. 1990. "Basic Local Alignment Search Tool." *Journal of Molecular Biology* 215 (3):403~410. doi:10.1016/ S0022-2836(05)80360-2.

American Psychological Association. 2009. *Publication Manual of the American Psychological Association*. 6th ed. Washington, DC: APA. 강진령 역. 2013. 『APA 논문작성법』. 서울: 학지사.

Ancient Lives. 2013. Home page. http://ancientlives.org.

Anderson, Chris. 2004. "The Long Tail." *Wired*. http://www.wired.com/wired/ archive/12.10/ tail_pr.html.

Anderson, Chris. 2006. *The Long Tail: Why the Future of Business Is Selling Less of More*. New York: Hyperion. 이노무브그룹 외 옮김. 2006. 『롱테일 경제학』. 서울: 랜덤하우스코리아.

Anderson, Chris. 2008. "The End of Theory: The Data Deluge Makes the Scientific Method Obsolete." *Wired*. https://www.wired.com/2008/06/the-end-of-theo/.

Anderson, David P., Jeff Cobb, Eric Korpela, Matt Lebofsky, and Dan Werthimer. 2002. "SETI@ home: An Experiment in Public-Resource Computing." *Communications of the ACM* 45 (11):56~61. doi:10.1145/581571.581573.

Anderson, Robert J. 1994. "Representations and Requirements: The Value of Ethnography in System Design." *Human-Computer Interaction* 9 (3):151~182. doi:10.1207/ s15327051hci0902_1.

Archaeology Data Service. 2013. Home page. http://archaeologydataservice.ac.uk.

Arms, William Y. 2002. "What Are the Alternatives to Peer Review? Quality Control in Scholarly Publishing on the Web." *Journal of Electronic Publishing* 8. http://www. press.umich.edu/jep/08-01/arms.html.

Aronova, Elena, Karen S. Baker, and Naomi Oreskes. 2010. "Big Science and Big Data in Biology: From the International Geophysical Year through the International Biological Program to the Long-Term Ecological Research (LTER) Network, 1957-Present." *Historical Studies in the Natural Sciences* 40:183~224. doi:10.1525/hsns.2010.40.2.183.

Arts & Humanities Research Council. 2012. "Technical Plan." http://www.ahrc.ac.uk/Funding-Opportunities/Research-funding/RFG/Application-guidance/Pages/Technical-Plan.aspx.

Arts and Humanities Data Service. 2008. Home page. http://www.ahds.ac.uk. ArXiv.org. 2013. "ArXiv.org e-Print Archive." Home page. http://arxiv.org.

Arzberger, Peter, P. Schroeder, Anne Beaulieu, Geoffrey C. Bowker, K. Casey, L. Laaksonen, D. Moorman, Paul F. Uhlir, and Paul Wouters. 2004. "An International Framework to Promote Access to Data." *Science* 303: 1777~1778. doi:10.1126/science.1095958.

Association for Computing Machinery. 1992. "ACM Code of Ethics and Professional Conduct." http://www.acm.org/about/code-of-ethics.

Association of Internet Researchers. 2012. "Ethics Guide." https://aoir.org/ethics/.

Atkins, Daniel E., Kelvin K. Droegemeier, Stuart I. Feldman, Hector Garcia-Molina, Michael L. Klein, Paul Messina, David G. Messerschmitt, Jeremiah P. Ostriker, and Margaret H. Wright. 2003. "Revolutionizing Science and Engineering through Cyberinfrastructure: Report of the National Science Foundation Blue-Ribbon Panel on Cyberinfrastructure." Washington, DC: National Science Foundation. http:// www.nsf.gov/cise/sci/reports/atkins.pdf.

Australian Law Reform Commission. 2014. "Defining 'Non-Consumptive' Use." http://www.alrc.gov.au/publications/8-non-consumptive-use/defining-%E2%80%98non-consumptive%E2%80%99-use.

Australian National Data Service. 2014. Home page. http://www.ands.org.au.

Ayers, Edward L. 2003. *In the Presence of Mine Enemies: The Civil War in the Heart of America, 1859~1863.* W. W. Norton.

Ayers, Edward L. 2007. "The Valley of the Shadow: Two Communities in the American Civil War." http://valley.lib.virginia.edu.

Ayers, Edward L., and Charles M. Grisham. 2003. "Why IT Has Not Paid Off as We Hoped (Yet)." *EDUCAUSE Review* 38 (6):40~51. https://er.educause.edu/articles/2003/1/why-it-has-not-paid-off-as-we-hoped-yet.

Babbie, Earl. 2013. *The Practice of Social Research.* 13th ed. Belmont, CA: Wadsworth. 고성호 외 옮김. 2013. 『사회조사방법론』. 서울: 센게이지러닝코리아.

Baca, Murtha. 1998. *Introduction to Metadata: Pathways to Digital Information.* Los Angeles: Getty Information Institute.

Baca, Murtha. 2002. *Introduction to Art Image Access: Issues, Tools, Standards, Strategies.* Los Angeles: Getty Publications.

Bakshy, Eytan, Jake M. Hofman, Winter A. Mason, and Duncan J. Watts. 2011.

"Everyone's an Influencer: Quantifying Influence on Twitter." In *Proceedings of the Fourth ACM International Conference on Web Search and Data Mining*, 65~74. New York: ACM. doi:10.1145/1935826.1935845.

Ball, Alex. 2012. "How to License Research Data." Digital Curation Centre. http://www.dcc. ac.uk/resources/how-guides/license-research-data.

Ball, James. 2013. "Verizon Court Order: Telephone Call Metadata and What It Can Show." *The Guardian* (June 12). http://www.guardian.co.uk/world/2013/jun/06/ phone-call-metadata-information-authorities.

Bamford, Connor. 2012. "Solving Irreproducible Science." *The Scientist*. http://the-scientist. com/2012/09/26/solving irreproducible-science.

Barbier, Geoffrey, Zhuo Feng, Pritam Gundecha, and Huan Liu. 2013. "Provenance Data in Social Media." *Synthesis Lectures on Data Mining and Knowledge Discovery* 4 (1):1~84. doi:10.2200/S00496ED1V01Y201304DMK007.

Bard, Jonathan. 2013. "The Living World." Unpublished manuscript. University of Oxford.

Barrett, Timothy H. 2008. *The Woman Who Discovered Printing*. New Haven, CT: Yale University Press.

Basken, Paul. 2012. "NIH to Begin Enforcing Open-Access Policy on Research It Supports." *Chronicle of Higher Education* (November 19). http://chronicle.com/article/ NIH-to-Begin-Enforcing/13585 2/?cid=at.

Batalin, Maxim A., Mohammad Rahimi, Yan Yu, Duo Liu, Aman Kansal, Gaurav S. Sukhatme, William J. Kaiser, et al. 2004. "Call and Response: Experiments in Sampling the Environment." In *Proceedings of the 2nd International Conference on Embedded Networked Sensor Systems*, 25~38. New York: ACM. http://www.stat.ucla.edu/~cocteau/papers/pdf/sensys04.pdf.

Beaulieu, Anne, Sarah de Rijcke, and Bas van Heur. 2012. "Authority and Expertise in New Sites of Knowledge Production." In *Virtual Knowledge: Experimenting in the Humanities and Social Sciences*, ed. Paul Wouters, Anne Beaulieu, Andrea Scharnhorst, and Sally Wyatt, 25~56. Cambridge MA: MIT Press. http://mitpress.mit.edu/books/virtual-knowledge.

Beaumont, Christopher N., Stella S. R. Offner, Rahul Shetty, Simon C. O. Glover, and Alyssa A. Goodman. 2013. "Quantifying Observational Projection Effects Using Molecular Cloud Simulations." *Astrophysical Journal* 777 (2):173. doi:10.1088/0004-637X/777/ 2/173.

Becher, Tony. 1989. *Academic Tribes and Territories: Intellectual Enquiry and the Culture of Disciplines*. Buckingham, UK: SRHE & Open University Press.

Becher, Tony. 1994. "The Significance of Disciplinary Differences." *Studies in Higher Education* 19 (2):151~161. doi:10.1080/03075079412331382007.

Bechhofer, Sean, Iain Buchan, David De Roure, Paolo Missier, John Ainsworth, Jiten Bhagat, Philip Couch, et al. 2013. "Why Linked Data Is Not Enough for Scientists." *Future Generation Computer Systems* 29 (2):599~611. doi:10.1016/j.future.2011.08.004.

Bechhofer, Sean, David De Roure, Matthew Gamble, Carole Goble, and Iain Buchan. 2010. "Research Objects: Towards Exchange and Reuse of Digital Knowledge." *Nature Precedings*. doi:10.1038/npre.2010.4626.1.

Becker, Glenn, Arnold Rots, Sherry L. Winkelman, Michael McCollough, Aaron Watry, and Joan Hagler. 2009. "It's Not Just for Data Anymore: The Many Faces of the Chandra Data Archive." In *Chandra's First Decade of Discovery, Proceedings of the Conference Held 22~25 September, 2009 in Boston, MA*, 65. http://adsabs.harvard.edu/abs/2009cfdd.confE..65B.

Bell, Gordon, Tony Hey, and Alex Szalay. 2009. "Beyond the Data Deluge." *Science* 323:1297~1298. doi:10.1126/science.1170411.

Benkler, Yochai. 2007. *The Wealth of Networks: How Social Production Transforms Markets and Freedom*. New Haven, CT: Yale University Press.

Berlekamp, Elwyn. 2012. "Small Science: Radical Innovation." *Science* 338 (6109): 882. doi:10.1126/science.338.6109.882-a.

Berman, Francine. 2008. "Got Data? A Guide to Data Preservation in the Information Age." *Communications of the ACM* 51:50~56. doi:10.1145/1409360.1409376.

Berman, Francine, Brian Lavoie, and Paul Ayris, G. Sayeed Choudhury, Elizabeth Cohen, Paul Courant, Lee Dirks, et al. 2010. "Sustainable Economics for a Digital Planet: Ensuring Long-Term Access to Digital Information." San Diego: National Science Foundation, Andrew W. Mellon Foundation, Library of Congress, Joint Information Systems Committee of the UK, Council on Library and Information Resources, National Archives and Records Administration. http://brtf.sdsc.edu/publications.html.

Bhattacharjee, Yudhijit. 2012. "Pharma Firms Push for Sharing of Cancer Trial Data." *Science* 338 (6103):29. doi:10.1126/science.338.6103.29.

Bibliographic Services Task Force. 2005. "Rethinking How We Provide Bibliographic Services for the University of California." University of California Libraries. https://libraries.universityofcalifornia.edu/groups/files/bstf/docs/Final.pdf.

Biemiller, Lawrence. 2013. "Universities Must Encourage Researchers to Share Data, Panel Says." *Chronicle of Higher Education*. http://chronicle.com/blogs/wiredcampus/universities-must-encourage-researchers-to-share-data-panel-says/45409.

Bietz, Matthew J., and Charlotte P. Lee. 2009. "Collaboration in Metagenomics: Sequence Databases and the Organization of Scientific Work." In *ECSCW 2009*, ed. Ina Wagner, Hilda Tellioğlu, Ellen Balka, Carla Simone, and Luigina Ciolfi, 243~262. London: Springer. http://link.springer.com/chapter/10.1007/978-1-84882-854-4_15.

Bietz, Matthew J., and Charlotte P. Lee. 2012. "Adapting Cyberinfrastructure to New Science: Tensions and Strategies." In *Proceedings of the 2012 iConference*, 183~190. New York: ACM. doi:10.1145/2132176.2132200.

Biglan, Anthony. 1973. "The Characteristics of Subject Matter in Different Academic Areas." *Journal of Applied Psychology* 57 (3):195~203. doi:10.1037/h0034701.

Bijker, Wiebe E. 1995. *Of Bicycles, Bakelites and Bulbs: Toward a Theory of Sociotechnical Change.* Cambridge, MA: MIT Press.

Bijker, Wiebe E., Thomas P. Hughes, and Trevor Pinch. 1987. *The Social Construction of Technological Systems: New Directions in the Sociology and History of Technology.* Cambridge, MA: MIT Press. 고성호 편. 1999. 『과학 기술은 사회적으로 어떻게 구성되는가: 자전거, 형광등, 미사일, 전기자동차, 항공기의 일생을 통해서 본 현대 사회』. 서울: 새물결.

Binding, Ceri, Keith May, and Douglas Tudhope. 2008. "Semantic Interoperability in Archaeological Datasets: Data Mapping and Extraction via the CIDOC CRM." In *Research and Advanced Technology for Digital Libraries*, ed. Birte Christensen-Dalsgaard, Donatella Castelli, Bolette Ammitzbøll Jurik, and Joan Lippincott, 280~290. 5173. Berlin: Springer.

Birnholtz, Jeremy P., and Matthew J. Bietz. 2003. "Data at Work: Supporting Sharing in Science and Engineering." In *Proceedings of the 2003 International ACM SIGGROUP Conference*, 339~348. New York: ACM.

Bishop, Ann Peterson, and Susan Leigh Star. 1996. "Social Informatics of Digital Library Use and Infrastructure." *Annual Review of Information Science & Technology* 31:301~401.

Blair, Ann M. 2010. *Too Much to Know: Managing Scholarly Information before the Modern Age.* New Haven, CT: Yale University Press.

Blecksmith, E., S. Paltani, A. Rots, and Sherry L. Winkelman. 2003. "Chandra Data Archive Download and Usage Database." In *ASP Conference Series 295:283. http://adsabs.harvard.edu/full/2003ASPC..295..283B.*

Blocker, Alexander W., and Xiao-Li Meng. 2013. "The Potential and Perils of Preprocessing: Building New Foundations." *Bernoulli* 19 (4):1176~1211. doi:10.3150/13-BEJSP16.

Blomberg, Jeanette, and Helena Karasti. 2013. "Reflections on 25 Years of Ethnography in CSCW." *Computer Supported Cooperative Work* 22 (4-6):373~423. doi:10.1007/s10606-012-9183-1.

Bloom, Harold. 1994. *The Western Canon: The Books and School of the Ages.* New York: Harcourt Brace.

Bohannon, John. 2013a. "Dance Your PhD: And the Winner Is⋯." *Science* (November 15). http://news.sciencemag.org/scientific-community/2013/11/dance-your-ph.d.-and-winner-%E2%80%A6.

Bohannon, John. 2013b. "Genealogy Databases Enable Naming of Anonymous DNA Donors." *Science* 339 (6117):262. doi:10.1126/science.339.6117.262.

Bollen, Johan, Huina Mao, and Xiao-Jun Zeng. 2010. "Twitter Mood Predicts the Stock Market." *Journal of Computational Science* 2 (1). doi:10.1016/j.jocs.2010.12.007.

Bollen, Johan, Herbert Van de Sompel, Aric Hagberg, and Ryan Chute. 2009. "A Principal Component Analysis of 39 Scientific Impact Measures." *PLoS ONE* 4 (6):e6022. doi:10.1371/journal.pone.0006022.

Bollier, David. 2007. "The Growth of the Commons Paradigm." In *Understanding Knowledge as* a *Commons: From Theory to Practice*, ed. Charlotte Hess and Elinor Ostrom, 27~40. Cambridge, MA: MIT Press.

Borges, Jorge Luis. 1999. "The Analytical Language of John Wilkins." Trans. Lilia Graciela Vazquez. *ALAMUT*. http://www.alamut.com/subj/artiface/language/johnWilkins.html.

Borgman, Christine L. 1990. *Scholarly Communication and Bibliometrics*. Newbury Park, CA: Sage.

Borgman, Christine L. 2000. *From Gutenberg to the Global Information Infrastructure: Access to Information in the Networked World*. Cambridge, MA: MIT Press.

Borgman, Christine L. 2003. "The Invisible Library: Paradox of the Global Information Infrastructure." *Library Trends* 51:652~674.

Borgman, Christine L. 2006. "What Can Studies of e-Learning Teach Us About e-Research? Some Findings from Digital Library Research." *Computer Supported Cooperative Work* 15 (4):359~383. doi:10.1007/s10606-006-9024-1.

Borgman, Christine L. 2007. *Scholarship in the Digital Age: Information, Infrastructure, and the Internet*. Cambridge, MA: MIT Press.

Borgman, Christine L. 2009. "The Digital Future Is Now: A Call to Action for the Humanities." *Digital Humanities Quarterly* 3. http://digitalhumanities.org/dhq/vol/3/4/000077/000077. html.

Borgman, Christine L. 2011. "Is Data to Knowledge as the Wasp Is to the Fig Tree? Reconsidering Licklider's Intergalactic Network in the Days of Data Deluge." In *Accelerating Discovery: Human-computer Symbiosis 50 Years On*. Park City, UT: Argonne National Labs, ICIS. https:// sites.google.com/site/licklider50.

Borgman, Christine L. 2012a. "The Conundrum of Sharing Research Data." *Journal of the American Society for Information Science and Technology* 63 (6):1059~1078. doi:10.1002/ asi.22634.

Borgman, Christine L. 2012b. "Why Are the Attribution and Citation of Scientific Data Important?" In *For Attribution-Developing Data Attribution and Citation Practices and Standards: Summary of an International Workshop, 1~10*. Washington, DC: National Academies Press. https:// www.nap.edu/read/13564/chapter/2.

Borgman, Christine L. 2013. "Keynote Presentation: 'ADS, Astronomy and Scholarly Infrastructure'" presented at the Astrophysics Data System 20th Anniversary Symposium (May 8). Harvard-Smithsonian Center for Astrophysics, Cambridge, MA. http://conf.adsabs. harvard.edu/ADSXX.

Borgman, Christine L., and Jonathan Furner. 2002. "Scholarly Communication and Bibliometrics." *Annual Review of Information Science & Technology* 36:3~72.

Borgman, Christine L., Andrea L. Gallagher, Sandra G. Hirsh, and Virginia A. Walter. 1995. "Children's Searching Behavior on Browsing and Keyword Online Catalogs: The Science Library Catalog Project." *Journal of the American Society for Information Science American*

*Society for Information Science* 46:663~684. doi:10.1002/ (SICI)1097-4571(199510)46:9 ⟨663: AID-ASI4⟩3.0.CO;2-2.

Borgman, Christine L., Anne J. Gilliland-Swetland, Gregory H. Leazer, Richard Mayer, David Gwynn, Rich Gazan, and Patricia Mautone. 2000. "Evaluating Digital Libraries for Teaching and Learning in Undergraduate Education: A Case Study of the Alexandria Digital Earth ProtoType (ADEPT)." *Library Trends* 49 (2):228~250.

Borgman, Christine L., Dineh Moghdam, and Patti K. Corbett. 1984. *Effective Online Searching: A Basic Text.* New York: Marcel Dekker.

Borgman, Christine L., and Susan L. Siegfried. 1992. "Getty's Synoname™ and Its Cousins: A Survey of Applications of Personal Name Matching Algorithms." *Journal of the American Society for Information Science American Society for Information Science* 43 (7):459~476. doi:10.1002/(SICI)1097-4571(199208)43:7⟨459:AID-ASI1⟩3.0.CO;2-D.

Borgman, Christine L., Sharon Traweek, Peter Darch, Milena Golshan, Elaine Levia, Camille Mathieu, Ashley E. Sands, and Jillian C. Wallis. 2014. "Knowledge Infrastructures Lab." *Los Angeles: University of California at Los Angeles, Department of Information Studies.* https://knowledgeinfrastructures.gseis.ucla.edu/.

Borgman, Christine L., Jillian C. Wallis, and Noel Enyedy. 2006. "Building Digital Libraries for Scientific Data: An Exploratory Study of Data Practices in Habitat Ecology." In *10th European Conference on Digital Libraries*, Lecture Notes in Computer Science 4172:170~183. Berlin: Springer.

Borgman, Christine L., Jillian C. Wallis, and Noel Enyedy. 2007. "Little Science Con- fronts the Data Deluge: Habitat Ecology, Embedded Sensor Networks, and Digital Libraries." *International Journal on Digital Libraries* 7:17~30. doi:10.1007/s00799-007-0022-9.

Borgman, Christine L., Jillian C. Wallis, and Matthew S. Mayernik. 2012. "Who's Got the Data? Interdependencies in Science and Technology Collaborations." *Computer Supported Cooperative Work* 21 (6):485~523. doi:10.1007/s10606-012-9169-z.

Borgman, Christine L., Jillian C. Wallis, Matthew S. Mayernik, and Alberto Pepe. 2007. "Drowning in Data: Digital Library Architecture to Support Scientific Use of Embedded Sensor Networks." In *Joint Conference on Digital Libraries*, 269~277. New York: ACM. http://doi.acm.org/10.1145/1255175.1255228.

Boruch, Robert F. 1985. "Definitions, Products, Distinctions in Data Sharing." In *Sharing Research Data*, ed. Stephen E. Fienberg, Margaret E. Martin, and Miron L. Straf, 89~122. Committee on National Statistics, Commission on Behavioral and Social Sciences and Education, National Research Council. Washington, DC: National Academies Press. http://books.nap.edu/catalog.php?record_id=2033.

Bos, Nathan, Ann Zimmerman, Judith Olson, Jude Yew, Jason Yerkie, Erik Dahl, and Gary M. Olson. 2007. "From Shared Databases to Communities of Practice: A Taxonomy of Collaboratories." *Journal of Computer-Mediated Communication* 12 (2). https://onlinelibrary.

wiley.com/doi/abs/10.1111/j.1083-6101.2007.00343.x.

Boulton, Geoffrey. 2012. "Open Your Minds and Share Your Results." *Nature* 486 (7404):441. doi:10.1038/486441a.

Boulton, Geoffrey, Philip Campbell, Brian Collins, Peter Elias, Wendy Hall, Graeme Laurie, Onora O'Neill, et al. 2012. "Science as an Open Enterprise." The Royal Society. http://royalsociety.org/policy/projects/science-public-enterprise/report.

Boulton, Geoffrey, Michael Rawlins, Patrick Vallance, and Mark Walport. 2011. "Science as a Public Enterprise: The Case for Open Data." *Lancet* 377 (9778):1633~1635. doi:10.1016/S0140-6736(11)60647-8.

Bourne, Philip E. 2005. "Will a Biological Database Be Different from a Biological Journal?" *PLoS Computational Biology* 1:e34. doi:10.1371/journal.pcbi.0010034.

Bourne, Philip E., Timothy Clark, Robert Dale, and Anita de Waard, Eduard H. Hovy, and David Shotton, eds. 2011. "Force 11 Manifesto: Improving Future Research Communication and e-Scholarship." http://www.force11.org/white_paper.

Bowen, G. Michael, and Wolff Michael Roth. 2007. "The Practice of Field Ecology: Insights for Science Education." *Research in Science Education* 37:171~187.

Bowker, Geoffrey C. 2013. "Data Flakes: An Afterword to 'Raw Data' Is an Oxymoron." In *"Raw Data" Is an Oxymoron*, ed. Lisa Gitelman, 167~171. Cambridge, MA: MIT Press.

Bowker, Geoffrey C. 2005. *Memory Practices in the Sciences*. Cambridge, MA: MIT Press.

Bowker, Geoffrey C., Karen S. Baker, Florence Millerand, David Ribes, Jeremy Hun- singer, Lisbeth Klastrup, and Matthew Allen. 2010. "Toward Information Infrastructure Studies: Ways of Knowing in a Networked Environment." In *International Handbook of Internet Research*, ed. Jeremy Hunsinger, Lisbeth Klastrup, and Matthew Allen, 97~117. Dordrecht: Springer. http://www.springerlink.com/index/10.1007/ 978-1-4020-9789-8_5.

Bowker, Geoffrey C., and Susan Leigh Star. 1999. *Sorting Things Out: Classification and Its Consequences*. Cambridge, MA: MIT Press. 주은우 외 옮김. 2005. 『사물의 분류』. 서울: 현실문화연구.

boyd, danah, and Kate Crawford. 2012. "Critical Questions for Big Data." *Information, Communication & Society* 15 (5): 662~679. doi:10.1080/1369118X.2012.678878.

Boyle, James, and Jennifer Jenkins. 2003. "The Genius of Intellectual Property and the Need for the Public Domain." In *The Role of Scientific and Technical Data and Information in the Public Domain*, ed. Julie M. Esanu and Paul F. Uhlir, 10~14. Office of Scientific and Technical Information Programs, Board on International Scientific Organizations, Policy and Global Affairs Division, National Research Council, National Academies. Washington, DC: National Academies Press.

Boyle, John. 2013. "Biology Must Develop Its Own Big-data Systems." *Nature* 499 (7456):7. doi:10.1038/499007a.

Boyle, Paul. 2013. "A U.K. View on the U.S. Attack on Social Sciences." *Science* 341 (6147):719.

doi:10.1126/science.1242563.

Brady, Henry. 2004. "Testimony to the Commission on Cyberinfrastructure for the Humanities and Social Sciences." https://www.acls.org/cyberinfrastructure/OurCultural Commonwealth.pdf.

Brase, Jan, Yvonne Socha, Sarah Callaghan, Christine L. Borgman, Paul F. Uhlir, and Bonnie Carroll. 2014. "Data Citation." In *Managing Research Data: Practical Strategies for Information Professionals*, ed. Joyce M. Ray, 167~186. Lafayette, IN: Purdue University Press.

The British Library Board. 2013. "Sacred Texts: Diamond Sutra." http://www.bl.uk/onlinegallery/sacredtexts/diamondsutra.html.

British Museum. 2013. "Parthenon Sculptures." http://www.britishmuseum.org/about_us/news_and_press/statements/parthenon_sculptures.aspx.

Brooks, Frederick. 1975. *The Mythical Man-Month: Essays on Software Engineering*. Reading, MA: Addison-Wesley. 강중빈 외 옮김. 2015.『맨먼스 미신: 소프트웨어 공학에 관한 에세이』. 서울: 인사이트.

Brown, Ian, and Christopher T. Marsden. 2013. *Regulating Code: Good Governance and Better Regulation in the Information Age*. Cambridge, MA: MIT Press.

Brown, John Seely, and Paul Duguid. 1996. "The Social Life of Documents." *First Monday* 1. http://firstmonday.org/ojs/index.php/fm/article/view/466/387.

Brown, John Seely, and Paul Duguid. 2000. *The Social Life of Information*. Boston: Harvard Business School Press. 이진우 옮김. 2001. 『비트에서 인간으로』. 서울: 거름.

Bruckman, Amy, Kurt Luther, and Casey Fiesler. Forthcoming. "When Should We Use Real Names in Published Accounts of Internet Research?" In *Digital Research Confidential*, ed. Eszter Hargittai and Christian Sandvig. Cambridge, MA: MIT Press.

Brumfiel, G. 2002. "Misconduct Finding at Bell Labs Shakes Physics Community." *Nature* 419:419~421.

Bruns, Axel, and Yuxian Eugene Liang. 2012. "Tools and Methods for Capturing Twitter Data during Natural Disasters." *First Monday* 17 (4). doi:10.5210/ fm.v17i4.3937.

Bryson, Bill. 2008. *Bryson's Dictionary for Writers and Editors*. New York: Broadway Books.

Buckland, Michael K. 1991. "Information as Thing." *Journal of the American Society for Information Science American Society for Information Science* 42:351~360.

Budapest Open Access Initiative. 2002. "Budapest Declaration on Open Access." http://www.soros.org/openaccess/read.shtml.

Buneman, Peter, Sanjeev Khanna, and Wang-Chiew Tan. 2000. "Data Provenance: Some Basic Issues." In *Foundations of Software Technology and Theoretical Computer Science*. Vol. 1974, ed. S. Kapoor and S. Prasad, 87~93. Lecture Notes in Computer Science. Berlin: Springer.

Buneman, Peter, Sanjeev Khanna, and Wang-Chiew Tan. 2001. "Why and Where: A Characterization of Data Provenance." In *Database Theory~ICDT 2001*. Vol. 1973, ed. Jan

452

Van den Bussche and Victor Vianu, 316~330. Berlin: Springer.

Burdick, Anne, Johanna Drucker, Peter Lunenfeld, Todd Presner, and Jeffrey Schnapp. 2012. *Digital_Humanities*. Cambridge, MA: MIT Press.

Burke, Peter. 2000. *A Social History of Knowledge: From Gutenberg to Diderot*. Cambridge, UK: Polity Press. 박광식 옮김. 2017. 『지식의 사회사』. 서울: 민음사.

Burke, Peter. 2012. *A Social History of Knowledge II: From the Encyclopaedia to Wikipedia*. Cambridge, UK: Polity Press.

Burnard, Lou D. 1987. "Knowledge Base or Database? Computer Applications in Ethnology." In *Toward a Computer Ethnology*, ed. J. Raben, S. Sugita, and M. Kubo, 63~95. Osaka: National Museum of Ethnology. http://cat.inist.fr/?aModele=afficheN &cpsidt=11990052.

Burwell, Sylvia M., Steven VanRoekel, Todd Park, and Dominic J. Mancini. 2013. "Open Data Policy-Managing Information as an Asset." Executive Office of the President, Office of Management and Budget. https://www.actiac.org/open-data-policy-managing-information-asset-omb-m-13-13.

Busch, Lawrence. 2013. *Standards: Recipes for Reality*. Cambridge, MA: MIT Press. California Digital Library. 2013. "DataUp." Home page. http://uc3.cdlib.org/.

Callan, Jamie, and Alistair Moffat. 2012. "Panel on Use of Proprietary Data." *SIGIR Forum* 46 (2): 10~18. doi:10.1145/2422256.2422258.

Caltech. 2013a. "Caltech Announces Open-Access Policy." http://www.caltech.edu/content/caltech-announces-open-access-policy.

Caltech. 2013b. "Caltech Center for Advanced Computing Research." http://www.cacr.caltech.edu/main/?tag=astronomy&paged=2.

Campbell, Eric G., Brian R. Clarridge, Manjusha Gokhale, Lauren Birenbaum, Stephen Hilgartner, Neil A. Holtzman, and David Blumenthal. 2002. "Data Withholding in Academic Genetics: Evidence from a National Survey." *Journal of the American Medical Association* 287:473~480. http://jama.ama-assn.org/cgi/content/full/287/4/473.

Carata, Lucian, Sherif Akoush, Nikilesh Balakrishnan, Thomas Bytheway, Ripduman Sohan, Margo Selter, and Andy Hopper. 2014. "A Primer on Provenance." *Communications of the ACM* 57 (5):52~60. doi:10.1145/2596628.

Carpenter, Siri. 2012. "Psychology's Bold Initiative." *Science* 335 (6076):1558~1561. doi:10.1126/science.335.6076.1558.

Case, Donald O. 2002. *Looking for Information: A Survey of Research on Information Seeking, Needs, and Behavior*. San Diego: Academic Press. 사공복희, 윤정옥 공역. 2004. 『정보추구행태론』. 서울: 한국도서관협회.

Case, Donald O. 2006. *Looking for Information: A Survey of Research on Information Seeking, Needs, and Behavior*. 2nd ed. San Diego: Academic Press.

Case, Donald O. 2012. *Looking for Information: A Survey of Research on Information Seeking, Needs and Behavior*. 3rd ed. Bingley, UK: Emerald Group Publishing.

Cavendish, Henry. 1798. "Experiments to Determine the Density of the Earth." *Philosophical Transactions of the Royal Society of London* 88 (1):469~526. doi:10.1098/rstl.1798.0022.

CBETA Chinese Electronic Tripitaka Collection. 2013. Home page. http://www.cbeta.org.

Center for Embedded Networked Sensing. 2012. Home page. http://research.cens.ucla.edu.

Center for Embedded Networked Sensing. 2013. "CENS eScholarship Repository." http://repositories.cdlib.org/cens.

Centre National de la Recherche Scientifique. 2012. "Aladin Sky Atlas." http://aladin.u-strasbg.fr.

Centre National de la Recherche Scientifique. 2013. "CDS VizieR Service." http:// vizier.u-strasbg.fr/viz-bin/VizieR.

Cha, Meeyoung, Hamed Haddadi, Fabrício Benevenuto, and Krishna P. Gummadi. 2010. "Measuring User Influence in Twitter: The Million Follower Fallacy." In *ICWSM '10: Proceedings of Fourth International AAAI Conference on Weblogs and Social Media*, 10~17. Palo Alto, CA: AAAI.

Chalmers, Iain. 2011. "Systematic Reviews and Uncertainties about the Effects of Treatments." *Cochrane Database of Systematic Reviews*. http://www.thecochranelibrary.com/details/editorial/691951/Systematic-reviews-and-uncertainties-about-the-effects-of-treatments.html.

Chamberlain, Scott. 2013. "Consuming Article-Level Metrics: Observations and Lessons." *Information Standards Quarterly* 25 (2):4. doi:10.3789/isqv25no2.2013.02.

Chang, Kevin, Nathan Yau, Mark Hansen, and Deborah Estrin. 2006. "SensorBase.org-A Centralized Repository to Slog Sensor Network Data." In *Proceedings of the International Conference on Distributed Networks (DCOSS)/EAWMS*. http://escholarship.org/uc/item/4dt82690.

Check Hayden, Erika. 2013. "Geneticists Push for Global Data-Sharing." *Nature* 498 (7452):16~17. doi:10.1038/498017a.

*Chicago Manual of Style*. 2010. 16th ed. Chicago: University of Chicago Press.

Cho, Adrian. 2012. "Who Invented the Higgs Boson?" *Science* 337 (6100):1286~1289. doi:10.1126/science.337.6100.1286.

Claerbout, Jon. 2010. "Reproducible Computational Research: A History of Hurdles, Mostly Overcome." http://sepwww.stanford.edu/sep/jon/reproducible.html.

CLARIN European Research Infrastructure Consortium. 2013. Home page. http://www.clarin.eu/external.

Cochrane Collaboration. 2013. Home page. http://www.cochrane.org.

CODATA-ICSTI Task Group on Data Citation Standards and Practices. 2013. "Out of Cite, Out of Mind: The Current State of Practice, Policy, and Technology for the Citation of Data." *Data Science Journal* 12:1~75. https://www.jstage.jst.go.jp/article/dsj/12/0/12_OSOM13-043/_article.

Cohen, Jon. 2012. "WHO Group: H5N1 Papers Should Be Published in Full." *Science* 335 (6071):899~900. doi:10.1126/science.335.6071.899.

Cohen, Julie E. 2012. *Configuring the Networked Self: Law, Code, and the Play of Everyday Practice.* New Haven, CT: Yale University Press.

Collins, Christopher E. 2011. "Twitter and Rheumatology Based Medical Education-Analysis of the First 100 Followers." *Arthritis and Rheumatism* 63 (S10):85. doi:10.1002/art.33310.

Collins, Harry M. 1975. "The Seven Sexes: A Study in the Sociology of a Phenomenon, or the Replication of Experiments in Physics." *Sociology* 9:205~224.

Collins, Harry M. 1998. "The Meaning of Data: Open and Closed Evidential Cultures in the Search for Gravitational Waves." *American Journal of Sociology* 104:293~338.

Collins, Harry M., and Robert Evans. 2007. *Rethinking Expertise.* Chicago: University of Chicago Press.

Committee on Networked Systems of Embedded Computers. 2001. *Embedded, Everywhere: A Research Agenda for Networked Systems of Embedded Computers.* Washington, DC: National Academies Press. http://www.nap.edu/catalog.php?record_id=10193.

Committee on Publication Ethics. 2013. Home page. http://publicationethics.org.

ConservationSpace. 2013. Home page. http://www.conservationspace.org/Home.html.

Consultative Committee for Space Data Systems. 2012. "Reference Model for an Open Archival Information System." Issue 2. Consultative Committee for Space Data Systems. http://public.ccsds.org/publications/RefModel.aspx.

Contadini, Anna. 1993. "Il Grifone Di Pisa." In *Eredità dell'Islam-Arte Islamica in Italia*, ed. Giovanni Curatola. Milan: Silvana Editoriale.

Contadini, Anna. 2010. "Translocation and Transformation: Some Middle Eastern Objects in Europe." In *The Power of Things and the Flow of Cultural Transformations: Art and Culture between Europe and Asia*, ed. Lieselotte E. Saurma-Jeltsch and Anja Eisenbeiss, 42~64. Berlin: Deutscher Kunstverlag.

Contadini, Anna, Richard Camber, and Peter Northover. 2002. "Beasts That Roared: The Pisa Griffin and the New York Lion." In *Cairo to Kabul: Afghan and Islamic Studies Presented to Ralph Pinder-Wilson*, ed. Warwick Ball and Leonard Harrow, 65~83. London: Melisende.

COordinated Molecular Probe Line Extinction Thermal Emission Survey of Star Forming Regions [COMPLETE]. 2011. Home page. http://www.cfa.harvard.edu/COMPLETE.

Corbyn, Zoë. 2011. "Researchers Failing to Make Raw Data Public." *NATNews* (9~14). doi:10.1038/news.2011.536.

Corporation for National Research Initiatives. 2013. "Handle System." http://www.handle.net.

Costello, Anthony, Mark Maslin, Hugh Montgomery, Anne M. Johnson, and Paul Ekins. 2011. "Global Health and Climate Change: Moving from Denial and Catastrophic Fatalism to Positive Action." *Philosophical Transactions of the Royal Society A* 369:1866~1882. doi:10.1098/rsta.2011.0007.

Council of Science Editors, and the Style Manual Committee. 2006. *Scientific Style and Format: The CBE Manual for Authors, Editors, and Publishers.* Reston, VA: CSE and Rockefeller

University Press.

Courant, Paul N. 2009. "The Stakes in the Google Book Search Settlement." *The Economists' Voice* 6 (9):1~6. doi:10.2202/1553-3832.1665.

Couzin, Jennifer, and Catherine Unger. 2006. "Cleaning up the Paper Trail." *Science* 312:38~43. doi:10.1126/science.312.5770.38.

Couzin-Frankel, Jennifer. 2010. "As Questions Grow, Duke Halts Trials, Launches Investigation." *Science* 329 (5992):614~615. doi:10.1126/science.329.5992.614.

Couzin-Frankel, Jennifer. 2013a. "Return of Unexpected DNA Results Urged." *Science* 339 (6127):1507~1508. doi:10.1126/science.339.6127.1507.

Couzin-Frankel, Jennifer. 2013b. "Unmasking 'Invisible' Drug Trials." http://www.sciencemag.org/news/2013/06/unmasking-invisible-drug-trials.

Crabtree, Pam J. 1990. "Zooarchaeology and Complex Societies: Some Uses of Faunal Analysis for the Study of Trade, Social Status, and Ethnicity." *Archaeological Method and Theory* 2:155~205. doi:10.2307/20170207.

Cragin, Melissa H., Carole L. Palmer, Jacob R. Carlson, and Michael Witt. 2010. "Data Sharing, Small Science and Institutional Repositories." *Philosophical Transactions of the Royal Society A: Mathematical, Physical and Engineering Sciences* 368:4023~4038. doi:10.1098/rsta.2010.0165.

Cragin, Melissa H., and Kalpana Shankar. 2006. "Scientific Data Collections and Distributed Collective Practice." *Computer Supported Cooperative Work* 15:185~204.

Crane, Diana. 1970. "Nature of Scientific Communication and Influence." *International Social Science Journal* 22:28~41.

Crane, Diana. 1972. *Invisible Colleges: Diffusion of Knowledge in Scientific Communities.* Chicago: University of Chicago Press.

Crane, Gregory R. 2006. "What Do You Do with a Million Books?" *D-Lib Magazine* 12 (3). http://www.dlib.org/dlib/march06/crane/03crane.html.

Crane, Gregory R., Alison Babeu, and David Bamman. 2007. "eScience and the Humanities." *International Journal on Digital Libraries* 7:117~122. doi:10.1007/s00799-007-0031-8.

Crane, Gregory R., and Amy Friedlander. 2008. "Many More Than a Million: Building the Digital Environment for the Age of Abundance. Report of a One-day Seminar on Promoting Digital Scholarship." Washington, DC: Council on Library and Information Resources. https://www.clir.org/wp-content/uploads/sites/6/Nov28final.pdf.

Creative Commons. 2013. "Creative Commons License Choices." http://creativecommons.org/choose.

Crombie, Alistair C. 1994. *Styles of Scientific Thinking in the European Tradition: The History of Argument and Explanation Especially in the Mathematical and Biomedical Sciences and Arts.* London: Duckworth.

Cronin, Blaise. 1981. "The Need for a Theory of Citing." *Journal of Documentation* 37 (1):16~24.

doi:10.1108/eb026703.

Cronin, Blaise. 1984. *The Citation Process: The Role and Significance of Citations in Scientific Communication*. London: Taylor Graham. http://garfield.library.upenn.edu/cronin/citationprocess.pdf.

Cronin, Blaise. 1994. "Tiered Citation and Measures of Document Similarity." *Journal of the American Society for Information Science American Society for Information Science* 45 (7):537~538. doi:10.1002/(SICI)1097-4571(199408)45:7⟨537:AID-ASI8⟩3.0.CO;2-Q.

Cronin, Blaise. 1995. *The Scholar's Courtesy: The Role of Acknowledgement in the Primary Communication Process*. London: Taylor Graham. London: Taylor Graham.

Cronin, Blaise. 2005. *The Hand of Science: Academic Writing and Its Rewards*. Lanham, MD: Scarecrow Press.

Cronin, Blaise, and Sara Franks. 2006. "Trading Cultures: Resource Mobilization and Service Rendering in the Life Sciences as Revealed in the Journal Article's Paratext." *Journal of the American Society for Information Science and Technology* 57 (14):1909~1918. doi:10.1002/asi.20407.

Crosas, Mercé. 2011. "The Dataverse Network®: An Open-Source Application for Sharing, Discovering and Preserving Data." *D-Lib Magazine* 17 (1/2). doi:10.1045/January2011-crosas.

Crosas, Mercé, Todd Carpenter, David Shotton, and Christine L. Borgman. 2013. "Amsterdam Manifesto on Data Citation Principles." https://www.force11.org/AmsterdamManifesto.

CrossRef. 2009. "The Formation of CrossRef: A Short History." https://www.doi.org/topics/CrossRef10Years.pdf.

CrossRef. 2013. "FundRef." http://www.crossref.org/fundref. CrossRef. 2014. "Home Page." https://www.crossref.org/services/funder-registry/.

Cuff, Dana, Mark Hansen, and Jerry Kang. 2008. "Urban Sensing: Out of the Woods." *Communications of the ACM* 51:24~33. http://doi.acm.org/10.1145/1325555.1325562.

Cummings, Jonathon, Thomas A. Finholt, Ian Foster, Carl Kesselman, and Katherine A. Lawrence. 2008. "Beyond Being There: A Blueprint for Advancing the Design, Development, and Evaluation of Virtual Organizations." Washington, DC: National Science Foundation. https://library.educause.edu/resources/2008/5/beyond-being-there-a-blueprint-for-advancing-the-design-development-and-evaluation-of-virtual-organizations.

Cuneiform Digital Library Initiative. 2013. Home page. http://cdli.ucla.edu.

Curwen, Thomas. 2013. "Capturing the Mysteries of the Sun One Drawing at a Time." *Los Angeles Times* (October 28). http://www.latimes.com/local/columnone/la-me-c1-mt-wilson-sun-spots-20131028-dto,0,4430093.htmlstory#axzz2jJfYqvCU.

Dalrymple, Dana. 2003. "Scientific Knowledge as a Global Public Good: Contributions to Innovation and the Economy." In *The Role of Scientific and Technical Data and Information in the Public Domain*, ed. Julie M. Esanu and Paul F. Uhlir, 35~51. Office of Scientific and

Technical Information Programs, Board on International Scientific Organizations, Policy and Global Affairs Division, National Research Council, National Academies. Washington, DC: National Academies Press.

Darch, Peter, Annemarie Carusi, Sharon Lloyd, Marina Jirotka, Grace De La Flor, Ralph Schroeder, and Eric Meyer. 2010. "Shared Understandings in e-Science Projects." Technical Report. Oxford e-Research Centre, Oxford University. http://www.oerc.ox.ac.uk/sites/default/files/uploads/ProjectFiles/FLESSR/HiPerDNO/embedding/Shared_Understanding%2030%20June.pdf.

Das, Sudeshna, Lisa Girard, Tom Green, Louis Weitzman, Alister Lewis-Bowen, and Tim Clark. 2009. "Building Biomedical Web Communities Using a Semantically Aware Content Management System." *Briefings in Bioinformatics* 10 (2):129~138. doi:10.1093/bib/bbn052.

Daston, Lorraine J. 1988. "The Factual Sensibility." *Isis* 79 (3):452~467. doi:10.1086/354776.

Datacitation Synthesis Group. 2014. "Joint Declaration on Data Citation Principles~ Final." *Force11: The Future of Research Communications and Scholarship.* http://www.force11.org/datacitation.

DataCite. 2013. Home page. http://www.datacite.org.

Conservancy, Data. 2010. Home page. http://www.dataconservancy.org/about.

Data Documentation Initiative. 2012. FAQ. http://www.ddialliance.org/resources/faq.html.

Data Publishing. 2013. Home page. http://datapublishing.com/about.

Data Seal of Approval. 2014. Home page. https://www.datasealofapproval.org/en/.

Davenport, Elisabeth, and Blaise Cronin. 2001. "Who Dunnit? Metatags and Hyper- authorship." *Journal of the American Society for Information Science and Technology* 52 (9):770~773. doi:10.1002/asi.1123.

David, Paul A. 1985. "Clio and the Economics of QWERTY." *American Economic Review* 75:332~337.

David, Paul A. 2003. "The Economic Logic of 'Open Science' and the Balance between Private Property Rights and the Public Domain in Scientific Data and Information: A Primer." In *The Role of the Public Domain in Scientific Data and Information*, ed. Julie M. Esanu and Paul F. Uhlir, 19~34. National Research Council. Washington, DC: National Academies Press. http://www.stanford.edu/group/siepr/cgi-bin/siepr/?q=system/files/shared/pubs/papers/pdf/02-30.pdf.

David, Paul A. 2004a. "Can 'Open Science' Be Protected from the Evolving Regime of Intellectual Property Protections." *Journal of Institutional and Theoretical Economics* 160. http://citeseerx.ist.psu.edu/viewdoc/download?doi=10.1.1.606.7462&rep=rep1&type=pdf.

David, Paul A. 2004b. *Towards a Cyberinfrastructure for Enhanced Scientific Collaboration: Providing Its 'Soft' Foundations May Be the Hardest Part.* Oxford: University of Oxford.

David, Paul A., Matthijs den Besten, and Ralph Schroeder. 2010. "Will e-Science Be Open Science?" In *World Wide Research: Reshaping the Sciences and Humanities*, ed. William H.

Dutton and Paul W. Jeffreys, 299~316. Cambridge, MA: MIT Press.

David, Paul A., and Michael Spence. 2003. "Towards Institutional Infrastructures for e-Science: The Scope of the Challenge." Oxford Internet Institute Research Reports. Oxford: University of Oxford. http://papers.ssrn.com/sol3/papers.cfm?abstract_id=1325240.

Day, Ronald E. 2001. *The Modern Invention of Information: Discourse, History, and Power.* Carbondale: Southern Illinois University Press.

De Angelis, Catherine D., Jeffrey M. Drazen, Frank A. Frizelle, Charlotte Haug, John Hoey, Richard Horton, Sheldon Kotzin, et al. 2005. "Is This Clinical Trial Fully Registered?~A Statement from the International Committee of Medical Journal Editors." *New England Journal of Medicine* 352 (23):2436~2438. doi:10.1056/NEJMe058127.

De La Flor, Grace, Marina Jirotka, Paul Luff, John Pybus, and Ruth Kirkham. 2010. "Transforming Scholarly Practice: Embedding Technological Interventions to Support the Collaborative Analysis of Ancient Texts." *Computer Supported Cooperative Work* 19 (3-4):309~334. doi:10.1007/s10606-010-9111-1.

De Roure, David, Carole Goble, and Robert Stevens. 2009. "The Design and Realisation of the Virtual Research Environment for Social Sharing of Workflows." *Future Generation Computer Systems* 25 (5):561~567. doi:10.1016/j.future.2008.06.010.

Declaration on Research Assessment. 2013. Home page. https://sfdora.org/.

DeNardis, Laura. 2011. *Opening Standards the Global Politics of Interoperability.* Cambridge, MA: MIT Press. http://search.ebscohost.com/login.aspx?direct=true&scope=site&db=nlebk&db=nlabk&AN=386853.

Den Besten, Matthijs, Arthur J. Thomas, and Ralph Schroeder. 2009. "Life Science Research and Drug Discovery at the Turn of the 21st Century: The Experience of SwissBioGrid." *Journal of Biomedical Discovery and Collaboration* 4:5. doi:10.5210/disco.v4i0.2452.

Deshpande, Amol, Carlos Guestrin, Samuel R. Madden, Joseph M. Hellerstein, and Wei Hong. 2004. "Model-driven Data Acquisition in Sensor Networks." In *Proceedings of the Thirtieth International Conference on Very Large Data Bases*, ed. Mario A. Nascimento, M. T. Ozsu, Donald Kossmann, Renee J. Miller, Jose A. Blakeley, and K. Schiefer, 588~599. Toronto: Morgan Kaufmann. http://dl.acm.org/citation.cfm?id=1316689. 1316741.

DeVorkin, David H., and Paul Routly. 1999. "The Modern Society: Changes in Demographics." In *The American Astronomical Society's First Century*, ed. David H. DeVorkin, 122~136. Washington, DC: American Astronomical Society.

Di Gennaro, Corinna, and William H. Dutton. 2007. "Reconfiguring Friendships: Social Relationships and the Internet." *Information Communication and Society* 10 (5):591~618. doi:10.1080/13691180701657949.

The Digital Archaeological Record. 2013. Home page. http://www.tdar.org/about.

Digital Curation Centre. 2013. "Disciplinary Metadata." http://www.dcc.ac.uk/resources/

metadata-standards.

Digital Curation Centre. 2014. "Trustworthy Repositories." http://www.dcc.ac.uk/resources/repository-audit-and-assessment/trustworthy-repositories.

Digital Public Library of America. 2013. Home page. http://dp.la.

Digital Social Research. 2013. Home page. http://www.digitalsocialresearch.net/.

Directory of Open Access Journals. 2013. Home page. http://www.doaj.org.

Disco, Cornelis, and Eda Kranakis, eds. 2013. *Cosmopolitan Commons: Sharing Resources and Risks across Borders.* Cambridge, MA: MIT Press.

Doorn, Peter, Ingrid Dillo, and René van Horik. 2013. "Lies, Damned Lies and Research Data: Can Data Sharing Prevent Data Fraud?" *International Journal of Digital Curation* 8 (1):229–243. doi:10.2218/ijdc.v8i1.256.

Drago, Idilio, Marco Mellia, Maurizio M. Munafo, Anna Sperotto, Ramin Sadre, Aiko Pras, John Byers, and Jim Kurose. 2012. "Inside Dropbox: Understanding Personal Cloud Storage Services." In *Proceedings of the 2012 ACM Conference on Internet Measurement Conference,* 481–494. New York: ACM. doi:10.1145/2398776.2398827.

Dryad. 2013. Home page. http://datadryad.org.

Duderstadt, James J., Daniel E. Atkins, John Seely Brown, Marye Anne Fox, Ralph E. Gomory, Nils Hasselmo, Paul M. Horn, et al. 2002. *Preparing for the Revolution: Information Technology and the Future of the Research.* Washington, DC: National Academies Press.

Duguid, Paul. 2005. "'The Art of Knowing': Social and Tacit Dimensions of Knowledge and the Limits of the Community of Practice." *Information Society* 21:109–118. doi:10.1080/01972240590925311.

Duguid, Paul. 2007. "Inheritance and Loss? A Brief Survey of Google Books." *First Monday* 12. http://firstmonday.org/htbin/cgiwrap/bin/ojs/index.php/fm/article/view/1972/1847.

Dutton, William H., and Grant Blank. 2011. *Next Generation Internet Users: The Internet in Britain 2011.* Oxford: Oxford Internet Institute, University of Oxford.

Dutton, William H., Grant Blank, and Darja Groselj. 2013. *OxIS 2013 Report: Cultures of the Internet.* Oxford: Oxford Internet Institute, University of Oxford.

Dutton, William H., Corinna di Gennaro, and A. Millwood Hargrave. 2005. *Oxford Internet Survey 2005 Report: The Internet in Britain.* Oxford: Oxford Internet Institute, University of Oxford.

Dutton, William H., and Paul W. Jeffreys, eds. 2010. *World Wide Research: Reshaping the Sciences and Humanities.* Cambridge, MA: MIT Press.

Dutton, William H., and Adrian Shepherd. 2006. "Trust in the Internet as an Experience Technology." *Information Communication and Society* 9 (4):433–451. doi:10.1080/13691180600858606.

Dutton, William H., Ellen J. Helsper, and M. M. Gerber. 2009. *Oxford Internet Survey 2009 Report: The Internet in Britain.* Oxford: Oxford Internet Institute, University of Oxford.

Easterbrook, Steve M., and Timothy C. Johns. 2009. "Engineering the Software for Understanding

Climate Change." *Computing in Science & Engineering* 11 (6):65~74. doi:10.1109/MCSE.2009.193.

eBird. 2013. Home page. http://ebird.org/content/ebird.

Edge, David O. 1979. "Quantitative Measures of Communication in Science: A Critical Review." *History of Science* 17:102~134.

Editors. 2013. "Authors, Plagiarists, or Tradents?" Chinese Buddhist Encyclopedia. http://chinabuddhismencyclopedia.com/en/index.php?title=Authors%2C_plagiarists%2C_or_tradents%3F.

Edwards, Aled M. 2008a. "Bermuda Principles Meet Structural Biology." *Nature Structural & Molecular Biology* 15 (2):116. doi:10.1038/nsmb0208-116.

Edwards, Aled M. 2008b. "Open-Source Science to Enable Drug Discovery." *Drug Discovery Today* 13 (17-18):731~733. doi:10.1016/j.drudis.2008.04.011.

Edwards, Aled M., Chas Bountra, David J. Kerr, and Timothy M. Willson. 2009. "Open Access Chemical and Clinical Probes to Support Drug Discovery." *Nature Chemical Biology* 5 (7):436~440. doi:10.1038/nchembio0709-436.

Edwards, Paul N. 2010. *A Vast Machine: Computer Models, Climate Data, and the Politics of Global Warming.* Cambridge, MA: MIT Press.

Edwards, Paul N. 2013. "Predicting the Weather: An Information Commons for Europe and the World." In *Cosmopolitan Commons: Sharing Resources and Risks Across Borders*, ed. Cornelis Disco and Eda Kranakis, 155~184. Cambridge, MA: MIT Press.

Edwards, Paul N., Steven J. Jackson, Geoffrey C. Bowker, and Cory P. Knobel. 2007. "Understanding Infrastructure: Dynamics, Tensions, and Design." National Science Foundation. Ann Arbor: University of Michigan.

Edwards, Paul N., Steven J. Jackson, Melissa K. Chalmers, Geoffrey C. Bowker, Christine L. Borgman, David Ribes, Matt Burton, and Scout Calvert. 2013. *Knowledge Infrastructures: Intellectual Frameworks and Research Challenges.* Ann Arbor: University of Michigan.

Edwards, Paul N., Matthew S. Mayernik, Archer L. Batcheller, Geoffrey C. Bowker, and Christine L. Borgman. 2011. "Science Friction: Data, Metadata, and Collaboration." *Social Studies of Science* 41:667~690. doi:10.1177/0306312711413314.

Ehrlich, Kate, and Debra Cash. 1999. "The Invisible World of Intermediaries: A Cautionary Tale." *Computer Supported Cooperative Work* 8 (1~2):147~167. doi:10.1023/A:1008696415354.

Eichhorn, Guenther. 1994. "An Overview of the Astrophysics Data System." *Experimental Astronomy* 5:205~220. doi:10.1007/BF01583697.

Eisen, Michael. 2012. "Blinded by Big Science: The Lesson I Learned from ENCODE Is That Projects like ENCODE Are Not a Good Idea." http://www.michaeleisen.org/blog/?p=1179.

Eisenstein, Elizabeth. 1979. *The Printing Press as an Agent of Change: Communications and Cultural Transformations in Early-Modern Europe.* Cambridge, UK: Cambridge University

Press.

Embedded Metadata Initiative. 2013. "Embedded Metadata Manifesto." http://www. embeddedmetadata.org/embedded-metatdata-manifesto.php. EndNote. 2013. Home page. http://endnote.com.

Enserink, Martin. 2006. "Avian Influenza: As H5N1 Keeps Spreading, a Call to Release More Data." *Science* 311:1224. doi:10.1126/science.311.5765.1224.

Enserink, Martin. 2012a. "Fraud-Detection Tool Could Shake Up Psychology." *Science Insider.* http://news.sciencemag.org/2012/07/fraud-detection-tool-could-shake-psychology?rss=1.

Enserink, Martin. 2012b. "Public at Last, H5N1 Study Offers Insight into Virus's Possible Path to Pandemic." *Science* 336 (6088):1494~1497. doi:10.1126/science.336.6088.1494.

Enserink, Martin, and Jon Cohen. 2012. "One H5N1 Paper Finally Goes to Press; Second Greenlighted." *Science* 336 (6081):529~530. doi:10.1126/science.336.6081.529.

Erdos, David. 2013a. "Freedom of Expression Turned on Its Head? Academic Social Research and Journalism in the European Privacy Framework." *Public Law.* http://papers.ssrn.com/ abstract=1928177.

Erdos, David. 2013b. "Mustn't Ask, Mustn't Tell: Could New EU Data Laws Ban Historical and Legal Research?" UK Constitutional Law Group (February 14). http://ukconstitutionallaw. org/2013/02/14/david-erdos-mustnt-ask-mustnt-tell-could-new-eu-data-laws-ban-historical-and-legal-research.

Esanu, Julie M., and Paul F. Uhlir eds. 2004. *Open Access and the Public Domain in Digital Data and Information for Science: Proceedings of an International Symposium, March 10~11, Paris.* Washington, DC: National Academies Press.

Estrin, Deborah, K. Mani Chandy, R. Michael Young, Larry Smarr, Andrew Odlyzko, David Clark, Viviane Reding, et al. 2010. "Internet Predictions." *IEEE Internet Computing* 14 (1):12~42. http://doi.ieeecomputersociety.org/10.1109/MIC.2010.12.

Estrin, Judy. 2008. *Closing the Innovation Gap: Reigniting the Spark of Creativity in a Global Economy.* New York: McGraw-Hill.

Ettema, J. S., and F. G. Kline. 1977. "Deficits, Differences, and Ceilings: Contingent Conditions for Understanding the Knowledge Gap." *Communication Research* 4 (2):179~202. doi:10.1177/009365027700400204.

Europeana. 2013. Home page. https://www.europeana.eu.

European Southern Observatory. 2013. "Common Pipeline Library." http://www.eso.org/sci/ software/cpl.

Eysenbach, Gunther. 2011. "Can Tweets Predict Citations? Metrics of Social Impact Based on Twitter and Correlation with Traditional Metrics of Scientific Impact." *Journal of Medical Internet Research* 13 (4). doi:10.2196/jmir.2012.

Falk, Harry. 2011. "The 'Split' Collection of Kharosthi Texts." In *Annual Report of the International Research Institute for Advanced Buddhology at Soka University for the Academic Year 2010,*

13~23. Tokyo: The International Research Institute for Advanced Buddhology, Soka University. iriab.soka.ac.jp/orc/Publications/ARIRIAB/pdf/ARIRIAB-14.pdf.

Faniel, Ixchel M., and Trond E. Jacobsen. 2010. "Reusing Scientific Data: How Earthquake Engineering Researchers Assess the Reusability of Colleagues' Data." *Computer Supported Cooperative Work* 19:355~375. doi:10.1007/s10606-010-9117-8.

Faoláin, Simon Ó., and J. Peter Northover. 1998. "The Technology of Late Bronze Age Sword Production in Ireland." *Journal of Irish Archaeology* 9:69~88. doi:10.2307/30001693.

Fenner, Martin. 2013. "Letter from the Guest Content Editor: Altmetrics Have Come of Age." *Information Standards Quarterly* 25 (2): 3. doi:10.3789/isqv25no2.2013.01.

Field, Dawn, Susanna-Assunta Sansone, Amanda Collis, Tim Booth, Peter Dukes, Susan K. Gregurick, Karen Kennedy, et al. 2009. "'Omics Data Sharing." *Science* 326 (5950):234~236. doi:10.1126/science.1180598.

Fienberg, Stephen E., Margaret E. Martin, and Miron L. Straf. 1985. *Sharing Research Data.* Washington, DC: National Academies Press. http://books.nap.edu/catalog.php?record_id=2033.

Finch, Janet. 2012. "Accessibility, Sustainability, Excellence: How to Expand Access to Research Publications." Report of the Working Group on Expanding Access to Published Research Findings. London: Research Information Network. https://www.acu.ac.uk/research-information-network/finch-report-final.

Finkbeiner, Ann K. 2010. *A Grand and Bold Thing: The Extraordinary New Map of the Universe Ushering in a New Era of Discovery.* New York: Free Press.

Fischman, Josh. 2012. "Fake Peer Reviews, the Latest Form of Scientific Fraud, Fool Journals." *Chronicle of Higher Education* (September 30). http://chronicle.com/article/ Fake-Peer-Reviews-the-Latest/134784.

Fisher, Celia B. 2006. "Clinical Trials Databases: Unanswered Questions." *Science* 311 (5758):180~181. doi:10.1126/science.1119685.

Fitzpatrick, Kathleen. 2011. *Planned Obsolescence: Publishing, Technology, and the Future of the Academy.* New York: New York University Press.

Forbes, Duncan. 2008. "So You Want to Be a Professional Astronomer." *Mercury Magazine.* http://www.astronomynotes.com/careers/Mercury-career.pdf.

Foster, Ian, Christine L. Borgman, P. Bryan Heidorn, William Howe, and Carl Kesselman. 2013. "Empowering Long Tail Research." https://sites.google.com/site/ieltrconcept.

Foster, Ian, and Luc Moreau. 2006. *Provenance and Annotation of Data.* Heidelberg: Springer. http://www.w3.org/2011/prov/wiki/Connection_Task_Force_Informal_Report.

Foster, Jonathan B., and Alyssa A. Goodman. 2006. "Cloudshine: New Light on Dark Clouds." *Astrophysical Journal Letters* 636 (2):L105. doi:10.1086/500131.

Foucault, Michel. 1994. *The Order of Things: An Archaeology of the Human Sciences.* New York:

Vintage Books.

Fouchier, Ron A. M., Sander Herfst, and Albert D. M. E. Osterhaus. 2012. "Restricted Data on Influenza H5N1 Virus Transmission." *Science* 335 (6069):662~663. doi:10.1126/science.1218376.

Fox, Peter, and Ray Harris. 2013. "ICSU and the Challenges of Data and Information Management for International Science." *Data Science Journal* 12:WDS1~WDS12. https://www.jstage.jst.go.jp/article/dsj/12/0/12_WDS-001/_article.

Frankel, Henry. 1976. "Alfred Wegener and the Specialists." *Centaurus* 20 (4):305~324. doi:10.1111/j.1600-0498.1976.tb00937.x.

Freeman, Linton C. 2004. *The Development of Social Network Analysis: A Study in the Sociology of Science*. Vancouver, BC: Empirical Press.

Friedlander, Amy. 2009. "Asking Questions and Building a Research Agenda for Digital Scholarship." In *Working Together or Apart: Promoting the Next Generation of Digital Scholarship*, ed. Kathlin Smith and Brian Leney, 1~15. Washington, DC: Council on Library and Information Resources. http://www.clir.org/wp-content/uploads/sites/6/friedlander.pdf.

Frischer, Bernard, Philip Stinson, Neil A. Silberman, and Dirk Callebaut. 2002. "Scientific Verification and Model-making Methodology: Case Studies of the Virtual Reality Models of the House of Augustus (Rome) and Villa of the Mysteries (Pompeii)." In *Interpreting the Past: Heritage, New Technologies & Local Development*. Belgium: Flemish Heritage Institute.

Furnas, Alexander, and Devin Gaffney. 2012. "Statistical Probability That Mitt Romney's New Twitter Followers Are Just Normal Users: 0%." *The Atlantic*. http://www.theatlantic.com/technology/archive/2012/07/statistical-probability-that-mitt-romneys-new-twitter-followers-are-just-normal-users-0/260539.

Furner, Jonathan. 2003a. "Little Book, Big Book: Before and after Little Science, Big Science: A Review Article, Part I." *Journal of Librarianship and Information Science* 35:115~125. doi:10.1177/0961000603352006.

Furner, Jonathan. 2003b. "Little Book, Big Book: Before and after Little Science, Big Science: A Review Article, Part II." *Journal of Librarianship and Information Science* 35:189~201. doi:10.1177/0961000603353006.

Furner, Jonathan. 2004a. "Conceptual Analysis: A Method for Understanding Information as Evidence, and Evidence as Information." *Archival Science* 4:233~265. doi:10.1007/s10502-005-2594-8.

Furner, Jonathan. 2004b. "Information Studies Without Information." *Library Trends* 52:427~446.

Furner, Jonathan. 2010. "Philosophy and Information Studies." *Annual Review of Information Science & Technology* 44 (1):159~200. doi:10.1002/aris.2010.1440440111.

Gale Cengage Learning. 2013. "Eighteenth Century Collections Online." http://gale.cengage.co.uk/product-highlights/history/eighteenth-century-collections-online.aspx.

Galilei, Galileo. 1610. *Sidereus Nuncius*. Ed. Tommaso Baglioni and Herbert M. Evans. Venetiis:

Apud Thomam Baglionum. http://archive.org/details/Sidereusnuncius00Gali.

Gallagher, Ryan. 2013. "NSA Phone Spying: EPIC, Privacy International File Lawsuits to Halt Government Surveillance." *Slate* (June 8). http://www.slate.com/blogs/future_tense/2013/07/08/nsa_phone_spying_epic_privacy_international_file_lawsuits_to_halt_government.html.

Gamazon, Eric R. 2012. "Small Science: High Stakes." *Science* 338 (6109):883. doi:10.1126/science.338.6109.883-a.

Gamble, Matthew, and Carole Goble. 2011. "Quality, Trust, and Utility of Scientific Data on the Web: Towards a Joint Model." In *ACM WebSci'11*, 1~8. Koblenz, Germany. https://www.websci11.org/www.websci11.org/fileadmin/websci/Papers/177_paper.pdf.

Garfield, Eugene. 1955. "Citation Indexes for Science: A New Dimension in Documentation through Association of Ideas." *Science* 122 (3159):108~111. doi:10.1126/science.122.3159.108.

Garfinkel, H. 1967. *Studies in Ethnomethodology*. Englewood Cliffs, NJ: Prentice Hall. Geertz, Clifford. 1973. *The Interpretation of Cultures*. New York: Basic Books. 문옥표 옮김. 1998. 『문화의 해석』. 서울: 까치.

General Social Survey. 2013. Home page. http://www3.norc.org/gss+website.

Genova, Françoise. 2013. "Strasbourg Astronomical Data Center (CDS)." *Data Science Journal* 12:WDS56~WDS60. doi:10.2481/dsj.WDS-007.

Getty Research Institute. 2013. "Getty Vocabularies." http://www.getty.edu/research/tools/vocabularies.

Getty Trust. 2013. "Open Content Program." http://www.getty.edu/about/opencontent.html.

Gibbons, Ann. 2012. "A Crystal-Clear View of an Extinct Girl's Genome." *Science* 337 (6098):1028~1029. doi:10.1126/science.337.6098.1028.

Gil, Yolanda, James Cheney, Paul Groth, Olaf Hartig, Simon Miles, Luc Moreau, and Paulo Pinheiro da Silva. 2010. "Provenance XG Final Report." W3C Incubator Group. http://www.w3.org/2005/Incubator/prov/XGR-prov-20101214.

Gilliland, Anne J. 2008. "Setting the Stage." In *Introduction to Metadata*, ed. Murtha Baca, 3rd ed. Los Angeles: Getty Research Institute. http://www.getty.edu/research/publications/electronic_publications/intrometadata.

Gilliland-Swetland, Anne J. 1998. "Defining Metadata." In *Introduction to Metadata: Pathways to Digital Information*, ed. Murtha Baca, 1~8. Los Angeles: Getty Research Institute.

Ginsparg, Paul. 1994. "First Steps towards Electronic Research Communication." *Computers in Physics* 8(4):390~396. http://dl.acm.org/citation.cfm?id=187178.187185.

Ginsparg, Paul. 2001. "Creating a Global Knowledge Network." In *Second Joint ICSU Press-UNESCO Expert Conference on Electronic Publishing in Science*. Paris: UNESCO. http://people.ccmr.cornell.edu/~ginsparg/blurb/pg01unesco.html.

Gitelman, Lisa, ed. 2013. *"Raw Data" Is an Oxymoron*. Cambridge, MA: MIT Press.

Gladwell, Malcolm. 2002. *The Tipping Point: How Little Things Can Make a Big Difference*. New

York: Back Bay Books. 임옥희 옮김. 2016. 『티핑 포인트』. 파주: 21세기북스.

Glaser, Barney G., and Anselm L. Strauss. 1967. *The Discovery of Grounded Theory; Strategies for Qualitative Research.* Chicago: Aldine Publishing. 이병식, 박상욱, 김사훈 공역. 2011. 『근거 이론의 발견: 질적 연구 전략』. 서울: 학지사.

Gleick, P. H. 2011. "Climate Change and the Integrity of Science (Letter to Editor; 255 Signatories)." *Science* 328:689~690. doi:10.1126/science.328.5979.689.

Gnip. 2013a. "Gnip Twitter Activity Streams Format." http://support.gnip.com/customer/portal/articles/477765-twitter-activity-streams-format.

Gnip. 2013b. Home page. http://gnip.com.

Goble, Carole, and David De Roure. 2009. "The Impact of Workflow Tools on Data- intensive Research." In *The Fourth Paradigm: Data-Intensive Scientific Discovery*, ed. Tony Hey, Stewart Tansley, and Kristin Tolle, 137~146. Redmond, WA: Microsoft.

Goble, Carole, David De Roure, and Sean Bechhofer. 2013. "Accelerating Scientists' Knowledge Turns." In *Knowledge Discovery, Knowledge Engineering and Knowledge Management*, ed. Ana Fred, Jan L. G. Dietz, Kecheng Liu, and Joaquim Filipe, 3~25. Berlin: Springer.

Goenka, S. N., Myungsoo Kim, Lewis Lancaster, John R. McRae, Charles Muller, Min Bahadur Shakya, Morten Schlutter, and Christian Wittern. 2008. "CBETA 10 Years." Chinese Buddhist Electronic Text Association. http://www.cbeta.org/data/cbeta10y/friends.htm.

Goldacre, Ben. 2008. *Bad Science.* London: Fourth Estate. 강미경 옮김. 2011. 『배드 사이언스』. 서울: 공존.

Goldacre, Ben. 2012. *Bad Pharma: How Drug Companies Mislead Doctors and Harm Patients.* London: Fourth Estate. 안형식, 권민 옮김. 2014. 『불량 제약회사: 제약회사는 어떻게 의사를 속이고 환자에게 해를 입히는가』. 서울: 공존.

*Goldsmith, Jack L., and Tim Wu. 2006. Who Controls the Internet? Illusions of a Borderless World.* Oxford: Oxford University Press. 송연석 옮김. 2006. 『인터넷 권력전쟁』. 서울: NewRun.

Goodman, Alyssa A. 2012. "Principles of High-dimensional Data Visualization in Astronomy." *Astronomische Nachrichten* 333:505. doi:10.1002/asna.201211705.

Goodman, Alyssa A., Joao Alves, Chris Beaumont, Tom Dame, James Jackson, Jens Kauffmann, Thomas Robitaille, et al. 2013. "The Bones of the Milky Way." *Astrophysical Journal.* https://www.authorea.com/users/23/articles/249/_show_article.

Goodman, Alyssa A., Jonathan Fay, August Muench, Alberto Pepe, Patricia Udomprasert, and Curtis Wong. 2012. "WorldWide Telescope in Research and Education." *arXiv:1201.1285.* http://arxiv.org/abs/1201.1285.

Goodman, Alyssa A., August Muench, and Alicia Soderberg. 2012. "Introducing the Astronomy Dataverse (theastrodata.org)." Presentation and Panel Discussion (April 2). Cambridge, MA: Harvard-Smithsonian Center for Astrophysics. https://dataverse.org/presentations/introducing-astronomy-dataverse-theastrodataorg.

Goodman, Alyssa A., Alberto Pepe, Alexander W. Blocker, Christine L. Borgman, Kyle Cranmer,

Merce Crosas, Rosanne Di Stefano, et al. 2014. "10 Simple Rules for the Care and Feeding of Scientific Data." *PLoS Computational Biology* 10 (4):e1003542. doi:10.1371/journal. pcbi.1003542.

Goodman, Alyssa A., Jaime E. Pineda, and Scott L. Schnee. 2009. "The 'True' Column Density Distribution in Star-Forming Molecular Clouds." *Astrophysical Journal* 692:91~103. doi:10.1088/0004-637X/692/1/91.

Goodman, Alyssa A., Erik W. Rosolowsky, Michelle A. Borkin, Jonathan B. Foster, Michael Halle, Jens Kauffmann, and Jaime E. Pineda. 2009. "A Role for Self-gravity at Multiple Length Scales in the Process of Star Formation." *Nature* 457 (7225):63~66. doi:10.1038/nature07609.

Goodman, Alyssa A., and Curtis G. Wong. 2009. "Bringing the Night Sky Closer: Discoveries in the Data Deluge." In *The Fourth Paradigm: Data-Intensive Scientific Discovery*, ed. Tony Hey, Stewart Tansley, and Kristin Tolle, 39~44. Redmond, WA: Microsoft.

Grafton, Anthony. 2007. "Future Reading." *The New Yorker* (November 5). http://www. newyorker.com/reporting/2007/11/05/071105fa_fact_grafton?currentPage=all.

Gray, Jim, David T. Liu, Maria Nieto-Santisteban, Alexander Szalay, David DeWitt, and Gerd Heber. 2005. "Scientific Data Management in the Coming Decade." *CT Watch Quarterly 1. https://www.microsoft.com/en-us/research/wp-content/uploads/2005/01/tr-2005-10.pdf.*

Gray, Jim, and Alexander Szalay. 2002. "The World-wide Telescope." *Communications of the ACM* 45:51~55.

Groth, Paul, Yolanda Gil, James Cheney, and Simon Miles. 2012. "Requirements for Provenance on the Web." *International Journal of Digital Curation* 7 (1):39~56. doi:10.2218/ijdc.v7i1.213.

Groth, Paul, and Luc Moreau eds. 2013. "PROV-Overview." W3C. http://www.w3.org/TR/prov-overview.

Guibault, Lucie. 2013. "Licensing Research Data under Open Access Conditions." In *Information and Knowledge: 21st Century Challenges in Intellectual Property and Knowledge Governance*, ed. Dana Beldiman. Cheltenham: Edward Elgar.

Gutmann, Myron, Mark Abrahamson, Margaret Adams, Micah Altman, Caroline R. Arms, and Gary King. 2009. "From Preserving the Past to Preserving the Future: The Data-PASS Project and the Challenges of Preserving Digital Social Science Data." *Library Trends* 57:315~337. doi:10.1353/lib.0.0039.

Gymrek, Melissa, Amy L. McGuire, David Golan, Eran Halperin, and Yaniv Erlich. 2013. "Identifying Personal Genomes by Surname Inference." *Science* 339 (6117):321~324. doi:10.1126/science.1229566.

Haak, Laurel L., David Baker, Donna K. Ginther, Gregg J. Gordon, Matthew A. Probus, Nirmala Kannankutty, and Bruce A. Weinberg. 2012. "Standards and Infra- structure for Innovation Data Exchange." *Science* 338 (6104):196~197. doi:10.1126/science.1221840.

Hackett, Edward J., Olga Amsterdamska, Michael Lynch, and Judy Wajcman. 2007. *The Handbook of Science and Technology Studies*. 3rd ed. Cambridge, MA: MIT Press.

Hamilton, David P. 1990. "Information Decontrol Urged." *Science* 248 (4958):957~958. doi:10.1126/science.248.4958.957.

Hamilton, Michael P., Eric A. Graham, Philip W. Rundel, Michael F. Allen, William Kaiser, Mark H. Hansen, and Deborah L. Estrin. 2007. "New Approaches in Embedded Networked Sensing for Terrestrial Ecological Observatories." *Environmental Engineering Science* 24 (2):149~150.

Hanisch, Robert J. 2013. "The Future of the Virtual Observatory~US Virtual Astronomical Observatory." (August 12). http://www.usvao.org/2013/08/12/the-future-of-the-virtual-observatory.

Hanisch, Robert J., A. Farris, E. W. Greisen, W. D. Pence, B. M. Schlesinger, P. J. Teuben, R. W. Thompson, and A. Warnock. 2001. "Definition of the Flexible Image Transport System (FITS)." *Astronomy and Astrophysics* 376 (1): 359~380. https://www.aanda.org/articles/aa/abs/2001/34/aah2901/aah2901.html.

Hanisch, Robert J., and Peter J. Quinn. 2002. "The International Virtual Observatory." http://www.ivoa.net/about/TheIVOA.pdf.

Hanson, Karen, Alisa Surkis, and Karen Yacobucci. 2012. *Data Sharing and Management Snafu in 3 Short Acts*. Film and Animation. http://www.youtube.com/watch?v=N2zK3sAtr-4&sns=em.

Hardin, Garrett. 1968. "The Tragedy of the Commons." *Science* 162 (3859):1243~1248. doi:10.1126/science.162.3859.1243.

Harnad, Stevan. 1998. "The Invisible Hand of Peer Review." *Nature* 5. https://www.researchgate.net/publication/37532028_The_Invisible_Hand_of_Peer_Review.

Harpring, Patricia. 2010. *Introduction to Controlled Vocabularies: Terminology for Art, Architecture, and Other Cultural Works*. Los Angeles: Getty Publications.

Hart, Michael S. 1992. "History and Philosophy of Project Gutenberg." http://www.gutenberg.org/about/history.

Hart, Michael S. 2013. "Project Gutenberg." http://www.gutenberg.org.

Harvard Law Review Association. 2005. *The Bluebook: A Uniform System of Citation*. Cambridge, MA: Author.

Harvard-Smithsonian Astrophysical Observatory. 2013a. "Chandra X-ray Observatory." Home page. http://chandra.harvard.edu.

Harvard-Smithsonian Astrophysical Observatory. 2013b. "Digitizing the Harvard College Observatory Astronomical Plate Stacks." http://tdc-www.harvard.edu/plates.

Harvard-Smithsonian Astrophysical Observatory. 2013c. "The SAO/NASA Astrophysics Data System." http://adswww.harvard.edu.

Harvard University. 2010. "Open Access Policies." Harvard University Library, Office for Scholarly Communication. https://osc.hul.harvard.edu/policies.

Harvard University and Wellcome Trust. 2012. International Workshop on Contributorship and Scholarly Attribution. http://projects.iq.harvard.edu/files/attribution_workshop/files/iwcsa_report_final_18sept12.pdf.

Hedstrom, Margaret, Lee Dirks, Nicholas Economides, Peter Fox, Michael F. Goodchild, Heather Joseph, Ronald L. Larsen, et al. 2014. "Future Career Opportunities and Educational Requirements for Digital Curation." http://sites.nationalacademies.org/PGA/brdi/PGA_069853.

Heidorn, Bryan. 2008. "Shedding Light on the Dark Data in the Long Tail of Science." *Library Trends* 57 (2):280~299. doi:10.1353/lib.0.0036.

Hess, Charlotte, and Elinor Ostrom. 2007a. "Introduction: An Overview of the Knowledge Commons." In *Understanding Knowledge as a Commons: From Theory to Practice*, ed. Charlotte Hess and Elinor Ostrom, 3~26. Cambridge, MA: MIT Press.

Hess, Charlotte, and Elinor Ostrom. 2007b. *Understanding Knowledge as a Commons: From Theory to Practice*. Cambridge, MA: MIT Press. 김민주, 송희령 공역. 2010. 『지식의 공유: 폐쇄성을 넘어 '자원으로서의 지식'을 나누다』. 서울: 타임북스: 타임교육.

Hettne, Kristina, Katy Wolstencroft, Khalid Belhajjame, Carole Goble, Eleni Mina, and Harish Dharuri. 2012. "Best Practices for Workflow Design: How to Prevent Workflow Decay." In *Proceedings of the ESWC 2012 Workshop on the Future of Scholarly Communication in the Semantic Web*, ed. Frank Van Harmelen, Alexander G. Castro, Christoph Lange, and Benjamin Good. Greece: Sepublica. http://ceur-ws.org/Vol-952/paper_23.pdf.

Hey, Tony, Stewart Tansley, and Kristin Tolle. 2009. "Jim Gray on eScience: A Transformed Scientific Method." In *The Fourth Paradigm: Data-Intensive Scientific Discovery*, ed. Tony Hey, Stewart Tansley, and Kristin Tolle, xix~xxxiii. Redmond, WA: Microsoft.

Hey, Tony, and Anne Trefethen. 2005. "Cyberinfrastructure and e-Science." *Science* 308:818~821. doi:10.1126/science.1110410.

Higgins, D., C. Berkley, and M. B. Jones. 2002. "Managing Heterogeneous Ecological Data Using Morpho." In *Proceedings 14th International Conference on Scientific and Statistical Database Management*, 69~76. Edinburgh, UK: IEEE Computer Society.

Hilgartner, Stephen. 1997. "Access to Data and Intellectual Property: Scientific Exchange in Genome Research." In *Intellectual Property Rights and the Dissemination of Research Tools in Molecular Biology. Summary of a Workshop Held at the National Academy of Science, February 15~16, 1996*, 28~39. Washington, DC: National Academies Press.

Hilgartner, Stephen, and Sherry I. Brandt-Rauf. 1994. "Data Access, Ownership and Control: Toward Empirical Studies of Access Practices." *Knowledge* 15:355~372.

Hine, Christine. 2000. *Virtual Ethnography*. London: Sage.

Hine, Christine. 2008. *Systematics as Cyberscience: Computers, Change, and Continuity in Science*. Cambridge, MA: MIT Press.

Hirsh, Sandra G. 1996. *The Effect of Domain Knowledge on Elementary School Children's Information Retrieval Behavior on an Automated Library Catalog*. Los Angeles: UCLA.

Hirtle, Peter B. 2011. "Introduction to Intellectual Property Rights in Data Management." https://confluence.cornell.edu/display/rdmsgweb/introduction-intellectual-property-rights-data-management.

Hirtle, Peter B. 2012. "When Is 1923 Going to Arrive and Other Complications of the U.S. Public Domain." *Searcher* 20 (6). http://www.infotoday.com/searcher/sep12/Hirtle-When-Is-1923-Going-to-Arrive-and-Other-Complications-of-the-U.S.-Public-Domain.shtml.

Hirtle, Peter B., Emily Hudson, and Andrew T. Kenyon. 2009. *Copyright and Cultural Institutions: Guidelines for U.S. Libraries, Archives, and Museums.* http://hdl.handle.net/1813/14142.

H-Net. 2013a. "H-Buddhism Discussion Network." https://www.h-net.org/~buddhism. H-Net. 2013b. "What Is H-Net?" http://www.h-net.org/about.

Hockey, Susan. 1999. "Making Technology Work for Scholarship: Investing in the Data." In *Technology and Scholarly Communication,* ed. Richard Ekman and Richard E. Quandt. Berkeley: University of California Press; published in association with the Andrew K. Mellon Foundation. http://ark.cdlib.org/ark:/13030/ft5w10074r.

Hogg, David W., and Dustin Lang. 2008. "Astronomical Imaging: The Theory of Everything." *arXiv:0810.3851.* doi:10.1063/1.3059072.

Holdren, John P. 2013a. "Increasing Access to the Results of Federally Funded Scientific Research." Executive Office of the President, Office of Science and Technology Policy. https://www.usaid.gov/sites/default/files/documents/1865/NW2-CCBY-HO2-Public_Access_Memo_2013.pdf.

Holdren, John P. 2013b. "Memorandum for the Heads of Executive Departments and Agencies." Executive Office of the President, Office of Science and Technology Policy. https://www.science.gov/docs/ostp_public_access_memo_2013.pdf.

Hollan, Jim, and Scott Stornetta. 1992. "Beyond Being There." In *CHI '92,* ed. Penny Bauersfeld, John Bennett, and Gene Lynch, 119~125. New York: ACM.

Hollinger, David A. 2013. "The Wedge Driving Academe's Two Families Apart." *Chronicle of Higher Education* (October 14). http://chronicle.com/article/Why-Cant-the-Sciencesthe/142239/?cid=cr&utm_source=cr&utm_medium=en.

Howard, Jennifer. 2013a. "Posting Your Latest Article? You Might Have to Take It Down." *Chronicle of Higher Education [Blog]* (December 6). http://chronicle.com/blogs/wiredcampus/posting-your-latest-article-you-might-have-to-take-it-down/48865.

Howard, Jennifer. 2013b. "White House Delivers New Open-Access Policy That Has Activists Cheering." *Chronicle of Higher Education* (February 22). http://chronicle.com/article/White-House-Delivers-New/137549/?cid=at&utm_source=at&utm_medium=en.

Howard, Jennifer. 2014. "Born Digital, Projects Need Attention to Survive." *Chronicle of Higher Education* (January 6). http://chronicle.com/article/Born-Digital-Projects-Need/143799.

Howe, Doug, Maria Costanzo, Petra Fey, Takashi Gojobori, Linda Hannick, Winston Hide, David P. Hill, et al. 2008. "Big Data: The Future of Biocuration." *Nature* 455 (7209):47~50. doi:10.1038/455047a.

Hrynaszkiewicz, Iain, and Douglas G. Altman. 2009. "Towards Agreement on Best Practice for Publishing Raw Clinical Trial Data." *Trials* 10:17. doi:10.1186/1745-6215-10-17.

HubbleSite. 2013a. Home page. http://hubblesite.org.

HubbleSite. 2013b. "The Telescope: Hubble Essentials." http://hubblesite.org/the_telescope/hubble_essentials.

Hughes, Thomas P. 1989. "The Evolution of Large Technological Systems." In *The Social Construction of Technological Systems: New Directions in the Sociology and History of Technology*, ed. Wiebe E. Bijker, Thomas P. Hughes, and Trevor J. Pinch, 51~82. Cambridge, MA: MIT Press.

Hughes, Thomas P. 2004. *Human-Built World: How to Think About Technology and Culture*. Chicago: University of Chicago Press. 김정미 옮김. 2008. 『테크놀로지, 창조와 욕망의 역사』. 서울: 플래닛 미디어.

Hugo, W. 2013. "A Maturity Model for Digital Data Centers." *Data Science Journal* 12:WDS189~WDS192.

Hunter, Jane. 2009. "Collaborative Semantic Tagging and Annotation Systems." *Annual Review of Information Science & Technology* 43:187~239.

Hvistendahl, Mara. 2013. "China's Publication Bazaar." *Science* 342 (6162):1035~1039. doi:10.1126/science.342.6162.1035.

IAU Working Group Libraries. 2013. "Best Practices for Creating a Telescope Bibliography." *IAU-Commission5-WG Libraries*. http://iau-commission5.wikispaces.com/WG+Libraries.

Incorporated Research Institutions for Seismology. 2013. Home page. http://www.iris.edu/hq.

Ingwersen, Peter. 1998. "The Calculation of Web Impact Factors." *Journal of Documentation* 54:236~243.

Ingwersen, Peter, and Kalervo Jarvelin. 2005. *The Turn: Integration of Information Seeking and Retrieval in Context*. Dordrecht: Springer.

Institute for Quantitative Social Sciences. 2011. "Data Citation Principles Workshop." Harvard University, May 16~17. http://projects.iq.harvard.edu/datacitation_workshop.

Institute for Quantitative Social Sciences. 2013. Home page. Harvard University. http://www.iq.harvard.edu.

Institute of Electrical and Electronics Engineers. 2013. "IEEE Code of Ethics." http://www.ieee.org/about/corporate/governance/p7-8.html.

International Astronomical Union. 2013. "About the International Astronomical Union." http://www.iau.org/about.

International Committee of Medical Journal Editors. 2013. "Recommendations for the Conduct, Reporting, Editing, and Publication of Scholarly Work in Medical Journals." http://www.icmje.org/recommendations.

International Council of Museums. 2013. "CIDOC Conceptual Reference Model." http://www.cidoc-crm.org/who_we_are.html.

International Dunhuang Project. 2013. Home page. http://idp.bl.uk.

International Social Survey Programme. 2013. Home page. http://www.issp.org.

International Standard Book Number Agency. 2013. Home page. http://www.isbn.org.

International Standard Name Identifier International Agency. 2013. Home page. http://www.isni.org.

International Standard Serial Number International Centre. 2013. "Understanding the ISSN: What Is an ISSN?" http://www.issn.org/2-22636-All-about-ISSN.php.

International Virtual Observatory Alliance. 2013a. Home page. http://www.ivoa.net.

International Virtual Observatory Alliance. 2013b. "Virtual Observatory Applications for Astronomers." http://www.ivoa.net/astronomers/applications.html.

Inter-University Consortium for Political and Social Research. 2012. "Guide to Social Science Data Preparation and Archiving: Best Practice Throughout the Data Life Cycle." 5th edition. Ann Arbor, MI: ICPSR. https://www.icpsr.umich.edu/icpsrweb/content/deposit/guide/index.html.

Inter-University Consortium for Political and Social Research. 2013. Home page. http://www.icpsr.umich.edu/icpsrweb/landing.jsp.

Ioannidis, John P. A., and Muin J. Khoury. 2011. "Improving Validation Practices in 'Omics' Research." *Science* 334 (6060):1230~1232. doi:10.1126/science.1211811.

IRIS Data Management Center. 2013. Home page. http://www.iris.edu/data.

ISO 10646. 2013. "Ideograph Characters." http://glyph.iso10646hk.net/english/icharacters_1.jsp.

Jackson, Brian A., Tora K. Bikson, and Patrick P. Gunn. 2013. "Human Subjects Protection and Research on Terrorism and Conflict." *Science* 340 (6131):434~435. doi:10.1126/science.1231747.

Jackson, Steven J. 2006. "Water Models and Water Politics: Deliberative Design and Virtual Accountability." In *Proceedings of the 7th Annual International Conference on Digital Government Research*, ed. Jose A.B. Fortes and Ann MacIntosh, 95~104. San Diego: Digital Government Research Center.

Jackson, Steven J., and Ayse Buyuktur. 2014. "Who Killed WATERS? Mess, Method, and Forensic Explanation in the Making and Unmaking of Large-Scale Science Networks." *Science, Technology & Human Values* 39 (2):285~308. doi:10.1177/ 0162243913516013.

Jackson, Steven J., David Ribes, Ayse Buyuktur, and Geoffrey C. Bowker. 2011. "Collaborative Rhythm: Temporal Dissonance and Alignment in Collaborative Scientific Work." In *Proceedings of the ACM 2011 Conference on Computer Supported Cooperative Work*, 245~254. New York: ACM. doi:10.1145/1958824.1958861.

Jacobs, Neil. 2006. *Open Access: Key Strategic, Technical and Economic Aspects.* Oxford: Chandos.

James San Jacinto Mountains Reserve. 2013. "Data Resources." http://www.jamesreserve.edu/data_arch.html.

Janee, Greg, and James Frew. 2002. "The ADEPT Digital Library Architecture." In *Second ACM/IEEE-CS Joint Conference on Digital Libraries*, 342~350. New York: ACM.

Jantz, Ronald, and Michael J. Giarlo. 2005. "Digital Preservation: Architecture and Technology for

Trusted Digital Repositories." *D-Lib Magazine* 11. http://www.dlib.org/dlib/june05/jantz/06jantz.html.

Jasny, B. R., G. Chin, L. Chong, and S. Vignieri. 2011. "Again, and Again, and Again...." *Science* 334 (6060):1225. doi:10.1126/science.334.6060.1225.

JavaScript Object Notation. 2013. Home page. http://www.json.org.

Jenkins, Henry, Ravi Purushotma, Margaret Weigel, and Katie Clinton. 2009. *Confronting the Challenges of Participatory Culture: Media Education for the 21st Century*. Cambridge, MA: MIT Press.

Jirotka, Marina, Rob Procter, Tom Rodden, and Geoffrey C. Bowker. 2006. "Special Issue: Collaboration in e-Research." *Computer Supported Cooperative Work* 15:251~255.

Johnson, George. 2007. "A Trip Back in Time and Space." *New York Times* (July 10). http://www.nytimes.com/2007/07/10/science/10astro.html.

Johnston, E. H. 1938. "The Gopālpur Bricks." *Journal of the Royal Asiatic Society* 70 (04):547~553. doi:10.1017/S0035869X00078242.

Jones, James Howard. 1981. *Bad Blood: The Tuskegee Syphilis Experiment*. New York: Free Press.

*Journal of Open Archaeology Data*. 2013. Home page. http://openarchaeologydata.metajnl.com.

*JoVE: Peer Reviewed Scientific Video Journal*. 2013. Home page. http://www.jove.com.

Kahin, Brian, and Dominique Foray. 2006. *Advancing Knowledge and the Knowledge Economy*. Cambridge, MA: MIT Press.

Kaiser, Jocelyn. 2008. "Making Clinical Data Widely Available." *Science* 322 (5899):217~218. doi:10.1126/science.322.5899.217.

Kaiser, Jocelyn. 2013. "Rare Cancer Successes Spawn 'Exceptional' Research Efforts." *Science* 340 (6130):263. doi:10.1126/science.340.6130.263.

Kanfer, Alana G., Caroline Haythornthwaite, B. C. Bruce, Geoffrey C. Bowker, N. C. Burbules, J. F. Porac, and J. Wade. 2000. "Modeling Distributed Knowledge Processes in Next Generation Multidisciplinary Alliances." *Information Systems Frontiers* 2 (3~ 4):317~331. doi:10.1109/AIWORC.2000.843277.

Kansa, Eric C. 2012. "Openness and Archaeology's Information Ecosystem." *World Archaeology* 44 (4):498~520. doi:10.1080/00438243.2012.737575.

Kansa, Sarah W., Eric C. Kansa, and J. M. Schultz. 2007. "An Open Context for Near Eastern Archaeology." *Near Eastern Archaeology* 70 (4): 188~194.

Karabag, Solmaz Filiz, and Christian Berggren. 2012. "Retraction, Dishonesty and Plagiarism: Analysis of a Crucial Issue for Academic Publishing, and the Inadequate Responses from Leading Journals in Economics and Management Disciplines." *Journal of Applied Economics and Business Research* 4 (2). http://www.aebrjournal.org/volume-2-issue-4.html.

Karasti, Helena, Karen S. Baker, and Eija Halkola. 2006. "Enriching the Notion of Data Curation in E-Science: Data Managing and Information Infrastructuring in the Long Term Ecological

Research (LTER) Network." *Computer Supported Cooperative Work* 15 (4):321~358. doi:10.1007/s10606-006-9023-2.

Kelty, Christopher M. 2008. *Two Bits: The Cultural Significance of Free Software.* Durham, NC: Duke University Press.

Kelty, Christopher M. 2012. "This Is Not an Article: Model Organism Newsletters and the Question of 'Open Science.'" *Biosocieties* 7 (2):140~168. doi:10.1057/biosoc.2012.8.

Kessler, Elizabeth A. 2012. *Picturing the Cosmos: Hubble Space Telescope Images and the Astronomical Sublime.* Minneapolis: University of Minnesota Press.

King, C. Judson, Diane Harley, Sarah Earl-Novell, Jennifer Arter, Shannon Lawrence, and Irene Perciali. 2006. "Scholarly Communication: Academic Values and Sustainable Models." Berkeley: Center for Studies in Higher Education. https://escholarship.org/uc/item/4j89c3f7.

King, Christopher. 2013. "Single-Author Papers: A Waning Share of Output, but Still Providing the Tools for Progress." *ScienceWatch.* http://sciencewatch.com/articles/single-author-papers-waning-share-output-still-providing-tools-progress.

King, Gary, Jennifer Pan, and Margaret E. Roberts. 2013. "How Censorship in China Allows Government Criticism but Silences Collective Expression." *American Political Science Review* 107 (02):326~343. doi:10.1017/S0003055413000014.

Kintisch, Eli. 2010. "Embattled U.K. Scientist Defends Track Record of Climate Center." *Science* 327 (5968):934. doi:10.1126/science.327.5968.934.

Klump, J., R. Bertelmann, J. Brase, Michael Diepenbroek, Hannes Grobe, H. Höck, M. Lautenschlager, Uwe Schindler, I. Sens, and J. Wächter. 2006. "Data Publication in the Open Access Initiative." *Data Science Journal* 5:79~83. doi:10.2481/dsj.5.79.

Knorr-Cetina, Karin. 1999. *Epistemic Cultures: How the Sciences Make Knowledge.* Cambridge, MA: Harvard University Press.

Knowledge Network for Biocomplexity. 2010. "Ecological Metadata Language." http://knb.ecoinformatics.org/software/eml.

Knowledge Network for Biocomplexity. 2013. "Ecological Metadata Language (EML) Specification." http://knb.ecoinformatics.org/software/eml/eml-2.1.1/index.html.

Knox, Keith T. 2008. "Enhancement of Overwritten Text in the Archimedes Palimpsest." In *Computer Image Analysis in the Study of Art*, ed. David G. Stork and Jim Coddington, 6810:681004. SPIE. doi:10.1117/12.766679.

Kolb, David A. 1981. "Learning Styles and Disciplinary Differences." In *The Modern American College*, ed. Arthur W. Chickering. San Francisco: Jossey-Bass.

Kolowich, Steve. 2014. "Hazards of the Cloud: Data-Storage Service's Crash Sets Back Researchers." *The Chronicle of Higher Education [Blog]* (May 12). http://chronicle.com/blogs/wiredcampus/hazards-of-the-cloud-data-storage-services-crash-sets-back-researchers/52571.

Korn, Naomi, and Charles Oppenheim. 2011. "Licensing Open Data: A Practical Guide." JISC. http://discovery.ac.uk/files/pdf/Licensing_Open_Data_A_Practical_Guide.pdf.

Korsmo, Fae L. 2010. "The Origins and Principles of the World Data Center System." *Data Science Journal* 8:55~65. doi:10.2481/dsj.SS_IGY-011.

Koshland, Daniel. 1987. "Sequencing the Human Genome." *Science* 236 (4801):505. doi:10.1126/science.3576182.

Kouw, Matthijs, Charles Van den Heuvel, and Andrea Scharnhorst. 2013. "Exploring Uncertainty in Knowledge Representations: Classifications, Simulations, and Models of the World." In *Virtual Knowledge: Experimenting in the Humanities and the Social Sciences*, ed. Paul Wouters, Anne Beaulieu, Andrea Scharnhorst, and Sally Wyatt, 127~149. Cambridge, MA: MIT Press.

Kranich, Nancy. 2004. "The Information Commons: A Public Policy Report." New York: The Free Expression Policy Project, Brennan Center for Justice, NYU School of Law. https://open.bu.edu/bitstream/handle/2144/53/InformationCommons.pdf?sequence=1&isAllowed=y.

Kranich, Nancy. 2007. "Countering Enclosure: Reclaiming the Knowledge Com- mons." In *Understanding Knowledge as a Commons: From Theory to Practice*, ed. Charlotte Hess and Elinor Ostrom, 85~122. Cambridge, MA: MIT Press.

Kraut, Robert, Sara Kiesler, Bonka Boneva, Jonathon Cummings, Vicki Helgeson, and Anne Crawford. 2002. "Internet Paradox Revisited." *Journal of Social Issues* 58 (1):49~74. doi:10.1111/1540-4560.00248.

Kuhn, Thomas S. 1962. *The Structure of Scientific Revolutions*. Chicago: University of Chicago Press. 김명자, 홍성욱 옮김. 2013. 「과학혁명의 구조」. 서울: 까치글방.

Kuhn, Thomas S. 1970. *The Structure of Scientific Revolutions*. 2nd ed. Chicago: University of Chicago Press. 김명자, 홍성욱 옮김. 2013. 「과학혁명의 구조」. 서울: 까치글방.

Kurtz, Donna, and T. S. Lipinski. 1995. "Telecommunications for the Arts in Archive, Museum and Gallery: The Beazley Archive and Cast Gallery, Ashmolean Museum, Oxford." In *Networking in the Humanities: Proceedings of the Second Conference on Scholarship and Technology in the Humanities*, ed. Stephanie Kenna and Seamus Ross, 97~109. London: Bowker-Saur.

Kurtz, Donna, Greg Parker, David Shotton, Graham Klyne, Florian Schroff, Andrew Zisserman, and Yorick Wilks. 2009. "CLAROS-Bringing Classical Art to a Global Public." In *Proceedings of the 2009 Fifth IEEE International Conference on e-Science*, 20~27. Oxford: IEEE. doi:10.1109/e-Science.2009.11.

Kurtz, Michael J., and Johan Bollen. 2010. "Usage Bibliometrics." In *Annual Review of Information Science and Technology*. vol. 44. ed. Blaise Cronin. Medford, NJ: Information Today.

Kurtz, Michael J., G. Eichhorn, A. Accomazzi, C. Grant, M. Demleitner, and S. S. Murray. 2005. "Worldwide Use and Impact of the NASA Astrophysics Data System Digital Library." *Journal of the American Society for Information Science and Technology* 56 (1):36~45. doi:10.1002/asi.20095.

Kurtz, Michael J., Günther Eichhorn, Alberto Accomazzi, Carolyn S. Grant, Stephen S. Murray, and Joyce M. Watson. 2000. "The NASA Astrophysics Data System: Overview." *Astronomy &*

Astrophysics. Supplement Series 143 (1):41~59. doi:10.1051/aas:2000170.

Kwa, Chunglin. 2005. "Local Ecologies and Global Science: Discourses and Strategies of the International Geosphere-Biosphere Programme." Social Studies of Science 35:923~950.

Kwa, Chunglin. 2011. Styles of Knowing. Pittsburgh: University of Pittsburgh Press.

Kwa, Chunglin, and Rene Rector. 2010. "A Data Bias in Interdisciplinary Cooperation in the Sciences: Ecology in Climate Change Research." In Collaboration in the New Life Sciences, ed. John N. Parker, Niki Vermeulen, and Bart Penders, 161~176. Farnheim, UK: Ashgate.

Kwak, Haewoon, Changhyun Lee, Hosung Park, and Sue Moon. 2010. "What Is Twitter, a Social Network or a News Media?" In Proceedings of the 19th International Conference on World Wide Web, 591~600. New York: ACM. doi:10.1145/1772690.1772751.

Laakso, Mikael, and Bo-Christer Björk. 2013. "Delayed Open Access: An Overlooked High-impact Category of Openly Available Scientific Literature." Journal of the Ameri- can Society for Information Science and Technology 64 (7):1323~1329. doi:10.1002/asi.22856.

Laakso, Mikael, Patrik Welling, Helena Bukvova, Linus Nyman, Bo-Christer Björk, and Turid Hedlund. 2011. "The Development of Open Access Journal Publishing from 1993 to 2009." PLoS ONE 6 (6):e20961. doi:10.1371/journal.pone.0020961.

Lagerstrom, Jill, Sherry L. Winkelman, Uta Grothkopf, and Marsha Bishop. 2012. "Observatory Bibliographies: Current Practices." In Observatory Operations: Strategies, Processes, and Systems IV. vol. 8448. ed. Alison B. Peck, Robert L. Seaman, and Fernando Comeron. Amsterdam: SPIE.

Lagoze, Carl, and Theresa Velden. 2009a. "Communicating Chemistry." Nature Chemistry 1:673~678. doi:10.1038/nchem.448.

Lagoze, Carl, and Theresa Velden. 2009b. "The Value of New Scientific Communication Models for Chemistry." http://ecommons.cornell.edu/handle/1813/14150.

Laine, Christine, Richard Horton, Catherine D. DeAngelis, Jeffrey M. Drazen, Frank A. Frizelle, Fiona Godlee, Charlotte Haug, et al. 2007. "Clinical Trial Registration-Looking Back and Moving Ahead." New England Journal of Medicine 356 (26):2734~2736. doi:10.1056/NEJMe078110.

Lakoff, George. 1987. Women, Fire, and Dangerous Things: What Categories Reveal about the Mind. Chicago: University of Chicago Press. 이기우 옮김. 1994. 「인지 의미론: 언어에서 본 인간의 마음」. 서울: 한국문화사.

Lampland, Martha, and Susan Leigh Star, eds. 2009. Standards and Their Stories: How Quantifying, Classifying, and Formalizing Practices Shape Everyday Life. Ithaca, NY: Cornell University Press.

Landsberger, Henry A. 1958. Hawthorne Revisited: Management and the Worker: Its Critics, and Developments in Human Relations in Industry. Ithaca, NY: Cornell University Press.

Laney, Doug. 2001. "3D Data Management: Controlling Data Volume, Velocity, and Variety." http://blogs.gartner.com/doug-laney/files/2012/01/ad949-3D-Data-Management-Controlling-

Data-Volume-Velocity-and-Variety.pdf.

Lang, Dustin, David W. Hogg, Keir Mierle, Michael Blanton, and Sam Roweis. 2009. "Astrometry. net: Blind Astrometric Calibration of Arbitrary Astronomical Images." *arXiv:0910.2233.* doi:10.1088/0004-6256/139/5/1782.

Large Synoptic Survey Telescope Corporation. 2010. Home page. http://www.lsst.org/lsst.

Latour, Bruno. 1987. *Science in Action: How to Follow Scientists and Engineers through Society.* Cambridge, MA: Harvard University Press. 황희숙 옮김. 2016. 『젊은 과학의 전선: 테크노사이언스와 행위자-연결망의 구축』. 파주: 아카넷.

Latour, Bruno. 1988. "Drawing Things Together." In Representation in Scientific Practice, ed. Michael E. Lynch and Steve Woolgar, 19~68. Cambridge, MA: MIT Press.

Latour, Bruno. 1993. *We Have Never Been Modern.* Cambridge, MA: Harvard University Press. 홍철기 옮김. 2009. 『우리는 결코 근대인이었던 적이 없다: 대칭적 인류학을 위하여』. 서울: 갈무리.

Latour, Bruno. 2004. *Politics of Nature: How to Bring Sciences into Democracy.* Cam- bridge, MA: Harvard University Press.

Latour, Bruno, and Steve Woolgar. 1979. *Laboratory Life: The Construction of Scientific Facts.* Beverly Hills, CA: Sage.

Latour, Bruno, and Steve Woolgar. 1986. *Laboratory Life: The Construction of Scientific Facts.* Princeton, NJ: Princeton University Press.

Lave, Jean, and Etienne Wenger. 1991. *Situated Learning: Legitimate Peripheral Participation.* Cambridge, UK: Cambridge University Press. 손민호 역. 2010. 『상황학습: 합법적 주변 참여』. 서울: 강현출판사.

Lawrence, Bryan, Catherine Jones, Brian Matthews, Sam Pepler, and Sarah Callaghan. 2011. "Citation and Peer Review of Data: Moving towards Formal Data Publication." *International Journal of Digital Curation* 6 (2):4~37. doi:10.2218/ijdc.v6i2.205.

Lee, Charlotte P., Paul Dourish, and Gloria Mark. 2006. "The Human Infrastructure of Cyberinfrastructure." In *Proceedings of the 2006 20th Anniversary Conference on Computer Supported Cooperative Work,* 483~492. New York: ACM.

Lehman, Richard, and Elizabeth Loder. 2012. "Missing Clinical Trial Data: A Threat to the Integrity of Evidence Based Medicine." *British Medical Journal* 344:d8158. doi:10.1136/bmj.d8158.

Leland, John. 2013. "Online Battle over Ancient Scrolls Spawns Real-World Consequences." *New York Times* (February 16) http://www.nytimes.com/2013/02/17/nyregion/online-battle-over-ancient-scrolls-spawns-real-world-consequences.html.

Leptin, Maria. 2012. "Open Access~Pass the Buck." *Science 335 (6074):1279. doi:10.1126/science.1220395.*

Lessig, Lawrence. 1999. *Code and Other Laws of Cyberspace.* New York: Basic Books. 김정오 역. 2002. 『코드: 사이버공간의 법이론』. 서울: 나남출판.

*Lessig, Lawrence. 2001. The Future of Ideas: The Fate of the Commons in a Connected World.*

New York: Random House. 이원기 옮김. 2012. 『아이디어의 미래: 디지털 시대, 지적재산권의 운명』. 서울: 민음사.

Lessig, Lawrence. 2004. *Free Culture: How Big Media Uses Technology and the Law to Lock Down Culture and Control Creativity*. New York: Penguin. 이주명 옮김. 2005. 『자유문화: 인터넷 시대의 창작과 저작권 문제』. 서울: 필맥.

Levi-Strauss, Claude. 1966. *The Savage Mind*. Chicago: University of Chicago Press. 안정남 역. 1990. 『野生의 思考』. 서울: KBS사업단.

Levien, Roger. S. Robert Austein, Christine L. Borgman, Timothy Casey, Hugh Dubberly, Patrik Faltstrom, Per-Kristian Halvorsen, et al. 2005. *Signposts in Cyberspace: The Domain Name System and Internet Navigation*. Washington, DC: National Academies Press.

Lewis, Anthony, Paul N. Courant, Laine Farley, Paula Kaufman, and John Leslie King. 2010. "Google & the Future of Books: An Exchange." *New York Review of Books* (January 14). http://www.nybooks.com/articles/archives/2010/jan/14/google-the-future-of-books-an-exchange.

Libicki, M. C. 1995. "Standards: The Rough Road to the Common Byte." In *Standards Policy for Information Infrastructure*, ed. Brian Kahin and Janet Abbate, 35~78. Cambridge, MA: MIT Press.

Licklider, J. C. R. 1960. "Man-Computer Symbiosis." *IRE Transactions on Human Factors in Electronics* 1: 4~11. http://groups.csail.mit.edu/medg/people/psz/Licklider.html.

Lide, David R., and Gordon H. Wood. 2012. *CODATA @ 45 Years: 1966 to 2010. The Story of the ICSU Committee on Data for Science and Technology (CODATA) from 1966 to 2010*. Paris: CODATA. http://www.codata.org/error404?mact=Search%2Ccntnt01%2Cdosearch%2C0&cntnt01returnid=56&submit=&cntnt01searchinput=%40+45+Years%3A+1966+to+2010.+The+Story+of+the+ICSU+Co.

Lievrouw, Leah A. 2010. "Social Media and the Production of Knowledge: A Return to Little Science?" *Social Epistemology* 24 (3):219~237. doi:10.1080/02691728.2010.499177.

Lievrouw, Leah A., and Sonia Livingstone. 2002. *The Handbook of New Media*. London: Sage Publications.

Lin, Rong Gong, Rosanna Xia, and Doug Smith. 2014a. "In Reversal, Quake Researchers to Turn over List of Concrete Buildings." *Los Angeles Times* (January 17). http://www.latimes.com/local/la-me-01-18-concrete-building-quake-20140118,0,371340.story#axzz2tcxSukHC.

Lin, Rong Gong, Rosanna Xia, and Doug Smith. 2014b. "UC Releases List of 1,500 Buildings; Big Step for L.A. Quake Safety." *Los Angeles Times* (January 25). http://www.latimes.com/local/lanow/la-me-ln-concrete-buildings-list-20140125,0,4256501.story#axzz2tcxSukHC.

Lipetz, Ben-Ami. 1965. "Improvement of the Selectivity of Citation Indexes to Science Literature through Inclusion of Citation Relationship Indicators." *American Documentation* 16 (2):81~90.

Liu, Alan. 2004. *The Laws of Cool: Knowledge Work and the Culture of Information*. Chicago: University of Chicago Press.

Lofland, John, David Snow, Leon Anderson, and Lyn H. Lofland. 2006. *Analyzing Social Settings: A Guide to Qualitative Observation and Analysis.* Belmont, CA: Wadsworth/Thomson Learning.

Lozano, George A., Vincent Lariviere, and Yves Gingras. 2012. "The Weakening Relationship between the Impact Factor and Papers' Citations in the Digital Age." *Journal of the American Society for Information Science and Technology* 63 (11):2140~ 2145. doi:10.1002/asi.22731.

Lyman, Peter. 1996. "What Is a Digital Library? Technology, Intellectual Property, and the Public Interest." *Daedalus: Proceedings of the American Academy of Arts and Sciences* 125: 1~33.

Lynch, Clifford A. 2009. "Jim Gray's Fourth Paradigm and the Construction of the Scientific Record." In *The Fourth Paradigm: Data-Intensive Scientific Discovery*, ed. Tony Hey, Stewart Tansley, and Kristin Tolle, 177~184. Redmond, WA: Microsoft.

Lynch, Clifford A. 2013. "The Next Generation of Challenges in the Curation of Scholarly Data." In *Research Data Management: Practical Strategies for Information Professionals*, ed. Joyce M. Ray. West Lafayette, IL: Purdue University Press.

Lynch, Michael E., and Steve Woolgar. 1988a. "Introduction: Sociological Orientations to Representational Practice in Science." In *Representation in Scientific Practice*, ed. Michael E. Lynch and Steve Woolgar, 1~19. Cambridge, MA: MIT Press.

Lynch, Michael E., and Steve Woolgar, ed. 1988b. *Representation in Scientific Practice.* Cambridge, MA: MIT Press.

Machlup, Fritz, and Una Mansfield. 1983. *The Study of Information: Interdisciplinary Messages.* New York: Wiley.

MacLean, Don. 2004. *Internet Governance: A Grand Collaboration.* New York: United Nations ICT Task Force.

MacRoberts, Michael H., and Barbara R. MacRoberts. 1989. "Problems of Citation Analysis: A Critical Review." *Journal of the American Society for Information Science American Society for Information Science* 40 (5):342~349.

MacRoberts, Michael H., and Barbara R. MacRoberts. 2010. "Problems of Citation Analysis: A Study of Uncited and Seldom-cited Influences." *Journal of the American Society for Information Science and Technology* 61 (1):1~12. doi:10.1002/asi.21228.

Makice, Kevin. 2009. *Twitter API: Up and Running.* Sebastopol, CA: O'Reilly Media.

Mandell, Rachel Alyson. 2012. "Researchers' Attitudes towards Data Discovery: Implications for a UCLA Data Registry." http://escholarship.org/uc/item/5bv8j7g3.

Manyika, James, Michael Chui, Diana Farrell, Steve Van Kuiken, Peter Groves, and Elizabeth Almasi Doshi. 2013. "Open Data: Unlocking Innovation and Performance with Liquid Information." McKinsey & Company. http://www.mckinsey.com/insights/business_technology/open_data_unlocking_innovation_and_performance_with_liquid_information.

Marchionini, Gary, and Gregory R. Crane. 1994. "Evaluating Hypermedia and Learning: Methods and Results from the Perseus Project." *ACM Transactions on Information Systems* 12:5~34.

Marcus, Adam. 2013. "Influential Reinhart-Rogoff Economics Paper Suffers Spreadsheet Error." *Retraction Watch* (April 18). http://retractionwatch.wordpress.com/2013/04/18/ influential-reinhart-rogoff-economics-paper-suffers-database-error.

Marcus, George E. 1995. "Ethnography In/of the World System: The Emergence of Multi-Sited Ethnography." *Annual Review of Anthropology* 24 (1):95~117. doi:10.1146/annurev. an.24.100195.000523.

Markus, M. Lynne, and Mark Keil. 1994. "If We Build It, They Will Come: Designing Information Systems That People Want to Use." *MIT Sloan Management Review* 35 (4):11~25.

Marshall, Catherine C. 2008a. "Rethinking Personal Digital Archiving, Part 1." *D-Lib Magazine* 14 (3/4). doi:10.1045/march2008-marshall-pt1.

Marshall, Catherine C. 2008b. "Rethinking Personal Digital Archiving, Part 2." *D-Lib Magazine* 14 (3/4). doi:10.1045/march2008-marshall-pt2.

Marshall, Catherine C. 2009. "No Bull, No Spin: a Comparison of Tags with Other Forms of User Metadata." In *Proceedings of the 9th ACM/IEEE-CS Joint Conference on Digital Libraries*, 241~250. New York: ACM. doi:10.1145/1555400.1555438.

Marshall, Eliot. 2011. "Unseen World of Clinical Trials Emerges From U.S. Database." *Science* 333 (6039):145. doi:10.1126/science.333.6039.145.

Mathae, Kathie Bailey, and Paul F. Uhlir eds. 2012. *The Case for International Sharing of Scientific Data: A Focus on Developing Countries; Proceedings of a Symposium*. Washington, DC: National Academies Press.

Maunsell, John. 2010. "Announcement Regarding Supplemental Material." *Journal of Neuroscience* 30 (32):10599~10600. http://www.jneurosci.org/content/30/32/10599.

Mayer, Rob. 2010. "Authors, Plagiarists, or Tradents?" *Kīli Kīlaya*. http://blogs.orient.ox.ac.uk/ kila/2010/10/09/authors-plagiarists-or-tradents.

Mayer-Schonberger, Viktor, and Kenneth Cukier. 2013. *Big Data: A Revolution That Will Transform How We Live, Work, and Think*. Boston: Houghton Mifflin Harcourt. 이지연 옮김. 2013. 「빅 데이터가 만드는 세상: 삶과 일, 그리고 생각하는 방식을 바꿔 놓을 대혁명」. 파주: 북이십일 21 세기북스.

Mayernik, Matthew S. In press. "Research Data and Metadata Curation as Institutional Issues." *Journal of the Association for Information Science and Technology*.

Mayernik, Matthew S. 2011. "Metadata Realities for Cyberinfrastructure: Data Authors as Metadata Creators." PhD diss., Los Angeles: University of California at Los Angeles. http://papers.ssrn. com/sol3/papers.cfm?abstract_id=2042653.

Mayernik, Matthew S., Archer L. Batcheller, and Christine L. Borgman. 2011. "How Institutional Factors Influence the Creation of Scientific Metadata." In *Proceedings of the 2011 iConference*, 417~425. New York: ACM. doi:10.1145/1940761.1940818.

Mayernik, Matthew S., Jillian C. Wallis, and Christine L. Borgman. 2007. "Adding Context to Content: The CENS Deployment Center." In *Proceedings of the American Society for*

*Information Science & Technology.* Vol. 44. Milwaukee, WI: Information Today.

Mayernik, Matthew S., Jillian C. Wallis, and Christine L. Borgman. 2012. "Unearthing the Infrastructure: Humans and Sensors in Field-based Research." *Computer Supported Cooperative Work* 22 (1):65~101. doi:10.1007/s10606-012-9178-y.

McCain, Katherine W. 2012. "Assessing Obliteration by Incorporation: Issues and Caveats." *Journal of the American Society for Information Science and Technology* 63 (11):2129~2139. doi:10.1002/asi.22719.

McCray, W. Patrick. 2000. "Large Telescopes and the Moral Economy of Recent Astronomy." *Social Studies of Science* 30 (5):685~711. doi:10.1177/030631200030005002.

McCray, W. Patrick. 2001. "What Makes a Failure? Designing a New National Tele- scope, 1975~1984." *Technology and Culture* 42 (2):265~291. doi:10.1353/tech.2001.0076.

McCray, W. Patrick. 2003. "The Contentious Role of a National Observatory." *Physics Today* 56 (10):55~61. doi:10.1063/1.1629005.

McCray, W. Patrick. 2004. *Giant Telescopes: Astronomical Ambition and the Promise of Technology.* Cambridge, MA: Harvard University Press.

McCray, W. Patrick. In press. "How Astronomers Digitized the Sky." *Technology & Culture.*

McGuire, Amy L., Steven Joffe, Barbara A. Koenig, Barbara B. Biesecker, Laurence B. McCullough, Jennifer S. Blumenthal-Barby, Timothy Caulfield, Sharon F. Terry, and Robert C. Green. 2013. "Ethics and Genomic Incidental Findings." *Science* 340 (6136):1047~1048. doi:10.1126/science.1240156.

McLaughlin, Jamie, Michael Meredith, Michael Pidd, and Katherine Rogers. 2010. "A Review of the AHRC Technical Appendix and Recommendations for a Technical Plan." Sheffield, UK: Humanities Research Institute, University of Sheffield. https://www.dhi.ac.uk/wp-content/uploads/technicalappendix_finalreport.pdf.

Meadows, A. J. 1974. *Communication in Science.* London: Butterworths. Meadows, A. J. 1998. *Communicating Research.* San Diego: Academic Press. Meadows, Jack. 2001. *Understanding Information.* Munchen: K. G. Saur.

Mele, Salvatore. 2013. "Higgs Boson Discovery at CERN: Physics and Publishing." *The Oxford Internet Institute, Innovation and Digital Scholarship Lecture Series Events.* http://www.oii.ox.ac.uk/events/?id=598.

Mendeley. 2013. Home page. http://www.mendeley.com/features.

Meng, Xiao-Li. 2011. "Multi-party Inference and Uncongeniality." In *International Encyclopedia of Statistical Science,* ed. Miodrag Lovric, 884~888. Berlin: Springer.

Merton, Robert K. 1963a. "The Ambivalence of Scientists." *Bulletin of the Johns Hopkins Hospital* 112:77~97.

Merton, Robert K. 1963b. "The Mosaic of the Behavioral Sciences." In *The Behavioral Sciences Today,* by Bernard Berelson, 247~272. New York: Basic Books.

Merton, Robert K. 1968. "The Matthew Effect in Science." *Science* 159:56~63. doi:10.1126/

science.159.3810.56.

Merton, Robert K. 1970. "Behavior Patterns of Scientists." *Leonardo* 3:213~220.

Merton, Robert K. 1973. *The Sociology of Science: Theoretical and Empirical Investigations*. Ed. Norman W. Storer. Chicago: University of Chicago Press. 석현호, 양종회, 정창수 옮김. 1998. 『과학사회학』. 서울: 민음사.

Merton, Robert K. 1988. "The Matthew Effect in Science II: Cumulative Advantage and the Symbolism of Intellectual Property." *Isis* 79:606~623.

Merton, Robert K. 1995. "The Thomas Theorem and the Matthew Effect." *Social Forces* 74:379~422. doi:10.1093/sf/74.2.379.

Meyer, Eric T. 2009. "Moving from Small Science to Big Science: Social and Organizational Impediments to Large Scale Data Sharing." In *e-Research: Transformations in Scholarly Practice*, ed. Nicholas W Jankowski, 147~159. New York: Routledge.

Meyer, Eric T., and Ralph Schroeder. 2014. *Digital Transformations of Research*. Cambridge, MA: MIT Press.

Meyer, Eric T., Ralph Schroeder, and Linnet Taylor. 2013. "Big Data in the Study of Twitter, Facebook and Wikipedia: On the Uses and Disadvantages of Scientificity for Social Research." Presented at the Annual Meeting of the American Sociological Association Annual Meeting, Hilton New York and Sheraton New York.

Miles, Alistair, Jun Zhao, Graham Klyne, Helen White-Cooper, and David Shotton. 2010. "OpenFlyData: An Exemplar Data Web Integrating Gene Expression Data on the Fruit Fly Drosophila Melanogaster." *Journal of Biomedical Informatics* 43 (5):752~ 761. doi:10.1016/j.jbi.2010.04.004.

Milgram, Stanley. 1974. *Obedience to Authority: An Experimental View*. New York: Harper & Row. 정태연 옮김. 2009. 『권위에 대한 복종 』. 서울: 에코리브르.

Miller, Mary K. 2007. "Reading between the Lines." *Smithsonian Magazine*. https://www.smithsonianmag.com/science-nature/reading-between-the-lines-148131057/.

Millerand, Florence, and Geoffrey C. Bowker. 2009. "Metadata Standards: Trajectories and Enactment in the Life of an Ontology." In *Standards and Their Stories*, ed. Martha Lampland and Susan Leigh Star, 149~165. Ithaca, NY: Cornell University Press.

Mimno, David, Gregory Crane, and Alison Jones. 2005. "Hierarchical Catalog Records: Implementing a FRBR Catalog." *D-Lib Magazine* 11 (10). http://www.dlib.org/dlib/october05/crane/10crane.html.

Ministry of Education, Republic of China. 2000. "Dictionary of Chinese Character Variants." http://dict.variants.moe.edu.tw.

MIT Libraries. 2009. "MIT Faculty Open Access Policy." Scholarly Publishing @ MIT Libraries. https://libraries.mit.edu/scholarly/mit-open-access/open-access-policy/.

Modern Language Association of America. 2009. *MLA Handbook for Writers of Research Papers*. New York: The Modern Language Association of America.

Moffett, Jonathan. 1992. "The Beazley Archive: Making a Humanities Database Accessible to the World." *Bulletin of the John Rylands University of Manchester* 74 (3):39~52.

Monaghan, Peter. 2013. "'They Said at First That They Hadn't Made a Spreadsheet Error, When They Had.'" *Chronicle of Higher Education* (April 24). http://chronicle.com/article/UMass-Graduate-Student-Talks/138763.

Moreau, Luc. 2010. "The Foundations for Provenance on the Web." *Foundations and Trends® in Web Science* 2 (2-3): 99~241. doi:10.1561/1800000010.

Moreau, Luc, Paul Groth, Simon Miles, Javier Vazquez-Salceda, John Ibbotson, Sheng Jiang, Steve Munroe, et al. 2008. "The Provenance of Electronic Data." *Communications of the ACM* 51 (4):52~58. doi:10.1145/1330311.1330323.

Mullaney, Thomas S. 2012. "The Moveable Typewriter: How Chinese Typists Developed Predictive Text During the Height of Maoism." *Technology and Culture* 53 (4):777~814. doi:10.1353/tech.2012.0132.

Munns, David P. D. 2012. *A Single Sky: How an International Community Forged the Science of Radio Astronomy.* Cambridge, MA: MIT Press.

Murphy, Fiona. 2013. "The Now and the Future of Data Publishing." *Wiley Exchanges.* http://citingbytes.blogspot.com/2013/06/the-now-and-future-of-data-publishing.html.

Murray-Rust, Peter, and Henry S. Rzepa. 2004. "The Next Big Thing: From Hypermedia to Datuments." *Journal of Digital Information* 5 (1). http://journals.tdl.org/jodi/article/view/130.

Murray-Rust, Peter, Cameron Neylon, Rufus Pollock, and John Wilbanks. 2010. "Panton Principles." http://pantonprinciples.org.

Murray-Rust, Peter, Henry S. Rzepa, S. Tyrrell, and Y. Zhang. 2004. "Representation and Use of Chemistry in the Global Electronic Age." *Organic & Biomolecular Chemistry* 2:3192~3203.

Murthy, Dhiraj. 2011. "Twitter: Microphone for the Masses?" *Media Culture & Society* 33 (5):779~789. doi:10.1177/0163443711404744.

Naik, Gautam. 2011. "Scientists' Elusive Goal: Reproducing Study Results." *Wall Street Journal.* https://www.wsj.com/articles/SB10001424052970203764804577059841672541590.

NASA's Earth Observing System Data and Information System. 2013. "Processing Levels." EOS DIS. https://science.nasa.gov/earth-science/earth-science-data/data-processing-levels-for-eosdis-data-products.

NASA Spitzer Space Telescope. 2013. Home page. http://www.spitzer.caltech.edu.

The National Academies. 2010. *Astro2010: The Astronomy and Astrophysics Decadal Survey.* Washington, DC: National Academies Press. http://sites.nationalacademies.org/bpa/BPA_049810.

National Aeronautics and Space Administration, Goddard Space Flight Center. 2014. "BSC5P-Bright Star Catalog." http://heasarc.gsfc.nasa.gov/W3Browse/star-catalog/bsc5p.html.

National Aeronautics and Space Administration, Goddard Space Flight Center. 2013a. "FITS Documentation." http://fits.gsfc.nasa.gov/fits_documentation.html.

National Aeronautics and Space Administration, Goddard Space Flight Center. 2013b. "FITS World Coordinate System." http://fits.gsfc.nasa.gov/fits_wcs.html.

National Aeronautics and Space Administration, Infrared Processing and Analysis Center. 2014a. "NASA Extragalactic Database (NED)." http://ned.ipac.caltech.edu.

National Aeronautics and Space Administration, Infrared Processing and Analysis Center. 2014b. "NASA Exoplanet Archive." http://www.ipac.caltech.edu/project/25.

National Aeronautics and Space Administration, Infrared Processing and Analysis Center. 2014c. "Two Micron All Sky Survey." http://www.ipac.caltech.edu/2mass.

National Aeronautics and Space Administration, Jet Propulsion Laboratory. 2014. "NASA Planetary Data System." http://pds.jpl.nasa.gov.

National Aeronautics and Space Administration, Mikulski Archive for Space Tele- scopes. 2013. "About MAST." http://archive.stsci.edu/aboutmast.html.

The National Archives. 2013. "Domesday Book." http://www.nationalarchives.gov.uk/domesday.

National Center for Biotechnology Information. 2013. "Taxonomy Database." http://www.ncbi.nlm.nih.gov/taxonomy.

National Health and Medical Research Council. 2007. "Australian Code for the Responsible Conduct of Research." http://www.nhmrc.gov.au/guidelines/publications/r39.

National Information Standards Organization. 2004. Understanding Metadata. Bethesda, MD: NISO Press.

National Information Standards Organization. 2013. "Recommended Practice for Online Supplemental Journal Article Materials." https://www.niso.org/publications/niso-rp-15-2013-recommended-practices-online-supplemental-journal-article-materials.

National Institutes of Health. 2003. "NIH Data Sharing Policy." http://grants2.nih.gov/grants/policy/data_sharing.

National Institutes of Health. 2013. "NIH Public Access Policy." http://publicaccess.nih.gov/submit_process.htm.

National Optical Astronomy Observatory. 2003. "NOAO Policies for the Allocation of Observing Time." http://www.noao.edu/noaoprop/help/policies.html#dr.

National Optical Astronomy Observatory. 2013a. "AURA/NOAO Data Rights Policy." http://www.noao.edu/noaoprop/help/datarights.html.

National Optical Astronomy Observatory. 2013b. "Data." http://ast.noao.edu/data.

National Research Council. 1997. Bits of Power: Issues in Global Access to Scientific Data. Washington, DC: National Academies Press.

National Research Council. 1999. A Question of Balance: Private Rights and the Public Interest in Scientific and Technical Databases. Washington, DC: National Academies Press.

National Research Council. 2001. The Internet's Coming of Age. Washington, DC: National Academies Press.

National Research Council. 2013. *Proposed Revisions to the Common Rule: Perspectives of Social and Behavioral Scientists: Workshop Summary.* Washington, DC: National Academies Press.

National Science Board. 2005. "Long-Lived Digital Data Collections." http://www.nsf.gov/pubs/2005/nsb0540.

National Science Foundation. 2010a. "NSF Data Management Plans." Washington, DC: NSF. http://www.nsf.gov/pubs/policydocs/pappguide/nsf11001/gpg_2.jsp#dmp.

National Science Foundation. 2010b. "NSF Data Sharing Policy." Washington, DC: NSF. http://www.nsf.gov/pubs/policydocs/pappguide/nsf11001/aag_6.jsp#VID4.

Natural Reserve System, University of California. 2013. Home page. http://nrs.ucop.edu.

*Nature* Staff. 2012. "Data Standards Urged." *Nature* 492 (7427): 145. doi:10.1038/nj7427-145a. http://www.nature.com/naturejobs/science/articles/10.1038/nj7427-145a.

Naylor, Bernard, and Marilyn Geller. 1995. "A Prehistory of Electronic Journals: The EIES and BLEND Projects." In *Advances in Serials Management*, ed. Marcia Tuttle and Karen D. Darling, 27~47. Greenwich, CT: JAI Press.

Nelson, Bryn. 2009. "Data Sharing: Empty Archives." *NATNews* 461 (7261):160~163. doi:10.1038/461160a.

Nexleaf. 2013. Home page. http://nexleaf.org/.

Nguyên, Tánh Trầntiễn Khanh, and Hiễn Trần Tiễn Huyễn Nguyên. 2006. "Computer Translation of the Chinese Taisho Tripitaka." http://vnbaolut.com/daitangvietnam/Computer%20Translation%20of%20the%20Chinese%20Tripitaka.pdf.

Nielsen, Michael. 2011. *Reinventing Discovery: The New Era of Networked Science.* Princeton, NJ: Princeton University Press.

Nisbet, Miriam M. 2005. "Library Copyright Alliance, Orphan Works Notice of Inquiry." http://www.copyright.gov/orphan/comments/OW0658-LCA.pdf.

Normile, Dennis, Gretchen Vogel, and Jennifer Couzin. 2006. "Cloning-South Korean Team's Remaining Human Stem Cell Claim Demolished." *Science* 311:156~ 157. doi:10.1126/science.311.5758.156.

Norris, Ray, Heinz Andernach, Guenther Eichhorn, Françoise Genova, Elizabeth Griffin, Robert J. Hanisch, Ajit Kembhavi, Robert Kennicutt, and Anita Richards. 2006. "Astronomical Data Management." In *Highlights of Astronomy, XXVIth IAU General Assembly*, ed. K. A. van der Hucht. Cambridge, UK: Cambridge University Press.

Northover, J. Peter, and Shirley M. Northover. 2012. "Applications of Electron Backscatter Diffraction (EBSD) in Archaeology." In *Historical Technology, Materials and Conversation: SEM and Microanalysis*, ed. Nigel Meeks. London: Archetype.

The NSA files. 2013. Home page. *The Guardian* (June 8). http://www.guardian.co.uk/world/the-nsa-files.

Nunberg, Geoffrey. 2009. "Google's Book Search: A Disaster for Scholars." *Chronicle of Higher Education.* http://chronicle.com/article/Googles-Book-Search-A/48245.

Nunberg, Geoffrey. 2010. "Counting on Google Books." *Chronicle Review* (December 16). https://chronicle.com/article/Counting-on-Google-Books/125735.

NVivo 10. 2013. "NVivo 10 Research Software for Analysis and Insight." http://www.qsrinternational.com/products_nvivo.aspx.

O'Brien, Danny. 2004. "How to Mend a Broken Internet." *New Scientist.* http://www.newscientist.com/article/mg18424736.100-how-to-mend-a-broken-internet.html.

Odlyzko, Andrew M. 2000. "The Internet and Other Networks: Utilization Rates and Their Implications." *Information Economics and Policy* 12 (4):341~365.

Office of Scholarly Communication. 2013. "UC Open Access Policy." University of California. http://osc.universityofcalifornia.edu/open-access-policy.

Office of Science and Technology Policy. 2013. "Expanding Public Access to the Results of Federally Funded Research." *The White House.* http://www.whitehouse.gov/blog/2013/02/22/expanding-public-access-results-federally-funded-research.

Ohm, Paul. 2010. "Broken Promises of Privacy: Responding to the Surprising Failure of Anonymization." *UCLA Law Review* 57:1701. http://ssrn.com/abstract=1450006.

Olsen, Mark, Russell Horton, and Glenn Roe. 2011. "Something Borrowed: Sequence Alignment and the Identification of Similar Passages in Large Text Collections." *Digital Studies / Le Champ Numérique* 2 (1). http://www.digitalstudies.org/ojs/index.php/digital_studies/article/view/190.

Olson, Gary M., and Judith S. Olson. 2000. "Distance Matters." *Human-Computer Interaction* 15 (2):139~178.

Olson, Gary M., Ann Zimmerman, and Nathan Bos. 2008. *Scientific Collaboration on the Internet.* Cambridge, MA: MIT Press.

Open Access Infrastructure for Research in Europe (OpenAIRE). 2014. Frequently Asked Questions. https://www.openaire.eu/faq.

Open Bibliography and Open Bibliographic Data. 2013. Home page. http://openbiblio.net.

Open Biological, Open, and Biomedical Ontology Foundry. 2013. Home page. http://www.obofoundry.org.

Open Context. 2013. http://opencontext.org.

Open Geospatial Consortium. 2014. "Home Page." http://www.opengeospatial.org.

Open Data Commons. 2013. Home page. http://opendatacommons.org.

Open Geospatial Consortium. 2014. "Home Page." http://www.opengeospatial.org.

Open Researcher and Contributor ID. 2011. Home page. http://www.orcid.org.

Oransky, Ivan. 2012. "Why Aren't There More Retractions in Business and Economics Journals?" *Retraction Watch.* http://retractionwatch.wordpress.com/2012/12/12/why-arent-there-more-retractions-in-business-and-economics-journals.

Organisation for Economic Co-operation and Development. 2007. "OECD Principles and Guidelines for Access to Research Data from Public Funding." www.oecd.org/

dataoecd/9/61/38500813.pdf.

Osterlund, Carsten, and Paul Carlile. 2005. "Relations in Practice: Sorting through Practice Theories on Knowledge Sharing in Complex Organizations." *Information Society* 21:91~107.

Ostrom, Elinor, and Charlotte Hess. 2007. "A Framework for Analyzing the Knowledge Commons." In *Understanding Knowledge as a Commons: From Theory to Practice*, ed. Charlotte Hess and Elinor Ostrom, 41~81. Cambridge, MA: MIT Press.

Ostrom, Vincent, and Elinor Ostrom. 1977. "Public Goods and Public Choices." In *Alternatives for Delivering Public Services: Toward Improved Performance*, ed. E. S. Savas, 7~49. Boulder, CO: Westview Press.

Overpeck, Jonathan T., Gerald A. Meehl, Sandrine Bony, and David R. Easterling. 2011. "Climate Data Challenges in the 21st Century." *Science* 331:700~702. doi:10.1126/science.1197869.

Owen, Whitney J. 2004. "In Defense of the Least Publishable Unit." *Chronicle of Higher Education* (February 9). http://chronicle.com/article/In-Defense-of-the-Least/44761.

Oxford English Dictionary. 2014. Home page. www.oed.com.

Ozsoy, Selami. 2011. "Use of New Media by Turkish Fans in Sport Communication: Facebook and Twitter." *Journal of Human Kinetics* 28:165~176. doi:10.2478/v10078-011-0033-x.

Paisley, William J. 1980. "Information and Work." In *Progress in the Communication Sciences*. vol. 2. ed. Brenda Dervin and Melvin J. Voigt, 114~165. Norwood, NJ: Ablex.

Paisley, William J. 1990. "The Future of Bibliometrics." In *Scholarly Communication and Bibliometrics*, ed. Christine L. Borgman, 281~299. Newbury Park, CA: Sage.

Palfrey, John G, and Urs Gasser. 2012. *Interop: The Promise and Perils of Highly Interconnected Systems*. New York: Basic Books.

PANGAEA. Data Publisher for Earth & Environmental Science. 2013. Home page. http://www.pangaea.de.

Pan-STARRS. 2012. "Pan-STARRS Data Release of PS1 Surveys." http://ps1sc.org/Data_Release.shtml.

Pan-STARRS. 2013a. "Camera Design-Pan-Starrs-Panoramic Survey Telescope & Rapid Response System." https://panstarrs.stsci.edu/attachments/metcalfe_nam2015.pdf.

Pan-STARRS. 2013b. Home page. http://pswww.ifa.hawaii.edu/pswww/.

Parry, Marc. 2014. "How the Humanities Compute in the Classroom." *Chronicle of Higher Education* (January 6). http://chronicle.com/article/How-the-Humanities-Compute-in/143809.

Parsons, M. A., and P. A. Fox. 2013. "Is Data Publication the Right Metaphor?" *Data Science Journal* 12:WDS32~WDS46. doi:10.2481/dsj.WDS-042.

Paskin, Norman. 1997. "Information Identifiers." *Learned Publishing* 10:135~156.

Paskin, Norman. 1999. "Toward Unique Identifiers." *Proceedings of the IEEE* 87:1208~1227.

Pearson, Sarah Hinchcliff. 2012. "Three Legal Mechanisms for Sharing Data." In *For Attribution-Developing Data Attribution and Citation Practices and Standards: Summary of an International Workshop*, ed. Paul F. Uhlir, 71~76. Washington, DC: National Academies Press.

http://www.nap.edu/openbook.php?record_id=13564&page=71.

Peng, Roger D. 2011. "Reproducible Research in Computational Science." *Science* 334 (6060):1226~1227. doi:10.1126/science.1213847.

Pepe, Alberto. 2010. "Structure and Evolution of Scientific Collaboration Networks in a Modern Research Collaboratory." Los Angeles: University of California at Los Angeles. http://papers. ssrn.com/sol3/papers.cfm?abstract_id=1616935.

Pepe, Alberto. 2011. "The Relationship between Acquaintanceship and Coauthorship in Scientific Collaboration Networks." *Journal of the American Society for Information Science and Technology* 62 (11):2121~2132. doi:10.1002/asi.21629.

Pepe, Alberto, Christine L. Borgman, Jillian C. Wallis, and Matthew S. Mayernik. 2007. "Knitting a Fabric of Sensor Data and Literature." In *Information Processing in Sensor Networks.* New York: ACM/IEEE.

Pepe, Alberto, Alyssa A. Goodman, and August Muench. 2011. "The ADS All-Sky Survey." *arXiv:1111.3983.* http://arxiv.org/abs/1111.3983.

Pepe, Alberto, Alyssa A. Goodman, August Muench, Mercè Crosas, and Christopher Erdmann. In press. "Sharing, Archiving, and Citing Data in Astronomy." *PLoS ONE.* https://www.authorea. com/users/3/articles/288/_show_article.

Pepe, Alberto, Matthew S. Mayernik, Christine L. Borgman, and Herbert Van de Sompel. 2010. "From Artifacts to Aggregations: Modeling Scientific Life Cycles on the Semantic Web." *Journal of the American Society for Information Science and Technology* 61:567~582. doi:10.1002/ asi.21263.

Perseus Digital Library. 2009. Home page. http://www.perseus.tufts.edu/hopper.

Petersen, Arthur C. 2012. *Simulating Nature: a Philosophical Study of Computer-simulation Uncertainties and Their Role in Climate Science and Policy Advice.* Boca Raton, FL: CRC Press.

Phelps, Thomas A., and Robert Wilensky. 1997. "Multivalent Annotations." In *Proceedings of the First European Conference on Research and Advanced Technology for Digital Libraries*, ed. Rachel Heery and Liz Lyon, 287~303. London: Springer-Verlag.

Phelps, Thomas A., and Robert Wilensky. 2000. "Multivalent Documents." *Communications of the ACM* 43:83~90.

Pienta, Amy M., George C. Alter, and Jared A. Lyle. 2010. "The Enduring Value of Social Science Research: The Use and Reuse of Primary Research Data." http:// deepblue.lib.umich.edu/ bitstream/handle/2027.42/78307/pienta_alter_lyle_100331.pdf?sequence=1.

Pine, Kathleen, Christine T. Wolf, and Melissa Mazmanian. 2014. "The Work of Reuse: Quality Measurement in Healthcare Organizations." Paper presented at Workshop on Sharing, Re-Use, and Circulation of Resources in Cooperative Scientific Work, Baltimore, February.

Pineda, Jaime E., Erik W. Rosolowsky, and Alyssa A. Goodman. 2009. "The Perils of Clumpfind: The Mass Spectrum of Sub-structures in Molecular Clouds." *Astrophysical Journal* 699 (2):L134~L138. doi:10.1088/0004-637X/699/2/L134.

Pinter, Frances. 2012. "Open Access for Scholarly Books?" *Publishing Research Quarterly* 28 (3):183~191. doi:10.1007/s12109-012-9285-0.

The Pisa Griffin Project. 2013. Home page. http://vcg.isti.cnr.it/griffin.

Planck Collaboration. P.A.R. Ade, N. Aghanim, C. Armitage-Caplan, M. Arnaud, M. Ashdown, F. Atrio-Barandela, et al. 2013. "Planck 2013 Results: Overview of Products and Scientific Results." *arXiv:1303.5062.* http://arxiv.org/abs/1303.5062.

PLoS Medicine Editors. 2006. "The Impact Factor Game." *PLoS Medicine* 3 (6):e291. doi:10.1371/journal.pmed.0030291.

Polanyi, Michael. 1966. *The Tacit Dimension.* Garden City, NY: Doubleday.

Poovey, Mary. 1998. *A History of the Modern Fact: Problems of Knowledge in the Sciences of Wealth and Society.* Chicago: University of Chicago Press.

Porter, Theodore M. 1995. *Trust in Numbers: The Pursuit of Objectivity in Science and Public Life.* Princeton, NJ: Princeton University Press.

Prayle, Andrew, Matthew N. Hurley, and Alan R. Smyth. 2012. "Compliance with Mandatory Reporting of Clinical Trial Results on ClinicalTrials.gov: Cross Sectional Study." *British Medical Journal* 344:d7373. doi:10.1136/bmj.d7373.

Presner, Todd Samuel. 2010. "HyperCities: Building a Web 2.0 Learning Platform." In *Teaching Literature at a Distance*, ed. Anastasia Natsina and Takis Tagialis. London: Continuum Books.

Prewitt, Kenneth. 2013. "Is Any Science Safe?" *Science* 340 (6132):525. doi:10.1126/science.1239180.

Price, Derek John de Solla. 1963. *Little Science, Big Science.* New York: Columbia University Press. 남태우, 정준민 옮김. 1994.『과학커뮤니케이션론: 계량과학을 통한 과학사』. 서울: 민음사.

Price, Derek John de Solla. 1975. *Science since Babylon.* New Haven, CT: Yale University Press.

Priem, Jason, Dario Taraborelli, Paul Groth, and Cameron Neylon. 2010. "Altmetrics: A Manifesto-Altmetrics.org." http://altmetrics.org/manifesto.

Pritchard, Sarah M., Larry Carver, and Smiti Anand. 2004. "Collaboration for Knowledge Management and Campus Informatics." Santa Barbara: University of California, Santa Barbara. http://www.immagic.com/eLibrary/ARCHIVES/GENERAL/UCSB_US/S040823P.pdf.

Project Bamboo. 2013. Home page. http://projectbamboo.org.

Protein Data Bank. 2011. Home page. http://www.rcsb.org/pdb.

PubMed Central. 2009. Home page. http://www.ncbi.nlm.nih.gov/pmc.

Rabesandratana, Tania. 2013. "Drug Watchdog Ponders How to Open Clinical Trial Data Vault." *Science* 339 (6126):1369~1370. doi:10.1126/science.339.6126.1369.

Rahtz, Sebastian, Alexander Dutton, Donna Kurtz, Graham Klyne, Andrew Zisserman, and Relja Arandjelovic. 2011. "CLAROS-Collaborating on Delivering the Future of the Past." http://dh2011abstracts.stanford.edu/xtf/view?docId=tei/ab-224.xml;query=;brand=default.

Raymond, Eric S. 2001. *The Cathedral & the Bazaar: Musings on Linux and Open Source by an*

*Accidental Revolutionary*. Cambridge, MA: O'Reilly.

reCAPTCHA. 2013. "What Is reCAPTCHA?" http://www.google.com/recaptcha/ intro/index.html.

Reichman, Jerome H., Tom Dedeurwaerdere, and Paul F. Uhlir. 2009. *Designing the Microbial Research Commons: Strategies for Accessing, Managing, and Using Essential Public Knowledge Assets*. Washington, DC: National Academies Press.

Reichman, O. J., Matthew B. Jones, and Mark P. Schildhauer. 2011. "Challenges and Opportunities of Open Data in Ecology." *Science* 331:703~705. doi:10.1126/science.1197962.

Reimer, Thorsten, Lorna Hughes, and David Robey. 2007. "After the AHDS: The End of National Support?" *Arts-Humanities.net: Digital Humanities and Arts*. http://www.arts-humanities.net/forumtopic/after_ahds_end_national_support.

Renear, Allen H., and Carole L. Palmer. 2009. "Strategic Reading, Ontologies, and the Future of Scientific Publishing." *Science* 325:828~832. doi:10.1126/science.1157784.

Renear, Allen H., Simone Sacchi, and Karen M. Wickett. 2010. "Definitions of Data-set in the Scientific and Technical Literature." *Proceedings of the 73rd ASIS&T Annual Meeting: Navigating Streams in an Information Ecosystem* 47 (1): 1~4. doi:10.1002/meet.14504701240.

Research Acumen. 2013. Home page. http://research-acumen.eu.

Research Councils UK. 2011. "RCUK Common Principles on Data Policy." http:// www.rcuk.ac.uk/research/datapolicy.

Research Councils UK. 2012a. "Guidance for the RCUK Policy on Access to Research Output."

Research Councils UK. 2012b. "RCUK Policy on Open Access and Supporting Guidance." http:// www.rcuk.ac.uk/documents/documents/RCUKOpenAccessPolicy.pdf.http://roarmap. eprints.org/671/1/RCUK%20_Policy_on_Access_to_Research_Outputs.pdf.

Research Councils UK. 2012c. "Research Councils UK Announces New Open Access Policy." http://www.rcuk.ac.uk/media/news/120716.

Research Councils UK. 2013. "RCUK Policy on Open Access: Frequently Asked Questions." http://www.rcuk.ac.uk/RCUK-prod/assets/documents/documents/Openaccess FAQs.pdf.

Research Data Alliance. 2013. Home page. https://rd-alliance.org/node.

Ribes, David, Karen S. Baker, Florence Millerand, and Geoffrey C. Bowker. 2005. "Comparative Interoperability Project: Configurations of Community, Technology, Organization." *Proceedings of the 5th ACM/IEEE-CS Joint Conference on Digital Libraries*: 65~66. doi:10.1145/1065385.1065399.

Ribes, David, and Thomas Finholt. 2009. "The Long Now of Technology Infrastructure: Articulating Tensions in Development." *Journal of the Association for Information Systems* 10 (5). http://aisel.aisnet.org/jais/vol10/iss5/5.

Ribes, David, and Steven J. Jackson. 2013. "Data Bite Man: The Work of Sustaining a Long-term Study." In *"Raw Data" Is an Oxymoron*, ed. Lisa Gitelman, 147~166. Cambridge, MA: MIT Press.

Ridge, Naomi A., James Di Francesco, Helen Kirk, Di Li, Alyssa A. Goodman, João F. Alves, Héctor G. Arce, et al. 2006. "The COMPLETE Survey of Star-Forming Regions: Phase I Data." *Astronomical Journal* 131 (6):2921. doi:10.1086/503704.

Roberts, L. 1987. "Who Owns the Human Genome?" *Science* 237 (4813):358~361. doi:10.1126/science.2885920.

Roberts, L. 1990. "Genome Project: An Experiment in Sharing." *Science* 248 (4958):953. doi:10.1126/science.2343307.

Robertson, C. Martin. 1976. "The Beazley Archive." *American Journal of Archaeology* 80 (4):445. doi:10.2307/503600.

Robey, David. 2007. "Consequences of the Withdrawal of AHDS Funding." Swindon, UK: Arts & Humanities Research Council. http://www.ahrcict.reading.ac.uk/activities/review/consequences%20of%20the%20withdrawl%20of%20ahds%20funding.pdf.

Robey, David. 2011. "Sustainability and Related Issues for Publicly Funded Data Resources." In *Evaluating & Measuring the Value, Use and Impact of Digital Collections*, ed. Lorna Hughes. London: Facet Publishing.

Robey, David. 2013. "Infrastructure Needs for the Digital Humanities." *e-Research South*. http://www.eresearchsouth.ac.uk/news/infrastructure-needs-for-the-digital-humanities.

Robinson, W. S. 1950. "Ecological Correlations and the Behavior of Individuals." *American Sociological Review* 15 (3):351~357. doi:10.2307/2087176.

Rodriguez, Laura L., Lisa D. Brooks, Judith H. Greenberg, and Eric D. Green. 2013. "The Complexities of Genomic Identifiability." *Science* 339 (6117):275~276. doi:10.1126/science.1234593.

Rodriguez, Marko A., Johan Bollen, and Herbert Van de Sompel. 2007. "A Practical Ontology for the Large-scale Modeling of Scholarly Artifacts and Their Usage." In *Proceedings of the 7th ACM/IEEE-CS Joint Conference on Digital Libraries*, 278~287. New York: ACM. http://portal.acm.org/citation.cfm?id=1255229.

Rogers, Everett M. 1962. *Diffusion of Innovations*. New York: Free Press of Glencoe. 김영석, 강내원 옮김. 2005. 『개혁의 확산』. 서울: 커뮤니케이션북스.

Rosenberg, Daniel. 2013. "Data before the Fact." In *"Raw Data" Is an Oxymoron*, ed. Lisa Gitelman, 15~40. Cambridge, MA: MIT Press.

Rosenthal, David S. H. 2010. "Stepping Twice into the Same River." JCDL 2010 Keynote Address, Queensland, Australia. http://blog.dshr.org/2010/06/jcdl-2010-keynot.html.

Rosenthal, David S. H. 2014. "Storage Will Be Much Less Free Than It Used to Be." Presented at the Seagate Corporation. http://blog.dshr.org/2014/05/talk-at-seagate.html.

Rosolowsky, E. W., J. E. Pineda, J. B. Foster, M. A. Borkin, J. Kauffmann, P. Caselli, P. C. Myers, and Alyssa Goodman. 2008. "An Ammonia Spectral Atlas of Dense Cores in Perseus." *Astrophysical Journal. Supplement Series* 175 (2):509~521. doi:10.1086/524299.

Ross, Joseph S., Tony Tse, Deborah A. Zarin, Hui Xu, Lei Zhou, and Harlan M. Krumholz. 2012.

"Publication of NIH-funded Trials Registered in ClinicalTrials.gov: Cross Sectional Analysis." *British Medical Journal* 344:d7292. doi:10.1136/bmj.d7292.

Roth, Wendy D., and Jal D. Mehta. 2002. "The Rashomon Effect: Combining Positivist and Interpretivist Approaches in the Analysis of Contested Events." *Sociological Methods & Research* 31 (2):131~173. doi:10.1177/0049124102031002002.

Rots, Arnold H., and Sherry L. Winkelman. 2013. "Observatory Bibliographies as Research Tools." Paper presented at American Astronomical Society, AAS Meeting#221. http://adsabs.harvard.edu/abs/2013AAS...22115603R.

Rots, Arnold H., Sherry L. Winkelman, and Glenn E. Becker. 2012. "Meaningful Metrics for Observatory Publication Statistics." In *Society of Photo-Optical Instrumentation Engineers (SPIE) Conference Series.* Vol. 8448. doi:10.1117/12.927134.

Ruhleder, Karen. 1994. "Rich and Lean Representations of Information for Knowledge Work: The Role of Computing Packages in the Work of Classical Scholars." *ACM Transactions on Information Systems* 12 (2):208~230. doi:10.1145/196734.196746.

Ruixin, Yang. 2002. "Managing Scientific Metadata Using XML." *IEEE Internet Computing* 6:52~59.

Ryan, Michael J. 2011. "Replication in Field Biology: The Case of the Frog-Eating Bat." *Science* 334:1229~1230. doi:10.1126/science.1214532.

Sage Bionetworks. 2013. Home page. http://sagebase.org.

Salaheldeen, Hany M., and Michael L. Nelson. 2013. "Resurrecting My Revolution." In *Research and Advanced Technology for Digital Libraries,* ed. Trond Aalberg, Christos Papatheodorou, Milena Dobreva, Giannis Tsakonas, and Charles J. Farrugia, 333~345. Berlin: Springer.

Salerno, Emanuele, Anna Tonazzini, and Luigi Bedini. 2007. "Digital Image Analysis to Enhance Underwritten Text in the Archimedes Palimpsest." *International Journal of Document Analysis and Recognition* 9:79~87. doi:10.1007/s10032-006-0028-7.

Salk, Jonas. 1986. "Foreword." In *Laboratory Life: The Construction of Scientific Facts,* by Bruno Latour and Steve Woolgar, 2nd ed. Princeton, NJ: Princeton University Press.

Samuelson, Pamela. 2009a. "Legally Speaking: The Dead Souls of the Google Book Search Settlement." (April 17). http://toc.oreilly.com/2009/04/legally-speaking-the-dead-soul.html.

Samuelson, Pamela. 2009b. "The Dead Souls of the Google Book Search Settlement." *Communications of the ACM* 52:28~30. doi:10.1145/1538788.1538800.

Samuelson, Pamela. 2010. "Should the Google Book Settlement Be Approved?" *Communications of the ACM* 53:32~34.

Sands, Ashley, Christine L. Borgman, Laura Wynholds, and Sharon Traweek. 2014. "'We're Working on It:' Transferring the Sloan Digital Sky Survey from Laboratory to Library." Paper presented at International Conference on Digital Curation, San Francisco. http://www.dcc.ac.uk/events/idcc14/programme.

Santer, B. D., T. M. L. Wigley, and K. E. Taylor. 2011. "The Reproducibility of Observational Estimates of Surface and Atmospheric Temperature Change." *Science* 334:1232~1233.

doi:10.1126/science.1216273.

Savage, Mike, and Roger Burrows. 2007. "The Coming Crisis of Empirical Sociology." *Sociology* 41:885~899.

Savage, Mike, and Roger Burrows. 2009. "Some Further Reflections on the Coming Crisis of Empirical Sociology." *Sociology* 43 (4):762~772. doi:10.1177/0038038509105420.

Sawyer, Steve. 2008. "Data Wealth, Data Poverty, Science and Cyberinfrastructure." *Prometheus* 26 (4):355~371. doi:10.1080/08109020802459348.

Schiffman, Lawrence H. 2002. "The Many Battles of the Scrolls." *Journal of Religious History* 26:157~178.

Schiller, Dan. 2007. *How to Think About Information.* Urbana: University of Illinois Press.

Schirrwagen, Jochen, Paolo Manghi, Natalia Manola, Lukasz Bolikowski, Najla Rettberg, and Birgit Schmidt. 2013. "Data Curation in the OpenAIRE Scholarly Communication Infrastructure." *Information Standards Quarterly* 25 (3):13. doi:10.3789/isqv25no3.2013.03.

Schmidt, Kjeld. 2012. "The Trouble with 'Tacit Knowledge.'" *Computer Supported Cooperative Work* 21 (2-3):163~225. doi:10.1007/s10606-012-9160-8.

Schnee, Scott, Thomas Bethell, and Alyssa A. Goodman. 2006. "Estimating the Column Density in Molecular Clouds with Far-Infrared and Submillimeter Emission Maps." *Astrophysical Journal Letters* 640 (1):L47. doi:10.1086/503292.

Schrier, Bill. 2011. "Bright Shiny Objects." *Chief Seattle Geek Blog.* http://schrier.wordpress.com/tag/bright-shiny-objects.

Schroeder, Ralph. 2007. *Rethinking Science, Technology, and Social Change.* Stanford, CA: Stanford University Press.

Schroeder, Ralph. 2014. "Big Data: Towards a More Scientific Social Science and Humanities?" In *Society and the Internet: How Information and Social Networks Are Changing Our Lives*, ed. Mark Graham and William H. Dutton. Oxford: Oxford University Press.

SciDrive. 2014. Home page. http://www.scidrive.org.

Science Exchange Network. 2012. "The Reproducibility Initiative." http://validation.scienceexchange.com/#/reproducibility-initiative.

*Science* Staff. 1987. "Ownership of the Human Genome." *Science* 237 (4822):1555. doi:10.1126/science.3629252.

*Science* Staff. 2011. "Challenges and Opportunities." *Science* 331 (6018):692~693. doi:10.1126/science.331.6018.692.

*Science* Staff. 2012. "The Runners-Up." *Science* 338 (6114):1525~1532. doi:10.1126/science.338.6114.1525.

*Science* Staff. 2013. "Random Sample: Was the Downfall of Louis XVI in His DNA?" *Science* 340 (6135):906~907. doi:10.1126/science.340.6135.906-c.

Scotchmer, Suzanne. 2003. "Intellectual property-When Is It the Best Incentive Mechanism for S&T Data and Information?" In *The Role of Scientific and Technical Data and Information in* the *Public Domain*, ed. Julie M. Esanu and Paul F. Uhlir, 15~18. Washington, DC: National Academies Press.

Segal, Judith. 2005. "When Software Engineers Met Research Scientists: A Case Study." *Empirical Software Engineering* 10:517~536. doi:10.1007/s10664-005-3865-y.

Segal, Judith. 2009. "Software Development Cultures and Cooperation Problems: A Field Study of the Early Stages of Development of Software for a Scientific Community." *Computer Supported Cooperative Work* 18 (5-6):1~26. doi:10.1007/s10606-009-9096-9.

Sensor Modeling Language. 2010. http://vast.uah.edu/SensorML.

Servick, Kelly. 2013. "House Subpoena Revives Battle over Air Pollution Studies." *Science* 341 (6146):604. doi:10.1126/science.341.6146.604.

Shadish, William R, Thomas D. Cook, and Donald T. Campbell. 2002. *Experimental and Quasi-experimental Designs for Generalized Causal Inference.* Boston: Houghton Mifflin.

Shankar, Kalpana. 2003. "Scientific Data Archiving: The State of the Art in Information, Data, and Metadata Management." http://works.bepress.com/borgman/234.

Shankland, Stephen. 2013. "Big Blue, Big Bang, Big Data: Telescope Funds Computing R&D." *CNET.* http://news.cnet.com/8301-11386_3-57572519-76/big-blue-big-bang-big-data-telescope-funds-computing-r-d.

Shapley, Alan H., and Pembroke J. Hart. 1982. "World Data Centers." *Eos, Transactions, American Geophysical Union* 63 (30):585. doi:10.1029/EO063i030p00585-01.

Shatz, David. 2004. *Peer Review: A Critical Inquiry.* Lanham, MD: Rowman & Littlefield.

Shea, Christopher. 2011. "Fraud Scandal Fuels Debate over Practices of Social Psychology." *Chronicle of Higher Education* (November 13). http://chronicle.com/article/As-Dutch-Research-Scandal/129746/?sid=wb&utm_source=wb&utm_medium=en.

SHERPA/RoMEO. 2014. "Publisher Copyright Policies & Self-archiving." http://www.sherpa.ac.uk/romeo.

Shilton, Katie. 2011. "Building Values into the Design of Pervasive Mobile Technologies." Los Angeles: University of California, Los Angeles. http://ssrn.com/paper=1866783.

Shotton, David. 2011. "Why Researchers Don't Publish Data." *Semantic Publishing.* http://semanticpublishing.wordpress.com/2011/08/04/why-researchers-dont-publish-data.

Shotton, David. 2013. "SCoRO, the Scholarly Contributions and Roles Ontology." http://www.essepuntato.it/lode/http://purl.org/spar/scoro.

Shotton, David, Katie Portwin, Graham Klyne, and Alistair Miles. 2009. "Adventures in Semantic Publishing: Exemplar Semantic Enhancements of a Research Article." *PLoS Computational Biology* 5 (4):e1000361. doi:10.1371/journal.pcbi.1000361.

Shuai, Xin, Alberto Pepe, and Johan Bollen. 2012. "How the Scientific Community Reacts to Newly Submitted Preprints: Article Downloads, Twitter Mentions, and Citations." *PLoS ONE* 7 (11):e47523. doi:10.1371/journal.pone.0047523.

SIMBAD Astronomical Database. 2013. Home page. http://simbad.u-strasbg.fr/simbad.

Siminovitch, Lou. 2012. "Small Science: Big Science Will Prevail." *Science* 338 (6109):882~883. doi:10.1126/science.338.6109.882-c.

Simonite, Tom. 2013. "Chinese Censorship of Twitter-Style Social Networks Weibo, Tencent, and Sina Offers Clues to Government Plans | MIT Technology Review." *MIT Technology Review.* http://www.technologyreview.com/news/511011/social-media-censorship-offers-clues-to-chinas-plans.

Sloan Digital Sky Survey. 2013a. Home page. http://www.sdss.org.

Sloan Digital Sky Survey. 2013b. "The Ninth Sloan Digital Sky Survey Data Release (DR9)." http://www.sdss3.org/dr9.

Smith, David A., Anne Mahoney, and Gregory R. Crane. 2002. "Integrating Harvesting into Digital Library Content." In *2nd ACM IEEE-CS Joint Conference on Digital Libraries*, 183~184. New York: ACM. http://www.ccs.neu.edu/home/dasmith/oaishort.pdf.

Smith, Doug, Rosanna Xia, and Rong Gong Lin. 2013. "Earthquake Risk: L.A. Formally Requests List of Concrete Buildings." *Los Angeles Times* (October 24). http://articles.latimes.com/2013/oct/24/local/la-me-ln-earthquake-concrete-list-20131024.

Smith, Michael E., Gary M. Feinman, Robert D. Drennan, Timothy Earle, and Ian Morris. 2012. "Archaeology as a Social Science." *Proceedings of the National Academy of Sciences of the United States of America* 109 (20):7617~7621. doi:10.1073/pnas.1201714109.

Smith, T. R., and M. Zheng. 2002. "ADEPT Knowledge Organization Team. Structured Models of Scientific Concepts as a Basis for Organizing, Accessing and Using Learning Materials." In *Joint Conference on Digital Libraries*, 202. New York: ACM.

Snow, Charles P. 1956. "The Two Cultures." *New Statesman.* http://www.newstatesman.com/cultural-capital/2013/01/c-p-snow-two-cultures.

Sobel, Dava. 2007. *Longitude: The True Story of a Lone Genius Who Solved the Greatest Scientific Problem of His Time.* New York: Walker. 최명희 옮김. 1996. 『해상시계 이야기: 자기 시대의 중대한 과학적인 문제를 해결한 외로운 천재들의 이야기』. 서울: 자작나무.

Social Media Research Foundation. 2013. Home page. https://www.smrfoundation.org/.

Social Science Data Archive. 2014. Home page. http://www.sscnet.ucla.edu/issr/da.

Social Science Research Network. 2014. Home page. https://www.ssrn.com/en/.

Society of American Archivists. 2009. "Orphan Works: Statement of Best Practices." https://www2.archivists.org/sites/all/files/OrphanWorks-June2009.pdf.

Spitzer Science Center. 2013. "Spitzer Observing Rules." http://ssc.spitzer.caltech.edu/warmmission/propkit/sor/15.

Square Kilometre Array. 2013. Home page. http://www.skatelescope.org.

Srinivasan, Ramesh. 2013. "Re-thinking the Cultural Codes of New Media: The Question Concerning Ontology." *New Media & Society* 15 (2):203~223. doi:10.1177/1461444812450686.

Srinivasan, Ramesh, Robin Boast, Katherine M. Becvar, and Jonathan Furner. 2009. "Blobgects: Digital Museum Catalogs and Diverse User Communities." *Journal of the American Society for Information Science and Technology* 60:666~678. doi:10.1002/asi.21027.

Srinivasan, Ramesh, Robin Boast, Jonathan Furner, and Katherine M. Becvar. 2009. "Digital Museums and Diverse Cultural Knowledges: Moving Past the Traditional Catalog." *Information Society* 25 (4):265~278. doi:10.1080/01972240903028714.

Stallman, Richard M. 2002. *Free Software, Free Society: Selected Essays of Richard M. Stallman.* Ed. Joshua Gay. Boston: The Free Software Foundation.

Stanley, Barbara, and Michael Stanley. 1988. "Data Sharing: The Primary Researcher's Perspective." *Law and Human Behavior* 12 (1):173~180.

Star, Susan Leigh. 1983. "Simplification in Scientific Work: An Example from Neuro- science Research." *Social Studies of Science* 13:205~228.

Star, Susan Leigh. 1989. "The Structure of Ill-structured Solutions: Boundary Objects and Heterogenous Distributed Problem Solving." In *Distributed Artificial Intelligence*, ed. Les Gasser and M. Huhns. Vol. 2, 37~54. San Mateo, CA: Morgan Kaufmann.

Star, Susan Leigh. 1991. "Power, Technologies, and the Phenomenology of Standards: On Being Allergic to Onions." In *A Sociology of Monsters? Power, Technology and the Modern World*, ed. John Law, 27~57. Oxford: Basic Blackwell.

Star, Susan Leigh. 1995. "The Politics of Formal Representations: Wizards, Gurus and Organizational Complexity." In *Ecologies of Knowledge: Work and Politics in Science and Technology*, ed. Susan Leigh Star, 88~118. Albany: State University 10.1177/00027649921955326of New York Press.

Star, Susan Leigh. 1999. "The Ethnography of Infrastructure." *American Behavioral Scientist* 43 (3):377~391. doi:10.1177/00027649921955326.

Star, Susan Leigh, and Geoffrey C. Bowker. 2002. "How to Infrastructure." In *Handbook of New Media*, ed. Leah A. Lievrouw and Sonia Livingstone, 151~162. London: Sage.

Star, Susan Leigh, Geoffrey C. Bowker, and Laura J. Neumann. 2003. "Transparency beyond the Individual Level of Scale: Convergence between Information Artifacts and Communities of Practice." In *Digital Library Use: Social Practice in Design and Evaluation*, ed. Ann Peterson Bishop, Nancy Van House, and Barbara P. Buttenfield, 241~270. Cambridge, MA: MIT Press.

Star, Susan Leigh, and J. Griesemer. 1989. "Institutional Ecology, 'Translations,' and Boundary Objects: Amateurs and Professionals in Berkeley's Museum of Vertebrate Zoology, 1907~1939." *Social Studies of Science* 19:387~420. doi:10.1177/030631289019003001.

Star, Susan Leigh, and Karen Ruhleder. 1996. "Steps toward an Ecology of Infrastructure: Design and Access for Large Information Spaces." *Information Systems Research* 7:111~134.

Star, Susan Leigh, and Anselm Strauss. 1999. "Layers of Silence, Arenas of Voice: The Ecology of Visible and Invisible Work." *Computer Supported Cooperative Work* 8 (1~ 2):9~30.

doi:10.1023/A:1008651105359.

Starke, Marcus. 2013. "The Bright Shiny Object Syndrome of Marketing: Avoid It or Assess It?" *Business Innovation from SAP.* *http://marcusstarke.com/social-media/the-bright-s hiny-object-syndrome-of-marketing-avoid-it-or-assess-it.*

Stata Data Analysis and Statistical Software (STATA). 2013. Home page. http://www.stata.com.

Steve: The Museum Social Tagging Project. 2013. "Welcome to the Steve Project." http://www. steve.museum.

Structural Genomics Consortium. 2013. "SGC Mission and Philosophy." http://www.thesgc.org/ about/what_is_the_sgc.

Stodden, Victoria C. 2009a. "Enabling Reproducible Research: Open Licensing for Scientific Innovation." *International Journal of Communications Law and Policy* 13:1~55. http://papers. ssrn.com/sol3/papers.cfm?abstract_id=1362040.

Stodden, Victoria C. 2009b. "The Legal Framework for Reproducible Scientific Research: Licensing and Copyright." *Computing in Science & Engineering* 11:35~40. doi:10.1109/MCSE.2009.19.

Stodden, Victoria C. 2010. "Reproducible Research: Addressing the Need for Data and Code Sharing in Computational Science." *Computing in Science & Engineering* 12 (5):8~12. doi:10.1109/MCSE.2010.113.

Stokes, Donald. 1997. *Pasteur's Quadrant: Basic Science and Technological Innovation.* Washington, DC: Brookings Institution Press. 윤진효 외 옮김. 2007. 『파스퇴르 쿼드런트: 과학과 기술의 관계 재발견』. 서울: 북&월드.

Storer, Norman W. 1973. "The Normative Structure of Science." In *The Sociology of Science: Theoretical and Empirical Investigations,* by Robert K. Merton, 267~278. Chicago: University of Chicago Press.

Suber, Peter. 2012a. *Open Access.* Cambridge, MA: MIT Press.

Suber, Peter. 2012b. "SPARC Open Access Newsletter" (September 2). http://www.earlham. edu/~peters/fos/newsletter/09-02-12.htm#uk-ec.

Sullivan, Woodruff T., Dan Werthimer, Stuart Bowyer, Jeff Cobb, David Gedye, and David Anderson. 1997. "A New Major SETI Project Based on Project SERENDIP Data and 100,000 Personal Computers." In *IAU Colloq. 161: Astronomical and Biochemical Origins and the Search for Life in the Universe, 1:729.* https://www.researchgate.net/publication/234302722_A_ New_Major_Seti_Project_Based_on_Project_Serendip_Data_and_100000_Personal_ Computers.

Summers, Lawrence. 2013. "The Buck Does Not Stop with Reinhart and Rogoff." *Financial Times* (May 3). http://www.ft.com/cms/s/2/41d14954-b317-11e2-b5a5-00144feabdc0. html#axzz2chzkbMZX.

Svenonius, Elaine. 2000. *The Intellectual Foundation of Information Organization.* Cambridge, MA: MIT Press. 남태우, 이명규, 김상미 공역. 2002. 『정보조직화의 지적기반론』. 군포: 한국디 지털도서관포럼.

Sweeney, Latanya. 2002. "K-anonymity: a Model for Protecting Privacy." *International Journal on Uncertainty, Fuzziness and Knowledge-based Systems* 10 (5):557~570. doi:10.1142/S0218488502001648.

Szalay, Alexander. 2008. "Jim Gray, Astronomer." *Communications of the ACM* 51:59~65.

Szalay, Alexander. 2011. "Cosmology: Science in an Exponential World." *TEDx-Caltech.* http://www.youtube.com/watch?v=hB92o4H46hc&NR=1.

Takakusu, Junjirō, and Kaikyoku Watanabe. 1932. *Taishō Shinshū Daizōkyō (The Buddhist Canon, New Compilation of the Taishō [1912~1925] Era).* Vol. 1~85. Tokyo: Taishō Issaikyō Kankōkai.

Taper, Mark L., and Subhash R. Lele, eds. 2004. "Models of Scientific Inquiry and Statistical Practice: Implications for the Structure of Scientific Knowledge." In *The Nature of Scientific Evidence: Statistical, Philosophical, and Empirical Considerations*, 17~50. Chicago: University of Chicago Press.

Tenopir, Carol, Suzie Allard, Kimberly Douglass, Arsev Umur Aydinoglu, Lei Wu, Eleanor Read, Maribeth Manoff, and Mike Frame. 2011. "Data Sharing by Scientists: Practices and Perceptions." *PLoS ONE* 6 (6):e21101. doi:10.1371/journal.pone.0021101.

Text Encoding Initiative. 2013. Home page. http://www.tei-c.org.

Thelwall, Mike, Stefanie Haustein, Vincent Larivière, and Cassidy R. Sugimoto. 2013. "Do Altmetrics Work? Twitter and Ten Other Social Web Services." *PLoS ONE* 8 (5):e64841. doi:10.1371/journal.pone.0064841.

Thelwall, Mike, Liwen Vaughan, and Lennart Bjorneborn. 2005. "Webometrics." *Annual Review of Information Science & Technology* 39:81~135.

Thomas, Katie. 2013. "Breaking the Seal on Drug Research." *New York Times* (June 29). http://www.nytimes.com/2013/06/30/business/breaking-the-seal-on-drug-research.html.

Thomson Reuters. 2013. "Unlocking the Value of Research Data: A Report from the Thomson Reuters Industry Forum." Thomson Reuters. http://researchanalytics.thomsonreuters.com/m/pdfs/1003903-1.pdf.

Tichenor, Philip J., George A. Donohue, and Clarice N. Olien. 1970. "Mass Media and Differential Growth in Knowledge." *Public Opinion Quarterly* 34:158~170.

Tomasello, Michael, and Josep Call. 2011. "Methodological Challenges in the Study of Primate Cognition." *Science* 334:1227~1228. doi:10.1126/science.1213443.

Udomprasert, Patricia, and Alyssa A. Goodman. 2012. "WWT Ambassadors: WorldWide Telescope for Interactive Learning." In *Annual Meeting of the American Astronomical Society.* Austin, TX: AAS.

Uhlir, Paul F. 2006. "The Emerging Role of Open Repositories as a Fundamental Component of the Public Research Infrastructure." In *Open Access: Open Problems*, ed. Giandomenico Sica. Monza, Italy: Polimetrica.

Uhlir, Paul F. 2007. "Open Data for Global Science: A Review of Recent Developments in National and International Scientific Data Policies and Related Proposals." *Data Science Journal* 6:1~3. https://datascience.codata.org/articles/abstract/10.2481/dsj.6.OD1/.

Uhlir, Paul F., ed. 2012. *For Attribution-Developing Data Attribution and Citation Practices and Standards: Summary of an International Workshop*. Board on Research Data and Information. Washington, DC: National Academies Press.

Uhlir, Paul F., and Daniel Cohen. 2011. "Internal Document." Board on Research Data and Information, Policy and Global Affairs Division, National Academy of Sciences.

Uhlir, Paul F., and Peter Schröder. 2007. "Open Data for Global Science." *Data Science Journal* 6:36~53. https://www.researchgate.net/publication/220390291_Open_Data_for_Global_ Science.

UK Data Archive. 2014. Home page. http://www.data-archive.ac.uk.

Unicode, Inc. 2013. "Chronology of Unicode Version 1.0." http://www.unicode.org/history/ versionone.html.

United Nations Educational, Scientific and Cultural Organization. 1970. "Convention on the Means of Prohibiting and Preventing the Illicit Import, Export and Transfer of Ownership of Cultural Property." http://portal.unesco.org/en/ev.php-URL_ID=13039&URL_DO=DO_TOPIC&URL_ SECTION=201.html.

United Nations Educational, Scientific and Cultural Organization. 2013. "UNESCO Database of National Cultural Heritage Laws." http://www.unesco.org/culture/natlaws.

United States Copyright Office. 2006. "Report on Orphan Works." Washington, DC: Register of Copyrights. http://www.copyright.gov/orphan/orphan-report.pdf.

University of Arizona Science Mirror Lab. 2013. "Casting for GMT3 to Start!" University of Arizona. *Steward Observatory Mirror Lab* (August 24). http://mirrorlab.as.arizona.edu/castings/ projects/gmt/gmt3_casting.

University of Maryland University Libraries. 2013. "Primary, Secondary and Tertiary Sources." http://www.lib.umd.edu/ues/guides/primary-sources.

University of Oxford. 2013a. "Bodleian Libraries Launch Shakespeare's First Folio Online." *Oxford Thinking* (April 23). http://www.campaign.ox.ac.uk/news/first_folio.html.

University of Oxford. 2013b. "CLAROS: The World of Art on the Semantic Web." http://www. clarosnet.org/XDB/ASP/clarosHome/index.html.

University of Oxford Podcasting Service. 2011. *CLAROS-A Virtual Art Collection*. http://podcasts. ox.ac.uk/claros-virtual-art-collection-video.

Unsworth, John, Paul Courant, Sarah Fraser, Mike Goodchild, Margaret Hedstrom, Charles Henry, Peter B. Kaufman, Jerome McGann, Roy Rosenzweig, and Bruce Zuckerman. 2006. "Our Cultural Commonwealth: The Report of the American Council of Learned Societies Commission on Cyberinfrastructure for Humanities and Social Sciences." New York: American Council of Learned Societies. http://www.acls.org/cyberinfrastructure/cyber.htm.

Urbina, Ian. 2013. "I Flirt and Tweet. Follow Me at #Socialbot." *New York Times* (August 10).

http://www.nytimes.com/2013/08/11/sunday-review/i-flirt-and-tweet-follow-me-at-socialbot.html.

US Department of Health and Human Services. 1979. *The Belmont Report*. Washing- ton, DC: U.S. Government Printing Office. http://www.hhs.gov/ohrp/humansubjects/guidance/belmont.html.

Van de Sompel, Herbert. 2013. "From the Version of Record to a Version of the Record" presented at the Coalition for Networked Information (April 15). http:/www.youtube.com/watch?v=fhrGS-QbNVA&feature=youtube_gdata_player.

Van de Sompel, Herbert, and Carl Lagoze. 2009. "All Aboard: Toward a Machine Friendly Scholarly Communication System." In *The Fourth Paradigm: Data-Intensive Scientific Discovery*, ed. Tony Hey, Stewart Tansley, and Kristin Tolle, 1~8. Redmond, WA: Microsoft.

Van de Sompel, Herbert, Robert Sanderson, Martin Klein, Michael L. Nelson, Berhard Haslhofer, Simeon Warner, and Carl Lagoze. 2012. "A Perspective on Resource Synchronization." *D-Lib Magazine* 18 (9/10). doi:10.1045/September 2012-vande sompel.

Van House, Nancy A. 2004. "Science and Technology Studies and Information Studies." *Annual Review of Information Science & Technology* 38:3~86. doi:10.1002/aris.1440380102.

Van Houweling, Molly Shaffer. 2009. "Author Autonomy and Atomism in Copyright Law." *Virginia Law Review* 96 (549):549~642.

Van Noorden, Richard. 2013a. "Half of 2011 Papers Now Free to Read." *Nature* 500 (7463):386~387. doi:10.1038/500386a.

Van Noorden, Richard. 2013b. "Open Access: The True Cost of Science Publishing." *Nature* 495 (7442):426~429. doi:10.1038/495426a.

Van Raan, Anthony F. J. 1988. *Handbook of Quantitative Studies of Science and Technology*. Amsterdam: Elsevier.

Vandewalle, Patrick, Jelena Kovacevic, and Martin Vetterli. 2009. "Reproducible Research in Signal Processing." *IEEE Signal Processing Magazine* 26:37~47. doi:10.1109/msp.2009.932122.

Vardigan, Mary, Pascal Heus, and Wendy Thomas. 2008. "Data Documentation Initiative: Toward a Standard for the Social Sciences." *International Journal of Digital Curation* 3 (1). doi:10.2218/ijdc.v3i1.45.

Vargas, Rodrigo, Alisha Glass, Mike Taggart, Kuni Kitajima, Michael Hamilton, and Michael Allen. 2006. "Linking Minirhizotron Images to Soil Physical Properties and Microbial Diversity (TER 2)." *Center for Embedded Network Sensing*. http://escholarship.org/uc/item/4312j473.

Vertesi, Janet, and Paul Dourish. 2011. "The Value of Data: Considering the Context of Production in Data Economies." In *Computer Supported Cooperative Work*, 533~542. New York: ACM. doi:10.1145/1958824.1958906.

Virtual International Authority File. 2013. Home page. http://viaf.org.

Visual Resources Association. 2012. "Statement on the Fair Use of Images for Teaching, Research, and Study." http://www.vraweb.org/organization/pdf/VRAFairUseGuidelines

Final.pdf.

Vita, Silvio. 2003. "Printings of the Buddhist 'Canon' in Modern Japan." In *Buddhism Asia 1: Papers from the First Conference of Buddhist Studies Held in Naples*, ed. Giovanni Verard and Silvio Vita, 217~245. Kyoto: ISEAS.

Vogel, Gretchen, and Jennifer Couzin-Frankel. 2013. "Europe Debates Ethics Reviews, Data Release." *Science* 339 (6123):1024. doi:10.1126/science.339.6123.1024.

Voltaire. 1759. *Candide: Or, All for the Best*. London: Printed for J. Nourse.

Von Ahn, Luis, Benjamin Maurer, Colin McMillen, David Abraham, and Manuel Blum. 2008. "reCAPTCHA: Human-Based Character Recognition via Web Security Measures." *Science* 321 (5895):1465~1468. doi:10.1126/science.1160379.

Waldrop, M. Mitchell. 2001. *The Dream Machine: J. C. R. Licklider and the Revolution That Made Computing Personal*. New York: Viking Penguin.

Wallis, Jillian C. 2012. "The Distribution of Data Management Responsibility within Scientific Research Groups." University of California, Los Angeles. https://papers.ssrn.com/sol3/papers.cfm?abstract_id=2269079.

Wallis, Jillian C., and Christine L. Borgman. 2011. "Who Is Responsible for Data? An Exploratory Study of Data Authorship, Ownership, and Responsibility." *Proceedings of the American Society for Information Science and Technology* 48 (1):1~10. doi:10.1002/meet.2011.14504801188.

Wallis, Jillian C., Christine L. Borgman, and Matthew S. Mayernik. 2010. "Who Is Responsible for Data? A Case Study Exploring Data Authorship, Ownership, and Responsibility and Their Implications for Data Curation." In *6th International Digital Curation Conference*. Chicago: Digital Curation Center. http://www.dcc.ac.uk/events/conferences/6th-international-digital-curation-conference/posters.

Wallis, Jillian C., Christine L. Borgman, Matthew S. Mayernik, and Alberto Pepe. 2008. "Moving Archival Practices Upstream: An Exploration of the Life Cycle of Ecological Sensing Data in Collaborative Field Research." *International Journal of Digital Curation* 3. doi:10.2218/ijdc.v3i1.46.

Wallis, Jillian C., Christine L. Borgman, Matthew S. Mayernik, Alberto Pepe, Nithya Ramanathan, and Mark Hansen. 2007. "Know Thy Sensor: Trust, Data Quality, and Data Integrity in Scientific Digital Libraries." In *Research and Advanced Technology for Digital Libraries*, ed. Laszlo Kovacs, Norbert Fuhr, and Carlo Meghini. Vol. 4675, 380~391. Berlin: Springer.

Wallis, Jillian C., Matthew S. Mayernik, Christine L. Borgman, and Alberto Pepe. 2010. "Digital Libraries for Scientific Data Discovery and Reuse: From Vision to Practical Reality." In *Proceedings of the 10th Annual Joint Conference on Digital Libraries*, 333~340. New York: ACM. doi:10.1145/1816123.1816173.

Wallis, Jillian C., Stasa Milojevic, Christine L. Borgman, and William A. Sandoval. 2006. "The Special Case of Scientific Data Sharing with Education." In *Proceedings 69th Annual Meeting of* the *American Society for Information Science and Technology*. Medford, NJ: Information Today.

Wallis, Jillian C., Elizabeth Rolando, and Christine L. Borgman. 2013. "If We Share Data, Will Anyone Use Them? Data Sharing and Reuse in the Long Tail of Science and Technology." *PLoS ONE* 8 (7):e67332. doi:10.1371/journal.pone.0067332.

Wallis, Jillian C., Laura A. Wynholds, Christine L. Borgman, Ashley E. Sands, and Sharon Traweek. 2012. "Data, Data Use, and Inquiry: A New Point of View on Data Curation." Full paper (long version) submitted to the 12th ACM/IEEE-CS Joint Conference on Digital Libraries. http://works.bepress.com/borgman/280.

Watson, J. 1990. "The Human Genome Project: Past, Present, and Future." *Science* 248 (4951):44~49. doi:10.1126/science.2181665.

Weigelt, Johan. 2009. "The Case for Open-Access Chemical Biology. A Strategy for Pre-competitive Medicinal Chemistry to Promote Drug Discovery." *EMBO Reports* 10 (9):941~945. doi:10.1038/embor.2009.193.

Weinberg, Alvin M. 1961. "Impact of Large-Scale Science on the United States." *Science* 134:161~164. doi:10.1126/science.134.3473.161.

Weinberger, David. 2012. *Too Big to Know: Rethinking Knowledge Now That the Facts Aren't the Facts, Experts Are Everywhere, and the Smartest Person in the Room Is the Room.* New York: Basic Books. 이진원 옮김. 2014. 『지식의 미래: 지식인프라의 변화는 지식의 형태와 본질을 어떻게 바꿀 것인가』. 서울: 웅진싱크빅.

Weller, Ann C. 2001. *Editorial Peer Review: Its Strengths and Weaknesses*. Medford, NJ: Information Today.

Wellman, Barry, and Caroline Haythornthwaite. 2002. *The Internet in Everyday Life*. Oxford: Blackwell.

Wells, Don C., Eric W. Greisen, and R. H. Harten. 1981. "FITS-A Flexible Image Transport System." *Astronomy & Astrophysics. Supplement Series 44:363. http://adsabs.harvard.edu/full/1981A%26AS...44..363W.*

Wenger, Etienne. 1998. *Communities of Practice: Learning, Meaning, and Identity.* New York: Cambridge University Press. 손민호 배을규 공역. 2007. 『실천공동체』. 서울: 학지사.

Whalen, Maureen. 2009. "What's Wrong with This Picture? An Examination of Art Historians' Attitudes about Electronic Publishing Opportunities and the Consequences of Their Continuing Love Affair with Print." *Art Documentation 28:13~22.*

What's Invasive! 2010. Home page. https://www.whatsinvasive.org/.

White, Howard D. 1990. "Author Co-citation Analysis: Overview and Defense." In *Scholarly Communication and Bibliometrics*, ed. Christine L. Borgman, 84~106. Newbury Park, CA: Sage.

White, Richard L., Alberto Accomazzi, G. Bruce Berriman, Giuseppina Fabbiano, Barry F. Madore, Joseph M. Mazzarella, Arnold Rots, Alan P. Smale, Lombardi Storrie, and Sherry L. Winkelman.

2009. "The High Impact of Astronomical Data Archives." *Astro2010: The Astronomy and Astrophysics Decadal Survey, Position Papers, No. 64.* http://adsabs.harvard.edu/abs/2009astro2010P..64W.

Whitley, Richard. 2000. *The Intellectual and Social Organization of the Sciences.* Oxford: Oxford University Press.

Whitlock, Michael C. 2011. "Data Archiving in Ecology and Evolution: Best Practices." *Trends in Ecology & Evolution* 26:61~65. doi:10.1016/j.tree.2010.11.006.

Whitlock, Michael C., Mark A. McPeek, Mark D. Rausher, Loren Rieseberg, and Allen J. Moore. 2010. "Data Archiving." *American Naturalist* 175:E45~E146. doi:10.1086/650340.

Wickham, Chris, and Nigel Vincent. 2013. "Debating Open Access: Introduction." *Debating Open Access:* 4~12. https://www.britac.ac.uk/sites/default/files/Debating-Open-Access-0-Introduction.pdf.

Wiener, Jon. 2002. "How the Critics Shot up Michael Bellesiles's Book Arming America." *Nation* 275 (15):28~32.

Wieseler, Biete, Michaela F. Kerekes, Volker Vervoelgyi, Natalie McGauran, and Thomas Kaiser. 2012. "Impact of Document Type on Reporting Quality of Clinical Drug Trials: a Comparison of Registry Reports, Clinical Study Reports, and Journal Publications." *British Medical Journal* 344:d8141. doi:10.1136/bmj.d8141.

Wiesenthal, Joe. 2013. "REINHART AND ROGOFF: 'Full Stop,' We Made a Microsoft Excel Blunder in Our Debt Study, and It Makes a Difference." *Business Insider* (April 17). http://www.businessinsider.com/reinhart-and-rogoff-admit-excel-blunder-2013-4.

Wilbanks, John. 2006. "Another Reason for Opening Access to Research." *British Medical Journal* 333 (7582):1306~1308. doi:10.1136/sbmj.39063.730660.F7.

Wilbanks, John. 2009. "I Have Seen the Paradigm Shift and It Is Us." In *The Fourth Paradigm: Data-Intensive Scientific Discovery,* ed. Tony Hey, Stewart Tansley, and Kris- tin Tolle, 209~214. Redmond, WA: Microsoft.

Wilbanks, John. 2011. "Openness as Infrastructure." *Journal of Cheminformatics* 3 (36). doi:10.1186/1758-2946-3-36.

Wilbanks, John. 2013. "Licence Restrictions: A Fool's Errand." *Nature* 495 (7442):440~441. doi:10.1038/495440a.

Williams, Antony J., John Wilbanks, and Sean Ekins. 2012. "Why Open Drug Discovery Needs Four Simple Rules for Licensing Data and Models." *PLoS Computational Biology* 8 (9). doi:10.1371/journal.pcbi.1002706.

Willinsky, John. 2006. *The Access Principle: The Case for Open Access to Research and Scholarship.* Cambridge, MA: MIT Press.

Willis, Craig, Jane Greenberg, and Hollie White. 2012. "Analysis and Synthesis of Metadata Goals for Scientific Data." *Journal of the American Society for Information Science and Technology* 63 (8):1505~1520. doi:10.1002/asi.22683.

Winkelman, Sherry L., and Arnold Rots. 2012a. "Observatory Bibliographies: Not Just for Statistics Anymore." In *Observatory Operations: Strategies, Processes, and Systems IV. Proceedings of the SPIE*, ed. Alison B. Peck, Robert L. Seaman, and Fernando Comeron. Vol. 8448. Amsterdam: SPIE. doi:10.1117/12.925207.

Winkelman, Sherry L., and Arnold Rots. 2012b. "The Chandra Observational Ontology: Tying the Threads Together." In *Astronomical Data Analysis Software and Systems XXI*, ed. P. Ballester, D. Egret, and N.P.F. Lorente, 461:241. San Francisco: Astronomical Society of the Pacific. http://adsabs.harvard.edu/abs/2012ASPC..461..241W.

Winkelman, Sherry L., Arnold Rots, Michael McCollough, Glenn Becker, Aaron Watry, and Joan Hagler. 2009. "The Chandra Bibliography Cataloging System: A Scientific Research Aid." In *Chandra's First Decade of Discovery, Proceedings of the Conference Held 22–25 September, 2009 in Boston, MA*, 207. http://adsabs.harvard.edu/abs/2009cfdd.confE.207W.

Wiseman, James. 1964. "Archaeology and the Humanities." *Arion* 3 (2):131–142. doi:10.2307/20162908.

Wohn, D. Yvette, and Dennis Normile. 2006. "Korean Cloning Scandal: Prosecutors Allege Elaborate Deception and Missing Funds." *Science* 312:980–981.

Wolf, Susan M., George J. Annas, and Sherman Elias. 2013. "Patient Autonomy and Incidental Findings in Clinical Genomics." *Science* 340 (6136):1049–1050. doi:10.1126/science.1239119.

Wood, John, Thomas Andersson, Achim Bachem, Christopher Best, Françoise Genova, Diego R. Lopez, Wouter Los, et al. 2010. *Riding the Wave: How Europe Can Gain from the Rising Tide of Scientific Data*. Final report of the High Level Expert Group on Scientific Data. http://cordis.europa.eu/fp7/ict/e-infrastructure/docs/hlg-sdi-report.pdf.

Woolgar, Steve. 1988. *Knowledge and Reflexivity: New Frontiers in the Sociology of Knowledge*. London: Sage.

World Internet Project. 2013. Home page. http://www.worldinternetproject.net.

WorldWide Telescope. 2012. Home page. http://www.worldwidetelescope.org/Home.aspx.

Wouters, Paul, Anne Beaulieu, Andrea Scharnhorst, and Sally Wyatt, eds. 2012. *Virtual Knowledge: Experimenting in the Humanities and Social Sciences*. Cambridge, MA: MIT Press.

Wuchty, Stefan, Benjamin F. Jones, and Brian Uzzi. 2007. "The Increasing Dominance of Teams in the Production of Knowledge." *Science* 316 (5827):1036–1039.

Wynholds, Laura A., David S. Fearon, Christine L. Borgman, and Sharon Traweek. 2011. "Awash in Stardust: Data Practices in Astronomy." In *iConference: Proceedings of the 2011 iConference*, 802–804. New York: ACM. doi:10.1145/1940761.1940912.

Wynholds, Laura A., Jillian C. Wallis, Christine L. Borgman, Ashley Sands, and Sharon Traweek. 2012. "Data, Data Use, and Scientific Inquiry: Two Case Studies of Data Practices." In *Proceedings of the 12th ACM/IEEE-CS Joint Conference on Digital Libraries*, 19–22. New York: ACM. doi:10.1145/2232817.2232822.

Xia, Rosanna, Doug Smith, and Michael Finnegan. 2013. "UC Quake Researchers Refuse to Share

Building Data with L.A." *Los Angeles Times* (October 18). http://www.latimes.com/local/la-me-concrete-quake-20131019,0,1097898.story#axzz 2lPPa1ctb.

Yan, Koon-Kiu, and Mark Gerstein. 2011. "The Spread of Scientific Information: Insights from the Web Usage Statistics in PLoS Article-Level Metrics." *PLoS ONE* 6 (5):e19917. doi:10.1371/journal.pone.0019917.

Yoffee, Norman, and Severin Fowles. 2011. "Archaeology in the Humanities." *Diogenes* 58 (1-2):35~52. doi:10.1177/0392192112441906.

Younis, Mohamed, and Kemal Akkaya. 2008. "Strategies and Techniques for Node Placement in Wireless Sensor Networks: A Survey." *Ad Hoc Networks* 6 (4):621~655. doi:10.1016/j.adhoc.2007.05.003.

Zacchetti, Stefano. 2002. "An Early Chinese Translation Corresponding to Chapter 6 of the Petakopadesa: An Shigao's Yin Chi Ru Jing T 603 and Its Indian Original: a Preliminary Survey." *Bulletin of the School of Oriental and African Studies, University of London* 65 (01):74~98. doi:10.1017/S0041977X02000046.

Zacchetti, Stefano. 2005. *In Praise of the Light: A Critical Synoptic Edition with an Annotated Translation of Chapters 1-3 of Dharmaraksa's Guang Zan Jing, Being the Earliest Chinese Translation of the Larger Prajnaparamita.* Open Research Centre Project. Tokyo, Japan: The International Research Institute for Advanced Buddhology, Soka University. http://iriab.soka.ac.jp/orc/Publications/BPPB/index_BPPB.html.

Zappavigna, Michele. 2011. "Ambient Affiliation: A Linguistic Perspective on Twitter." *New Media & Society* 13 (5):788~806. doi:10.1177/1461444810385097.

ZENODO. 2013. Frequently Asked Questions. http://zenodo.org/faq.

Zerhouni, Elias A. 2006. "Report on the NIH Public Access Policy." Department of Health and Human Services, National Institutes of Health. http://publicaccess.nih.gov/Final_Report_20060201.pdf.

Zhang, Guo, Ying Ding, and Staša Milojević. 2013. "Citation Content Analysis (CCA): A Framework for Syntactic and Semantic Analysis of Citation Content." *Journal of the American Society for Information Science and Technology* 64 (7):1490~1503. doi:10.1002/asi.22850.

Zimmer, Michael. 2010. "'But the Data Is Already Public': On the Ethics of Research in Facebook." *Ethics and Information Technology* 12 (4):313~325. doi:10.1007/s10676-010-9227-5.

Zimmerman, Ann S. 2003. "Data Sharing and Secondary Use of Scientific Data: Experiences of Ecologists." PhD diss., Ann Arbor, MI: University of Michigan.

Zimmerman, Ann S. 2007. "Not by Metadata Alone: The Use of Diverse Forms of Knowledge to Locate Data for Reuse." *International Journal on Digital Libraries* 7:5~16. doi:10.1007/s00799-007-0015-8.

Zittrain, Jonathan. 2005. *The Future of the Internet~and How to Stop It.* Cambridge, MA: MIT Press. 박기순 옮김. 2014. 『인터넷의 미래: 우리는 무엇을 멈춰야 하나?』. 서울: 커뮤니케이션 북스.

Zooniverse. 2014. Home page. https://www.zooniverse.org/projects.

Zorich, Diane. 2008. "A Survey of Digital Humanities Centers in the United States." Washington, DC: Council on Library and Information Resources. http://www.clir.org/pubs/reports/pub143/contents.html.

Zotero. 2013. Home page. http://www.zotero.org.

Zotero. 2014. "Zotero Style Repository." https://www.zotero.org/styles.

# ㄱ